無錫文庫

第四輯

履園文集
梅花溪詩草
復庵遺集
清芬精舍小集
清足居集附蕉窗詞
紉餘小草
寄漚文鈔寄漚詩鈔附詞
聽雨草堂詩草
藏書閣詩稿
釣雲軒詩鈔

鳳凰出版傳媒集團
鳳凰出版社

ISBN 978-7-5506-1444-4

圖書在版編目（ＣＩＰ）數據

履園文集等 / (清) 錢泳等撰. -- 南京 : 鳳凰出版社, 2012.6
（無錫文庫. 第4輯）
ISBN 978-7-5506-1444-4

Ⅰ. ①履… Ⅱ. ①錢… Ⅲ. ①雜著－中國－清代 Ⅳ. ①Z429.49

中國版本圖書館CIP數據核字(2012)第151407號

責任編輯　樊　昕
裝幀設計　姜　嵩
出版發行　鳳凰出版傳媒集團
　　　　　鳳凰出版社(原江蘇古籍出版社)
　　　　　南京市中央路165號　郵編 210009
　　　　　發行部電話 025－83223462
集團網址　鳳凰出版傳媒網　http://www.ppm.cn
印　　刷　無錫市證券印刷有限公司
　　　　　無錫市揚名高新技術産業園B區75號　郵編 214024
開　　本　889×1194毫米　1/16
印　　張　43.75
版　　次　2012年6月第1版　2012年6月第1次印刷
標準書號　ISBN 978-7-5506-1444-4
定　　價　570.00圓
(本書凡印裝錯誤可向承印廠調换,電話:0510－85435666)

無錫文庫工作委員會

無錫文庫編輯委員會

無錫文庫學術顧問

（按姓氏筆畫排列）

總序

七千年文明史，三千年建城史，江南名城無錫，襟長江依太湖，自古以來就是魚米之鄉，禮儀之邦。無錫文化自泰伯南奔以來，騰蛟起鳳，尚德崇文，在數千年的傳承發展中，教化常持，經世務實，人杰輩出，大家林立，文藻絢麗，錯彩鏤金。舍南舍北皆春水，欲與湖山作主人，數千年的人文傳統，賦予了風光秀美的無錫以獨特的文化魅力，鑄就了城市剛柔相濟、秀逸清麗的的文化品格。

無錫是中國吴文化的發源地。早在商代晚期，周太王古公亶父的長子泰伯三讓王位，携其弟仲雍奔吴，定居無錫梅里，建『勾吴國』，『端委以治周禮』，施以禮儀教化；興修水利，授以農桑，不數年而『民人殷富』。泰伯帶來的中原文化與無錫本地土著文明相結合，吴文化以及作爲其重要組成部分的無錫文化就此發端。晋室南渡，北方人群大量南遷，帶來了中原的文化技術，促進了無錫農業、水利、手工業和商業的發展，中原文明再度與吴文化進行融合互滲。在本土文化與异地文化的碰撞和交融中，不斷推動着無錫這座城市的文明進步。

無錫歷史文化『追歷七千餘載歲月滌蕩，遂經四大轉折而成其廣大深厚：泰伯西來，吴文化成焉；永嘉南渡，江左文脉振焉；宋室波遷，江南文風始焉；歐風東漸，錫邑占風氣之先，民族工商文化始焉。數百代鄉彦賢達智慧與創造累積，文獻足徵，無慮百千』（《錫山先哲叢刊》重版弁言）。無錫文化以兼容并蓄多樣化的形態不斷發展。

崇文尚教，以教促文。北宋嘉祐三年（一〇五八），無錫始設縣學；北宋政和元年（一一一一），理學傳人楊時在無錫創建東林書院，此後無錫出現了喻樗、尤袤、李祥、蔣重珍等一批知名的教育家。至明代，顧憲成、高攀龍等在東林書院講學，此後又有許多書院相繼而起。古代無錫對教育的重視，促進了『崇文』和『尚教』的風氣，也造就了大量的人才。自隋朝開創科舉取士到清末廢除科舉，無錫共出了五名狀元、三名榜眼、六名探花和三名傳臚，并有五百四十名進士，一千二百多名舉人；『一榜九進士』、『六科三解元』，自古傳爲佳話。近代以來，經濟的繁榮進一步帶動了教育的興盛。無錫籍國學大師錢穆曾説：『晚清以下，群呼教育救國，無錫一縣最先起。』此後無錫的實業家紛紛出資興辦文化教育事業。教育的繁興，在極大程度上促進了無錫的文化發展，出現了空前的文化人才崛起的高峰。

文脉綿延，後出轉强。歷來『文化』的概念有廣義和狹義之分，這裏的『文脉』之『文』，用的是狹義的概念，即指經史、文學、藝術等人類所創造的精神財富的總和。在無錫的歷史文化傳統中，自古及今，悠悠文脉，如瓜瓞之綿綿。必須指出的是，從文化發生學的角度來看，早期中華文化的中心是在黄河流域的中原地區，無錫在宋元以前，雖有像顧愷之、李紳、尤袤、蔣捷、倪瓚等一批人文英才，但在整體上，無錫的文氣是自明清以迄近現代達到巔峰。在整個江南地區文教昌明和無錫經濟繁盛、教育勃興的大背景下，無錫地區在經史、文學、繪畫、音樂等諸多領域中，建樹卓越，俊才雲蒸，真正呈現出『人文之盛，冠於南國；碩彦輩出，著述繁富』的局面。

求實務本、重工崇商。無錫自古爲江南富庶之地、魚米之鄉。明代東林講學者將士商并列爲『本行』，講求經世致用；近代早期維新的思想家、實踐家薛福成提出『黜浮靡，崇實學』，大力倡揚『工商爲先，耕戰植其基，工商擴其用』的觀念，這些都成了近代以來無錫人求實務本、重工崇商的重要的思想根源；兼以明清時期，封建自然經濟解體，資本主義開始萌芽，無錫經濟日趨繁盛。鴉片戰争以後，上海開埠，由於商品經濟的發展和商業資本積累的增加，逐步形成了一個以上海爲中心的，北接江陰、靖江，西連蘇州、無錫、常州的經濟區域。有布、米、絲、錢『四大碼頭』的無錫，被譽爲『小上海』。到了十九世紀末、二十世紀初，無錫許多有識之士積極引進西方生産技術，大力興辦工廠，形成了近代六大資本系統，無錫成了近代中國民族工商業的發祥地和蘇南經濟中心。經濟的繁盛，不僅爲無錫文化的不斷發展提供了堅實的物質基礎，而且也形成了無錫文化的主流形態之一的，具有鮮明特色和豐富内涵的『工商文化』。

文化源長，文獻宏大。在歷史上，無錫有過兩次較大規模的文化整理。一八九九年，《常州先哲遺書》是包涵無錫在内的第一次區域性文化整理集成。一九二三年，《錫山先哲叢刊》是無錫真正意義上從城市角度進行的一次文化整理。當時，國家積貧積弱，社會動蕩離亂，身處亂世的有識之士高擎文化的旗幟，以縱覽千古的魄力和毅力致力於城市文化傳統的繼承與弘揚，爲無錫地方人文教育提供了文化楷模，對增强無錫崇文興教氛圍發揮了重要的作用，爲無錫躋身江南名城提供了文化動力，其意義至今爲後人感念。

滄桑巨變，天上人間。經過近一個世紀的奮鬥探索，特别是改革開放三十多年來的迅猛發展，中華民族强勢崛起。國運昌隆，盛世修典。中共無錫市委、市政府高度重視地方傳統文化的整理弘揚工作。自二〇〇七年提出『建設文明無錫，打造文化名城』以來，無錫全面深入開展歷史文化遺産的挖掘、清理、保護和修復工作，傳承弘揚優秀傳統文化，彰顯城市人文歷史底藴，掀起歷史文化名城建設新高潮。此後，市委、市政府在《無錫市文化大發展大繁榮行動綱要》中明確要求全面整理出版地方歷史文獻，市委、市政府在《關於深化文化體制改革加快文化强市建設的决定》中再次明確要求編纂《無錫文庫》，正式啓動迄今爲止無錫地區規模最大、綜合性鄉邦文獻集成的修編工作。爲確保《無錫文庫》的編纂工作順利進行，市委、市政府專門成立了『無錫文庫工作委員會』，由市委宣傳部牽頭，設立了『無錫文庫編輯委員會』，計劃用三年時間完成編纂出版工作。《無錫文庫》的編纂，將以嶄新的學術角度和現代學科框架對城市歷史文化進行全面梳理和弘揚，站在時代的高度，充分展示城市深厚的歷史底藴，彰顯先賢哲人的智慧創造，解讀無錫文化的獨特個性，提煉升華無錫的人文精神，光前裕後，古爲今用，以文化人，由人化文，以史爲鑒，開啓未來。

《無錫文庫》的編纂出版必將發揮重要的文化功能：首先是搶救文獻。無錫自古即有豐富的地方文獻，無論經史子集，都有重要著作流傳於世。然而無錫近代歷經戰亂，一些重要典籍已毁佚，僅有書名存留；還有一些珍貴的明清地方史籍，也以孤本存世，處於若存若亡之間。由於各種原因，一些代表無錫文化的典籍保存於國内外各大圖書館中，在無錫不易見到。從清末到民國期間，在文化上有不少重要成果，而這部分書籍因長期被忽視而處於毁佚的邊緣。《無錫文庫》的編纂就是爲了搶救文獻，保存文脉。其次是古籍整理。無錫先賢留下的載籍很多，但現存書籍，版本雜亂，良莠不齊，整體而言没有經過系統編排梳理，使用不便。《無錫文庫》的編纂，就是從版本目録學的角度加以梳理，每書皆撰提要，鈎玄指要，便於閲讀使用。第三是服務大衆。《無錫文庫》所收皆爲地方古史遺文，是研究無錫歷史沿革和文化傳承的必讀書目。《無錫文庫》的編纂出版，使這些書籍的使用更加便捷和廣泛，對無錫的文化建設、城市規劃、古迹保護、名勝開發都具有很高的學術價值和實用價值。

歷史唯物主義觀是《無錫文庫》編纂出版工作的重要指導思想。《無錫文庫》是一部具有社會主義新時代特點的典籍集成，編纂理念和選編觀念更加科學，注重學術性、實用性和經典性相結合，并且儘量收入古籍版本研究的新成果，廣泛收集流散在國内外的珍貴典籍。編纂工作中，始終堅持『尊重歷史、尊重科學、尊重規律、尊重專家』的原則，堅持『雙百』方針，對傳統文化中重要的不同學派、不同觀點的資料兼收并蓄，力求客觀、完整和全面。當然，《無錫文庫》不可能包羅萬象，而以文史哲爲主要内容，兼顧其他類别著述，整體呈現出無錫歷史文化的發展脉絡。强化編纂工作的學術規範，提倡實事求是的良好學風，對文庫的整體規模、體例框架、所收書目、版式裝幀等進行反復論證，反復比較，多方聽取意見，慎之又慎，力争使《無錫文庫》成爲一部真正代表無錫文化的綜合性鄉邦文獻集成。

編纂出版《無錫文庫》的盛舉，得到了海内外衆多著名的文史專家、學者教授的熱烈響應。許倬雲、馮其庸、楊天石、李文海、徐中玉、馮遠、胡福明等無錫籍文化名人和劉玉才、程章燦、江慶柏、張廷銀、金良年等專家學者應邀擔任《無錫文庫》的學術顧問，他們扎實的學術功底、嚴謹的治學風範、卓越的學術見識，爲《無錫文庫》提供了有力的支撑。

千年吴地文明，百年工商繁華，賦予無錫人聰慧和靈秀，創造了具有獨特品質的城市文化和城市精神。當我們手捧先哲留下的珍貴文化遺産，不僅滿懷感恩、敬畏之心，更涌動着不負前賢、勵志圖新的激情，去努力創造城市文化嶄新的輝煌，讓無錫文化大發展大繁榮的春天更加姹紫嫣紅、繽紛燦爛！

無錫文庫編輯委員會

二〇一一年一月

凡例

一、《文庫》所收爲無錫籍作家的著述和與無錫相關的歷代文獻，分爲《官修舊志》、《地方史料專著》、《年譜家乘》、《無錫文存》和《近現代名家名著存目》五輯。

二、無錫地域範圍以現行行政轄區爲準。《文庫》立足無錫市區，兼顧江陰、宜興，適當選收江陰、宜興具有代表性的著作。

三、《文庫》所收著作，以史料價值高、使用價值大爲原則，適當兼顧其版本價值。

四、《文庫》主要采用影印方式出版，《近現代名家名著存目》收入作家小傳和主要著述目録。

五、《文庫》所收著作，其編纂年代下限爲一九四九年；《近現代名家名著存目》則不受此限。

六、《文庫》所收著作，原書如有蠹損、殘缺、漫漶不清處，原則上以相同版本予以換頁、補頁，使全書清晰、整齊。

七、《文庫》對所收每種圖書，均撰寫提要，置於每種書扉頁之背面；每册均新編頁碼，自爲起訖。

八、《文庫》編制書名索引和著者索引，以方便讀者使用。

第四輯編輯説明

本輯爲《無錫文庫》之第四輯《無錫文存》，主要收録歷代無錫籍作家具有代表性的詩、詞、曲、文集或珍稀史料。

無錫歷來被譽爲人才輩出、人文薈萃之地，所謂『蒼聖造端，文教聿起，泰伯入吴，肇基梅里，由是人文之盛，冠於南國。碩彦輩出，著述繁富』（高鏻泉《錫金歷朝著述書目考》序）。明代以前，無錫地區就已出現顧愷之、李紳、尤袤、蔣捷、倪瓚等一代名家；到了明清時期，這種『碩彦輩出，著述繁富』的特點得以充分地體現。據對《江蘇藝文志·無錫卷》一書的統計，古代無錫地區（包括江陰市和宜興市）有著述存世或見於載籍的作者，從東漢到元代有一百四十餘家，而明清時期則多達四千四百餘家。其中，尤以詩、詞、曲、文別集爲多，并且湧現了如吴炳、陳維崧、萬樹、顧貞觀、嵇永仁、楊潮觀、周濟、蔣春霖等一大批在全國範圍内廣有影響、知名度很高的作家文人。

許久以來，無錫地區的許多文獻學家，致力於無錫歷史文化遺産的保護和流布。除了刊刻大量的別集外，還編撰和纂輯了許多無錫地區的地方文獻書目、地方文獻叢書和地方文學總集。地方文獻書目，如高鏻泉《錫金歷朝著述書目考》、無錫縣立圖書館《無錫縣立圖書館鄉賢部書目》、無錫市圖書館《無錫市圖書館館藏地方文獻目録》及續編、辛幹《無錫藝文志長編》、宫愛東主編《江蘇藝文志·無錫卷》等；地方文獻叢書，有侯鴻鑒、劉書勛輯《錫山先哲叢刊》，金武祥編《江陰叢書》，謝鼎鎔輯《江陰先哲遺書》等；地方文獻總集，有莫息、潘繼芳輯《錫山遺響》，顧光旭輯《梁溪詩鈔》，侯學愈輯《續梁溪詩鈔》，周有壬輯《梁溪文鈔》，侯學愈輯《梁溪文續鈔》，王直、王鑒輯《錫山文集》，侯晰輯《梁溪詞選》，楊敦原編《江陰詩存》，顧季慈編《江上詩鈔》，謝鼎鎔編《江上詩鈔補》等。而《無錫文庫》的編選，正是建築在前賢們這些努力的基礎之上。

本編收録歷代無錫籍作家的作品集一百多種。所收作家作品的時間下限爲民國。民國以後的作家作品，則進入第五輯《近現代名家名著存目》中，作爲存目處理。

按照經、史、子、集四部的傳統圖書分類，本編主要收録集部的作品；間亦酌情收録少量其他部類的作品，如顧憲成《顧端文公大學通考一卷大學質言一卷大學重定一卷》及《大學意一卷中庸意二卷大學説一卷中庸説一卷語孟説略二卷》屬經部四書類，徐弘祖《徐霞客遊記》屬史部地理類，李浚《松窗雜録》、費衮《梁溪漫志》和李詡《戒庵老人漫筆》等筆記體作品屬子部雜學類或子部小説類。這些著述或因版本珍稀，或因影響廣遠，故而收録。

本編之前數册，收録《梁溪文鈔》、《梁溪文續鈔》、《錫山遺響》、《錫山文集》、《梁溪詩鈔》、《續梁溪詩鈔》、《梁溪詞選》等無錫地區詩、詞、文總集；其餘各册，所收皆爲單集作品。

各總集内的作品，雖然與各單集内的作品會有少量的重復，但其中還收録有大量未選入本編單集中的作家作品，再加上這些作家的小傳，便使得這些總集具有了很高的文獻資料價值。

各册之間的順序，以歷史年代先後編排。所收録的單集作品，如卷帙較大者，則一種編爲一册或數册，如薛福成《薛叔耘遺著十六種》等；篇幅較小者，則或按年代先後，或按文體類别，或按家族關係，由數種編爲一册。

目録

履園文集

（清）錢泳撰

《履園文集》不分卷，又作《梅溪文集》，（清）錢泳撰，清錢氏述祖德堂抄本，無錫市圖書館藏。收記、傳、序、跋、論、説、銘、表等各體文章五十餘篇。履園其齋堂名，取義『履道貞吉』。

錢泳（一七五九—一八四四），初名鶴，字立群，號臺仙，又號梅溪、楳華溪居士，金匱人，晚年寓居常熟鈞諸。十七歲院試不售，自此不屑於仕進，以文治生。泳以讀書明理致用自勉，泛覽群籍，博物多識，精通六藝，畢沅辟爲掌書記，繼入秦震均、張井等人幕。又工書畫，尤精金石碑版，以訪碑、刻帖爲業，古人墨迹輒爲勾勒入石，與翁方綱、阮元等交遊尤深，刻有《詒晋齋帖》等存世。其一生著述六十餘種，有《履園叢話》、《履園金石目》、《履園畫學》、《履園譚詩》、《梅花溪詩草》、《水學贅言》、《登樓雜記》、《述德編》、《守望新書》、《説文識小録》、《錫山補志》等行世。自撰《梅花溪居士傳》，自爲《壽壙銘》、《年譜》，學生胡源、褚逢春爲其補輯《梅溪先生年譜》。

是編《讀書明理説》等多篇爲作者評騭説理之作，《保富安民論》、《三吴水利條議序》等則表達其經世之志。清代世風日下，文人墨客借諛墓之文以炫己，泳所撰墓誌則重傳主本人家世生平，樸實無華。錢泳行文不喜駢儷，目爲『抽黄對白家』。又視時文（八股）爲『虚架子』，『不知敗壞天下多少士習』。其文筆似行雲流水，自然流暢。

《履園文集》未見有別本傳世。本書據無錫市圖書館藏清錢氏述祖德堂抄本影印。

（蔡家彬）

履園文集

保富安民論

錢泳

蓋聞
聖人御世、首重安民。周禮治荒、保富第一、故凡遇有水旱凶災、兵警疫癘之歲、必待富人出而百事興焉。
太史公貨殖傳序云、君子富好行其德、小人富以適其力。人富而仁義附焉。以此言之、富之不可不保也。蓋保富即所以安民、安民即所以保富、其義一也。所謂保富者、不在官而在民、不在人而在己者何也。譬如其家有百金資者、舍以十金保之、有千金資者、舍以百金保之、有萬金資者、舍以千金保之、以此類推。苟能富而好禮、舍己從人、則天下萬民無不保矣。而尤必以知勇兼施、恩威並用。如親戚故舊、待以謙和、鄰里鄉黨、時多溫恤、而後能保也。保之之法、如勇敢者宜備、多能者宜備、鎗刀器械宜備、擊柝鳴鑼宜備、火箭鳥鎗宜備、狼筅石灰宜備、水龍宜備、矢石宜備、錢米酒肉宜備、每日操練、每夜守防、尤宜親鄰一德、鄉黨齊心、縱有盜賊覷覦、自亦聞風遠避。若人懷鄙吝、不能舍己、惜此錢財、既不同協力、又視為虛文、則盜賊一至、束手無援、不特被之搶擊一空、而反遭其荼毒、或立時殉命者有之矣或焚燒其廬舍或奸淫其婦女者有之矣可不警懼乎孟子曰死徙無出鄉鄉田同井出入相友守望相助疾病相扶持則百姓親睦所以必待富人出而百事興焉者正為此令奉

大吏示諭授以團練安民之法俾得家自為衛人自為兵者亦以此也蓋王公設險君子豫防古之定體也惟願

仁人君子鄉黨親朋各宜早自圖維不至臨時竭蹶允望同心協力取義成仁以仰體

上天好生之德毋負

皇朝養育之恩共享

昇平之福也則幸甚

齊侯造橋碑

嘉慶十九年江南旱人民饑金匱尤甚邑侯齊公憂之乃捐奉錢以倡又親勸富家大族凡得十有三萬四千餘緡令各賑其鄉里饑者賴以生寒者賴以暖百姓莫不感戴賑既畢尚餘六千緡有奇其明年歲大熟大吏上其事 天子嘉之擢拜刺史銜縣南四十里故有龍涯橋跨運河之上圮十七年矣即以所餘錢鳩工重建費不足又續捐錢二千餘緡改名豐樂以二十一年七月落成督工者為縣佐巴陵孫君瀛董其役者縣人華君瑞清徐君煽也侯諱彥槐字夢樹安徽婺源人中嘉慶十四年進士以翰林改官來宰是邑于是薦紳父老咸拜稽首而作頌曰

維歲閹茂雲漢是憂竭我水澤蕪我田疇田疇既蕪民食靡由誰其軫之洪維我侯侯念民艱爰捐奉錢謀及巨室親臨閭閻勸諭諄諄力竭心殫咸懷明德踴躍爭先活我萬民分慈三積侯曰汝錢歛汝朝夕胥匃任勞吏不防蝕蓋寡衆多縣無饑色縣南有河跨河有橋圮十七年待渡迢迢民食已豐餘緡未消侯維興建曾不容刀 帝鑑萬里罔如侯嘉擢以大夫眞 旌富家侯幸在邑此橋是急鳩工觀成民無病涉資既有藉橋成孔易因民之餘建民之利西望具區東連海隅昭我侯功千載不渝

驅馬蟻檄 十五歲作

爾馬蟻者賦形渺小，稟性庸愚、酣戰枯梨、橫行槐市、蜻蜓何罪、遭割肉之淫刑、赤蟻無辜、被斷頭之慘戮、加以隨風飄去、無憂絲髮之傷、經雨逃歸、每多兼弱之智、太守南柯之夢、猶有妖乎、董生越獄而逃、良不誣也、積成罪案、難罄刑書、茲者田真堂上、鬱鬱紫荊、淵明宅邊、垂垂楊柳、爾更成羣結黨、妄肆行兇、一捻未紅而凋謝、滿枝初綠已驚秋、甚至文窓綺户、啄殘錦繡河山、寶笈青箱、嚙斷聖賢言語、抑或與王爭肉、君臣之義何存、錯雜渾行、大小之分奚在、階前偶語、無非巧詐之謀、穴內偷窺、不少穿窬之計、此諸蟲所以不齒、萬木為之痛心者也、方今堯舜垂裳、忌及草木、四時雨露、萬物滋生、蟋蟀升堂、鳴蜩司令、螢資講讀、蛛相經綸、際此盛時、各任其職、豈容小醜、竊據前塀、若非舍舊圖新、我且醯蚳為醬、夫齊魯之大也、梁邑之廣也、幽燕之僻也、溪洞之深也、是處可居、安身皆室、移風縣之舊土、膠漆尚堅、雷馬嶺之故宮、亭臺猶麗、爾其遠離此地、適彼樂郊、鳴呼驅蚊罵蠅、往為成例、懵蟲討蚤、古有明條、凜斯旦旦之言、庶保區區之命、倘猶戀茲殘窟、長惡不悛、藐我刑章、窮凶如故、則將飛諸葛青龍之烈炬、救首奚從、抑且決淮陰濰水之囊沙、噬臍何及、此檄、

重建西莊橋碑記

余舊居之南有石梁曰西莊橋載金匱縣志寔南北通江之要津東西必由之大路也明時以木為之 國朝康熙初先曾祖耕麓公易以石三十四年乙亥先大父紹美公偕族人昆儀等始修之至乾隆己丑歲五月邑中大水橋遂圮時先君子錦山公為之倡而與諸鄉長募捐再為修建今歷五十餘年土崩石摧溪流洶洶然復有傾頹之患是一鄉之要務也伏念是橋吾家三世首倡捐修至小子泳家事中落游學四方不克承先人之志而里閭中又甚貧苦力耕不足以自給使其一旦覆壓而為行旅之所歎息者是余之罪也夫道光四年春余自虞山来故鄉省墳墓恐是橋之將圮而彌費工作也乃先以百金為助再命從子庭萱兒子曰奇等募鄉之善士又得百餘金孟夏之月鳩工集事更以巨石較前堅固聽攻石之硜硜不四旬而落成於是里中父老張樂酧神開筵列坐酒肴雜呈神歡民喜時和氣清橋人頌于水渚行者語于道塗共樂熙和之世咸興利濟之歌是不可無紀也為勒諸石

闕里石刻後記

泳以嘉慶三年九月北遊京師其明年春三月朔恭謁國子監
仰瞻　辟雍上彝倫堂伏覩東西兩廡石經心摹手追得窺美
富竟謂六經皆　夫子刪述惟孝經論語大學中庸諸經自
唐宋以來家弦户誦咸尊為孔氏之書因仿漢議郎蔡邕古隸
石經繕寫成帙其中章句字體與今本小有異同俱謹遵
聖祖仁皇帝　高宗純皇帝欽定各本於是欲刻諸石將立
闕里聖宮苦無力也爰有今任兩廣總督阮公元前任貴州
巡撫曾公燠兩淮鹽漕察院阿公克當阿皆為分俸以助刻石
始于嘉慶七年壬戌成于十九年甲戌凡得一百二十有四石
暫留揚州府學明倫堂又七年矣惟泳衣食奔走年老家貧不
獲運送曲阜心有未安至二十五年春因請之中丞陳公桂森
移于蘇州府學敬一亭上道光元年夏四月復蒙郡中諸薦紳
先生命工建立以垂永久泳不善書而喜于古隸雖草茅惡札
不足以傳示將來而諸經垂訓煌煌亦以昭我　國家稽古右
文崇　聖尊經之至意也

記

可莊記

吾邑城北郭外有長安橋為水陸孔道固闤闠塵囂雜
遝之所也族叔荆川翁世居于此自其祖青陽學博箴
三先生以來至翁已三世矣顧翁喜習靜愛泉石輒以
所居近市嘗忽忽不樂視其子蔭軒懋溪兩弟而告之
曰吾經營世務者數十年無一日之閒今老矣思卜築
於山巔水涯以樂餘年將從赤松子游耳兩弟聞之遂
日夜不遑思所以承父志而未得也其明年春即于所
居之東北隅數百步為搆某氏別業而墻築之引泉為
池疊石成嶺蒔吉祥之花種平安之竹翼以水閣界以
雕欄舊有紫藤一本蔓延夭矯于修篁喬木之上綠陰
滿地鳴鳥交欣春可憩秋可采而檻外荇藻交橫波平
若鏡游魚數十頭潑剌水面泠然有聲翁乃攜鳩杖坐
磐石啜苦茗或步櫱花前或呼盧榻上殊不自知其仍
在塵囂闤闠間也詩國風曰衡門之下可以棲遲韓昌
黎曰盤之泉可濯可沿遂名之曰可莊而請錢塘梁山
舟學士書之以顏其室嗚呼若蔭軒懋溪兩弟者可謂
善承父志者矣翁既歿之數年其孫質卿緗芸兩茂才
及子旭芝田諸姪輩俱能讀書習業其中亦翁之志也
泳家徙虞山三十餘年矣距可莊百里而近每當春秋

述祖德堂

佳日猶扁舟往來兩弟以余知之最深爲作記如此余亦嘗構小園于尚湖之上補梅數鶴頗勝于長安然以衣食奔走而又好爲山水之游或友朋往復或詩酒留連家居之日恒少以視夫翁之優游閭里安居守業全天倫之樂事者真不可同日而語也爲悵然者久之

元高士倪雲林先生補傳

先生姓倪氏名瓚字元鎮無錫人其先爲漢御史大夫寬之後宋建炎中有名益者奉天子命持節江東嘗登錫山愛其風土擇東北鄉之最僻者得祇陁里遂占籍焉祖椿父炳俱隱居不仕家本素封能爲善於鄉里稱祇陁倪氏云先生誕生時忽有一鶴飛來唳於所居之上及彌月剃胎髮乳媼抱於中堂又有數鶴翔集小兒亦踴躍懷中若遥相應和者莫不異之比長好讀書而不喜科舉之文迨母殁未數年而父又以疾卒哭泣悲哀喪葬盡禮事後母以孝聞母嘗有嗽疾一夕數起先生則未嘗解衣奉侍惟

謹鄉人有葛可久者善醫術聞先生孝行頗敬之療其母疾疾漸减遂謂之曰君能孝於親盍誦金剛經以延母壽乎先生素不信浮屠氏然猶日誦之如是者三月將欲延一二比邱司其事心維而未發也忽有長眉老僧杖錫來牽一蒼羊踵其門語閽者貧衲知檀越欲爲太夫人誦經故不遠千里至此閽者以告先生頗異之竊自念曰吾方起意未出之口而此僧已知之必有德行者已遂延之六時諷誦未匝月而母病以痊一日僧求去謂先生曰吾見天步折傷鶡冠騷動亂之兆也不出十年巨室其首禍乎先生亦曰二十年來鎮星繞帶天街太白出入過度天下

事我知之矣是夕僧忽去不知所之先生自此大散家財見義必爲雖貧交疏族咸爲周卹近隣無凍叟餓孚親戚無曠夫怨女所存百一盡以買金石圖書玩好之物充佇左右闢池館愼交遊騷人墨客無不羅至一時名士如虞伯生高季迪張伯雨鄭明德陳惟寅饒介之輩日相往來嘯歌自得而性嗜潔無論起居飲食必親視而後已尤愛梧桐樹每當夏日命平頭洗濯之如碧玉而先生則燒名香啜苦茗品評書畫科頭箕踞旁若無人怡然樂也自此清名達於海內至琉球日本朝鮮諸國莫不羨其風采欲一見之而不可得時僞吳張士誠據有三吳徵書迭至先

述祖德堂

生不得已遂避地於九峯三泖之間則楊維楨錢惟善陸居仁顧阿瑛皆在焉相與泛舟笠澤彈琴詠歌或策杖青山流連永日自以爲莫我知矣先是士誠有弟士信者爲僞丞相聲威赫然而頗好風雅慕先生名以厚幣求書畫先生怒曰吾豈能爲王門畫師耶裂其縑而去士信銜之未幾士信以領兵巡太湖舟中忽聞異香曰此百濯香也出自大食國窮鄉僻壤安得有此必倪瓚也蹤蹟之果然士信欲殺之遂扯其衣批其頰數殆而先生則斂躬閉目不出一言同遊儕侶力求之而免虎口既脫同遊者謂先生曰君被士信窘辱何無一言以自明乎先生曰若與辯

則俗矣先生自此在泖上賦詩作畫淹留數年嘗嘆曰何時得見時清歲康乎洪武三年僞吳既滅西北州郡次第皆平而天下歸於一統七年九月始還故里則鄉之所構雲林堂清閟閣雪鶴洞者爲亂民所據皆草煙而木瘁矣因借寓於江陰鄒維喬氏其明年會中秋月滿主人高張筵席綠醑清歌而先生則困於脾洩卧牀褥絕茶酒不勝杖屨勉力支持而猶賦詩有紅蠡綠醑將無分白髮青藤不自支之句是歲十一月十一日卒於寓廬春秋七十有四卽權厝於江陰習禮鄉越一年始歸葬於祇陁故里之芙蓉山祖墓夫人蔣氏名圓明通詩禮能六法有趙松雪

述祖德堂

管仲姬之風先七年卒遂合葬焉有二子長益民早世次益羽號耕逸能世其家云

梅溪氏曰士君子立身行己豈有常哉採西山之薇飲柴桑之酒皆足以潔其身而行其志身將隱矣焉用文爲吾甚爲先生惜之也悲夫

陸緯江先生小傳

先生姓陸氏諱穆字位公長洲人祖諱含章 國朝旌表孝子私諡純孝先生父諱燦字人文生三子先生其長也少稟訓父祖誦詩讀書宗族稱之比長補博士弟子員旋食廩餼舉明經朝考列二等得校官歷任興化懷寧儒學訓導先生家本素封嘗布衣蔬食簾閣據几丹鉛雜陳對一卷書不知有戶外事其與人交謙和醇謹若不能容而又樂善好施三十年如一日也先生以康熙五十四年九月卒春秋五十有七其論定古今文有慧業樓文選二百卷及所著詩文皆刊板行世

梅溪氏曰余聞緯江先生官懷寧時有同僚蔡某死貧不能治喪事先生賻米百斛給之可謂有仁心仁聞者矣以素封子弟而不以聲色貨利動其心自甘淡泊不忝先人嗚呼難哉

吳鏡江小傳

吳君鏡江名鑄金匱梅里人祖觀周邑諸生有文名父德星任俠而家甚貧長子俠君早喪因復娶妾不一年德星卒君其遺腹子也生數月母去其嫂黃氏育之得以成人余族兄嘯樓為黃氏立傳事詳傳中君生而羸弱七歲受書過目即了了比長娶楊氏生一女游學于吳中工詩及書精篆刻時人器之年三十得疾隱之恐傷嫂氏心也越二年疾益甚知不起乃歸家盡出祖父所遺書陳之案上且讀且燒涕淚橫集嫂詢之伏地而謝曰鑄不幸父母沒于未生之前生母去于繈褓之中鑄之得以成人至今延先人嗣者賴有嫂也既不得揚名顯親慰先人于地下又不克有子以成嫂志而疾且不起我死必棄我於路衢以彰不孝之罪言訖皆大哭失聲及疾革索紙筆書數千言其卒章曰必以族子某為兄後庶不負嫂志也以乾隆四十六年二月卒年三十三後一年嫂黃氏亦卒乃立某為嗣續其兄後焉

梅溪氏曰余讀黃氏傳至絕潼忽生而君得生長此豈非天哉然天既生之以延吳氏而卒至夭絕何與雖然君不生而黃氏之志不彰矣悲夫

梅花溪居士傳

居士不詳其姓字宅邊有小溪種梅花百本因以為號焉居士善鼓琴不齷齪於宮商好讀書不亟亟于名利家貧屢空嘗負米以養其父母西遊于宛洛東浮乎滄海北走齊魯燕趙之間南至瀟湘雲夢兩浙十閩所見名山大川可喜可愕之事一一皆筆之書書不能盡者則寄之畫人有勸其干祿者居士笑不應父母既沒有二子能自食矣乃發憤著書成述德編一百卷喜為隸古書又寫十三經以自娛世人莫不非笑之而居士亦置若罔聞也嘗仿趙岐作生壙植松楸預立碑刻生平交遊名字乃命其子曰昔皇甫元晏死棺中僅置孝經一卷不設几位元酒而奠吾百年後汝等其行之其風趣如此後移家釣渚十餘年端居杜門蕭然自得遂挈妻子入虞山久而不返不知其所終云

賛曰靖節先生嘗言張長公世路多端獨養其志居士豈其儔歟蓋飲河既足自外皆休後千百年當必有知其志者矣

日本徂徠先生小傳

徂徠先生物茂卿本名雙松有所避以字行國之江戶人其先為荻生氏物部守屋後也父方菴以醫術官於大府延寳中坐事貶上總時茂卿年十四亦隨父行而喜讀書頴敏不羣有遠志上總三面皆海離處于田夫野老蛋戶鹺丁中旣乏書籍又無師友偶繙舊篋得其大父仲山府君手抄大學諺解一冊熟讀而靜思之從此該貫羣籍博識洽文每讀一書輙為標注見者莫不畏之越十年值父以恩澤赦還東都卜居于芝街父母亦旋歿一貧如洗舌耕自給遇柳澤氏以功封侯知茂卿名召為掌書記始釋褐侯甚愛敬之然其祿尚微迨侯益受封茂卿亦益其秩至官五百石非其好也茂卿初服程朱學嘗著蘐園隨筆自娛旣而翻然改遂痛駁性理又傚明李于鱗脩古文辭并將唐宋以来諸儒之說一切排斥之不免為侏儒缺舌然其豪邁卓識激昂慷慨宏文鉅著已足籠蓋一世而尤好兵家言著孫子解及韜鈐錄涉獵殆盡遂視七書為空談而謂戚繼光有實用又創造一家象棋以寓戎機名廣象棋其子凡百八十而局則仍用棋局其陳列軍伍攻擊守禦無不備焉一日門下諸生會講韓非子議論鋒生茂卿在坐獨箝口不言諸生不悅曰先生何無折中耶茂卿屏氣曰此書余嘗有成說將待明日示之而是夜

始下筆纍纍數千言滿座為之傾倒生平無他嗜好而重養
生法以為人生飲食居處以至出入動止應接賓朋之事苟
可以傷生者吾弗為也而頗自負嘗謂人曰吾死後所有遺
文逸事必當傳遠然海內無真知我者知我者其惟聖人乎
以享保戊申正月十九日卒於家年六十二門下諸生為之
發喪葬于芝三田長松寺之壽命山猗蘭侯為撰墓志莒鳥
石書之刻甫畢遠近爭傳往來模搨者日以千計其為當時
所重如此所著有論語徵二十卷辯道一卷辯名四卷又五
井蘭洲非物中井竹山非徵服蘇門燃犀錄諸書若干卷初
茂卿生時其母夢有人以兩松枝插簷際而生故名雙松及
長自號徂徠取詩魯頌徂徠之松之義也國之學者如太宰
純服元喬皆其弟子咸稱為徂徠先生云
右徂徠先生小傳一篇據日本原善公道所著先哲叢
談為之損益成文非敢臆撰也後之覽者幸諒之泳自
記

資治通鑑續編序

續資治通鑑二百二十卷故兵部尚書兩湖總督畢秋
帆先生沅之所撰也嘗考自司馬温公撰資治通鑑之後
雖有薛氏王氏之續而紀述踈漏月日顛倒又略於遼
金夏事尚不足以傳世
本朝康熙中大司寇徐乾學所纂者較優于兩家而所
引書籍猶多未備如李燾長編僅有前半部李心傳繫
年要錄則全未寓目也乾隆四十年
高宗純皇帝詔撰四庫全書由是海內奇文秘籍及
內府所藏永樂大典悉經儒臣寫定其間史籍傳記地
志文集事涉宋元者無慮數十百種皆前人所未寓目
畢公皆為購抄以廣異聞而資考證故其敘述事蹟首
尾完善于遼金兩代尤為賅洽南北紀載傳聞各殊亦
多持平之論又仿温公之例撰為攷異斟酌去取皆有
依據視薛王徐三家更為精博不特卷帙倍之而已也
温公書年號皆以後改者為定此書亦遵其例獨於兩
朝授受之際如太平興國元年十一月以前仍為開寶
係之太祖建炎元年五月以前仍為靖康係之欽宗此
類特為正名雖少變司馬氏之法而義例實過之大抵
鉤摘瑣細攷正異同是其所長按是書昉於乾隆五十二

年冬、正畢公任河南巡撫時也、先是有山陰、章進士學誠者、為邵學士晋涵弟子、明於史學、該貫古今、畢公延之入幕、既與商定體例、輯錄成書、而復求是正于錢宮詹大昕者年餘、適以楚南苗民滋事、軍事倥傯、終未付梓、慎之至也、至嘉慶五年、畢公前已物故、家事紛紜、故所藏圖籍散佚殆盡、惟此書為嘉興馮編修集梧所得、遂將原稾付梓、凡費白金若干兩、乃印未數十部而編修卒、今原板幸存、恐其散失、必當亟為刷印、以廣流傳、俾海內之士、共瞻七百年來治忽所關、不至有湮沒無聞之歎、其中義激忠軀、廉頑立懦、寔足備人臣進講之用、且可以上之
史館奏進
經筵、不僅藏諸私家、為學者不可少之書也、爰序其大略如此、

金石文字類編序 代畢秋帆中丞作

余撫秦豫先後凡十有四年、政事之餘、百廢皆作、因思關內外為古帝王都、其間陵寢故宮不知凡幾、間與一二好古之士、搜訪兩漢以下暨唐宋元碑刻、得若干種、撮其指要、訂其源流、作關中中州金石二記、去年秋八月、又奉 天子命總制兩湖、時以荊州水災賑恤人民、修築城郭、未遑言此、今年九月、又泛洞庭、循沅湘、謁衡嶽、過長沙以歸、暇時取金石拓本置案頭摩挲、區別各以類聚、視二記所未備者、又得鐘鼎彝器銘一卷、錢幣貨布文一卷、秦漢職官印一卷、秦漢鏡銘一卷、秦漢瓦當文一卷、漢石經殘字一卷、漢三國六朝磚文一卷、及金石雜器題字一卷、合八卷、各為摹拓其文、名之曰金石文字類編、以俟世之博識君子、蓋金石之學、實足與史傳相表裏、如歐陽父子趙氏洪氏諸集錄此其志也、後世習焉不察、久而成風、搜奇愈多、古物愈少、甫得一二殘碑斷碣、秘而藏之篋中、或與好事者相比擬、便栩栩自足、居博古之名、嗚呼、失其旨矣、夫古人之所以製一物成一器、立一碑者、不過因時而制度、隨事以成文、非有求於後人之寶玩也、亦非有意于垂示後人而為之典則也、而後之人誦詩讀書、慕古人不得見、見有一物一器一碑之留於人間、從而咨嗟嘆賞、珍藏考訂之、某也真、某也偽、或史傳中未盡者、而金石詳之、史傳中所缺者、而金石及之、於以洞燭古今

以廣異聞以發明乎史傳亦誠有所不可已也歐陽公曰吾集錄前世埋沒缺落之文而藏之者豈徒出於嗜好之僻而以為耳目之玩哉其為所得亦已多矣趙德夫曰史牒出於後人之手不能無失刻辭當時所立可信不疑洪文惠曰亦翰墨之一助此三君子之言余嘗誦之周秦已前不可考矣而今之僅存者又不知其幾經風雨之消磨兵火之毀壞幸而傳之今日雖斷石殘金亦有足寶貴者然則余之言金石也豈敢比於歐陽趙洪婁諸公之集錄哉將以明夫博古之旨云爾

三吳水利條議序

族祖庸亭先生淹貫古今留心經濟為諸生時嘗請減蘇松浮糧若干萬石事不果行而一時大吏莫不韙其言論後中順治十五年進士康熙己未歲以庶吉士彭會淇薦舉應博學宏詞科　御試一等授編修前內閣學士翰林修撰榮其元孫也先生著有三吳水利條議六篇惜未梓行人亦莫有見者道光三年春余遊天台還吳中由四月上旬下雨至於六月七月河水汎溢停泓久之不泄而加之以寧國建康宣歙天目諸山之水滙流入於具區遂使蘇松常鎮杭嘉湖七府州縣俱被水災雖有輕重之不同而要之中吳為尤甚民舍田禾湮沒過半耕農離散租税無餘此　國朝一百八十年來所未經見者也余嘗謂三吳水利西有太湖之蓄泄東有江海之利便故厥田惟上上而人民財賦亦較他省為繁多實天下之膏腴江東之大都會也雖設有水利之官而頻歲雨暘時若屢獲豐年豈知水之為害若斯之甚者因思及先生條議一書乃於族弟斗槎家喜獲此藁伏而讀之始知五堰之不可不開舊壩之不可不移三江之不可不濬反覆詳言瞭如指掌實有切於國計民生然則三江既通舊壩既築五堰既深庶幾三吳之水患可紓是所謂繼禹之蹟萬世之利也遂付之剞劂氏以呈　當代大人先生明於水利者採擇焉

海外新書小序

日本在東海中離江南數千里而能崇尚文學通詩禮著作之家亦層見疊出如藤原肅號惺窩林忠號羅山朱之瑜號舜水山崎嘉號闇齋伊藤維楨號仁齋貝原篤信號益軒高元岱號天漪森尚謙號儼塾源君美號白石太宰純號春臺服元喬號南郭宇鼎號明霞皆其選也先是彼國之享保中有儒者曰物茂卿所著有辨道一卷辨名四卷凡六萬餘言皆以經證經折衷孔子並無浮詞汎說參錯其閒觀其大畧首尾完善海外人有如此清才亦罕見者泳鄉居多暇無所用心爲之鈔錄成編命之曰海外新書其餘尚有大東世語資治論先哲叢譚樂府文話劄記諸作尚當選而續之也謹案

欽定四庫全書提要有日本西條掌書記山井鼎所著之七經孟子攷文二百六卷已載入經部仰見我

皇朝尊經稽古

振興文學雖外域邊徼之書亦所

收錄可謂

大公無私

德同天地者矣秀水鄭君曉山博雅士也與余同志先將茂卿之書寫付梓人以傳好事云

寶漢齋印畧序

張君芷原博雅嗜古精心六書嘗遊關中購秦漢魏晉印甚夥又於其友人處所得合舊時所藏凡若干枚輯爲印譜示余且命題其卷首按印譜之作昉於宋宣和後王厚之王球趙孟頫錢選吾衍楊遵吴孟思葉景修沈潤卿郎叔寶顧從德輩並有譜傳世諸家或存或不存而顧氏印藪爲最備觀其分列職官蠻夷私印引書據典精確詳明誠爲近代罕有顧氏訖今二百餘年其閒兵火幾經散佚殆盡鬻古之家真僞雜出即有購得一二者率皆好事無稽斯道其幾絶矣張君生顧氏二百年後而好學深思與前賢相契合自當與印藪並傳不朽者歐陽公有言曰物長聚於所好而嘗得於有力之疆余爲有力而不好雖商彝周鼎之滿堂何異於市人賞鑒無力而好之即殘金斷石之僅存亦足以資考訂而助翰墨也張君之志猶是也

題武林宗支譜序

譜者所以收族也而必本於尊祖蓋尊祖故敬宗敬宗故收族也蘇老泉之言曰吾所與相視如途人者其初兄弟也兄弟其初一人之身也悲夫一人之身分而至於途人遂至喜不慶憂不弔親疏之不別支派之不分且有忘其邇而求之遠問其先世而茫然不知者嗚呼此又老泉所謂勢也勢吾無如之何也吾祖武肅王崛起臨安立國保民傳及三世至忠懿王歸國入宋族屬隨至汴京者蓋三千餘人迨建炎南遷始歸吳越世既遠而派益繁至今垂千餘年子孫雲礽幾遍天下矣然武林為吳越國舊治族裔頗多且錢氏墳廟半在錢塘是不可無譜也乾隆甲寅之春泳以忠獻王墓事自梁溪來杭又以表忠觀摧隤已甚請之大吏給欵重修凡五閱月而訖工泳於監修之暇與諸宗人往來談及先世遺文佚事則有德如明府少峒明經暨聲聞春林兩茂才首禮舒源兩上舍皆慨然興舉乃搜集大宗慶系諸譜祠堂墳墓諸編及各支世系輯為六卷其中漏畧實多然賴此以存什一泳嘗往來吳越閒登會稽之山觀曲江之濤南遊乎八閩北抵於京口其閒山川繡錯沃野數千里考志乘問遺蹟雖閭巷小民尚能言武肅忠懿諸王之豐功偉烈況吾儕為子孫者豈可忘其所祖忍使譜牒之散亡而不以示之後人哉苟有賢者起而重為增輯之補其未逮訂其得失能不忘祖德宗功且善守祠堂墳墓歲時祭祀長幼有序使不至視為途之人則尊祖敬宗收族之有由支派親疏遠邇之有別庶幾無愧於前而善啟於後也譜既成諸宗人命泳為序屢辭不獲命爰識於册尾云

鳳仙花譜序

泳嘗論天地生物遞更遞換唐虞三代之鳥獸草木與今時所生之鳥獸草木不知其幾經變改不可以一律拘也人自不留心耳至如鳳仙花不載於太平御覽然唐何扶送閩州伎人歸楚詩有云王蟾露冷梁塵暗金鳳花開雲葉秋李長吉亦有花房夜搗紅守宮之句則唐時已有之矣伏讀
聖祖仁皇帝廣羣芳譜載之甚詳大約是花至
國朝而極盛耳昔先君子於乾隆中葉最愛鳳仙花繞砌盈階不下數十百本來觀者如入萬花谷中不知世上尚有牡丹芍藥也何也以其有變換無雷同如六朝詞賦徐庾鮑謝各自名家如今年收紅子明年可以變白今年收白子明年可以變灑金單葉者忽變而為千葉千葉者亦可以變單葉祇須灌溉有法培植得宜便生出無窮妙諦有生平從未經見之奇者亦如士君子學問文章千變萬化所以名之曰仙也是時先君子年五十餘嘗命酒花前引壺獨酌顧謂泳曰昔宋歐陽永叔有洛陽牡丹記王觀有芍藥譜范石湖有梅譜劉蒙史正志俱有菊譜趙時庚有蘭譜陳思有海棠譜吾將輯鳳仙花譜而未遑也迨七十以後灌溉稍疎花亦漸變平平無奇乃嘆曰開府有言生意盡矣然見隣舍家種此花猶留連不忍去嗚呼是譜也固先君子之志也道光癸酉歲泳卜居尚湖之翁莊兒輩又種是花五色陸離不可名狀又得江陰陳氏種子並載其栽培之法釋其命名之雅彙而輯之以補先君子未遂之志云

寄袁簡齋太史書

憶自丙午歲十一月、先生自閩越來吳、張君止原邀遊西山、因得拜見顏色于金閶舟中、是時風雨濫遙、山空絕跡、而先生著雨具、乘肩輿、必欲一探靈巖天平寒山諸勝、泳亦相隨左右、凡三日、暮舟中無事、聽先生縱談古今、及山水鬼神可喜可愕之狀、令人聞所不聞、又及先生故鄉風景、而泳以拙作西湖詩四首呈于先生、初蒙見許、既又入隨園詩話中、足見先生引進後學惓惓之盛意、泳且感且慚、不知所為、倏忽三年、來舟車僕僕、于詩書一道、了不關心矣、今年春、應秋帆尚書召、作鄂渚之遊、公事之餘、偶讀尊著小倉山房詩文集、凡十日畢、其始也、懵然、既而疑、又既而覺、久之、乃不自知其手之舞之足之蹈之也、泳生二十八年矣、幼承家君之訓、頗知讀書、未嘗受業師傅、厥後貧日甚、不得已、奔走四方、得交于當世士大夫、若者窮經傳、若者通史書、若者工騷賦詞章、或佞佛、或談仙、或好琴棋書翰、以為有一于此、皆可以交、皆可以為吾之師傅、貪多務得、細大不捐、從而談論之、探討之、則專經者、以痛罵宋儒為首務、蒭搜博采、穿鑿附會、濫集前言、以為我有、而栩栩自立于儒林、通史者、但記其姓名爵里、某人為何代人、某事為何代事、某字刊誤也、某字某本無之也、而其間徹上徹下、治亂興亡之道、茫如也、其所謂工於騷賦詞章、而不知天地古今為何物、莫怪矣、佞佛者、談仙者、或勸人寂滅、或虛無飄渺、甚者忘其身、以及其家、則又所謂好琴棋書翰者、其流于玩物喪志也、亦宜、朝而思之、投筯不食者數矣、暮而思之、反側不寐者數矣、如喑啞不識字之人、聽鄉曲愚民高談故事、心欲辨其是非、口不能言、而筆不能書也、既而慨然曰、安用彼齗齗者為、讀書而明理可也、讀書而取科第亦可也、使不能取科第、立功成名、而吾之父母可事也、兄弟可友也、妻子可教也、又吾之田園可耕可桑、而食之衣之也、生與日月為隣、死與草木為伍、而何有於是耶、是以悠悠忽忽、如夢如癡、終不自解、因裹一囊、攜一僕、作遊食之民、逐什一之利、其得與不得、亦視科第然、善哉乎先生之論議也、其所以發人聾聵者多也、所以補偏救弊者善也、而不覺恍然有所得也、今之世、吾知其為堯舜之世也、不知其他、第士習之弊、日甚一日、師道之教、日衰一日、設有禹稷者起、為之疏其流而導其源、循其本末、暢其理道、孰為先、孰為後、知聖人之所以入以事其父兄、出以事其長上者之謂何、如是則師道立、師道立則士習正、士習正則凡百聾聵偏倚之徒、皆可得而教、嗚呼、吾知其不能也、勢也、亦無如之何也、然先生之言具在、吾今而後、可以不喑啞而不夢不癡也、泳不肖、既不善讀書、又少識世務、科舉之學、已置之高閣數年矣、今讀先生集、幡然有所興起、倘他日能自樹立、皆先生賜也、泳再拜、

故資政大夫都察院左僉都御史陳公神道碑

故資政大夫都察院左僉都御史陳公以雍正元年奉　命祭告遼太祖陵事既畢力疾歸　朝卒于旅館越十有二年葬會稽平水孫家滙之原又越五十有七年公從曾孫廣寧以神道之碑未立乞言于余余不敢以不文辭按狀公姓陳氏諱允恭字無逸又號南麓其先本浙之山陰縣人後占籍粵西故公由平樂籍起家登康熙　年進士授翰林院庶吉士遷編修歷官給事中掌登聞鼓院晉太常少卿轉左右通政尋擢都察院左僉都御史先後服官俱以勤慎著當公之在官也主試江右以得士稱故事新孝廉有公車費行省官奉歸主試者為磨勘

資公謂東公衡文即有悞當坐不宜以賄免拒不受廣西鹽法道陸曾以虧帑褫職當路謂罷官則帑不可追將復其官公力疏論之遂削職治其事雲貴川廣湖南諸境土官阻塞　王化彼此爭鬥甚則陰率其人闌入內地害居民耕牧公密疏推恩土官群子弟計土均析各受職銜不相統屬以流官撫監之

聖祖深以為然格于吏議不及行秋審決囚有張某者已擬大辟情可矜公力持之得減死前後保舉官若給事中馬之鵬兩淮鹽政叚志熙廣東鹽運副使孔興璉等居官有政聲以主師禮來謁俱謝不見不敢市私恩也某大僚者嘗為二千石某達意請奉千金為壽顧比門下士公厲聲叱之蓋惡其黑吏云

總公居官在臺諫時多能力振紀綱杜絕私謁然不欲毛舉細事苟且塞責所條奏皆關國計民瘼奏上輒自焚草雖家人輩無由知也公長身玉立美須髯目炯炯四射幼聰慧甫六齡能日誦數千言輒以己意釋經字與爾雅合性尤至孝孫延齡之亂粵西失守舉家避亂深山箐路崎嶇中必負母以趨既丁外艱哀毀骨立服闋後不欲補官母勉以大義乃行生平儉于自奉然慷慨好施予宗族親黨有匱乏者輒傾囊濟之其他嘉言善行詳其大不及載公祖諱堯化即廣西始遷祖父諱理皆贈如公官祖妣王氏妣林氏俱贈太夫人配林氏繼配林氏封夫人先公卒公卒以雍正二年二月初八日春秋六十有二子男

七人長奕思平樂縣庠生次齊斂江南鎮江府通判次齊賢陝西鄜州知州次齊芳湖北藍利縣知縣次齊庶刑部直隸司員外三人俱雍正元年舉人次齊綬　恩蔭生次齊紳登乾隆十七年進士授翰林編修孫男十人聖肇聖震聖基聖謨聖端聖時聖清聖文聖武聖佐聖瑞官刑部陝西司郎中聖時官山東道監察御史公雅好林泉工吟詠嘗築北園于山陰故里之玉屏山與越中諸名士飲酒賦詩亭榭之工記錄皆滿當時傳為盛事著有什一集一卷拾遺錄二卷祥琴集一卷春明集二卷北園詩集三卷蟲魚集二卷擷芳集十卷南北史約十五卷素善書長于行草有求者輒遜謝以是人鮮知之云銘曰

公之自出肇于有嬀忠鯁抗直秉德不違天生喆人為 國家
佐整肅紀綱屏絶附和蓬蓬白雲護是幽宮於我千年保馬鬣
封

吳越國恭懿夫人吳氏墓表

夫人姓吳氏諱漢月錢塘人父珂官中直指揮使初以婉淑侍
文穆王忠懿王其所出也夫人善鼓琴性慈惠而節儉頗尚黃
老學居常被服惟布練而已每聞王決重刑必顰慼以仁恕為
言諸吳每有遷秩皆峻阻之及其入見多加訓厲故諸吳終夫
人之世不甚驕恣乾祐三年春忠懿王嗣位十一月詔封吳越
國順德太夫人廣順元年六月薨年四十謚恭懿是年秋勅葬
於國城龍山慈雲嶺之西原後八百四十四年乾隆乙卯之三
月第廿九世孫錢泳自梁溪来杭瞻省錢塘墳廟傷封樹之無
存也謹為刻石以表其側銘曰
慈雲悠悠兮龍山崇窿歸國為藩兮雲去山空越八百禩兮存
此幽宮子孫其保之兮世世罔窮

明故處士憶梅馮公墓表

君諱宗吉姓馮氏字憶梅其先本出宋左丞相周必大弟進士必昌後隨高宗南渡始居浙中進士生汴京宣撫使賜祿賜祿生子璋字達園私謚道隱先生娶馮遂改姓馮氏是為君曾祖君為司馬君元孚之孫茂才君陽庭之第三子也君世業儒當至正洪武間天下初集人民未附海內之士咸潛身匿影老死於山澤中滔滔皆是故君生平行事著述其詳俱不可得而聞矣君娶徐氏諱淑清為外舅所鍾愛常依徐以終其身君與徐既沒即葬海鹽縣之太康里徐氏先塋其塋狀如棋盤相傳形家言必兩姓同葬廼吉故祔焉然自明至今未嘗祭掃嘉慶十八年冬裔孫光熏等始按譜牒拜墓下爰告諸徐氏刻貞石而表之銘曰

徐氏大墓形如棋盤兩家同葬隨其所安春秋易遷越三百年子孫始來刻石表焉松柏蟠蟠郎墳連連一局為歡萬世是傳

例授修職佐郎歲貢生候選儒學訓導鄉飲大賓嘯樓錢君墓志銘

君諱俊選字宗啓自號嘯樓金匱南延鄉人初吳越武肅王六世孫進為宋承奉郎大中祥符間自秀州遷梁溪遂世居焉君為武肅三十世孫也高祖諱爾登明崇禎十六年進士出為浙江長興縣知縣有政聲從祀東林曾祖諱法祖諱用享早卒父諱大生俱邑諸生君生十五歲而孤事母曹孺人甚謹好讀書博綜羣籍比長補縣學生旋食廩餼能刻勵為學不為世儒之習嘗屢試不中第家貧無資以教授生徒自給宴如也乾隆甲辰歲始貢入成均時年六十餘猶手一編孜孜矻矻終日無倦容君孝友出天性尤敦睦於宗族所居馬橋里有鎮樸堂為長興公所築年久將頹君為重建堂東偏有家祠軍鄣山有祖墓俱已荒廢又為百計倡捐與族人修治之雖家無餘糧不顧也族中有建義莊者君為之定科條設章程咸信服君即舉君董其事至三十年如一日性耿介不輕取與子弟有過失每面斥之見人有一善即喜形於色至邑之志乘家之譜牒有關鄉黨宗族者必釐正而後已尤邃于輿地之學中年得顧祖禹方輿紀要讀之凡九州之道理山川之形勢莫不洞燭胸中以為地圖必準天度又究心于律歷者十餘年圖史離陳繪注無虛日著有春秋左傳地名考十二卷又刻讀史備覽圖一卷為文不

事雕飾，以兩漢為宗，而參之以昌黎、廬陵，故其文淵放閎偉，有古大家風。有嘯樓詩文稿二十卷。平生所見載籍而未經人道者，輒為收輯，仿唐荊州稗編之例，成亦欲編五十餘卷，皆手自鈔錄。暇時坐臥一樓，喜撫琴，作數弄，又善吹洞簫，因探究樂書還相為宮之說，至忘寢食。偶得兩漢、六朝、唐宋之碑，摩挲不忍釋手，為一一攷訂之。其勤學好問，淹貫古今，類如此。初，君以母夫人年老多病，不能遠遊，將赴試暨陽，母夫人囑以買枇杷數枚，及歸而母病革，遂終身不食枇杷。晚年家居，聽人說忠孝事，輒痛哭不能已，流淚盈襟，仁人之心，見于意表。嘉慶元年，朝廷將舉孝廉方正，族祖繡峯先生謂之曰：君文行卓然，足膺是舉。君惟笑而不荅。八年癸亥，縣官方舉君鄉飲大賓，而君已病矣，即以是年八月二十三日卒，年八十有一。元配李氏，先卒；繼配王氏，後十年卒。子一人，世衡，業儒。女五人，皆為士人妻。孫二人，工賢、工貴。曾孫二人，瑗、璋。以二十五年庚辰三月十六日，始與李、王兩夫人合葬于軍鄣山陽岐鴟蒲扇峯祖塋之昭，禮也。嗚呼！泳與君為同族兄弟，君為忠獻王後，泳為忠懿王後，支派已遠，而歲時祭祀、婚喪往來，雖親手足莫能加也。而泳少時又嘗以所業質于君，君必為之斟酌字句，指示得失，雖親師友亦莫能加也。是以君一生行事，知之最深。泳不能文，謹就世衡所述行略，書之壙中，然未足以闡幽光（表）潛德，尚冀世之作者為之立傳，以垂示于無窮，不亦韙歟？乃系之以銘曰：

天生人材，爛其如雲，惟嶽降靈，乃生我君。君之文章，長江大河，有志未遂，立言孔多。君之懿行，清泉白石，八十一年，始歸其室。淼淼具區，鬱鬱高松，於千萬年，視此幽宮。

福建臺灣縣丞邺贈世襲雲騎尉薪庵陳公事狀

公諱聖傳、字授一、號薪菴、又號三三居士、浙之山陰下方橋人、曾祖厚菴公諱理、官廣西平樂府司獄、孔兵之亂、曾救釋被掠婦女數百人、以隱德聞、長子諱允恭、登康熙三十三年進士、贈資政大夫左僉都御史、次即祖誕江公諱廷綸、登康熙三十九年進士、由吏部郎中出守陝西鞏昌府、自捐資開墾達兒免地畝、以軍功加六級、奉 旨議叙、尋丁憂去官、服除、補安徽廬州府知府、攝按察使事、考明齋公諱裔襄、以雍正七年保舉賢良方正科 朝考一等、分發貴州、以知縣用、辦理烏蒙軍需有功、題補同仁、因詳請豁免陋規、忤上官、遂入揭部科、發總督鄂公詳審革任、鄂公知其賢、以廉直上 聞、仍請留黔効力、時以都勻古州黎平苗民亂、得軍功起官 召對、稱旨、歷任至江西廣饒九南道、子八人、公其次也、公自幼穎悟、善為詩文、以曾祖厚菴公寄籍平樂、中式乾隆十五年廣西舉人、三上春官不第、由豫工例選授四川夔州雲陽鹽場大使、三十年、充鄉試同考官、并充武闈閱卷、以得士稱、其明年、明齋公薨於籍、公聞訃哭泣奔喪、如禮、廬墓者三年、服闋、補福建詔安鹽場大使、一切設施布置、多所裨益、四十二年、復充同考官、秩滿、例轉知縣、頗與上官意相左、調補順昌丞、凡歷十二年、政通人和、慈祥愷悌、同寮服其德、而民人亦感頌焉、中丞徐公素知公有賢能聲、委署將

樂縣年餘、旋調臺灣丞、駐劄羅漢門、不數月間、而林逆之難作矣、方林逆兆禍、事在五十一年十月廿八日、公奉委守斗六門、斗六門者、臺北要區也、公至不旬日、官兵未集、賊往來者數四、勢甚張、公乃糾集村民三百餘人、備置器械、日夜防禦、至十一月一日、賊忽率衆來攻、擊四野、鎗炮不絕、公即操戈上馬、揮村民飛騎接戰、殺賊數百人、賊見我兵奮勇爭先、無不一以當十者、因大驚却走數十里、然斗六門故瘠地、自賊人蟻聚北路、官兵不能通、村落皆焚燒、時值隆冬、風雪交作、老幼婦女多半逃亾、而公獨與村民堅守不動、明年春、厲氛日惡、正月廿一日、天乍明、遠見賊兵數千人洶洶而來、公知事急、乃走呼村民曰、令日之事、衆寡不敵、進退難决、諸君能從我者、聽我令、病者去、老弱者去、底得百餘人、乃分左右翼、冀截其中道、賊果魚貫而至、公揮左右翼兩相夾攻、不利、村民半死半走、或有勸公且引退、公叱之曰、我祖宗世受 國恩、方思所以報○○天子、而乃敢偷活於斯時、以負我職守耶、因獨與僕人顧景騎二騎、負弓矢直進賊營、大呼曰、我縣丞陳某也、特來諭汝、并責以君臣大義、賊衆怒、持白刃向公、公指賊謾罵曰、爾等毋猖獗、不日而勦滅矣、賊愈怒、矢石交下、公墜馬、罵聲猶不絕口、遂遇害於溝仔背庄云、迨○○天子命輔畧將軍嘉勇公率大兵南下、打通北路、賊始懼逃竄入山、然是時距公死已十月矣、先是庄人張啟悲公死

難、收公首及僕人顧景首瘞之庄畔、為標識之、故事後猶得以歸元也、公生於雍正七年九月三日、遇難於乾隆五十二年正月廿一日、春秋五十有九、元配邰氏、康熙辛卯科舉人貴州石阡府知府一珩公女、先卒、繼配祝氏、廣西太平府知事廷梓公女、後公一年卒、俱例封宜人、子一、廣潤早卒、女三、長適國學生沈松如、次適國學生諸核本、次適周愷、臺灣既平、天子勅核死事諸臣、當事奏公狀以聞、奉旨陳聖傳等平日居官尚能循分供職、臨難又復捐軀、深堪憫惻、著交部從優議恤、欽賜安葬銀一百兩、春秋致祭銀每次六兩、恩給世襲雲騎尉、以弟聖修子廣寧承襲、公根性孝弟、舉止靜默、包涵蘊蓄、一本於自然、初明齋公官銅仁落職時、三旬九食、備極艱辛、而公與伯兄豁菴公、弟岸亭公、誦詩讀書、兄弟間自相師友、雖顛沛中能盡棣萼之歡、後相繼登甲乙科、並通釋家之學、一切禪經內典、無不貫習之、公嘗遊會稽山、遇道士、授以古鏡一枚、并告之曰、爾生平事業、可以此鑑之、後官閩中、嘗對鏡嗟吁、人不解其故、及渡海、一日、謂家人曰、吾明年其死于難乎、家人駭問之、終不言、然則公蓋先有以知之矣、所著詩文若干卷、皆散佚海外、今惟存四書文一卷、及著釋內典數卷而已、公歷仕閩蜀廿餘年、居官諸善政、不能詳述、今止敘遇難本末、呈於當代大人先生、必有能錫之志傳、以光揚休命者、謹狀、

題種石山房印譜後

余少時頗嗜印章、尤浸淫乎漢氏漢印之中、每留心於職官、以為漢人繆篆紛紜、參雜隸法、不足以引證說文、而職官之因革廢置、古今不同、寔可以表裏史傳也、案印譜始於宋宣和、至雲煙過眼錄、嘯堂集古錄、七修類稿、皆載古印若干枚、率畧而不詳、惟顧氏印藪收錄最多、惜原印已不存、今所傳者皆鐫諸木板、漸失其真矣、我國家稽古右文、地不愛寶、商彝周鼎秦權漢印之屬、日出而日多、近年北平翁氏、楊州阮氏、休寧汪氏、歙巴氏、皆有著錄、其精博較勝於印藪、而余生平所見、間亦有諸家所未載者、嘗欲專模漢魏兩晉六朝職官蠻夷諸印、彙於一編、以資考訂、無如奔走衣食、經營圂圃、終不能遂其初心、既自憐還自笑也、嘉慶乙亥二月、偶至雲間、沈君十峰以所集種石山房印譜見示、琳琅滿目、無所不收、臨模近代諸名家略備、而猶願十峰再輯漢魏兩晉六朝職官諸印、以補宋元明以來諸家集錄之闕、不亦大快事耶、并以質諸小庾、漁庄、小枚、七薌、在專諸君子、以為何如也

題曲目新編後

余嘗聞之隨園先生云、自虞夏商周以來、即有詩文、詩當始於三百、一變而為騷賦、再變而為五七言古、三變而為五七言律、詩之餘、變為詞、詞之餘、又變為曲、詩而至於詞曲、不復能再變矣、文當始於二典、一變而為左國、再變而為史漢、三變而為六朝騈體、以及唐宋八家、八家之文、又變而為時藝、文而至於時藝、亦不復能再變矣、嗚呼圖刑畫地之法廢、而傳奇作、以戲示人、演為詞曲、此泰平之有象也、鄉舉里選之法廢、而科舉興、以文取士、設為範程、此治世之良規也、然則時藝者、實典謨訓誥之遺、而詞曲者、亦國風雅頌之餘韻也、昔金壇王罕皆太史選時藝以訓士子、謂之八集、八集者何、啟蒙、式法、行機、精詣、參變、大觀、老境、別情之謂也、試以傳奇雜劇證之、如佳期學堂、啟蒙也、規奴盤夫、式法也、青門瑤臺、行機也、尋夢叫畫、精詣也、掃秦走雨、參變也、十面單刀、大觀也、開眼上路、花婆老境也、畜兒慘覩、長亭別情也、余以為成宏正嘉、搭題割裂可廢也、而傳奇不可廢也、謠詞艷曲小調新腔可廢也、而雜劇不可廢也、今讀支君曲目新編、而深有感於斯文、道光癸卯暮春之初、楳華溪上老人再題

題先修懿公傳後

昔楊升菴史説、謂歐陽公少年夏日匿妓、為錢文僖所持、乃於五代史著其暴虐、以報復之、是升菴僅知其一、不知其二也、案此事、先七世祖德慶軍節度、太尉公惱錢氏私志所載歐文忠任河南推官、親一妓、時先文僖罷政、為西京留守、梅聖俞謝希深尹師魯同在幕下、惜歐有才無行、共白於公、屢諷而不之改、一日、文僖讌客於後圃、衆已集、而歐與妓俱不至、移時方來、在坐者相視以目、公責妓云、末至何也、妓云、昨夜中暑、往涼堂睡著、覺而失金釵、猶未見也、公笑曰、若得歐陽推官賦一詞、當為償汝、歐即席云、柳外輕雷池上雨、雨聲滴碎荷聲、小樓西閣斷虹明、闌干倚徧、待得月華生、燕子飛來棲畫棟、玉鉤垂下簾旌、涼波不動簟紋平、水精雙枕、旁有墮釵橫、滿坐稱善、遂命妓滿酌賞歐、而令公庫償其失釵、此風流佳話也、咸謂歐當少戢、孰知不惟不德、翻以為怨、從祖希白公嘗戒子孫曰、毋得發人陰事、賢者為恩、不賢者為怨、歐後為人言其盜甥表云、喪厥夫而無託、攜孤女以來歸、張氏甥是時年方七歲、内翰伯聞而笑之曰、年方七歲、正是學簸錢時也、歐有詞云、江南柳、葉小未成陰、人為絲輕那忍折、鶯憐枝嫩不勝吟、留取待春深、十四五、花月漸難尋、樓上看花樓下月、憑時相見已留心、何況到如今、後歐知貢舉、題目是易繫辭通其變、使民不倦二句、謂歐公能通其

述祖德堂

變故使賢良作倡至一時有試官偏愛外甥之語而於是科大闋觀此則當時錢蔣兩正言所劾不為無因即其侵吞張氏財物亦不為無據蓋天下事豈有全無影響之語而妄言於君父之前以謗毀大臣耶智者不為也又宋史謂歐陽修左遷滁州在慶歷五年由諫杜衍韓琦范仲淹富弼四人不當罷執政事而實非也夫史者公論也君子不以私害公諫者言之善也君子不以人廢言今歐以私怨而謗前賢以信史而留曲筆不可謂之良史矣文獻通考曰錢氏當五代時不廢中國貢獻又有四鄰之交乃謂自武肅王重歛其民以事奢侈下至鷄魚卵鷇必家至而日取云云信斯言也是取之盡錙銖用之如泥沙安得倉廩有十年之積而又復境內三年之稅則其養民亦厚矣故以史所載則錢氏宜先亡而享國最久何也司馬温公記宏佐復稅之事而五代史不載歐陽永叔記錢氏重歛之虐而通鑑不取其虛實有證矣昔人謂王安石用三代井田法以治天下為以公害私今歐陽修以與文僖修隙有夙怨而貶吳越則以私害公矣可乎哉

安安先生小傳

先生姓金氏名祖靜字會川一號定濤吳縣人父縱字絲五年十二能為古文詞有神童之目嶺南方九谷先生見而異之娶以女亦能詩俱見
國朝別裁集中先生其長也先生少聰穎工書法而艱於小試為山陰楊大瓢先生愛壻年三十餘無所遇慨然出門雍正七年己酉以國子生保舉賢良方正
朝考列一等謂之特科奉
旨引見授戶部雲南司主事除廣西司員外遷雲南司郎中從大學士忠勇公傅恒經略金川佐理軍務
奏凱有
詔特授四川叙州府知府以親老改近省補山東濟南府知府擢濟東泰武臨道調運河兵備道丁父母憂服闋起浙江金衢嚴道調湖北荆宜施道擢貴州按察使俱有惠政年七十五致仕歸所居授經堂在金閶門內之皐橋里築安安室以自居蘆簾棐几瓦枕藤床宴如也先生好讀書老而彌篤案頭常置五色筆見載籍中有人地事蹟年月先後可疑者必釐而黜乙之時作蠅頭小楷撮記大要以便繙閱書法自幼模虞永興繼從外舅楊公遊專攻晉帖五十以後由二王稍降趙集賢而尤近文待詔羣從子

弟以時相見問字必博徵古今緣起根末終日無倦平居多禮而好儉常語人曰惟儉可以惜福惟儉可以養廉起居飲食澹泊寡營溽暑祁寒不爐不扇每日早起晚罷向夜硯火熒熒為苦志明經所不逮也所著有授經堂詩文集若干卷趙秋谷沈歸愚兩先生為之序年八十一卒於家時乾隆四十一年正月也五十四年兩湖總督畢公沅奏請先生入武昌名宦祠嘉慶蘇州府志吳郡名賢圖傳贊並載之嗚呼泳年十七始受業於先生之門嘗為先生手錄授經堂詩文集三十餘卷迨先生殁後清風兩袖家事紛紜諸公子有留吳門有游齊魯而泳亦奔走四方全槀遂失不知散落何處可惜也嘉慶中泳偶過金閶特訪先生文孫有容於平江里第索之再三不得至道光甲午歲忽於肆中檢得一抄本喜不自勝讀之僅七十首亟命兒輩錄出以存全豹一斑屈指六七十年中死生聚散有足悲者獨念先生一門風雅著作如山先生父中憲公有縕亭詩集先生母方太恭人有采林詩集封夫人楊氏有佩聲詩稿俱已付梓惟先生之詩未刻今將所錄並秋谷歸愚兩先生序仍著篇首以示有容俾讀者想見其為人而有所考焉癸卯春三月受業門人錢泳謹書時年八十有五

蒙師說

大凡蒙師之教童蒙也以誘為主獎次之勸又次之故顏子稱夫子曰循循然善誘人真千古之師法也今見蒙師以撻為嚴者是不可以為蒙師者也荀子致士篇云師術有三尊嚴而憚耆艾而信誦說而不陵不犯故曰嚴師為難所謂嚴師者謂立身行己及弟子傳業之常應對進退之儀有威可畏有儀可象字嚴於音文嚴於義也非酷之謂也禮云夏楚收威乃是官法即扑作教刑也又云撻以記之否則威之皆官也而亦非蒙師鞭撻童蒙之謂也後漢書謝夷吾傳注太守第五倫署夷吾主簿使子受業春秋或嬉戲不肯學便白倫行罰遂成其業是古者業師不自行罰也楓窗小牘載宋仁廟時開封民有聚童子教之以夏楚死者為其父母所訟論抵乃自忘其教學之本矣孔子曰寬柔以教尚書曰五教在寬蓋寬則得眾敏則有功其蒙師教學之道歟

歲寒堂

讀書明理說

吾人讀書第一要明理致用第二爲科第文章此理既明雖不得科第可也此理不明雖得科第不可也若至食而不化又復昏憒糊塗既無聰明灑脫之心必有僻謬拘迂之見即讀破萬卷亦何益哉夫明理致用者猶人之食用也科第文章者猶人之衣飾也衣飾要美華食用要富足從此立德立功以到希賢希聖地步方可謂之讀書今人衣飾纔備便已目中無人食用粗完自謂天下莫若至於不仁不知無禮無義名節廉恥毋有顧忌而惟利是圖惟利是視猶得謂之人乎猶得謂之讀書人乎則如禽獸而已矣

歲寒堂

題柏巖翁墓志後

考諸古者有墓文而無墓碑大約墓文之刻石者始自秦漢西京雜記載杜子夏葬長安臨終作文刻石埋墓當爲墓志之始其後遂有以墓中人姓名爵里以及其生平功業文章爲之刻石者至東京漢安以後日漸日多有銘有誄有表有頌其體不一類皆出自門生故吏孝子慈孫尊其長上欲其不朽刻諸金石歿有令名也故凡撰文書石之名俱不著自此以後諛墓之文日起至晉宋隋唐間乃大盛雖李翱張籍韓柳諸公亦所不免是不重墓中之人而重撰文之人矣迨歐陽虞褚顏真卿李邕張廷珪柳公權輩出皆以書法相尚則又不重撰文之人而重書碑之人矣至於近代則大異既不重文章又不重書法惟以科名顯爵相誇故撰文書丹題額三者不是三甲定是兩尚書以爲軒冕以爲光榮舍本逐末尤可笑也今讀柏巖翁行狀三德既備五福是膺法宜有銘以志其墓余故樂爲書之而不著姓名是將以行古之道也尚當質諸暘谷午亭筍莽鞠漢賢伯仲以爲然否

述祖德堂

瓶麓讀書圖序

瓶麓讀書圖者、魏塘程君蘭川之所作也、夫黛痕藹岫、米家畫煙雨之山、樹色粲天、栗里架扶疏之屋、納雲霞於甕牖、積林巒於軒窗、昔日陶家、紅杏引青帘之色、今茲騷客、詩壇嗣酒國之風、則有安定名流、伊川世胄、嗜古擅辛龢之篆、讀書探酉室之藏、卜築巖霽凝神澤畔、深柳蔽書堂而颭綠、梅花借東閣以含香、每當風月良宵、春秋佳日、下董帷而几坐、緗温簡而咿唔、黃雀知更、輒向簷前報響、青螢映字、每從几上騰輝、藏非宛委之山、奇文眩目、地異嫏嬛之境、著作等身、較之漂麥高生、燃松顧子、精心立學、殆有過之、僕也壯不如人、老而彌惰、江湖浪走、曾看萬里風雲、木石安居、空紀一編山水、悔不十年勤讀、早從君於青鐙黃卷之中、倘其三徑來招、應置我于鶴渚麟湖而外、因觀圖繪、頗切登臨、此時岑隰榛山、畫裏望五州之色、他日幽蘭藂桂、尊前校七錄之篇、謹序、

皇清勅授文林郎四川璧山縣知縣前晉奉直大夫山西朔州知州加一級憩園錢君壽藏銘 并序

古之自為生壙者、趙岐范孝敬司空圖梁國兒也、古之自為墓志者、王績裴度顏真卿白樂天也、是皆達人玩世、自寓胷臆、無關臧否也、今憩園達者也、亦趙岐王績之亞也、既自為生壙、又屬余作墓志、以刻諸貞石、譬猶晨之未興、先陳肴饌、日之將夕、先整衾裯、即春秋傳所云備預不虞、善之大者也、誰曰不宜、乃為志曰、君姓錢氏、名棠、字召封、自號憩園、吳縣人、吳越武肅王三十世孫、高祖諱鏌、字鍊伯、邑之廩貢生、為順治戊戌進士康熙乙未

召試博學宏詞諱中諧之胞兄、耆齡碩德、三舉鄉飲大賓、以子顧琛成進士、作宰楚中、贈文林郎、黃岡縣知縣、曾祖諱廷表、康熙壬子武科舉人、以子元台官、贈文林郎山西河津縣知縣、祖諱瑨、國子生、父諱世達、本生父諱世述、俱例贈如君官、君幼穎悟、好讀書、尤工帖括之文、為諸生時嘗肄業紫陽書院、又入正誼書院、與同郡李

福太倉金徵齋名、嘉慶二十三年戊寅

恩科受知于刑部左侍郎帥公承瀛、中式鄉榜、其明年聯捷中進士、授山西長治縣知縣、慈惠勤敏、政通人和、

時邑民苦於徭役君為設法請之大吏以丁錢歸入地均其賦稅歲免貧民錢八千餘兩其地素產綢以之充貢機戶賠累不貲有逃亡者君又蠲廉五百兩詳入攤款永為定例至其操守潔課士勤決獄明速尤為士民感頌者也蒞任六年大吏以為賢擢朔州刺史朔州近邊塞北接陰山為古之馬邑郡未秋先雪地極寒苦君撫治年餘素有嗽疾遂乞假調養者數年再入京謁選奉吏部復引
見
上以散州與屬州等改官四川補璧山縣知縣察人情問風俗則與晉陽大異君又設施布置恩威並用處心積慮者凡三載至是病益劇不得已致仕歸年纔五十九耳先是君族兄有樂溪司馬者構一園于郡城之閶邱坊為宋黄州守閭邱孝終別墅故址蘇文忠自黄移汝之日嘗往來賦詩于此君慕其勝槃遂促居焉亭臺池館甲於吳中有妙嚴臺懷蘇亭修天爵堂蝶夢龕花滿屋適意軒諸景每當春秋佳日如裴晉公東都集賢里風亭水榭置酒絃琴怡然樂也君今年六十有三矣抱孫課子猶日孜孜吾固知君為達者又韋賢疏廣之儔也余次子曰祥嘗受業於憩園之門載聆言論知之最深因述其生平出處而復為之銘銘曰

君宰晉陽吾道其昌改官巴蜀大整民俗謝祿歸田園居是先春花釀酒滿飲一斗秋月揚輝安處三歸洛下耆英山中宰相聊為壽藏之銘祝千秋而無量

跋補辟圖後

故中憲大夫貴州提刑先師金安安先生諱祖靜字會川吳縣人為山陰楊公大瓢愛壻余年十六七時猶見楊公曾孫華往來授經堂上聞是時楊氏已遷晉陵四五十年來與先師後人不通音問者久矣案大瓢之父安城公以文字賈禍與其友李兼汝祁奕善同戍寧古塔事在康熙初年後李祁二君亡命歸鄉旋亦徂謝惟安城夫婦獨留戍所冊中所云辛未又七月寄祝安城及夫人雙壽者是康熙三十年尚在塞外也是時大瓢年已四十餘出塞尋親安城已歿遂收其骨迎其母歸

江南流寓吳門著有柳邊紀畧世稱孝子其舊宅在今閶門外山塘毛家橋左右築鄉思樓以居自稱山陰布衣以終其身此補辟圖詩及壽詩題詠等作不知何時流落市中為吾友許君潛菴所得道光十九年冬潛菴過余寓齋持以見示其中題詠甚多若錢恭恪黎西圃顧俠君何義門汪退谷繆文子徐端揆鄭雪崖顧南原皆一時名宿凡四十餘人彙成巨冊暇時嘗往晉陵訪楊氏乞潛菴割愛歸其後人正如劍躍延津珠還合浦豈非大快事耶憶余負笈師門至今已六十餘載而先生之授經堂詩藁有趙秋谷沈歸愚兩公序者至今未及付梓可慨也已觀楊公是冊益深悵惘

題岳武穆書前後出師表長卷後

右宋岳鄂王手書諸葛武侯前後出師表長卷爛漫一千三百餘言如蛟龍在霄蟠旋曲折不可名狀真有張長史僧素師之妙非米海岳黃山谷輩所能跂及也後有題云紹興戊午秋八月既望過南陽謁武侯祠過雨遂宿於祠內更深秉燭細觀昔賢所讚先生文詞詩賦及祠前石刻二表不覺淚下如雨是夜竟不成眠坐以待旦道士獻茶畢出紙索書不計工拙稍舒胸中抑鬱耳按宋史本傳紹興八年春武穆還軍鄂州時王庶正視師江淮武穆與庶書云今歲若不舉兵當納節請閒庶甚壯之是年秋有詔召赴行在命詣資善堂見皇太子武穆退而喜曰社稷得人矣中興基業其在是乎會金人遣使將歸河南地武穆言金人不可信和議不可恃相臣謀國不臧恐遺後世譏是時已為秦相銜恨矣今云紹興戊午秋八月即其時也武穆起於徽宗之宣和四年北方騷動真定宣撫使劉韐募敢戰士武穆王始應募初補承信郎為留守宗澤所知以為勇智多材雖古良將不能過之因授以陣圖武穆曰陣而後戰兵法之常運用之妙存乎一心而已澤韙其言迨高宗即位武穆王上書數千言大略謂勤王之師不能仰承聖意恐不足以繫中原之望臣願陛下乘敵穴未固

親率六軍北渡則將士作氣中原可復也書上朝廷以越職奪其官歸詣河北招討使張所所大說待以國士借補修武郎充中軍統領所問汝能敵幾何武穆曰勇不足恃用兵在先定謀也所矍然而喜即命從王彥渡河至新鄉金兵盛彥不敢進武穆獨引所部鏖戰遂拔新鄉自此益引兵北戰於太行山擒金將拓拔耶烏又刺殺黑風大王敵衆敗走武穆自知與彥不合復歸宗澤為留守司統制未幾澤卒杜充代之武穆仍居故職建炎二年戰胙城又戰黑龍潭皆大捷自此至八年凡七十餘戰破軍殺將未嘗敗北高宗知其賢曰有臣如此顧復何憂中興之事一以委卿遂命節制光州方圖大舉劉豫既廢金人已孤其明年我師復河南大赦天下武穆表謝寓和議不便之意有吐手燕雲復讐報國之語並奏曰今日之事可危而不可安可憂而不可賀可訓兵飭士謹備不虞而不可論功行賞取笑敵人又曰金人無事請和此必有肘腋之虞名以地歸我實寄之也十年金人攻亳州劉錡告急武穆急遣張憲姚政赴之又遣王貴牛皋董先楊再興孟邦傑李寶等分布京東西汝鄭潁昌陳曹光蔡諸郡又命梁興渡河糾合忠義軍取河東北州縣又遣兵東援劉錡西援郭浩而武穆則自提精兵長驅北向以闞中原將發先密奏

言先正國本以安人心以示無忘復讐之意高宗得奏大喜褒其志授少保充河南北招討使未幾所遣諸將相繼奏集武穆復以輕騎駐郾城兵勢甚盛而旋遣其子雲領騎兵直貫其陣戒之曰不勝先斬汝遂與大戰數十合而官軍又奮擊之兀术大敗殺其壻夏金吾及副都統粘罕索孛堇等而梁興復會太行忠義及兩河豪傑等累戰皆捷中原大震再奏興等渡河人心皆願歸朝廷者以億萬計兀术大懼已令其軍俱北去正中興之機也遂進軍朱仙鎮鎮距汴京四十五里與兀术對壘而陣遣驍將奮擊又大破之兀术遁去嘆曰自我起北方以來未有如今日之挫衄者也金帥有烏陵思謀者素號桀黠亦不能制其下但諭之曰毋輕動俟岳家軍一來即降金統制王鎮亦率所部俱降以至禁衛龍虎大王以下千户高勇之屬皆密受旗榜亦從北方來降而金將軍韓常欲以五萬衆來附武穆大喜語其諸將曰直抵黄龍府可與諸君痛飲耳方指日渡河而秦檜奏請班師一日之内奉十二金字牌召還武穆憤惋泣下東向再拜曰十年之力廢於一旦遂班師民皆痛哭曰我等戴香盆負糧草以迎官軍金人悉知之今相公去我輩無噍類矣武穆亦悲泣曰吾奉天子命不得擅留哭聲震野日爲之晦方兀术將棄汴去忽有

一少年叩馬曰公毋行岳少保即日退兵矣自古以來未有權臣在朝内而大將能立功於外者吾恐少保將不免況欲成功乎兀术悟果如其言嗚呼武穆以精忠報國之將而遇深仁厚德之君至御札褒嘉盈於數篋可謂君臣一德矣而敗於莫須有三字何以服天下乎史家論其忠憤激烈言出肺腑議論持正不挫於人有諸葛孔明之風而卒以此獲禍豈非天哉

題會稽祠堂志後

按紹興府志城東南上望坊有先世武肅王祠始建於後唐之清泰初年自明至今俱蒙當事重脩致祭自乾隆壬子年郡守李公脩整之後至今將五十載又復傾圮所以然者以祠中向無歲脩銀兩是以一經日久便至大興工作亦吾儕子孫散處四方不能守祠之咎也道光九年郡紳丁公方軒李公鐵橋見而傷之發願興造於是山陰會稽諸暨上虞嵊縣各支裔孫咸來勷助真盛舉也惟是監脩族人有名士珍者不遵家法欲於此中圖利已屬禽獸之不如不意暴亡功虧一簣因而遂停工作至十五年四

月恭逢

欽差都察院左都御史吳公椿督理海塘事務有江南裔孫泳等來浙以臨安武肅王墓荒廢稟請重脩吳公因飭地方官查詢舊案雖有歷年防護實無閒款可給因捐俸錢為倡而蒙撫藩臬運並各道憲亦皆捐俸俱交藩庫收存原擬發給臨安以作脩墓之費適有山陰縣知縣宋君大寅者遂稟撫軍藩憲借挪先脩上望坊祠而委已革庫吏王耀如監工塗汰未經一月旋報完工并亦自捐洋錢五百刻石二門東壁獨自居功而將前郡紳丁都轉李臬臺以及各支裔孫所勷之項所辦之工一概抹殺真堪痛恨查是祠坐落會稽縣界何以本府會稽不捐而山陰獨捐恐無是理也在宋君不過圖吞款項逢迎上司自矜縣員而已而臨安武肅王墓之蔓草荒煙湮沒空山如故且有負

欽差各大憲捐俸之恩也是豈為民父母之道耶嗚呼貪吏歌於春秋巧宦目於晉宋若宋君者實兼而有之可為太息者也

題海昌楊氏所藏太清樓帖後

右大觀太清樓帖二王書兩册，余往年在鍾祥彭毓圖明府西湖舟中見之，前人題識雖闕，然審其墨色紙素，其為宋搨無疑。問其所由來，云得之海昌楊氏。忽忽三十餘年後，見於吳門汪寶禮秀才家，如過眼雲煙，亦不甚介意也。去冬十二月，故友顧少卿之子以
國初林鹿原所書京師詩會册子見示，有七月十七日在晚研齋觀宋搨太清樓二王書歌，是日同會分韻者十四人，有王樓村殿撰、陳滄洲太守及查查田、查浦諸公在坐。因憶兩次所觀，遂從汪氏借歸翻閱，始信為海昌楊氏所藏無疑矣。暇時當質諸芸士明經，是否為君家晚研先生舊物，所謂故家喬木，不可不存此一段佳話也。蓋宋搨之存於今日者日漸日少，况為二王遺跡，又為諸先輩所貴而歌詠之者乎，是可寶也。

按太清樓大觀初以淳化閣帖漫漶，且王著標題率多舛錯，有詔出所藏內府真跡，命龍大淵等更定次序，又命丞相蔡京重題，名曰大觀帖，又增入十七帖、孫過庭書譜並他帖，總二十卷，因刻石於太清樓下，故名大觀太清樓帖也。泳又識

題俞見嵐先生所藏古銅器後

右古銅器一，其形似鐸而有柄，當是尊罍甗鬲之屬，所以盛酒醴，或擊其音以燕享賓客者也。先是乾隆五十三年夏，虞山南門外有居民鋤地得此器，為鄉先達俞樾園先生以大錢十貫購歸，藏于家者五十餘年。至道光戊戌歲，先生令子見嵐進士始以示人，并刻其圖于樂石。余細審之，定為周器，其文凡三十九字，古奧難讀。按商周器物，西漢時已有出土者，其款識之文皆用古祥語，如對揚休命、眉壽萬年、子子孫孫永寶之類，不可枚舉，故凡得之者以為瑞應，因而改元、立祀、作歌。至張敞、鄭衆皆能辨識，其來尚矣。自宋劉原父刻先秦古器記以闡其端，遂有歐陽永叔、葉少蘊、李公麟、趙明誠、董彥遠、黃伯思、薛尚功、王子弁、翟耆年以及吾邱衍、都元敬之流，皆有記錄，搜奇睠異，以古證今，誠小學中之一家，不可闕者。而必欲句〻論斷，字〻音釋，使多附會穿鑿之病，必致自投荊棘，然此皆吾儒好古之過也。今見嵐先生博雅能詩，以名進士養素鄉閭，高尚不出，亦用劉原父之例，刻石家塾以示子孫，最為得體。尚當質之當代大人先生，如雲臺相國、椒堂侍郎、莅林中丞、燕亭觀察、木夫叅軍、珊林刺史、叔未解元輩，以為何如也。

題施蓮溪獨立圖

吾鄉施君蓮溪，奇士也。精于數術，其法以六子擲盤中，觀其向背離合，便知休咎，故江東士大夫莫不驚奇眩異，推之曰神仙。蓋其家學淵源，由來久矣。茲獨立圖者，雖取杜少陵詩意，而蓮溪實自道，以為天下數術，莫之與京，是真能獨立一家者也。余幼時嘗聞其曾祖仲達先精是學，乾隆中葉通守南河，在前相國高文良公幕下。時文良正為江南河道總督，一日，公有疑事，欲請卜之，仲達為之播子，忽蹙眉而有難色。公曰：「卜以決疑，即有不吉，勿諱言也。」仲達對曰：「某視卦象，當即有

嚴旨逮問，奈何？」公曰：「吾聞君子福至不喜，禍至不懼，若果然，應在何日？」曰：「七月十三。」公艴然不悅，曰：「至期再問。」即命內使者閑之，勿令外出。及期寂然，以為無驗。至是夜二更餘，而逮問之　旨下矣。公蒼遑召之曰：「先生術甚神，乞再卜之。終當奈何？」仲達起喜曰：「無妨，公今當入刑部獄，不久即出，待一年後，仍蒞舊任耳。」後果如其言。遂列薦之公卿間，所言皆驗，傳其子旭初、孫熙齋鴻亮，俱善其術。今蓮溪又熙齋之子也。案：卜筮之法，昉自神農，著于周禮，通幽索隱，知往察來。受河圖而定皇策之文，闡易總而啟青邱之秘，傳之史冊，彰彰可考。若漢之嚴君平、晉之郭景純，尤最著者。古有其人，而今再見，修髯偉貌，亦奇矣哉。

余既為蓮溪題其畫像，復系以詩

精神通秘奧，妙理格神仙。三世傳斯學，于今已百年。吉凶原有數，得失總憑天。勸善為喉舌，無勞責卜錢。

余嘗謂三易卜筮之法，原是古聖人勸善之義，令人趨吉避凶，即俗所言不費錢功德也。

周卹難民議

凡遇水旱災荒而乞食于四方者謂之流民凡遇兵火逃亡東奔西竄者謂之難民恤流民易恤難民難此仁人君子之所以目擊心傷而難自安者也蓋流民之苦不過半年俟明春一賑即可還鄉播種牽蘿補屋父母兄弟夫婦兒孫合家團聚矣若難民之苦則無窮無盡無日無期何也一經兵燹十室九空或全家殺戮僅存一二人或被火焚燒難返其故土有讀書而不能卒業有田地而不能耕種有糴賤販貴大小生涯而不能再振有産業可恃祖宗餘蔭而一椽無存有手藝資生而難于衣食者有被人逋負而不得歸償者同時離散女哭男啼如羊之觸藩蛾之撲火至于父東子西夫南妻北呼天莫應入地無門每有倒斃于路衢或浮沉于江海者不知其凡幾所謂無貴無賤同為枯骨可勝言耶故曰恤流民易恤難民難也蓋其平居無事生于富完安樂之鄉燕處華堂豐衣足食歲時伏臘終日嬉遊豈知有焚燒殺掠之為害哉而一旦遇之倉皇逃避豈鳥獸之可比實螻蟻之不如雖有智士仁人難于周恤安得杜陵廣厦大庇歡顏雎水人民立時盡救此吾儕之所以感歎嘻嘘而不能自已也今浙東擾攘江浙孤懸東奔有一海之相阻西竄則萬民其奚詎為今之計莫若呈之大吏上達

彤庭即于蘇松常鎮四府兩廳各州縣每縣各鄉村設立公局若干所或借舊家餘屋或就空寂禪堂或搭蘆席帳蓬或結竹籬茅舍求其可以避風雨免霜露者便可招徠異之飲食暖之衣履分之以日用之需病者則施與衣藥死者則葬之壙園不特可以安插難民而流民亦同時並濟矣語云兔死狐悲勿傷其類吾于難民深有感矣謹議

重脩歸鶴庵記

歸鶴菴、在金匱縣泰伯鄉浦巷之東、為前明鄉約亭遺阯、本朝順治初、先高祖耕麓公、始創佛刹、召僧居之、先是公于崇禎末、避亂陽山、至是歸焉、因名曰歸鶴、嘗有詩紀其事、雍正十三年、比邱尼坤方、募建山門、乾隆中、里人朱德新又倡蠲、重修後殿、奉大士像、又名天成菴、屢修屢廢、以至于今、三十年來、梁棟摧折、荊棘縱橫、僧徒聞知、行路傷歎、余正擬募鄰里繼前脩、而未遑也、鄉中有亭長李福德者、願施番銀一百五十圓、以修是菴、乃市石庀材、鳩工重建、垣墉楹桷、煥然一新、費不足、余又續蠲錢百有四十緡、以落成之、工既訖、乃進鄉人而告之曰、為人不可以不善、善者人必親之、不善者人必惡之、方若人之跋扈鄉里也、固為人十目所視、而十手所指矣、苟有一善之可稱、一言之足尚、而又能豁然改悟、翻然自新、則向之惡之疾之者、未始不可轉而為親之道之也、孔子曰、過則勿憚改、又曰、不念舊惡、怨是用希、其此之謂與、鄉人咸唯唯而退、曰、善哉是言、菴旁故有石橋一道、曰西莊橋、余於道光四年募緣重建、今福德又復慨然修治是刹、亦為善之一端、不可不記之、以汲其善、且為鄉人勸也、

阿狸說

履園翁得一猫、背如烏雲、腹同白雪、而鬚鬣頗有鬚、可愛也、遂畜之、喜謂人曰、向患鼠、今無憂矣、取黃山谷畜狸記、而呼之曰阿狸、阿狸善嬉戲、跳躍花草間、怡然樂也、比長、能搏物、凡池塘之水蛙、屋梁之飛雀、莫不受其虐、尤善撲蝴蝶、雖空中鶤鷄、必得之而後已、翁每食必食之以魚、食無魚、則不食、淋漓滿几、終日惟熟睡、若夢若醒而已、於是有一鼠、從穴中窺阿狸、或露其身以探之、或竊其食而食之、阿狸亦弗聞也、翁夜坐、有鼠方齧、一鐙熒熒然、忽有巨鼠踞其案、阿狸視之、懼若以為噬己者、遂反走、鼠故黠、呼其儕輩來、而與阿狸敵、阿狸惶遽、從床頭奔竄、折其足、逸去、不知所之、自此鼠益橫、以為天下莫己敵矣、穿墻穴壁、污書溺坐、視向之探其意竊其食者尤甚焉、一夕有野猫自隣家來、色青黃、厥貌猙獰、若喪家狗、宿翁齋中、攫群鼠而啖之、飽其欲而去、翁始快焉、嗚呼、韓非子有言、所養非所用、所用非所養、信哉、

四壻說

村翁有生四女者招四壻性各異長壻尚豪俠視他人之財物如己之財物也而己之財物即他人之財物也雖千金不顧也二壻則獨守繩墨爾為爾我為我未嘗假借三壻亦慷慨生平不負人而亦不佔人便宜人有負之或佔其便宜者亦不屑惟四壻則不然貧而無厭多而益善不顧其廉恥不顧其利害惟與利是圖視人之所有如己之所有而己之所有雖一絲一粟如金珠然從來不苟且輕以與人也不特此也覬覦之心日起妬忌之心日生亦將欲傾天下之錢財盡入己橐而始快也或有問於余曰此四壻者誰為優誰為劣歟余曰處父母兄弟間當學長壻處親戚朋友間當學次壻而兼乎三壻若四壻者是畜生矣尚何言哉夫畜生者但知有己而不知有人貪其食慾其慾生其生死其死此其所以為人殺之而食之也今有人焉利其利私其私於父母兄弟親戚朋友之間如四壻者滔滔皆是矣而遂得為人乎

歲寒堂

例贈文林郎國子監生蘊亭史君墓志銘

君諱鳴鶴字松喬自號蘊亭其先世居溧陽南宋時有某公始遷蘇至明洪武間君之十世祖諱肇者又自蘇遷揚今為江都人高祖在策祖偉節俱有隱德父芳湄郡學生舉乾隆元年孝廉方正未仕抱道以終其行事載邑志母及生母俱張氏贈安人君鮮兄弟事親以孝聞讀書聰穎應試不售遂棄舉子業而修計然之策家以稍裕母夫人先卒時孝廉公壽逾八十君晨昏定省頗能得其歡心迨父沒家甚貧而喪葬如禮鄉黨莫不稱之中年後喜繪事善賞鑒而雅有會意尤喜仿元人王元章畫梅形神逼肖得其縑素者珍如拱璧著有梅花譜一卷人有收藏唐宋元明書畫者皆欲折衷于君以為定論揚州為名勝之區　高宗皇帝慶次南巡凡諸　鑾輿駐蹕之所俱有呈設當時如鹽使都轉太守諸公咸舉君為上客必使位置盡善而後已以是搢紳士庶皆知君名平生負氣節喜直言不避嫌怨視人如己親串中有貧苦者輒周之年老益自刻勵嘗闢小圃樹花石終日手一編焚香靜坐于窗明几淨之間聽園柳鳴禽而已嘉慶二十四年六月廿一日卒于家春秋七十有一配程夫人生長子椿齡甲子科舉人前署徐州府蕭縣教諭側室吳氏生次子杞齡業儒女一嫁為士人妻孫五人慶曾聯曾兆曾福曾禧曾孫女二人以道光元年十二月某日葬君于甘泉

墓志

西鄉之陶家沖禮也余與君有翰墨之好知君生平行事最詳
爰為此志而系之以銘銘曰
於穆史君廉孝相承訓有義方邦人所稱小智自私賤彼貴我
優游以終百祿是荷乃卜佳城在水之涯樹以松楸雜以梅花
乃占令辰維冬之月永閟幽宮視茲銘碣

書說

唐太宗崇尚法書追蹤魏晉歐虞薛出各自成家如褚中令顏魯公李北海徐季海柳誠懸俱能獨立一幟自此之後工書者遂不能出其範圍至於晚唐書學漸微然寫經生尚能彷彿面目猶存迨五代宋初雖有楊凝式王著輩喜於書諸而不成家數矣宋興刻帖崇尚臨摹至蔡蘇黃米四家亦能振起斯道故君謨學顏魯公東坡學徐季海山谷學柳誠懸元章學褚河南兼之李北海然皆以偏鋒見長而元章尤為特出至於縱橫馳驟飄忽若神遂俯視一切流弊滋甚至趙松雪全以天姿學力勝人不蹈四家之習而以規矩繩墨直入二王俯仰前修再闢門逕翰牘之書賴以遞傳若明之文祝允深私淑不意董思翁又出而矯之遂渺視松雪推服元章未免過當然書法一道從此絕矣　本朝遵經稽古小學奮興文起前代之衰詩接有唐之盛而于書法鮮有傑出即有工之者率瑕瑜參半罕精乎此亂不專於彼也吾嘗論書者足以記名姓而已與文章經濟了不相涉而而可而而而可似而何必龘以於晉唐魏晉耶兒輩嘗以書法之工拙問余故示其大略如此

壽壙銘 倣漢碑體不著撰書人名氏

君諱某、字立羣、金匱泰伯鄉人、其先蓋商大夫彭祖之苗裔、吳越武肅王三十世孫也、宋寶慶元年、十一世祖承奉郎諱迪、自台州遷吳興、旋又遷邑之緱山、條枝雲疏、以迨於君、曾祖祖父、世守墳園、兼通詩禮、各有立言、君童齔好學、遵脩祖業、天姿清妙、貫綜圖籍、年十七、游吳門、前貴州提刑金公諱祖靜見君所學、目為大器、延之于家、佐理書史、尚書畢公諱沅、鎮撫河南、聞君名德、又辟為掌書記、閱數年、上京師、入太學、舉孝廉、不就、與賢士大夫遊、博物多識、通精六藝、動順經古、言必忠義、雖王公之尊、亦所敬禮、以資為郎、非其志也、既而遄行兩浙之間、展謁

先世武肅以下諸王墳廟、重豎墓闕、增造崇殿、財出王家、立堂布觀、春秋饗禮、以脩禋祀、譜牒淪亡、君為表志、尊述祖德、俾不失隊、是以宗族愛懷、鄉黨稱異、嘉慶四年、卜居虞山、以太安人年臻大耋、晨昏定省、未克遠出、時故鄉有宵小之憂、擾害里閭君慷慨奮身、詣郡上書、吏白大官、賊以誅夷、綏彼蒸庶、一方德之、乃守靜微冗、潛身衡門、韜光韞玉、課子抱孫、游心物表、絃歌春風、踐高鳳之逸軌、追伯鸞之芳蹤、貞賢是與、富貴奚慕、郡縣禮請、終不回顧、四方士仁、聞君風義、童冠如雲、自遠而至、故今闓適高休、聲益著、嘗倣漢議郎蔡雍石經、寫孝經論語、刻諸樂石、將立闕里、樂道稽古、取證經史、從事於斯、其日久矣、歲在癸

未、三吳淫雨、稼苗傷殘、人民困憊、君為著書、陳敘大意、興利除害、違越絕思、懷鄭單之學、有濟世之志、大吏監司、縉紳之徒、莫不歎其倫理、尚其高義、總君生平、帥禮蹈仁、聰睿通于世務、清識冠乎群倫、以賤為貴、與世無爭、道光三年、君春秋六十有五觀生死之無涯、知脩短之有數、乃買地一區、税其田賦、以明年春如月下旬、卜擇吉日、圖立規塋、自營生壙、先窆夫人、墓廬既築、松楸鬱然、前繞清溪、後峙宛山、優哉游哉、以永其年、于是族舊門人、咸高君德、置酒稱壽、共樂終日、遂作志銘、勒豐碑、垂後昆、示將來、其辭曰、

懿哉君邦之賢、玉韞山、魚藏淵、舉世人、重名德、含君子、其誰及

十萬錢、買青山、受嘉福、願長年、惟達生、作生壙、宜千秋、壽無量、

和兒壙銘

乾隆五十一年二月庚辰和兒疾殤余甚痛之乃使二童子持東甕于屋之南原嗚呼哀哉銘曰

我生困貧兮賴汝慰我三載恩勤兮一旦毀卵汝既受形兮胡為至此天應有命兮無奈何爾顧瞻邱墳兮春草萋萋孤魂無伴兮山鬼提攜魂而有知兮願生後來於乎誰怨兮中心孔悲

清故畫禪寺宏公塔銘

公諱宏通俗姓宋吴江人年廿二出家天台山端坐誦經頓悟禪旨後歸蘇州畫禪寺建修殿宇重轉法輪皆公功德也以乾隆四十九年十一月己卯沐浴坐化身不倚側尊容如生春秋六十有三弟子祖照等置龕表石瘞于寺側銘曰

無為而為功莫及乎凡百比邱視斯塔乎

清故詩僧鐵舟塔銘

禪師諱可韻自號鐵舟俗姓徐氏湖北江夏人幼聰穎能爲詩歌工書善蘭竹年二十餘頗悟禪旨遂出家遊西湖南海歷泰山琅邪上京師所至留連輒以書畫自給有名公卿間晚年寄蹟吳門求書畫者益衆三十餘年如一日也以嘉慶二十年正月廿四日圓寂于李王廟之平遠山樓春秋六十有四越五年其友人陳君道修爲捐資造塔葬諸虎邱柏遲師余故人也爲作銘曰

見真實相具妙明心仗一枝筆與世浮沉身既無著筆亦何有南北去來惟一樽酒雲巖前葎鶴澗潺湲生公已杳草綠空山

履園銘

楳華溪居士既取履道貞吉之義以名其園復自爲銘銘曰

不開九徑不起層樓日涉成趣得休且休抱琴招鶴坐石垂綸會心不遠禽魚親人春花秋月惟我所履世間何樂可以代此置酒一尊賦詩百篇優哉游哉吾將老焉

題支筠斧比部所藏蘭亭後

王右軍蘭亭真蹟已入昭陵不可復覩所傳者響搨而已初太宗嘗命供奉搨書人趙模韓道政馮承素諸葛貞等各模數十本以賜皇太子及諸王近臣即令之響搨也是時歐褚諸公亦爭相臨仿殆以百數今所傳者惟有兩本一為率更臨本以定武刻者為最精無會字者一為中令臨本以神龍模本為最精有會字者率更筆筆收中令筆筆放絕不相同然矜紬自在開出後世書家無數法門自唐宋元明以來俱從兩家重模不啻數千百本實兩家子孫也余少時最愛是帖自乾隆壬子癸丑兩年間在會稽與修郡志始遊蘭亭憩天章寺得觀

聖祖仁皇帝御筆大字蘭亭心模手追者十餘年又陸續臨模不下數十百本都無是處自後每見一刻輒以臨模積之既久俱以贈人始信蘭亭之不易學也曩在吳門陸謹庭孝廉家見南宋游丞相所藏蘭亭編次甲乙前有藍籤標明後有丞相手書題識一為向子諲所刻髙廟本（丙之四）一為向氏麻道崇本（丙之五）一為復州本（戊之一）一為九江本（辛之三）一為桂林本（辛之十）一為唐安本（壬之三）一為續時發本（壬之十）一為家藏石本（癸之三）一為范太師本（癸之六）一為唐陸柬之蘭亭詩（癸之十）又一為得自王泉僧本失原識甲乙以上共計十一本蓋丞相家蘭亭本有百種此其十中之一分耳　國初為真定梁蕉林相國家所藏後歸商邱宋牧仲中丞又為桐城張晴嵐侍郎所有既復歸商邱陳望之中丞為千金不易之寶今觀筠斧比部所藏二卷一本後有髙士奇題詩一本後有李世倬題贊俱未言其來歷殊為疏略余細審之當是明晉府之物後有游氏圖書與梁相國家所藏無異並有張晴嵐安儀周兩君印記則亦為故游丞相家物無疑也筠斧其寶藏之

述祖德堂

謹案史記仲尼弟子列傳云言子吳人即今蘇州府之常熟縣也自漢唐以來大江南北聲名文物之盛實是言子一人啓之治東南故有廟一所宋慶元閒縣令孫應時始建朱文公為記事詳郡志據陳振孫直齋書録解題載有言子三卷端平初新昌王爚為常熟令復裒集論語諸書為言子問荅三卷今俱不傳又虞山書院志謂明萬歷中有邑宰耿橘嘗與梁溪侯先春氏輯注言子文學録亦未有見者

本朝康熙四十四年

聖祖仁皇帝南巡

賜先賢言子廟額曰文開吳會乾隆十六年

高宗純皇帝南巡又

賜先賢言子廟額曰道啓東南

特遣刑部侍郎錢陳羣詣廟致祭自是

鑾輅時巡著為令典爰有言子七十五代孫前任湖北襄陽府知府言如泗等輯言子文學録為上中下三篇所録論孟禮經家語諸書略備而史記列傳及論語摘輔象劉向說苑所載言子之文不與焉茲并録之分上下篇倣後漢熹平石經體書為六冊刻石蘇州府學以補陳王諸家著録之闕亦以仰遵我

國家

聖聖相承稽古右文之至意云

道光十五年歲在乙未春王正月儒林郎需次布政司經歷國子諸生邑人錢泳謹書

言子二卷

鑒定

兵部尚書兼都察院右都御史總督兩江等處地方提督軍務糧餉操江南河管理兩淮鹽漕事務加三級

兵部侍郎兼都察院右副都御史巡撫江蘇等處地方提督軍務兼理糧餉加三級

欽命部侍郎提督江蘇全省學政加三級

校勘

江南蘇松常鎮太倉等處承宣布政使司布政使加三級

江蘇等處提刑按察使司按察使統轄全省驛傳事務加三級

督理蘇松常鎮太糧儲道兼管水利事務加三級

分巡蘇松太倉兵備道兼管水利事務加三級

述祖德堂

主刻

江南蘇州府知府加一級

分校

吳縣知縣加一級

長洲縣知縣加一級

元和縣知縣加一級

崑山縣知縣加一級

新陽縣知縣加一級

常熟縣知縣加一級

昭文縣知縣加一級

吳江縣知縣加一級

震澤縣知縣加一級

察書

蘇州府儒學教授

常熟縣儒學教諭

述祖德堂

目録

述祖德堂

目録

述祖德堂

題岳武穆書前後出師表長卷後

右宋岳鄂王手書諸葛武侯前後出師表長卷爛漫一千三百餘言如蛟龍飛霄蟠旋曲折不可名狀真有張長史僧素師之妙非米海岳黃山谷輩所能跂及也後有題云紹興戊午秋八月既望過南陽謁武侯祠遇雨遂宿於祠內更深秉燭細觀昔賢所讚先生文詞詩賦及祠前石刻二表不覺淚下如雨是夜竟不成眠坐以待旦道士獻茶畢出紙索書不計工拙稍舒胸中抑鬱耳按宋史本傳紹興八年春武穆還軍鄂州時王庶正視師江淮武穆與庶書云今歲若不舉兵當納節請閒庶甚壯之是年秋有詔召赴行在命詣資善堂見皇太子武穆退而喜曰社稷得人矣中興基業其在是乎會金人遣使將歸河南地武穆言金人不可信和議不可恃相臣謀國不臧恐遺後世譏是時已為秦檜衘恨矣今云紹興戊午秋八月即其時也武穆起于徽宗之宣和四年北方騷動真定宣撫使劉韐募敢戰士武穆始應募初補承信郎為留守宗澤所知以為勇智多才雖古良將不能過之因授以陣圖武穆曰陣而後戰兵法之常運用之妙存乎一心而已澤韙其言迨高宗即位武穆上書數千言大略謂勤王之師不能仰承聖意恐不足以繫中原之望臣願陛下乘敵穴未固親率六軍北渡則將士作氣中原可復也書上朝廷以越職奪其官歸詣河北招討使張所所大說待以國士借補修武郎充中軍統領所問汝能敵幾何武穆曰勇不足恃用兵在先定謀也所矍然而喜即命從王彥渡河至新鄉金兵盛彥不敢進武穆獨引所部鏖戰遂拔新鄉自此益引兵北戰于太行山擒金將拓拔耶烏又刺殺黑風大王敵衆敗走武穆自知與彥不合復歸宗澤為留守司統制未幾澤卒杜充代之武穆仍居故職建炎二年戰胙城又戰黑龍潭皆大捷自此至八年凡七十餘戰破軍殺將未嘗敗北高宗知其賢曰有臣如此顧復何憂中興之事一以委卿遂命節制光州方圖大舉劉豫既廢金人已孤其明年我師復河南大赦天下武穆表謝寓和議不便之意有唾手燕雲復讎報國之語並奏曰今日之事可危而不可安可憂而不可賀可訓兵飭士謹備不虞而不可論功行賞取笑敵人又曰金人無事請和此必有肘腋之虞名以地歸我實寄之也十年金人攻亳州劉錡告急武穆急遣張憲姚政赴之又遣王貴牛皋董先楊再興孟邦傑李寶等分布京東西汝鄭潁昌陳曹光蔡諸郡又命梁興渡河糾合忠義軍取

河東北州縣又遣兵東援劉錡西援郭浩而武穆則自提精兵長驅北向以闚中原將發先密奏言先正國本以安人心以示無忘復讐之意高宗得奏大喜襃其志授少保充河南北招討使未幾所遣諸將相繼奏集武穆復以輕騎駐郾城兵勢甚盛而旋遣其子雲領騎兵直貫其陣戒之曰不勝先斬汝遂與大戰數十合而官軍又奮擊之兀术大敗殺其壻夏金吾及副都統粘罕索孛菫等而梁興復會太行忠義及兩河豪傑等累戰皆捷中原大震再奏興等渡河人心皆願歸朝廷者以億萬計兀术大懼已令其軍俱北去正中興之機也遂

進軍朱仙鎮鎮距汴京四十五里與兀术對壘而陣遣驍將奮擊又大破之兀术遁去嘆曰自我起北方以來未有如今日之挫衄者也金帥有烏陵思謀者素號桀黠亦不能制其下但諭之曰毋輕動俟岳家軍一來即降金統制王鎮亦率所部俱降以至禁衛龍虎大王以下千戶高勇之屬皆密受旗榜亦從北方來降而金將軍韓常欲以五萬衆來附武穆大喜語其諸將曰直抵黃龍府當可與諸君痛飲耳方指日渡河而秦檜奏請班師一日之內奉十二金字牌召還武穆憤惋泣下東向再拜曰十年之力廢于一旦遂班師民皆痛哭曰我等戴香盆負糧草以迎官軍金人悉知之今相公去我輩無噍類矣武穆亦悲泣曰吾奉天子命不得擅留哭聲震野日為之晦方兀术將棄汴去忽有一少年叩馬曰公毋行岳少保即日退兵矣自古以來未有權臣在朝內而大將能立功於外者吾恐少保將不免況欲成功乎兀术悟果如其言嗚呼武穆以精忠報國之將而遇深仁厚德之君至御札襃嘉盈于數篋可謂君臣一德矣而敗于莫須有三字何以服天下乎史家論其忠憤激烈言出肺腑議論持正不挫于人有諸葛孔明之風而卒以此獲禍豈非天哉

頻瀕濱浜同一字説

頻許氏説文云、水涯也、人所賓附從涉從頁、詩大雅池之竭矣不云自頻疏云水際也、即瀕字之省文也、後人承許氏賓附之義又作濱、徐鉉曰今俗别作濱非是然經典相承多用之、如尚書之海濱、廣斥泗濱浮磬、毛詩之南澗之濱、率土之濱、春秋傳之君其問諸水濱、孟子之居北海之濱、戰國策之釣于渭陽之濱、皆作濱字矣、浜字不見經傳、韻書亦不收、始見于廣韻、而唐人詩中亦俱用濱、如李太白之七十西來釣渭濱、杜少陵之回首清渭濱是也、惟李翊俗呼小録載之、注云絶潢斷港謂之浜、恐是臆説、

雖小菴銘

日本海雲山住持黄泉上人築雖小菴以自娱梅花溪居士聞之為合掌而説偈言

物以微而顯、事以小而大、芥子與須彌、總在心中會、悠悠海上雲、青青屋外山、我聞迺如是、有人常閉關

洗心洞銘

道光十有五年十一月為日本國中齋先生銘

論學論道、釋空釋虚、洞明若水、洗心自如、我 朝崇儒、超出前古、 德邁堯舜 功同文武 澍被所及、厥惟東國、千百年來、履和食德、萬生源君、辭職家居、寓心所得、述而自娱、以此折衷、以此着録、先儒而在、定當刮目、草木有根、江河有源、聖人復起、不易吾言

梁簡文帝御撰招真治碑

夫東瀛淥水三變成田西嶽靈桃千年末子尚以星起牽牛部首迢遞律生甲子氣數杳㝠况復上遊玉清損之又損高排金闕元之又元豈言象之能詮非時節之所辨海虞縣者則虞農都尉太康置其寧境有虞山越絶書云巫咸之所出也高巖鬱起帶青雲而作峰瀑水懸流雜天河而俱灑吳門採藥之地楚望懷椒之歌湯反流沙之魂錦飾汾陰之鼎無以踰焉其峰則有石城石門虛峗自然不度句吳之馬神功挺起豈似岡陵之畫魏后氷城夜陣權息長安慈石浴鐵暫流較跡比期優劣斯遠道士沛郡張君諱道裕字宏真即漢朝天師陵十二代孫天監二年來至此岫棲遁十有餘載夜忽夢見聖祖云峰下之地面勢閑寂宜立館宇可以卜居裕師潘洪隱始寧四明山無何有人耳長髮短云從虞山招真治來言訖忽然不見潘馳信報君君因辭山舊居而以夢中所指峰下之地即以為治故號招真高臺適立有類玉臺之山長廊宛轉還如步廊之岫柱削芳桂豈俟開陽木飛材選海檀無勞豫章神挍黃庭司命之府有類玲瓏朱陵赤后之觀同符宏敞遠望仲雍而高墳蕭瑟旁臨齊女則哀壠蒼茫鮮彝千仞之木氣叶星晷華飛五香之草形圖宮室惟葉綬花卷舒蹊逕陽桃候棗榮落嵒崖樹息金烏簷依銀鳥鳳將九子應吹能歌鶴生七歲逐節成舞旭日晨臨同迎若華之色夕陽斜影俱承拂鏡之暉玉磑徽潤應山雲於高牖鳴籟徐響引和風於空谷方當專氣致柔入無為之境周行不殆窮混成之致茅子算歸轞轡無已魏姬宴罷留駕不還何止持節變淮南之金傳符蒔北種之稻明月蛟龍之騎驅之使鬬四銖七子之鏡引以成刀散季齊之羽起雄鳴之霧而已哉乃為銘曰

玉龜二始金書八會道浹地心功浮天外故常可小惟真能大德起同塵善生塞兑物寶自然人符交泰掩映綠蘿穹隆紫蓋仙治之美此焉為最雄柱千步陽臺百丈水均下矚山逾高掌野寂雲興禽繁山響升虹夕棲豐雷朝上元陽作石竹龍成杖書藏玉匣藥蘊銀筒燒鉛雜鯉折桂和葱羽衣可服雲駢易通斧柯雖朽碑石無窮

招真治碑梁簡文帝所撰見藝文類聚舊志沿稱昭明者誤也志所載頗多譌字就所見諸家選錄本參互更正別錄一通思得善書者補之嘗丐之梁山舟前輩既諾而旋歸道山事遂寢去年夏偶與梅溪錢君言及應作隸古書梅溪欣然泚筆為請邑之縉紳先生鳩工勒石陷置治之壁閒以補千餘年闕典亦藝林一快事也

道光三年正月前翰林院庶吉士邑人孫原湘記

梅花溪詩草

（清）錢泳　撰

《梅花溪詩草》四卷《續草》三卷，（清）錢泳撰，履園藏版。《詩草》刻於嘉慶二十四年（一八一九），《續草》刻於道光二十二年（一八四二），中國國家圖書館藏。前有蔣廷恩序，潘奕雋、曾燠、汪瑞光、李兆洛、陳文述、郭麐題詩。嘉慶十八年（一八一三）錢泳卜居常熟翁家莊，宅邊有小溪，手植梅花百本，自號梅花溪居士。

錢泳遊幕垂三十餘年，『西遊於宛洛，東浮乎滄海，北走齊魯燕趙之間，南至瀟湘雲夢兩浙十閩』，以一介布衣，遨遊公卿間，文酒風流，自寫胸臆。是編録其與袁枚等名公卿應答，附刻洪亮吉、彭紹升、阮元、秦瀛、翁方綱、法式善、孫原湘等二十五人唱和詩，其中王昆藻、歸懋儀爲閨媛詩人。

錢泳爲詩推崇自然之妙，『能道得眼前真景，便是佳句』，倡立意新奇，用辭典雅，潔新脱俗。其首釋性靈爲性情，《履園譚詩》曰：『沈歸愚自與袁簡齋太史論詩判若水火，宗伯專講格律，太史專取性靈……性靈者，即性情也。』清乾嘉詩壇四家分別標榜神韻、格調、性靈、肌理，錢泳則以性情説調和各家。

本書據中國國家圖書館藏嘉慶二十四年、道光二十二年刻本影印。

（蔡家彬）

嘉慶廿四年刻

楳花溪詩草

履園藏板

余交錢君梅溪舊矣始君來吳門年未弱冠能鼓琴善寫生兼通金石文字尤精篆籀隸古之書而天姿清妙如其爲人初未知其能詩也既而慨然出門歷楚豫浙閩齊魯燕趙之間爲諸侯賓客者二十餘年藝日益有名一時王公貴人莫不欲羅致之得其片縑以爲重嘗以漢熹平石經不傳於世爲書論語孝經大學中庸刻石學宮以補其闕以先世吳越武肅王以下祠墓圮廢譜牒散亾爲清復而修治之又作述德編百卷成一家言厥功甚鉅是以宗族鄉黨莫不敬其爲人余竊其意殆不苐規規于目前之榮名而直欲與古人相頡頏幾莫能以一二測也余曩在京師與法

時帆祭酒選及見錄嘗錄其詩旣又見錢塘袁簡齋先生之隨園詩話烏程戴菔塘太常之吳興詩話阮雲臺宮保之定香亭筆記先友吳枚庵之昂須集皆選其作乃知梅溪之詩所傳海內者若是其廣且博也頃余自都門歸梅溪過余歡然道故手一卷詩屬爲是正讀之清新有法性情畢露而天趣盎然直爲向之書畫藝能所掩亦奇矣哉獨是回憶四十餘年聚散之迹駛如駒隙余頹然老矣而梅溪卜居尚湖猶孜孜矻矻於圖書金石之中逌然有以自樂豈亦都元敬朱野航一流人耶聊書數語於後不知梅溪謂我何如也道光二年夏五月吳郡蔣廷恩書

梅花溪詩草題詞

潘奕雋 榕皋 吳縣人

梅溪六十生辰出示新詩即用卷中春字韻題其集後兼祝大年

梅花溪上一詩人生與梅花有夙因嗅得寒香清到骨吟來好句瘦通神趨庭鸞鶴排行舞壓架琳琅耀眼新我欲抽帆訂偕隱南枝正報十分春

曾 燠 賓谷 南城人

題梅花溪詩集

錢郎別我久屈指今幾年重逢邗水上話舊一慨然君年逾六十清癯好容顏導養得真訣無事求神丹相形益吾老攬鏡憎華顛君書擅能事妙入秋豪巔鐘鼎恣摹

榻金石供雕鐫作詩乃餘事亦復清且妍
空巖飛瀑冷碧澗踈花嫣隱君想高致天
籟鳴風絃君住梅花谿我家青芝山他時
一隣卜茅屋需三間酒熟共謀醉詩成互
取刪此願定可遂先煩盟白鷗

汪端光 劒潭 江都人

調寄一萼紅又一體奉題梅花溪詩

草後

見丰標甚三高六逸能比得斯人薄惹京
塵平看宦海脩然栗里衣巾儘憑著牽蘿
補屋占江南一段水雲春小有園林多藏
書卷少置琴樽 六十平頭未老（用朱竹坨句）況
清言高詠如鶴聲聞孚立苔碑詩添蓋篋
漢唐人恐輸君載酒江湖名一集聚天涯

海内盍簪新同與雕龍鑿鑿刻鵠津津（卷中刻舊友原作和詩甚夥）

李兆洛 申耆 陽湖人

梅溪先生見示詩集即題其後

卅載諸侯老賓客九州山水半逢迎隨身
詩卷爲年譜著手清芬見性情石墨久推
當代冠玉梅早結歲寒盟與君同住蓉湖
畔何日扁舟載酒行

陳文述 雲伯 錢唐人

梅谿二兄以詩集見示敬賦長句

谿上梅花澹晚煙花香長拂舊吟牋青門
嘯傲書名重朱邸聲華海客傳（君在京師聲名藉甚名王側席夷使求書者歲無虚日）感我浮蹤仍薄宦羨君偕隱早
歸田觚稜舊夢琅嬛事回首春明二十年

郭　麐　頻迦　吳江人

用雲伯韻

清才含雪語尋烟何用西崑待鄭箋妙墨已空兩漢後新編合得萬人傳壯遊久謝春明夢老境思耕白水田應笑江湖狂杜牧阻風中酒尚年年

梅花溪居士傳

居士不詳其姓字宅邊有小溪種楳華百本因以爲號焉居士善鼓琴不齦齦于宫商好讀書不亟亟于名利家貧屢空常負米以養其父母西遊於宛洛東浮乎滄海北走齊魯燕趙之閒南至瀟湘雲夢兩浙十閩所見名山大川可喜可愕之事一一筆之書書不盡者則寄之畫人有勸其干祿者居士笑不應父母旣沒有二子能自食矣乃發憤著書成述德編百卷喜爲隸古書又寫十三經以自娛世人莫不非笑之而居士亦置若罔聞也嘗仿趙岐築生壙植松楸預立一碑刻生平交遊名字乃命其子曰昔皇甫元晏死棺中僅置孝經

一卷不設几位元酒而奠吾百年後汝等其行之其風趣如此後移家釣渚十餘年端居杜門蕭然自得遂挈妻子入虞山久而不返不知其所終云

贊曰靖節先生嘗言張長公世路多端獨養其志居士豈其儔與蓋飲河既足自外皆休後千百年當必有知其志者矣

泳五六歲時即從先君子授四子書以至讀經讀史爲科舉之文未嘗出外就傅比長竊取唐宋人詩誦之遂效爲五七言體既不敢呈之先君子亦不敢輕以示人嗣家既中落無所成就始出門負米歷楚豫淛閩齊魯燕趙之間偶有所作輒隨手棄去零星片紙時時出舊簏中或見友人齋壁實未嘗有藁也今年過半百終無進境偶閱舊作反欲存之明知無師之學見笑於知者而蚓歌蚿唱或有取焉起自乾隆壬寅至嘉慶丙子凡得古今體詩二百八十餘首使兩兒鈔錄之命曰梅華溪詩草

丁丑春日泳自記

梅花溪詩草四卷

目録

梅花溪詩草卷之一

勾吳　錢泳　立羣

偶作

我生未弱冠委懷弄琴書澹然閱年歲自比羲皇初朴眞竊所慕智巧誠可祛漫言窮與達且息南山廬

其二

録録苦終歲烏兎東西馳去者長已矣來者猶可追讀書掩蓬户古人以爲師高山未能至我心嚮往之

其三

力田冀豐年力學冀聖賢苟不存此心畊讀俱徒然嗟嗟利名客甘受世網牽一朝赴邙壟千載誰悲憐

其四

寄形大塊閒萬事何時已凍蠅觸窗鳴鬧蛾撲燈死知進不知退自古皆爾爾所以賢達人守身若處子

歲暮舟發吳門

天寒征鳥疾風急片颿開念我何爲者扁舟幾度來煙波如許闊歲月謾相催極目

吳城路官亭又放梅

吾家距西湖四百里思之十年不得一遊乙巳三月始遂此願感余生之無狀幸山水之有緣即事成詩欣然載筆

十年夢踏錢唐路今到翻疑是夢中巒翠不分南北寺花香頻度往來風數灣碧水通　行殿一帶蒼煙沒宋宮何處吾家表忠觀幾回搔首問漁翁

其二

湧金門外水浛浛十里山光一棹分是處樓臺飛燕子滿船簫鼓散鷗羣六橋柳色橫青幛三竺香煙鎖白雲回首江城明鏡裏數聲款乃盪斜曛

其三

躍馬入山山四圍梵王宮殿鬱崔巍老僧迎客來幽徑少女焚香上翠微鷲嶺直標滄海闊溼雲欲吸冷泉飛何當高坐三生石指點遊人去路非

其四

踞虎奔犀雙屐輕松聲謖謖竹聲清茗烹

龍井逢疎雨，鐘吼雷峰正晚晴。巒勢奔來城約住，漁舟歸去月同行。榜人小歇孤山路，極目中流無限情。

履園叢話　乾隆乙巳歲，余春秋二十有七，始識袁簡齋先生于吳門，偶與先生大論時文，一時傾倒，因呈西湖詩就正，遂載於隨園詩話第十二卷。及刻成後，先生悞以泳爲秀才，嘗寄書求改。先生答曰：秀才二字在可改不改之閒，昔楊素稱孔子爲秀才，非今之生員也。強辭奪理，可發一噱。

舟次雙亭

犬吠夜冥冥，人行湖上亭。雁聲悲去艣，螢火落疎星。世事如涼露，生涯寄白蘋。篷窗成獨坐，愁對一鐙青。

乙巳冬日同婁東王竹嶺三錫、金陵張止原復純遊畢秋帆中丞樂圃，爲吾家廣陵王金谷園故址也

結伴城西路，尋幽傲散仙。名園傳五代，喬木歷千年。暖閣眞宜酒，看山不費錢。先公遺蹟在，惆悵白雲邊。

其二

風流畢吏部，卜築古園林。不作閒居賦，難忘報國心。文章推鉅手，儒雅託鳴琴。何日開三徑，來聽白雪音。

其三

憶昔吳門客，蹉跎感歲華。泳以壬寅歲曾寓園中讀書。曾寤宿懷古，一咨嗟。鶴室尋清夢，琴臺坐落花。而今增勝概，我欲向人誇。

其四

張王皆妙手，翰墨共沾濡。樂府開新詠，輞川作舊圖。竹嶺繪園圖，止原題七古於後。頓令幽興遠，翻恨故園蕪。好待梅花放，重攜酒一壺。

答徐復堂(應階)雪中送别之作

衝寒棹扁舟言别徐孺子牽衣飲我酒念我風雪裏揮手暮江頭梅林宿烏起

題蔣湛華孝廉(業謙)雪藕調冰小影

蓮花如幕水如油雪藕調冰樂未休一曲滄洲秋月好庾郎千古擅風流

理琴有感

昔年好鳴琴幸遇鍾子期山水志吾道調古心相悲斯人已厭世欲問和者誰清夜不成弄淚滴枯桐枝

乾隆丁未歲九月將赴汴梁自丹陽至京口夜泊詠懷四首示陳雪樵上舍(廣寧)

振楫發丹陽兩岸多荒草江近秋水濁路迴寒風早鄉國豈不念所喜良朋好夢溪何處尋俯仰傷懷抱

其二

懷抱何時開遊歷從茲始矯首道路長濛濛白雲裏江國秋風多征帆疾如駛天空海氣白日暮山光紫風景殊異觀那似故園美坐臥心若失感歎中夜起

其三

夜起何寂寥仰觀明月孤哀鴻隱蘆葦霜氣侵肌膚平生愛清曠行役非良圖顧影空悲涼即景聊自娛忽聽潮聲來舟師各驚呼

其四

驚呼動我神推篷問前路漁火浮遠波白

煙斷江樹秋高風正悲客舫莫敢渡維纜欲沽酒荒城滿霜露還坐殘燈前中懷亦難訴堪笑人去來不及沙上鷺

出楊子江同雪樵作

浮玉峯頭風力遒四圍煙景望中收海門日湧黿鼉伏瓜步洲寒蘆荻秋萬里雲山趍北固六朝金粉付東流舟師不識興亡

事指點蒼茫起暮愁

順風歌

不聞人聲但聞水聲一日挂帆一千里若欲載我空中行羣山萬壑左右分江南江北相向青我來乘風破犇浪仰天長嘯追雲征人生宇宙寒暑更百年飄泊空傷情何時拋得名利韁 蓑笠歸釣滄浪清

渡淮水見漂沒民田數萬頃感賦

淮瀆滔滔控數州東馳千里未能休屢看禱廟尋三井誰復探源遵上流秋潦漲時成竄鼠阪田沒處有浮鷗幾回問渡斜陽晚白草黃沙漫野愁

潁川道中遇林鐵簫李舟二首

潁水流不息楓林落日黃扁舟獨西走羣

鴈向南翔兄弟經年別關河去路長蓬窗無限意還見野鴛鴦水邊鴛鴦甚多

暮寒泊郵店沽酒指青旗犬吠閉門早樵歸生月遲喜聞鄉國信況有故人期相對挑鐙坐舉杯聊酌之

十二月十日同方子雲正澍洪稚存亮吉徐朗齋嵩凌仲子廷堪遊汴城

北上方寺

言遊上方寺，鐵壇聳雲長，衰草沒人跡，梅花何處香。周藩空瓦礫，艮嶽最淒涼。不盡登臨興，閑吟送夕陽。

蘇文忠公生日設祀詩爲畢秋帆中丞沅賦

眉山鍾靈蘇氏出，一時父子三峰立。奇才卓犖推長公，文字光芒造雲日。中丞雅望輝後先，特立柱石當中天。年豐人樂慶無事，爲公誕日張華筵。前庭列兵衛，後庭肅冠裳。惠肴既蒸酒既揚，玉彝金爵交明光。門生屬吏多文章，趨拜遺像堂中央。簫鼓作兮殷如雷，美人和兮舞徘徊。不知東閣殘月起，官梅欺雪爭初開。雲中車馬何有

哉，焚香上接金銀臺。燭光搖搖風瑟瑟，屏氣恍惚靈之來。吁嗟乎，元祐至今七百年，讀史想見公生前。自是君身有仙骨（用少陵句），何妨萬里投蠻烟。天子當時既相識，禁中對泣何漣漣。乃知不相亦有命，後人尚論猶爲憐。嗚呼，使公際遇如中丞，立功立德當比嵩高平。

履園叢話　畢秋帆先生自陝西巡撫移鎮河南者計七年，先生於古人中最服蘇文忠，每於十二月十九日輒爲文忠作生日會，懸明人陳洪綬所畫文忠小像于堂上，命伶人吹玉簫鐵笛，自製迎神送神之曲，率領幕中諸名士及屬吏門生衣冠趨拜，爲文忠公壽。拜罷張燕設樂，即席賦詩者至千餘家，當時稱爲盛事。迨總督兩湖之後，荊州賑恤既罷，苗疆兵事又來，遂不復能作此會矣。嗚呼，以公之風雅愛客，今無其繼，而沒後未幾家產絕沒，子孫式微，可慨也已。

汴梁節署除夜同洪稚存作

鈴閣清嚴夜氣寒，椒盤靜對綵燈懸。離家

屈指纔三月把酒回頭又一年爆竹不驚
遊子夢官梅多感主人賢（嵩陽吟館小閣前新植梅花數株）明春
擬欲登中嶽華蓋峰頭望日邊

附刻　陽湖　洪亮吉　稚存

丁未除夜與梅溪先生同賦一律
元旦復作此索和

青帝黃人爾許忙靜看歲月去堂堂禰

衡一刺須投孔枚叔三年却住梁緣檢
故衣搜畫篋愛延晴日曝書倉到門一
片方音異爆竹聲還似故鄉

汴城東門乘馬至黑岡口二首

鞭馬出夷門秋風開素襟感茲芳草路感
我白雲心木落知時節城荒自古今據鞍
重問訊容與綠楊林

忽訝河流白聲喧落日中帆飛皆退鷁天
遠正來鴻劃破塵蒙界飜疑造化空太行
何處是蕭瑟起邊風

夜泊睢州大壩河神廟下

朝行發儀封夜泊河神廟蒼茫四郊黑但
聽風水鬧舟中多良朋呼燈暢談笑有時
撫琴歌劃然變長調或坐或高臥各各隨

所好初疑萬馬奔刀兵勁喧噪忽似霹靂
飛恍惚從空到或洪若鼓鐘或大若壎器
或如虬松吟石洞號萬竅又如瀑雨來虎
豹空山嘯聞之喪我神披衣起登眺風急
沙模糊隄高勢排奡寂寥萬象空星月相
照耀嗟我遠遊子風塵任顛倒立地如深
淵津路當據要偶然一失足人事那可料

有志無時申欲語何從告還坐獨沈吟捫
心自悲悼

彭城

彭城自昔起英雄指點青山說沛公百戰
龍蛇原有別千年湯沐亦成空草生廢壘
寒雲黑河繞孤城落日紅夜聽黃流眠不
得聲聲猶似泣重瞳

登雲龍山放鶴亭

昔人鶴去不知歸留得孤亭伴夕暉四面
青山圍作郭滿城紅樹繡如幃雲深徑滑
難扶杖葉落風清好試衣我憶蘇耽舊時
蹟不堪惆悵數鴻飛

己酉三月遊焦山作

散步朱方道春風霽色開半生空夢想今
始涉江來樓閣連雲合波濤作雪堆古今
尋隱客何必到蓬萊

其二

僧弇有十六徑曲白雲深不識焦公洞誰
知隱士心千年留勝蹟三詔費招尋今日
懸崖上還多息影禽

其三

我更摳衣上言尋瘞鶴銘雷轟殘石黑雨
剥蘚苔青椎搨生寒霧摩挲看曉星紛紛
好事者猶爲擬全形

其四

覽古分周漢題名讀宋元銅頑何載造崖
缺幾人存幽鳥鳴山曲小桃臥竹根當前
眞骨董人盡不能言

其五

絕頂一亭立飛帆四面浮烏雲吞落日白浪擁層樓勢壓千峯壯門迎萬里流恍疑天路近更欲上攀遊

其六

徑險蒼苔滑山僧傍我身鷹飛如送客潮上欲留人指點尋歸路蒼茫更問津挂帆趁漁舫載得一江春

太子磯阻風

祈神禱墖兩無功日日磯邊候轉風若肯回頭輕撥棹一帆直到海門東

去秋東下江南路千里黃流一日分順逆總憑旂腳轉人生須早得風雲

潯陽舟中望廬山二首

朝發潯陽江遙望香爐峯百里連青蒼千巖勢巃嵸境幽罕人接雲迷訝天通奔恍未能往亦足蕩我胸

嘗讀石門詩渺若登靈闕想見諸道人拂衣步空碧此事千餘年仙雲久隔絕惟有鮑參軍淩風幾探閱案鮑明遠集有登廬山及香爐峯詩

過黃州月色甚明因泊舟城下弔東坡先生

東山初上月江水自中流赤壁固無恙雪堂猶在否孤舟留枕席人世總浮游兩賦傳千古光芒射斗牛

八月十日余將回江南方子雲洪稚存徐朗齋諸君餞余黃鶴樓吹笛賦詩月出而罷

倚樓橫笛未成音雲影飛來似有心黃鶴不歸雲不去一詩傳誦到如今

晴川閣上月初環鸚鵡洲邊對別顔惟有大江流日夜不知何處是鄉關

泊烏江謁項王廟

不渡江東忍自亡天心人事本難量英雄自足有千古香火至今留一方叢木秋風

餘殺氣鬼燐暮雨落星光我來艤棹寒塘晚惟聽江流悲未央

挂席

挂席西江夜扁舟疾欲飛唫高鷲白鷺燭燼倦青衣沙渚還留月漁邨盡掩扉爲耽山水癖飄泊未成歸

題陳雪樵長春園圖後

兩年三到長春園主人宴客開東軒幽花瑤草四時好山水一碧通仙源今我歸帆泊京口披圖還飲蘭陵酒回首江天路欲迷空對秋風幾株柳

擬樂府歌詞

上之回

上之回駕六龍鳳旗喜飄春風細柳北甘

泉東所臨歷多離宮蕭關路狹多垂楊羣花紅襯鑾輿香陋儒獻書跪道旁皇帝萬歲樂未央

將進酒

憶我趨庭時常著萊子衣上堂將進酒雙親喜相持堂上撫琴瑟堂下歌清詞舉觴祝長壽雙燭生光煇娛親當爲樂何忍一

日離令隔天之涯慚愧爲男兒

有所思

有所思乃在南山之南北山北上有五色之祥雲下有仙人之石室嘯謌當中天不管日與月世途齟齬何足云功名富貴徒紛紛請看雒陽佳麗地碧苔瓦礫多邱墳歌一曲空歎息有所思何時得

臨高臺

東海流面前崑崙峙背後日月懸我頭風雲落我手人生百年春復秋何爲戚戚千年憂仰天問天天不對令我不樂將何求吁嗟令我不樂將何求

黃雀行

棲莫向宮殿棲食莫近太倉飛太倉宮殿非不美須知人世皆危機嘖嘖復啾啾蓬蒿不吾棄寒投松柏林饑啄逍遥地一朝若遂凌霄志避網避鵰等閒事

隴頭水

彈我膝上琴長歌隴頭水隴頭水吼隴阪長十萬健兒色如死驅馬前行不忍聞牽旗斬將如風雲繫得樓蘭獻天子功名應

讓霍將軍

折楊柳

堤上生楊柳堤邊春水流枝長繫走馬絮落襯眠鷗南陌添新别江樓鎖舊愁寄言莫折盡留待綰歸舟

箜篌引

濁流拍天山若舟怪風落日黿鼉浮公無

渡河公竟死捐棄性命輕蜉蝣東鄰小婦彈箜篌行子竊聽雙淚流君不見世人自投網欲救不得心煩憂

猛虎行

昔年猛虎食人肉寡妻老母空山哭今年猛虎斂避人強弓毒矢翻成羣偶然結黨放牙爪白鹿黃獐同一飽弓矢雖多黨更

多嗚呼奈爾猛虎何

行路難

行路難心腸結朝衝黑風暮吹雪馬墮深谷車輪摧怪獸毒龍啖其血太行雖險吾不愁蜀江雖深吾不憂人心呼吸間覆車還覆舟

烏夜啼

夫走遼東阿母死夜長悄悄空房裏烏棲庭樹啼不休欲眠欲起增離愁一聲歎息驚飛去忽夢當年送行處

夜坐吟

殘燈欲死心欲灰沈吟酒醒明月來珠簾不捲風自開落花搖影鋪蒼苔美人兮美人對面恍隔千重雲世間萬事易爲識誰

識我儂離別新

十願詩 并序

昔陶淵明作閑情賦言蕩以思慮而終歸雅正將以抑邪心助諷諫也閒居無事因演其詞作十願詩

願在衣爲領繫環稱華首珠玉燦成圓將擬緘其口世人尚輕薄徒知論妍醜

其二

願在裳爲帶結束窈窕身年來漸消瘦不復長相親人心易溫涼翻羡紅羅巾

其三

願在髮爲澤朝朝刷蓬鬢烏雲潤欲流簪花自相映猶恐滑金釵時來照明鏡

其四

願在眉爲黛能令媚朱顏欲比青山色還同明月彎年年學描畫中心自相關

其五

願在筦爲席安眠病中體相思又暮春懨懨未能起昨得兩行書宛轉心獨喜

其六

願在絲爲履素足相周旋刺成合歡花喜作同心蓮一自踏青歸雙雙棄牀前

其七

願在晝爲影同憩花陰下冉冉獨自行依依兩難捨還坐綠窗前我心尚能寫

其八

願在夜爲燭不許明月來相對各無言傷心已成灰寂寂空房中雙花爲誰開

其九

願在竹爲扇含風送餘善涼燠兩心知恩情未嘗轉祇恐秋聲至棄捐付空館

其十

願在木爲桐製作膝上琴一彈傷別離再彈淚盈襟君子期不來千載誰知音

登西山石壁觀太湖

踏遍巉巖上石臺波濤滾滾萬山開一節
獨立憑西望惟有孤帆天際來

男曰奇偉堂 曰祥益生 謹校字

梅花溪詩草卷之一

梅花溪詩草卷之二

勾吳　錢泳　立羣

庚戌二月十四日偕王夢樓太守文治潘榕臯農部奕雋暨其弟雲浦參軍奕基張止原上舍復純遊畢秋帆尚書靈巖山館信宿而歸

刺船載酒訪平泉正值江南二月天兩岸好花添畫稾一陂春水作吟箋名園自昔留人醉逸興如今讓客先况有鸞臺仙吏在飄然同結出塵緣

其二

山肴野蔌滿前陳晚飯呼鐙笑語頻待月何妨琴作枕聽鐘恰喜佛爲鄰願憑泡影觀前事長託閒雲寄此身飽暖起居皆是

福扁舟還載五湖春

其三

年來鹿鹿走塵寰水陸驚心歌路難欲逐魚龍翻浪出竟輸斥鷃宿枝安恣遊敢說詩囊富謀食羞將鋏彈笑我山林緣分淺從今不作畫圖看

其四

東風作雨響山湫並坐當窗樂未休松色糢糊藏鳥語巖花飄落出泉流山深雲霧生衣袂興發詩篇集唱酬惟恐勝遊難再得相期更卜洞庭秋與諸公相約有洞庭之遊

同作　吳縣　潘奕雋　榕皋

芝原梅溪邀遊靈巖山館賦詩二章錄呈郢正

夾路松風引竹篌討春排日到平泉天因遊客開晴景人與名山有夙緣是處憑軒呈畫本暫來小坐即神仙聯吟促席皆詞侶月上何妨借榻眠

畫船雲壑敞山房信宿句留味儘長萬木排煙環曲榭衆峯攢翠入虛堂　御書樓壓涵空閣漱玉泉來響屧廊却笑

西山遊屐少酸寒今不數宧光

脩禊日同彭尺木進士紹升潘榕皋農部奕雋張東畬大令應均郭匏雅國博毓圻陸謹庭孝廉恭張芝原上舍復純集畢秋帆尚書樂圃觀所藏法書名畫彈琴賦詩暢飲終日二首

興從惠風發人與和氣遊俯仰六合間何

事多營求花謝實還結時良去難留有懷
王右軍一序垂千秋
羣彦多仙儒文章斑陸離當此暮春天幽
懷愜心期詩成酌清醑醉餘理金徽臨流
各相對笑彼浮雲飛

同作　吳縣 潘奕雋 榕臯

樂圃脩禊同張芝原彭尺木張東

畬郭匏雅陸謹庭餞梅溪
浮生住世間所遇無不可譬諸旅寓客
百事豈由我慮澹物自捐寧復知瑣瑣
良辰邀古歡幽討期竟果一鳥鳴林端
兩蝶集花朶未能與道融差喜與俗左

其二

今日惠風和相過談在昔神仙與賢達
翰墨留遺蹟是人今已亾存者亦糟粕
糟粕不可磨偪視精奕奕想當揮毫時
意豈計工拙掩卷吾忘言白雲蕩空碧

其三

脩禊古遺俗用以祓不祥不祥孰爲大
先當祓其腸俗腸既可除可以進一觴
同心六七人落落狷與狂清譚閒新詠

恍聽笙簫簧何當脫餘累汗漫從雲將

其四

彼亦一是非此亦一是非千載更相詆
是非究安居達人悟其旨四問四不知
死生既可一得喪何所期卻笑誓墓者
彭殤猶未齊惟應漆園叟可與和天倪

又　長洲 彭紹升 尺木

庚戌三月三日錢立羣招余往畢尚書第觀尚書所藏法墨以當脩禊之會與者張止原潘守愚張星躔郭載春陸孟莊守愚先成古詩四首有超然元覽之意余輒繼作以廣其恉

端居了晨課有客貽我書云茲脩禊節

相於尚書廬評賞古法墨遲日頗有餘到者某某在君能一至歟余應之曰諾飯罷徐往趨入門揖數子開卷同歡娛香光竝松雪濯濯出水蕖楷法擅文祝骨瘦神轉腴君謨稱妙品如槃走圓珠數公俱不朽風流美且都生來嬾握管對此增長吁德成與藝成緩急其何如願言從所好還我結繩初

其二

文公天上人落筆雜行草（朱子城南詩數百字倣魯公爭坐稾）中有眞氣流虛空出鱗爪仰之何蒼蒼即之殊矯矯同時紫清翁（白眞人玉蟾）獨立三山表偶爲駕虬螭傲睨乾坤小斐然錦繡文禿筆一以埽儒仙豈異源所貴絶

諸惱但得摩尼珠一照無不了休作墨池賓坐待朱顏槁

其三

一切法無生一切法無滅云何寂光中枉自起分別蘭亭有遺篇俯仰增悲咽豈知御風人翛然謝涂轍隨處是山林招要足賢傑朝聞在溷匽今古同一吷

春沂詠而歸餘響都未絕

長洲　陸　恭　謹庭

和張丈東畬韻

清時合繼永和遊，載酒名園挈侶儔。節屆重三宜燕賞，朋來五六喜鶯求。當年逸興臨文寄，此日幽情藉古搜。最是風光來瞥眼，好隨鵞絹寫曾不（止原梅溪已寫樂圃脩禊圖）

尚書行樂紀遨遊（是日出示畢秋帆尚書行樂圖）。野綠平泉洵足儔，早集梧岡舒鳳翮，還開竹徑友羊求。幾叢花木金鈴護，列架圖書鐵網收。遊目騁懷容我輩，山陰觴詠勝今不。

履園叢話　庚戌歲三月三日，余寓畢秋帆尚書樂圃林居，時正刻經訓堂帖，遂取松雪齋所藏蘭亭五字未損本，及唐徐季海朱巨川告、懷素小草千文、蔡君謨自書詩藁、蘇東坡橘頌、陳簡齋詩卷、朱晦菴城南詩、白玉蟾草書卷、虞伯生誅蚊賦、趙子昂枯樹賦，及文衡山、祝京兆、董思翁墨蹟，置之案頭。同觀者為彭尺木、潘榕臯、張東畬、郭麭雅、陸謹庭諸先生，彈琴賦詩，暢飲終日，為一時佳話。忽忽廿餘年，諸公半皆凋謝，卷冊亦已散亡，惟經訓堂帖石巋然獨存，金石之可貴如此。

四月廿八日蔣立厓司馬（業晉）席上得句呈袁簡齋太史（枚）即送歸隨園二首

總角讀公詩，十年勞夢思。今逢文宴會，宛與古人期。花月三生債，江湖兩鬢絲。爭攀

聽快語，命酒故遲遲。

風流開後輩，著錄付門生。獨坐倉山暮，冷看塵世情。俸餘留鶴供，興發逐雲行。指點秦淮路，愁聽說去程。

陸少室（元溥）病不見客作此投之

廿年壯志絆家貧，湘管揮殘自寫眞。白社盡推修月手，青衫先作臥雲身。一妻勤儉

兼僮僕半榻沈吟自主賓莫怪當堦苦易
綠門前還有素心人

題如皋喬墨莊林印譜後

墨莊好古無不備鐵筆閒來作游戲金玉
竹石爲君戕寫出周秦已前字九天風雨
蟠蛟螭芝泥濡印紅淋漓史籀失色李斯
哭却笑世上無人知我昔吳門初識君索

詩求畫兼論文今君傳有佳兒子筆墨神
奇更絶羣令子亞能畫兼工鐵筆

七夕戲作和王夢樓太守韻

昨宵風雨折池蓮一霎銀河落眼前笑我
良期長在客忩忩虛度十三年
一鉤凉月欲西沈幾縷名香繞畫屏我妒
雙星還下拜閨中應亦拜雙星

題陳雪樵騎尉廣寧壽雪山房圖

窗留太古雪彷彿峩嵋巔白雲凝高空不
知幾何年卻笑寒梅太多事春來欲鬥天
公戲幽香自謂已過之一夜東風吹滿地
君不見崑崙高竞時積雪干青霄那知人
世有炎熱更比梅花容易消

題徐朗齋孝廉芙蓉湖上讀書圖是圖

在京師作

十年水陸路蟠蟠歸夢醒時思萬端君亦
不忘鄉國好青山圖取袖中看
芙蓉花發水風清恨不相從一葉輕我本
湖邊垂釣者他年來聽讀書聲

九月八日同喬墨莊張芝原徐朗齋
江鄭堂登虎邱淡香樓

人生會合最難期今對諸君轉自悲壯志漸如紅葉墮素心惟有菊花知百年身世防虛擲此日登臨合賦詩猶恐忽忽容易別淡香樓上坐移時

同作　金匱徐嵩朗齋

和梅溪

吳門木落水雲涼相約晴遊引興長異地最難逢老伴登高何必定重陽畫船野渡琴尊滿山寺秋深松鞠香但願年年成此會數行新雁過橫塘

舟發吳門

開歲雨雪多十事九成拙行子待春和今初與家別振楫金閶門蓬背微風拂月斜人語稀溪迴水聲疾笑我苦奔波湖海生華髮行樂負青春驚心作生活何當乘白鷗一飛渺天末

望亭

春到江邨景物新扁舟何處問仙津月斜野店關門早高矗紅燈引路人

京口舟中聽雨

空江愁獨夜聽雨倍神傷城鼓嚴傳警濤聲吼未央燈昏勞遠夢蓬漏濕行裝明日猶晴否扁舟路正長

同崔雲谷瑤遊莫愁湖

莫愁湖水碧粼粼兩岸垂楊覆白蘋一自畫眉人去後問誰占得十分春

美人才子總淒涼留得芳名土亦香今日勝碁樓上望伊人宛在水中央

辛亥春日寓蕪湖長春園吳盤齋孝廉桓以詩見投即次其韻兼呈陳岸亭明府聖修及令子恒齋廣輿雪樵廣寧昆仲

年來奔走若流星，又到坡公湖上亭。芳草多情留雪爪，春風著意合浮萍。半窗舊夢花前落，一曲新詩月下聽。最憶斜川尚行役，早來共折柳條青。時雪樵尚未至鳩江故及之

附刻　　無爲吳　桓槃齋

讀梅溪先生見和詩再寄二首

伻來開寶墨，芳訊慰離思。佐體高時輩，詩裁與古期。雅真傾蔣濟，醇已感袁絲。但恨過從少，寧嗟相見遲。

兀坐郡齋冷，深慙鄙吝生。臨風欣遠慕，連雨釀離情。湖漲知誰溯，園芳想獨行。狙𤢆囊裡物，頻望示吾程。

會稽郡齋作呈李曉園太守亨特

秋老吳門逸興催，扁舟又渡鑑湖來。西陵風雨三更夢，南國雲山一望開。沽酒不辭浮綠蟻，訪碑何處剔蒼苔。越王臺殿雲門寺，從此登臨看幾回。

其二

蓮幕英英集世賢，令人想見永和年。畫追北苑空今古，詞逼東坡暎後先。謂陳斗泉姚秋槎坐有琴書忘作客，醉扶花月傲成仙。笑他蘭渚山前寺，只把詩文石上鐫。

其三

鎮東樓閣對三峯，峰勢崢嶸繞卧龍。鏡水

秋風愁釣艇靈臺落日響寒鐘漸看柏葉紅千樹指點涼雲暗幾重聞說先秦殘石在何當策杖問遺蹤秦會稽石刻宋時王梅溪與梁安老訪得之聞至今猶在

其四

每逢佳節在天涯且喜湖山路未賒十載遄征先白鴈幾番愁悶負黃花吹噓誰辦柯亭笛浪走空隨博望槎只有琴書忘未

了興來還到鄭侯家

其五

公庭事簡晝長閑一任浮雲門外閒自昔繁華稱澤國此中樓閣擁仙山歌聲夜沸民爭聽雲影朝飛鶴自還恍在伯駒圖畫裏果然瀟灑異人間

辛亥除夕同姚秋槎別駕與潔賦兼呈曉園太守

聲聲爆竹破雲寒置酒高堂興未闌惟有官梅知我冷愧無白雪向君彈十年樂事回頭過雙燭生花帶笑看幾欲探春上林去為懷明德更盤桓

白桃花和張芝原韻

春來無處散煩襟且把桃花耐苦吟獨與

梨雲同絕艷不隨梅雪結寒心銀墻露泣珠光滿玉洞風微月色深聞說仙源春更好刺船欲訪到而今

泊天妃閘

淮水并黃勢不敵怒走清江亂噴激江頭鎖鑰重重封淮水愈怒流洶洶驚湍奔雷響霹靂急溜滾雪翻鴻濛蛟龍夜吼深淵

裏行舟到此誰敢艤鳴鉦擊鼓相叫號健卒如雲挽不起我昔南歸幾度過搖櫓一擲舟如梭而今欲上不得上空立船頭喚奈何

京師臥病

三十無成志欲灰況逢臥病滯京隈半生落魄憑誰說百種傷心有夢回梧葉驚風

催節轉槐花雜雨打窗來昨宵幸得平安信差勝庸醫藥一杯

夢遊仙歌爲奇麗川中丞豐額賦

中丞風骨有仙氣曾賦梅花作長句中丞有梅花詩九首示余奉詔南行齊魯間怳惚夢與神仙遇蓬萊宮闕祥雲開王母車駕翻空來華妝玉女奏天樂歡呼排列金銀臺羣仙如麻不暇接惟有東方若相識誰道仙家不老春鬚鬢皤然亦如雪崑崙滄海何處尋兩袖翼翼清風生下看岱宗小於芥一聲鶴唳東山明我聞此語重咨嗟舉杯對坐餐紅霞他年倘許來入夢願向公門掃落花

寄家信

旅館西風天正寒爲傳鄉信報平安病童

欲睡燈花落幾度封完又拆看

早行

撲面霜花冷如鉤月在天升車猶擁被躑躅不成眠馬自知岐路難能破曉烟忽聞茆店近沽酒弗論錢

象山雜詩

象城景物逐時新城上青山欲結鄰沿水

桃花幾千樹我來恍作武陵人

其二

老翁小住白雲隈花藥紛紛手自栽莫笑貧居無長物遥峰一角過牆來

其三

風景依稀似赤城峯頭常看濕雲生不知夜雨添多少鳳躍溪邊聽水聲

其四

海魚爲飯酒爲年醉後行吟便欲仙石屋歸來天未晚一鑪活火煮丹泉（山下有陶隱君煉丹井）

石屋八景詩和陳雪樵騎尉

雨香庵

結庵山中居羣花繞其側春風昨夜來吹成衆香國趺坐悄無言悠然悟空色

聽秋室

有聲來林端摵摵鳴未已不寐生微涼牽衣夜中起惆悵月輪斜落葉滿階圮

眠雲塢

山隝爲我牀松雲亦吾幄醉向隝中眠雲生不知覺堪笑塵世人端居尚華縟

招鶴峯

支公旣仙去鶴唳西山凹日暮不歸來傍

人徒見招何當借雙翰飛上青雲霄

洗心池

鑿池通仙源一泓深見底人心旣匪石水清亦難洗何如水中魚搖漾波瀰瀰

指迷石

白雲障空山樵牧不相遇有石立崢嶸引

我上方路逕險沒蒼苔踟躕幾回顧

流華澗

幽澗鳴琮琤花落隨流行溶溶水生色點點香有聲忽興逝者歎香色空多情

移情臺

昔年好綠綺專一情難眞今到蓬萊山豁然通我神更願東入海冀遇方子春

山陰陳廣寧雪樵

原唱

石屋八景詩 并序

象山縣石屋在丹山南勝境頗多惜僻在海嶠無騷人韻士品題遂至巖巒蕭條蒼苔滿徑邑之人幾無過而問者乾隆癸丑四月余攝官來茲與友人徐君雪亭錢君梅溪共題八景命工刻諸崖石並賦短章紀勝非敢謂是山之美因人而彰亦望同志者繼聲焉

雨香庵

異香從何來遙望彌天雲冉冉不知處祗向空中聞借問幾時散于焉悟靜因

聽秋室

松泉聲泠泠常帶蕭爽意幽坐高齋中

傾耳得深趣怡然澹無言問有凉歸未

眠雲塢

飛雲嶺頭來流入深塢綠幽客此高眠相對興自足行雨須出山不遺更棲宿

招鶴峰

何處鶴飛聲遠在青天半高峯一揮手

翩翩雲影亂定許便歸來伴我撫琴案

洗心池

池水深尺許試問清誰似我心不染埃
祇願長如此却笑買名人洗耳徒貽恥

指迷石

山深忽無路峭崖知遠近蘚石認舊遊
使我興彌盡大道高若天試問誰相引

流華澗

溶溶幽澗泉遠逐清香去輕萍相與浮
借問幾時住山風水面來紅散不知處

移情臺

石臺當高空有客此鼓琴海水忽洶涌
余情相與深即此是蓬萊應悟成連心

題高孝二陵墨蹟後 并序

趙君洛生巍宋之苗裔也家藏高孝二陵墨蹟諸公跋之詳矣獨念趙氏有恩於先世今越數百年後而洛生復與泳訂金石交豈佛家所謂緣耶爰題二詩以識冊尾

石經剝落長苔痕遺恨冬青不足論留得二陵眞蹟在蓬門猶識趙王孫

焚香再拜啓題封想見揮毫德壽宮龍鳳昇天陵谷改尚餘文翰見清風 皐陵書在團扇故云

過嚴子陵祠堂

直鉤釣國曲鉤名富貴原無足重輕我亦久忘名利者合來祠下拜先生 俗傳往來客商從不謁祠謁者輒不利以先生不求名利故也

祠堂傾側草蕭蕭奉祀雲孫亦寂寥猶有

先人家法在多因避客混漁樵（有子孫數家奉祀事者是日俱上山樵采不見一人）

羈宿

羈宿愁無寐門開山驛中夜明千嶂黑野燒半天紅豺虎何時絶艱危到處同烏啼雲欲曙獵獵吼西風

望江郎山

三峯矗立勢崔嵬雲樹蒼茫入望來直上定窮千里目排空誰遣五丁開花園岡斷寒烟塞楓嶺營高白日頹欲宿山家燒晚飯竹兜橫坐首重回

度仙霞嶺逢吳門李十二

仙霞高不極曲折度層巖徑險疑無路山深欲隔凡流雲穿洞壑急雪響松杉爲遇

南來客家書寄一緘

燭淚

光黯月初上花開風正搖傷心誰似我流淚度清宵

自浦城泛舟至延平津

暝投浦城郭旦登清流舟四山鬱嵯峨對此生百憂初疑陸地行忽至溜水頭急湍

響霹靂萬刺交戈矛飛舸疾如箭一往不可收崩崖利如刀森列爲我仇白雪翻迴波青虬吼靈湫奔騰勢初平怪石當中流任觸恐顛覆欲避難自由榜人跪焚香行子驚未休我聞呂梁壑水湧高層樓又聞蜀江深險亦如此不雙劍已成龍一水名空留回頭碧峯遠思逐羣飛鷗

過黯淡灘

我過黯淡灘慄慄心膽寒狂流噴激走白雪挽舟不動登天難羣峰鬱蒼蒼惡石立齒齒白日欲落西風喧舟師相對色如死安得神禹驅山鞭盡把亂石東海填樂浪島夷入中國樓船盜賊殲窮邊不使行人歷奇險平水來往無拘牽驚悸不能止嗟

吁發浩歌既怪治水鑿不到又傷人世多風波從今歸臥滄江上試看風波奈我何

次水口驛

扁舟泊水口古驛暮雲多山秃留紅樹灘平漾碧波寒風喧岸竹人語入烟蘿指點榕城路揚帆發棹歌

登福州堅牢塔觀僞閩王延曦石刻

題名

瑯琊建國太翁翁兩世兵戈一霎中負海自居天子座因山猶築梵王宮至今殘石留名姓細辨題年記永隆極目孤城思往事墖鈴無語怨東風

建河歸棹詩

建河天下險說起便增愁衆水趨崩壑羣

山夾亂流身居烟靄國家在木蘭舟最怕前灘急停橈更縮留

其二

落日張湖坂奔流勢漸平忽鳴巫峽雨又激海濤聲對飯誰能食推篷暗自驚仙霞望不見惟有暮雲征

其三

夜泊延平驛津頭月一彎悲風號獨樹野火燒空山干莫何時出斗牛不可攀我來憑弔古歎息水潺潺

題范安仁魚藻圖

每因秋至憶蓴鱸況見江鄉魚藻圖從此扁舟歸去好一竿煙雨伴雙鳧

題陳孝廉希濂瀫水舊廬圖在金華府城外

昔人釣遊處今人尚仰止況子先世廬乃在佳山水前聽波潺潺後枕石齒齒春風松竹香蒼翠搖滿几吾家金華侯有墓城東起碑碣荒荊蓁春秋廢禋祀欲往問遺蹤感嘆不能已先金華侯元懿爲武肅王第五子墓在府城東北五里惟君念舊德繪圖縮藤紙雲木雖荒凉邱壑差可擬長山何巍巍瀫水何瀰瀰有懷張志和

還憶徐孺子他年結伴行撥棹烟波裏

養蠶詞并序

余鄉風俗不事蠶桑今年春内子偶以十錢買蠶種至三眠時遂得數萬深窗飼葉晝夜不遑始知蠶事之甚苦也因作六詩以示内子

抛却金針學採桑朝朝雙手緑雲香蠶饑

蠶飽添憂喜贏得深閨日夜忙

其二

三眠欲起日初融人在紗牕第幾重不管花開與花落春來一月鬢雲鬆

其三

守護筠籃到曉看空堂風雨一鐙殘支持兒女眠初穩十萬生靈正待餐

其四

一回飽飼一桑空八百成都枝奏功却笑紛紛閒草木虛名半落軟紅中

其五

繭作同功箇箇肥繅聲軋軋亂鳴機絲綸吐盡爲人用留得輕身一對飛

其六

堂上孀姑八十餘不愁衣冷奉登輿更令鄰婦家家學變俗應從汝最初

和作　烏程　戴　璐　菔塘

題梅溪養蠶詞後即用憶吳興詩韻

愛將桑柘代蘩蘋繭館初營不染塵從此梁溪增婦職春來比戶祀蠶神

九龍山翠裊晴煙軋軋聲喧四月天自是王孫桑梓切珍儲佳種待來年

又　揚州　阮　元　芸臺

讀梅溪養蠶詞因作小詩二首代柬奉答時在浙江試院

春來試士養蠶詞百首新詩繫我思爭似授衣詩句好養蠶比似養嬌兒夏閒閔韓江雅集詩有養蠶詞陳授衣句云蠶娘養蠶如養兒此言未經人道也

蠶利蠶工賴長官非徒稼穡甚艱難先生更有驚人句十萬生靈正待餐

表忠觀落成阮芸臺閣學元秦小峴觀察瀛俱見過感賦奉呈

先王功德在錢塘七百年來民未忘碧瓦重新明社火金書自昔降天閶巍巍豐碣

文如鑄肅肅形庭草亦香共愛南屏山色
近祠門猶爲立斜陽

同作　　嘉興 錢　楷 裴山

至杭州日聞秦小峴觀察陪阮閣
學學使遊湖代東二首

詩人出處例西湖地美天教管領殊露
冕行知春有脚星車坐見氣如珠同尊

我輩懷秦七詩見蘇蠟屐平生羨阮孚使節
雙清今作合鶯花魚鳥見曾無
不勞五馬與雙鳧出郭傳呼屏路隅左
右但宜佳士坐謂梅溪主賓羸似道人孤谿
山勝濟拚遊遍風雨春晴放客迂歎我
素衣遲不值十年别夢柳絲紆

又　　揚州 阮　元 芸臺

丙辰春日秦小峴觀察招遊湖上
晚過表忠觀適錢裴山同年過訪
未值有詩見投作此以報並寄梅
溪

天使浮雲自往還春晴喜借一舟閒共
舒中禁鐙前自來看西湖雨後山吾輩
冠裳煙水上君家祠宇竹松閒願將千

首新題句都就詩人仔細刪

錢　楷

次日學使報章述及晚謁表忠觀
賦謝次韻二首兼示梅溪

湖上行春去復還歸鞭愛趁夕陽閒荒
祠五色雲生牖開府羣公義似山近蒙當事襃金重葺
金塔攷餘懷古地學使有先忠懿王金塔榻本考輶軒題

入採風閒學使下車即以表忠觀落成命題通省諸生賦詩不下千餘首千篇儻許光家秉憑仗登高鉅手刪

使君衣錦過家還學使自山左移節吾浙嘗乞假掃墓畫舫風流待詠閒韻事並傳修北海學使在山左重修鄭康成祠堂碑文快讀繼眉山適學使出示重修表忠觀記簪裾色壯松篁裏文學風維吳越閒獨有吾宗勤述德行勝鐵券攷裒刪時梅溪以鐵券攷見貽

嘉慶丙辰九月八日至臨安拜武肅王墓

太廟山前秋正深功臣墖上月初臨一邱虎踞當城郭十道龍蟠自古今不見靈旗來故國尚餘石馬卧松陰居民說起前王事緩緩山歌唱不禁

男　曰奇偉堂　曰祥益生　謹校字

梅花溪詩草卷之二

梅花溪詩草卷之三

句吴 錢泳 立羣

永平磚歌爲謝蘊山方伯 啓昆 賦

謝公好古今無比嘗補魏書輕伯起千年穢史重正之直並龍門司馬氏公餘退食憩花前園丁種花鋤得磚依稀辨出永平字蒼潤剥落生苔錢初疑漢魏陶工製幾

片元雲質理細厥文非篆亦非隸波畫微存晋人勢我聞惠帝屢改元金墉城上秋草繁却怪題年尚有此不知昔作誰家垣忽憶公居玉堂日八磚移影花生筆今來屏翰浙東西吟詩欲壯湖山色豈知瓦礫經品題遂與珠玉同珍奇紫薇堂前幾回看唱和滿壁瓊琚詞吁嗟乎古來器物晨星少太康太始皆足寶乾隆五十年吴郡太旱居民於太湖中掘得晋太康太始諸磚倘公再補西晋書應寫此磚入年表

履園叢話 嘉慶丁巳歲南康謝蘊山先生爲浙江布政使闢東園地得永平磚八枚先生大喜定爲晋惠帝時物遂築八磚書屋于其上并賦詩紀之一時和者至百餘家或以爲明永平縣所造非晋磚也先生怒曰爾輩嗜古家每以穿鑿附會爲長區區瓦礫何足深究耶

憶吴興詩 并序

泳之先自六世祖宋駙馬都尉諱景

臻隨高宗南渡卜居台州至十一世祖承奉郎諱迪又避亂遷吴興理宗寶慶元年又遷錫山至泳已十九世矣年來往返吴越獨未一至湖州以爲恨事作憶吴興詩

苕霅雙溪漾白蘋先公曾此避囂塵百年子姓多寥落說起吴興一愴神

臨安宮闕但秋烟物換星移總是天聞說
鷗波亭下路空餘芳草綠年年

細雨

細雨輕于霧霏霏出郭斜王孫不歸去芳
草滿天涯只比風前淚真爲眼上花登樓
幾回望惆悵一思家

丁巳九月廿七日舟次吳江天將下

雨

秋氣慘澹秋雲飛野塘橋斷行人稀榜人
刺篙當搖槳蘆花瑟瑟風吹衣一雙白雁
自相語幾疊青山誰作主故園搖落天西
頭穫稻年年揔風雨白酒已熟紫蟹肥亟
亟理棹吾當歸

戊午二月十日將赴京師同陳旻生
鴻壽許春山鋐汎舟湖上留別率成
長句

欲望長安正渺茫此心猶注水中央粘天
草碧香前路夾岸花紅引別觴金壇考新
留話本（泳曾作金塗塔考）蘇碑榻富壓行裝（謂榻蘇文忠表忠觀
碑）他年若遂煙波願應把西湖認故鄉

京師冬日八詠（國子祭酒法梧門先生課題）

鑿冰

鑿冰如鑿井罌激昆池冷雙鯉應無眠起
游唼梅影

採煤

萬夫採寒谷千駝負山隈喜聽鈴鐸語暖
氣入城來

糊窗

欲障黑風窗先糊白雪紙凍蠅偶飛來鼕
鼕鼓聲喜

燒炕

貼地一團紅温茶代酒功任他風雪作我
坐暖雲中

醃菜

滿甕白團團冬來味逾美却笑膏粱人每

日陳八簋

調粥

柔我青精飯調成碧玉甌試施貧士用一
飽當添裘

薰花

催花須用火催花不須鼓朶朶透芳鮮春
風難作主

夢樹

萬樹帶寒眠齊夢斜陽陌惟有東閣花獨
醒對詩客

己未三月望日鄭親王招遊惠園因
登雛鳳樓即席賦詩應教二首

曲觀草初緑層樓春正妍凭欄疑入月侍
坐恍登仙宴以琉璃盌薰茲玳瑁筵家臣

抱琴至同聽伯牙絃（適有王府長史阿君能琴命彈一曲）

東平好爲善北海復能書燦燦霞相若翩
翩玉不如春風花作錦秋水月通渠（樓前有水一泓通宮門內）
自笑梁園客深慙賦子虛

珠湖射鴨圖爲阮芸臺少司農賦

三十六湖芹吐芽鴨羣弄羽飛平沙有客
刺船趁輕浪新製櫂歌不高唱引弓潛聽

喽呷聲欲發猶恐鴛鴦驚欲發不發正惆悵喜見明珠起湖上君今已到昆明池我戀菰蒲心若癡使君之弓能借我願入南山射猛虎

題彭南昌相國所藏馬楚銅柱銘搨本後

楚王樹國建功多銅柱鐫書繼伏波欲識

五溪平復事誓文墨搨好摩挲

八百年來瘴雨零行人指點一痕青吾家鐵券今還守敢勝溪州柱上銘

履園叢話　嘉慶四年春楚南苗民既平有好事者搨得五代時楚王馬殷銅柱銘至京師者銘文爲李宏皋所撰此吳任臣十國春秋朱竹垞五代史補注俱未見也南昌相國爲裝池巨冊以爲至寶泳時寓衍聖公府與陳雲伯同觀雲伯賦七古一首余僅書二絕句云云相國見余詩笑曰此的真錢生詩不可移易他人

嘉慶己未歲移居釣渚感賦二首

昔年遠行遊飄蓬不知返雖有邱壑志人事常偃蹇今年來卜居初心遂已晚荒齋差堪適俗慮仍難翦所幸母壽康晨昏捻平善稚子能誦詩時來問文典有婦織機中咿啞自成卷而我紙與筆亦足供消遣春樹掩白扉秋花落蒼蘚北牕一夢餘羲皇豈云遠

蟭螟既有巢鷦鷯亦有枝我生豈無涯擾擾將何爲日月已云邁鬢髮空成絲窮達固有命富貴知幾時不如歸去來端居賦新詩楊墨枉悲泣韓彭亦菹醢致身苦不早終爲後人嗤去者已如此來者吾猶疑親戚莫相誚旁人那得知

和作　常熟席　亮耕陽

梅溪先生移居釣渚用田郎中雯

移居詩韻

梅溪才調富五車捆載碑板來移家山石犖确卧庭砌紛如長林茂草眠麏麚長安公卿重揖客早晚蓮幕開槐衙先生善詩兼篆隷落筆千紙風横斜箕張昴萃星異態珊瑚碧樹柯交花倦遊卜

茲數屢宅何異彩鳳隨孤鴉愔愔琴操暇一撫朱絃蹠越不比三弄漁陽撾從今竊樹更忘味我雖獨處可勿悲媕媧

重過蘭韻軒有感

乞食諸姬笑竝肩無端夜半泣漣漣一場風雨催花落飄泊天涯二十年

珠碎花彫事已非驚鴻一去信音稀楚王幽夢年年杳不信人間有宓妃

自潤州城外泛舟重遊焦山看瘞鶴銘殘石

潤州垂柳正參差指點江天放櫂遲沙市非遙宜有酒青山看慣轉無詩佛廬再到人將老石刻三摩鬢已絲漁子催人渡江去蒼茫故意立多時

嘉慶庚申五月泳偶寓京師宛平令胡君蕙麓逵招同翁覃溪鴻臚方綱法梧門侍講式善集古墨齋觀新撫李北海書雲麾將軍李秀碑刻泳時將回江南鴻臚侍講各有詩見贈謹和鴻臚公原韻兼呈侍講師

聞道鴻臚願已諧雲麾李秀碑僅存二礎泳曩在吳門見舊搨本曾雙鈎以贈鴻臚公

公欲重摹上石有年矣來觀新刻喜摩揩偶爲北海傳
神筆恰與西涯作匹儕（侍講師新修李西涯墓并西涯舊址）十載
氊煤尋古碣一肩書劍又天厓多情誰似
長安宰遲我清朝話竹齋

原唱　大興　翁方綱　覃溪

梧門梅溪同集宛平廨觀新刻北
海碑賦此即贈梅溪南歸

壁響濡繒願果諧幾年贉尾蠟煤揩張
褱馬駿皆安在仙鶴靈芝有舊儕董刻
若論雙石笈吳淞已翦半江厓不虛帀
月燕都住親到雲麾古墨齋

同和　蒙古　法式善　梧門

胡蕙麓大令招同覃溪先生梅溪
上舍集古墨齋即用覃溪韻奉送

梅溪南歸

北海西涯願總諧看碑看竹眼頻揩前
緣竟許後賢續冷官原應澹友儕半榻
石雲養官閣一船煙墨返江厓寫經樓
上探奇字折寄梅花蘇米齋

爲王惕甫國博（芑孫）畫杏花小幅并
題其上

文杏開紅雪垂楊暎碧羅春光鄉國好花
比上林多

風箏詩（春來見兒童輩游戲百出製有風箏八種各繫一詩）

老人

何處飛來一百歲翁蒼顏白髮氣如虹扶搖
直上青雲路多少兒童拜下風

美女

臨風窈窕麗如霞指點雲中是妾家應與
東君前有約春來散滿世間花

夢蝶

不向花前清晝眠翩然一奮入蒼煙私心
欲借雙飛翼扶夢依稀同上天

飛魚

未入龍門遂欲飛長天如水頓忘歸祇愁

風雨陰寒夜始識前途去路非

春鴈

乘風嗚咽夜如何似訴衡陽幾度過底是
春來未歸去他鄉雖好網羅多

秋鷹

東陌西疇風力堅脫韝鎩羽欲摩天月中
狡兔何難捉苦被鄰兒一線牽

卿雲

出岫無心絕九寰問卿此去幾時還天邊
應有羣仙笑一朵閑雲我獨攀

霽月

誰將明月付東風且喜嫦娥別有宮燈節
乍過春未半一輪光滿正當中

題美人曉妝圖贈茝香校書

柳烟花霧曉窗明若聽金釵墮地聲一髻
烏雲隨鏡轉兩痕新月帶愁生當春續夢
應憐我和露看花合讓卿千種相思向誰
說任他有筆畫難成

履園叢話　茝香校書者本姓蔣氏長洲人能畫工詞曲其父某曾爲府司馬父沒後與母獨居遂落籍余嘗有詩云鸞飄鳳泊尋常事一墮迷樓更可憐又云見卿惟念南無佛安得開籠放雪衣蓋惜之也後爲鴇母凌虐憂鬱成疾不知其所終

消暑雜詠和袁簡齋先生

辭客

揮手謝塵緣閑居已二年門留君實僕坐有伯牙絃獨樂看園樹移情聽暮蟬為言諸熱客我倦欲高眠

種竹

先人棲隱處常養碧琅玕（余舊居曰養竹山房先子所築）移得三竿種能生六月寒搖窗供坐嘯啓閤問平安欲待龍孫發明春雨後看

曝書

十載常為客經笥生蠹魚掃除三徑草曝我滿牀書有子癡難授無成鬢欲疎偶翻舊塗抹撫桉一長嘘

把釣

結廬臨釣渚正合讀魚經坐久風生腋詩成月滿汀煙波堪放浪身世總浮萍欸乃誰家唱持竿試靜聽

滌硯

舊獲端溪石研礲春復冬朝朝沈綠水宛宛見黃龍雨過雲痕潤書餘墨瀋濃呼兒勤拂拭辛苦效三農

待月

今夜星河密娥輪尚未來臨軒如待客滅燭暫停杯香篆因風裊桐陰上閣開喜將琴一弄清漏漫相催

避蚊

豹腳滿天地營營肆裂膚幾人享清福一卧夢紗幮移榻知難避登樓計亦愚秋風

聞即至爾輩欲何趣

採蓮

一櫂水風香蓮塘正夕陽飄飄乘逸興采
采試新涼花巨連雙蕊子多盈一房昔年
爲客處湖上最難忘

對鏡口占

一輪如月淨無塵幾度來看認不真莫怪

鏡中人笑我祇因我笑鏡中人

春遊詩

載酒

載得蘭陵琥珀紅數聲款乃漾春風開尊
莫便陶然醉尚要登山學謝公

攜琴

半張蕉葉寫吾心十載相隨意自深分付
奚童勤拂拭一彈豈爲覓知音

看雲

登山拾級獨徘徊且喜遙天霽色開直道
無人能駐脚偏從險絶看雲來

策杖

濟勝難邀赤脚仙年來筋力不如前扶持
自有琅玕竹何必從人急急先

野花

誰家紅豔怯春寒荊棘相參花半殘不種
上林應有意羞爲騎馬貴人看

郵店

青旗拂拂柳枝斜知是深山處士家有酒
不妨容我坐隔籬正放碧桃花

山色

碧嶂丹崖緑樹齊遥看不覺暮雲低絶勝
一幅王摩詰我欲書空作畧題

泉聲

深林何處響琮琤聽此眞堪了一生祇恐
澗谿留不住出山終作大江聲

缾梅詩和吴杜邨中翰 紹浣

二月尋春天尚寒一枝聊供坐中看何須

策蹇探消息却把幽香沁肺肝再到法曹
人已老回思東閣路加難癡情只喜鐙前
影畫肚吟詩到夜闌

廣陵寓中贈家小謝 廷烺

江上相逢便訂盟楊花如雪逐船行偶然
化作浮萍聚那記前身一樹生

舟泊北固山下見有順風張帆以覆
舟者感而有作

事到傾危休問天世間最穩逆風船甘心
落後原非計畢竟爭先總自愆上岸可牽
容我住渡河入曲有人傳平生飄泊同舟
楫幸不張帆樂靜便

任邱道中夜宿不寐

窸窣牀頭鼠有聲孤燈明滅若爲情身多

疾病羈千里腹短營謀誤一生搔首誰憐
須鬢改捫心猶喜夢魂清披衣欲起還惆
悵側聽荒城又報更

乙丑四月十日過質郡王府時王薨
逝已三月矣

主人弱冠建屏藩忽聽雲車下九原西第
荒涼生緑草桂宮迢遞少紅旛舉頭忽顛

思天鶴揮淚眞如哭月猿我是淮南舊賓客神仙黃白總難言

京師遇陳晴巖學博傳經別後却寄

士有不得志飄然作遠遊相逢各一笑世事良悠悠君滯青雲路我歸紅蓼洲分飛南北鴈總爲稻粱謀

讀晴巖詩復題其後

去國三千里思家十二時琴彈多別鶴淚滴有新詩著作非初願耽吟亦太癡黃金臺在望早祝　聖明知

聞李曉園河帥出戍新疆詩以志慨

出獄含寃氣不申啓行時節正殘春絶無一僕知前路惟有雙丸若故人古堞飛花連紫塞戍樓晴雪映蒼旻行行落盡孤臣淚傾聽　君恩出絳宸

壽汪筠莊明府煥八十

十年作宰滯延津寶劍升沈不足論留得一囊詩卷在歸來猶自課兒孫

爲佛爲仙樂未央種松種橘亦尋常願公延壽溪頭坐釀得年年春酒香

閑居即事

乍過廉纖雨頻來舶艣風炎蒸應自減涼爽與人同庭草鉏還碧池蓮落更紅一尊詩一首忙煞主人翁

過丹陽

古岸秋風木葉稀雲陽驛外暮潮歸一身又作離羣鴈只向青雲高處飛

晚渡揚子江欲遊金山不果

玉帶橋邊踏浪行幾回欲泊暮雲平癡心願比閒鷗鷺獨立江天過一生

擬古

種柏難成陰不如種修竹柏長人已衰竹長當春緑刼笑淩霄花託身上喬木依附過此生自謂能知足一朝喬木枯匠者將斤斲空負虯龍形根枝日危蹙何如竹柏

懷森森勁寒谷

其二

灌花正微雨觸熱來清風我生尚無為所遭與之同不視靡曼色不聽清廟鐘恬澹愛朝露偃仰看喬松豈如東家子好惡撐心胸慷慨不苟合拔刀便相從終當慎出處人情九疑峯

其三

福生既有基禍至亦有胎試看古今人禍福皆自媒鄺生寡言語李陵早歸來子雲少識字季倫散多財何至俱喪亡思之良可哀如彼塞翁馬得失終難猜

其四

新婦夜亾肉姑怒逐婦去詎知鄰家犬偷

啗無人處婦既受驅迫抑鬱誰能訴崎嶇歷險艱哭聲感行路旁人亦有言姑意終不悟君子誠可欺小人亦何懼有曲自當直披心見情素

其五

庭前有空桑螻蟻嚙膏脂膏脂日以盡根本隨傾欹當其全盛時車蓋牆東垂美人

攀緑葉黃鳥巢柔枝何期漸衰萎生死難
自持爲我語螻蟻愼勿肆爾爲一旦伐作
薪爾等將何之

其六

我昔嘗學道東見滄海君海中三神山樓
閣何紛紛仙人列如麻甲乙咸能文同行
六七年起居頗辛勤上堂聽講誦令人聞

不聞所嗟戀鄉切不忍忘丘墳目斷北來
雁身附西飛雲冰霜我能履涇渭吾能分
自顧燕雀姿終非鸞鶴羣

題若冰夫人遺照爲盛芳亭 朝瑛作

玉樓人已遠別鶴調空彈聊寫生前影留
將死後看琴尊千里夢風雪一燈寒落盡
黃門淚潸潸總未乾

息園小集和家槃溪賞梅詩韻兼呈
范芝巖太史來宗及郭匏雅潘榕皋
諸先生

春風乍到野人家老幹疏枝盡著葩濁酒
敢邀雲外客新詩同賞雪中花一堂話舊
情何厚十載相思鬢欲華漫說人生難出
世不妨擲米作丹砂

同和 吳縣 范來宗芝巖

春分後二日同匏雅榕皋集息園
賞梅次槃溪韻兼贈梅溪

三賓二主成佳會疏影横斜欲吐葩舊
是勞人新逸客醒來熱夢醉寒花毫端
義獻消時日（梅溪出所臨晉唐人諸帖）爪蹟齊梁閲歲華（息園爲蕭梁遺蹟）
壽世長生知有訣不須句漏乞

丹砂

又　吳縣郭鯍圻（鵷雅）

巾屨追歡穆父家，春風索笑逗寒葩。主人有酒能求友，授簡無題且看花。耆舊兩三容嘯傲，名園水木自清華。妙嚴墓下尋苔徑，曾對疎枝映淺砂。

又　吳縣潘奕雋（榕皋）

名園隔巷春初到，老榦閒庭梅放葩。揮劍筆鋒誇腕力（梅溪出示所臨小楷卷軸甚富），掣鯨詩句鬬心花（槃溪詩先成，索同人和之）。待圖雅集留文苑（槃溪欲擬西園雅集作圖），偶話前塵感歲華（與芝巖談及往年在京師諸事）。會得逍遥箇中味，底須伏火問丹砂（原唱有句漏砂句，故云）。

戊辰四月初八日同陳九巖（鴻遠）士巖（鴻磐）昆仲遊吼山作

昔我來會稽，茲山未經至。今汎鏡湖舟，惝怳如隔世。櫂舟入口山忽瞑，恍墮仙家轆轤井。仰視絕壁天蒼涼，下有蛟龍食人影。雲根萬古鑿不穿，留此殘石爲人看。一聲長嘯月初吐，欲去不去心茫然。

九月廿九日琅邪道中雨阻待孫淵如觀察（星衍）不至

風雨三宵絕道途，今朝試問可行無。濕雲已洗連峯碧，殘滴猶懸滿樹珠。月晦終當開寶鏡，天遥且喜見香爐（已見東蒙諸山）。故人有約來何暮，繫馬留連未忍驅。

夕次淮陰與胡生左君（源）夜飲

落日西風野色昏，長途辛苦且休論。誰將

黃水通江滸不使清淮出海門囊罄尚堪供我醉境窮最怕受人恩王孫落魄緣何事欲問韓侯萬古魂

男　曰奇（偉堂）曰祥（益生）謹校字

梅花溪詩草卷之三

梅花溪詩草卷之四

勾吳　錢泳　立羣

嘉慶己巳七月偶遊京師小住近光樓者二十日時泳將回江南敬賦長句呈英煦齋（和）趙謙士（秉冲）兩少司農兼留別席子遠（煜）姚伯昂（元之）兩編修

樓前車馬響如雷人在青山紫禁隈百頃池臺因地起千年雲木傍天開久欽二妙同民部恰見雙星列上台（時子遠伯昂兩君新入南書房）笑我身閒無一事獨隨野鶴步蒼苔

其二

蓬萊十日小勾留喜與羣仙會一樓太液蓮花猶自發薊門山色最宜秋仲宣不免

思鄉淚鄭衆偏多爲國憂別館笙歌聽未
歇雞人傳唱月如鉤

其三

一番秋雨一番凉立馬重門夜未央玉露
珠懸雙闕曉宮槐花落四蹄香明朝　彩
仗應無事昨夕銀河倍有光我亦相思千
里道欲憑行止費商量

其四

從今歸去聽秋聲恰與飛鴻結伴行雲水
偶然留雪爪江天何處覓鷗盟回思舊事
千腸結乍覺新凉百感生却羨昆明池上
柳世間離別不關情

和作　　桐城　姚元之　伯昂

己巳七月與梅溪先生同寓近光
樓作此奉和兼以志別

棋華溪上一書生文字風流老性情身
外有緣多美譽世間難副是才名豪心
早已逃千劫貧士偏能擁百城我欲整
冠牀下拜幾回風雨話生平

其二

阮家叔姪古無儔（今姪樹堂同在京師）何幸相逢此

地遊青史無傳同一轍布衣有福足千
秋歌驚野鶴常窺案（隔園有鶴甚馴常游息窗外）筆引奇
雲欲下樓剩得江南好清夢不教心事
寄更籌

其三

東西車馬歷多春蓬轉能甘自有眞懷
衷詩才唐處士講明隸法漢功臣（漢隸自唐以後）

遂成絶學國初鄭谷口始興之然流爲別體惟先生講明最正一樓紙筆當清供先生曾寫十三經文字俱仿蔡中郎熹平石經體書之嘗築寫經樓以居半世風塵爲古人竊喜從君參末議三千年後豁迷津

其四

西風淅瀝起秋園連夕憑闌笑語喧談到歸心愁月子句慙題碣感雲孫錢文穆王有神道碑一座在今錢塘縣龍山先生恐其傾圮買石護之遂作護碑圖屬元題句他年共有溪山約此日先留雪爪痕我自趨公君自去清平閒敘總天恩

登泰山作和友人韻

特立三峯壯崔巍五嶽尊風雲生指顧日月盪朝昏席地疑無路通天別有門回頭衆山小羅列盡兒孫

袁蘭邨參軍通索題莫愁湖秋汎圖遂書二絶句於後

十年前過莫愁湖煙水空濛乍有無想到水西門外路雪泥鴻爪已糢糊

百首新詞韻最嬌畫圖重見欲魂消何時得共袁臨汝一棹秋風話六朝

詠錢

去來罵汝太荒唐四字糢糊算孔方藏弆何常充我用經營總爲別人忙甘心趨富無須說故意欺貧亦不妨我有青山田十畝儘能買醉舊江鄉

嘉慶癸酉春三月移居翁家莊偶成四首

我生鹿鹿竟何爲買得田廬鬢已絲事到

緣來如有約心從喜極轉成悲無須狡兔營三窟却學鷦鷯借一枝滿載琴書兼菽粟春風雙槳去遲遲

其二

桃源緣嶺不須論指點青山第幾邨一曲清溪花引路數間板屋犬迎門似眞似夢思今昔爲構爲堂聽子孫擬種梅花三百

樹還將叢桂補雲根

其三

垂柳爲門薜作牆開林先埽讀書堂羊裘乍脫風初暖蠶事方興日漸長近市所宜沽酒便有園翻厭灌花忙閑關那管旁人笑一卷南華醉一觴

其四

少時作客走幽燕水陸風霜二十年往事祇堪搔素手新詩聊復聳吟肩坐無筆硯身難著家有琴尊我欲仙且喜向平心願畢從今不負日高眠

和作　　大興翁方綱覃溪

梅溪叅軍卜居海虞翁家莊奉寄二首

錫山卜築到虞山紅豆春濃拂水灣三載遙懷來問訊半生靜閱得蕭閑畫從烏目巾箱補書倍遵王著録刪新起錢家金石例更深汲古許誰攀

吾家司寇舊山莊手澤璇洲記草堂四世孫曾交有諾常熟翁氏與予家順天派同出莆田一枝房鐵庵公孫及曾孫音問久闕廿年書問夢難忘因君託訪鄉園近

似我追陪几硯旁重結梅花盦主榻更
添金薤富琳琅

又

吴縣　潘奕雋　榕臯

奉賀梅溪二兄移居詩卽用元韻
滿船載得畫詩書聞説翁莊已定居最
愛晴嵐當畫户更移香雪護雲廬眼明
身健神無累飯軟茶甘樂有餘況復兒

孫能濟美傳家經訓足菑畬
我亦幽居近廿年息機常日枕雲眠乞
碑道士曾貽墨問字山僧與品泉老病
但知閒適好鱗鴻猶幸往來便小春風
物晅妍甚乘興還移訪戴船

又

長洲　褚鳴𪌭　觀亭

長憶詩盟盼不來移居近傍尚湖隈插
籬好種淵明菊繞屋先栽和靖梅鮭菜
過街臨小市山泉入浦淨浮埃問君何
物充家具萬卷圖書滿載回

和韻

長洲　尤興詩　春樊

梅溪索和移居詩卽次其韻
高尚奚所爲滄江垂釣絲饒有晉人致
不作楚客悲揭來謀新居繞屋多高枝

自昔文學盛學道寧嫌遲

其二

世事不復論水竹環一村有書可乞米
無人常掩門于以樂琴書于以長子孫
柯條自茲茂先培方寸根

其三

怪石撑短牆空翠飛虚堂種梅清溪上

料已如人長時對新獲帖日爲古人忙
墨朱有餘閒陶然擕一觴

其四

發軫歷幽燕聲華垂廿年歸來託嘉蔭
常聳吟詩肩自耽谷口隱兼作羅浮仙
窗日碎紅影先生猶晏眠

履園叢話　余以癸酉年春卜居翁家莊相傳爲翁司寇叔元舊宅也嘗作七律四首自寫胷臆一時和者至

數十家字字珠璣不能盡錄周鼎齋太守押門字韻云虞山拱笏青延屋春水如油綠到門袁茂才治押仙字云不求聞達寧非福得聚妻孥便是仙席上舍世楠押肩字云莫將清福看如水好去紅塵息此肩陳上舍柘慈炌云載酒定多人問字司花應遣鶴看門又云已逢叔度思投轄乍見洪厓笑拍肩皆名句也惟第一首悲字最難押如王艾軒之得完太璞非容易一瑣名韁便可悲袁茂才之丘壑從心容我嬾煙花過眼替人悲俱妙陳柘慈爲伯恭學士之長君其夫人王氏名崑藻號綺思華亭人所和四首尤爲絕妙附錄于此其一云軟紅撲面復何爲收拾歸心上釣絲已卜鶯遷酬燕喜何勞鶴怨與猿悲高情陶令營三徑妙喻莊生戀一枝看盡稻花香十里耦耕生計未嫌遲其二云振衣千仞恥徒論占得臨溪郭外村豈爲逃名辭越水偶因長嘯寄

蘇門緩歌漫弔前朝蹟風雅能歸異代孫定有新詩吟白紵清樽檀板付桃根其三云小住吳中隔一牆傲居何幸近華堂花開綺陌青春短燕蹴晶簾白日長落紙作驚詩筆健當歌不厭酒杯忪請看袞袞登臺者可有閒情把玉觴其四云才名夙昔動幽燕嘗眼星霜歷廿年筆陣鍾王無敵手譚鋒荀陸本齊肩早趨朱邸稱詞客晚臥滄江作散仙最是撐腸五千卷一甌茶熟正高眠

癸酉初冬舟發吳興探峴山道場歸雲諸勝

昔欲來吳興人事牽籬樊今日遂初志扁

舟負朝暄遙瞻峴山隈木落秋草蕃窪樽
與浮碧碑倒亭空存道場已在望舍舟扣
僧門攀緣入雲封石塔撐天闢孤峰自回
抱諸山若兒孫老佛對我坐四顧皆頹垣
苦竹出階戺刺棘當前軒仙人孫太初歸
雲有荒原不見芳酒酹時聽松濤翻仙佛
苟如此人生何足言

次日遊白雀寺

買舟碧浪湖策杖白雀寺羣松吼蛟龍野竹搖蒼翠行行上山顛一一紀靈異坡公有遺蹟已被僧所棄青蓮或重開人情總難計惟有具區雲差得象外意

謁趙季由太守學轍訪墨妙亭已無存者共坐六客堂命酒小酌盡醉而

返二首

茗花正浮雪橘林新著霜謝公到郡久今始來斯堂握手招殘碑一笑傾壺觴墨妙已無亭寒花尚餘香羲獻不可作顏徐亦難量俯仰感古今緬焉暗神傷

坡公來吳興嘗晤孫莘老酬贈詩最多當時和者少屈指七百年此事誰復討青山依然在古刻蹟如掃乃悟金石質年壽猶不保何如飲美酒令我顏色好

履園叢話　宋孫莘老嘗知湖州彙集漢唐諸賢名蹟石刻于郡齋壁間署曰墨妙亭東坡爲作記並賦詩刻石中有云吳興太守眞好古購買斷缺揮縑繒龜趺入座螭隱壁空齋晝靜聞登登盖紀實也吳興志云元人守湖州粗砂大石皆磨去是以漢唐諸刻無有存者惟存東坡詩一石而已後此石亦斷缺不全其一片嘉靖中王陽明守仁謫龍場驛丞時得之曾琢爲硯存十二字見裘文達公曰修記一時朝貴俱有詩蔣心餘七古一首尤爲絕妙其一片天啓初黃石齋道周得之亦琢爲硯存十七字爲吳興姚玉裁所藏後歸桐鄉汪氏當

時如厲樊榭丁龍泓蔣心餘諸公亦各有詩以紀其事載吾友張芑堂徵君金石契中余幼時猶見榻本今戲鴻堂帖所刻全篇是思翁取舊刻重摹非眞蹟入石也

題師禹門司馬亮采蕭城練勇圖

霜落山城鼓角喧指揮精卒尚桓桓修文用武原無二馳驟縱橫一律看

白蓮花發影重重探得妖氛自折衝一夕西風消滅盡好拋金甲事春農

秋林漁唱圖爲馮柳東文學登府作

時在秦郵官舍

白鷗點點青螺遠扁舟欲泊林塘晚數聲款乃月初規應唱新塡絶妙詞我亦有家尚湖曲秋風歸去空相思

師禹門司馬以聽楓圖見示輒題其上

平生遊歷處一一紀丹青感舊情無極思親涕欲零長風何日靜大樹幾曾寧我亦同君恨年來未忍聽

載月尋詩圖

江城葉落自紛紛載得空明欲入雲一曲新詩秋正好筆端呼出謝將軍

甲戌秋日過西莊橋舊宅有感書呈大兄四姊兼示諸姪

浦巷東頭舊草堂小橋流水接西莊圖添新竹詩千首舊居有養竹山房先子所築也嘗畫一圖近求名公鉅卿題詩卷帙皆滿人似枯槐夢一場親故彫零誰可問兒童嬉戲總難忘白頭幸有吾兄在說起雙親泪兩行

其二

姊在青山路正遐年垂七十尚浮家良人早沒貧多累有弟相扶鬢亦華煮粥自能呼僕妾聽書猶憶隔窗紗近來聚首頻強健手刺新花爛若霞

其三

竹林別室幾經秋元鳳能詩志未酬幸脫素衣傳筆硯急陳清酒告松楸時大姪有焚穀遊庠

囊有意終須記畫虎無成亦自休墳墓遠
違歸未得應憐癡叔守荒邱

其四

庭前紅豆樹無存滿逕蒼苔别有門欲賣
田園心未忍因思骨肉淚頻吞三姊適鄒氏去世已卅年雲
山密爾成千里水竹依然自一村羣從紛
紛留我住開窓且喜酒盈罇

甲戌除夕偶閱舊稿口占一首

人間萬事正崢嶸我對椒槃亦自驚去故
惟刪詩百首迎年且進酒三觥杜陵景況
何堪說賈島精神總不平爛醉燈前成一
笑梅花晴雪映窓明

閒居二首

昨夜聞酒香今日欲開甕偶然書八分或
取琴三弄搔頭月正圓一樽與妻共
中歲頗好静朝朝卧前楹下帷悄無言真
如守堅城諸孫喧然來竹馬騎縱横

即事

自到翁莊買薄田灌園種秋過年年閒情
欲比陶彭澤強記難如李敬元喜作新詩
憶耆舊笑將往事等雲烟紫薑青笋黄花

酒一醉東窓百慮捐

余内子素不能詩而言語間時有詩
意看海棠花云笑他不解人將老初
夏步園中云滿園新緑勝于花皆可
誦也戲爲續之

一樹紅雲拂面來堂前那厭看千回笑他
不解人將老偏約東風對我開

女桑葉暗筍抽芽姹紫嫣紅一道斜莫怨
春花容易謝滿園新緑勝于花

和韻　華亭女史王崑藻 綺思

奉和梅溪先生原韻
番風催得好春來燒燭重看更幾回一
笑幻將花色好賺他妙句自天開
幾度春風茁嫩芽小庭亦有一枝斜批

紅判白年年嬾輸與君家解語花

又　昭文女史歸懋儀 佩珊
好句何人續得來累他夫壻費低回遥
知趙管聯吟處歲歲花前笑口開
藍田雙種玉生芽品翠評紅點筆斜蕪
境風光無限好繡帷同夢筆生花

嘉慶乙亥春日借寓吴門之舊學前

戲作五絶句題曰索潤筆詩傳示同
人以爲一笑
買山無計已堪嗤況值年荒穀貴時只學
魯公來乞米故將心事告人知

其二
香餅清泉問有無何勞載酒更提壺五乖
五合須相諒莫説悤悤易黦污 集事淵海日有人遺歐陽公香

餅清泉爲潤筆者蔡君謨聞而笑之

其三
搦管年年蘸墨雲刻碑總角有來因世人
比我黄仙鶴那管元和樣腳新 戴安道總角刻碑事見晉書本傳並法書要録予十餘歲時亦能書刻碑版

其四
東塗西抹爲誰忙終日懵懵筆墨鄉我不

負人寧負我卻將筆墨要人償

其五

眼前富貴總雲煙身後聲名劇可憐種得端州田自足何須造孽使人錢（唐六如詩云閒來寫幅丹青賣不使人間造孽錢）

投械歸農詩爲陳雨峯參戎（喈平）作

投獻干戈願改良草間崩角類羣羊天公似爲蒼生福故使將軍靖一方

不煩弓甲不論兵化得頑民買犢耕指點朐山山下路他年應築受降城

嘉慶丙子閏六月初五日有流求國巡見官毛朝玉自八重山失風漂蕩五千餘里至海州之鷹遊島刺史韓城師禹門先生以柔遠之禮慰至城中朝玉方袍大袖冠黃冠著草履所攜童子一人馬二匹竝從者二十餘人皆無恙時余與王仲瞿孝廉（曇）俱在州廨親見其事因問其國中官制及君臣之禮者久之顧朝玉不通華語相與筆談竟日作聯句詩以贈其歸國云

無端相失八重山（梅溪）喜見蒼顏九品官入夜魚龍驚赤土（仲瞿）滿船風雨冷黃冠狂流幸免歸崇敬（梅溪）神火能危管幼安賴是　天朝三十六（仲瞿）操舟人在且盤桓（梅溪）

其二

髑髏疑惧未曾諳（彼國無髑髏臺事見古史傳訛）（梅溪）孔望山

前欲問郯歸國有期留小駟 仲瞿 破帆無
恙載童男謝公詠月參詩注 中國大海皆名水母者毛朝玉云蠍國俗名海月此謝靈運所謂挂席拾海月者始得其解 梅溪 沈括工書著筆談
朝玉工書法 落漈漂流成故事 仲瞿 送君安穩到
東南 梅溪

雲臺紀遊詩

嘉慶丙子七月初九日將遊雲臺山

別師禹門太守自甲子河放舟宿南
城

世俗怪迫隘輕舉事遠遊久聞郁州山靈
境殊清幽太守爲治行漁人櫂扁舟朝發
秦東門夜宿南城頭山月正迎我相對開
吟眸呼童檢行篋命酒浮香甌一醉秋燈
滅和衣驂時休

次日早起乘肩輿行二十餘里至大
邨

平生寡所營見山卽心喜肩輿坐我行亍
亍廿餘里秋花貼地紅朝霞半天紫山澗
清且淺吾慮澹如此前峯日初出後峯雲
又起兩日不暇接山陰差可擬馬耳何蒼
然盈盈隔一水

遊鬱林觀

指點獅子巖來尋鬱林觀東海日已高山
人未朝飯忽聞雷殷殷飛泉落天半恠石
何巃嵸癡雲欲消散剔蘚讀殘碑生平未
經見我素嗜金石幽隱尤所羡況有洞壑
奇煙霞日千變何當結茅屋深居遂吾願

讀東巖上唐人石刻記

側足上崩壑花草開繽紛東巖一拳石深刻唐人文隸古廿一行筆力含千軍其文亦華贍官爵連書名埋沒空山隈蒼苔字中生歐陽未收錄千載無人評是時日將夕風雨來縱橫癡心尚留戀愈激秋泉聲

由海清寺前取道上竹節嶺登南天門

浮圖聳層霄廢寺埋荒草盤旋兩峰間畢竟前途好拾級山縈紆攀緣入雲表蕩蕩天門開直欲凌蒼昊四顧疑蠶叢獨立數飛鳥却笑世上人擾擾何時了不到青山來祇向紅塵老

過九龍橋看澗底古松小憩半日

九澗滙一流上架青石梁鬱鬱澗底松不知幾千霜忽疑暴雨至喜見濃雲張有鳥適飛來一子落古香人生無百年白駒去堂堂我懷圯上翁更憶張子房及時不爲樂垂老空悲傷

夜坐三元宮東軒同一老僧散步西竹園看月有懷陳雨峰參戎

夜坐殊寂寥攬衣出深鳴下方尚行人上

方已鐘鼓海氣亮于月松聲冷如雨流螢互明滅歸雲亦吞吐前有黃砂石恐是白額虎我生愛山水又慕將軍武有勝必先登青山敢余侮不避星與霜豈怕天尺五將軍應笑我貪遊亦辛苦

登清風頂看東海日出

興發不能寐聞雞再相天四更策杖行五

更登其巔扶桑正銜日大海當我前十洲與三島呼吸相通連仰視但蒼涼俯瞰惟雲煙到此萬念空兩耳風琅然

出西竹圍上下數十級觀所謂臥松者悵然有作

巖下有古松蟠蟠甚局促枝橫一千丈腰大三十輻元鶴翔其肩白雲翁其腹豈無

淩霄志直並參天木何至千萬年甘心臥空谷此松掀髯嘯似言已知足人世多良材所患常拘束一爲匠者顧登時有榮辱曲以全吾身蕭然享清福

從前頂盤曲而下又登後頂望海中諸島

眞師比猿猱遊客若鷹隼有眼看不足有手寫不盡今從後頂來直與前頂等崖傾山欲飛路失雲相引東海何茫茫漲沙十萬頃不久爲良田別闢桃源境將攜妻子來滿山補紅杏

東磊石壁精舍聽張道士雪堂彈琴

東磊一房山權奇世罕有虎豹自空落蛟龍上天走千鬼怒屹立萬鬼齊張口爭占

壁壘中輪囷愈形醜中有方子春抱琴自相友拂石薦清商爲我一揮手海水盪我前禽鳥號我後恍到蓬萊山將移我情否

下東磊沿海行十餘里探漁灣隔峯諸勝宿諸曹村汪涵五茂材家并示其弟聖傳樹功兩文學

遊山比棋局一着當爭先迤邐沿海行腳

底生雲煙恐到天盡頭茫然使心寒漁家聚如市𩇕網巖西灣得魚便沽酒老少同我閒行抵諸曹村斜陽未沈山野田稻初熟屋舍尤儼然主人笑相迎兄弟交躋攀郵中一時集疑我是神仙

過五羊湖住宿城山法起寺方丈

問訊五羊湖來過萬金壩宿城已在望法

王有廬舍山僧六七輩見客似驚訝我亦修行人禪牀倘能借花竹成林園牛馬同耕稼丈公示寂去一任花開謝(寺中有長老量遠者初示寂未葬)留得雲霧茶汲泉煮清夜

出虎口嶺由平山村東北行至孫家山

僧家住海口潮水通禪扉行客欲投宿主僧猶未歸徘徊松竹閒花草見所稀萬峯如有待一鶴盤空飛(時有一鶴望空而飛)舉手招不來我心尚依依風喧起奔浪山缺留斜暉欲看磨崖石還來釣魚磯(山東面沿海有蕭望之釣臺臺上有隋開皇三年王謨題石)

渡海至鷹遊山煙火數百戶屹立大海中真奇境也

十日踏青山秋晴喜無雨興濃精力健山

靈固所許今晨渡海來挂席輕如羽蛟龍正安眠水府亦不拒乃知山海閒是處皆吾宇散步西連島上有居民聚衣食生魚蝦休養多男女笑他白浪堆竟是黃金浦望望三神山僊僊欲起舞

二十二日始出山過田横固白雲四塞風雨將至仍宿大村

人世若飄風富貴等朝露惟有青山色令人自傾慕碣來已半月惓惓未能去雖無埋我心不免煙霞痼纔經孝婦祠又到田橫固(田橫固地名見雲臺山志)回頭日色薄雲迷雨將布何須著腳忙一笑可生悟大村指顧間有船且無渡轉瞬復晴明只認來時路

題許嘯山太守晴郊秋獵圖遺照

西風蕭颯天隕霜馬谷山頭草木黃(嘯山曾出知山東武定府)太守見獵心所喜一龍突出羣龍翔角弓乍鳴矢如雨先發應弦中左股豈因得鹿入林中還擬深山射猛虎玉驄一去太匆匆雁書已斷秋雲空仙蹤試問歸何處笑指海山東復東

禹門太守以春雨渡江圖見示戲書一絕

春風吹得雨瀟瀟春水新添一尺潮何事渡南還渡北扣舷我欲問金焦

蔡曼綬上舍(成幹)嘗愛宋人張玉田詞因自號曰佛田繪圖賦詩爲題其後

買絲繡平原鎔金鑄賈島君今心折玉田

生直與古人共傾倒白雲空濛春水長中有孤雁相迴翔譜得新詞眞絕妙聲聲傳出蔡中郎(上舍著有白雲詞其中春水孤雁二闋最爲傳誦)

小園即事贈内子二首

年高成嬾慢心死著寒灰十日閉門坐小園花亂開燕雛成翼去蘿碧挂牆來新得相思子欣然還自栽

雨餘新笋出葉暗蔓藤香落果從人食飛
花趂蝶忙行吟堪度日酣臥又斜陽且盡
今宵醉夫妻滿一觴

男 曰奇 偉堂 曰祥 益生 謹校字

梅花溪詩草卷之四 終

梅花溪續草卷一

勾吴 錢泳 立羣

戊寅元旦

梅花似我瘦精神我似梅花春復春序齒
深慙居六秩論年直欲冠千人（余幼時嘗聞袁簡齋先生說佛家有一日一夜萬死萬生之語推此而言人能活至五十者必得百人中一人六十者千人中一人七十者萬人中一人若八十九十之年則十萬百萬人中一人也其言近是有理故及之）開過歲月眞堪惜老
對妻孥轉覺親人事忩忩比棋局今年應
又一番新

六十初度詩

嘉慶戊寅歲正月廿八日余六十初
度兩兒子爲余稱觴因作感懷詩十
首自寫胸臆詞無詮次尚乞諸親友
和之以爲歡笑爾

今日是良會賓客來于于堂前列華燭堂
下吹笙竽膾鯉雜猪羊磨刀辦中廚主人
出迎客摳謝堂西隅執手前致辭毋乃俗
所拘我年雖六旬我心已彫枯營營數十
年局促緣妻孥齒同犬與馬質比柳與蒲
仙佛非所羡壽我胡爲乎有客笑且言主
人一何迂人壽有幾何終歲常勤劬及時

不爲樂眞是愚公愚客言未及終兩兒亦
來趨張筵設肴榼引酒傾觴壺主人已先
醉頹然倩人扶

其二

昔我初生時梅花正盈園花開復花落日
月頭上翻白雲留我村綠草當我門百年
過半途二子生三孫梅花尚如故人老難

重論

其三

五齡初就塾有姊授我詩朗朗引上口垂
髫侶嚴師吾父顧而喜乃自教誨之如種
松與竹青雲以相期十二學爲文十三能
賦碁十七始負米自此常奔馳一藝干諸
侯彷彿生狂癡鹿鹿塵網中歸來鬢如絲

今我買田宅乃在虞山陲我又課子孫猶
能日孜孜所冀耕且讀賢愚非所知

其四

少時本寒儉謀食固其常三十尚無成年
年歷星霜人有勸我云云有致身方盍往
學干祿柰何自遑遑而我聽之笑子言胡
不量小人有老母日日相扶將一官便離

别豈足充饑腸不見鄉里兒以貲入爲郎未久領郡苻居然坐堂皇名聲震京洛親族生輝光枕席未及暖一朝啓禍殃空滋他人笑亦復可憐傷

其五

東坡嘗有言不慳不得富試看多財翁皆以能慳故我慳將何爲流光已云莫我慳

將何爲豈能拂衣去縱遺金滿籯未算磬石固子孫有賢愚盈虛有常數我生空手來即此已可悟愚人徒益過君子惟守素傷哉石季倫終爲多財悞

其六

處世若戲場下場便自休何必太認眞畢竟生煩尤人生能幾時老少去兩頭促促

數年中傀儡爲之儔謾言拾青紫轉瞬登公侯何曾樂我樂枉自憂人憂南柯既成夢邯鄲同一漚我自看戲來今已四十秋渾如作蝴蝶翻來笑莊周

其七

親朋棄我去素車歲無停既傷墓木拱屢見塚草青去者若朝露存者如晨星有兄

將八十猶露童時眞一姊亦七旬刺繡今誰倫同堂話夙昔十年悔風塵歡聚亦可喜喜極翻沾巾我有長生術欲補黃庭經丹石何足言清修恐無靈何如一尊酒醉倒休休亭

其八

不上宰相書不鼓王門琴東塗復西抹偶

同候蟲吟秋風淒然來陽烏欲西沉老至當柰何濁酒還自斟有慕趙岐達頗懷郭璞心策杖踏山水生壙親招尋我骨何所寄笑指南山岑碑碣自書刻松楸早成陰譬如夜將息先整裯與衾

其九

積善云有壽積儉亦養年安閒莫非福況

近雲與山先子七十四酒能駐頹顏著書親自寫鬚髮尚無斑先母九十三望之若神仙康強故無匹手中綫能穿今我纔六十一身不完全齒牙相動搖手足難安便有客來前趨直視心茫然豈是勞苦多抑爲憂感牽人老何足喜所喜能息肩種花目可寓釣水食有鮮分付子與孫而翁擬高眠

其十

花落有時發時去不復來今我何所營還補園中梅千枝艷于雪尤喜當春開或釀劉伶酒或插陶潛柳或醉花陰中或坐蓬窓牖從此樂餘年安知千載後富貴既難憑功名亦何有萬事沒了期不如杯在手

和作　昭文　孫原湘子瀟

梅溪卜居吾邑之翁家莊嘗賦詩索和今年正月值君六十初度用翁覃溪前輩韻二首寄題草堂即以爲壽

一村如畫對青山家在南湖碧玉灣人入晉書風澹蕩地疑真誥洞蕭閑尋詩

繞徑苔多損愛竹當門筍不刪恰比梅
花溪上近花時閒暇便追攀
晴雪千枝擁墨莊盧鴻新闢讀書堂東
頭屋古仙棲穩南面城寬俗慮忘客向
蔡邕傳筆法人從曹喜問偏旁春缸酒
熟爭稱壽隱隱雲璈奏八琅

陪斌笠耕觀察遊破山寺用常少府

韻
步屧青山郭尋幽衹樹林雲封樵徑滑花
雨石幢深覓句通禪悅焚香證道心使君
同少府千載有知音

同和 長白斌 良笠耕

遊破山寺用常少府韻
北郭崦嵫接措笻訪道林潭空千月印
寺闢萬松深蘚碣通禪悟風旛見佛心
翛然攢玉槊天半鳳鸞音

揚州洪氏園有鳥類鶴以魚爲食主
人愛之鎖禁一室中感賦長句
縞衣赤足翅如輪鎖禁空園歷幾春輸與
閒鷗翻綠浪竟隨仙鶴墮紅塵高飛原不
干人事謀食終當累爾身珍惜羽毛莫惆

悵天涯猶有未歸人謂包慎伯孝廉

題朱敬亭刺史所藏其令兄芳茨遺
墨卷後
長淮嗚咽自流東痛哭招魂碧浪中幸得
片縑留蠹篋不教一例付蛟宮芳茨溺於淮水不得其屍以衣冠歸葬
董傳命薄天難問李賀才高夢未通余與芳茨素未相識
獨有鶺鴒原上草至今猶爲感秋

風

初至洞庭山二首

挂席看青山涉彼河之沚恍疑來島國或似桃源裏草木自欣悦雞犬相鳴吠居人兩三輩恐是黄與綺我生好行遊乍來輒心喜幽興自今熟扁舟日容與

玉兔未生魄金烏已洗山一葉信歸風蕩

此明月灣仰視天蒼蒼側聽波潺潺心同秋水清身與浮雲閒念彼商山翁高風杳難攀

小園散步有感

撲面風初緊驚心日欲斜病蟲黏落葉癡蝶弄秋花物化應無盡人生豈有涯寄言名利客珍重早還家

壽潘榕臯先生八十

我年二十餘喜公先過訪小坐雙林閒弄琴發清響深感知音厚逢人輒題獎公既還京師我亦事塵鞅屈指四十年歷歷猶可想公今臻耄耋雲林足供養名同五嶽尊慶與三春長子弟滿朝班早列青雲榜諸孫亦英奇將見扶搖上人生六合中富

貴咸所仰如公福分多斯世信無兩今來拜堂下初月正高朗春酒澆瓊樽華燭明珠幌僂指更十霜從公借鳩杖

吳飛卿夫人畫水仙小幅見贈並繫以詩即和原韻

妙筆仙仙寫洛神相逢疑夢復疑真冰肌玉骨誰能似淪落天涯又幾春

凌波羅韈試新粧，格與梅花一樣芳。種出瑤臺仙子手，世人莫作等閒香。

原作　金壇女史吳規臣飛卿

題所畫水仙二首

輕施淡粉寫花神，色相原來捻未真。仙骨珊珊誰是伴，前邨深雪一枝春。

不作青春巧樣粧，天然丰采冠羣芳。寒葩早吐東風裏，分得梅花一段香。

庚辰正月內子六十初度索詩爲壽

半生荼苦兩心知，輒向簾前索我詩。爲侍高堂勞百計，豈因短綆慼雙眉。樂羊遊學春如夢，翟氏持家鬢亦絲。差喜兒孫環膝下，競斟春酒汎金巵。

初周花甲便稱翁余長內子兩歲，輒以傾圜翁自號，堪歎光陰似轉蓬。晴雪乍消先日暖，梅花欲放已春融。卿猶勤儉希梁婦，我尚江湖作寓公。余近年來以筆墨事常客揚州頌罷椒花還一笑，新年樂事有誰同。

余曩居釣渚者十餘年，與太師菴適相近也，往來燕坐，不可無詩，補作二首

蘭若閒臨憩，雲蹤已十年。幽篁堪嘯詠，灌木長風煙。雀鷇原無定，鴻飛亦有緣。他時人事畢，此處足安禪。

地僻人經少，林深路自通。太師已仙去，千載石幢空。老檜參天碧，新花落砌紅。行吟歸去晚，月上小橋東。

哭內子二首

此身轣轆太斯須四十年如過隙駒一朶慈雲先我散半生孤露賴卿扶愁看寶鏡人何在淚滴真珠眼欲枯記得新春剛六秩滿堂嬉笑奉觴壺兒女成行盡有孫煢煢養撫費深恩山林偕老完初願虀粥同嘗忍再論清夜沈沈猶入夢癡心七七爲招魂臨風痛哭終何

益衹向靈帷奠一尊

辛巳元夜有感

庭梅初放柳初烟屈指良宵又一年世事如花容易落離情比月不常圓當筵欲滴尊中泪列燭難醒夢裏天却笑稚孫能解事牽衣坐我畫堂前

讀唐六如桃花庵詩因題其後

桃花開春雨來桃花落春風作桃花庵下草如茵美人一去離別新樓臺歌館易消歇翻令桃花笑殺人解元本是風流客種得桃花滿園宅早知富貴等雲煙日日沈酣衆香國人生行樂能幾時花開花落空相思算來惟有頭上月長照花間酒一巵

過福慧庵謁圓公塔院題壁二首

艱難心事總成灰師自紅羊劫裏來收束儒書歸佛刹獨持禪悅老巖隈空門安用雕龍手舉世誰憐吐鳳才留得葡萄遺墨在焚香展讀不勝哀

廿年不到憩雲窩殿屋蒼涼挂薜蘿拂面紅塵成底事滿頭白雪又來過窮通有命憑誰問福慧難兼奈老何禮罷遠公舊時

塔數聲清梵莫雲多

履園叢話 余舊居之東有福慧菴者地頗幽雅又謂之靜室有蓮華域憩雲窩文昌閣諸勝 國初有杲道人來卓錫于此道人名圖通相傳爲崇禎某科進士文章書畫無所不長至於雕文刻鏤皆親自製作匠者見之莫不歎息以爲不能及也嘗手寫蓮華經七卷楞嚴經十卷而葡萄一幅尤爲絶作隱然以溫日觀自命余少時讀書菴中常披閱之皆邑志之所不載

晚泊京口

挂席欲何之清秋日暮時江回潮有信風起月先知歸鳥飛何疾明霞散獨遲傳橈炊晚飯有客正吟詩

楊子堅上舍 鑄 以寧橋望月圖屬題率書兩絶句兼寄家鶴山孝廉 之鼎

月出雲開放櫂遲看雲望月倍相思眞同牛渚西江夜寫出青蓮一首詩

寧橋秋水漾清流垂柳垂楊挽客舟十幅畫圖看易盡不知離別幾時休

珠湖漁隱圖爲阮梅叔明經 亨 賦

我昔珠湖泛釣舟綠蓑青笠幾經秋 曩余在高郵州修志寓湖上最久 如君未合稱漁隱應借仙槎入斗牛

他年結箇海鷗羣漁弟漁兄兩不分網得明珠還換酒一帆同載五湖雲

耳鳴

無端兩耳作雷鳴豈爲心中有不平萬疊寒潮隨夢上一林清籟入宵生筋衰尚挺秋蒲質眼暗還憑夕照明陰德既無人又老幾回搔首幾回驚 陰德猶耳鳴 隋李士謙語

題楊子堅所藏張船山太守載酒前緣圖

謫仙一去千餘年，江山過眼空雲煙。狂吟百篇酒十斗，衣鉢遥傳張太守。錦袍倒著出幽燕，興酣走上蓬萊巔。欲扣天關訴懷抱，無端飛落滄江邊。歌樓畫舫醉不起，眼底子堅舊知已。相持大笑證前緣，北固山雲錦江水。江水悠悠路渺茫，山雲黯黯天蒼凉。三峽悲歌避兵警，船山太守有寶雞縣題壁詩十八首出峽時作也

至今讀者爲心傷。詩人遭際盡如此，蜀國鵑啼蛟龍死。青蓮衣鉢竟誰傳，京江又有楊風子。

邗江寓中遇嵇天眉文學即送之壽春

握别江頭正夕暉，老年一見一回稀。但求與我還詩債，何苦隨人作嫁衣。春草有情連水碧，落花無語學雲飛。西神山色年年好，釀酒烹泉趂早歸。

贈陳漁父

吾愛陳漁父，生涯寄碧流。櫂舟能載鶴，吹笛不驚鷗。有酒纔停泊，無魚任去留。何時秉一莖，訪爾白蘋洲。

辛巳八月十五日夜京口舟中望月

寄小妾仙卿

一樣清光兩地看，青山隱隱水漫漫。幾家下拜飄裙帶，何處高歌雜笑歡。碧海已昇華魄上，銀河猶挂綵雲端。孤舟有客偏惆悵，滅燭沈唫夜未闌。

仙卿持蠟梅花索詩口占四截句

黃花燦燦露千叢，催得春回是爾功。惟有

瑞香能解事同時努力待東風

羅浮無夢白雲閒一樣寒香有笑顏自著
道衣堪出世高情那肯讓孤山

終年灌溉費栽培朔雪飛時花正來世事
茫茫同嚼蠟一枝猶傍夕陽開

玉鏡臺前串串香幾回呵凍上釵梁鬟雲
剛罷重來照笑比當年黃四孃

題李介石徵君第三女守貞事冊

義並邱山重貞逾金石堅此心能不奪其
志亦堪憐氷雪同高潔松筠有夙緣仙根
原異種爭說季姜賢

崇川紀遊詩

出福山港

小別鄉園第一程東風拂拂正揚舲千竿
修竹迎人綠十里遥山出郭青春水桃花
原有路滄江雪浪幾曾經明朝應上崇川
道且與閒鷗宿晚汀

渡海

候潮纔欲上擊檝已如奔萬樹連雲脚千
帆出海門天高風有色山遠碧無痕一箭
通州郭艄人酒未温

將抵通州小憩田家與居人坐話

曲水環廬舍圍隄種柳條一橋横作路小
港不通潮正厭紅塵苦能令白日消何當
來卜築共樂 聖明朝

陳雨峰都督階平招遊狼山把酒論
詩歡聚竟日

廣陵江海國崇川乃一水東南地勢傾茲

山獨雄峙五峯如白狼連連伏還起峭石
立磨牙羣松互摇尾拾級登其巔煙霞生
足底郊野多園田繡錯分青紫渺渺虞山
岑悠悠白雲裏望望大觀臺摇摇我心喜

其二

大江從西來天半垂長虹東流七千里州
郭當其衝憶昔武宗朝草澤飛哀鴻山賊

數來據海寇旋相攻一朝焚其巢餘孽爲
之空至今三百年久已消狼烽人民樂生
業桃李開春風有時携酒來醉倒山樓中
桓桓陳將軍福與山海同承平慶無事文
翰性所鍾燕然未勒石宵小咸歸農偶同
論古今亦足開我胷片雲不成陣新月將
彎弓竚馬入城去回首青濛濛

馮椒園刺史譽招遊珠媚園爲前明
顧大司馬舊第　國朝乾隆初廣州
太守王公景獻增築之有亭臺花木
之勝漫書四絶句兼呈雨峯都督

辟疆舊有小峯巒築就平泉滯一官斯事
原來千古恨空留花木讓人看

萬个竹同文太守一拳石肖李將軍探幽

莫訝淮東少如此名園自不羣

一灣春水曲通池池上桃花紅幾枝爲語
園丁好培植再栽垂柳萬千絲

朱廊寥落暮雲多滿徑蒼苔絆薜蘿小坐
忽忽人欲去紫薇花發再來過園中有大紫薇兩株明時植也

過如皐訪汪氏文園贈春田觀察

問訊如皐縣來遊豐利場兩園分鶴逕一

水跨虹梁地僻樓臺靜春深草木香桃花潭上坐留我醉壺觴
曲閣飛紅雨閑門漾碧流使君無量福樂此復何求濶别成清夢相思竟白頭挂帆吾欲去海上月如鉤

將至揚州行村落間有懷故園

紅橋緑柳是誰家屋角連開幾樹花半郭春流看打鴨一邨雲木數飛鴉溪山隱隱原無盡世路茫茫未有涯細想不如歸去好滿壺清酒話桑麻

樸園十六詠

樸園在儀徵東南三十里巴君樸園宿崖伯仲所築墓廬也樓臺池館秀甲淮南園中名勝甚多於未經諸公品題外又得十六景各系一詩乞同志者繼聲焉

梅花嶺

花映真州月香分庚嶺春扶笻嶺頭看花月認前身

芳草垞

好雨御東風緑遍垞上草王孫胡不歸春花易衰老

含暉洞

深窈若廊廡四壁含清暉何殊白鹿洞講學彷前規

飲鶴澗

絶澗咽危峰潺湲響朝夕野鶴忽飛來泠泠飲空碧

魚樂溪

有水堪揺漾憑飢不上鈎遊行如我樂身世兩悠悠

尋詩徑

一逕入深林大路平如掌新詩何處尋穿雲自來往

紅藥闌

自種彤雲片開成沒骨花憑闌幾回望恐是赤城霞

菡萏軒

花落風滿湖花開麗千頃香遠益清涼亭亭幾枝影

宛轉橋

宛轉復宛轉春來幾度經微吟過橋去下有大魚聽

竹深處

碧玉立千竿脩脩滿深隝有客自來看巍然一亭古

識秋亭

木落千山靜慨然知已秋獨登小亭望涼月正西流

積書巖

峩峩紫雲巖中藏三萬卷將以貽子孫摛華付金管

仙棋石

勝負世所競神仙亦好棋一局已千年樵人那得知

斜陽阪

疊疊明霞收點點蒼螺遠鴉噪繞寒風飛上斜陽阪

望雲峯

雙峯高插天上有孤雲飛望雲有時盡思親無盡時

小漁梁

在昔住漁梁先人已云逝春水望桃花猶疑釣遊處巴氏其先本住歙之漁梁今入籍儀徵

九月十二日將往金陵夜泊瓜步挑燈有作

夜靜候潮平推篷客思驚大江連碧落孤月蕩空明霧重靡漁火風高有鴈聲金焦舊遊處回首黯傷神

舟行看江南江北諸山

青山疊疊不知名人在王維畫裏行六代繁華成逝水數行鴻鴈作秋聲遨遊每被紅塵悞感慨偏從白髮生一任揚舲渡江去蓬窻看到暮雲平

讀阮雲臺宮保滄江虹詩即題其後

挂席滄江正好風舉頭西望水連空柁樓喜讀新詩句知是米家貫月虹

兩岸衰楊水一灣蒼蒼都是六朝山古來無數興亡事盡入寒濤暮靄間

蕭蕭蘆荻已深秋我比蘆花亦白頭三十餘年如一夢也將舊事付東流

指點金陵話昔時白雲紅樹最相思故人猶有何戡在書寄芊城開府知

天台紀遊詩

過吳江

垂虹橋外柳如煙，畫出江城二月天。草色漸回南國路，春光欲上洞庭船。來尋舊夢真堪笑，似結前生未了緣。舟子匆匆挂帆去，低徊想到廿年前。

至杭州寓昭慶寺湖樓即用前韻

不到西湖十五年，水光山色尚依然。飛鴻一去渾無蹟，獨鶴重來自有緣。打槳正臨芳草渡，尋春又值杏花天。當時耆舊多零落，自擬人間第一仙。舊時所見梁山舟學士、吳穀人祭酒、潘蘭垞侍御、鮑以文孝廉皆歸道山久矣

鏡湖感舊

蠙頭畫舫蓋烏篷，櫂入桃花細雨中。兩岸好山看未盡，一湖春水欲連空。柯亭舊事

憑漁笛，憶余于壬子癸丑兩年與修郡志，平寬夫侍郎、李曉園河帥知余最深稧帖重模記雪鴻。曩嘗模定武蘭亭以贈青藤書屋主人指點繞門山下路，收將景物付詩筒。

同宗人雲亭匊芝輩放舟入山至昌原坂尋先忠遜王墓

扁舟出城南，雙槳如輕翮。乍過樵風涇，悠然入深碧。攜我綠玉杖，著我遊春屐。來看射的峯，更上田螺石。峭壁何崢嶸，飛泉亂噴激。祏室已無蹤，墓門亦殘闕。憶昔先讓王，踐祚方八月。禍起碧波亭，一朝棄簪笏。猶幸骨肉恩，愛護同毛髮。遷徙鎮東軍，竟入神仙窟。詩酒樂餘年，子孫滿朝籍。至今越州民，思念猶未歇。以上諸事俱見五代史及吳越備史遥遥七百載，幾見滄海易。何況古墓田，松楸異今

昔翁仲既無語枲精豈能白亦有父老言此中是眞域清酒誰薦芳烏啼自朝夕四山落蒼翠滿路生荆棘一顧三回頭行者咸歎息我來邑原坂憑人問遺蹟徑窄滑蒼苔馬鬣終難識古寺留斜陽鐘聲送行客欵欵信歸橈鏡湖水流急謁顯聖寺

紹興府學戲贈張教授 光熹

官冷何妨苜蓿香著書終日坐斜陽笑他衮衮登臺者只作黃粱夢一場

剡溪

櫂入剡谿路雲山漸出奇一溪如畫卷人在卷中移綠樹森千壑幽花間幾枝謝公留宿處草色尚含滋

新昌南明山寶相寺爲先武肅王暨忠懿王功德院也既拜瞻大佛像復讀先文僖公撰碑與主僧通悟坐談小憩半日

妙相何年鑿得成蓮華十丈湧金身佛無寶筏能容我寺有藍橋不渡人半壁雲龕留勝蹟三生香海證前因先公手澤今猶在劖刻巖扉八百春

入天台方廣寺看石橋瀑布

造化鍾神秀名山數浙東且捐塵世事來謁梵王宮晴雪懸千尺飛虹横半空瓊臺何處是指點白雲中

宿萬年寺同許州穆居士作

一徑入深塢松門榜萬年偶然逢逸老携手弄雲煙贈我有藤杖山中出藤杖惟萬年寺者爲佳看山登

妙蓮寺有妙蓮閣最高可以望遠福田旣可到恍惚已成仙

尋桃源洞

劉阮去已杳桃花春復春靈仙原有窟奇事豈無因吟想空搔首探幽欲問津洞門深鎖鑰點點碧苔新

過護國寺拜先太師會稽郡王墓下

跋涉來蕭寺先王墓已荒一碑橫古路雙塔聳斜陽地僻春無祭山空草自芳子孫千萬計遺澤豈能忘先世惟忠懿王後子孫最盛忠懿王後惟會稽郡王一支最盛

桐柏宮訪司馬子微故蹟

尋真志已久脫屣訪名山金闕誰能到神仙去不還奇花開絕壁瑤草異人間散步宮前路心隨飛鳥閒

上華頂留宿拜經臺

松竹盤千壑雲山疊萬層有騶皆後至逢嶺輒先登獨立疑天上清宵待日昇茅篷七十二間殺坐禪僧

至國清寺日將暮矣隨長老葦渡遍觀寺中勝蹟

古寺疑金闕清溪比若耶泉吞雙澗雨鳥語一林花僧定茶初熟鐘鳴日欲斜飯猿臺上坐還看赤城霞

華頂口占贈普濟上人

仰望華峰曳杖行峯高一半白雲橫下方險絕生荆棘到得峰頭路轉平

爲看青山强自持老年心事夕陽知置身已在雲霄上畢竟登天亦太癡

雨霽由清溪出山

湛湛清溪水一灣不知是畫是人間徑開磔确峯前路雲寫模糊雨後山松壑千尋春澗響華林幾樹夕陽閒我來翻欲添惆悵輸與山僧獨往還

捧讀大集於和平莊雅之中時露奇詭卓犖之致隨物寓理即事見道足徵有德之言非抽黄對白家所能望見也諸體中五古尤勝意境清超氣韻高穩駸駸乎入六朝堂奧矣道光癸未冬日心青弟孫原湘讀罷偶記

男 日奇 偉堂 日祥 益生 謹校字

孫 慶瑞 方之 慶榮 華伯 慶椿 壽伯 慶相 輔之 謹讀

梅花溪續草卷一終

刻續草自序

吾鄉楊蓉裳太守有言作詩如生子有賢者固可喜其愚者似亦不忍遂而棄之也其言雖謔而實有理余詩本不足存六十以前者業已付梓六十以後者又得若干首原自知子之愚而不遽遂出者不過爲嗣續計耳其賢與愚亦聽之而已余嘗有詩云擬託長鑱追杜老聊偷短句效江東即刻續草之本意也道光壬寅十月廿五日梅花溪上老人書時年八十有四

梅花溪續草卷二

句吳　錢泳　立羣

自題小影二首

閒來寫幅鏡中身露頂拈華貌有神不管是人還是我問他人我是誰眞

久拚身世等雲煙看到梅花又一年飽暖無營筋力健不知何物是神仙

潘榕皐先生以娑羅花詩冊見示索題即次原韻

一莖雲葉碧于羅須靜齋前幾度過香有仙心分種少花因奇麗閱人多青鴛那計恆沙佛白雪翻教下里歌縱有畫圖描不得幽窗相對欲重摩

贈周子羽參軍

子羽眞奇才志在青雲上吟詩輕右丞飲酒過左相隻眼看世人甘心守窮巷

贈鄒岵庭明經

鄒子才翩翩乃父爲吾友水流何太急花落逝已久悵望二橋春猶存一株栁（乃父春帆早卒有落花詩爲藝林傳誦）

田家詞

赤雞鳴黃犬吠新婦舂粱能早起綠蓑衣白紵裳小姑種豆還耡耘小滿已過麥漸長東鄰西鄰少來往陌頭擔得黃雲歸雙鬢蓬鬆汗溼衣新婦語姑夜炊飯軋軋機聲到平旦

秋日登靈巖山

輦路經行處蒼松尚鬱隆全湖涵白日一

塔倚清空秋色已如許山光迴不同慈雲千萬疊長護　上皇宮

西施洞

君王老矣國無存此洞眞爲禍福門響屧廊空春已去行人指點尙消魂

道光甲申八月十三日重遊靈巖山館回憶乾隆庚戌歲偕王夢樓潘榕皐諸先生信宿園中飲酒賦詩屈指已三十四年矣爲之憮然

賣去靈巖一角山園門今付野僧關林泉也自遭摩折笑我重來鬢亦斑

憶昔春遊花正紅曾隨杖履殿諸公坐中最羨三松老依舊掀髯倚碧空謂榕皐先生

雲巒巍然絕世奇當年亭榭半參差此中感慨誰能悉試問牆閒沒字碑舊時石刻俱已磨去

眼前富貴總堪哀世事無如酒一盃卻喜今朝風日好山靈應爲故人來

過吾與庵憶寒石長老與其弟子心誠上人坐話

白鶴高飛去支公蹟尙存一峯看秀拔羣峭視兒孫法始龍山說禪從象外尋理安相見後覓句倩誰論

連林秋已老策杖扣禪扉爲話當年事因依未忍歸小橋流水活斜日亂雲微忽聽鐘聲動松閒野鴿飛

過明瑟園拜畢秋帆尙書墓下

村落生荆杞園林半夕陽斯人今已矣極目倍淒涼盛業猶如此深恩敢遂忘一杯

黃菊酒來賀白雲鄉

昔年從幕府長日侍旌麾衡鑒　當朝重

文章四海知名高原易妬　主聖本無疑

指點墳前碣眞爲墮淚碑

南國旌旗動西川寇盜多三軍猶未捷一

病竟來磨靈柩歸青鴿詩囊付紫駝誰知

身後事風定又生波

著書傳汗簡雅志闢林泉未遂平生願多

緣世網牽仲宣身已老劉表事堪憐宿草

吾猶哭臨風欲問天

舟過丹徒天忽晴霽

路出丹徒郭舟行綠栁中偶遲連夜雨忽

送一帆風晴日披雲白春花夾岸紅小心

渡江去雪浪正横空

余以癸未二月嘗攬天台之勝偶於

曾賓谷中丞座上述之中丞有詩見

投卽次原韻

天台眞福地輒喜向人誇忽得新詩句飄

然麗彩霞奇情參梵筴妙諦吐蓮華我本

無仙骨何能不憶家

原唱

梅溪仁兄爲余述天台之勝賦此贈

之　南城曾煥賓谷

正有與公想君來向我誇眼中滄海日

衣上赤城霞橋接三霄路桃開萬古花

不隨劉阮去容易冐還家

趙甌北先生老年出遊常遇逆風人

呼之曰逆風翁有詩紀其事今年春

余偶至郡兩遇逆風豈天亦靳我游乎爲作一詩

少年事行役風逆何足慮中年膽轉小風順九所懼掛帆千里春復秋汗漫常作江湖遊豈知逆風最安穩看他波浪翻中流老年促促春光短百事頽唐習疎懶從此逍遙不出門逆風順風吾不管

虎邱

白傅祠前春正酴樓臺多半梵王家山無依傍蟠千級俗尚紛華種百花沽酒欲邀明月醉聽歌偏愛夕陽斜老僧不識與亾事獨立松陰數亂鴉

短簿祠

策杖東山路搴衣短簿祠高門臨綠水立戟駕蒼螭秉政爲民悦見晉書本傳工書比叔差謂右軍至今傳翰墨留作後人師淳化閣帖有王珣書

西山廟

晉代風流在猶傳小令公當時稱獻之爲大令僧彌爲小令一庭芳草碧七里杏花紅兄弟東西宅春秋祭祀同我來拜遺像千載仰高風

上巳日有感寄孫子瀟庶常

牆頭苔草碧于羅花落空階一剎那乍雨乍晴春事減忽寒忽暖病人多征帆已遠風偏緊弱柳無眠鳥自歌謂時事也最憶孫郎詩與好山陰清景近如何

乙酉十二月過西莊橋時新修落成詩以志喜

寒風蕭蕭木葉飛梁成十月何嫌遲不聞

白鶴相對語應有杜鵑來賦詩莊東莊西
日晻靄溪南溪北波漣漪老翁策杖過橋
去一甌滿汎葡萄巵

寓中題壁

余自嘉慶乙亥春寓居於郡城之舊
學前與吳門諸君子相往來忽忽十
餘年矣瀕行題壁以志鴻泥

十載吳閶作寓公階前梅萼不禁風花開
花落公知否總在羅浮一夢中
草綠芊芊未敢除一庭花覆滿牀書子雲
何苦招閒事怕殺門前問字車
楚蜀歸來挂錦衣弟兄相望鳳翎飛追思
三十年前事祇把閒情付落暉時春帆廉訪勗齋太守俱歸道
山

故交零落比星辰世事誰能認得眞獨有
三松老居士手持靈壽往來頻榕阜先生嘗至此坐話
尙湖一水路迢迢歸去深山轉寂寥他日
儻來成小住一株丹桂自凌霄謂右巖茂才

前舟歎二首并序

余嘗論人生如行舟忽前忽後忽左
忽右無一定也張帆者自然在前搖

櫓者自然在後然而亦有風水之順
逆江湖之險夷居先者固可喜落後
者亦未爲失也爲作前舟歎

前舟後舟一時發搖搖共指天邊月須臾
月暈生長風前舟張帆如執弓霎時箭行
三百里白浪翻天黑雲起欲下長檣勢未
能載得百人同日死後舟聞變追前舟無

那滄江水急流看他傾覆不得救吞聲躑
躅心煩憂
前舟張滿帆後舟滯沙灘前舟忽破水底
石後舟反過前舟前人閒風浪何浩浩爲
吉爲凶未能保總看收帆到岸時區區前
後何足道

秋桑詩并序

曩阮雲臺先生提學浙江嘗賦秋桑
詩一時和者甚衆今年九月余往來
嘉湖之閒惟時新霜初墮萬樹皆空
觀歲序之易遷悵人生之若寄追和
前作聊以寓懷他日先生或見之想
當一笑也

閒閒十畝費栽培聽到秋風事可哀樹下
秪畱寒士臥牆陰無復美人來豈因霜後
栽高價只合田間作棄材碧浪湖邊涼漸
緊好憑花竹待春開
西疇早稻已盈廛惟有條桑尚滿田似與
黃花同晚節也隨紅葉墮秋煙空林自守
休相笑直榦猶存未忍捐知否明年蠶箔
上枝枝葉葉是金錢

廢宅

指點蓬蒿宅當年錦繡堂碧蘿纏上屋新
竹鋭穿牆曲徑杳無路落花時有香行人
頻歎息惆悵立斜陽

題毛叔美文學慶善紅豆書樓圖並
呈其配畹芳夫人

一枝紅豆挂簾櫳百首新詩補國風我有

相思無處說披圖正欲問毛公
寫韻聯吟事事幽更將妙筆比南樓分明
畫出鴛鴦譜雙宿雙飛到白頭

題周竹珊司馬晃蕉花詩卷

綠葉翻翻何處香喜聽風雨入秋堂但教
飲露如醪醴豈爲開花定吉祥貌似江蓮
常半吐心同瑞莢最舒長槐雲亭下斜陽

晚只合詩人醉一觴

愁

春去春來同擲梭花開花落將如何枝頭
雙禽作蠻語似言主人愁太多主人有愁
推不去卻問雙禽在何處雙禽飛去入雲
中主人一笑愁亦空

大司寇韓桂舲先生以小寒碧齋圖
卷見示索題時先生子告歸里

華亭傳舊額北海復新題看竹雲千頃栽
花月一溪心同秋水潔　恩比碧山齊指
點金鼇近朝朝聽曉雞

其二

慎獄劉祥道輕刑李日知才能明弼教職
豈責稽遲不顧黃金印常持白玉卮故園

松菊在可以賦新詩

其三

祖道東門外歸舟路正長預修彭澤徑還
卜午橋莊兄弟頭如雪蒹葭露欲霜搖搖
鄉思切鴻鴈漸成行

其四

服官行所願處世重知幾況復承　明詔

何妨號白衣騎驢尋舊夢策杖愛春暉猶有香山社行將上翠微韓蘄王解組歸曾于靈隱築翠微亭以爲遊息之所

秋帆仙眷圖爲桂舲尚書作

挂帆歸去正清秋天許閒人作釣遊況有同舟仙侶在鬲津城外水如油

滄洲秋月又重圓買得雙魚趁小鮮絕似江南好風景低回想到廿年前

賀監湖頭草自芳幾人能得錦帆張欲東喜有江船在一角青山是故鄉

屐道里中春正回午橋莊畔看花開他年策蹇西湖上還與閒雲共往來

一葉

一葉扁舟往復還有時小泊青溪灣尊中綠酒勸客醉沙上白鷗如我閒明霞散空影靄靄落花弄水聲潺潺頹然一醉呼不起不知皓月昇東山

丁亥秋臥病七十餘日枕上偶作

懨懨不寐可憐生傾聽宵人又報更一點鐙花明遠夢滿庭夜雨雜秋聲長條欲折難爲別小草經霜豈再榮分付兒孫多少事者番恐要逐雲行

其二

家人環列探安危我亦矇矓不自知二婢扶床將觸睡一童執燭尚吟詩死生有命天難問去住無憑數不欺明日醫來聞國手且過今夜再支持

其三

風爐裊裊亂煙霞滿枕松風聽煮茶心血

已虧猶若鏡眼光欲散漸成花庸醫未必皆三折厲鬼何煩載一車不藥中醫千古訓我生有命或差些

其四

朝來恍惚覺身鬆可喜前宵勿藥功廉將豈能斗米飯周庸還戀九秋菘平生述作原無益葢世勳名總是空卒業尚須添我

壽此心耿耿未消融

病起二首

臥病七十日忽忽如夢裏今日天氣佳兩兒始扶起散帙落空庭鳴琴置塵几有朋寄我書某某前日死有嫗抱孫來意欲分甘旨憩息片時間中心雜悲喜百年誰復知三月已如此笑我仍爲人小愈從茲始

其二

窗隙多寒風仍復臥匡牀頗知起居法難覓頭眩方秋聲耳中發秋菊階前香覽鏡輒自照我面如花黃花落猶自開老去不再來人壽有幾何轉側中心悲

題梁茝林方伯章鉅滄浪亭第二圖六首

吳興長史昔開軒買得吾家數畝園說起斯亭興廢事至今桃李若爲言（築滄浪亭卽南園舊址南園東莊俱先世廣陵郡王長子文奉所築見九國志及吳越備史）

大雲庵北翠瓏瓏竹樹蕭蕭一徑通好事姑蘇王御史崇祠重建畫橋東（國初都御史王公新命重建蘇子美祠尚在宋商邱冢宰之前）

風流文物循環轉似繼前賢啟後賢一自

西陂來拂拭清風明月浩無邊
亭前緑樹駐鳴騶亭下清流飛白鷗指點
翠華臨幸處五雲常護　御書樓
使君雅愛舊池臺手葺新亭面面開選勝
招朋題詠去欣看旌節又重來
醉月吟風樂未央南園草木盡輝光直將
一勺滄浪水灑到江南處處香

何竹薌明府上新村居讀書圖
吴郡君新宰山陰我舊遊村搖千畝竹花
擁百城樓縱有林泉志猶懷父母憂畫圖
動詩興佳句滿揚州

十二月十九日韓桂舲尚書爲蘇文
忠公作生日會同座者爲潘榕皋農
部朱蘭坡太史石琢堂吴棣華兩廉
訪吴獻庵張蒔塘石敦夫三大令潘
禮齋主政九春樊中翰暨其令子學
博崧鎮與余共十二人即席賦詩即
用文忠集中閭邱江君二家雨中飲
酒詩韻二首

午橋莊上淨無塵一炷清香裊綬紋稱祝
正宜浮緑蟻高歌直欲上青雲（司寇詩先成）鑑溫

裴度紅鑪火詩寫羊欣白練裳快雪時晴
入佳想（是日雪晴）梅花消息已先聞（次日立春）
天恩　予告鬢初霜一郡林泉盡有光自
遣情懷娛白傅何煩行役侍秋娘偶開東
閣懸遺像只當西山禮法王髣髴坡公臨
几席摳衣猶帶　御爐香

梅花溪續草卷三

句吳 錢泳 立羣

七十自壽詩

六十平頭鬢未霜幸逢七十又稱觴堂陳華燭迎新月座列銅瓶插暗香預壽于正月初八日行酒必須三日醉開筵還獻五雲漿八旬耆望非吾願但願年年樂壽康

半生軀軆俗氛牽小辟林園已廿年種樹漸高成合抱弄孫如我欲齊肩養眞何用金丹訣娛老將參玉版禪不是維摩定與福隨僧行住碧山顛維摩與福皆山中之古刹也

自知年老怕縈心久謝詩魔託病瘖有意欲爲毛蝟縮無端又作倏蟲吟烏鬚撚斷眞無謂白眼看人例不禁彈罷鵷朝飛一

曲世間何處覓知音

戊子中秋夜過高郵二首

落日秦郵驛篷窗得月先珠湖三十六煙水正連天霧重秋衣溼風高斗柄懸哀鴻隨處集愁殺往來船

佳節怱怱過天公不肎留蹉跎還自笑飄泊幾時休世態同雲薄年華似水流孤舟何處宿搖過蓼花洲

嚴小秋文學駿生以停琴飼鶴圖見示即題其所著滄花詞集後

鶴饑鶴飽有誰知想見停琴獨坐時莫向花前彈別操有人已作斷腸詩

千首新詞塡白石一枝妙筆補倉山袁簡齋先生不耐塡詞斜陽衰草臺城路應讓君平自往還

夜泊寶應城外

燈燼花能語舟孤夢未安細思天下事惟有別離難老至猶爲客愁來强自寛明當渡淮海前路尚漫漫

春寒

殘年凍未消春至猶奇冷一夜雪紛飛郊原滿千頃萬木正如夢春風吹不醒惟有

東閣花一枝自搖影

己丑二月由清江返櫂虞山舟泊翁莊之境安橋有感

春雲漠漠水悠悠幾樹桃花映碧流港小只通漁父櫂橋低多礙故人舟十年來往同梁燕半世清閑讓野鷗華蕩已過風未息看他波浪幾時休

簷園中有布穀一雙往來綠樹間甚相樂也偶爲白蛇噬其一遂哀鳴不已凡數日夜余聞而傷之爲作是詩

穿樹哀鳴到夕陽聽他求侶最淒涼絕憐鳥尚能知義可信人偏蹈不良鴻鵠高飛原有志虺蛇當道總難防我生早定歸山計不爲鰥居也斷腸

題梁茝林方伯小山蓺桂圖二首 此圖在清江作

小山通月府大隱寄淮南花滿原宜折香聞可共參酣秋搖玉露弄色比金柑公有東山志高情未許探

皎皎臨風憩團團帶月鉏高懷隨所遇清影庇人多仙骨同楨榦民情賴斧柯 余時適遭橫逆

尚求賞事雪之滄浪亭伴路策杖數來過

題范吾山司馬玉琨月夜登岱圖

朙月分齊魯層雲護岱宗擬觀滄海日先
到丈人峯石立猶疑虎松號欲化龍秦碑
何處是指點蕩心胸
呼吸通天闕排空絕地維使君多逸興乘
夜探幽奇弄月過千嶂穿雲似九疑碧霞

宮伴路應有杜陵詩
我昔曾登岱歸來月滿庭長歌封禪頌還
搨紀山銘翦燭論千古薰香聚五星同遊者爲童鄂君槐陳雲伯文述阮梅叔亨阮小雲常生與余共五人今看新畫卷恍惚又重
經
冰輪看漸淡晴旭正東昇下界疑無路青
雲自可登萬松金瑣碎羣峭碧崚嶒安得

雙飛翼乘風跂大鵬

題梁茝林方伯玉帶還山圖明相國
楊文襄公一清舊物也

焦公洞口石孱顏前代風流不可攀說到
朱方楊相國尚留玉帶在人間
邊事倥偬獄事繁當年袍笏忍重論區區
一物猶珍惜合襲青山鎮寺門

瓊瑤二十碧光連瑞鹿成羣碧上鐫鼎篆
鵃銘文半蝕何如此帶尚完全
使節來聽甘露鐘大江東去水連空偶將
趙璧留鴻雪直比蘇家玉局翁

丹陽是年十月出吳門復至淮上途中作

白塔依稀看漸長舟師指點是丹陽江潮
淤澱眞無策吏役經營或未良季子碑前

秋草綠曼卿橋外莫雲黃停橈何處尋遺
蹟且酌蘭陵酒一觴

偶過焦山讀借庵上人詩槀

屢到松寥似有緣況逢佛印會逃禪新詩
欲染青山色古鼎常浮碧海煙甘露鐘聲
清鶴夢翠屏柳色放漁船他年若結聯吟
社擬問焦公借榻眠

觀楊文襄公玉帶再贈借庵

相公玉帶又還山金薤琳琅共一龕欣爾
三乘看法寶遲余半日坐清譚潮回古岸
千檣集秋老空巖萬木參爲有風濤行不
得沈吟且傍水晶庵

過高郵城弔秦少游

災患頻年至城荒蹟尚存長歌淮海集何
處爲招魂賢達皆成夢雷傳未足論臨風
拈好句流水繞孤村

己丑十二月畢仲白爲余作梅花溪
上圖詩以志謝卽送歸晉陵

落筆臻神妙君眞是畢宏傳家倫枕祕（尊甫蕉麓善山水）能事奪天工雪滿寒林外香生別夢中
白雲溪在望行路莫忩忩

道光庚寅四月河帥張芥航先生招
同齊梅麓太守俞履初孝廉與余共
飲澹園牡丹花下卽席賦詩太守詩
先成卽和原韻

仙春館下數經過幾疊屏窗隱碧羅名冠
西京千佛上香分東洛五雲多金莖更唱
超羣玉瓊島前横有大河最愛進賢能好

客花閒還奏洞仙歌

再和一首呈齊太守

名園對酒自當歌詩律深嚴似海河調入雲中能和少香從天上賜來多明星爛爛皆珠玉綵艶煌煌勝綺羅欲請歐公續花品碧筒觴暖再來過

罌粟

碧紗窗外爛如霞直把嬌姿比麗華絕好天生雲錦段不知誰喚米囊花團成春後尋芳蝶幻作人間接翅鴉何事香魂常不醒行吟看到夕陽斜今之鴉片烟皆罌粟花製成者故云

繡毬

琢玉英標照眼寒枝枝和雨壓雕欄春歸祇剩雲千朶香散猶餘粉一團如對羅浮花下賞最宜瑤島月中看玲瓏滿樹還疑雪欲與嫦娥剪素紈

庚寅五月十一日梅雨初晴偕范吾山觀察扁舟入山過吾與庵是日溼雲陰陰欲遊無隱不果因賦一詩即呈觀察

綠樹千行溪一灣喜隨仙侶扣禪關香乎

尙掩雲閒月點也來看雨後山滿院落花人寂寂小橋流水竹斑斑他年若結林泉約只恐山公未肯閑

人日遊石湖詩卷四首爲梁茝林方伯賦

人日扁舟過草堂新年無事與偏長爲巡蔀屋窮簷處拾級梯雲到上方韓昌黎有人日登高詩

滾滾波濤漠漠煙堯峯西去五湖連路人不識承宣使疑是米家書畫船

岸柳垂垂發嫩枝春風拂拂范公祠一庭芳草斜陽裏細讀田園雜興詩石湖草堂有田園雜興詩刻石壁間范文穆公眞蹟也

梅花初放月初弦坐列賓寮亦有緣百首新詩一壺酒行春橋外水如天

虎邱古鼎歌并序

虎邱有古鼎一其色黑無青綠三足兩耳高今工部尺一尺二寸八分口徑一尺四寸中有古篆曰惟正月初吉丁亥王子吳龢其吉金自作飤鼎其眉壽無諆子子孫孫永保用之計三十一字案說文龢賦事也讀若頌飤糧也從人食祥吏切與飯同義飤鼎者猶盛糧之鼎也眉壽無諆諆欺也言其能享眉壽而無欺也文甚古奧惟鼎旁有若干字者則未詳或云即詩周頌鼐鼎及鼒之鼒鄭注大鼎爲鼐小鼎爲鼒也顧湄虎邱志寺中向有古銅香爐一具 國初爲他人

所有多得異瑞其家怪之乃以施之舊靈谷寺長老雄海雲知爲虎邱寺物命還之後寺僧復以質張原禮家錢四萬張又得怪異其妻又以還寺中然數百年來鮮有人考之者舊例虎邱僧十八房輪流直守永鎮山門未嘗輕以示人道光十年五月余遊

方丈謁道輪上人始見之爲賦詩紀
其事尚俟海内博物君子共爲考正
焉

昔遊焦山見古鼎豕腹彭亨狀菌蠢摩挲
細審辨蟲魚還與山僧鬥春茗今來虎邱
又見之黝然三足蟠蛟螭銘辭詰屈文義
古吉金眉壽眞無諆我聞是物殊怪異嘗

舍城南靈谷寺或飛雉雊作妖祥故事多
年人不記長老海雲爲復還巖中諸佛皆
歡顏只四萬錢豈能質法寶終得歸青山
吁嗟乎海湧峯頭汲雙井人事如看轆轤
影欲憑兩耳問興亾惟有寒雲蕩千頃夫
差已逝山河空干莫亦化延津龍何如一
鼎尚珍弆當時或出吳王宮

題韓蘄王靈隱題名搨本後

指點江山事已非何妨策蹇脫弓衣尋芳
又到春三月好築新亭上翠微
有子髫齡善畫錐鷲峯深處自相隨磨崖
欲逼中興頌合比靈巖十丈碑

履園叢話　韓蘄王靈隱題名不見於兩浙金石志近
年有行脚僧六舟者始訪得之題云紹興十二年清涼
居士韓世忠因過靈隱登覽形勝得舊基建新亭榜名
翠微以爲遊息之所待好事者三月五日男彥直書筆

法似顏魯公凡四十八字道光十年梁茝林
方伯以搨本裝池賦詩於後可謂好古者已

老至

老至當無俗累牽只將萬事付雲煙青山
約我蟠千級白日磨人過一年論坐必居
諸客上看花常占後生前甘心殿最惟詩
酒慚愧年來尚未捐

偶過鄧尉山有感

昔年鄧尉梅花開香車寶馬林中來遂使靑山比豪貴一時盡作金銀臺今來鄧尉斜陽暮改種柔桑已非故（居民以梅花少息盡改種爲桑麻矣）籬邊畱落三兩枝春風吹斷城西路司徒廟前荆棘多惟有古柏仍婆娑猶乘風雨作龍吼寒雲疊疊鮮人過我有相思隔千里夢斷羅浮無驛使休言雪海變桑田古來

萬事皆如此

城南廢園牡丹盛開題壁二首

一叢仍自門繁華閲盡當年富貴家池館已傾筵席散不知爛熳爲誰花

美人一捻尙畱痕無復庭前舊子孫爲惜名花忘日暮只憑來客自關門

十月十日亥時第三子曰壽生志喜時余年七十有三矣

枯楊何意復生稊從此栽培仗小妻摩頂聊開老眼看種花無奈夕陽低還期鳳彩光門戶復有貛郎侍杖藜喜極燈前翻不寐畫堂東角早鳴雞

倦人老四首

寒暑倦人老悠悠不計年一身惟嬾慢萬

事總雲煙春夢荒雞後秋悲旅鴈先敝裘纔典卻又値豔陽天

兒女倦人老經營足半生向平空有願而我竟無成垂白還奔走依人聽蟀鶊千金隨手散買得抱孫嬰

行役倦人老今年又北遊塞雲隨地起黃水拍天流書劒傷遲暮風霜送早秋淮南

煙樹好僕僕未能畱
鬚髮催人老秋來白數莖時還吟短句卽
以學長生頭禿將成雪瞳明幸未盲自寬
猶自笑對鏡不勝情

癸巳春日過西莊橋舊居

廿年碌碌未還家村落荒涼夕照斜老樹
逢春已憔悴看他勉強亦開花

幾灣碧水繞田疇俱是先人舊釣遊歸鶴
庵前還一望不知清淚爲誰流

雅片煙詩

案楊士聰玉堂薈記謂今之煙草名
淡巴姑出自呂宋傳於閩海明天啟
中始行於大江南北思陵甚惡之崇
禎十二年定例喫煙者死以其聲同
喫燕也後洪承疇當國始開其禁今
之雅片煙自海外來非淡巴姑可比
其禍尤酷嗜之既久鮮有不死者尙
書曰自作孽不可逭故作是詩以警
流俗云

流俗尙奇異名曰鴉片煙兩人作橫臥一
燈自熒然有鎗樹其左有碗陳其前交攻

各無語呼吸聲相連或起夫人城笑並洪
厓肩或將娘子軍排蹴雙行纏彼此戰良
久自謂同神仙富貴不能移貧賤咸爭先
紅日已卓午斯人猶宴眠我聞澹巴姑出
在閩海邊其味最淡泊栽植盈公田古來
總無有始自天啟年喫者罪至死玉堂有
遺編流毒至今日費盡牀頭錢此物尤可

惡人各相熬煎不徒禁弗止習久心彌堅非衣又非食拚將性命捐一朝登鬼籙試問誰爲憐

沈君蘋香嘗遊長崎島于市中得日本樂府一冊持以示余爲題其後

文教敷東國洋洋播大風傳來新樂府實比李尤工（謂李賓之尤西堂也俱有明史樂府）稽古聯珠璧斟今考

異同　天朝未曾有還擬質羣公詩才眞幼婦史事表吾妻（吾妻日本地名有吾妻鏡一書即日本之鑑也其書又名東鑑）日月無私照風雲漸向西雄文標玉管彩筆敵金閨閩說扶桑近高攀未可躋

寄贈日本僧蝶園上人卽索其畫

已悟三乘教能通六法禪爲求齊已畫一紙寄樓船草草憑鴻遠栩栩入夢懸洪濤遙萬里快讀待明年

宿祟眞道院不寐示馨田鍊師兼寄墨泉上人

枕邊好夢太怱怱仍臥邯鄲一榻中半壁殘燈鳴點鼠數聲涼雨泣秋蟲眼前塵事何難掃身後名心總未空自笑此生無處著算來還是梵王宮

臨安八詠（甲午四月泳往臨安監修先武肅王墓同金岱峯學博吳犀圃少府作）

衣錦城

富貴衆所慕況復衣錦歸城郭因以名山林亦光輝我來一登眺野花尚成圍

安國山

高邱峙龍虎落日大蒼涼有碑半殘闕松柏生古香翁仲各無語曾瞻文穆王

開化寺

青山圍佛宮先王誕生處有井泉尙清擕茶就泉煮俯仰歷千年秋風動禾黍

功臣塔

白塔倚霄漢傳是功臣山想見論功時旌旗耀山間世人羨榮祿時復來躋攀

洗馬池

城東有清池曾洗赤汗馬與人能一心自成大功者昇平安用之蕭蕭散原野

勳貴里

流水繞孤村桑麻雜蕭艾自生異姓王不聞有勳貴回首錦衣城惆悵斜陽外

千人溝

山僧半逃佚剩有千人溝不聞人語聲惟聽溝水流逝者已如斯有客時來遊

普光墓普光禪師相傳爲武肅王第十九子在此坐化墓前一碣尙存

白雲滿空山中露普光塔一碣臥蒼苔雙扉夜難闔太息梵王前飛出皈依鴿

齒痛

履園老人七十七兩眼若鏡無昏花舉足亦能走十里登山臨水如還家今年秋來

齒爲患欲落不落同匏瓜半頤紅腫作微痛對案不食空咨嗟明知非病又非疾安得辟穀飡雲霞我年雖衰舌猶在愼勿再學靑田蛙謾說廉頗尙能飯從今不敢筵前誇

道光戊戌元旦書懷八首

余於嘉慶戊寅爲一周甲子嘗賦詩

十首以寄親朋至戊子春又有自嘲之什今年政八十矣撫今追昔似亦不可無詩

曩余屆六十洗盞曾稱觴今又二十春難免頭上霜老人愛早起簷隙正初陽梅華纔半開窗前已聞香年豐草木欣家足八民康掘祝畫堂前願 皇壽無疆

夙昔傾王侯祇爲謀衣食歸來守墳園久呼作山賊寓意攬雲煙消閒弄文墨聊免塵網牽豈知歲華逼宰相有書來問我長生術愧余未暇學康强乃逢吉（昨歲適得雲臺相國書問）大兒早生孫小兒纔八齡同堂騎竹馬馳騁頗瓏玲坐對良可喜以兹度芳春芳春二三月獨酌無相親呼之俱來前黎栗分

滿庭問誰誦詩多汝等須傾聽

平生好讀書讀書亦何益萬卷費搜羅矻矻忘朝夕年來漸頹唐喜著尋山屐此事幾欲廢棄去殊可惜況有金石林兼多漢唐碣不患無人傳且進杯中物

西莊我舊居先人墓咸在白屋半欹斜青山少光彩違遠六九年恍同萬千載瘠土

鮮有秋人情逐時改惟願子孫賢去此終無悔陶令卜南村回鄉尚留待

生壙早已築墓木亦已長趨歧竟不來綠草生秋堂買櫂時一過野花正飄香老妻先我居新塚殊荒涼明知百年後畢竟同歸藏三覆南華篇不覺心悲傷

客從遠方來贈我綠玉杖絕勝子孫扶滐

山自來往親朋日以稀桑麻日以廣未遑採芝飧時有淩雲想黃山路匪遙白岳心所仰相期王子喬同敲石門響

虞山有石室傳是尚父廬（見唐陸廣微吳地記）洞壑當門前允稱隱者居逝將謝塵鞅揭來過三餘朝讀子虛賦夜披絕交書聊當余菟裘起居常燕如此願若能遂庶以全吾愚

男　日壽　日祥　日富　孫　慶端　慶榮　慶相　曾孫　家琛　家寶　家和　同校

復庵遺集

（清）許珏撰

《復庵遺集》二十四卷，（清）許玨撰，其子同萊等編，侄同莘校，一九二二年無錫許氏鉛印本，無錫市圖書館藏。

許玨（一八四三—一九一六），字静山，晚號復庵，别號樂徐老人，無錫人。同治四年（一八六五）考取秀才，光緒三年（一八七七）入四川總督丁寶楨幕。光緒八年中舉，入户部尚書閻敬銘幕。光緒十年隨張蔭桓出使美國、西班牙、秘魯等國，光緒十五年，以參贊身份隨薛福成出使英國、法國、意大利和比利時。光緒十九年，以參贊身份隨楊儒出使美國，中日甲午戰爭起，以論事切直受疑忌，光緒二十一年辭職回國，後為張之洞等人幕僚。光緒二十八年，以候補道賞四品卿銜，出任駐意大利大使，加二品頂戴。光緒三十二年任滿回國，仍以道員銜赴廣東候補，不久告歸。辛亥後，隱居不出，輯有《高子遺書節鈔》、《論語要略》傳世。生平事迹見賈思紱《復庵先生家傳》、馬其昶《清故出使意國大臣許公墓志銘》。

全書首載秦敦世序、許玨像、陳寶琛題像贊、墓志銘。卷一至卷三奏議，卷四出使公牘，卷五至卷六佐軺牘存，卷七至卷十二禁煙牘存，卷十三至卷十六文，卷十七至卷十八詩，卷十九至卷二十三書劄，卷二十四家書節鈔。書末為其子同范和其侄同莘編輯識記。書記事自光緒二十四年十月至宣統三年八月。《復庵遺集》中記錄許玨為官生涯中重要的禁煙、外交、華工、國債、學堂教育等思想。書中『涉禁煙者十之五六』，保存了許玨上奏請求禁煙的公文、提出的標本兼治禁煙措施等史料。侯學愈《梁溪詩鈔》以為其詩之『幽憂孤憤』，比之杜甫、蘇軾，『殆有過之』。

一九二六年許玨學生陶世鳳編《復庵先生集》，是為本書的選本，較本書多了唐文治序及陶世鳳跋，中國科學院國家科學圖書館有藏。《復庵遺集》後編入《清末民初史料叢書》，一九七〇臺北成文出版社出版。《復庵先生集》編入《近代中國史料叢刊》第一輯，臺灣文海出版社出版，一九七三年出齊。

本書據無錫市圖書館藏一九二二年無錫許氏鉛印本影印。

（錢建中）

復盦遺集

序

壬戌五月文伯昆仲編次其尊人復庵遺集既竟數以序文爲請且曰吾父之友零落殆盡知吾父者宜莫如子子不可以不言嗟乎敦世固總角識先生者也先生爲叔兄潛叔至友河聲嶽色迴出儕輩童子獨心好之先生來輒嬉戲於其側去則模放其聲音笑貌以爲樂敦世稍長而先生頻歲出游丁文誠撫東督川風采動海內先生實左右之迨自蜀歸而叔兄卒先生哭之慟推其愛以及敦世其所以勖之者甚至言近而恉遠知爲魁閎丈夫也甲申以後外患日亟益研究中外得失之故名籍籍公卿間方正如閻文介忠鯁如鹿文端皆一見驚爲國士嘗薦充使美隨員又歷充英美參贊一任出使義國大臣環游九萬里前後十餘載鄒衍談瀛之作先生獨唾棄之其所得固有大於此者當光緒初葉英俄德法皆鷹瞵虎視以我爲俎上肉美頗憤列强之不平於中國顧僻處一洲不遑遠略以李文忠之洞悉外情亦有重歐輕美之論先生於丙戌上許恭愼書獨昌言聯美殆無不笑其迂者乃越三十六年而太平洋會議告成中國恃以不亡者在此其覘國之識雖古之膚使何以加焉居恒太息於陸宣公范文正李忠定之不再見爲吾吳之恥皇皇畢生而不求一日安者其志固有所在也晚歲睹貪夫之敗類新政之禍民練兵之自殺已有岌岌不可終日之勢大命忽傾奸人盜國綱常名教掃地以盡孤憤塡膺而不能自已有時賓朋酬酢縱論所及輒奮髯裂眦聲震四座客或逡巡引去不之顧也卒之紫色䵷聲天厭厥德及汝偕亡千夫所指而先生亦遂一瞑不視尤可哀已烏虖先生亦知今日之颺言於簡端者固昔日隅坐讀書之童子乎獨念先生與叔兄皆潛心高顧之學卓然爲東林之後起使一旦得行其志何難以昌明正學揚一代之光乃一奪其年一厄其遇此則世運爲之固宜有當

之者也然厄其遇者不能厄其言觀禁煙立憲興學諸疏慷慨指陳動關國本正人心而息邪説尤能言人所不敢言雖言不必聽而望重天下名在國史以視叔兄之藴而不發爲幸多矣敦世無狀力不能不死吾兄又何足以辱先生而義不容辭固不自知其言之嗚咽也同里秦敦世序

序　二

故出使義國大臣許君像贊

於穆許君謀國遠圖揆度得
失獻納計謨曰師周官行人
之掌五物辨異爲書以上天
地閉革時晦道已蘭蘅無並
陵阿是蔵悽悽頑人扶世翼
教志爵貌豐惟忠惟孝

閩縣陳寶琛敬題

清故出使義國大臣許公墓誌銘

桐城馬其昶譔

外患亟而使職重有清中葉海禁大開迄乎季年有出使大臣之
命其尤知名者郭公嵩燾最先究通外情不顧罵譏黎公庶昌以
篤古顯曾公紀澤爭伊犂薛公福成善著述並號爲通才然皆不
獲與聞朝廷革新之政若夫名亞於諸公獨後死而其言乃不幸
而中如許公者其所遭尤足慨也公諱珏字靜山其先歙人康熙
時始著籍無錫公少卓舉有志操丁文誠公撫山東求士用薛公
弟福保言辟置幕府從至蜀辭不膺薦光緒八年舉於鄉大學士
閻文介公深器之嘗宴坐相與喟歎時事敗壞問今正士亦有善
外交其人者乎文介曰焉有正士而屑爲此曰不然惟無正士故
至此文介瞿然謝之越二年薦隨張公蔭桓奉使美日秘國曰今
副子言以成子之志差滿薛公使英法義比調充參贊聞母憂即

墓誌銘　一

日行薛公敬其孝不以喪歸減資敍由同知保充知府加鹽運使
銜甲午更參贊楊公儒使美洲中日釁起以論事切直見疑忌自
引去三隨使節至是凡十年多所匡益其在英聞英議院不直印
度種煙爲鄰害則大喜以謂中國自强之機在此矣擬禁煙章條
甚具時不能用也既乃設戒煙局無錫欲以一縣爲海內倡會拳
禍作兩宮西狩馳詣行在鹿文端公在樞府屬草國書抵俄皇俄
皇得書爲感動如約退兵詔以道員發廣東尋賞四品卿銜出使
義國大臣加二品頂戴變法之議興也諸奉使臣皆上言立憲便
公獨謂中外立國根本異宜慎所擇逮還朝復上疏切論之大恉
主於維綱紀慎改作寬民力係人心疏入議者洶洶謂撓憲政公
又奏陳學務宜正本原防末流之失詆訾盈道至目爲風狂或謂
公盍少默乎曰他人不言故言之若心知其非而漫和之用貽後
患吾不忍爲也當是時考察憲政大臣于式枚亦頗斷斷致辨西

國政俗得失可從不可從皆爲時論所抑無幾何而革命事起天下大亂生民塗炭以迄於今茲無所控訴嗟乎吾國之不振未可盡咎法制之不善也古有不自振而亡國者矣未有圖强而反速其亡若今日者甚矣國論之不可不審也公之言舉世皆能知之知之而莫肯言者何也奪於衆多之口懼其身之不容於時也苟以便其身圖禍乃至於滔天而不救易曰小人剝廬廬剝矣其身究安所容乎哉公既與時忤使義返仍以道員發廣東逾年遂告歸生平服膺高子遺書忠憲生日必陳遺書拜之爲輯要若干卷國變後聞崇陵奉安卒耆老於是日北望行禮皆感歎泣下丙辰九月卒年七十有四配華氏封夫人後公三年卒子四同范副貢生爲外交官同藺奉天知縣同萊同華女四均適士族孫九人曾孫一人公卒之逾月葬無錫開原鄉青龍山未及銘越五年辛酉四月十二日同范等謹啟公兆奉夫人柩祔焉來請銘其辭曰

絶海觀風溉淪新知訏謨入告匪異匪奇雖曰匪奇揆時則宜民恫是逵皇極是持皇之極矣民豈不夷羣士大駴駭駴蚩蚩傾側擾攘曷有既期嗚呼我公其永瘞斯

復庵遺集總目

男　同萊
　　同范　謹編
　　同藺
　　同華
姪　同莘　謹校

復庵遺集卷一

奏議一

無錫許　珏

請愼外交飭內治摺光緒二十四年十月二十四日

奏爲時局日艱請愼外交以弭隱患飭內治以裕本圖恭摺具陳
仰祈
聖鑒事竊臣於本月初三日蒙
恩召見仰荷
皇太后垂詢海外各國情形草茅下士初覲
闕廷瞻仰
天威不無震懾詞不別白未能舉要夙夜籌思殊自惴惴茲謹爲
皇太后
皇上詳晰陳之竊維方今環球各國俄英最强德法日本次之美
爲最富第其間與我恩怨損益之數各殊故離合嚮背之情亦異
若不熟思詳審先定宗旨則交鄰既失結援之義即禦侮安有制
勝之方自昔列邦並峙玉帛敦槃雖同時四出而緩急之際必有
互相依倚之國或同憂共患或排難解紛然後外侮可得而禦鄰
好可得而久也臣於光緒十六年隨出使大臣薛福成至英駐倫
敦者三年頗知英與俄相忌之故英以印度爲外府自俄人拓境
益南與印度相接印兵雖經英人教練然生長炎方惷愚惰弱不
任戰事設一旦俄人長驅南下印度必不能支非調英倫三島之
兵不能言戰而中間必經蘇彝士河儻爲他國所阻則印度之亡
翹足可待又百年以來東方商務英人獨攬利權自俄人議造西
伯利亞鐵路英人慮汽車一行異日歐洲來華之人必舍舟而陸
輪船之利將爲所奪緣此二端英意不欲中俄交合每思挑動中
俄之釁以冀俄人先疲兵力於東方稍緩印度之禍又知中國兵
力不能敵俄屆時如求助於英既可乘機取利即我或不求助而

藉口不甘讓俄俄得尺亦尺得寸亦寸今春旅順威海之事即其
明證此英謀國之素志非倉猝出此也今議者或謂俄有覬我土
地之心英僅圖商務之利夫英人不貪土地何以緬甸之役不崇
朝而滅人之國且據土地而有之則其地之商務又將焉往欺人
之論不辯自明竊謂自海上通商以來英人於我結怨最先受侮
亦最甚道光咸豐兩朝受侮之事歷年稍久姑置弗論光緒甲午
秋間倭釁始作英人於我則袖手旁觀於倭則暗中接濟陽託公
法陰助詭謀迨至馬關立約之後俄法德代我索還遼東已失之
地中俄交合許借東三省地築造鐵路英始自悔失計因而徧播
謠言謂俄意叵測中國墮其術中屢載於英國新聞報我中國時
務報從而繙譯之一時士大夫之不明外交者爲其所愚遂有聯
英防俄之說又値德人膠州之事中國應付未合機宜今春復因
借英款一事致觸俄忌於是無識之徒始倡聯英之說者繼則幷
欲聯倭但務棄惡崇好之說絕無明恥復仇之心本年夏秋之間
皇上勵精圖治採用西法凡開辦學堂等事羣議奉倭人爲圭臬
馴至康有爲之逆謀因此而起所謂涓涓不絕將爲江河履霜堅
冰良可畏也今逆謀敗露羣小四散咸以英倭爲逋逃淵藪是則
英倭之不可親暱計亦在
聖明洞鑒之中然臣猶覼縷言之者冀
朝廷察已往之迹爲未來之防毋蹈一誤再誤之弊也俄人與我
二百年來尙無釁隙東西北三面疆土毗連幾及二萬里俄自知
爲英所忌俄尤不欲中國爲英所愚中國如果處置得宜推誠相
待臣料俄斷不先英發難且今日東三省已允築路旅順已允作
租界既予俄以莫大之利而又輕信局外挑釁之說致啟猜嫌是
以利予俄而仍不得俄之助謀國之道豈宜進退無據若此至於
倭之與俄已成不能兩立之勢倭人志驕氣盈冀圖一逞度俄亦

不能久忍不過待時而動耳是則俄之與我固同憂共患之國也美國獨處一洲當中美立約之始明言他國如欺藐不公美願爲之居間和解載在簡書即如中倭搆兵之時臣充駐美參贊親見美外部葛禮山極意關切頗多忠告惜其時中國急於言和未能聽從然和議之成美亦有力方今外侮環生各國乘間要挾惟美仍恪守約章從不多事又富甲地球諸國近數年來我於俄英德法皆有借款獨未及美實則美國用心公平迥在諸國之上是則美之於我固可資以排難解紛者也法與我前雖有衅第今日俄法之交方密我與俄合即法亦當捐棄小嫌以待之德人反覆於英俄之間嚮背不常其君尤少年喜事臣昔在英曾見其人粗疏而好言用兵膠州之役已覩一斑然於吾華實不能爲大患是故就此數國論之英與倭皆包藏禍心我當陽爲結好陰爲隄防者也法與德當虛與委蛇權宜應付者也俄與美當誠信相結患難

相倚者也不此之辨而泛泛焉視同一例則侮我者紛至沓來隱患方深總理衙門且日不暇給能辨乎此則宗旨已定應付裕如期年之後外侮必日減且我既區畫得宜又安知英倭不私心折服轉而變計乎大抵中俄果無纖芥之隙則英倭決不敢輕爲嘗試但使五年之內能無兵事自可從容講求內治若兵端一開無論勝敗難知前車可鑒即使不蹈甲午故轍而當事者方議餉議兵之不暇何暇言內治乎臣之所謂慎外交以弭隱患者此也若夫內治之本在乎修明政教激勵人才其事固非一端而必以富民爲先務恭讀本月初三日

皇太后懿旨泰西各國風俗政令與中國雖有不同而兵農工商諸務類能力致富强確有明效苟能擇善而從次第舉辦自可日起有功總之興利除弊責在疆臣指陳得失責在言路凡有益於國計民生者切實陳奏以備採擇施行等因欽此仰見

皇太后如天之度未嘗無採用西法因勢利導之心與

皇上振興庶務變化自强之意初無二致臣先後在海外八年審知外國富强之故不外興利除弊一言而察其用意所先則爲民興利之心尤不如爲民除弊之亟蓋能去大弊即利民之最大者也中國數十年來致今日貧弱之弊者其咎安在蓋在民間吸食鴉片煙而已今

皇太后垂念兵農工商諸務思次第舉辦第鴉片之害不除則諸務皆無從辦起查近年海關貿易册洋藥進口每年尚五萬餘擔價值銀三千餘萬兩而民間完納稅釐加以販運水脚及至煎膏吸食視原來之價約加一倍是洋藥一項每年民間已耗銀六千萬兩矣然洋藥流毒祇在東南沿海數省今內地自山陝隴蜀以至滇黔偏種土藥議者妄謂藉此可以抵制洋藥乃外洋販運如故而內地種植益繁查上年戶部奏稱據總稅務司赫德摺開各

省所產土藥之數每年計三十三萬四千擔而奉天黑龍江熱河新疆湖南湖北廣東廣西江西各省尚不在內臣初聞而疑之以爲未必若是之多及今春到山西親見連畦接畛徧種罌粟視光緒初年增多且將十倍而山西民人吸食之衆至婦孺徧受其毒爲各省所未有然後知赫德所言殆非誣也土藥價值雖較洋藥僅及其半然出產之數視洋藥多至六倍有餘則其價值之銀計尚不止三倍雖稅釐較輕販運水脚較少然至煎食之時亦必視原價加十之五是土藥一項每年民間耗銀一萬四五千萬兩矣總計洋藥土藥兩項民間所耗之銀每年當在二萬萬兩以外頃者倭人之衅賠款二萬萬兩天下痛心孰知民間爲鴉片所耗之銀歲歲不啻一償倭之數循此不改貧者益貧弱者益弱人心日壞風俗日漓未來之事殆不忍言

朝廷即欲振興兵農工商諸務其可得乎恭繹

懿旨擇善而從次第舉辦之訓臣思西法之最善者莫如禁吸鴉
片一事鴉片出自印度雖地屬英國而英人嚴禁吸食無一犯者
他國更不待言日本事事仿行西法自割我臺灣之後已禁臺灣
之民不准吸食矣豈日本能禁中國獨不能禁乎然而今日內外
臣工無敢以此說進者一則洋藥稅釐海關歲入之銀不下六百
萬兩各省土藥稅釐徵收亦幾及三百萬兩有此九百餘萬之入
款驟欲議禁司農必至仰屋無策一則道光年間因禁煙事與英
人搆兵至今動色相戒恐我即欲議禁英國未必肯從而不知此
皆不達今昔時勢及中外事宜之言也臣前在英國時曾與彼國
禁煙會紳一再晤談其言深以印度損人利己貽毒中國爲恥光
緒十七年英下議院紳一百六十餘人連名請英廷禁止印度勿
再種販時英政府答覆議紳謂中國如因保護民生起見欲禁止
鴉片入華或再加抽重稅但須十二箇月前知照英國決不因此

起衅其禁煙會紳即以此言來告中國駐英使臣謂此時係中國
絕好禁煙機會且呈遞說帖請轉達中國政府當時出使大臣薛
福成曾將詳細情形函達總理衙門此光緒十八年五六月間事
計總理衙門必有檔案可查是則謂我即議禁而英國未必從者
可弗慮也惟戶部當庫款支絀之時驟減此九百萬之入款實無
從設法補苴然戶部所收者九百萬兩耳民間所耗者乃在二萬
萬兩外上得其一而下所失者且不止二十倍揆之
朝廷損上益下惠愛斯民之心豈願出此且使此二十倍者不耗
於鴉片以之築造鐵路以之籌開五金等鑛藏富於民爲利甚溥
數年之後戶部所徵榷者又豈止每歲九百萬而已乎此不能不
亟思變計者也竊謂洋藥稅釐六百萬兩如能改定海關通商稅
則仿照各國現行章程加重進口貨稅計每年所增不止六百萬
兩以抵洋藥稅釐所入之數必有盈無絀土藥稅釐視洋藥本不

及半但使改植五穀或察土性所宜兼植茶桑懍遵
懿旨講求農務究於戶部所損有限於農民所益實多總之民間
每歲能免耗銀二萬萬兩數歲之後自必家給人足百廢俱興凡
築路開鑛等事民力皆能自辦縱或暫借洋款而清償亦自無難
若及今再不杜此漏卮則民財日涸生計彌艱不但農工商務之
利無自而興即中國築路開鑛等事勢將盡爲洋人攘奪後患殆
無已時
懿旨謂內外臣工畏難苟安不知振作今若舍此不圖誠無逃於
畏難苟安之責矣惟鴉片流毒積重已久議禁之始當酌予期限
亦不必操之過蹙擬請
飭下各省將軍督撫自奉
旨日起予限一年內地一律不准栽種罌粟並刪除土藥地畝等
稅以杜出產之源

飭下各省海關予限一年凡外國船隻不得再販洋藥來華如有
裝載到埠者一律不准起駁以絕販運之路仍先期由總理衙門
電知出使各國大臣照會各國外部並請
召見總稅務司赫德
諭以在中國効力已久必當殫竭忠悃除此積弊以昭兩國睦誼
如慮外交之道尚有未周則請
簡派公忠剛正不畏強禦之大臣專使英國告以中國爲保護民
生之故土藥既禁自應并禁洋藥入華竊料英廷顧惜體面礙難
不允儻慮別有要求臣願隨同前往相機折辯必當得請而返決
不徒託空言如此則既杜土藥出產之源又絕洋藥販運之路一
年之後民間即欲吸食何從購取仍請
飭下各省將軍督撫通飭地方官自奉
旨日起廣設戒煙醫局凡吸食鴉片之人務令於一年之內速行

戒絕並曉諭地方善堂紳董輾轉推廣同心勸導俾積弊一律廓
清此則不待刑禁勢迫而小民感激
皇仁從此革面洗心各圖生計民力日勤風俗日美貧弱之積患
既除富强之實效自見雖內治政教固非一端而除弊之大莫先
於此臣之所謂飭內治以裕本圖者此也雖然臣以上所陳皆今
日號爲通達時務之人所不肯言不屑言者也凡言洋務者必游
移兩可不著邊際謂各國均難深信怨我德我皆不可恃貌爲審
慎以示慮事之周實則依違以求藏身之固今臣請先定宗旨爲
擇交之準則近於戇此其不肯言者也又必鋪張西法不量中國
之能辦與否或議練民兵以備戰或籌開商會以裕財課其實則
惝怳而難憑聽其言則新奇而可喜今臣請先去積弊爲內治之
要則近於迂此其不屑言者也然而臣顧以此爲言者臣賦性至
愚自幼讀書稍知古人事君勿欺之義及隨使外洋審思各國致

盛之道而推究中國積衰之由耿耿於心已非一日茲幸仰承
恩命入覲
天顏若揣摩風氣瑣屑上陳不獨負
詔書四方旁求之意亦非臣千里赴
闕之心用是積思累旬不憚芻蕘之獻抑臣聞古人有言雖有智
慧不如乘勢雖有鎡基不如待時今
皇上鋭意求治方思改圖百度
皇太后訓政以來
懿旨諄諄破除成見力戒因循以自强爲念夫天下之振作與否
存乎
朝廷之一念耳回溯同治初元四方糜爛粵捻各匪及關隴叛回
蔓延且徧天下仰賴
皇太后知人善任親賢並用內則恭忠親王文祥倭仁等竭誠翊
贊外則僧格林沁曾國藩駱秉章左宗棠曾國荃彭玉麐鮑超等
宣力馳驅數年之間削平大難天下晏然俾小民出水火而登衽
席今雖强鄰環伺較之同治初年巨寇未平海宇虛耗之時難易
固自有間
皇太后聖仁文武智周六合既能撥亂反正於前必能化危爲安
於後
皇上孝思純篤恪承
慈訓遵照同治初年
成憲委任親賢則一世之才自足以供一世之用
懿旨所謂宏濟艱難補救時局者將於是乎在臣疏逖微員本無
言事之責第念猥蒙
天恩召見並恭讀
懿旨殷殷求治之訓用敢不揣冒昧貢其芹曝之忱惓惓愚忠不

勝惶悚顧臣意所欲言者十猶未及其一如蒙
聖恩採擇以爲可行當敬謹續陳伏乞
皇太后
皇上聖鑒訓示謹
奏

請修改稅則片光緒二十四年十月二十四日

再查外洋各國通商稅則隨時加減本係自主之權其進口貨稅
之重莫過於美國或值百抽十或值百抽二十至五十其最重至
值百抽百而他國不以爲言者以其保全本國出產及工作之利
非外國所能干預也中國通商之初未明此義凡外國進口之貨
概以值百抽五爲斷又將稅則附入約章如議加稅必先改約然
約章每屆期滿原可議改而中國逢期滿之年從未提及者蓋恐
改約之時外人另生枝節遂至坐失鉅款已數十年現查自咸豐

十年換約後計至光緒二十六年又屆修約之期擬請
旨飭下出使俄英德法美日本等國大臣將各國現行進口稅則
令使署繙譯就近譯出逐項價值若干抽稅若干詳晰注明限三
箇月內咨呈總理衙門飭總稅務司按照各國進口稅則謹遵
懿旨擇善而從距修約之期六箇月前由總理衙門先行知照各
國酌量更改此爲公法自有之權毋庸先與外國商議亦決不因
此致與外國啟釁即或有商務較大之邦意在梗阻然通商既非
一國其中豈無居心正大立論公平者出而助我但得數國允行
即無慮一國從中作阻並請
諭知赫德此事能辦理就緒當優加獎勵大抵今日外交之事有
必不能因循者自當恪遵
懿旨次第舉辦用再附片陳明伏乞
聖鑒謹
奏

請試辦國債並加洋藥稅釐呈請代奏摺 光緒二十七年四月二十六日

呈爲和議已成賠款無著擬就通商口岸試辦國債並據洋藥條
約加徵稅釐即籌款之中植自强之本謹陳大略懇乞代奏事竊
維自古國家制治之要不外上下一心記曰未有上好仁而下不
好義者也又曰未有義而後其君者也欽維
本朝
列聖貽訓諄諄以勤恤民隱爲言我
皇太后
皇上仁育萬物至今遵循勿失竊聞近日疆臣中因籌償賠款有
議開丁捐之奏
朝廷以事類加賦有違
祖訓迄未准行職竊感歎即此
聖心仁民一念中興之機可以理決中外大臣不能奉宣
德意俾薄海臣民急公慕義同心集款上紓
宵旰之憂是謂上好仁而下不好義亦中國士大夫之恥也近年
士人好談新學者往往以仿行西法爲言然大都僅見西法之膚
末而不達西法之本原即如此項賠款自應仿照西法辦理儻非
借資民力公家安所得此鉅帑但非出於民之自願公家亦豈能
强令一心職昔年隨使歐美兩洲稔知海外各國國債所由來大
抵皆因用兵而起事定之後其民視國如家爭先出借偶或本國
不足而借諸異國者不外即由民間清償仍歸國債蓋匪獨民情
好義亦因歲輸之息日積月累不欲令外人得擅其利也往者中
國亦嘗籌計及此癸甲午之秋戶部請息借商款戊戌春間奏辦
昭信股票初意亦欲仿西人國債之法冀試行於中國旋因地方
官辦理不善奏請停止其後息借之款甫屆還期東南數省爲疆

臣移作別用昭信股票經臣工奏請報効因而民間股票亦未悉
照原奏辦理兩次失信於民今若再議及此似屬萬難然職聞甲
午年之息借由各省藩司給票者不盡歸還由各海關稅務司發
字者屆期本利償清無絲毫蒂欠是息借一款我雖失信於內地
之商民尚未失信於通商口岸之商民昭信股票聞當時各口岸
認領者本少尤無所謂失信也上年拳教釁起各省督撫保護口
岸不遺餘力沿海各埠除天津牛莊外均未稍有傷損中國殷富
紳商向皆寓居各口岸值此時艱宜如何感激圖報稍紓公家之
難查瀕江沿海通商繁盛之區不下二十處但得一埠按年籌借
三四十萬合計即可得七八百萬而上海漢口廣州等埠所得必
且倍蓰通盤核算每年約可得一千萬之數儻謂華商外强中乾
力或未逮即各口岸洋商亦許認購此票緣西例所謂國債但過
歲息稍優各國富人均爭先購股不盡拘定本國商民也職現擬

辦法先就通商口岸設局其股票由局蓋印外仍經稅務司簽字則華洋各商自必深信不疑俟數年之後風氣既開內地富商見此項國債有利無害自可逐漸推廣行之既久儻有顧念大局者不顧息銀外溢或鳩合一府一縣之人承認鉅款俾今日之洋債悉變爲他日之國債亦未可定所云歲息稍優者查外洋各國國債俄英法均合通年四釐行息德與日本五釐行息美國則祇三釐行息現中國試辦國債擬以通年六釐行息則人情必異常踴躍二十年內祇給息不還本二十年後逐年還本限二十年還訖通計前後以四十年爲度借國債爲賠款之用在司農既不慮支絀於前以稅務司爲出納之人在商民亦不慮見紿於後此先就通商口岸試辦國債之大略也自甲午倭人一役喪師賠費之後中國度支日絀凡籌國用者皆以海關加稅爲言或擬改爲値百抽十或擬照鎊價加增迄今尚無成議竊謂此時需款方迫冀爭

執於條約之外其效甚遲能引伸於條約之中其事至易查光緒十一年出使英國大臣曾紀澤與外部所訂洋藥稅釐幷征之約內第五條明云洋藥於內地拆包零賣後仍可抽釐該大臣又於密陳辦理情形摺內聲明內地並未全免稅捐將來若於土藥加重稅釐則洋藥亦可相較均算加重又專條首段載明行銷洋藥之事須有限制約束之意該大臣摺云加入此語所以聲明此次議約加稅之指而暗伏將來修約議加之根職於光緒十六年隨出使大臣薛福成駐英暇時翻閱舊卷見此摺極有關繫曾手錄稿存諸行篋然訂約至今已有十七年籌國用者從未議及洋藥加稅一事己亥冬間在都曾與總署章京言及此約而章京不信以告總署大臣而大臣不知因出手錄之稿示之該大臣始則憮然不語繼又喟然太息謂國勢衰弱至此縱有條約亦何足據竊謂洋人於我恫喝要求卽條約所本無者輒攘而有之我於洋人

畏葸却顧舉條約所已允者尚委而棄之即此一端以觀中國應得之利遺失於冥昧之中者何可勝數職之愚見目前亟應按照此約第五條拆包零賣仍可抽釐一層實力整頓查近年海關洋藥進口每歲尚五萬數千擔計征稅釐銀六百萬兩之譜今擬於海關收過此項之後無論運至何地拆包零售時每洋藥十六兩另征賠償兵費稅釐銀一兩一錢合之每擔又得銀一百十兩如照五萬數千擔進口核算是又添洋藥稅釐銀六百萬兩也惟條約所載明言土藥加稅之時洋藥亦可相較均算加重似其注意尤在土藥則土藥加征萬不可緩庶免洋人藉口查光緒二十三年總稅務司赫德單開內地出產土藥之數較洋藥進口之數多至六倍有餘而統核各省所收土藥稅釐不及三百萬職初疑赫德單開之數未確及後客游山西兩載詳訪彼處種煙情形始悉向來此項稅釐民間隱匿者十之三官吏侵漁者十之五其解歸

公家者祇十之二而已山西一省如此他省可知現因籌償賠款洋藥稅釐既擬加征一倍則土藥稅釐亦必加征一倍其隱匿侵漁之弊必應澈底淸查蓋隱匿在民者情尚可恕侵漁在官者法實難容果能責令涓滴歸公除加征一倍應得銀三百萬兩外此項化私爲公之款計尚不止三百萬是土藥亦共增稅釐銀六百萬兩也合洋藥土藥兩項計之每歲增收銀一千二百萬本與民除害之心爲憂國奉公之用在海關按照條約辦事既不予外人挾制之端在戶部不論洋藥土藥一概加征尤可杜外人曉瀆之隙再三籌思似無窒礙此據洋藥條約加征稅釐之大略也國債在中華爲創局宜以紓徐之道行之迨優游積漸人人知赴公家之急則禮義之心油然自生而尊君親上之情摯鴉片在中國爲痼疾宜以峻厲之法繩之必約束堅明人人知染嗜好無益則廉恥之心憬然自覺而悔過遷善之念誠管子曰禮義廉恥是謂四

維四維既張其國自强今中國人才凋敝風俗敗壞國弱極矣振
興之道惟養其禮義廉耻可期速效兹擬試辦國債加征洋土藥
税釐二宗歲可收銀二千二百萬於賠款已十得其八而命意所
在又可培成自强之基雖設施之後功效多寡尚難懸擬然相機
應付自在臨時辦理之人職積思累旬耿耿莫釋昨自太原馳抵
行在恭聞
朝廷不允疆臣籌辦丁捐之請
聖恩周浹感激涕零芹曝之忱不容自已因念外洋君民同體乃
彼國致盛之由果能中華上下一心尤今日保邦之要用敢竭其
管蠡之見敬謹上陳伏乞代奏恭祈
皇太后
皇上聖鑒謹呈

辦理國債請從廣東試行片光緒二十七年四月二十六日

再從來理財之道宜鎮靜不宜張皇貴從容不貴操切現擬就通
商口岸試辦國債而各口岸之民情不一風氣各殊各省大吏見
解不同議論亦異若通飭各口岸一律試辦轉恐胥動浮言無裨
實事今就通商繁盛之埠言之自以上海漢口廣州三處爲最然
上海自丙申秋間開設時務報館之後詖詞邪説陷溺人心浮浪
之徒披猖日甚士大夫宦成後競營三窟於此爲娱老計悦錙銖
之小利昧中外之大防漢口夙稱雄鎮近亦沾染上海惡習民氣
囂張商利匱乏此二埠者揆之目前中外交涉機宜似應稍緩開
辦廣州地大物博負山瀕海自唐以來即與海外各國通市得風
氣之最先其民人亦好學多聞能知體要自康有爲梁啟超逞其
游詞鼓煽一世各省士人爲其蒙蔽者不少獨粤中除康逆門徒
外絶無一人上年
鑾輅西巡海内士民非無瞻雲就日之心終以道遠莫至惟廣東
紳士航海踰嶺不憚數千里親齎貢獻來朝
闕廷以表忠愛之忱即此數端而論在通商口岸中獨能顧惜名
教不爲奇衺所惑兩廣督臣陶模學識純正志存匡濟無畏難苟
安之習現擬試辦國債似宜先從廣東辦起俟半年數月之後確
有成效然後以廣東試辦章程通飭各口岸一律設局開辦則舉
事既有次第浮議無自而興擬請
旨密詢兩廣督撫臣察度辦理管見所及合再附陳伏乞代奏仰
祈
聖鑒謹呈

復庵遺集卷一

復庵遺集卷二

奏議二　　　　無錫許玨

謝恩請覲摺光緒二十八年五月　日

奏爲叩謝
天恩籲請
陛見仰祈
聖鑒事竊臣承准兩廣總督臣陶模咨稱光緒二十八年四月十
三日准外務部電傳十二日奉
旨候選道許玨著充出使義國大臣欽此十三日奉
旨許玨著賞給四品卿銜欽此聞
命自
天悚惶無地伏念臣一介庸愚三隨奉使乘槎宿海粗窺歐米之
山川珥筆神州未效涓埃於歲月剡章濫列喜覲

龍光封事上陳恭承
鳳敕甫抵穗垣而捧檄每瞻
楓陛以懷
恩茲復渥荷
聖慈優加
甄擢卿貳愧清班之玷厠僚
特簡之榮俾銜
命於大秦慰嚮風於中夏伏查義大利地居溫帶士贍藝能自利
瑪竇始入中華奉天主教以爲宗旨曩昔梯航遠涉志不在於通
商今茲路鑛要求術頗工於牟利矧復乘時而動屢以索埠爲言
雖聯絡固貴多方而折衝慮非易事如臣檮昧深懼弗勝惟有趨
叩
闕廷籲求
訓誨瞻雲就
日體
九重柔遠之忱纚雨櫛風貢千一竭愚之慮所有微臣感激下忱
謹叩謝
天恩兼籲請
陛見緣由理合恭摺具陳伏乞
皇太后
皇上聖鑒再此摺係借用廣東布政使印信拜發合併聲明謹
奏

恭報出洋日期摺光緒二十八年九月　日

奏爲恭報出洋日期仰祈
聖鑒事竊臣欽承
簡命出使義國本年六月由粤入覲

天顏渥荷
慈恩
召見三次
陛辭之日
訓誨周詳自顧疏庸莫名欽感臣於八月初出京過天津見北洋
大臣袁世凱詢悉近日洋人在津情形抵上海後部署行裝摒擋
各事一月以來粗已完畢隨帶人員亦陸續到齊現准於九月二
十四日乘坐德國公司漢布克輪船放洋伏念臣賦性迂愚未嫻
遠畧自隨槎屢出粗知域外之觀迨世變日深益悟本原之計大
抵忠信篤敬雖異族亦能感孚而詢度諏謀必周諮乃能肆應義
大利在歐洲雖居次等之國而地當衝要異時商務必漸振興其
士人夙號多才嚮慕中華尤非一日在我迎機而導勿以交淺而
存疏忽之思擇善而從勿以國小而存菲薄之見能綢繆於未雨

自收效於無形臣到義之後凡有應行規畫事宜當次第上陳並
咨呈外務部以求折衷盡善上紓
朝廷宵旰之廑茲當戒途伊始理合將微臣出洋日期恭摺具陳
伏乞
皇太后
皇上聖鑒謹
奏

恭報呈遞國書情形摺 光緒二十八年十一月 日

奏爲微臣行抵義國呈遞
國書禮成恭摺具陳仰祈
聖鑒事竊臣於本年九月二十四日在上海起程放洋經恭摺陳
明在案自起程後在途月餘風和浪息十月二十九日行抵義國
南境之挐波利海口登岸即日乘火車馳抵義國羅馬都城十一

月初二日與義外部尚書裴納悌會晤請轉達義君訂期接見値
義君宮中有事至十七日始准來文訂十九日午刻延見屆期有
禮官帶同衛士四人備雙馬朝車來使館接迓臣恭賫
國書率同繙譯翟青松隨員趙詒璹前詣義宮宮尹迦挐底導入
內殿義君出見臣行三鞠躬禮恭捧
國書敬謹遞送義君免冠肅立躬親接受臣按照義國向章不用
頌詞但口宣
朝廷修好睦鄰之意義主答詞致謝延臣共坐問答良久大旨以
中國設使常駐羅馬爲幸又詳詢臣官階職任及出洋歲月繼又
詢此來擬辦何事臣答以中西遣使雖已有年第彼此政俗不同
至今尚有未盡融洽之處我
大皇帝遣使之意如義國在華商務等事中國自當竭力相助使
之興旺而中國在西洋交涉之事亦有應設法改令妥善之處深
望大君主同心幫助使中外均受其益義君聞無似甚欣悅謂此
語深愜所望我亦甚盼能爲中國効力此外問答之詞尚多言甚
關係最後問
國書用黃色何故臣答以
御用諸物色均尚黃我
大皇帝與大君主係用平行之禮故以此示敬義君復欣然致謝
以上皆由繙譯傳述義君復與繙譯隨員問訊各十數語畢起立
臣辭出義君握手送數步禮成而退禮官率衛士仍以朝車送回
使館當日即電達外務部在案查義國向章使臣見國王後須請
見王太后王后此爲歐美各國所無現方函致義外部訂期尚未
接覆文竊念到義已屆兩旬現恭遞
國書事竣亟應上聞以慰
聖廑除咨呈外務部外所有微臣行抵義國呈遞

國書情形理合恭摺具陳伏乞
皇太后
皇上聖鑒謹
奏

考察義國政俗及外交情形摺 光緒二十九年三月 日

奏爲微臣到洋數月考察義國政俗及近日外交情形恭摺仰祈
聖鑒事竊臣上年十一月十九日謁見義主呈遞
國書業經恭摺奏報在案嗣於十二月十八日謁見義后二十三
日謁見義太后皆殷勤款接深以中國專使常駐爲榮歲杪請赴
王宮讌會一次本年正月又疊請入宮聽樂觀舞因係年例畢行
之事第隨時函告外務部未敢瀆陳臣自抵任以來瞬經四月察
看此邦人情尚無泰西諸國藐視中華習氣其國全境東西南三
面距海羅馬都城水土清淑氣候和平其人物聰穎韶秀性亦馴

良較他國偏於鷙悍者不同徒以千餘年來地歸教王管轄舍刑
政而言禍福不生聚而事誅求卒至民貧國弱奄奄不振同治九
年義大利君主振旅入羅馬驅逐教王但理教務凡教中舊管地
方悉歸義國經理從此勵精圖治氣象一新又三世相承君無失
德用能上下輯睦轉弱爲强就目前而論其軍政財政頗爲歐洲
各大國推重而財政尤日見精進臣去冬向其戶部取到稅則一
册財政彙攷一册囑使署譯員攷查大畧其歲入之款較中國多
至五倍即歲出之款亦多四倍有餘按該國幅員廣袤不及中國
十分之一苛斂若此而人民熙熙樂利且急公奉上絕無剖克之
嗟頗不可解因將册中所載逐項譯出臣尋繹數四見其殫心經
畫條分縷析總核精詳一洗吾華官場籠統粉飾之弊乃悟其上
下感孚之故仍不外誠信二字現擬俟此二册譯竣咨送外務部
戶部此後凡該國政事可採之書仍陸續譯送以資借鏡此攷察

該國政俗之大略也上年十二月准外務部電以各國賠款不允
用銀擬改關稅用金屬臣切商義外部時該外部以俟各國政府
商妥爲言上月臣晤署外部穆林告以美國已允收銀義何不援
美爲例結歡中國該外部云義非美比美國魄力雄厚可獨出主
見毋庸瞻徇各國義係新造之邦力量尚小未便與各國兩歧臣
詰以中國專使常駐原欲彼此互相援助凡有利益亦可互相酬
報若僅隨人作計分取均霑之利則於中國既不顯眞心和好之
據即於義國亦無獨得利益之時此中得失似宜權度該外部瞿
然心動謂深感厚意當代達政府旋接該外部手函言關稅用金
政府已允惟仍申明不便與向來同好各國歧異俟各國允後再
用公文奉復並云已知照駐華義使等語臣思該國本係積弱之
邦振興未久與美國局勢誠屬不侔察核所言尚係實情彼既告
我以誠我亦不强所未便相機應付或異日終有收效之時此又

攷察該國近日外交之情形也伏念中國現當財匱力殫之時遣
使四出耗費不貲誠得折衝樽俎斡旋時局上尊
國體下益民生庶幾不負使職而臣備員海外無補時艱夙夜籌
思徒深悚惶惟有矢勤矢慎就職分所應爲識慮所能及者隨時
咨商外務部其關係重要者則據實上陳固不敢緘默以求容亦
不敢鋪張以取戾所有到洋以後考察義國政俗及外交情形理
合恭摺具陳伏乞
皇太后
皇上聖鑒謹
奏

請仿義國稅則加徵煙稅摺光緒二十九年八月　日

奏爲籌款日艱擬請仿義國稅則加徵煙稅並查照煙臺條約續
訂專條辦理以裕國用而廣

皇仁恭摺仰祈
聖鑒事竊臣閱邸抄恭讀三月十五日
諭旨欽奉
皇太后懿旨現在時局艱難民情困苦宮廷時深廑念前因疆臣
奏請試辦印花稅事屬創行恐滋擾累著從緩辦理其餘苛細雜
捐即行停止等因欽此仰見
皇太后
皇上惠保小民思深慮遠薄海內外凡有血氣之倫同深欽感竊
查自光緒二十七年以後每歲驟增各國賠款二千一百餘萬各
省攤派數鉅期迫因而籌款之方紛歧不一羅掘既窮往往議仿
行西法然中西政俗既殊辦理亦殊不易西國上下情通凡取民
之制政府籌定後必交議院核覆議員僉允民自樂從上年外務
部戶部會同議奏試行印花稅亦謂今日民情尚隔元氣未紓揆

度情形祇可視爲籌款之一端不能期以豐財之速效是今日即舉辦印花稅所收亦屬無幾而頭緒煩瑣舉辦之初稍有不愼民怨易叢茲蒙

聖恩暫緩辦理誠爲生靈之福第慮各省因賠款急迫無術補苴所有業經開辦苛細各捐終不得免必能籌大宗款項使目前償款有著庶此後民力常紓臣前因考求義國財政向其戶部取到稅則一册財政彙攷一册飭使署譯員譯就華文以資考鏡業於本年五月七月先後譯竣咨呈外務部戶部在案查閱義國稅則內煙稅項下載雪茄煙每基羅進口稅三十五呂耳各種煙進口稅二十呂耳以中國斤兩及近日銀價計之一基羅合中國官秤二十六兩有奇一呂耳合庫平銀三錢三分有奇核計每雪茄煙一兩徵銀四錢四分每各種煙一兩徵銀二錢六分六釐良以煙之爲物無益民生故多取之而不爲虐因思中國煙稅向來徵收

極輕惟鴉片一項有以徵爲禁之議故徵稅較重然自洋藥稅釐幷徵訂立專條之後每洋藥一百斤徵銀不得過一百十兩至內地土藥向章每一百斤僅徵銀六十兩若按照外洋稅則分析計之是洋藥一兩徵銀不及七分土藥一兩徵銀不及四分前年戶部因籌賠款議於土藥照現抽釐金數目酌加三成而洋藥則因稅釐幷徵已有專條不復議加其後各省籌抽膏捐辦法不一收數亦微惟廣東商人按照專條第五條稟請設立膏引公司每年認承賠款一百二十萬爲數較鉅臣於上年七月曾奏明在案乃開辦甫及兩月繹廣州英領事及駐京英使出而阻撓粵省大吏並未詳究約章與外人駮辨即將公司撤銷現議辦膏牌仍係零星攢聚無裨度支伏念鴉片一物流毒已久今日國弱民貧禍本皆由於此而中國之抽洋藥稅視義國之抽雪茄煙稅所徵銀數尚未及其十分之二此次統籌賠款內而部臣外而疆吏豈無見

及於此而未聞一言涉及加徵洋藥稅者誠恐有礙稅釐幷徵專條也臣查前出使大臣曾紀澤密陳續訂專條辦理情形摺內有云專條首段加入於行銷洋藥之事須有限制約束之意一語以聲明此次議約加稅之指而暗伏將來修約議加之根是該大臣定約之時實已預爲後日加稅地步故於專條第七條載明章程議定照行四年蓋謂四年以後即可修約議加也原摺又云此次所訂條約除第二條稅釐幷徵數目議得一百一十兩外又於第五條議得洋藥於內地拆包零賣後仍可抽釐是內地幷未全免稅捐將來若於土煙加重稅釐則洋藥亦可相較均算另加稅釐是該大臣定約之時即預言明如遇土煙加稅則洋藥亦當一律計價加稅也以上陳奏各節用意甚深惟當時既係密陳自未便咨行各省督撫故至今各省官吏尚未盡知此專條命意所在臣於光緒十六年隨出使大臣薛福成駐英暇時翻閱案卷得見此

摺即錄置行篋故知之較詳又查光緒十一年訂立專條之時洋藥價值每箱計銀僅三百數十兩現每箱價值將及九百兩而稅釐如故且土藥稅釐現已一再加抽而洋藥稅釐仍如故亦失事理之平是目前必應修約議加毫無疑義臣之愚見擬請

旨飭外務部查照專條第七條辦理先期十二箇月預爲聲明在此期內妥議章程如按目前洋藥價值比較光緒十一年洋藥價值定數應每箱加足銀三百兩查近年海關貿易册洋藥每年進口五六萬箱不等如照加足三百兩計算此項洋藥每年可徵稅釐銀一千六七百萬兩較之目前收數所增約在千萬以外至土藥一項查光緒二十二年總稅務司赫德摺開之數每年已有三十四萬擔現洋藥每箱既議加至三百兩土藥稅釐亦應按價加增果能照洋藥辦法剔除中飽涓滴歸公計所增當不止千萬此則目前籌款之大者比較印花稅之所得不可同日語矣惟洋藥

每箱驟加至三百兩必有疑其所加太多勢不能行者然分析計之每洋藥一兩徵銀仍不及二錢較義國之徵雪茄煙稅尚未及半西人聞之不至驚異是在任議約之責者堅定不搖以蕆厥功耳臣維中國今日財政兵力事事不如西人獨二百數十年來
朝廷深仁厚澤固結民心實非外邦可及茲恭讀
諭旨飭停印花稅臣雖在海外怦然感動因思義國重徵煙稅事可仿行而洋藥稅釐幷徵專條用意臣又知之較詳用敢不避煩瀆詳細上陳除義國稅則前已咨呈外務部查考外所有擬請查照專條修約加稅緣由謹恭摺具陳伏乞
皇太后
皇上聖鑒訓示謹
奏

議加煙稅請在英商辦片 光緒二十九年八月 日

再查煙臺條約定於光緒二年而稅釐幷徵一事延宕累年迄未議就九年正月始交出使大臣曾紀澤辦理至十一年六月方與英廷畫押定議是外人於加稅一端有心延宕往事昭然今欲修約議加必先於十二箇月前聲明儻英人用其故智屆期尚未定議則現行之專條已廢轉致無可依據不能不預爲計慮臣熟籌再四此事如由外務部與英使開議則辦理不易之處約有數端一則部中與各國交涉事叢不能專心注意於此一則英使託詞咨報本國候覆難以剋期一則洋商立意阻撓漢奸從中播弄且恐枝節橫生如遣使赴英與英外部開議則無此慮或即仿照昔年辦法就近交駐英使臣辦理亦差易奏功緣泰西各國重徵煙稅既屬通例而鴉片一項如能聯絡倫敦禁煙會紳藉其正言莊論隱相扶助則英外部亦畏清議不能過於堅持較易就範也管見所及謹以附陳伏乞
聖鑒謹
奏

陳明煙臺條約專條與新定商約無礙片 光緒二十九年八月 日

再本年七月二十二日承准外務部咨到中英續訂通商行船條約內開所有該約第八款內載各節應俟加稅免釐各國全允再行舉辦等因查閱第八款內第四節載洋藥現在幷徵之稅釐仍照現行各約章所載辦理以後應將該釐金作爲加稅又第十五款載此次新定稅則日後彼此兩國若欲修改以十年爲限因思曾紀澤續訂專條第七條祇云章程照行四年四年之後雖未明言修改而既有隨時廢棄之文則隱寓修約加稅之意不言可喻今新定商約以十年爲限方可修改是則照現行之專條目前可議加徵如照新定之商約目前未便即議加徵臣初閱此約極爲躊躇幸第八款第十五節載明儻各國在西歷一千九百零四年

正月初一日以前尚未允按英國所許各節辦理須俟各國允許照辦始可將此款舉行是則新約第八款尚未舉行以前洋藥一項自必如第四節所云仍照現行各約章所載辦理無疑也臣今請按照專條第七條預先聲明此即照現行約章所載辦理與新定通商條約毫無窒礙第恐外人意存嘗試藉新定商約爲詞深閉固拒或臣工持重謂商約甫定未便與外人聲明修約致滋紛擾用再將專條與新約不容牽混之處剖析明白以釋羣疑幷陳明乘此各國商約尚未議定之日及早妥籌辦理俾外人無所藉口愚昧之見不勝惓惓謹再附陳伏祈
聖鑒謹
奏

續陳義國榷煙大畧請先就土藥整頓試辦摺 光緒三十年四月 日

奏爲續陳義國榷煙大略擬請先就土藥整頓試辦以紓民困而

收利權恭摺仰祈
聖鑒事竊臣上年八月因籌款日艱奏請加徵煙稅近承准外務部來文已會同戶部覆奏仰蒙
俞允鈔稿咨行到臣查摺中所稱洋藥加稅即由外務部咨行出使英國大臣張德彝與英國外部設法開議至土藥加稅俟洋藥議成再行核辦等因備見王大臣等審慎周詳之意第思目前練兵籌餉及舉行新政需款孔多今洋藥加稅甫與英外部開議諒非旦夕所能就緒若土藥必俟洋藥議成核辦則為時尚遠於目前財政殊少裨益竊維事涉外交必當審量彼已往復磋商若僅屬內政似可審時緩急以為操縱查土藥一項光緒二十二年據總稅務司赫德摺開每年各省所產已有三十四萬擔二十八年二月外務部戶部會議覆奏閩省請辦膏捐摺稱合計內地所產土藥有五十萬擔是各省種植土藥蔓延日廣較之洋藥進口已多至十倍之數土藥稅釐每擔徵銀六十兩如以五十萬擔計應歲徵銀三千萬兩今各省所收土藥稅釐合計不過銀三百萬兩左右僅得十分之一即云官吏侵漁關卡偷漏斷無相懸如此之甚是土藥之亟應整頓清理勢難再緩臣上年奏請加征煙稅原因譯編義國稅則思仿照辦理擬洋土藥同時加徵並無偏重洋藥之意近又查攷義國權煙大畧知其入款之鉅不在抽收外國之稅而在暢銷本國之煙蓋義國之煙係公家專利官收官賣民間不得私自種販據使館洋員畢梯蓬鈔呈清單內如辛丑一年徵外國稅僅十五萬二千五百呂耳合中國庫平銀不及五萬兩是年本國煙利所入計二百七十七兆三十六萬五千呂耳合庫平銀八千九百八十六萬兩有奇除去成本及販運各費獲利近五千萬兩又查上年所譯義國財政彙攷壬寅年該國通計各項進款一千七百零五兆五十六萬呂耳內煙利所入二百零八兆

二十萬呂耳居全國進款百分之十二竊思義國幅員不及中國十分之一所收煙利如是之鉅不知其辦法若何復致書義戶部取到該部辦煙章程悉心攷究飭員譯錄由栽種之始以及製造轉運發賣等事逐項探討刪繁擇要編成義大利權煙志略二卷觀其綜核之精鈐制之密洵為理財善政業於本年二月閒咨呈外務部在案查歐洲各國煙皆重稅至歸公家專利由官收賣則創自法蘭西始於中國嘉慶年閒至同治元年義大利仿而行之其章程之完備尤勝於法上年日本將與俄開衅預籌餉需先至義國查攷此項章程聞現已仿行竊思雪茄紙煙之類非若洋土藥之有妨民生各國尚且設法限制懸為禁令而公家轉得挹注以裕國帑今中國所產土藥既有五十萬擔之多乃稅釐隱漏侵蝕十失其九如使整頓之後能十得三四則所增之數已及一千萬兩況洋藥現議加稅土藥必一律加徵是所增尚不止千萬此第就舊章整頓言之也中國之地十倍於義如仿義國權煙之法官收官賣將來歲入之利即照義國得半之數亦當有二千五百萬兩此擬就新法試辦言之也兩利相衡則擇其重者竊見頻歲各省籌解外洋賠款數鉅期迫竭蹶萬分在官府苟求集事遑恤其他而小民苦於百方掊克怨讟繁興計自壬寅解款以來僅及三年拮据之情已難終日若能就洋土藥兩項每歲增收銀二三千萬兩從此償款有著民困自紓又不僅目前籌餉練兵有裨財政已也土藥既辦理得宜洋藥來源自必日漸減少洋商志在求售則洋藥加稅一層更易就範此尤一舉兩得之道利權在我所謂致人而不致於人也反覆籌思目前理財之策似無踰於此者近閱邸鈔上年十一月戶部覆奏籌款練兵事宜內有變通四川土藥稅釐辦法一條擬由官籌款設局收買轉銷及招商集股設立公司總收分售是土藥須改章辦理戶部已早經議及臣前此

陳奏時尚未查明義國權煙由官收賣茲再續陳大略擬請
飭下戶部妥議章程通行向產土藥省分各將軍督撫及早籌辦
冀紓民困而收利權除所譯義國權煙志略前已咨呈外務部備
查外所有擬請先就土藥整頓試辦緣由謹恭摺具陳伏乞
皇太后
皇上聖鑒訓示謹
奏
敬陳管見摺光緒三十年十月　日
奏為日俄搆兵不解東省受禍益深亟應預籌歸宿以存主權敬
陳管見恭摺仰祈
聖鑒事竊維自上年日俄開釁以來瞬將匝歲中國雖嚴守局外
中立之例惟以我疆土供人塗炭傳聞日人圍攻遼陽一役本地
居民死於礮火者不下數千人至於自春徂冬喪失貲產流離轉

徙者殆以億萬計因鄰國之釁而局外之國慘遭荼毒若此言之
可為痛哭就目前事勢預測將來竊慮異日兩國罷兵之後我之
主權將一失而不可復振近聞俄波羅的海軍艦全隊東行計明
春水陸兩軍戰事更烈且恐日久變生我亦有難於中立之勢竊
意宜乘此天寒地凍之際商請兩國暫時停戰以策轉圜推原戰
事之起由日俄協商激成而協商之初則因中國委棄其主權所
致目前轉圜之道惟有力認主權正告兩國喻之以理聯之以情
衡之以勢無論若何強國諒不能舍此理情勢三者別有要求用
敢竭其千慮一得之愚條陳次第辦法伏候
聖明采擇
一請
特頒國書以明息爭宗旨自開戰至今俄軍屢挫死傷之數已踰
十萬日兵雖勝而旅順一隅攻堅未下亡失亦多古之仁人萬不

忍以土地之故逞小忿而殘民命
國家講信修睦於中外人民本無歧視今宜聲明此意愷惻勸喻
兩國政府及早戢兵各務遠猷以釋近釁
興京
盛京
列祖肇基之地
陵寢所在頃以烽火迫近日被震驚彼兩國之君各有祖宗使其
設身處地亦當愀然不安矧
皇上孝治天下豈能須臾忘懷且兵連禍結東省之民既遭蹂躪
而工商失業內地各省亦為牽動奸宄竊發在在可虞兩國如惠
顧前好不當使中國受禍日深如此詳切布告俟兩國復書到日
答詞如何再當相機應付
一請

召見兩國使臣以申忠告情誼
國書所言為中外安全計祗能舉其大略至於兩國現在所處境
地勝負不同形勢亦異俄人勞師遠涉耗喪軍貲十倍日本今且
悉銳而東國內空虛民滋怨讟實犯兵家之忌日本士氣雖奮而
民力已竭頃所喪亡皆其精銳局外代籌均屬得不償失在我雖
有關切之忱然
國書中既不能明言若
召見使臣從容詢問並乘機勸諷囑其電告政府自無不達之情
度彼國君臣如能默體
朝廷推誠無間之懷亦必慨然以情相告
一另議東省約款以戢兩國兵端溯查俄人歷年不肯撤兵之故
總以保守東省鐵路為言日之仇俄則以乙未年俄代中國索還
旅順而旋即自佔其地故怨毒之心固結不解今兩國尋仇中國

亦受兂妄之災欲戢兵端必探其本竊謂除光緒二十二年允准
借道黑吉兩省建造之悉畢利鐵路毋庸更議外其光緒二十四
年以後接造南境枝路應由中俄兩國另議約款備價購回惟此
路南端現爲日本所據應俟兵事定後兩國各派全權大臣開議
至旅順一口此次俄將固守經年日本以十萬銳師畢命相爭將
來無論歸日歸俄此地總爲戰爭機括兵事定後似宜由中國另
指相當之地向據有此地之國互易收回開作公埠此又永息兵
端之一道也
一商請美國調停以全中立主義日俄與中國均無宿怨現擬商
請停戰在我開誠布公諒彼亦不應深閉固拒惟揆度事勢俄則
屢敗之後非得一二勝仗不肯議和日則恃勝而驕氣矜方隆更
難降心相就但兩國相持不下東省之禍更無已時我之中立因
應益難惟有婉商兩國請其移師離開東省境內俄軍可移往海

參崴日軍可移往高麗北境無論戰爭久暫俾我中國得完全守
局外中立之例查中國與各國所訂約章惟美約第一款載明他
國有不公輕藐之事一經知照必須從中善爲調處之語此次日
俄戰事中國按局外中立之例辦理亦美國首先承認現因兩國
不肯停戰始請移師離開東省境內在我並無不合似可電商美
國政府懇其居間力任此議事定之後酌量酬報
以上四條皆就轉圜之中力認主權以爲異時歸宿之地所謂喻
之以理聯之以情衡之以勢也前二條如蒙
朝廷采納即可見諸施行第三條須待停戰之後從容磋商惟第
四條不允停戰即請移師以中國積弱之勢似難得諸今日強悍
之鄰交然臣竊以爲無難也查光緒二十七年正月俄主復書曾
有俄辦東方事未變宗旨不外保我鄰邦自主之語又有亟欲將
滿洲全歸中國政治一切悉照俄兵未據以前辦理之語即上年

所索七款亦無據地不歸之意至日本此次用兵本以決不佔地
爲言茲請移師但使俄國允從日本諒不梗議惟事體關係既重
除電商美政府外應否特簡專使親赴日俄兩國商議之處擬請
飭下外務部王大臣妥議伏候
聖裁俾東省兵禍既得早紓而主權尚可復振臣遠隔西海東方
戰事消息僅憑洋人日報所傳未知是否脗合惟夙夜焦思東事
所繫非僅一隅之得失實關全國之盛衰謹就微臣知識所及冒
昧上陳無任悚息屏營之至伏乞
皇太后
皇上聖鑒訓示謹
奏
遵　旨密陳摺光緒三十一年六月　日
奏爲遵

旨密陳日俄和議定後東省因應事宜恭摺仰祈
聖鑒事竊臣於光緒三十一年五月二十四日承准軍機處王大
臣電開奉
旨日俄兩國已有和意聞有在華盛頓直接開議之說中國現在
應如何因應及將來接收東三省應如何善後辦法著該大臣等
悉心籌畫各抒所見密行電奏以備採擇欽此跪讀之下仰見
聖謨廣運虛衷博訪至意曷勝欽感臣謹於二十五日就管見所
慮及者電達軍機處王大臣請代奏在案惟是電文簡略於因應
曲折未能悉達茲謹爲
皇太后
皇上詳晰陳之竊維因應之宜在審察日俄兩國之情度其意所
專注而又就我力所能辦以爲對付之方此非可以空言爭也東
三省之事其初不過中俄兩國交涉於日本無與也乃日本始則

中阻繼則協商所商不遂而出於戰今搆兵兩年雖曰屢勝然耗
損軍貲喪失將士已多則其蓄念之久將取償於我東省者不問
可知此日本之情也俄人得東省於拳匪之亂初議歸我自謂莫
大之惠乃因我牽於局外之梗阻激而背約馴至用兵在彼追思
致禍之原勢且不自咎而咎我則其無聊之極不肯仍歸我東省
者亦在意中此俄之情也今兩國直接議和將來和約定後必有
出於我所不及料且爲我所萬不能認者屆時拒之則敵衅必開
從之則主權全失揆情度勢祇有別遣使臣與兩國另議接收東
省之約然非兩國允將全軍撤回則接收之事仍屬空言臣昨電
擬請
簡派智略重臣赴東婉商蓋爲此也張之洞素存長駕遠馭之心
與日人聯絡有年袁世凱前駐朝鮮最久凡二十年來中日交涉
之事均所親歷此二臣者同爲日本所推重如
特簡一人赴東以兵事既息慰勞存問爲名因與熟商次第撤兵
之期至全軍撤盡爲止蓋日軍不盡撤則俄軍亦不盡撤雖與兩
國訂接收東省之約而强賓壓主動生釁隙防不勝防終非久長
之策日俄辦法必應一律擬請同時
簡派重臣使俄慰勞存問其接收東省之約即照與日本訂定條
款辦理兩無偏倚度俄亦必允從此臣熟籌現在因應及接收東
三省之大略也至於東省善後辦法竊謂今即與兩國訂定接收
之約度不過爭回主權一二必不能照戰事未起以前地方情形
辦理又凡所設施必先自量目前財力兵力之所能及臣現未親
履其地不敢臆度上陳惟念東省全局之關鍵在於鐵路之一端
此次兩國議和未知該路作何界劃竊意無論兩國如何議定其
自哈爾濱至旅順一千八百餘里南北枝路在我必應設法購回
此時籌集鉅款不易祇能向美國暫借即以此路作爲抵押十年

以內祇付息款十年以外本息並還度美亦無不允如此辦法似
尚不至竭蹶此雖善後之一事而實關係主權之大綱愚昧之忱
不勝惓惓再臣欽奉
諭旨本應電陳惟查日俄開議定於七月初旬兩國磋商極速亦
須半月二十餘日方有成議計臣奏到之日尚在兩國定議之前
此中因應曲折較之電音所傳究能詳晰故仍具摺上陳管蠡之
見是否有當伏乞
皇太后
皇上聖鑒訓示謹
奏
請飭考察政治大臣謁見教王摺光緒三十一年九月　日
奏爲考察政治大臣來義擬請
飭謁教王並
頒國書商訂傳教約章以肅內政而弭外釁恭摺密陳仰祈
聖鑒事竊臣於本年七月二十八日承准外務部電開前奉
旨派載澤戴鴻慈徐世昌端方紹英分赴各國考察政治現戴侍
郎端巡撫同赴美德俄奧義等國希知照外部等因臣當即備文
照會義外部去訖八月二十日又承准軍機處電開奉
旨前有旨特派載澤等分赴各國考察政治該大臣等每至一國
著各該駐使大臣會同博采悉心考證以資詳密欽此仰見
聖謨閎遠
訓示周詳莫名欽感臣維泰西政治其措施之跡雖與中國互有
不同其立政本原大要歸於敬天修己知人安民則與中國無異
至於因時規畫隨事變爲轉移不外興利除弊取益防損其所爲
議院者不過上下情通孟子謂所欲與聚所惡勿施即斯道也臣
所駐義國幅員雖狹觀其君民一體之誠意頗與中國經傳所載

義理脗合臣自到羅馬採擇該國政書咨送外務部者已非一種
第所譯者祇財政一門此次考察政治大臣來義自應隨同博採
詳考殫竭悃忱第未悉該大臣等何時可到臣現交替在邇恐屆
時或已內渡回華則愚陋之誠末由自達兹擇其最要者謹爲
皇太后
皇上陳之天主教傳入中華初意原欲勸人爲善其後貧民貪利
視爲淵藪又其後莠民憑勢恃爲護符積重難返往往激成交涉
巨案各國公使領事藉保教爲名乘機攘利則外釁由此而生自
辛丑和約定後加重官吏處分但涉民教齟齬即不敢持平辦理
奸人伺隙而動鄉閭小忿借端生事散播謠言各省轄境既廣防
不勝防則內政由此日棻臣於光緒二十八年奉使之初因教王
同駐羅馬滿擬到義之後將內地傳教一事相機補救及抵任後
詢悉義政府與教王釁仇未解界限甚嚴凡各國駐義公使例不

與教王通往還即素奉天主教如法蘭西日斯巴尼亞等國亦必
於駐義公使之外另派一使到教王處商辦教務入境問禁未便
因此轉生枝節用是隱忍於懷而每念及內地辦理教案之紛紜
未嘗不撫衷感憤二十九年六月教王必柯第十嗣位頗思交歡
中國是年冬間曾遣教士到使館欲請於西歷新年相見臣以事
有關繫電詢外務部是否可行及外務部電復准令往謁而教王
屆期仍以礙於義政府成例謂擬俟臣任滿交卸之日訂期接見
庶與義國界限淸楚以上各情臣隨時函報外務部在案查泰西
教士於傳教所至之國類皆恪遵該國政府約束未敢故違至於
教民咸知遵君親上從無倚教爲奸之事與今日中國內地傳教
情形迥然不同此次考察政治大臣來歐係歷使諸邦與臣僅駐
義國拘於成例者有別教務尤政治中之大端爲必應考察之事
第念到羅馬後若不進謁教王即欲議及約束教士條規亦難措
手查上年英君主及德王來羅馬答候義主皆親謁教王面致款
曲今該大臣等來此於教王處禮文似不宜闕略應請
頒給國書一道並將在華傳教有須互商妥洽之意載入俾該大
臣等謁見之後即可與教王左右辦事之人開誠布公商訂妥章
聞教王必柯性極慈祥儻得天牖其衷就我範圍俾積年痼患祛
於一旦則內政可肅外釁可弭洵除弊之要圖安民之先務實吾
華億兆生靈之福惟歐洲各國除義國與教王夙嫌未釋外近年
法國與教王釁隙方深該國在華素以保教自居橫索權利此外
則德國思踵法國故智意存干預藉爲要挾地步今我欲結好教
王似此意不宜預爲宣露以防各國疑忌或生阻礙用特恭摺密
陳愚昧之見是否有當伏乞
皇太后
皇上聖鑒訓示謹

奏
恭報交卸使任並呈遞辭行國書日期摺光緒三十二年正月　日
奏爲恭報微臣交卸使任呈遞辭行
國書並起程日期恭摺仰祈
聖鑒事竊臣於光緒三十一年八月初六日承准外務部電開本
日奉
上諭江蘇候補道黃誥著賞加四品卿銜派充出使義國大臣欽
此遵即知照義外部在案兹准新任使臣黃誥行抵義都羅馬並
奉到臣任滿辭行
國書一道當即敬謹祇領於光緒三十二年正月二十四日將關
防文卷暨經費器用等項派法文三等繙繹官候選直隸州知州
翟靑松齎送新任使臣接收臣即於是日交卸並照會義外部請
其轉達義主訂期謁見旋准宮尹迦拏底來文訂於正月二十七

日未刻接見屆期臣帶同繙譯翟青松前赴義宮呈遞
國書辭行義主免冠肅立親自接受延坐款談並云義邦初無駐
使自臣到任以來兩國情誼日親望回京覆
命之日代達誠心和好之意等語握手殷殷禮成而退臣現定二
月初三日自羅馬起程乘火車至拏波利海口暫住客寓俟德公
司船到之日附輪內渡三年持節未效輕塵墜露之勞萬里歸槎
幸慰就
日瞻雲之願所有繳臣交卸使事呈遞辭行
國書並起程日期謹恭摺具陳伏乞
皇太后
皇上聖鑒謹
奏

復庵遺集卷二

復庵遺集卷三

無錫許珏

奏議三

敬陳管見呈請代奏摺光緒三十二年八月初九日

爲敬陳管見呈請代奏仰祈
聖鑒事竊職近閱邸鈔恭讀七月十三日
上諭欽奉
皇太后懿旨前簡派大臣分赴各國考察政治現載澤等回國陳
奏皆以國勢不振實由於上下相睽內外隔閡官不知所以保民
民不知所以衛國等因欽此竊維典謨垂訓首重安民風雅陳詩
先資問俗自昔帝王圖治罔不顧畏民碞我
朝開國以來
列聖相承咸以勤恤民隱爲先務溯查康熙雍正乾隆年間海宇
承平其時吏畏民懷何嘗有上下相睽內外隔閡之事自嘉慶以

後人才稍不如前吏治因之日敝然同治初元親賢夾輔將相得
人猶能佐定
中興乂安海內是則國勢不振不過近三十年耳當深求致此之
由不得諉咎法制之敝也若夫官不知所以保民則由捐例屢開
流品日雜仕途壅塞賢者不免沈滯不肖者巧肆貪緣情既切於
營私政何能以澤物此病在捐例非官之盡不才也民不知所以
衛國則由鴉片流毒將及百年海內虛耗十室九空洋藥浸灌未
已土藥種植加繁士人耽此則無廉恥之心農工商耽此并失資
生之策一身不保遑論國家此禍在鴉片非民之本無良也茲閱
戶部已奏奉
諭旨停止實官捐升又恭讀本月初三日
上諭限十年以內將洋土藥之害一律革除淨盡
綸音疊沛薄海同歡從此整飭官常湔除民病但能堅持不懈自

然國勢日强詩言宜民宜人受祿于天竊謂天人感應之理可操
券而驗矣伏讀
懿旨時處今日惟有仿行憲政大權統於朝廷庶政公諸輿論此
聖人如天覆幬之量卽大舜善與人同舍己從人之意也職考經
傳所載洪範稽疑謀及庶人周官外朝之位衆庶得從三公之後
推之芻蕘獻說工瞽陳規何嘗不明目達聰博觀兼聽然而名分
至嚴易履象傳上天下澤君子以定民志聖人防微杜漸之意可
謂豫矣職于役歐美兩洲前後十有一年詳考彼國設立議院之
初大抵由於國家苛政民不聊生上下乖離禍變之極迫而出此
所以剗政府專制之權求民間自由之福積之既久遂成風尚然
且不免各有流弊中國情形實異於此
本朝撫有方夏發政施仁視前代尤爲寬厚職悉心體察今日中
國之不如外國者不在法制而在人才士大夫一入仕途祇知以

富貴爲心不復有功名道德之念而外國人才雖未足以語道德
尚能奮於功名卽如上年日俄之戰日本所以勝由於文官不愛
錢武官不怕死彼固不以富貴爲心也惟不以富貴爲心故能國
爾忘家蹈死不悔意氣所激衆志成城苟反其道而行之人心之
私僞卽足致國勢之阽危竊謂今日中國士大夫如不洗心滌慮
澄敍官方雖欲仿行外國憲政亦無所施蓋官方不飭卽改定官
制不過易一官名何裨實事縱使勉强仿行亦所謂有形式而無
精神仍於國計民生無絲毫之益且中西立國不同卽日本同處
亞東其憲政亦非盡可仿行猶憶昔年候補京堂吳汝綸至東洋
考察學制其文部大臣嘗告以歸國後不可盡仿日本制度總宜
自出心裁求一對峙各國之法以爲定制職深佩其言謂得相時
補救之意舉此以推則目前改定官制當就
列朝成憲兼參中外時勢以爲損益總之所改於中法者救敝補

偏變通盡利非掃除而更張之也所取於西法者得其精意因地
制宜非尺寸而摹仿之也京外官逾萬數非全無可以變通之處
然綱紀相維亦有精義苟未貫澈始終而遽紛然改作竊恐成效
未彰弊端已見茲事體大固非數言所能詳盡而綜其得失要不
外是當茲肇端伊始竊願
朝廷一秉虛公而大臣倍加愼重古人有言天下大器必置諸至
安之地務當求詳於先事毋致貽悔於將來
國家幸甚天下幸甚職奉使歸來本無言責竊自循省曩以候選
冗員蒙
恩拔擢三年使任未効涓埃茲値政法更新之始既有所見義難
緘默用是積思累日輒就一得之愚披瀝上陳伏乞代奏
皇太后
皇上聖鑒謹呈

新政籌款不宜擾民呈請代奏片 光緒三十二年八月初九日

再職恭讀
懿旨載澤等陳奏各國之所以富强由於實行憲法取決公論等
因竊揣諸臣之意必謂中國仿行之後凡籌備財用經畫政務等
事亦可公之於民職之迂愚不無過慮查自甲午庚子兩次賠償
兵費以來歲出之款驟增四五千萬雖云未嘗加賦而各省無形
之搜括實已罄盡無遺近年因創辦學堂巡警諸新政官吏之急
於自見者但求上司之稱揚不顧百姓之憔悴甚或假公苛派激
變地方之事時有所聞職自壬寅秋間奉使出洋本年夏初回華
未及四年而鄉閭日用之需所費已昂一倍在富饒者力可自給
中貲之戶無不節衣縮食蹙額相對至貧苦傭力之人懦者流離
失所强者去爲盜賊今日江浙等省梟匪四起時聚時散本年各
省偏災飢饉之後慮且鋌而走險中國仿行憲法本屬不易若再

以多欲之吏馭無告之民又値財殫力匱之時習聞革命自由之
說後患何堪設想職竊意此後凡辦新政如不必藉資民財者自
宜及時振作若其事不免瑣屑擾民似可暫緩舉辦待各省實業
漸興閭閻稍稍富足然後次第仿行尚未爲晚伏願
朝廷燭照幾先深維至計寬以御衆儉以足民庶幾法制徐更而
人心不失以固萬年有道之基管蠡之見謹再附陳伏乞代奏
聖鑒謹呈

學務亟宜釐正呈請代奏摺光緒三十三年三月初三日

爲學務關係甚重宜正本原而防流弊謹分別條陳呈請代奏
聖鑒飭議釐正事竊思古人有言建國君民教學爲先自來世運
之盛衰恆視學校之興廢爲斷菁莪之詩城闕之詠往籍所載毋
或爽也近年
朝廷奮發圖强罷廢科舉廣立學堂以宏教育數載於茲宜乎漸

收成效而顧士習日漓邪說競作轉與所期相左者非學堂之不
可立也蓋立國各有本原植其體乃能達其用四方各殊風氣通
其變乃可適其宜今
朝廷之宗旨雖定而各省未盡遵行部臣之提倡雖殷而立法未
臻完善遽欲國收實用士無歧趨蓋未易言矣職謹就見聞所及
條列亟應釐正者數端敬爲我
皇太后
皇上陳之
一蒙學堂必以孝經四書爲初基也科舉未廢之前父兄師長之
教大抵以孝經四書爲啟蒙課本幼童入學不能不讀聖賢之書
此時雖未通其義而誦習既久悟性自開迨其稍長義理所浸灌
名教所防閑有範圍於不自知者故其束身嚴其植本厚囂陵犯
上之氣潛消而國家得收其用法至善也顧其時亦不能士盡成
材者由於應試以後鶩詞章入仕以後趨祿利固已盡棄幼時所
學矣是中國人才之衰衰於應試入仕之後非由蒙養之誤也今
學堂奏定章程非不重四書五經然大概多視爲具文蓋辦學之
人既多尚新異而教科書太形糅雜勢亦相妨職上年在里見十
齡外幼童入學堂已四五年尚有未讀四書者可爲歎息今宜申
明奏定章程凡十齡以前必誦讀孝經四書十歲外仿從前專經
之例許生徒專習一經凡誦讀四書經書必求精熟漸通其義如
此則不背尊孔宗旨蒙養既正國粹永存一切悖逆之風自熄矣
一中學堂以上不必人人盡習外國語言文字也今日學堂除蒙
小學堂外無不課習外國語言文字者揆厥用意約有兩端一則
冀預儲交涉之才一則爲博覽西書之地不知以博覽西書言必
能通中國羣書方能涉獵西籍若荒中騖外縱有一知半解勢必
不能自立而徒爲人役今日通習洋文之譯員大率多蹈此弊以

預備交涉言則國家用人究竟用於外交者少而用於內治者多
且語言文字卽論外交之用尚非第一要義不過備繙譯傳述而
已職愚以爲合各省中學堂以上人數苟十人中得兩三人兼習
語言文字已足供國家之用凡兼習語言文字而精者既能得美
官博厚糈聰明之士自趨之不暇若必人人兼習則學者才力日
力大半坐耗而中學必至抛荒以迄於湮沒是持敵人斧柯以自
伐也又凡誠愨篤實之姿口舌類不能靈敏愈多勞而愈寡效故
陝甘等省尤非所宜今當於原定章程中將外國語言文字一項
分別酌減以求盡善
一西式操服必宜禁革也今學堂多習體操未爲甚非乃因體操
而遂著西服則殊悖謬推用操服之意不過慕效日本之改西裝
耳不知日本之服可改而中國今日之服必不可改何則日本舊
服唐服其國從未自定服制特昔則從中今則從西耳其改服無

足重輕若中國今日服制非中國古來之服而爲我
朝一王之定制也當
世祖章皇帝入關之初垂大一統之規毅然以滿洲服式整齊天
下當時臣民違令者誅無貸其用意良非得已二百七十年來天
下安之蓋由
列聖深仁厚澤涵濡之效乃今日學堂忽因體操遽改西裝此直
爲排滿革命之徒導其先路知而爲之則不忠不知而爲則無識
且
本朝服制幅度原非寬博於體操絕無不便而衫袍外服體操時
又可暫卸亦何苦而必爲此若謂日本因變服而强尤爲瞽說彼
俄人之爲西裝詎不先於日本何以致此大敗此亦不辨而自明
矣是故學堂之弊非一端而足啟囂競悖亂之風者莫此爲甚職
愚以爲宜由學部通行各直省亟改各學堂西式操服以示正人

心維國統之要義而剪辮之風亦爲狂悖之尤宜與西服一體嚴
禁此事關係極鉅伏願我
皇太后
皇上聖斷獨操勿爲浮言所動斯世道之福也
一女學堂宜恪守中國禮教不可參用西俗也中國女學詳於禮
記內則一篇如七年男女不同席及十年不出之文最爲別嫌明
微其治麻枲執絲繭織紝組紃學女事以供衣服之類皆由姆教
所謂家庭教育非若男子八歲入小學十五入大學之必出就外
傳也我
世祖章皇帝初一區夏即
御纂內則衍義一書頒行宇內儀型既立薄海嚮風迄今漸摩之
久不獨閥閱之家婦女多讀書知禮即窮檐僻壤亦且明於廉恥
甘心食貧茹苦而以佚蕩爲可羞若持此一端以較東西洋各國

風俗則中國勝外邦遠矣乃近年好事者乘
朝廷興學之際擅立女學堂凡及笄之女已嫁之少婦多方招致
聯袂偕來學堂內并設有寄宿舍其所習者尋常針黹之外兼及
天算輿地外洋各國語言文字北方風氣謹厚教習尙皆女人南
方各省往往因女教習不易得而以男子充教習致有曖昧難言
者又有不待父母之命媒妁之言自擇配偶號爲文明結婚者夫
婦爲人倫之始今彝倫攸斁肇自女學堂可恥孰甚且女子需乎
學者以備幼稚之師保耳不必責以天算輿地外國語言文字之
學也查學部前定章程諄諄於中外禮俗攸殊以女學併入家庭
教育可謂深識遠慮乃無知之徒既喜以新奇炫俗而近日督撫
大吏中亦有以廣設女學爲言者誠不解其何心藉曰效法日本
而考上年各提學使游歷彼國其大臣方以國俗淫蕩爲可憂見
諸奏牘夫彼方憂橫流之難遏而我乃亟壞久固之隄防豈不貽

笑於外人哉近日學部奏定女學堂章程學齡以七歲至十四歲
爲限似已深知各省女學堂之弊而思拔去其根株惟是此輩好
新尙異多視功令如弁髦即如外城有女學傳習所一處其招考
學生告白則明言八歲至二十五歲既顯與此次奏定章程相悖
近日復有婦女藉口江北賑災屢次開會於廠甸出賣茶座列肆
售物女學生登臺唱歌此等情形論西俗誠不爲怪在中國則蕩
禮義之防有妨閨範竊謂學部亟宜查明嚴禁以遏頹風並申明
女子學齡即女教習亦必年過四十方許充當庶幾差少流弊並
乞將順治十三年
御纂內則衍義一書命儒臣敬謹校刊頒示各省督撫提學使及
在京各大臣俾知
聖訓所垂昭如日月於以導揚
盛化障遏狂瀾庶中國禮義之邦不至淪爲異俗矣

以上所陳前二條爲崇本之務後二條爲防弊之方夫學堂爲天
下治亂之本而學部尤爲天下學堂治亂之源章程之善者宜責
各學堂以實行而不容偭錯其未盡善者尤宜由部臣隨時改正
而毋許因循職久歷外洋審知中西殊俗決難强同所陳流弊數
端皆親得之聞見並非拘守舊學率臆而談如蒙
聖明采納飭下學部暨提學使將現行章程再加釐定庶於學務
得其指歸即於世局有所挽救天下幸甚伏乞代奏
皇太后
皇上聖鑒謹呈
請嚴飭各省實行禁煙並籌辦公債抵補洋土藥稅釐呈請代奏
摺光緒三十三年二月初二日
爲請
旨嚴飭各省實行禁煙並准籌辦公債以抵稅釐短絀之數呈懇

代奏仰祈
聖鑒事竊自上年八月初三日欽奉
諭旨限十年以內將洋土藥之害一律革除淨盡十月初六日政
務處奏擬禁煙章程十條奉
旨依議欽此仰見
皇太后
皇上惓懷民瘼毅然爲拔本塞源之計從此薄海羣黎出水火而
登袵席亦即國家轉弱爲强之機凡屬臣工同深欽感乃奉
旨迄今已逾半年而各省尚未一律實行職籍隸江蘇近有自家
鄉來者謂煙館照常開燈煙店並未註册此二條在章程中爲議
禁入手之始事非繁難尚且因循不舉遑論其他夫十年之限雖
屬寬緩然照此因循十年亦甚易過勢必至徒託空言將何以蘇
民困而副

明詔職竊揣今日各省遲遲不辦之故殆因積年以來籌辦洋土
藥稅大抵皆主以征爲禁之說近歲籌備練兵經費尤恃土藥統
稅爲專款今洋土藥逐年遞減則稅必不旺即於練兵之款有礙
此或各省觀望不前之隱情職之愚見以爲不言禁則已言禁則
不宜更計及征但當另籌他款以抵之查洋藥稅釐歲入之數有
海關貿易册可稽土藥自改統稅以後聞計數較前驟增今取上
年收入之數爲準但查某省本年短收洋土藥稅釐若干即由某
省咨商度支部准售公債票若干其如何定期還本付息均歸各
該省自認如此則帑入不至有虧而禁煙仁政毫無窒礙矣蓋辦
理此項公債由於煙土銷場減少即不啻藏富於民故截長補短
而公私可交受其益况考東西各國發行公債票無論中外之人
皆可購買如此則集款更易不必以稅釐驟減爲慮惟是各省情
形不一或難同時並舉查光緒三十年海關貿易册是年洋藥進

口五萬四千七百五十二擔內上海鎮江江甯三口共一萬九千
六百六十二擔是江蘇一省已逾通國三分之一今籌公債以抵
稅釐短絀如在通商最盛之上海等埠發端籌辦當非難事至蘇
省土藥僅有徐州一府現當災荒之後勒令減種尤易爲力所短
土藥統稅亦當一律籌公債相抵如果辦理實心事機應手各省
次第仿行或不待十年即可根株淨絕竊維鴉片之禍自道光年
間海上多事以致
廟堂拯民陷溺之意鬱而未伸者六十餘年今幸
國家鋭意圖强正宜萬衆一心廓清積弊似不必以操之過蹙爲
慮擬請
飭下各省將軍督撫懍遵
前旨實行禁煙毋再因循仍蹈玩時愒日之弊其籌公債以抵稅
釐一層即由兩江總督江蘇巡撫隨時酌度辦理是否可行伏候

聖裁再職自差旋復
命之後迄今未効涓埃乃蒙
皇太后
皇上天恩疊次
賞賜綢緞普洱茶等感
寵賚之頻頒每撫心而滋愧查禁煙章程第八條載有責成地方
官督率紳董以期實行之文職現擬請假一年回籍隨同地方官
專辦禁煙一事俟按照章程各條辦有頭緒再行來京敬候
聖恩驅策不敢久耽安逸自外
生成謹將下悃附陳伏乞代奏
皇太后
皇上聖鑒謹呈

蘇省膏捐有妨煙禁呈請代奏摺光緒三十三年十月二十二日

爲蘇省征收膏捐有妨禁煙仁政籲請代奏仰祈
聖鑒事竊維除毒務期速藎立法尤戒兩歧自上年八月欽奉
諭旨禁煙宣示海内本年三月復
飭各省將軍督撫一體實行宜乎人心激發咸知愧奮澆習可以
稍變而半年以來第聞直隸境内辦理尚爲認眞南方如江浙等
省煙館現亦一律閉歇似小民尚知畏法惟蘇省現行章程煙館
停止開燈卽准作爲膏店且每縣發與膏店執照三百張現在蘇
州省城三縣境内已有膏店九百數十戶其中開燈私售者仍所
不免大率與舊時煙館名異而實同職自念請假回籍專爲助地
方官辦理實行禁煙是以力主膏店不宜多開現本籍無錫金匱
兩縣境内通計城鄉膏店尚不及二百戶開燈私吸之風亦稍歛
戢計開辦甫及三月而每月銷膏之數頓減十成之三熟察情形
在今日剷除鴉片流毒並非甚難之事而地方官因疊奉省中大

吏札飭諄諄以膏捐關係賠款爲言務令銷膏之數不減於前如
有虧短須責令賠繳因之辦理禁煙不免陰存顧忌竊維銷膏之
數必視吸煙人數爲進退苟吸煙之人日減則煙膏安得多銷若
膏捐長此無虧即禁煙何從觀效是則爲禁煙計必求銷膏之少
爲收捐計則欲銷膏之多二者勢不相合查蘇省膏捐一項每年
所入計銀十二三萬兩爲數尚非甚鉅以膏捐與禁煙比較兩事
輕重不容並論可否仰懇
天恩飭下兩江總督江蘇巡撫所有現征膏捐一項不必拘定舊
額但飭各州縣儘征儘解如不足數由藩司關道另行設法彌補
果能吸食之人日減膏店日少則捐款雖絀而元氣漸蘇民間得
以迅除痼疾即
朝廷施行仁政亦得早觀厥成實於禁煙大局有裨伏乞代奏
皇太后
皇上聖鑒再職本以禁煙請假回籍現因呈請代奏親自來京合
幷聲明謹呈

條陳試辦公債辦法呈請代奏摺光緒三十三年十一月二十三日

爲煙害必宜速除籌抵當集鉅款謹陳試辦公債大略以補洋土
藥稅釐短絀籲懇代奏仰祈
聖鑒事竊自上年八月欽奉
諭旨限年禁煙海内歡忭而憂時之士卽慮及近年歲入洋土藥
稅釐爲數頗鉅必先籌有的款抵補方能澹此沈災頃見度支部
以實行禁煙奏請仿行印花稅以資彌補仍聲明不能驟冀收入
大宗款項於整頓財政之中仍寓體恤民艱之意業蒙
諭旨允行竊思上年
明詔諄諄宣示天下以數十年來日形貧弱由於鴉片弛禁然則
今日欲免貧弱謂宜如救焚拯溺刻不容緩而印花稅所得至微

以此籌抵稅釐似無把握且十年之期轉瞬即屆若不速除痼疾
安能易貧爲富轉弱爲强本年三月職呈請實行禁煙曾以各省
稅釐如有短絀擬籌辦公債相抵並請先從江蘇辦起曾蒙代奏
在案職同籍後於報紙中見江督札飭滬道之文大致擬仿前年
北洋開募債票之例飭司道會同核議及職函詢升任滬道旋得
復稱公債票應向民間勸募目下商貨銷滯勸募爲難等語職尋
繹江督滬道所稱似於東西洋各國辦理公債通例未甚符合職
前在義大利使任時曾譯該國國債章程咨呈外務部見其條理
完密頗有可采竊思抵款如可速籌則煙害自能早絕謹擬辦法
四條伏祈
聖明采擇

一付息宜籌的款也查西洋國債辦法每年核算度支出款中以
給付國債利息爲第一項故必指定某款若干可備付息而後發

售債票若干則臨時不至失信於民查海關每年洋藥稅釐在六
百萬兩左右土藥自辦統稅以後收數驟增聞亦不下千萬今姑
以一千六百萬核算分十年遞減則第一年應籌公債一百六十
萬逐年遞加至第十年以後每年應籌一千六百萬此項息款如
照北洋債票每年七釐行息之例則第一年應付息十一萬二千
兩遞加至十年以後每年應付一百十二萬息款既鉅必有常年
指定之項方可放手辦理查本年五月美國讓還辛丑賠款比照
原數減收華銀三十三兆五十餘萬計每年可省一百餘萬兩此
項減收之款本應攤還各省以紓民力今因革除煙害移此以付
國債票息款通計十年之內已屬有盈無絀又西例凡辦國債必
先定名此項公債本爲禁煙而起擬即稱爲禁煙公債庶薄海臣
民曉然於
朝廷蕩穢滌瑕之意論者謂十年以後本息並還恐各省無此鉅

款不知鴉片之害既已掃蕩廓清則民間之生計漸充籌款之徑
途自易隨時規畫爲法正多固無庸鰓鰓過慮也
一還本不宜太速也西洋國債通例還本有在十年後者有在二
十年後者蓋民情以國家爲可恃則同一放債較之商家究無虧
折倒盤之慮故往往但願取息不急還本有至三四十年之久者
誠信既孚上下交便至限年還本之法各國亦不必盡同查義大
利國債章程如國庫有餘則先期在官報上登載某日備還本若
干屆時先將債票號數分寫紙片裝入搖動之球內如彩票法凡
掣得之號數即行停利國家即將此票贖回其未掣得者給息如
故俟下屆時再行抽掣其法至爲簡易今中國革除煙害既限以
十年則還本應俟十年之後屆時或即用義大利搖球抽掣之法
或另採他國之法當從長酌議
一試辦之初必在通商口岸也公債售票東西洋各國習見爲常

中國風氣未開從前所辦如息借商款昭信股票按之外洋募債
之法皆似是而非又屢失信於民故至今談及此事莫不動色相
戒慮其病民然職以爲中國而不欲自强則已若欲齊民志壹觀
聽則昭示大信正當自今日始通商口岸各國之人萃集於此見
聞較廣債票七釐行息在中國人習見一二分之重利者或猶以
爲尋常未足生其歆羨西商則以過年五釐行息爲適中如聞七
釐之息計購此債票者必爭先恐後又華人或慮官府失信外人
則不畏官府失信竊揣試辦之初外人之購票者必多於華人一
二年後則華人風氣日開即內地亦可逐漸推廣矣
一經理之責宜歸度支部銀行也查公債辦法外洋各國均由財
政衙門主持責成公家銀行經理無公家銀行之處即商家銀行
亦准代爲經理近年度支部已設有銀行其中自必有通曉辦理
此項國債之員似應悉心研究調查東西洋各國辦法斟酌盡善

訂定章程奏請施行上海爲商埠最繁盛之區度支部已設分銀
行於此應即以爲起手試辦之地俟有成效然後推及各埠又推
及內地竊計每年售票所收之數必溢於洋土藥稅釐短絀之數
無勸募之名有輸將之實行之既久不獨可釋從前息借商款昭
信股票之疑即一切苛細雜捐亦可概行禁絶矣
以上四條尤以第一條按期付息固結民信爲關鍵近來財政支
絀已極幸美國顧全邦交減收鉅款於財政不無小補頗聞道路
傳言謂計臣將提撥支用又謂各省將挪抵別項出款若果有此
議職竊以爲不可何則辛丑賠款本屬創鉅痛深在
朝廷不得已而取於民豈內外可僥倖以爲己利惟禁煙與民除
害斯抵補猶屬至公即美國聞此款之轉移亦必欽
聖明之舉措至此外各條就職管窺所及似尚簡便易行擬請
旨敕下度支部詳悉核議早日試辦俾抵款有著則積毒自消不

至玩時愒日負海內喁喁之望抑職更有請者上年政務處奏定
章程第九條嚴禁官員吸食以端表率今江蘇一省司道大員中
有嗜好甚深逾限不戒者在督撫未必有心徇隱而府州縣以下
視爲嚮背相習成風小民目見官員欺飾若此又孰肯刮除奮習
上副
明詔以袪沈痼而蹈康和此中樞紐關係甚大合無再懇
嚴諭申誡著各督撫按照政務處奏定章程核實辦理以儆官邪
庶幾法行自上小民可收草偃風從之效矣愚昧之見謹以附陳
伏祈代奏
皇太后
皇上聖鑒謹呈
蘇省禁煙未能實行據實呈請代奏摺光緒三十四年五月初四日
爲瀝陳蘇省禁煙未能實行並膏捐貽誤地方情形籲懇代奏仰
祈
聖鑒事竊職於光緒三十三年十月間因蘇省徵收膏捐有妨禁
煙由籍來京呈請代奏在案隨於十一月出京方擬遵照政務處
奏定章程將分給牌照勒限減癮等事次第舉辦詎意到籍後察
看情形數月之間人心大爲鬆懈不獨分給牌照等事省會未定
章程外縣無從辦起即如已經禁止之煙館重復開燈私賣但不
以晝而以夜不在鋪面而在內室依然三五成羣呼朋聚吸詢其
由來因江陰一縣報解膏捐不足原額爲牙釐局申飭並記大過
該縣令遂召各鄉董商量聽民間私開私賣但令認捐足數以免
賠累一縣如此他縣遂輾轉效尤此因膏捐而煙館不能禁止之
實在情形也省城自上年七月煙館停燈即准改爲膏店初時長
元吳三縣有膏店九百餘戶近來陸續閉歇尚有八百餘戶禁煙
局因見捐款日絀該局提調候補知府鄧文堉建議將膏捐另設

公所令商人郭廷楨包辦每月認繳錢五千串自包辦之後准各
膏店設一榻一燈以備店主自吸究竟吸者是否眞正店主亦無
從究詰旋經省城拒煙會紳董謂其取巧舞弊具稟蘇撫飭將燈
榻撤去而膏店私賣私吸之弊仍不能絶此又因膏捐而煙店不
能清查之實在情形也此外棘手之處窒礙之端尚難縷述然地
方紳士猶思盡力整頓是以省城拒煙會有遵照奏定章程速辦
吸煙人牌照之議錫金禁煙公所有恪守奏定章程膏店只許收
歇不准增開並代地方官籌墊膏捐短絀之事不意二月杪上海
報紙登載江督蘇撫覆奏膏捐無礙禁煙一摺請仍照現章辦理
且謂開燈私售目下詳加訪查尚無此等情弊衆意以官場粉飾
若此殊乖紳士相助爲理之心不免各萌退志省城拒煙會紳董
亦貽書與職謂禁煙局惟知以旺收膏捐爲事視同正供以致膏
店百弊叢生職詳繹督撫覆奏之疏係憑道員朱恩紱王仁東署

布政使朱之榛會同稟覆實則僅據牙釐局一面之詞大抵空言
而非實事且於所收捐數尚多隱匿未報所稱從光緒三十四年
正月起飭各屬開膏店者所熬之膏減去一成出售所繳之捐每
兩加錢十文宗旨實欲遞減售數遞增捐數以符十年禁絶之議
等語然自此摺傳布以後錫金禁煙紳董即具呈地方官請按照
減售加捐之說比較上年核實減膏一成旋接地方官覆函謂通
省未奉飭辦明文錫金兩縣勢難先行減售此牙釐局稟覆不實
之一端也又覆奏摺中稱江蘇膏捐所收款項近年作爲抵充賠
款及辦理巡警法政學堂等項要需統計每年約收錢二十萬一
千餘串尚不敷各項支銷並聲明此係從前徵收膏捐之數查此
項膏捐錫金兩縣舊額每月解二千餘串省城長元吳三縣每月
解七千餘串僅此五縣地方每年已繳膏捐十萬八千餘串此外
蘇藩司所屬尚有廳州縣三十餘處斷無僅收九萬三千餘串之

理其中情弊不問可知此又牙釐局稟覆不實之一端也又覆奏
摺中云長元吳三縣昔有煙館每月收捐錢七千餘串現改膏店
月收捐錢三千六百餘串捐數較前銳減是牙釐局於各州縣捐
數短絀之故亦既明知乃摺中又云未便任聽各屬藉口短解致
誤要需前後措詞自相歧異竊謂就寓禁於徵而論抽捐與禁吸
原不相妨惟既改爲膏店而仍不准減少煙館舊日之捐此則無
怪各州縣任聽私售燈吸以冀捐數之足額矣伏念職上年請假
回籍隨同地方官辦理禁煙原因政務處奏定章程第八條有責
成地方官督率紳董以期實行之文慮本地紳董因循畏難或不
能仰副
國家袪除痼毒之意不意今日紳董幷心壹志力求振作而地方
官祗知順上司之意旨罔知念民生之疾痌牙釐局但求膏捐之
必當取盈不恩

明詔之亟於除患上下相蒙已將一載至分給牌照勒限減癮兩
條係禁煙章程中最要關鍵迄未開辦是蘇省於禁煙一事不得
謂之實行職既確有所見義難緘默可否請
旨飭下江督蘇撫將蘇省膏捐貽誤地方及牙釐局稟覆不實之
處再行飭查至此項膏捐除抵充賠款確係要需應准各州縣儘
收儘解外其他辦理巡警法政學堂等費似應飭司局另籌地方
官既不憂賠繳自能壹意禁煙可與紳士和衷共濟其分給牌照
勒限減癮等事現距政務處奏定章程時已一年六箇月之久亦
應從速舉辦以副
朝廷拯民陷溺之意再職上年請假時呈明一年爲期現已屆滿
自應來京銷假所有蘇省現辦膏捐貽誤地方之處謹據實瀝陳
伏乞代奏
皇太后

皇上聖鑒謹呈
請變通禁煙期限因地制宜呈請代奏摺光緒三十四年七月十八日
爲實行禁煙請變通期限因地制宜以蘇民困而堅鄰信籲請代
奏仰祈
聖鑒事竊職閲邸抄恭讀本年二月二十日
上諭鴉片盛行以來流毒異常慘烈前經降旨頒布禁煙章程使
洋藥與土藥同時禁絶英國現已實行遞減相約試行三年視中
國栽種吸食實行減少限滿再爲推減等因欽此仰見
聖人志澹沉災誠孚異域薄海臣民同深欽感竊查自前年政務
處奏定禁煙章程十條近日民政部度支部又會訂禁煙稽核章
程二十三條禁煙大臣復奏定查驗章程十條
朝廷申誡既切臣工籌議益詳顧職竊念章程者辦事之範圍非
立政之根本自來得人而後行法亦因地乃可制宜中國幅員至

廣各省情形不同就職見聞最切近者以本籍江蘇一省言之竊謂栽種販賣吸食均宜速爲限制而辦法隨處各殊長淮以北以限制栽種爲先大江以南以限制販賣爲急但能於禁止栽種販賣不過寬其期則於禁止吸食自立收其效茲謹爲

皇太后

皇上詳晰陳之

一禁止栽種擬以兩年爲限也查政務處奏定禁煙章程凡栽種罌粟之地令業戶遞年減種九成之一民政部度支部會訂禁煙稽核章程向種罌粟地畝按照三十四年册報數目每年減少八分之一竊思九成與八分州縣官地方事繁安能一一履畝清查不過聽憑書吏臆造仍是紙上空談惟禁煙大臣奏定查驗章程內第六條體察所屬種煙之多寡或分年減種或全行禁種二語至爲簡括現擬遵照此語辦理假如境內向種罌粟之地一千畝

擬自光緒三十五年正月起此千畝之內令七百畝迅速改種五穀凡自願改種者報明造册全免本年地丁漕糧以示鼓勵其三百畝許暫種罌粟一年却須按照上年所納租課加倍完納至三十六年此三百畝內以二百畝改種五穀仍免本年丁糧之半其一百畝許再種罌粟一年按照上年所納之租再加一倍完納至三十七年則此一百畝亦改種五穀惟本年丁漕須一律完納不能再邀優免如此辦理不過三年通縣境內罌粟根株盡絕矣儻三年之後查出尚有私種者田畝入官人則按律治罪

一禁止販賣宜與栽種同時也栽種既限以兩年爲止則販賣之期亦不得過於延長致除惡不能速盡查販賣之屬有二一煙館一膏店一土店現煙館既經勒閉縱有開燈私賣地方官可以按律嚴懲目前蘇省弊竇在於上年新設之膏店此種膏店貲本無多而吸食之人樂於挑膏之便遂因循沉溺不思振作其害與煙館同今宜嚴加限制將挑膏之店逐漸裁併擬自本年八月起按月裁併若干戶限至年底所有膏店一律裁盡自光緒三十五年正月起不准再有挑膏之店其土店亦應恪守政務處奏定章程此後祇准閉歇不准添開擬六箇月清查一次幷勸令及早改業限兩年之內所有販賣煙土之戶一律停止至三十七年正月以後如有販賣煙土者以違禁論

一禁止吸食應逐年稽查人數分別辦理也栽種販賣既有限制則來源漸少在吸食之人不能不思減戒斷癮查政務處奏定章程年逾六十精力漸衰其戒食與否可從寬免議凡年在六十以內俱在勒限減癮之列惟所稱吸煙數目限令每年遞減二三成則立法太寬萬難收效嘗詢之吸煙而已經戒絕者據稱戒煙不論癮之大小深淺需時不過三月惟體弱多病者不在此數現擬飭各州縣先將境內實有若干吸煙人數查明造册內除年逾六

十者無庸勒戒外凡吸煙而體壯無病者令服戒煙丸藥體弱多病者報明給照購土自煎仍逐漸限減吸食成數至三箇月後清查一次其業經斷癮者即將册內之名銷去過三月後再查一次將續報斷癮者銷去連查四次已屆一年共開除斷癮之人若干現尚吸食者若干各造清册互相比較如斷癮之人多於現吸之人則爲辦理有效官紳俱給優獎斷癮與現吸者相等亦准給獎現吸之人多於斷癮之人則辦理不善無庸給獎如斷癮之人不及二三成官則記過紳則撤換此第一年辦法也第二年亦如前辦理每隔三月清查一次年終仍造册比較如屆時尚不能斷癮之人計已閱兩年諒無自新之望應即編入煙籍照年逾六十之例一律給與牌照聽其吸食終身惟栽種販賣既限兩年後禁止此時當由地方設立公司預算每年吸食之數積儲以給其求俾終其天年則法外之仁也

以上三項辦法雖與政務處定章稍有不符然查章程第一條及
第八條所載如果禁絕在十年以內准將地方官奏奬是政務處
未嘗無從速禁絕之意又民政部度支部會奏摺內有云能否縮
短期限力圖進步或酌量變通之處應由各省督撫查看情形辦
理則部臣於禁煙期限亦非拘定十年果能如以上所陳各省次
第認眞辦理三年之後計栽種吸食減少之數必已過半則英人
亦輸心折服於洋藥進口自必再爲推減禁煙之令不難依限實
行矣或謂限制栽種初年改種五穀准免丁糧似非政體所宜不
知從前種植罌粟本干禁令自開禁以後小民貪利忘害久已習
爲固然一旦限禁彼驟失此利源不無觖望暫免丁糧所以奬其
嚮善之誠亦以隱戢無形之患雖履畝清查數難核實而兩年之
後即已訖事較諸十年遞減省事已多職反復籌思照此辦法似
尚簡便易行禁減之效亦確有把握爲此不憚煩瀆謹再詳晰縷

陳抑職管蠡之見尚有鰓鰓過慮者英人自光緒初年設有禁煙
公會廣勸禁止栽種販賣迄今三十餘年屢告我國駐英使臣願
贊助中國熄滅此害茲幸
明詔迭頒竟符所望英政府亦顧念邦交允許分年減運各友國
亦多樂爲協助觀人情效順之應足徵天心悔禍之機惟是兩年
以來各省將軍督撫實心整頓者固不乏人而藉口十年之期苟
安姑待者頗居多數轉瞬三年之後儻土藥減種無多吸食之人
亦未減少深慮外人責言謂我冀土藥暢銷之利且恐屆時要挾
向我索洋藥損失之貲既礙邦交彌增國恥故職夙夜焦思必須
在此兩年之內將栽種販賣兩項及早禁止則吸食之人自可日
減日少蘇民困而堅鄰信莫要於此如蒙
聖明采納飭下各省將軍督撫一體酌量辦理將見不待十年痼
疾全除

湛恩廣被即海外各國亦羣頌
聖世時雍之化矣職愚昧之見是否有當伏祈代奏
皇太后
皇上聖鑒謹呈

洋土藥停運有期請　飭各省勘查幷派專員監理呈請代奏摺

宣統三年五月十四日

爲禁煙條件既訂洋土藥停運有期擬請
飭各省次第勘查並派專員監理以祛積弊責成議紳勸導以收
速效籲懇代奏仰祈
聖鑒事竊職閱邸抄恭讀四月十一日
上諭禁煙前定十年遞減本日據外務部奏稱與駐京英國使臣
續訂條件於未滿之七年期內如土藥禁絕則洋藥亦概禁進口
無論何省隨時可提前辦理等語著民政部度支部暨各省督撫

迅將禁種禁吸禁運各事益加認眞整頓督飭尅期斷絕欽此仰
見
皇上拯民水火速除痼疾之至意欽感莫名查本年二月度支部
奏裁撤土藥統稅各局陳明各省土藥本年禁種即能一律淨盡
今續訂條件第三條無論何省土藥已經絕種他省土藥亦禁運
入顯有確據則印藥亦即不准運入該省此於禁運一節所訂辦
法已極周密查上年十二月資政院奏請本年六月以後各省一
律禁運未奉
明諭竊度
朝廷之意殆慮土藥縱能限制不能兼包洋藥在內是以審愼未
發今續訂條件既極分明似可仍采資政院前奏
飭下各省督撫自本年七月以後各省土藥祇准本產本銷不許
販運出境其舊存囤積之土由該省督撫籌集款項暫行收買酌

量上海廣州二處情形分期運往蓋以此二口既訂明爲洋藥最
後之結束則亦不妨爲土藥暫時之尾閭也又續訂條件第四條
在此年限内英國政府會同中國政府派員隨時就地考查減種
情形一節蓋英使之意惟慮我禁種之或有虛報必俟實驗既確
始肯將洋藥停運竊意此正可爲速禁之機關查洋藥運銷口岸
沿海則奉天直隸山東江蘇浙江福建廣東七省沿江則安徽江
西湖北湖南四省現查奉天直隸二省禁種確已淨盡如外來土
藥尅日禁止入境至秋間即可會同英員查驗明確照約停止洋
藥入口此外沿海如山東一省沿江如湖北湖南等省洋藥進口
本屬無多年内尚可次第辦理明春以後察看情形將安徽江西
福建浙江等省在六箇月内一律查明停運則洋藥進口已減十
分之三其上海廣州二口准照條件留爲最後之結束然至各省
禁運之後禁吸自必加嚴揆度事勢即此二省一年以後亦不難

悉數停運矣又續訂條件第六條英國政府允將現在稅釐併徵
之額數每箱加至三百五十兩第七條起徵新定稅釐併徵時中
國應將廣東等省行於印藥大宗貿易之各項限制及徵收各項
稅捐立即銷除蓋英國此次之允加稅原因上年廣東籌辦土膏
牌照捐而起查此項牌照捐係職在廣東一手經理其章程曾於
上年八月由兩廣總督咨呈禁煙大臣外務部民政部度支部各
在案内第十五條自宣統二年七月起以三箇月爲一期將現在
銷膏之數分作十成按期遞減一成抽捐之數隨時體察情形按
期遞加限至三十箇月後所有通省土膏一律減盡今續訂條件
既允英國將此項限制稅捐立即銷除惟原定章程三十箇月通
省土膏一律減盡之處業經咨部有案應請
飭下兩廣總督但予停捐其遞減章程仍令照舊實行則廣州一
口雖不能提前停運仍可望尅期斷絕不致久延上海與廣州情

形相同自可一律辦理伏讀
諭旨著民政部度支部暨各省督撫認眞整頓竊意整頓之道部
臣疆吏祇能主持大綱督撫政事殷繁精神不能貫注欲其實惠
及民全在州縣能盡心力溯自光緒三十二年八月奉
詔禁煙以來瞬經五載各省大吏實心去毒者尚不乏人而因循
弛縱者亦正不少州縣惟視上司意旨爲敷衍粉飾之計竊謂今
日扼要辦法宜仿度支部派監理財政官之例奏派專員俾各省
禁煙情形得以隨時上達庶禁煙不力之州縣亦中有所憚不敢
如前之泄沓又各省諮議局及城鎮鄉自治會紳於禁煙一事頗
多熱心能持正論上年十二月已奉
明詔宣統五年准開國會竊謂屆時如某省尚未禁絕即將此一
省議員黜退屏不與會如某州縣尚未禁絕即一屬停選議員務
令於宣統五年以前尅期禁淨以上副

諭旨嚴申禁令早絕根株之意惟老病之人勢難戒吸者寬其一
綫俾延殘喘另編煙籍以示
皇仁庶幾力祛沉痼共蹈康和愚昧之見是否有當伏乞代奏
皇上聖鑒再此次外務部與英使續訂條件由廣東籌捐而起故
職親自來京陳述一切合併聲明謹呈

復庵遺集卷三

復庵遺集卷四

出使公牘

無錫 許珏

咨呈外務部譯送義國財政彙攷 光緒二十九年四月二十九日

為咨呈事竊照本大臣奉　命出使義國瞬屆半年上年到任後因考察義國政治向義戶部取到關卡稅則財政彙攷各一册飭員繙譯業於本年三月初九日奏報察看義國政俗及近日外交情形摺內陳明鈔稿咨呈在案查義大利幅員廣袤不及中國十分之一而歲入之款較中國多至五倍歲出之款較中國亦多四倍有餘均於財政彙攷內條分縷析綜核精詳泰西列邦掌國計者大率同此而義國近年財政尤為歐洲各國推重則因其以貧弱之國驟致強盛較他國為難今察其命意所在仍不外損上益下誠信相孚非有異樣奇巧之法特其運思周密舉全國出入之款息耗盈虛時時籌算至纖至悉故能令出而民心胥悅收效如此中國近年出款日繁度支告匱如能借鏡於此務治民心則不必斤斤摹仿而理財之道可以隅反現此册業已譯繕完畢因即照鈔二册咨呈貴部察核並請轉咨戶部以符前奏除將關卡稅則飭員趕緊繕齊再行呈送外相應備文咨呈貴部謹請查照施行須至咨呈者

咨呈外務部譯送義國關卡稅則 光緒二十九年七月二十六日

為咨呈事竊照本大臣於本年三月初九日奏報察看義國政俗摺內陳明飭員繙譯義大利關卡稅則財政彙攷等册於四月二十九日呈送財政彙攷册文內聲明關卡稅則飭員趕緊繕齊再行呈送在案查義大利稅則刊印原册係用義文先由使署洋員畢梯蓬譯成法文再由繙譯翟主事青松口譯隨員陳直牧德壽筆之於書輾轉譯述考訂加煩閱時三月甫得譯竣繕寫校正又月餘始畢册中所載凡徵稅章程二十條應稅之物分十七類共三百六十八種又包皮稅及去包皮章程十六條註册費章程十一條其中綜核至悉分析至精較之中國通商稅則疏密殊矣册中義國權度錢法按之中國斤兩銀幣既難逐項加注又金價隨時漲落不能畫一因為中義權度錢法比較附於册末以備考核又念中國現與各國議定商約尚未竣事此册所載可采用者甚多第翻閱全册亦苦其繁因飭陳直牧擇其顯明簡易者分條摘形另為一册以便觀覽茲謹繕二分呈送貴部察核並請轉咨戶部以符原奏相應備文咨呈謹請察照施行須至咨呈者

咨呈商部派員考察商務 光緒二十九年十月二十日

為咨呈事竊照本年十月初八日承准大部來文內開光緒二十九年九月初一日本部具奏請　飭各出使大臣遴派商務隨員一片本日奉　旨依議欽此相應恭錄　諭旨并刷印原奏咨行貴大臣欽遵辦理希將派出員名官階履歷報部立案等因承准此查義國在華商務無多間有他國商人運華貨來義者除蠶繭茶葉二宗外他物絕尠至華商從未到過義國及其屬地貿易良由義國從前於東方商務不甚講求近見各國在華多得權利始思學步終以財力有限未能經營此其與英法等國情形所由異也惟詳繹大部原奏所稱商務隨員應將所駐各該國商務情形每屆年終彙報一次並應將商業利鈍盈虛之故詳著論說咨呈備核等語似不僅指已有華人之商埠而言凡各使臣駐紮之國皆應隨時考察體驗情形備異日推廣商業之舉現謹遵照來文遴派使館隨員候選直隸州州判許沐鑠為商務隨員以專責成並飭會同館中譯員遇事諮訪擇要彙呈以備采擇除札派外相應造具該員履歷清册備文咨呈即希貴部察照備案可也須至咨呈者

咨呈外務部譯送義國權煙志略 光緒三十年二月十七日

為咨呈事竊照本大臣於上年七月二十六日譯鈔義國稅則章程咨呈貴部察核又於八月十八日具摺陳奏請仿義國稅則加徵煙稅鈔稿咨呈在案查義國煙稅之重因煙與鹽二項由國家專利民間不得私造私賣欲本國土產暢銷不得不重稅外來之貨以沮遏之據洋員畢梯蓬鈔呈清單西歷一千九百零一年徵外國稅僅十五萬二千五百呂耳合中國庫平銀不及五萬兩是年本國煙利所入計二百七十七兆三十六萬五千呂耳合庫平銀八千九百八十萬兩有奇除去成本及販運各費約獲利五千萬兩又查上年四月本大臣咨送義國財政彙攷內載一千九百零二年煙鹽二項專利所入煙得二百零八兆二十萬呂耳鹽得七十六兆四十萬呂耳是榷煙所入較榷鹽多至兩倍又是年義國通計各項進款一千七百零五兆五十六萬呂耳而煙利所入居百分之十二本大臣查義國全境幅員不及中國十分之一所收煙利乃如是之鉅因致書義戶部顧得該部辦理煙鹽章程一觀上年十月間准送到各種官書二十餘册皆義國文字因飭洋員擇要譯成法文再由繙譯翟主事青松口譯隨員許直伜筆之於書輾轉譯述考訂加詳閱三月始竣事繕寫校正又月餘始畢凡國律四十六條章程一百四十條煙之為物無益民生此册綜核精詳鈐制周密洵為理財善政原書煙鹽二項辦法大畧相同中國鹽歸官辦久有成規無待參考今所考者榷煙之法故凡專論鹽者譯而不錄即名曰榷煙志略分編二卷茲特備文咨呈貴部謹請察核須至咨呈者

咨呈財政處譯送義國銀行章程 光緒三十年四月二十四日

為咨呈事光緒三十年四月初三日奉鈞處江電開現奏設國家銀行待查取英法德美俄奧義比等國銀行詳細章程迅速譯送以備參攷等因承准此查義國銀行共有三家一名義大利一名拏波利一名昔昔利均係商人集貲開設代國家承行鈔票據西歷一千九百零二年義國財政彙攷內載國家所發之票實計有四百十一兆二十五萬呂耳內一百四十三兆為實存之金銀約算每百票內有三十五實存數查義國十年前國內甚貧市面無現銀流行卽一二呂耳亦必用鈔票國家發與銀行之票皆空幣近日財政漸裕收去小票不用最少者為五呂耳票足見理財之道確有進步而銀行獲利亦愈有把握三銀行中貲本最大者為義大利銀行在羅馬都城開設由商人集股開辦不動官款計貲本二百四十兆呂耳照近日鎊價申算約合中國庫平銀七千三百萬兩之譜與政府訂立合同由國主批准名曰公會以示與公司有別本大臣於上年春間因聞中國將設銀行曾向該銀行取到章程一册飭洋員畢梯蓬先就義文譯成法文再由法文繙譯翟青松口譯隨員陳德雩筆之於書詳加覆閱見其中所載董事股東互相維繫議事辦事各有責成頗能縷晰條分劃然不紊今奉鈞處飭查謹將前譯成義大利銀行章程詳細覆勘鈔錄一册恭呈察覽以備采擇相應摘敘緣由咨呈鈞處謹請查照須至咨呈者

咨呈外務部譯送義國國債册律章程彙編 光緒三十一年正月十七日

為咨呈事竊照光緒三十年十二月初九日承准大部咨開本部具奏各國賠款不允還銀瀝陳先後磋議情形一摺恭錄 硃批并刷印原奏咨行查照等因到洋查此項賠款以銀易金甫及三年積計鎊虧已逾千萬此後為日方長若非另籌補濟之策恐財政日絀益難措手查泰西各國因戰事而議償款大率取給於國債為多 國家深仁厚澤不欲紛擾病民歷年戶部籌款不外移緩就急化私為公之法而經常之用歲有定額出款驟增則入款自形不足各省官吏每以苛細雜捐激成民衅殊可憂慮竊謂窮

則變變則通此項賠款鎊虧應否採用泰西國債之法仿照試辦查承辦國債票全以銀行爲樞紐現聞戶部開設銀行已有成議茲特飭員詳考義大利國債辦法譯編成册名曰義大利國債册律章程彙編謹繕寫二分備文咨呈察核並請轉咨戶部以備採擇須至咨呈者

咨呈外務部譯送義國官售煙價表光緒三十年七月二十五日

爲咨呈事竊照本大臣於本年二月譯鈔義國榷煙志略咨呈貴部察核並請轉咨戶部在案查義國每年公家售煙所入除去成本及販運各費約獲利五千萬兩其握要在統歸官辦故所入煙利如是之鉅查閱前呈榷煙志略辦法雖詳獨其每歲能贏利至五千萬之故册中不載無從得其底蘊因再函致義戶部詳詢煙品製造發賣情形旋准復函送到清單一紙所有各項煙品成本賣價細數詳晰開載爰即逐項譯成華文另編清册仍將洋文來

單照寫置之册首以便查核即名曰義大利官售煙價册與前榷煙志略藉可互相印證茲謹繕寫二分咨呈貴部察核仍希轉咨戶部以備采擇須至咨呈者

致外務部丞參函二十一件

本月初二日會晤義外部因義主宮中有事不能延見十七日始准宮尹來文訂期十九日午刻呈遞　國書屆期帶同繙譯翟青松隨員趙詒璹入宮謁見義主敬謹呈遞義主躬親接授禮意甚恭當日即電達鈞署一切詳細情形本日已具摺奏陳鈔稿咨呈氷案檢查劉許薛龔四任舊卷當日均未坐談惟曾惠敏日記初年至法有坐談之事此次義主極意殷勤坐談有二十分鐘之久想亦緣初設駐使之故弟與義主問答中已微露將來於教案一事須妥籌補救之旨此後惟當刻刻留心因勢利導以冀無負
朝廷遣使之意舊館隘陋勢難久住弟覓屋之初原擬視西洋各國使署不相上下繼念此時中國財力萬不能及惟日本與我同係東方之國而中國地位究居日本之上租賃使署不當相形見絀致貽訕笑刻已在塏達街租定新屋一所頗爲華煥惟住房不多弟意重在觀瞻不復求私計便適每年租價計義銀一萬九千呂耳合英金七百六十鎊合庫平銀六千零八十兩訂立合同租以四年爲期憶丙戌年隨使至美庚寅至英兩館歲租均皆一千二百鎊以此相衡尚不及三分之二室中鋪陳凡款客之處不能不稍講求而燕閒之室概從樸陋以期撙節業於本月十六日移居新館義國外交函牘概用法文而在本國則概用義文至於本國日報及往來書信大抵義文居十之七八法文僅十之二三弟既駐義不容不知義事現使館延一洋員名畢梯蓬能通英法德義四國文字凡遇義文函牘日報先令其將義文譯爲法文然後再令使館人員將法文譯作華文雖事經重譯多費曲折而本國

人情議論藉可周知又向來駐洋各使署咨呈鈞署鈔件大抵有華文而無洋文實則外交公牘均以洋文爲憑弟深慮譯員或有錯誤致失華文本旨現令凡有咨件均須華洋文字配合並送庶幾隨時考核責有專歸亦因外交之事近來日益棘手不能不較前詳細周密以防華洋文字語氣輕重不符之弊管見如此乞回明堂憲爲禱光緒二十八年十一月二十六日

二十日由倫敦使署轉到鈞署巧電關稅用金等因祗悉隨將電稿譯作洋文攜往外部値正外部裴納悌他出副外部巴采里閱畢電文即云茲事須與各國商量一時未易答復廿七日又奉到鈞署宥電時裴納悌已回羅馬即作函訂期晤商旋准裴復函云俟各國政府議有端倪本國方可定見再請會晤查此事羅馬新聞日報自本月初二日起屢載北京來電始言美允用銀各國不允繼又言各使除美使外聯銜照會鈞署若不照和約所載殊有

未便最後言華盛頓來電美使康格電告美政府中國關稅用金之議美外部不允又言各國公使現亦各存意見等語弟念賠款以俄爲獨多商務以英爲最巨英俄兩國向來各執一見不肯從同如能將諸國分開各辦從此下手未始非轉圜之法第恐日報所載傳聞未確正在躊躇適奉鈞署來電乃知日報所傳皆確又接俄館胡使來函賠款用銀俄固執不允稅則收金一節料來俄必允行因在華商務無多且可隱以抵制英國商務云云竊思稅則用金美尚不允諒英亦斷不肯從此事似非一時可定義外部所云俟各國政府議有端倪方能定見雖是延宕之詞然義在中華論商務則極少論賠款亦無多隨人作計亦固其宜惟第論賠款則我應付諸國或可分開各辦至涉及商稅則事須一律未便兩歧二者相衡難易懸殊且俟義外部復到之日再行續陳自上月呈遞國書後至本月十八日謁見義后二十三日謁見義太后

皆禮貌周至詞意殷勤義太后叩問　皇太后　皇上聖躬安好意尤肫摯二十七日義主設讌宮中請各國公使義主義后均入座陪客席散義后詳詢中華文字書籍意甚歆羡察度此邦人情尚無英法等國藐視中華習氣弟亦處處留心應付約束隨從人員飭躬自好免致爲人所輕以冀三年始終如一近閱義國度支册其每年入款較中國多至五倍餘其幅幀則僅中國十分之一而人民熙熙樂利絕無剖克之嗟頗不可解現擬將此書譯出惟須由洋員將義文譯作法文然後再由法文譯作華文此書幾及四五百頁而義文繙譯只有一洋員每日所譯不過二三頁現擬再訂一洋員通法文者專爲譯書之用此款即在使臣薪水內支給不另開銷正項俟書成之日咨送鈞署再義國既常設駐使以後繙譯似須兼習義文現京城大學堂應否添一義文教習總之外洋各國文字不過如吾國內地各省方言土語不必因其國之大小爲軒輊也光緒二十八年十二月二十八日

義國農學會自三月十六日開會之日起本署派隨員許沐鑅繙譯學生趙詒璹隨衆入會悉心考究先赴南境拏波利省又渡海至昔昔利島繼赴北境福魯郎史省米郎省浮尼士省至本月十八日回署據稟所歷見聞大約南境多山地宜果木北境則平田曠野間有水鄉民皆務農力穡藝麻種麥而尤以麥爲大宗該國蠶桑之利多在北境地氣稍寒較中國氣候晷遲刻下桑初舒葉蠶事方興距成繭之期尚早該會定於五月十八日考驗蠶學擬屆時仍派該員等隨同考察所有詳細情形及該員等日記譯件隨後續陳義國財政彙攷册頃已譯竣弟初譯此册時因該國幅幀甚狹而每年入款較中國多至五倍思一探討其理財之方今觀册中最注意處在事事從民身上計算期上下之交益不裕國以病民迨民情既已感孚國用轉資挹注因思管子有言將欲取

之必固予之所謂取予者殆指民心而言非僅以財用言也中國近年度支日匱議者動云仿行西法而每舉一政適以擾民觀於此册可以反其本矣茲謹備牘咨呈台覽另册請轉咨戶部因前月奏陳考察義國政俗摺中已陳明此册譯竣之日兼送戶部也本月朔日英王來義游歷初四日返初六日德王來義游歷初十日返旬日之間兩大國之君親臨羅馬義人甚以爲榮接待供張極爲熱鬧又上年義王出游至德而未至英此次英王之來誼屬先施故義人視之尤爲隆重弟於兩君到時亦隨衆謁見照例寒暄竊覩今日泰西諸邦聯合之密益覺中國孤立無助之危自上年以來聞法國於天主教士頗加裁抑因而與教王時有牴牾英德兩國乘此閒隙遂欲聯絡教王以圖利益英德本奉耶穌教與教王宗派不同此次兩君來羅馬均親謁教王備極恭謹此間日報載德王見教王時所談甚爲親密德王并擔承代爲保護在中

國之天主教士語極切實又德國首相培魯同來見教王左右之人亦主此說竊揣德國君臣之意非獨見好教王實冀在中國遇事生風藉端漁利而已此事於吾華交涉頗有關係謹以附陳 光緒二十九年四月二十日

鈞署勘電垂詢無綫電報一節上月杪弟偕館中洋員繙譯至無綫電報局試驗發電其機房甚小內設電機四副一聽傳來電音一去電一收電一鈔寫電文其去電機器可隨遠近加減電力房外設一高桿約十餘丈以通電氣此局係海軍部所設弟因試發一電與地中海薩台業島水師帶兵官此島離局約四百五十華里不及十分鐘回電已到傳電之音甚爲清楚據管理電機之武弁云遠處除英屬地坎拏大已通電外現南美洲之阿根廷國亦議訂立合同通電至義以此例推將來由歐洲至中國此電力亦可達弟思此電較有綫之電所費僅二十分之一異日如果暢行則有綫之電必大減價成本既重不免虧折現中國電局已歸官辦似須及早參用新法庶免異時又爲他人捷足先得奪我固有之利耳 光緒二十九年閏五月十六日

義國議院於前月停議後各部院大臣及各國公使咸出避暑羅馬去地中海不遠每屆盛暑非洲炎風吹至人易受病其俗相傳西歷七八月間有瘴氣者此也弟念中國新設使館於此經費雖極支絀不能不外示從容且使臣俸薪本優此項避暑之費由使臣酌量自備並不開銷公項因亦從西俗爲之本月初五日挈帶隨員繙譯三人爲瑞士之游瑞士與義國北境毗連山水之勝甲於歐洲其最著名之區爲廬撒挐由羅馬到彼火車歷十八點鐘其境內閭閻整飭工藝精良而民氣靜穆無列强囂張之習沿途所見除水陸馬頭外通國數百里不設一巡捕而街市無譁笑之聲尤爲歐洲各國所無眞有世外桃源景象小住旬日適接南洋大臣電因上海租界封閉蘇報館各領事措不交犯囑切商義外部遂於二十日遄返羅馬而外部穆林避暑在外未得晤商但作函告之現尚未接復書閱外洋日報載駐京各公使俄法德美皆謂不宜干預中國內政理應交還惟英義獨持異議不知確否教王雷容第十三於閏月二十六日殂謝現公舉必珂第十爲新教王係義大利浮尼士省主教本月十七日爲加冕之期一切禮節概從簡畧彼教在歐洲勢燄已微而各國在吾華轉借護教爲名肆其乘機攘利之心侵陵日甚良可太息前派隨員許沐鑅繙譯趙詒璹入會考察農學蠶學各節茲據繕呈農學會日記一册蠶學會日記一册又譯件一册敍述考證頗爲詳晰另備公文咨呈冰案乞回明堂憲爲禱 光緒二十九年六月二十四日

上海交犯事前月杪接義外部復函以該犯等干涉國政照西例不應允交月初外部回羅馬又與晤商告以上海租界係中國口

岸與逃至外國者不同不能執西律國犯不交之例且聞俄法駐京各使已允交還外部始云電詢嘎使再復後數日接來函仍執前說弟亦知義國在華一切交涉均以依傍英國爲宗旨此事在英租界英既梗阻他國從而和之僅與義外部駁辨徒費筆舌亦屬無益業將以上情形撮要電告南洋並請轉達鈞署敍處所譯義國稅則原册係義文先由洋員譯成法文再譯華文輾轉譯述近始完竣此册所載徵榷之法至纖至悉以中國通商稅則較之疏密迥殊因思現與各國議訂商約除英已訂定外各國均未議定此册中可仿照辦理處甚多惟全册百數十葉驟閱之亦苦頭緒紛繁因復飭該員等摘錄要義八條別爲一册茲謹繕成二分另具公牘咨呈冰案并請轉咨戶部以符原奏來此十月除譯書外未辦一事如論兩國邦交自以無事爲福但念及時事艱難遠來海外轉得暇逸寸心殊切不安至於交際禮文義國相待尚能

恭謹轉瞬暑假已畢各官紳及各國公使均回羅馬一交冬令北方寓公麕集避寒一切從俗酬應勢不能免中國設使館於此已及年餘似須請一茶會並筵讌各部院及各公使稔熟者於酬答之中寓聯絡之意但思讌於無事之日不如讌於　萬壽之辰藉示尊君親上中外一體之忱六月在暑假期內無從款客現擬十月內舉行奉撥經費至九月杪告罄屆時擬先期電請續撥茲特預爲陳明光緒二十九年七月二十六日

前寄義國稅則其中可採用者已詳摘要八條中弟意目前亟宜仿行者尤莫如重徵煙稅一事自辛丑歲各國縣增賠款之後各省從容籌畫者實不多見其百方羅掘仍慮不敷者則所在皆是刻下甫及兩年民間因加捐滋事已非一處若不及早改圖恐不待十九年後患已不堪設想必須妥籌大宗歲入之款方可裕國用而安民心日來取曾惠敏續訂洋藥稅釐幷徵專條反覆玩索察其用意處處預爲修約議加地步今日如據此與外人開議並非無因且查光緒十一年訂約之時洋藥每箱價銀僅三百餘兩即此一端而論亦不能不籌及加稅近奉鈞署大咨寄到中英續訂通商行船條約一本查第八款第四節所載是新約舉行之後既將藥釐作爲加稅則此專條不廢自廢屆時再欲議加必待十年以後實屬緩不濟急愚見似宜乘此新約未行之前按照專條從速聲明庶幾不負惠敏昔年定約時一番苦心本日謹專摺上陳鈔稿咨呈冰案事關萬姓生計非弟一人之私見也光緒二十九年八月十八日

重徵煙稅一節在中國今日爲救貧要著亦爲正俗本圖縱英國意在推延決不因此啟衅弟前駐英時知議紳中時有請禁種販之議特政府因印度鉅餉所出又見中國從未提及故樂得因循耳刻下吾華財政如此奇窘舍鴉片外別無大宗款項可籌及早按照專條聲明徐與磋磨即不能得三百之數如照現徵稅釐之數加增一倍所得亦不少矣務請鈞署斷以勿疑光緒二十九年九月二十九日

接奉台函垂詢義國挈波利應否設立領事一節查該埠係義國南境往來孔道爲商貨薈集之區間有商人到彼登岸却無華民僑寓論派員一層原可不必惟自上年到義之後時有該國官紳及各國公使函薦願充中國領事不支薪俸之人已非一次當經詢以現無僑民安用設官既不支俸薪何取虛名則云派充之後如華人到彼游歷及使署有商務等事調查彼可招呼効力凡逢節期可懸挂中國龍旗以爲光耀無服官之勞而有出仕之榮故願充此職者大率爲體面起見訪問波斯日本兩國皆無僑民在境而各設領事前月威達雷曾有函致敝處爲其友雅訥戚游揚昨雅訥戚來署謁見年纔二十五歲人頗恂謹據云在學堂肄習律例已得過兩次文憑本年威達雷請假回國伊曾從學習中國官話伊父係下議院紳現退老在家等語訪問旁人亦謂雅訥戚係該處大族衆望尙孚查此事既經威達雷在鈞署面遞節略且不領薪水無所糜費又係外洋各國現行通例似可俯從所請以聯睦誼擬俟鈞署允准照會義外部奏明義主由敝處札委伏候尊裁近年內地教案頻仍弟到義後時思相機補救而義政府與教王界限甚嚴各國駐義公使例不與教王往還即素奉天主教如法蘭西日斯巴尼亞等國必於駐義公使之外另派一使到教王處商辦教務入境問禁未便因此轉生枝節本年七月有在中國河南省傳教之主教安西滿者自中華回過訪敝館勸往見教王弟亦聞新教王必柯人頗慈祥因囑安西滿介紹業已訂期前往而教王又遣該主教來云教王因新即位未諳向章中國公使如往必謁登日報恐義政府見之不便遂作罷論至十月杪忽有

敎士來館傳敎王語欲請於西歷新年相見當詰以前所云恐登日報一節據云現已詢明無妨弟思有礙與否不如逕詢義外部前月下旬晤外部狄多尼談及此事外部亦謂往見無礙惟思既屬破格之事自以陳明鈞署為宜故於前月發電請示比奉到眞電當卽遵照遣譯員前往訂期相見乃旬日來杳無復信昨遣人往詢據答復云敎王願見中國公使原係創舉不意近日外間聞此消息卽有他國駐義公使援例請見如一見一不見既屬未便若從此來者卽見又與義政府界限不分與敎中規矩不合現擬祇可暫緩云云竊思此次請見本出敎王之意今彼既躊躇為難自應聽之無庸勉强且弟意所在原冀晤談以後可於內地辦理敎案有裨今但就以上情節而觀敎王權力之衰已可概見秋間據安西滿云彼敎規中約束敎士本不准干預地方公事凡衅端之起皆由莠民引誘或激迫而成及禍機既發公使領事借題攘

利卽主敎亦無權排解所言頗為眞切弟現亦不復催問俟後有機會另籌補救之策乞回明堂憲為禱光緒二十九年十二月二十日

俄日開衅後將及兩月此間洋報所傳僅聞海軍轟擊數次陸兵尚未交綏良由俄人徵兵運械現未齊集而日人亦在韓境經營布置不及分兵北上大約春杪夏初兩軍始能悉鋭相搏以分勝負未來之事不能逆料竊慮曠日持久東省既不免蹂躪之虞卽局外之地亦恐不無擾累近聞牛莊一埠俄亦設兵分防停止貿易請行封口之禁未知確否又聞英兵近在西藏挑釁傷害藏兵甚多英人窺藏蓄志已久特慮俄從旁阻撓分其權利故不敢輕發今俄有事東方不暇與爭英人蹈瑕而入自在意中特仝不為中國稍留餘地所謂講信修睦果安在耶自庚子以來外交之事日益棘手弟承乏此邦濫竽素食杞憂徒切無補時艱每深慚悚上年陳奏請加洋藥稅摺迄今未奉鈞署咨抄復奏摺稿到洋殊

切盼系查義國煙稅所以重徵之故由於煙歸官賣其獲利之厚不在徵外國之稅而在榷本國之煙上年向義戶部取到辦理煙鹽專利各册茲已擇要譯編二卷另牘咨呈冰案查義國每年榷煙所入之利約及中國庫平銀五千萬兩一切詳細已具公牘中茲不再及弟意現與外人議加洋藥稅本屬正辦特彼此磋商尚需時日若官辦土藥權由我操此册所載雖中外情形不同因地制宜尚當參酌然大致似無窒礙且我既注意暢銷土藥為抵制洋藥之計則外人於加稅一事較易就範又土藥由官定價既可隨時加增卽種煙之地亦可隨時限減尤為正本清源之上策目前中國財政窘乏已極零星雜捐易失民心惟就此籌款差為裕國而不病民故惓惓之愚不能自已義國交涉事簡祇有考求彼中政治猶可附於輶軒采訪之意稍盡微忱尚祈俯賜披覽並乞飭鈔一分轉咨戶部為禱光緒三十年二月十八日

閱滬上日報載有總稅務司赫德條陳籌餉節略此係萬不能行之事　朝廷曲示容納交各省督撫核復諒係為懷柔遠人全其體面起見然蚩蚩之氓易惑難曉謠言一播隱患方滋竊意此時籌款總宜遵守歷奉　諭旨勿擾小民弟前請加徵煙稅鈞署復奏土藥加稅一節應俟洋藥議成再行核辦自是堂憲審愼周詳之意第刻下洋藥甫及開議磋商需時而英外部之延宕洋商之阻撓均在意中弟之愚見目前祇能先就土藥整頓清理土藥試辦有效洋藥來源必減洋商志在求售自能就我範圍前送呈義國榷煙志略如能仿照試辦計歲入之利倍於加稅本日業將此意具摺上陳鈔稿咨呈冰案葵藿之誠遠隔窮海奏上之日欽奉

硃批可否懇求賜電示悉伏乞回明堂憲為禱光緒三十年四月十二日

敎王近與法國齟齬益甚本年三月間法總統來羅馬答候義王未謁敎王總統歸後敎王行文至法及向奉天主敎各國有誚讓

之言法政府益怒即將駐羅馬公使撤回然教王則未敢撤駐法之使遽示決絕前月教王聞吳煥使將回華令其駐奧公使白祿芒函請來此相見云有要言將託代奏煥使允歸途道出羅馬進謁乃尙未成行而駐奧法義兩使聞此消息遽生意見恐於兩國不利遣人到煥使處頗有譏諷煥使慮見後無益公事而別生枝節因權詞婉謝白使轉達教王作爲罷論此事始末想煥使必已函達鈞署弟揣目前教王之意頗思聯絡中國然於法國則未脫羈絆於義國則本屬深仇彼方受制於人焉能有裨於我我即與之周旋徒招各國疑忌而於內地約束教士禁戢莠民實事仍屬無裨以上情形乞回明堂憲是禱光緒三十年五月二十四日

前奉鈞署養電整頓土藥摺奉　旨該部奏原摺留中查土藥辦法如能仿義國權煙之例設立公司官收官賣計歲入之利倍於加稅前經函陳在案惟前譯呈之權煙志畧册內但有律例章程

其每年能贏利至五千萬之故册中並未載及續經函詢義戶部取到此項出入清單飭員譯編成册觀其辦法在綜計成本若干而倍取之於吸食之人煙之爲物本非日用所必需故雖重價出售而民不苦其虐今中國罌粟病民更非呂宋紙煙之比如採用此法另定妥章變通籌辦似尙不致騷擾茲將譯册繕成二分具牘咨呈冰案仍乞轉咨戶部以備採擇義國新派駐華公使排祿里將於中秋後起程據外部云其人性情和平公事明白歷練已深將來到華之後諒不多事茲鈔到該公使履歷另繕清摺附呈台覽光緒三十年七月二十九日

日俄戰事據外洋日報所傳自重陽後至今未有大仗想亦緣冬令嚴寒兵士銳氣漸不如前之故近日俄國波羅的海軍艦全隊已陸續過蘇彝士河計來春必有惡戰我東省境內塗炭殆無已時現聞美總統議開和蘭弭兵會意在勸兩國停戰惟俄師屢敗之後未得勝仗恐尙未肯戢兵弟所尤慮者各國排解之舉如能辦到兩國息兵已屬滿意其於我主權能否完全一層必不暇及縱或籌及亦未必悉如我意反復籌思目前必應預計歸宿以爭主權本日業將此意具摺上陳錄稿咨呈冰案摺中第三四條辦理看似不易然舍此無保全主權之策如代遞後奉　旨電詢再當將未盡事宜詳細復奏光緒三十年十月二十六日

還金還銀相持兩年而仍以還金定局蓋由條約以洋文爲準洋文本非銀數則各省督撫所爭皆空言也至於金鎊漲落雖由滬上銀行臨時高抬鎊價所致實則中國歷年黃金出口每歲輒數十萬兩蓋外人之意先將我內地之金逐漸搜括淨盡知我萬不能鑄金幣然後將鎊價高抬以困我其用心之狡已非一日近見粵報載自光緒十八年以後黃金漏出外洋之數已合英金一千六百十二萬鎊有零考證頗詳茲另鈔清摺附呈鈞覽弟意目前

辦法惟有奏請嚴禁黃金出洋以杜漏卮陽以儲鑄金幣爲名陰收抵制鎊價之實洋人見機最速金禁既嚴鎊價自落此事似由鈞署發端最爲得體管蠡之見謹陳以備採擇光緒三十年十一月二十二日

賠款還金應補鎊虧一節義外部兩次復文前已譯呈在案竊思此項賠款甫及三年積計鎊虧已逾千萬如不速籌補苴之法則來日方長亦殊可慮又各省財力雖豐嗇不同而羅掘之餘無一不困若再按照各省原派之數加派恐亦不支如另借洋款則息上加息受累亦深再四思維祇有仿照泰西國債辦法或可少紓目前之急緣揭借國債之票由民間自願購買並非官府勢力所迫且不獨本國之民可購但利息稍厚即異國之人亦皆踴躍輸貲如義大利國債票他國人購者轉多於本國其明證也弟自抵羅馬考求彼國財政即注意於此前年飭員譯出國債册律一種上年又譯出章程一種茲彙爲一編繕寫二分備牘咨呈察核並

請轉咨戶部以備採擇所有管蠡之見已詳具此册序中不贅及
光緒三十一年正月二十一日

自抵大秦三更歲琯本年九月即屆瓜期此邦商務無多交涉無
簡從前義使薩爾瓦葛在華每喜無端嘵瀆緣其時外部大臣裴
納悌傾以精明自詡志在步趨列强多得利益自薩使既回裴亦
因病退職現外部大臣狄多尼專以和平宗旨聯絡邦交近年
朝廷加意懷柔堂憲遇事推誠無論列邦大小一體以禮相接用
能中外輯和雖迂疏如弟幸免隕越惟每念時局多艱遠役無補
坐銷歲月心竊不安本日已具牘報滿敬懇鈞署奏請　簡派新
使前來接替以重職守無任企盼光緒三十一年四月十二日

義國擬設農業公院前奉鈞署來文飭就近派員當即派定本館
繙譯翟青松隨員許沭鏼兩員入會又以該員等於農學向未講
求添調法館隨員戶部郎中李煜瀛來義一同入會此會之起自

出使公牘　十七

義主發端意在聯絡地球諸國崇本勸農與尋常農業例舉之會
不同各國政府除派農學專門之員來義外凡駐羅馬頭二等公
使一律奉政府訓條入會竊思鈞署於派員一節本無成見弟既
常駐羅馬似未便與各使獨異因即補文照會義外部入會統計
此次入會者四十國會員共一百十人前後會議者十次分議者
五次弟不諳西語僅於開會及簽押日親到中間曾往觀兩次方
集議之時諸會員筆舌互用斷斷爭執於章程字句未妥洽處析
及毫芒其最注意者在籌款一節現義主首捐其私產腴田若干
頃作爲公院產業聞每歲所入可得三十萬佛郎此外用費由各
入會國攤認以國之大小分爲五等初年用費較少最大之國每
年派二萬四千佛郎逐年增加至四萬佛郎爲止小國遞減最小
視大國僅得十六分之一各國僉允無異詞初五日會員一律畫
押存底册於外部查此議雖由會員簽押而准行與否仍聽各國

政府酌奪答復爲定竊謂農院之設在歐美兩洲政教相同集會
攷索獲益自饒中國士人向不屑究心農圃之學且懸隔數萬里
外殊難獲益惟絲茶兩項實爲西來商貨大宗茶桑均隸農業若
常駐員研求亦不無千慮之一得此後如何隨機應付之處應由
鈞署主裁所有公會擬定章程現倘譯鈔未竣俟譯畢後並會議
大略情形開列清摺另文咨呈光緒三十一年五月十一日

前奉鈞署來文並鈔寄雲南鐵路公司義國工人傷斃華民各案
卷册當即逐件詳細閱過查中西刑律雖殊至於法司讞獄定罪
其矜愼之意則同况西官在華袒庇兇犯已成習慣此時各犯均
已在逃必應將各案卷册繙成洋文鈔送義外部使彼詳悉各犯
兇暴情形庶肯嚴飭緝拏按律定罪不致以空言照復了事因飭
館中繙譯官翟青松洋員畢梯蓬將咨文稟稿供詞電報各件逐
一繙作法文閱一月之久甫經繙竣繕寫完畢正擬照會義外部

出使公牘　十八

適奉三十日鈞署來電知咖鈕地一犯業經拏獲且係法人無庸
由敝處辦理當將此案撤去祇將張大興唐貴廷兩案照前繕稿
並節繙雲貴總督咨文於本月十三日照會義外部去訖茲將照
會華洋文稿各一件及照繙各案洋文稿三件另文咨呈察核惟
查雲南鐵路原係法國承辦以後如有義工犯事在逃應否一并
責成法國協同緝按拏律懲辦伏候卓裁光緒三十一年六月十七日

前奉鈞署大咨准駐京義巴使照稱明年義國在秘拉諾地方設
立賽會內有漁業分會等因知照前來查此事既經大部轉行商
部暨總稅務司諒必循照向來各國賽會章程辦理惟敝處六月
初間又接到該會總辦來函欲請中國派員入會並送到章程各
册及會場總圖當將總章全譯分章九門祇將子目譯出知該會
所包甚廣漁業特其一端查此會原起係爲慶賀義大利瑞士兩
國交界地方所鑿新潑龍山洞鐵道告成而設歐洲山洞鐵道向

以法義交界之蒙斯尼山洞工程爲最鉅計長一萬二千二百三十三邁當現開之新潑龍山洞計長一萬八千七百四十三邁當實爲歐洲山洞第一深長鐵道從前輪船商貨運往北歐者必由法國馬賽起岸陸運今此路告成以後可改由義境之折努阿起程陸運此爲義國新得商利之大端故會中章程以陸運海運河運三項居首中國各省現正議開鐵路如派員前來考察似於講求路政有裨至各項陳賽之件除漁業一項大部前已轉行飭知預備外應否勸諭各省商人查照歷屆各國賽會情形備物赴賽伏候卓裁茲將該會章程譯册並來函一件敝處復函一件另牘咨呈察核應如何辦理之處即請回明堂憲示遵爲禱光緒三十一年七月初二日

義王創立農會宗旨與和蘭弭兵會用意頗同各國競尚戰功和蘭兵力有限故倡弭兵之議各國競騖商利義大利商業未盛故創重農之議總此不甘落後爭力面子之見義國地居溫帶全境皆沃壤於樹藝最宜論其地力實較他國爲勝惟中國遠處東方派員來此考求殊屬不易攤分一節幾同擲金虛牝然既允入會原爲聯絡邦交起見日本同居東亞將來攤分多寡似可仿照日本辦理如日本已認頭等我自不便認二等如日本祇認二等我亦落得從同管見如此敬候卓裁再畫押一節擬俟探明英法德美各國簽字訖即當電請示遵光緒三十一年八月初五日

農會公院會約現聞續有數國畫押日前詢駐羅馬日本公使據云已奉政府派出給與全權畫押又詢知攤分一節畫押後須由議院酌定如爲聯絡邦交起見畫押似宜從早攤分儘可不拘查八月初二日鈞署八月冬電義使照請派員畫押現已隔三月之久應否即日請　旨派員給與全權畫押抑俟明年新使到後再請敬乞卓裁日俄和議定後日人勞師糜餉未饜所欲我東省交

涉想更多棘手昨聞小村有到京面議之說在堂憲智珠獨運必能剛柔互用折彼機牙惟慮購回鐵路一節需款不貲彼族必因此居奇多方要挾竊意目前祇能一面暫借美款以路抵押一面由銀行發售鐵路股票至於購票之人但能遵守我國章程無論中外一律認購似此辦法計三五年間即可將全路購回所有辦理國債事宜本年正月間譯送義大利國債册律章程曾函陳在案再目前諳悉東事不患乏人求其灼知利害持正不阿者頗不易覯前聞鄭京堂孝胥已交卸廣西龍州邊防自維疎賤輒援古人舉爾所知之義冒昧上陳無任惶恐光緒三十一年十月二十五日

義國密拉諾地方明年賽會前奉大咨奏准駐使屆時赴會查此會於西歷四月十八日即中歷三月二十五日開會現計新使正月可到所有華商赴賽應行保護事宜當俟新使到日詳析告知其目前應預備之事仍由弟隨時電達商部辦理亦經咨呈在案近日義國政府又有更動外部大臣狄多尼因與西班牙訂立商約減輕入境酒稅舉國大譁謂其見好外人致國內釀戶虧損堅不承認議院迭致詰責狄多尼因自告退同時財政部戶部兵部工郵等部亦一律更換惟首相兼內部如舊此所謂立憲政體易置大臣有同弈棋弟來此三年政府已四易人矣其實狄多尼辦理外交勤敏通達並無不合義主雖甚惜其去然不敢拂衆意人情習見則慣太阿倒持視若固然新外部仇梁諾由上議院推任副外部蒲那諾由下議院推任均已見過仇年五十餘人似老成蒲年三十資望似淺未知將來辦理外交若何考察政治大臣聞日內可抵華盛頓美係大國考察之事必多極速諒須盤桓月餘比其來歐弟已東渡所有會同博采悉心考證之處應由新使遵
旨辦理以上各節乞回明堂憲爲禱光緒三十一年十二月二十三日

致顧康民侍郎

粵東膏引停辦雖由外人阻撓亦緣大府不諳條約所誤此時業已教猱升木未易挽回是以前月具摺上陳擬請仿照義國稅章加征煙稅珏之愚見値此民窮財盡之秋惟有固結人心尚可維持世局若償款無著必至苛政日繁事雜言哤自由革命之說益有以藉口如償款有著盡裁一切捐克捐項人心既定莠言自消至珏於此事籌之已審到義以後與倫敦禁煙會紳及英館參贊馬格里往復函訊已非一次通盤籌算惟有修約議加尚是大處落墨勝於各省膏捐辦法枝枝節節而爲之其辦理樞紐詳摺片中前已鈔稿咨呈竊計此奏必由大部議復敬祈婉告邸堂乘此中英商約第八款未行之前從速聲明力爭先著儻以事關重大恐聲明之後一發難收珏雖駑鈍將來無論在京在英開議決不置身事外如在倫敦議則羅馬相距僅三日程不難單車遄往會商助理如在大部議亦可請假回華竭其一得之愚以備芻蕘之

獻惓惓之忱伏祈亮察光緒二十九年九月初十日

致鄒紫東部郎四件

前函曾有洋藥加稅一事可援曾侯密奏爲修約之根後讀來函康公蔚兄慮及曾係密摺未便宣示査曾侯此摺已刊文集中迄今十餘年現已家有其書是此摺密於昔日不密於此時又薛叔耘在英時禁煙會紳致函云不能以此約既立謂已副期望之意査專條第七款載明章程照行四年是四年之後即可議加本無疑義昨見粵報載商人改章之後因英領事阻撓迄未舉辦岑雲帥到後飭商開辦而英領事又出阻撓謂與前督德訂允俟英公使與外務部訂明如何辦理粵省方能開辦云云詳察以上情形是修約加稅一層目下勢難再緩惟此事必須由大部發端方爲得體故前日致丞參公函中仍未提及幸與康公商之

再目前大部與英使商訂辦法如仍就膏計算則無庸修約但照專條第五款辦理即粵東膏引亦可復行或其中有需酌改之處則照第八款辦理如決計修約加稅則照第七款辦理此中辦法不同請與康公蔚兄詳晰討論勿爲英使猝然欺矇再據禁煙會紳來函薩使並無一定阻撓膏捐之意此事曾署可以力爭手勁附陳光緒二十九年八月初五日

前函所陳專條中有第五條第七條第八條三種辦法發函後輾轉籌思究以照第七條辦法最爲直捷而收效較多適譯義國稅則中有重徵煙稅一條以中國今日財政之窘亟宜仿行是以不揣冒昧本日已具摺上陳摺片中已詳敍者茲不贅述弟之愚見以當日惠敏訂此專條煞費苦心惜專條行後甫及數年惠敏遽爾殂謝其中含意至今未申不容不爲揭明以告　朝廷又値目前官民交困之時既有此一綫生機萬不宜自行阻塞且中英新定商約第八款舉行之後既無釐金名目則專條不廢自廢殊負

惠敏當日一番苦心望老同年與康公剴切言之康公分位較崇在邸堂前必能盡言無隱也或謂粵東膏引僅一百二十萬外人尚一再阻撓現議加稅爲數尤鉅事更難成不知粵省初辦膏引外人並無異言後來枝節橫生皆由弟已離粵官府不肯據約駁辯耳現計貨價加稅係專條預先訂明之事豈容逆慮其難而不爲乎光緒二十九年八月十八日

日人圖東三省不成又變計而圖高麗甘爲戎首以愚見論之實不戢自焚之兆我政府此次自居局外具有苦心但在日人意中必大失望恐其借題啟衅將來不知沿海各省能安靜否弟察近辦外交惟美國最爲公平鈞署似宜一意聯美以爲緩急之助英最不可恃日人譸張爲幻半由英聳激而成切宜愼防俄日兵事平後以弟愚見如果俄勝東三省事尚可轉圜日勝則無望矣此等機括非深心體驗不知日後自見光緒二十九年十二月二十七日

賠款還金前議三端聞各使尙未全允目前外交頗難著手我之底蘊彼已盡窺恐磋磨亦未必有效此時惟有速圖補苴之策庶可暫解目前窘乏泰西國債一事最爲理財善政弟自抵義都即注意於此討論經年方得辦法端緒兹已譯編成册咨呈鈞署管蠡之見具詳此册序中乞賜披閱爲幸洋藥加税外人欲我先加土藥鄙意謚可應允或許同時辦理亦無窒礙總之土藥爲害不亞洋藥重税原冀漸爲禁吸地步似不必沾沾計較銷塲之衰旺也慰帥加十五兩之説太少無濟於事官包買賣亦不妥英商借款一層授權外人斷乎不可鈞署持重不允專意加税自是一定辦法粵漢鐵路收回自辦刻下有成議否公司專利無厭以致物議叢生輿論不孚滬甯鐵路聞已開工恐此路將來亦同一轍欲圖補救恐非得忠信而能任事之人未易挽回耳光緒三十一年正月二十日

復庵遺集卷四

復庵遺集卷五

佐軺牘存一

無錫　許　珏

余前後三次出洋丙戌隨南海張公至美庚寅隨同邑薛公至英癸巳又從襄平楊公至美張公才思敏捷箋奏書牘一不假手僚掾同人中惟徐進齋冏卿間有握管之時亦第例行公牘而已薛公學問淵懿箋奏尤所擅長而屬稿頗遲駐英時凡上行之文奏疏公自任之暇則爲日記又以餘閒撰古文詞記中外之事以自娛下行之文批劄及例行公牘皆黃公度觀察任之平行之文譯署及南北洋沿海督撫書函公牘則余任之海外公事大抵平行者爲多當時公度筆墨最簡余最繁然終以分任故不甚勞若楊公於洋務不如薛張二公閱歷之深而性情和平不執己見能虛心以聽凡上行下行平行之文一以相委駐美使署又兼管日祕兩國公事較英加繁不啻倍蓰同人中惟何秋輦部郎文采最勝祇任駢文箋啟凡散行書函概不與聞故余終歲無一日不握管又前在英時凡屬稿薛公先與商量間或授意楊公則悉聽余爲之間有請示公徐曰子意以爲何如余舉大略則首肯曰甚善照辦可耳余念公既虛懷若谷則益奮發思華傭在美䟦脆已久因議廢除現行苛例重訂新約又議與墨西哥立約通商疏通華傭在美之路署中向章凡洋文稿皆繙譯主筆稿成始譯華文則往往不合意須删易再四至是余改爲先具華文稿令繙譯演爲洋文每屬稿皆余自爲之必審度洋人性情及事理曲折稿成以授繙譯外部得照會輒欣然謂近來使署辦事與前不同故凡有所商無不允諾而譯署來函亦謂楊公能辦事推崇甚至公亦心自喜方擬次第整頓爲僑氓謀久長之策而倭艸遽萌內地應付機宜多出意外余性褊峭每一聞耗輒憤懣不樂及馬關約成觸動舊

時肝疾遇拂意事輒怒同人中復有齮齕余者余乃決計請內渡就醫楊公固留之余曰今日在此不過按月領薪水期滿得保舉耳復有何事可辦乎余又曰署中公事除洋文公牘此後隨宜應付外凡奏疏及譯署書函數月來均已次第作收束之筆此後可辦則辦否則亦可就此而止公愕然問故余曰念歸後必無人能任事不欲　朝廷疑公始勤終怠也公知余意決乃聽歸既歸年餘晤使署同人自海外還者詢以近事則長官坐嘯僚佐酣嬉不復如從前筆墨塡委之苦矣乃知省事之得便宜多也因檢舊稿輒書數語以誌吾過

自海外歸後數年之間凡再至鄂一至晉再至都門每遇朋好輒詢海外見聞有無著作余謹謝不敏而亦赧然內愧私念三次出洋惟初隨張公駐美時最多暇日而公性喜詞藻與余好尚各殊嘗屬輯廿四史使事以爲旅中消閒之一法余謂此等

著述若在內地開幕府集賓僚給筆札聊以娛日亦無不可今在海外則臥薪嘗膽之光陰似無暇及此竊意不如就所駐之國考其立政用人賦役軍謀諸大端譯爲一書用資考鏡較有裨益其次則簡使駐洋已逾十載從前辦過之事若檢署中陳牘擇稍有關繫者仿照紀事本末之例删繁就簡勒爲一書後之任事者檢閱既便即應付外人亦有依據因具說帖告公公意怫然作長函答余其函現載公三洲日記中自後著述一事遂作罷論在英時薛公自草日記每每至丙夜無可記則檢使署陳案鈔之又嘗擬撰續瀛寰志略屬余分纂余在署每日以兩時治文牘兩時看書或繙閱舊卷暇則訪友詢海外事間至花園散步晚歸課兒讀薛公欲余仿渠終日伏案余謂精神有當用處有不必用處過分勞耗他日猝膺艱鉅或且不勝宜留以有待因是在英亦無著述及從楊公至美則公私文牘華洋稿件皆出一手更無餘暇然自回華後遇友人詢問外事則十年海國幾於一部十七史從何處說起隨意酬答罣一漏萬因亦微悔昔時懶於記載今夏來晉與同鄉吳向之通守共事節署通守博雅士年甫三十著作斐然詢余海外撰述告以顛末通守謂奏疏函牘亦著作之一門編輯成帙不獨見海外數年鴻雪之迹且可得各國交涉大略余以依人辦事不當攘爲己有躊躇久之通守謂但編輯而不付刊藏之於家以示子弟及二三好友亦無妨礙因屬其戚茂才馮君爲余繕寫余感其意檢行篋中舊稿祇有癸巳至乙未三年殘本十數册擇其可存者次第繕寫如左

是編凡分九類曰奏摺曰書函曰咨移曰批劄曰告諭曰照會外部洋文稿曰電報皆公牘也曰尺牘曰雜文皆私著也起癸巳十月迄乙未八月係從楊公駐美時稿本原册幾及五百餘

首今擇其有關係者汰去冗複鈔存十之二三前從薛公在英時書函公牘亦不下二百餘首尺牘雜文百餘首稿存家中異日當一并繕寫自奏摺至電報題曰佐軺牘存尺牘雜著題曰海外文牘以從薛公在英者爲初編從楊公在美者爲二編云

光緒二十四年秋七月既望梁溪許珏書於晉陽寓齋

遵　旨與美國重訂約款摺

奏爲遵
旨與美國外部重訂限禁華工保護華民約款謹將辦理情形恭摺具陳仰祈
聖鑒事竊臣於光緒十九年十二月十七日承准總理衙門電開修約事已奏奉
俞旨所擬各節均妥外部覆准先電聞光緒二十年二月初九日又准總理衙門文開華工修約一事現將擬辦情形業於十二月

十七日具奏本日奉
硃批依議欽此恭錄知照到洋仰見
聖主軫恤僑氓懷柔鄰國至意曷勝欽服伏查臣上年七月接任
之始時値美國迫行華工注册新例美西各邦紛紛拘人方擬遣
送回華當經援引條約嚴詞駁詰美外部始商允議院展限半年
被拘工人一律釋放而於注册之例堅不改移竊念衘
命遠使務在尊
國體而奠民生若苛例不除工商交病既無以盡保衛之心而使
職所重尤在結兩國之懽亦當開誠公布庶彼此無不達之隱因
將接管卷宗逐細查閱始知美議院立此注册之例專爲分別新
舊工人欲使新者守限禁之章舊者享保護之益意在清查不在
遣逐適美戶部送到華工注册章程當即譯出詳加查核雖涉瑣
煩却無苛虐第念此例果行如於旅寓工商確有妨礙亦當謀取

益防損之方以爲抵制因函飭領事轉諭商董速將注册妨礙之
處據實直陳毋徒砌詞以冀聳聽旋據稟稱華工之意蓋以一經
注册舊工固有安居樂業之便新工卽絕頂名影射之途是以連
年延聘律師控訴察院原冀廢除此例今美廷既以立例難改華
工亦祇可降心相從但求於注册之後仍得往來自便等語臣查
自光緒六年美國專使來華訂立限禁華工之約自後八年十年
兩次定例皆爲限禁新工而設在舊工固無所損惟於回華之時
給予執照俾作回美憑據蓋尙有往來自便之意第因此項執照
輾轉相售新工仍難限制美國土人積忌益深十一年秋間遂有
洛士丙冷等案前任使臣鄭藻如懲前毖後始建自禁之議總理
衙門因釐爲自禁三端照會美國駐京公使十四年二月前任使
臣張蔭桓與美外部會訂限禁華工保護華民之約意在全生命
而遠禍機且正自禁之名不授權於外國亦較得體而華工有眷

屬財產在美者仍可往來自便當時用意極爲周到詎意約稿甫
成事機忽阻是年八月美國更立新例凡華工一離美境卽不准
復來卽從前已給執照作回美之據者亦爲廢紙始與光緒六年
所訂之約大相悖矣自是迄今五六年來前任使臣與外部駁辯
之文不下數十次迄未轉圜上年臣來美時道出金山華商環訴
市面蕭條生機日絀皆緣華工一離美境不准復來工路既艱商
情亦困籲求設法挽回等情臣綜核聞見各端權其緩急輕重籌
思積旬以爲注册之例可以不爭修約之舉不容再緩遂於十月
初旬照會外部訂期晤商外部駭於積年駁辯之苦一再推延至
十一月初六日始得會晤告以此來專爲商量華民寓美長久相
安之策務須推誠相示外部力言注册領照原爲保護華工起見
華工誤聽人言冀望删除此例實則例經議院議定雖總統亦無
廢例之權惟望華人於限內一律注册則以後商量各事必無爲

難之處臣詰以自光緒十四年後美國久已廢約不用長此不變
必致邦交日損情意乖暌外部謂如中國有修約之意美國亦可
允從但約中是否照前申明中國自禁之意又十四年草約未經
中國批准現在是否可用抑須另商條款答以當就前約酌量增
減是日晤談後知修約一事粗有把握隨將以上各節撮要電商
總理衙門旋准覆電以先修約後注册爲關鍵當卽照會外部並
就十四年草約底本删去賠償一款易爲互交罪犯原約二十年
之期改爲十年備文送交續又准總理衙門來電儻美必欲先行
注册擬令寓華美民亦注册以相抵制等因又添注册保護一款
寓華美民照辦十二月初六日擬定約稿送去並電請總理衙門
應否將擬辦情形先具摺上陳此十二月十七日以前與外部議
約情形也自送約稿去後半月未接覆文續經催訊始據函稱約
稿尙須會商改定第注册限迫如限內議約或致窒礙爲難擬俟

注册事竣再商修約察其用意似恐一經議約華工不免觀望致
注册之例迄不得行是以忽變前議當即備牘詰其何以前後來
文歧異且告以此次總理衙門之意原擬先修約後注册現許注
册修約同時並辦已屬顧念邦交之意不得變易前議希圖延宕
切實照會去後本年正月初三日接到覆文訂初四日晤商外部
謂交犯一款與限禁華工保護華民均不相涉應另訂專約不列
款內十年之期可以允從寓華美民注册一款議院謂美第令華
工注册中國無盡令美民注册之例堅不肯允連日磋磨始允寓
華之美國工人亦聽中國注册臣以美工在華寥寥無幾名爲相
抵實非持平殊乖中國議立此款之意因力爭寓華之美國教士
必須注册外部初謂教士與工人不同未可並論繼云另擬辦法
除工人外寓華別項美民自換約日起美國政府允每年造册一
次報知中國政府又云此層在工人相抵之外讓與中國極大體

面想可愜中國之意臣驟聞此語頗出意外答以如此辦理足見
公平囑令從速擬稿十一日外部送到約稿大致與晤商之語無
甚出入惟字句間尚須有核改之處續又晤商兩次將擬改之處
斟酌妥洽並於第五款中寓華別項美民之下注明包括教士在
內數字約稿始定仍由臣備文送交外部向例草約定後議約之
員即須會同簽押隨將以上各節電報總理衙門二十三日准覆
電令定稿簽押適外部因事他出近日始將約本繕就訂期二月
十一日畫押臣屆期帶同隨員繙譯前往外部將會訂條約華文
英文各二分校對清楚與外部大臣葛禮山互相畫押蓋印此上
年十二月十七日以後至今與外部定約情形也綜核條約六款
惟第五款注册保護之例爲此次添入其餘各款均係十四年前
任使臣張蔭桓已訂未成之約溯查此約中輟之始前使臣曾以
時局日壞善後無期請

旨飭籌補救終以權不我屬無可挽回上年注册之議起金山華
商惟慮工人載送回華聯名具禀總理衙門及南北洋呼籲迫切
痛若剝膚茲幸仰託
朝廷威福事機漸轉已輟之約仍可施行且添訂交犯專約使中
國禁令得行於瀛海之外金山華商又審知注册之非苛虐偏告
工人相率領照無復載送出境之憂曩時患苦胥予蠲除又從前
每遇交涉事件一經駁辯相持不下管禿唇焦幾成常例此次外
部因臣之意務在持平商辦故遇事和衷並無膠執於近年邦交
大局似有轉機如寓華美民注册一層方初議時不獨慮彼族不
允即幸而得允而中外情形不同將來辦理亦殊棘手乃外部擬
此辦法除工人注册外每年由美國公使詳細册報總理衙門既
省事端又得大體此皆
國家積年綏懷之效總理衙門平心體察電示周詳俾臣有所遵

守而美外部顧全睦誼尊崇
上國之誠心亦殊不容沒也美爲民主之國外部簽押後尚須議
院復核臣一面將約本咨送總理衙門俟美議院覆定後再電達
總理衙門請
旨批行除交犯專約應俟議定另摺具陳外所有重訂限禁華工
保護華民約款詳細情形理合恭摺具陳伏乞
皇上聖鑒訓示謹
奏
通籌寓美華民善後事宜摺
奏爲通籌寓美華民善後事宜並派員赴墨西哥察看情形恭摺
具陳仰祈
聖鑒事竊臣於本年二月間曾將與美外部訂定限禁華工保護
華民續約情形奏報在案伏查華工來美始自咸豐年間其初價

廉力勤洋人樂於雇用由是壹意招徠者近二十年迨後麕集愈多良莠不一時值內地戡定粵匪漏網奸人以海外爲逋逃淵藪洋人覺其風氣日壞漸萌憎惡之心而埃利士黨工人又以華工攘奪其利尋仇啟釁鬭殺時聞美國政府深以爲患光緒六年始有限制工人之約自此苛禁疊設壹意拒絕者迄今已十五年華民生計日絀中外邦交漸睽此次續約甫訂外人疑沮之見尚未盡捐臣竊思數月目前應辦事宜祇有於因勢利導之中寓正本清源之意但使洋人憎惡之念日減而漸輕則華民資生之途不拓而自廣蓋取信殊俗即所以保衛僑氓事非兩歧惟病根既深未易奏效然要不外標本並治之法治本者寬籌以歲月治標者速決於目前二者兼營不難起膏肓而愈久疾請言治本之法查華人寓美洋人指爲風俗之害者約有三端一曰鴉片一曰賭博一曰械鬬金山紐約等埠煙館林立櫛比初祇華人自吸近則洋

人亦有染其習者賭館出售白鴿票每日早晚開彩兩次輸贏以千萬計工商經營所積半耗於此恆有喪貲淪落不歸以致流爲竊盜者粵俗強悍睚眦之怨錐刀之利動輒忿爭自來海外狃其故智各幫創立堂號小有嫌隙呼羣嘯侶開槍轟擊釀成人命金山一埠堂號多至七十餘所前年領事官稟請拆毀迄未肯從近日紐約又踵而爲之凡此數端實徧地球諸國寓居人民之所無美國緣是設爲厲禁冀拒絕華人祇因礙於約章姑即限制工人爲詞實則以上各弊華商亦在所不免今欲爲正本清源之計惟有將此諸弊力圖革除革除之道一在申明律例查賭博械鬬二事繩以中國法紀固所難寬即按之西國科條亦無可免現擬飭領事官會商美國地方官將此二事有犯必懲其始姑以西律治之如屢犯不悛准其驅逐出境或解回中國治罪鴉片一物按照中美條約美商不准販運來華華商亦不准販運至美現鴉片之

得入美境皆華商託名英商爲之此事應聽美國設法禁絕並聲明中國並不袒庇此等莠民一在詳示教條中國自設官外洋以來凡所規畫大抵禦侮之意多自治之意少歷久相沿祇有駁辯外人之詞頗鮮誥誡吾民之語煙賭械鬬各弊華民習爲固然且疑與目前限制之故毫不相涉若非詳加開導未易使之悔悟改圖現擬飭領事官每逢朔望就各埠會館宣讀

聖諭廣訓爲之講解勉其各安生理毋作非爲將因煙賭械鬬之害條分縷析苦口勸誡略如內地鄉約之法俾諸工商漸知愧奮互相規勉期於去此痼疾力圖自拔若使行之果效固足變旅庶澆漓之俗即未克遽效亦少減洋人厭薄之情此皆治本之法宜寬籌以歲月者也至於治標之法一在嚴禁冒商一在疏通工路查美國初議限制祇指工人一項而言日祇指新來之工人而言即疊次苛設禁例於商人本無干涉自華人以工冒商者衆屢經

美國稅關查出於是眞商亦被留難然其初僅金山一埠有之近年粵中新來之工先由金山假道至日國之古巴復由古巴冒領商照至美國東邊紐約埠登岸歲以千計上年五月以後美戶部嚴飭紐約稅關不准冒商之人入境此次與美續約申明商人得往來自便若縱容工人仍襲冒商故智不但恐外人別設禁例有礙眞商即我於自禁一層何以取信查近數年冒給商照之弊由古巴總領事譚乾初藉口便民罔利營私以貽厲階事在前任姑勿追究臣現已諄飭新派古巴總領事何彥昇嚴於發給商照不得復有前項情弊但使冒商之風可絕則眞商自無阻礙即已經在美之工人亦得享一體優待之利益於大局所裨實非淺鮮此事之難緩者一也墨西哥國地居美境西南其國地廣人稀近十年來屢有立約招工之請中國始以美禁過苛未免前車有鑒繼以華傭被阻欲其遷地爲良前任使臣崔國駰在美時總理衙門

曾函囑與駐美墨國公使籌商中墨約款旋値崔國骃交卸回華
未及開議臣到任後晤墨使盧美路復申前議並擬約稿十五款
送來當卽譯送總理衙門察核近日復由臣增訂五款交與墨使
轉送墨國政府尚未據復竊維立約之始不厭精詳卽將來遣使
設官辦理亦有次第斷非旦夕可期而目前寓美華工已經注册
之後新來之工亟宜疏通去路又聞近日華民潛赴墨境者已不
下數千人既虞他族欺陵復恐自滋流弊揆度事勢似宜一面與
墨使妥愼議約一面先派員赴墨察看情形俾將華工赴墨所應
取益防損之處條列以聞藉資採擇查金山總領事江蘇補用知
府黎榮耀自派駐金山以來保衛工商頗著成效古巴總領事分
省補用知府余思詒近駐古巴尚得民心該兩員平日因所駐之
地距墨不遠於墨國政事風俗粗知梗概現已札飭交卸總領事
任分途赴墨察看預籌開辦事宜其中墨約款仍由臣與墨使商

妥咨呈總理衙門核准後應由總理衙門具奏請
旨允行以符歷屆辦理成案墨國有可去之路卽美境無續至之
工庶於自禁之約既克踐言而謀食之氓不虞觖望此事之難緩
者又一也以上各條雖治有標本之不同但使行之有序守之以
恆縱積年久病而方藥和平鍼砭應節不出數年客感消而元氣
復矣不獨華民生計可紓卽中外邦交從此愈固臣爲通籌寓美
華民大局起見所有應辦善後事宜並派員赴墨西哥察看情形
謹據實備陳是否有當伏乞
皇上聖鑒訓示謹
奏

密陳購船情形摺

奏爲遵
旨密陳外洋近日購船情形及查明美國並無軍艦出售恭摺仰
祈
聖鑒事竊臣於光緒二十年九月二十八日承准總理各國事務
衙門電開二十七日奉
旨據張之洞電奏巴西有帶甲快船二艘可買一係商船改造上
年告成載重五千噸艙面鋼板馬力四千匹速率二十二海里裝
煤三千三百噸有十五生炸藥礮一尊十二生一尊十生二尊小
礮十七尊魚雷管四隨帶魚雷艇二隻三生七機器礮二尊船身
長三百八十英尺寬三十八英尺喫水二十四英尺一係四年前
造快船艙面鋼板馬力二千八百匹速率十八海里載煤六百五
十噸有十二生礮二尊七生六礮二尊小礮十二尊魚雷管五船
身長二百六十英尺寬三十四英尺喫水十九英尺兩船配件齊
全請飭查驗定購等語著楊儒派委妥員前往按照該督所稱詳
細查驗此二船船身長短及礮械多寡邁里遲速一切數目是否

相符其船是否精良可用並定購後何時可以運送到華迅速電
覆請
旨辦理欽此十月十六日又准電開十五日奉
旨聞倭人向美國購鐵艦四隻價一千一百萬元有無其事著楊
儒探明電覆欽此仰見
朝廷整飭武備博采兼收審察敵情實事求是至意曷勝欽服臣
當卽敬謹撮要復陳電請總理衙門代奏在案電文簡畧於近日
海外情形不克詳敍茲謹爲
皇上縷晰陳之查自六月間倭人啟釁以來歐美兩洲與中國有
約各邦大抵尚知恪守局外公法國家所有軍艦不容轉售卽各
國著名商廠於槍礮等件或可隨時密購至鐵甲軍艦工本較鉅
商廠向無製造現成待售之艦又安得臨時私售與人此兩國開
仗以後外洋勢難購船之實情也惟南美洲諸小國間思乘時射

利或以廢舊之艦浼囑各埠經手人紛投書函到處說合冀倖一
當臣署中自六月後接到此等函件不止十數次知其無裨軍實
是以概置不問張之洞電奏二艦云在巴西卽係南美洲地其是
否卽此類廢舊之艦未敢懸揣第購船必先知船名並現泊某國
某埠方可發電查詢派員往驗原奏幷未敍及臣接電後當卽電
請總理衙門詢明從速示復庶可酌量辦理又考驗軍艦非精通
製造嫻習水師之員不克洞悉此中利弊似非僅查船身長短礮
械多寡邁里遲速數目相符卽可知其精良合用巴西距美國懸
隔南北兩洲海程四千五百邁約中國一萬五千餘里派員查驗
中途尙須守候換船往返須以四十日爲期而船之合用與否尙
難預料卽定購後由巴西到華東經大西洋過阿非利加洲折而
東北入印度洋過蘇門答臘海峽新嘉坡西貢等處始抵中國洋
面駛行極速亦須兩月有餘如以備目前戰事之用似屬緩不濟

急以上各節均係緊要關鍵業於九月二十九日撮畧電達總理
衙門代奏請
旨迄今二十餘日未接總理衙門電復想已仰荷
聖明洞鑒停止辦理欽佩實深
諭旨垂詢倭人在美購艦一節臣詳訪美國著名各商廠並無其
事惟數月前見洋報載倭人曾向南美洲智利國購一兵艦其價
若干並未詳載後又見洋報載倭在巴西購艦亦未言其曾否購
成相距旣遠無從查悉適晤南美洲阿根庭國公使詢及此事謂
此不過以賤値購廢艦卽使購得施諸戰陣毫無實用臣參稽衆
說揆度情事或者倭在南美洲小國購得一二廢舊之艦張大其
詞詭云向美重價購得登諸各處日報以逞其虛聲恫喝之技亦
未可知訪聞倭人自內犯以來軍費浩侈目前財力支絀萬分斷
無鉅貲添購精良之艦此又情勢之顯然者也所有查明外洋近

日購船情形及美國並無軍艦出售緣由謹恭摺密陳再臣欽奉
電傳
諭旨其中號傌離台華洋輾轉譯遞恐不免間有訛誤合幷聲明
伏乞
皇上聖鑒訓示謹
奏

查明墨國情形暫難定約摺

奏爲派員查明墨西哥國情形並墨約一時暫難定稿恭摺具陳
仰祈
聖鑒事竊臣於光緒二十年十月初一日承准總理各國事務衙
門咨稱七月二十九日奏請
飭楊儒迅與墨使妥訂約章一片恭錄
硃批鈔錄原奏咨行到洋仰見

朝廷軫念僑氓通商惠工至意曷勝欽佩查上年六月間臣於通
籌寓美華民善後事宜摺內曾將派員赴墨西哥察看情形一節
奏明在案旋據該委員黎榮耀余思詒等先後將沿途見聞及抵
墨後采訪情形酌籌開辦事宜陸續稟報到來臣詳核所稟黎榮
耀自金山附輪舟由海道赴墨周歷墨境西北西南東南三面凡
過大埠十有四處始達墨都各埠華民或數十人或百餘人亦有
數處尙無華民到彼大率傭工爲業經商者僅百之一二土人相
待頗優惟工値所得遠不如美商稅尤重殊以爲苦該員所歷之
地悉係瀕海大抵西北富產鑛西南多腴田其東南之夏里那古
盧司一埠枕山臨海鐵道初成爲商賈所萃之區繪有墨境全圖
詳細譯注頗爲明晰余思詒自美都乘火車由陸路赴墨初入墨
境地名巴梳與美國以河爲界河北屬美河南屬墨其地有華民
五六百人在美境者十九墨境僅十一自美禁華工後凡華民湯

為赴墨傭工實則仍由此處潛入美境雖美國稽查甚嚴而賄結土人暗中接引來者尚絡繹不絕巴梳係墨國北境由此而南凡歷九部始抵墨都沿途過埠八處均有華民迎候道左皆言聞中國派員來墨開辦欣喜過望據稱在彼傭工土人並不忌嫉惟工值無多與黎榮耀所禀略同該委員等均於六月下旬在美起程余思詒因火車迅速途中並無停留七月初八日即抵墨都黎榮耀查埠較多舟車屢易守候需時於八月十三日始抵墨都該兩員抵墨後會同往見墨外部外部款接甚殷稱該國總統之意甚欲與中國立約通商如有相需之處極願盡力旋又訂期九月十五日謁見總統總統面稱深望華人來墨日多地方可期興旺等語以上皆上年八九月間該委員等禀報沿途見聞及抵墨後謁見總統外部之大略也該委員等自到墨境諏察輿情譯查圖籍並詢歐洲英德日義各國之寓墨商人確知墨國土地肥沃民情

慵惰全境分二十七部北寒南燠其距赤道緯度與中國江浙閩粵等省略同北部雨水稀少種植未宜南部一歲三穫膏腴徧野祇以土人性懶地利未闢工作未興該國近二十年來設有開墾部大臣墾田公司招徠各國人民至彼承墾是以各部良田佳鑛現為英德等國商人早經認墾在先又准墨外部送到開墾部定例及免稅則例凡各國人民至墨寄居入籍均聽其便開墾地畝即作永遠之業可享免稅利益十年十五年二十年不等察其招徠之意惟恐不及該委員等訪悉情形因酌擬開辦事宜五條及所應防損取益者十端並將開墾定例等册譯送前來臣查墨國之意非徒招工兼欲招致業主集本開荒不獨與從前古巴秘魯等處招工情形迥別即與美國初年招致華人之意亦不相同該委員等所擬開辦各條亦云從前華工出洋係往繁盛之區到彼即有工作墨則草昧初開必先有富商在彼經營認墾方可布置

局面俾工人源源而往其所擬創設中墨往來輪船並糾集招商公司二條尤需鉅資方可興辦臣慮其空言無實或圖一時動聽飭令切實禀覆旋據禀稱墨國通商一事華民盼望已久近年商人或結伴往探或守候旅居耗費貲財不一而足茲聞派員察看開辦衆心踴躍係屬實情現華商預備購地經營者固不乏人即歐美殷商已購之地欲招華工承墾者亦屬不少至輪船一事墨國已有公司預籌創設華商議與合辦並非空言無實等語以上皆上年十月以後至本年正二月間該委員等禀報察看情形酌籌開辦事宜之大畧也綜計前後所禀各節華民赴墨工值雖廉而土客可以相安商稅雖重而開墾之人可以邀免且一經認墾即為永業洵足為海外僑氓裕衣食之源惟是開辦諸事總須條約既定之後約款未定無所設施并慮墨政府謂我相需之殷轉或居奇致礙約中權利臣於上年四月間與墨使盧美路將約稿

互相斟酌增訂各款送去後七月間墨政府又另擬一稿寄來前稿稍有删并而彼國所冀得之利益則增入之臣以立約之始不憚磋磨復就所增删之款另擬酬報專條於八月初譯稿交去墨使亦謂事屬可行諒不日即可定議簽押乃自此以後迭晤墨使云未接墨政府覆文迨十月間臣承准總理衙門來咨因復催問墨使云該國近與毗鄰之危地馬拉國因爭邊界恐不免起衅故不暇及此其時內地倭氛正盛亦念事有緩急當權輕重未再催詢本年正月間外洋日報傳述倭患愈深因念委員察看情形已悉而換約設官尚難定期未便久羈在墨徒滋糜費飭令該委員等暫行回美臨行之日往辭墨外部外部尚云惟盼約章早定兩國交益等語然自二月初旬該委員等離墨之後迄今已四月有餘據墨使云從未接政府來文提及此事是該國目前實有覬望遷延之意臣揣測其故或因近見洋報紛傳此次中倭議和款內

有廢去舊日倭約另定新約之說意在俟倭約定後援以爲例冀得多沾利益亦未可知墨係遐陬小國通商招工議本發之自彼中國允與立約祇爲美國禁工過嚴藉此疏通去路查自中美新約定後華工在美現已安堵即墨約暫緩訂定於僑氓生計尙屬無妨若此時催令定約求之太急彼必故意推延我將多方遷就轉覺未便似應從容少待仍俟彼來求我屆時相機應付與之定議簽押辦理較爲妥洽此又墨約目前暫難定稿之大略也除該委員等迭次稟報情形及墨境地圖並各項譯件已陸續咨呈總理衙門外所有派員查明墨國情形暨墨約一時暫難定稿緣由謹據實上陳伏乞

皇上聖鑒訓示謹

奏

復庵遺集卷五

復庵遺集卷六

佐軺牘存二

無錫　許珏

致譯署總辦函 七件

羅生技埠拘拏華工一案本擬俟總察院開議時囑律師上控駁詰旋値議院已定展限半年之議卽日電致各省被拘華民一律釋放自毋庸再籌上控弟之初意專以廢除新例爲主無論展限久暫不敢與聞此議以貽口實第思華工業經釋放自應函謝外部略致殷勤會外部是日親來使署答候詞氣之間以無權駁除此例深自抱歉細審目前情形總統外部非不力顧邦交卽議紳及敎士中亦不乏公正之論然大抵東省之人居多而華民麕集之所全在西瀕太平洋各省尤以嘉省爲最多日前紛紛拘拏華民卽在此處美例各邦皆有自主之權非東省之人所能過問是則顧邦交者係爲場面而與行政無涉持正論者不過口惠而於實事無裨轉瞬半年期滿勢必照前拘拏益滋紛擾且華工迫於利害目前注册者已有一萬數千人將來必致悉數依例注册而後已卽使管禿唇焦而於廢除新例一層終難辦到國體所關使職所在良深焦灼輾轉思維惟有於此展限六月之中另籌辦法以爲抵禦據律司云政府有立約之權如續定條約當可廢除新例弟意此議不欲發之自我故於此次致謝外部照會中畧致詰問與以轉圜之機但得彼來就我熟商善處之法或仍用從前中國自禁之說相時度勢另立妥章則苛例不廢自廢愚見如此敬乞代回堂憲賜示機宜無任盼禱照會外部稿譯錄附呈

自注册展限之後議院卽散近日工黨與華民亦尙相安弟前照會外部去後旋准復文以近來公事繁冗訂期十日後晤商今已逾半月尙未接其來函西國年節已近各部事冗想亦實情十月二十七日又値開議院之期新報載總統諭文內言注册新例現

已展限想華民必能從容照辦不至再有遣發回籍等事云云詳察彼國之意自總統及各部院皆視注册爲正經辦法惟以不注册而即行驅逐似涉過苛本年五月間總察院之按察飛勞夫拏不綠瓦三人力衛華民斥言新例不合亦祇謂其拏獲不注册華人辦法殊不公平始終未言不必注册弟又詳訪領事與商董畢竟注册有何妨礙亦不能言其所以然研詰再三大略謂華工苦衷利於無可稽查一經照相注册勢難朦混是以衆口同聲謂其不便此近日體察之實情也查前任崔大臣於上年四月間致鈞署函中述律司之言謂教習丁韙良前假旋美國時外部科士達會與談及謂如中美再立約章可增此注册之款以救時艱該教習謂美國給照與應得在美之人便可作應得留美之據省却多少煩惱戶部苟能從寬行例不使華人難於覓取證供似無甚大礙等語足見注册一事彼國熟籌已久非僅出於工黨嫉忌之私

至華工利於朦混一層在我祇可心知其意勢難持此與外人力爭再四躊躇祇有於無可解說之中別尋一說與之詰辯謂地球各國寓美之人皆不注册而獨華民注册此中國所以不願前照會外部即以此立論然光緒六年續約我既許彼整理注册領照亦整理之一端彼不難據以復我且交涉重務當求實際徒事駁辯亦復奚補此兩年中使署詰責外部之文並未鬆勁究其成效未見絲毫刻下此例決行彼既不肯廢除我又難於遷就且連年駁辯痕跡既重轉圜亦難欲求善處之方祇有另立約章一法日內晤外部如彼提及擬允籌商一切情形隨時續陳惟華洋相距函牘往返極速亦須三月現值封河期內更多稽遲所有應商之件擬撮要電達茲將總統諭文譯錄附呈其末後湖北宋埠教案云云大約因美民慮及中國報復致在華教士受害故爲此言以安彼族之心與正文無關至此案是否果由田使索償亦祈示悉

墨西哥公使盧美路業經彼此往還數次人頗樸實言及招工之事弟謂中國因有鑒於美不欲再蹈前車是以遲遲未允如果保無後患當從長商議盧使力言彼國地廣人稀與美情事不同儘可無慮因擬一中墨約稿送來並聲明此稿以中國與巴西所定之約爲底本本年西三月五月間曾鈔送前任崔大臣又云中國如欲照彼國與日本所定之約辦理彼當請示政府亦可允行等語弟查從前中巴定約與現在華工赴墨事體稍殊似不如援仿日墨之約較得便宜惟中國與日本情形亦非一律自宜斟酌增減另訂妥章又金山黎領事榮耀前囑律司擬中墨條約二十九款經崔大臣咨送鈞署想早經覽及是否可行茲將盧使來文及所擬約稿一并譯呈伏乞代回堂憲指示機宜無任企禱

初六日與外部晤商後於初九日撮要電陳十五日奉到鈞署寒電即遵照照會外部茲將近日辦理情形爲左右詳陳之弟查三

四年來使署與外部函牘大都有駁詰而無商量彼此枝梧迄無轉圜之望是以此次赴外部時立意不專駁辯惟與籌商妥當辦法是日未刻到彼往復申論約兩時之久外部初時一味推諉既而詞窮遂謂注册爲分別良莠起見正所以爲保護地步云云修約一層弟初意不欲發之自我然揆度事勢彼國自違約立例以後亦既如願以償惟所欲爲在彼斷無先商修約之理而我又不便發端頗切躊躇適數日前有新報館主筆之人至外部探問中美兩國修約之事外部疑其說出自使署故見面時即囑事須秘密並首問修約與否弟因得乘間而入毫不著迹末後仍說到須以自禁爲修約之本因又提及十四年草約云云竊思自彼國廢約行例之後前使臣駁辯數年迄未少動此時外部自提前約殆亦有歉於中無心流露如可仍用此約則將來約行例廢不問可知但未審鈞署意旨如何不敢率爾答復因舉今昔情形不同權

詞以對外部因囑擬稿熟商一切另詳問答節略中茲不贅及十
五日奉電示應俟約款定後中國重申自禁之令美國後定注册
日期庶昭平允具仰藎慮周詳曷勝欽佩惟自禁一事言之甚易
而行之頗難因思十四年草約自禁之意已在約中如以此約爲
底本不必更申自禁之令且與前日外部面商之語亦復一綫相
承操縱由我因於十七日由北洋轉電請示本擬俟奉到電諭後
辦文照會外部第繹寒電大意以先議約後注册爲喫緊要著自
應將此意先行照會又十四年之約既擬據此爲底本似不妨先
與一商以探口氣其中酌量加減之處第一款所云二十年之期
現擬改作十年第五款賠償銀兩早經美國繳送中國核收毋庸
仍列約內似應删去現擬添入交犯一款又注册一事有應與商
量改訂者二端一并敍入照會以上各節但云出自敝處擬議似
較活動以便電音到時如有賜示機宜易於更改已於今晨送交

外部俟接到復文再行函陳鈞署慮及若先准注册恐約款無成
華傭未沾新約利益先受注册苛虐一節查近日美戶部送來注
册章程當經詳細譯出披覽一過大都亦如中國戶口册保甲册
之類而辦法加詳不免出於瑣碎因又將上年戶部送來限禁各
國客民進口章程譯出與此次章程比較則瑣碎更甚惟此次多
一映相殊屬不合業已於照會中駁令删去至於別項苛刻之處
似尚無之外部所言此注册例條款係按照他國人入籍之例辦
法似尚可信即從前華民延訂律師上控欲請總察院斷令廢除
者係指不注册而即驅逐出境之例非即以注册爲苛例也弟前
函詢金山領事紳董畢竟注册有何妨礙及早實陳可籌抵制近
日迭接稟復之函亦未實指注册有礙之處所規畫者皆注册以
後冀得修約之益是但就注册一端而論確無苛虐情事此節似
可無慮弟所慮者訪聞十四年廢約行例之後彼國如此嚴禁而

新來之工以假道爲名潛入美境留住不去者尚源源不絕若一
經注册領照之後新來者無册照則影射頂冒之技俱窮恐不免
怨謗紛起惟有及早疏通墨西哥國工路以爲補救銷納之地墨
使盧美路亦殷殷盼望惟願中墨約款早定彼此利益第換約一
事必須斟酌詳審計自擬款以迄畫押斷非尅期可竣即換約之
後遣使派員常駐均有層次亦非旦夕可辦之事而目前在美工
商之盼此舉已如久旱之需甘雨迫難再待再四躊躇祗有變通
辦理之法擬於明春二三月間先派員到墨察看情形將華民往
墨利弊損益之處確切研究據實條列以便妥訂招工章程又聞
近年陸續赴墨工商已有一二千人如得華官到彼遇事有所稟
承不致散漫無紀啟外人陵侮之漸一面辦理兩國換約之事俟
約章互換後照約遣使派員常駐如此辦理既予華傭疏通之路
亦慰墨人盼望之心如鈞署以爲可行擬俟此函達覽之後請電

示大略以便遵辦再日前墨使函詢墨國銀元流入中國是否經
中國政府批准當復以係沿海各省商人行用非政府批准昨又
函稱彼國政府欲中國准墨國銀元永遠在中國境內商務通用
以便添入約款等情據彼所請自係未悉中國官商情形之故未
便答復擬俟晤談時詳細告知以上各節伏乞代回堂憲爲禱所
有與美外部問答一件致外部照會一件戶部華民注册章程一
件限禁各國客民進口章程一件金山總領事稟一件與墨西哥
公使往來函三件均一一鈔稿附呈以備察核

二十一日奉北洋轉到鈞署號電照戊子約稿增減之處與敝處
原擬辦法大致相同因假道一層已載第三款內故未另提賠償
一層改爲互交罪犯二十年改十年自換約日算起一切已具前
函十一月三十日接到外部照復於敝處照會各節不置可否但
一再申說前日問答之詞揣其用意蓋謂彼國無需修約現擬修

約者乃允中國政府之請耳以此自明則異日約稿發交議院不致爲衆人所訾又述從前中國自禁一節並云當按照戊子約稿商訂約章則命意仍重在自禁二字十二月初四日赴外部按前去照會與之面商其中如十年之期及互交罪犯兩節均無難詞惟注册例之删去映相及六箇月後再展限期則堅持不允謂此經議院議定非渠力所可挽回弟因述鈞署電文大意除公使領事署外寓華美民亦要注册照相外部慨然允許謂此係中國自主之權儘可酌辦察其詞色似並無爲難阻礙之處是日在彼凡約中應有之意大致說定回署後即將約稿繕就注册一層初擬另訂報施專條不列約內後思彼既云注册爲保護地步因將此層作爲第六款雖我意重在抵制措詞却不露迹業於初六日送交外部是否就此允洽或另有更動尚未可知惟據律司云如外部允准後即須將草約畫押方可發交議院核議前奉寒電云先寄草底再行酌定畫押茲不敢延緩先將約稿寄上乞轉呈堂鑒請示又外部復文一件問答一件一并鈔稿附呈再查歷年與各

國訂約及修約均係奉　旨遵辦之案是以約中載有各將所奉

議約之據公同校閱一層此次應否由鈞署撮要具奏請　旨飭遵伏乞回明堂憲裁酌爲禱

此間自送約稿去後半月未接外部照復又經備文催訊至二十四日始准來文云前去約稿內有數端據美國政府之意須删去而用別項加入寓美華工須及早照例注册如於展限期內議修新約或致窒礙爲難擬將議約之舉俟注册後再行商辦云云察其用意似恐一經議約華工不免觀望致注册之例迄不得行是以忽變前議當於二十六日備牘詰其何以前後來文歧異幷告以中國政府之意原擬先修約後注册現許注册修約同時幷辦已屬顧念邦交之意不得變易前議希圖延宕切實照會去後至本

年正月初三日接到外部復文訂初四日晤商屆期赴約外部謂交犯一款與限制華工保護華民均不相涉允另訂專約不列款內寓華美民注册一款議院謂美第令華工注册中國無盡令美民注册之理堅不肯允初七日復赴晤商始允寓華之美國工人亦聽中國注册弟以美工在華寥寥無幾名爲相抵實非持平殊乖中國政府議立此款之意因力爭寓華之美國教士必須注册外部籌思良久始云另擬辦法凡寓華各項美民除公使領事署外每年由領事造册報知中國政府則已包括教士在內弟驟聞此語頗出意外因謂如此辦理足見持平當即囑將此款訂定早日送來十一日外部送到約稿大致與前所談無甚出入惟字句間尚有須核改之處復於十二十六等日將擬改之處晤商兩次斟酌妥洽又上年金山領事黎榮耀等稟陳修約事宜中曾云例准住美華工其妻及幼年兒女自華來美應准登岸又云戊子年以前回華工人領過仍准回美執照者如有眷屬財產來美此約行亦應准其來美因將此兩層先後添入第二款之末外部均以易啟冒名影射之弊議院必不肯允且云勿因此節耽誤全約弟亦明知事勢難行姑以此塞粵民之請彼既不允遂作罷論十七日將更定之稿送去十九日晤談悉照去稿不易一字此去歲臘月望後至今辦理議約情形也查美自戊子廢約以後駁辯數年迄無轉圜之望華工注册一事搆訟經年耗貲尤鉅終歸無補此次因勢利導新約既成舊行苛例亦挽回過半但使華工此後循謹守分當可彼此相安至寓華美民注册一層方初議時不獨慮彼族不允即使果允而中外情形不同將來辦理亦殊棘手乃外部擬此辦法每年由領事造册報知鈞署既免事端又得大體此固　國家積年德威所感亦由堂憲指示肯協機宜而該外部顧全睦誼結懽中國之誠心亦不容沒也茲將擬定草約底本寄呈

憲鑒其交犯專約俟譯出後續寄一切詳細辯論情形具歷次問答節略中計前後晤商六次第一第二次問答上年已經鈔寄茲將近日問答節略四件與外部往來照會六件一并鈔稿附呈以備察核再草約定後向例即須會同外部簽押以便發交議院核議除本日撮要電陳外所有月餘來辦理議約各情謹詳晰布陳伏乞代回堂憲核示爲禱

二十三日北洋轉到鈞署漾電諭令定稿簽押當即照會外部適外部以事他出至本月初始回訂十一日畫押屆期弟帶同隨員繙譯等前往外部將條約六款華文英文各二分校對清楚與外部大臣葛禮山互將所奉議約　諭旨閱畢隨即畫押蓋印訖美係民主之國外部簽押後尚須議院覆核茲先將約本送呈俟美議院覆定後再當電達由鈞署另繕正本請　旨批行此約本第三款末假道數語與前寄之稿稍有更改緣外部總文案勞楷粗

解華文謂此節洋文不下十數句何以華文僅祇數字疑此中或有錯誤是以臨畫押之前一日重新譯就繕過其洋文則仍原稿並未更動理合聲明本日已將前後議約情形具摺上陳另備公文錄稿咨呈冰案交犯專約據律師云美與各國所訂交犯款目以俄爲最詳時亦最近現就俄美之約參以中國情形酌量增删釐爲十一款於本月初一日送交外部外部因近日英俄捕魚爭論海界一事極費經營昨經面商須稍緩核復俟英俄魚案事結即議度亦不致過遲茲將擬稿並問答節略一件寄呈注册一事此時華工已知其中確無苛虐情事曩之堅拒不肯者現變而爲踴躍爭先且惟恐美員辦理不速致限內不及注完日前金山領事稟請求照會外部添派人員辦理弟謂華工已願注册而限內不及竣事咎不在華工使署儘可不問繼思踰限之後或致華民有爲難等事因就金山領事所稟情形備牘照會旋准外部照復並鈔美戶部及稅務司往還文件送來茲并譯稿附呈蚩蚩之氓本無成見惟回念去年出都時金山商人迭電告急情形及弟到美之初美西各邦拘拏華人景象爲時未久局面頓殊亦初念所不到耳墨西哥約款一俟稍暇與墨使逐款商定迅即繕本寄呈以上各節伏乞代回堂憲爲禱

此間自約稿發交議院後議紳以爲可行者十居六七即機利亦以注册既准彼此一律照辦事屬持平並無異議昨晤外部第問約本何時可以到京請　旨批准答以計程總須三月杪方到外部云俟此約兩國批准後即議交犯專約弟意欲促其將交犯約早日議定外部謂現議英俄捕魚爭界案尚未完結苦不得暇而中美目前並無緊要應交之犯姑俟新約批准再議似不爲遲語尚近情弟亦未便勉强計此件亦不致久閣大約在四月內總可議定也墨西哥事已於上年第九第十號函畧陳梗概近思墨與

歐洲各大國業經訂約在先其中得失利弊歐洲各國諒必洞悉斷無喫虧之理因商諸墨使盧美路囑其將墨與英德各國所立之約鈔來以備采擇頃已送到日內擬即譯出擇其可用者列入款內其中國與巴西前定之約於墨事不相類者稍爲删去此稿計四月內當可寄呈惟上年敝處第十號函中曾陳及在美華工注册領照之後新來者無册照則影射項冒之技俱窮因擬及早疏通華工赴墨之路以爲補救銷納地步思欲先派員到墨察看情形仍一面辦理兩國換約之事現尚未奉鈞署示復殊深翹盼又近接墨使來函云因銀價日賤爲害殊深皆緣歐洲商務最大之國壟斷居奇擬於本年西九月在墨西哥都城會議云云弟按鎊貴銀賤中國深受其病亟應設法挽回墨國銀元行用於中國沿海各省甚多若乘此機會中外合力籌一補敝救偏之策於商務確有裨益惟中墨此時尚未換約並無駐使在彼屆時應如何

派員預議之處未敢擅專茲將與墨西哥公使來往函稿各一件譯錄附呈以上各節伏乞代回堂憲從速賜示爲禱

上李中堂書

此間自九月下旬議院將注册例展限半年被拘華人一律釋放近日民情亦尚靜謐十月二十七日爲議院復開之期總統諭文言及中美交涉畧謂注册新例已經展限華人當可從容注册云云本月初六日往晤外部與商華民在美長久相安之策外部之意一勸華民注册一擬修約保護一請中國自禁而尤以注册爲保護關鍵諄諄致囑業於初九日發電求鈞處轉達譯署請示在案維自禁之議當初發自總署今欲申明此意似非所難修約一節自光緒十四年廢約行例之後迭經前任使臣駁詰終無轉圜之望今彼既云修約保護則現行之例或可酌量删除亦屬有益無損此兩事計總署尚可允行惟注册一端兩年以來衆口同聲

指爲苛例前使臣在此屢與外部駁辯某初來時亦踵前人軌轍擬以全力堅持迨數月以來檢閱卷宗詳訪輿論知此事已誤於前有不容再誤於後者請爲中堂陳之查光緒十七年五月間機利始創新例條目煩苛多至二十五款十八年春間經上議院各紳駁正祇存九款又多改易機利原文避重就輕按之從前已行之例並未加苛惟添此領照注册一款而仍删去收取照費一層蓋注册一事美國各部院已豫籌於數年之前非自機利始也惟機利立例之意重在不注册即截回中國美國各部院之意重在注册則可以稽查此其小異耳聞定例之初華工之安分者頗思注册以免後患而平日包攬華工出洋者則不利於稽查由是勾結紳董唆聳領事延訂律師紛紛上控不知因不注册而即截回中國誠可謂之苛例僅令注册固不得謂之苛例也迨本年五月間總察院批詞仍以注册爲合例而包攬之輩計窮旋值各省拘人於是相率注册者遂有一萬三千餘人昨戶部送到注册章程披覽一過其命意亦與中國戶口册保甲法大致無異而辦法加詳誠未見有苛刻之處第念地球各國寓美之民概不注册而獨華民注册似於國體有礙擬以此爲駁詰之端及詢之律司則云歐美各國寓美之民初來時即須注册一次屆五年入籍之期又須注册一次本年五月總察院批詞亦有此注册例係仿入籍例而行之語如此則與國體本無所損某又函詢金山領事紳董畢竟注册有何妨礙及早實陳可籌抵制乃近日迭接稟函絶未實指注册有礙之處所規畫者但期於注册之後任便往來而已由此以觀此兩年中紳董之呼籲領事之條陳使臣之駁辯皆墮包攬輩術中而於保衛民生顧全國體實無絲毫關涉此某所謂已誤於前者也惟是交涉重件襲謬踵訛固所未敢改絃更張亦宜以漸此例迭經前任駁辯痕迹已重此時驟許彼族施行及任聽

華民自便均於使臣將來辦事有礙因思不如趁外部諄囑之際示若勉允所請作爲轉圜之方日爲修約自禁等事豫留商量地步但自機利創例至今中國申滬等報傳閱已久幾於人人胸中有此注册苛例四字此時驟聞使臣允行此例勢必衆口誼譁謂爲失體又此間包攬之徒意所不便不難巧騰口說簧鼓羣愚如昔年商務芻言之類恐局外之人爲其所動方鑿圓枘之清議又將從此而起此某所謂不容再誤於後者也某初膺使節閱歷未深謹將以上情形覼縷布達其修約自禁等事俟與外部籌商後隨時續陳統望鼎力主持並乞指示機宜俾有遵循無任感禱

正封函間奉到九月二十九日賜書祇悉壹是承諭半年爲期更迫有何抵制之策儻彼竟悍然不顧又將何以處之具仰燭照之神數萬里外情形洞若觀火無任欽佩某九月杪發電時亦祇謂騰出此半年工夫尚可徐圖補救免致再被拘挐乃近日海外民

情自被拘釋放之後局面又變其謹愿者知包攬之徒不足恃已極願降心相從依例注册其狡黠者謂依例則有傷國體違例則貽害身家持此兩語以爲嘗試使臣之地然其中謹愿者大率十之七八狡黠者不過十之二三至領事商董之意則祇圖注册後之實利不復爲不肯注册之空談揆度情形將來六箇月期滿之日或不致再滋紛擾又外部既提修約自禁等語則屆半年之期業已與商修約即有不注册者亦可設法推延拘禁發遣等事似可無慮某所慮者注册之爲苛例自兩年以來業經幷爲一談牢不可破必謂前使臣在此相持日久卒未見行後至者畏葸無才至令苛例橫施僑氓受侮必有以某爲辱國者此等議論諒所不免亦不敢辭然第可局外之人資爲談助若使總署亦持此見則此月餘來搜尋積牘苦心剖析既屬徒勞且於修約自禁等事以後必多窒礙而光緒十四年彼國所定廢約行例之苛禁允無轉

圜之望矣某資淺望輕致譯署函中未便爲直情徑行之語尚乞中堂俯鑒此衷隱爲調護於函致譯署時力主此論以釋羣疑大局幸甚僑氓幸甚

致譯署總辦函 五件

中美新約議院於本月十三日業已核准當經電達鈞署奏請用寶在案此約初議時外部即與議紳參酌原無意見相歧之處迨畫押後各紳亦謂持平尙無異論自四月間稅則議起以致擱置良久其中袒工黨者遂不免意存嘗試騰說多端弟雖壹意堅持未爲所動然因散院在邇不無焦慮茲幸衆議克諧浮言盡息昨外部親來使署曲致殷勤謂此約核准不但華工生計所關亦於中美邦交有益誠確論也交犯專約目前擬暫緩議俟開院後再商一切容後續陳近接墨使盧美路來函謂中墨約款現經墨政府擬定另訂一稿寄來弟詳加披覽較上年送來之稿頗有增删仍釐爲十五款其第一至第八大致悉同前稿第九第十係就前稿各款合幷而删其繁冗內有墨國人民至中國遵照中國法律歸中國審署聽斷之語此從前中國與各國定約所無其意蓋因墨國未必有人來華姑作此公道體面語然較諸前稿實勝將來中國如欲與他國改約亦可引此以爲嚆矢似有益無損第十一款請將墨國銀元在中國境內通用十二十三款即弟所擬增之款不准派充兵勇及禁止拐販出洋另訂招工章程是也十四十五均同前稿至互交罪犯減輕稅則二事均未列入現思交犯一款或與另訂專約不列此稿之內稅則一項據赴墨委員黎守來稟墨稅甚重必須議減查行用墨國銀元一節墨使來函既云墨政府所注意或即將減稅一事相抵作爲酬報專條愚見如此未知果克辦到否

七月奉到鈞署口電以日本奸細二名在美領事處延不交出當

經晤商外部並迭次催問隨時電復在案查此次外部葛禮山之意極爲秉公謂保護二字不過代爲照料安分良民至關涉兩國軍事仍應遵守局外公法不容偏袒頗怪田署使年輕不諳交涉及上海美領事辦理不善前月三十日外部來文抄送戒飭該署使公文一件密電一件反覆詳明具見恪守公法篤念邦交之意現美領事已將倭奸交出惟據外部云接田署使來電謂二倭係學童所挾圖籍亦非行軍之用務請中國詳愼讞明勿遽正法弟告以中國素來寬仁如非眞奸必不輕於誅戮外部又云現已催令田貝回華即日起程此案俟田貝到時完結最好默察其意蓋因中外通商以來往往一國有事各國互相勾結聯成一氣此次美國固不願徇庇倭奸致乖公道亦不欲因此一事辦理過重貽各國口實是以諄囑特達鈞署特爲縷陳所有與外部往來照會二件並外部抄送之件譯錄呈覽　再本年五月七月間迭據駐

秘貴參贊嘉里約許領事禀稱該國現聞巴西墨西哥兩國開辦
招工之信有葡萄牙人與秘國田寮私立合同潛赴澳門招工請
咨閩粵飭禁等情當經批示以私招工人顯違條約應由該參贊
按約照會秘外部請其照律懲辦並將來如有載到之華工應由
中國官員扣留聽民自便批示去後查秘與中國立約設官爲日
已久私招之風固不可長而現在旣准墨國招工則秘國事同一
律似難兩歧不如亦與明訂招工章程盡除從前苛虐之弊俾出
洋華工多一去路未始非策愚見如此伏乞代回堂憲請示爲禱
八月十二日奉鈞署眞電祇悉約本用寶後札交赫德由英寄美
如不捺擱計程月杪可到昨外部晤時催訊弟未告以由赫寄遞
因此約初訂時聞英人在美者頗不愜意謂中美交厚恐於英人
商務有礙即外部告議紳亦謂與中國和平立約冀可振興商務
是以衆議翕然固知此約之成非赫德所樂聞也電詢金山日報

一節七月間敝處接金山總領事張道禀函謂倭人向匯豐銀行
借銀百餘萬在紐約購軍火係金山匯豐司事粵人廖姓來告弟
當卽商之科士達擬照會外部設法阻禁科云如顯係軍艦可援
公法阻止如密購器械局外之國例不禁商人販賣刻下北洋在
美亦有採辦之件美不禁阻此其明證又自中倭開戰以後美國
武員貽書自薦願往中國投効者及各商廠求售新樣軍械者不
下一二百函幾於應接不暇以此推之倭在美購械訂員皆事所
或有惟如該日報所稱募軍千人與輪船公司訂立合同云云則
皆事理所無倭不患兵少所聘不過一二將弁安用遠募千軍輪
船載客自有常例何必訂立合同此眞齊東野語不足爲據聞中
倭未開仗之前俄國極願調停因英使忌之而罷竊審此時各國
情形美最樸厚俄雖悍亦伉直惟英外和內狡其臭味與倭相投
中國現方以全力禦倭自不容更猜忌英人另生枝節然亦不可
不隨事預留地步愚昧之見未審鈞署以爲然否電詢借銀還銀
一節據科士達云金價目前已極貴日後當漸平外洋借款祇圖
生息長久不在尅期繳本將來鎊價落時還銀當不喫虧墨西哥
鷹洋該國每歲約鑄三四百萬元均由英商陸續運載至中國及
印度南洋各處行用墨國並無富商積聚墨使云國新財絀自係
實情弟意墨甫議約此事不必與商如目前定計需借自應在美
妥籌但得年限稍久誠如科云借鎊亦不喫虧卽希鈞署酌奪爲
禱中墨約稿自墨政府改動後弟又另擬酬報專條二款其交犯
一款仍用原稿列入於八月初照會墨使寄墨政府現尚未接復
文據墨使云當可應允想不日即就緒也派赴墨西哥委員余守
六月杪自華盛頓起程係由陸路沿途察看美墨交界情形於七
月初九日抵墨黎守六月杪由金山附輪船海道前往周歷墨國
西南瀕海各埠至八月十三日始抵墨都沿途大畧情形已據陸

續函報開辦事宜尚未接禀應俟禀到之日詳細布陳　再接奉
七月初七日大咨並各照會稿內日本啟衅情形一件稱俄英政
府事前勸阻等因查六月初旬美國亦曾勸倭人勿干韓政敝處
當時與北洋電音往復數次想其時北洋因頭緒繁多未告鈞署
故照會稿有俄英而不及美惟此次敝處照會美外部似不宜漏
敘故稿中將美國添入特此附聞又當時美外部之意不願會同
俄英勸阻蓋因兩國皆思收漁人之利而英用意尤狡料難說到
一處也兹將六月十三日以前電稿四件鈔呈察核再駐美使署
繙譯官莫令鎭藩因聞倭人啟衅自以世隸旗籍懇給假回華効
力念其壯志奮發義不容阻已如所請另備公牘交其賫呈冰案
又洋員專威路研精化學三十餘年前月來署上書自陳有新法
破敵弟以其術頗近渺幻未敢深信詢諸科士達謂訪聞其人誠
篤不苟非詭語欺人者兹金山華商志切同仇籌集美銀六千元

公聘此人隨同莫令回華効力弟已飭莫令逕赴北洋俾可試驗其法儻果有實用亦不負海外僑氓踴躍敵愾之意用再附陳九月二十四日接到鈞 署漾電祇悉約本甫於九月初八日由滬寄英轉美如到英後不搽擱計程十月下旬可到日來外部盼望甚切緣此約議院覆准已七十餘日議紳中之好事者謂京師至華盛頓向來函牘祇四十餘日此次久不見到頗疑我國有輕視彼國之意不免又向外部煩聒外部慮其別起波瀾故每見輒詢弟明告以約交赫寄則耽遲之故自有任其咎者不致疑我藐視但總以早到早換爲佳因寓美華工盼互換後可得按約往來之利益也美境華民目前諸臻安謐惟煙賭二事積弊已深亟須設法挽回湔除惡習紐約一埠華民不及萬人整理較易且距使署不過半日程擬就此地先行振頓現已粗有端緒稍緩當詳細函陳日國所屬古巴一島比來市埠日形蕭颯與十年前局面大異

體察情形不得不稍改章程期歸核實以節浮費本日已具摺上陳另備公文鈔稿咨呈冰案以上各節伏乞代回堂憲爲禱 再中倭戰事外洋祇憑新報所述往往抑揚失實原不足據自平壤一戰之後謠傳益多近日洋報載我有議和之說美外部葛禮山意甚關切昨密語弟現屆天寒轉瞬冰雪載途倭性不耐中國須打一大勝仗後方可言和否則從旁伺隙者多後患正長恐一波未平一波又起諄切相告弟念此事 廟堂自有主裁且相隔數萬里未悉近日軍事機勢如何不便懸揣第思局外之論不無可採且外部眞切相關之意殊不可沒用再密陳

迭奉鈞署沁豔江豪魚陽眞文咸九電業經隨時奉復在案電語簡略茲特詳晰陳之沁豔二電係奉 旨垂詢之件本日謹繕摺密陳另具公文鈔稿咨達冰案中美條約他國有不公輕藐之事必須從中善爲調處本年六月間倭衅萌動之初美即勸倭毋干

政韓外部曾以所言示駐美英使英使謂其語太切直非局外中立之道美亦以英俄各有私見不願與之會商兵衅開後此間日報謠傳大率揚倭抑我外部意謂倭軍雖銳國小財絀曠日持久終非我敵於晤談時屢屢言之及九月下旬英代辦函告外部倡中國棄藩償費之議外部因其用意偏袒在情理之外是以堅辭不願預聞洽弟奉鈞署電示一再往商外部尙慮英人匿情不告恐我爲其所愚最後接魚電始知 朝廷包荒之量度越恒情仁者樂天殆非管窺蠡測所及外部亦允告總統會同調處此事已具節次復電惟其中始末曲折容有未盡用再備陳借款一節銀行初時並無阻難議已垂成乃因洋報謠傳之故妄相揣度謂招股不易遽罷前議良可慨歎然中國地大物博衆所稔知利之所在不久彼自轉圜度不致居奇過甚也使署繙譯莫令鎭藩稟請回華効力並擕洋員專威路等同行前已函達不意本月初六日

到橫濱換船走漏風聲爲倭人詗得派兵在神戶截查竟被搜出證據當時獲住由駐倭美使電告外部始悉其詳並聞該洋員與莫令訂立合同期以到華後兩月之內轟燬敵艦據日報云此人兩年前曾以此創獲新法告美政府政府謂其術近於殘忍不用該洋員聲名甚著莫令既與同行又事機不密致有此失昨日報又云洋員二人倭照西例已令立誓釋放惟莫令解往廣島羈押查西例兩軍戰陣被獲之員不准加害但須拘禁俟戰事定後釋放倭待洋員既用西例計莫令亦不至遭害惟中途被執致該洋員新法不及一試以摧敵鋒爲可惜耳 再上海所獲倭奸二名前外部密電飭田夏禮交出時頗謂田署使年輕不諳交涉諄屬俟田貝回任後辦理當時科士達曾譏笑外部謂田署使並無不合乃葛禮山不諳中國法律之故語含諷刺後拜亞自英國回又深怪葛禮山謂不應將二倭奸交出科拜二人均係前任外部自

謂老於世故是以葛禮山於此事甚爲關心每見輒詢弟答以屢經函電諒必待田貝到後辦理昨因莫令被拘電詢南洋始知業已正法會外部接到田使來函得悉此事咎我失信當面誚讓意甚不平且謂致渠無顏見人是中國有意輕藐云云弟因成事不說告以邇來中美邦交方睦皆其秉公辦事之效切勿因小誤大渠意稍解特恐其再令田貝到鈞署饒舌是以發電奉告平心而論葛禮山爲人樸實公正無洋人機械惡習其居心似在拜亞科士達之上倭奸應誅自是我用我法原與外人無涉慮其鑒於此事以後稍學乖巧則辦理交涉事件不免又需多費氣力耳附泐奉聞並乞代回堂憲爲禱

中美新約於十一日寄到知照外部後訂即日互換是日申刻齎約本帶同參贊繙譯到外部衙門公同謹閱互換並另書換約憑單簽押訖當時問外部交犯專約何日會議外部答以議院新開

公事甚繁訂半月後晤商現值西人年節已近未知屆期有無推延弟意如交犯約不日可定即將草約同總統批准新約一并寄上否則先將已換之約寄呈前奉鈞署來咨恭錄七月二十九日

硃批並鈔錄堂憲奏稿知中墨訂約一事已經上陳當即照會墨使盧美路囑其速告政府早日議定迄今尚未接復文弟察墨使人頗老練墨政府似不免疲玩容俟復到之日相機訂定即行電聞前派赴墨委員黎余二守已將途中察看情形陸續禀報並繪墨境全圖譯錄疆域人口土產清册繕送到來茲另具公文咨呈冰案倭奸正法一事外部經弟婉言解說後意已稍釋而議紳中之袒倭者羣起而攻外部請將關涉此事文件悉交議院閱看會議以伸公論外部情急續又有照會到來嚴詞誚讓中國失信其意欲占地步冀免各紳掊擊弟當復以此事由外部誤會並非中國失信現已旬餘聞外交股議紳不欲苛求生事或可就此收

場茲將與外部往來照會二件譯呈察核秘魯亂黨迄未平靜私招華工一節現亦未據續報惟該處華民因中倭戰事日報謠傳抑揚過甚大受土民欺侮近來殘殺之案迭見秘外部因內亂方殷自顧不暇該參贊領事屢有函禀到來除詰問外部一法別無良策時局至此交涉之事益難措手亦不獨一秘魯爲然也

上李中堂書

頃見洋報述中國有議和之說相去數萬里此等謠傳之詞原不足信惟既有所聞不敢不一陳其愚兩國開仗以來閱時三月雖彼此互有勝負然韓境業爲倭據我水陸各軍尚未決一大戰奮揚威武目前似非議和之時且士卒必屢經戰陣而後技益精膽益壯將帥謀畧亦由閱歷而出合中國十八省之財力與倭虜三島決雌雄尚復何所疑慮曠日持久正以用我之長中堂智珠在握洞見敵情必不輕於言和意者局外之國妄揣當軸厭苦兵禍

謬託見好實欲坐收漁人之利姑爲是說以冀一當乎昨美外部葛禮山密語某謂中國必須見一大勝仗後方可言和否則從旁伺隙者多後患方長恐一波未平一波又起此語不爲無見中堂身繫天下安危海外欽爲偉人伏望堅持大計需以歲月虜技自窮待彼情見勢絀就我轉圜屆時相機應付收束自易時局幸甚哈槍七千桿分批起解於本月初旬已全數解清兩次收到匯款八萬六千元所有槍彈價水脚保險等項另具清單呈核槍價每桿九元二角五分較從前購價實減二角五共減美銀一千七百五十元合庫平銀二千三百餘兩惟今昔鎊價不同從前每桿合庫銀不過八兩現合庫銀至十二兩五錢有零鎊價不平中外貿易無一不喫外人之虧然低昂鎊價實惟英人壟斷使然歐美兩洲一律用鎊所受病者獨用銀之國耳中美新約用寶後譯署札交赫德寄美此君有意遲延至今尚未寄到某來此年餘稔知中

美交厚實觸英忌蓋慮其有損彼國在華商務故時思以術離間
之前月赫德見金山日報載有白人在美代倭募軍千名與輪船
公司訂立合同云云卽託言無名氏函寄封送譯署署卽據此電
詢囑令設法防閑實則購械訂員凡我國力可辦者卽倭亦可辦
無從禁阻至日報所述在情理之外萬無此事赫德非不心知其
謬不過冀借此以離中美之交此等伎倆深可痛惡聞本年倭釁
初起俄使頗持正論冀以調停息爭因英使恐中俄交密將不利
於英力阻而罷果爾則釀成倭釁英與有咎不審譯署各堂現已
燭其狡詐否此時我方以全力禦倭自不容猜疑英人更生枝節
然各國情僞不可不知中堂暇中盍爲總署別白言之乎惓惓愚
忱不盡覼縷

致譯署總辦函五件

自威海失陷議和之使遄返西人論說紛紜略謂倭志在兵薄都
城多索賠費並割據已得之地方允議和又謂英俄兩國必不終
守局外之例但須中國事到萬難方肯出而遏阻藉收漁人之利
等語弟之愚見誠慮倭欲難饜和局未易就緒又詳查英俄兩國
添兵赴華確有實數與其坐待事機危迫令彼族效卞莊刺虎故
智不如早爲聯結量許利益儻得就我範圍差足摧敵鋒而全國
體惟中外相隔數萬里軍情瞬息變更未敢憑臆見遙度是以電
請堂憲裁酌可否代奏旋奉
諭旨垂詢當經詳細電陳在案近
日外洋新報言已簡派合肥相國爲全權公使現方入都
陛見
卽日遄赴東瀛我
國家以至仁育物不忍多殘兩國民命和議
果成洵足挽回浩劫自是薄海生靈之福萬一倭人所索過奢事
難應允不知俄國果肯出而助我否朝鮮爲我藩屬二百餘年凡
內治之政中國並不遙制現倭雖名使自主實則以後國政均歸
倭人掌握俄韓接壤度俄未必甘心讓倭如俄師乘此機會入韓

則現踞奉省之倭軍歸路已斷我兵奮力進攻所失城池不難全
復惟慮英人心忌中俄之合或從旁阻撓耳如可酌許英人利益
俾不致陰助倭軍於大局當有轉機去冬
簡派王爵棠方伯赴
俄唁賀想
朝廷已有結俄爲援之意未知彼國政府意見如何
鈞署必早洞悉弟身在墨州此心無日不在
輦轂之下正未知
此函到日和戰局勢又如何也輾轉籌思不勝焦灼前奉電示寄
美廷
國書底稿當卽譯成西文親交外部轉告總統旋據外部
轉述總統之意業經電復在案美廷自上年十月應許勸和之後
卽飭駐中倭田滕兩使隨事助我無如倭情叵測非口舌所克勸
阻此時默察總統外部意中似均有愛莫助之之勢俟
國書到
日當再與妥商隨時電聞

近日洋報載和議垂成傅相已允割臺灣全省償費四萬萬倭暫
踞旅順等處俟交款訖歸還等語此信果確將舉二千餘里沃壤
數百萬人民盡皆委棄與敵在
國家屈意求全俾兩國生靈免
於鋒鏑之禍原屬如天之仁特慮臺省人民沐浴
聖化二百餘
年其間豈無忠義之士不願從虜一旦棄之化外永爲異類必將
悲憤飲恨誓不俱生屠戮之慘在所不免且設令此後西洋各國
別起釁端踵此爲例指索沿海省分將使江浙閩廣一帶人人自
危土崩瓦解之禍成於俄頃傳相卽老誖似不應謀國不忠至此
兵費四萬萬如用以禦敵卽月耗千萬足支四十箇月以中國土
地之廣人民之衆若與倭虜苦戰三載豈無轉敗爲勝轉弱爲强
之一日而乃汲汲出此下策將氣運使然乎抑人謀不臧乎此函
到日如果所議已成亦屬空言無補若猶未也狂瞽之見或可備
堂憲芻蕘之采秘魯亂民因爭總統搆兵日久前月杪接貴參贊
來電現秘都已失總統出奔各國使署幸尚無恙惟華民則已大
受焚掠之慘古巴一島困於日國横征苛歛該處酋長現謀自立

爲國於上月揭竿起事日廷方籌遣兵征討尚未抵境將來戡定與否殊難逆料幸其尚與華民無害較寓秘之民稍勝各處兵峠紛紛皆由人事不盡關乎劫運平心論之敵國外患雖甚迫切實則蜂蠆之毒民心內潰禍伏未形不啻膏肓之疾縱觀時局彌切杞憂以上各節伏乞代回堂憲爲禱

自抵美後凡所擬稿楊公從未加墨祇於稿底批照繕二字獨此函中間十餘行爲公塗乙過半方屬稿時亦知與公意不合但言爲心聲不容勉强又其時肝病已動下筆輒不能忍今悉照原稿錄存以見當年海外情事亦即後來內渡就醫之萌芽也戊戌九月記

葛禮山平素爲人淸正不阿凡遇外交事頗能揆情度理一秉至公不似他人視事勢以爲遷就軒輊上年中倭衅起其於中國尤切惓惓時發正論以持事理之平雖與議紳牴牾卒不少變初念

本年四月初間倭約雖定尚未互換密詢弟近曾得政府消息否儻需美國幫助極願効力窺其意似亦因此約喫虧太甚頗思從中挽回一二當時答以擬即電詢葛籌思良久云如發電不必說我意恐他人知之謂此事美國政府不應干預耳後迄未奉鈞署電復而葛亦從此臥病不得再見至今思之其情尤可感也總統與葛交情素厚又因葛屢次以病乞退而挽留未許卒至歿於其位故此次飾終之事極爲優渥初六日舁柩入總統宮殿設奠各國公使均往就弔發引之日總統及各部大臣乘火車送三千里至詩加古墓次視窆一切經費均由公家給帑皆向來所未有總統論國人謂葛天性忠厚愛國愛民輿論翕然以爲不誣現在接任之員尚未選定此後交涉之事恐不免稍換局面交犯專約議紳前已嘖有煩言若外部又非原議之人將來必更費一番筆舌尚未知克葳前議否昨奉電示暫緩赴日擬俟交秋後再定行止

此時臺灣尚議割棄小呂宋設官一事更難措手並慮彼族有意外訕笑之詞且俟屆時斟酌出之可耳

美廷現派奥爾尼爲外部大臣係由律部大臣調任此君人亦和平但向祇照例酬應往還並未深交不知將來辦理兩國交涉事件如何該外部甫經到任所有交犯專約目前未便催令定稿此中隱情不敢不爲台端詳晰陳之弟觀自上年倭事起後我軍屢戰不利美各部院之淺見者雖存藐視之心然祇謂我武備廢弛終以地大物博不敢輕量及見此番降心議和割地償費凡所要挾一一曲從並未稍收樽俎折衝之效以爲中國人才不振如此蕞爾倭奴尚不敢抗何況他國由是輕藐之意大著近來凡有公會一見中國官員衆輒目笑存之令人難堪此時若與斷斷辨論交犯之約如何關係輕重不幾類於放飯流歠而問無齒決乎尤可異者墨使盧美路二月初來文有通商和好約款不日即行商

議等語近日晤見詢其約稿已否商妥據云未得政府消息查墨都距美僅五六日程卽謂該國公事向來疲玩亦不應濡滯若此墨使又云中墨立約之議將及十年此次耽遲由墨政府然十年來遲疑不決則中國政府爲之此雖一時搪塞之詞而該國目前不願急於定約之意已可概見弟揣度其情必因近見洋報紛傳中倭講和之後有廢去舊約另定新約之說意在俟倭約定後援以爲例果爾則前擬中墨約稿必有更動矣墨係偏僻小國中國與之立約祇爲消納在美華工起見自上年派員察看後始悉彼中情形與向來所籌辦法尚多未合今春本應陳奏亦因倭事方亟不暇及此現擬卽日詳細上陳弟之愚見交犯約墨約均有成議在先但値此時勢不便催問與之强聒應俟倭事稍冷各國輕藐之意漸息屆時披郤導窾相機應付尚非難事古人所謂雖有鎡基不如待時也

本日將派員查明墨國情形並墨約暫難定稿各節具摺上陳鈔稿咨呈冰案目下墨政府意在延宕固不便求之太急而愚計所及此中利弊實亦不免躊躇摺中未敢敘入謹爲鈞署約略言之查與墨立約本意在疏通工路補救商艱自派查之後據委員余思詒函稱途經巴梳詢華工在美境者月得工値美銀四五十元在墨境者僅及其半墨境按月有稅而美境無之是以華民視由墨來美不啻登仙該員抵墨都後詢問該處華民據稱歷年統計到墨華民大約不止萬人始到傭工習業一半年後即四散謀生弟上年秋間囑墨使盧美路寄書回國淸查寓墨華民實數據所函覆現在墨國全境僅有八百六十八人是華民陽借赴墨爲名實則潛行來美已可槩見訪聞巴梳一埠近來屢有華工深夜撲河偷渡致遭槍斃者已非一次蚩蚩之氓利之所在雖死不懼照此情形即與墨定約之後亦不過以美爲壑於疏通去路一層意

適相背此躊躇之一端也墨國地廣人稀一經認墾即爲永業其言誠足動聽然查向來華民出洋大抵工人孑身先至而後商人繼之即所謂商者亦不過販運華民日用之需並無鉅貲營運今謂開墾之利過於經商擬先令華商出貲購地俾工人可源源而往華傭所墾者即係華商地段之工如此則工貲亦出自華人恐工値既未必多而商情亦難踴躍至創設輪船糾集公司等議尤爲造端宏大雖據該委員等一再稟稱確有把握殊未敢信此又躊躇之一端也即此兩端皆非立約本意現既查悉情形自不得不審愼出之弟意此半年數月之內如墨政府仍來就我商議准照前款立約無甚更動則與定稿簽押儻或有意居奇妄冀多得利益正不妨暫行擱起蓋審度事勢祇可如此隨宜應付非與上年初議自相矛盾也除將該委員等前後稟件另備文咨呈察核外輒布區區之愚不審鈞署以爲然否又查華民之在南北美洲

各國傭工者工値皆廉惟美國獨多至數倍美雖禁工而相待亦尙從厚即如此次中倭衅起秘魯檀香山等處稟牘紛來均言因聞中國戰事失利致僑氓大受土人陵侮而寓美之民安堵如常人情厚薄即此可知竊謂目前辦法總以勸導華民及早湔除煙賭械鬬等惡習俾美國憎惡之心漸減十年之後不用限制仍與各國人民一體同沾利益斯爲上策紐約一埠距使署最近自上年十月起飭該處領事官租賃公所延訂講生每逢朔望及房虛星昴日召集僑氓宣講　聖諭反覆開導勸其速將煙賭械鬬諸弊悉行改革本年正月又自撰戒諭文一首附刊上年中美新約之後隨同散給雖未敢遽期有效而爲正本淸源之計祇可如此玆幷附錄呈覽以上各節均乞代回堂憲爲禱

告諭寓美華民文

諭寓美華民知悉爾等來美數十年矣初時美國以禮相待彼此

無猜繼而工黨忌嫉又久之而議紳憎惡定立苛例致傭工之人一離美境不准復來堂堂中國人民獨不得與他國之民同霑利益此豈獨彼族之過哉推原其故爾等平日取憎於外人者厥有數端一曰鴉片一曰賭博一曰械鬬此等惡習雖在中土人皆厭之況乎遠適他邦身爲羈旅而乃犯其禁令礙其風俗其被苛制不亦宜乎本大臣奉　命來駐斯邦凡爾工商皆我赤子欲爲爾等謀生計爲兩國全邦交是以奏請　朝廷權允美國所定注册領照之例訂行新約六條俾爾工商得安生業自玆以後新約既行苛禁自解第念爾等若不滌除積習痛改前愆終非正本淸源辦法玆當換約之始特爲爾等剴切言之鴉片之害廢時失業促命損年此人所盡知不必再言吾所恨者爾等異域傭工得貲不易一經吸此貲財損耗所積幾何況中美續約華商不准販鴉片來美今華商違背約章販運此物以蠹華工之貲工人之愚固屬

可恨商人之見利忘義亦何可恕此宜痛改者一也賭博之禁中
國立法甚嚴即西律亦未嘗寬縱今爾等狃於粵中積習白鴿票
番攤館各埠林立此等開賭棍徒皆係不工不商之人罔顧廉恥
誘取人財其爲害尤甚於煙館工商之嗜賭者往往因此無底之
壑蕩喪其貲淪落外洋不得生還鄉里良可悲歎此宜痛改者又
一也金山堂號最多近聞紐約間有仿設雖云藉聯鄉誼實則隱
分黨類各埠械鬬之案往往由此而起試思同在異邦且同係粵
省之人何必分曹樹黨縱有睚眦細忿儘可請鄉人評定是非或
以聞諸領事官剖斷曲直安得遽起爭端釀成鬬案此宜痛改者
又一也爾等果改此三端惡習自不至取憎於外人從此兩無猜
忌不獨美國議紳決不再施苛刻之例即工黨亦可消其忌嫉之
私從此按照約章與各國人民同享一體均霑之利益爾等生計
既裕中美邦交日篤本大臣有厚望焉

致總署電四件

沁電謹悉請詢張將兩船名洋文並船現泊何國速電示再巴西
距美約四千五百海里派員查驗往返須四旬由巴到華約兩月
程船是否可用非水師出身之員不知底蘊僅查船身礮械速率
一切數目似無益應否照辦乞代奏請 旨示遵

威海失利門戶洞開遣使被却更無庸委曲請和若以擬賠倭費
聯結英俄請其助勦俄水師由元山收復高麗英水師助收旅順
威海兼防長江以南兩軍資糧由我應付較之倉猝募兵購械收
效必多事平之日量予利益以酬其勞視敷衍倭事了局後復啟
他族生心得失懸殊可否代奏乞裁奪示復

總署來電

奉 旨楊儒電奏聯結英俄助勦等語西國有守局外之例楊
儒所奏是否西人有此議論抑係出自己意著即詳細電復欽
此養

養電奉 旨垂詢謹悉查倭事初起美外部屢云各國惟美眞守
局外之例英俄皆思乘機得東方利益及戰事喫緊英俄各添兵
艦赴華均多至二十餘艘俄幷添陸師數萬英添印度備調兵西
人屢論其用意難測畧謂俄懼倭拓地必以力制英忌俄制倭思
分其利兩國必不終守局外之例近又謂倭意在兵抵京城議和
索費佔地願望極奢惟憚英俄出而干預等語儒歷觀歐美戰事
局外二字係門面語十餘年前俄土構兵土已力絀求和英不利
俄所爲出兵助土是其明證大約苟有利益即可借端出場竊意
目前事機急迫應否先密商駐京俄使酌許利益俾轉達政府俄
允方商英使彼不甘讓俄勢無不允俄英協助倭氣自沮但得收
回險要顧全藩屬即亟酬兩國不爲失體或倭聞助勦內怯自願
轉圜求和要挾必少謹遵 旨詳細電覆敬乞代奏

頃外部密詢倭約定後中國政府意見云何美極願幫助因未悉
近日情形無從効力等語其意甚關切又聞俄因此約有礙彼國
已聯結德法詰問倭廷是否意在助我乞密示

佐軺牘存鈔稿 先君平生嫌於矜己雅不欲傳示後人而
父執以 先人心力所在不宜湮沒謂可擇尤要者刊刻傳
世謹就二編中奏摺書函告諭電報四類輯爲二卷初編諸
稿已見薛公集中故不錄云男同范等敬識

復庵遺集卷六

禁煙牘存一

無錫許珏

與旅京同鄉諸君擬試辦本籍禁煙書光緒二十五年七月二十五日

前年在里見鴉片之禍日甚一日據友人云曾取土店出入帳簿考之每歲錫金約耗洋銀三百萬元聞之大駭嗣後謹記於心時時擬籌一除弊之策去年蒙　恩召對後曾上一慎外交飭內治之疏所言內治飭指禁煙一事留中未發續又上書當道備言今日洋藥耗財病民卽舉吾鄉之事爲證諸公皆未置可否獨趙大司寇深以爲然而亦慮議禁之不易今春見總稅務司刊印海關逐年付還洋款本息數目盈絀表感念時局艱難非杜塞海外漏卮更無救時之著因擬一江蘇通省京官公呈稿徧商同志會胡中丞敦促返晉匆匆首塗遂不果上然寸心耿耿時刻不忘近讀　朝廷屢降
諭旨清查關稅鹺金鹽課中飽諸弊而諄諄不准加派民間
聖慈高厚凡有血氣莫不感激涕零竊思今日中國受病根源在每歲驟增此二千數百萬之洋債縱使自今以後各省官吏人人潔清自矢征榷所入涓滴歸公亦不過每歲多得數百萬而止耳尚少二千萬非另籌一常年可恃之鉅款暗中補救則不獨司農終歲仰屋歎息將恐海內有土崩瓦解之憂緣此二千數百萬之款係歲歲輸出外洋內地存銀逐年搜括必至日少一日民窮財盡後將何以自存因取前擬公呈稿重復刪改請先就錫金兩縣試辦事體重大不能不約旨卑思就實有把握處做起也惟事關兩邑必須詢謀僉同茲將此稿排印寄呈清覽如閣下以此事爲可行或稿中尚有未妥之處卽祈惠函指示以便改正遞呈時並擬借重台銜此事關天下大計今欲以數書生之志力就百里之地倡之未免近愚然古來至艱至鉅之事其轉旋樞紐恒萌芽於

一二人方寸之中及其精誠所至金石爲開天心悔禍亦隨人事爲轉移古人以人爲天地之心良不誣也吾邑自泰伯南游草昧肇開三千年來代有賢哲實爲海內文明之地顧高二先生倡道東林至今四方宗仰今日鴉片之禍或當由吾邑首先湔除以爲天下之倡亦使當世知錫麓惠泉之間聖賢遺澤猶未湮也

錫金同鄉官公呈都察院文光緒二十五年十月二十八日

具呈候選道許珏等爲時局至艱　國恩至渥擬請除積弊以裕邦本勵衆志以答　皇仁先就本籍地方試辦禁止吸食鴉片俟有成效再行推廣謹陳大畧籲懇代奏請　旨飭下地方官申明禁令妥爲照料事竊職等自夏秋以來每閱邸鈔恭讀　上諭清查各省關稅鹺金鹽課中飽諸弊諄諄不准加派民間　聖慈高厚凡有血氣莫不感激涕零竊維練兵籌餉爲目前自強首務而今日餉源之匱由於甲午倭人一役每歲驟增此二千三四百萬之洋債今計各省清查之後歲入所增亦不過三四百萬以抵洋債所出尚少二千萬之數理財之道開源不如節流節於官府不如節於民間之多剔弊竇於內地不如塞漏卮於外洋爲尤大緣今日二千數百萬之洋債係歲歲輸出外國內地存銀逐年搜括必至日少一日非力杜漏銀出洋之弊萬不能挽回補救也鴉片流毒中國將及百年道光年間
宣宗成皇帝廟謨深遠決計爲民除害其時中國未悉海外情形大臣辦理此事寬嚴操縱不盡合宜致成兵釁自後議禁一事無人敢言當日廷臣謂此害不除更數十年後不獨無可用之兵并且無可籌之餉迨至今日斯言已驗人第見近年中外交涉受侮日甚而不知召侮之源實在此也書曰民爲邦本鴉片禍民則邦本壞矣職等查近年海關貿易册洋藥進口每歲尚五萬餘擔輸出價値之銀計在三千萬兩外如使民間一旦悔悟痛改前愆自

相禁止不吸鴉片則每年存留內地之銀已較歸還洋債之數有盈無絀是　國家雖有按年應還之款而民間不復有逐年輸出之銀譬諸一家父母雖有訟累耗費之項而子弟能悔過自新不復浪用各積私財亦足以紓父母之急孔子謂百姓足君孰與不足其理固顯而易見也積弊果除邦本果裕而猶慮餉源不足練兵不精者未之聞也抑職等又思環球各國幅員之大惟俄英美三國與中國差相頡頏俄地多荒漠英地多分散美亦新造之邦皆不如中國之文明繁庶然而各國富强中國獨貧弱者非盡由於軍械之未精也地利之未闢也工作商務之未講也實人才不如也人才所以不如者官方不飭士氣不振為之也其所以不飭不振者則吸食鴉片使然也查咸豐九年鴉片弛禁之後官員士子兵丁三項人仍禁不准吸食今欲力除積弊必以申明此禁為先然此三項人兵丁易禁官員士子較難現職等之意擬由民

間自相禁止則官員吸食一條　朝廷自有權衡無待臣下瀆陳至士為四民之首欲正民風先端士品士品既端民志亦勵職等籍隸江蘇無錫金匱兩縣請以縣境言之金匱係無錫分縣同城而治兩縣轄境延袤不及百里男女大小丁口不過七八十萬而檢查本地販賣煙土鋪店帳簿每日需耗洋銀六千圓一月即需十八萬圓一年共需二百十六萬圓合庫平銀約一百五十萬兩以每人日耗洋銀一角計之吸食者約及六萬人然其中因游惰而吸者居多因疾病而吸者究少吸食之人惟年老者氣血已衰不易戒因病而吸者不吸則所患復發不能戒除此兩種人外無論富貴貧賤無不可戒之人職等現擬就縣境廣設戒煙醫局多方勸導除年老疾病之人姑聽照常吸食外其年未及五十與現無疾病者由局配製戒煙丸藥減價發給並派醫診視就其煙癮淺深以時遞減俾不至因驟戒成病務以誠意勸化先士子而後

及農工商在士子究屬讀書明理者多即平民吸食者身受其害一經開導各有天良未必遂無滌慮洗心之日照此辦法未吸者可以不犯已吸者可以速戒近年錫金兩縣歲購洋藥之銀不下一百五十萬如勸戒之後吸食者能十減其三每歲可免耗銀四五十萬能十減其七每歲可免耗銀百餘萬以兩縣之地每歲增百萬之銀流通民間數年之後閭閻富饒之象自必大著記曰民以君為心君以民為體又曰未有上好仁而下不好義者也今
朝廷至仁育物不忍以洋債累民如果民有餘貲亦必不肯自私其財坐視　國家之急職等擬酌度本地禁煙後情形如每歲為鴉片所耗之銀果能視前數大減即當按年籌款若干萬仿照西人國債之例就近交納本省藩庫以備戶部歸還洋債之用稍盡食毛踐土之心查沿海州縣數百凡被洋藥荼毒者如能聞風嚮應仿照辦理則急公奉上人情所同計交納之數每歲當不下數

百萬其內地各省所種土藥照上年總稅務司單開之數六倍洋藥如能一律悔悟民間自禁吸食則各省日漸富饒未必遜於沿海州縣同屬　朝廷赤子豈能無感於中且仿西人國債之例踴躍樂輸於前仍從容取償於後是則一轉移間小民脫鴉片之禍
　國家免洋債之累下以勵衆志上以答　皇仁俾海外各國聞之知中國萬衆一心力除積弊亦確信其有自强之機或可稍戢覬覦陵侮之意惟人情當習慣成俗委靡不振之後驟聞此議不免以造端宏大有長慮却顧之思故必試行之於一縣有效而後可推行於一府一府有效而後可推行於一省此職等擬先就無錫金匱兩縣試辦之本意也或謂洋藥納稅訂入約章今欲議禁慮英國未必允行此未悉外國情事之言也查光緒初年英國紳士恥其政府以鴉片貽毒中國創立禁煙公會意在勸止印度種販曾經出使大臣郭嵩燾據實奏聞迨光緒十七年夏間英政府

因下議院紳主禁煙之說者人數過半遂告議紳謂中國如爲保
護民生起見欲禁止鴉片入口或再加抽重稅但須先期知照英
廷決不因此起衅其禁煙會紳曾具說帖備詳始末由出使大臣
薛福成函達總理衙門有檔案可查是則謂禁煙而英人不允一
節目前決可無慮或又謂海關歲收洋藥稅釐幾及六百萬兩如
禁止吸食之後驟失此款司農必至仰屋無策不知沿海各省人
民果能不吸洋藥塞此漏卮則存留內地之銀日多即急公奉上
之富民願輸貲入戶部還洋債者亦必日多每歲所收或尚不止
六百萬之數且職等所請現僅止就本縣百里之地試辦一二年
後其效即見儻不能去此積弊吸食如故或本縣即能稍稍收效
而鄰境未必仿行則於海關歲入稅釐所失仍屬無幾若果人心
思奮沿海萬里如嚮斯應悉願湔除此則中國轉弱爲强之機不
獨洋債可清餉源可裕而我

宣宗成皇帝昔日爲民除害之心至此亦庶幾大慰四方萬國咸
欽
皇上丕承
祖烈奠安民生則　國家億萬年有道之長基於此矣惟是試辦
之初衆情不一應請　旨飭下兩江總督江蘇巡撫學政轉飭地
方官申明官員士子兵丁吸食之禁及平民開設煙館誘人聚吸
者按律懲辦其地方所設戒煙醫局不准匪人生事阻撓一并妥
爲照料則衆志愈堅官紳一氣職等自當竭誠經理仰報　朝廷
軫恤民艱之意兼勵閭閻湔雪國恥之心庶千慮一得之愚於時
局不無小補職等數月以來就本籍服官京外各員家居紳士再
三函商意見相同用敢合詞上陳籲懇代奏恭祈
皇太后
皇上聖鑒謹呈

呈江蘇巡撫鹿中丞文 光緒二十五年十一月二十日

竊職等前在鄉閭目擊鴉片之害日深一日擬仿照宋藍田呂氏
鄉約辦法鳩合同志實力勸戒終以例禁久弛狂瀾既倒非一簣
所能障塞相與歎息因循不克舉辦丁酉秋職道珏回里詢悉縣
境爲鴉片所耗之銀就各家土店出入帳簿考之每日需耗洋銀
六千餘圓其不由土店購買逕自赴滬販吸者及土藥之購自內
地者尚不在內大約每年共耗洋銀在三百萬圓外聞之大駭竊
念以百里之地耗財若此之多無怪民力困窮閭閻凋敝且非獨
耗財已也士大夫一經耽此則志趣卑汚習爲苟且而人才日壞
小民一經嗜此則身家傾蕩流爲匪僻而風化愈漓敝邑百年以
前道德經濟文學之儒未嘗不項背相望自道光中業迄今數十
年來日以寥落近則俗尚益偷號爲難治追原禍本未始不由於
此然此猶第就一邑言之也頃年中外交涉受侮日甚自甲午倭

人搆衅以後膠州威海旅順廣州灣相繼割棄馴至中國自主之
權漸見侵奪太阿之柄日以倒持蓋觀於敝邑人才風化衰漓如
此而各省人才風化亦大畧可知竊意及今若再不悔悟奮興力
圖挽回恐一二十年後大局且不堪設想所謂挽回之道其要在
萬衆一心力除積弊而已中國積弊之深固不僅鴉片一事而鴉
片實爲夷禍之原今日欲徧天下同時祛此積弊其道誠難而未
始不可先試辦於一邑俟有成效以爲推行各省之漸職等懷此
意已久本年夏秋之間恭讀　上諭清查各省關稅釐金鹽課中
飽諸弊諄諄不准加派民間仰感　聖恩高厚怦然有動於中竊
謂今日但剔內地之弊竇而不塞外洋之漏卮仍恐無補時艱因
就本籍服官京外各員及家居紳士再三函商數月以來屢經討
論其大旨一在廣設戒煙醫局以爲更新之地一在嚴禁城鄉市
鎮各煙館以絕傳染之源而其要尤在申明官員士子兵丁不准

吸食之例禁俾士子先恪守懷刑之訓則小民自漸萌悔過之機所慮錮習已深未易禁除且以一隅倡始尤屬力爲其難創辦之初衆情恐不能一非有　綸音特降無以震動人心因敬謹繕具公呈於十月二十八日請都察院代奏而總憲某公謂此僅一邑之事何用上瀆　宸聽改奏爲咨逕達冰案職等竊仰鈞座涖吳之後整飭百度綱紀一新職道玨昔在蜀中丁文誠公幕府稔知清風亮節吏畏民懷上年十月蒙　恩召對曾於　西苑侍坐之頃幸親風采祇領誨言無任欽佩職等此舉揆之大君子善俗宜民之盛心諒不責其多事惟是試辦之始在紳士祇能任勞任怨尤賴地方官同德同心必求鈞諭嚴切誥誡俾官紳一氣庶能相與有成司員楫等供職京曹拘於官守未克趨侍訓誨職道玨擬待明歲春融之後端回里門偕同在籍紳士恭叩鈴轅面求鈞示所有籌款設局一切章程俟到籍後再行具稟茲先將公呈錄稿稟呈伏祈垂鑒

附鹿中丞復函 光緒二十五年十二月二十四日到

頃奉公函辱承獎假甚愧甚愧鴉片流毒中土釀成今日貧弱之患諸君子具大識力欲舉數十年痼疾而剷除之并以宏濟九州之心先試行於一邑省覽來教忻佩無涯所稱廣設戒煙醫局嚴禁城鄉煙館亦屬扼要辦法蓋此事積習已深傳染已衆繩以官法鮮有實濟徒開需索滋擾之門惟紳士居處相近勸誡易入以潔己之心施救人之術品望服衆自不難於信從利害切身亦何慮其玩視雖煙館林立驟難淨絕根株惟有嚴查窩藏匪類有犯即封禁之此後只准閉歇不准添設行之積久自可逐漸銷滅矣諸君子關心民瘼既能力任其難官斯土者自宜維持襄贊居時當諄囑切誡以期弼成盛舉也

錫金兩邑倡辦禁煙約言 光緒二十六年四月

吾邑倡辦禁煙之舉原爲中國日益貧弱外人陵侮紛至沓來冀從此下手爲發憤自强之本吾邑果行之有效即鄰近州縣皆可仿照辦理風氣既開將來必且推行各省故創辦之始諸同人須放開心胸不作欲速見小之想堅起脊梁不存畏難苟安之思定識定力堅持弗懈不爲浮議所奪此開章第一義

鴉片之禍甚於兵戈自道光末迄光緒初中閒粵匪捻匪回匪等亂幾徧海內然二十餘年以次剷平獨煙禍自道光初年至今已及八十年流毒日深其暗中消耗人才敗壞風俗更非兵戈之比至綜核歷年鴉片所耗之銀較之從前軍興糜餉奚止百倍而迷者不悟視爲固然此次吾邑辦法不當以嗜好視之直以寇賊視之能戒一人斷癮即爲自拔來歸能禁一方斷煙即爲恢復故土沈文肅有云明其爲賊敵乃可滅旨哉斯言故凡一切設局製藥等費如與籌餉同觀則自覺用財無多凡限禁煙館議捐土店等事如與逐寇比較則自覺用力尚易

吾吳人心樂善好義凡遇水旱疾疫救災捍患之舉無不竭力勇爲近年各善士籌辦義賑櫛風沐雨口不言勞爲海內所稱鴉片之禍昔人比之洪水猛獸然洪水之患不過一時猛獸之害不過一方今鴉片流毒天下禍近百年其視洪水猛獸固遠過之若尋常水旱疾疫更不可同日語矣願諸君子本拯濟飢溺之心爲挽回氣運之舉禁絕鴉片造福無窮所謂能禦大災能捍大患非此而誰

天下者府廳州縣所積而成者也府廳州縣者城郭村堡所積而成者也城郭村堡者比閭族黨之戶所積而成者也能禁數十戶不吸煙則一村成乾淨土矣能禁數百村堡不吸煙則一縣成安樂國矣能禁千百州縣不吸煙則天下皆躋於仁壽之域矣然則勿謂縣邑之小不足以倡天下也錫金兩邑爲圖者四百有餘先

從各圖自爲清理分別勸戒由漸而入數月之後必有悔悟觀感力滌前非以策後效者羞惡之良人性所同勿謂沉溺嗜好之中無佳士也

大抵吾輩辦事之最難者或因是非與利害截然相反往往爲之無功半途中止假如其事本非而流俗相沿未嘗無利其事甚是而一朝整頓不能無害則不得不隱忍徘徊未可輕於一試今與人言及人才衰耗風俗敗壞之由輒謂果能力除煙患自然有利無害詢其創辦此事揆之人情天理有無錯謬則謂用意極是絕無一人斥其非者則是非與利害固已合并一途其無窒礙可知然又往往動色搖手以爲大難亦可謂大惑不解者矣茲吾輩既願力爲其難請海內諸君徐觀其易凡我兩邑明理之士不以禁煙爲非且害者概請題名於册以爲衆志成城之券

呈江蘇巡撫鹿中丞文光緒二十六年四月二十八日

上年十月二十八日以先就本籍地方試辦禁止吸食鴉片呈請都察院咨行鈞座電核在案茲職道玨於本年三月二十四日由京到籍旋於是月二十八日接到無錫金匱縣照會內開奉府憲札奉署臬憲朱札案奉護撫部院陸札開准都察院咨據江蘇紳士許玨等以先就本籍地方廣設戒煙醫局等因飭將設局開辦情形並醫治方法詳晰通報各憲備案並發原呈等因到縣奉此合行照會等因伏念職道玨昨叩鈴轅荷蒙指示歸告同人咸深欽感現邑中戒煙醫局已於本月十四日開辦其醫治方法亦確有效驗可憑惟兩邑城鄉煙館多至二千餘家湔除之難不啻傳染之易非申明律例嚴禁煙館恐無收效之候又現雖開局伊始而悔過嚮善者頗衆到局求戒日恆數十人非籌有常年鉅款源源接濟則經費無出或恐廢於半途再四籌思擬就土店勸捐於正俗防民之中寓酌盈劑虛之意稽之於衆詢謀僉同惟禁煙館與捐土店二事均非地方紳士力所能辦緣痼疾已深積成玩俗爲此合詞籲懇鈞座嚴札飭下地方官剴切出示曉諭商民務使汚俗及早改除善款不至無著庶風化有轉移之望人才得鼓勵之機謹將現籌辦法詳晰開呈鈞覽伏祈鼎力主持迅賜核准施行無任感激期望之至

謹將錫金兩邑試辦禁戒吸食鴉片事宜繕具清摺恭呈鈞鑒

一設立醫局戒煙必須設局然非延醫隨人隨時診視則願戒者恐因戒煙致病倘有所顧慮不肯輕於一試茲職等延訂醫生山東榮城縣人劉希明常川駐局其治法先服煎藥二劑煙癮頓時卽止隨服丸藥初時日服一二十顆逐日遞減半月後藥完煙癮永不復發查劉醫到錫年餘已戒過三百餘人確有奇效原定規則每戒一人酬洋銀五圓茲由職等延訂來局議定每戒一人酬洋二圓由局致送惟其藥係秘方須該醫親手調

製一日診治不能過十人定以二十人爲一班兩日診治一日製藥逢三六九日前班癮斷接診後班又本城儒醫汪藕生世業岐黃於醫治戒煙一事尤確有把握茲劉醫在局因須手製藥餌一月診治不滿二百人恐來局願戒者衆無以慰邑人湔除宿疾之望現兼訂汪醫診治其應送酬金每月總彙計若干人由局總送現當創始之際經費尚未籌定暫借城中竢實學堂前院爲戒煙總局此後來戒者多院宇不敷應再陸續添設分局

一配製藥丸戒煙藥方多矣要以林文忠公忌酸補正兩丸方爲最妥茲局中按照前方慎選藥料配製計忌酸丸一料價洋八角煙灰一兩價不在內補正丸一料價七角二分不用煙灰凡願戒之人如貲力有餘自能照方製藥者無庸局中代籌茲專爲貲力不足之人計仍分兩種其一按照半價兌給其一并不取價惟藥既減價施送恐不免有朦混冒領希圖轉售等弊應先由正經士商

具保編號給單以後照單領藥每五日給發一次除忌酸補正兩丸方外如四物飲南瓜飲二方皆文忠當時屢試屢驗恭錄進呈者近日又有兼採西法戒煙用金雞納霜與川連二味日服少許亦能斷癮此外并有不用藥物如青松毛食鹽之屬亦可戒除宿癮茲將諸方另刊傳布惟局中配製之藥則祇用忌酸補正兩丸以歸畫一

以上設局製藥二事業於本月十四日開辦

一嚴禁煙館錫金兩邑煙館林立城鄉不下二千餘家以職等耳目所及計之凡其地有一煙館則一年之中游惰失業之工商佻薄無行之子弟在館吸食漸漸成癮者一館殆不止十人是有二千餘家之煙館即歲添二萬吸煙之人矣聞五年前城鄉煙館尚未滿千家十年前并不及五百家今乃載胥及溺靡所底止茲戒煙局之設一月所戒多不過數百人一歲能減少數

千舊癮之人已爲至幸而一歲之中新吸成癮者轉增添二萬人戒者如是其難吸者如是其易此何異以杯水沃薪車乎故不禁煙館則未來之患無窮防不勝防也查咸豐九年鴉片弛禁之後祇准民間納稅販賣仍禁在鋪開館在館吸食有吸食者照違　制律杖一百房屋發封入官刑律甚明今欲遏止傳染之原必先申明此禁庶可少挽狂瀾又民風視士習爲轉移律禁士子不准吸食鴉片最爲正本清源之意茲擬籲懇憲台剴切申明舊禁並嚴札州縣官出示曉諭地方士民不得瞻徇姑息務當恪遵國家定律切實懲辦本地紳士可以因勢利導恩威並用寬猛相濟百年痼疾或可瘳乎

一重捐土店土店之罪浮於煙館煙館流毒法無可貸而情尚可原蓋開煙館者大抵因吸煙失業貧極無聊之人作此下賤生涯苟延殘喘人固受害己亦未享其利也惟土店則損人益己

坐擁厚貲吸者愈貧販者愈富且自海關稅釐并征之後內地百貨均有地方善舉捐款獨洋藥分文不捐動以海關已納稅釐爲詞實乖事理之平查光緒十一年中國與英所訂稅釐并征之約其第五條明云洋藥於內地拆包零賣後仍可抽釐曾侯密陳辦理情形摺內聲明內地并未全免稅捐將來若於土煙加重稅釐以期禁減則洋藥亦可相較均算另加稅釐原奏所敘甚明用意至爲深遠今土店出售之洋藥無論批發遠近皆係拆包零賣正與條約所載仍可抽釐之文符合竊意今日洋債急迫庫帑空虛鹽引加價米石抽捐凡民生日用之需搜括殆徧獨此損華益夷之酖毒條約例得加捐者轉置之不論不議之例得毋明察秋毫之末而不見輿薪乎惟此事關係重大非一縣所能獨倡必合江蘇全省籌之若地方善舉所需捐款則爲數無多自可隨時辦理查錫金兩邑土店歲耗鴉片價

銀計在洋元二百萬外茲擬每百元捐洋一元以爲地方戒煙經費之用所捐僅百分之一斷不致因此區區而煙價即昂且果能因憚鴉片價昂而遂立志不吸此尤職等之所期望者蓋多一不吸之人即少漏銀數十元出洋正與設局戒煙之旨相符也現當開辦之始經費尚屬有限日後分局愈多戒者益衆但使一月有五百人戒煙則醫藥之費已需一千元此外局中一切開銷尚不在內非有常年鉅款不能持久擬懇憲臺迅賜核准逕札錫金兩縣出示曉諭俾土店一律遵行則造福斯民實無涯涘

以上禁煙館捐土店二事就整飭綱紀之中寓裁抑奸貪之意不獨錫金兩邑可辦即鄰近州縣皆可仿行顧職等知足以及之而不能操其權言足以達之而不敢必其事是所望於名世之大賢爲天地立心爲生民立命環顧天下非鈞座其誰與歸謹布蕪誠

伏祈采擇職等幸甚海內幸甚

上鹿中丞書 光緒二十六年

洋藥拆包零賣之後仍可抽釐一節荷蒙鈞諭以為可行本擬繕具公呈上塵霽覽第念事關通省非一縣所能倡辦故此次同人公呈但請諭捐戒煙經費而不及其他惟是時局艱危至此米鹽日用之物尚且加價抽釐豈有酖毒害人之鴉片條約議准於拆包零賣之後仍可抽釐者而反置之不問不獨坐失鉅款抑且無以懲奸職道尋繹曾侯原奏光緒九年四月總署致曾侯函內嘗有拆包零賣即未便另收稅項之語迨十一年七月曾侯與英定約時乃議得洋藥於內地拆包零賣後仍可抽釐一層載入約內第五條并於摺內聲明內地並未全免稅捐然迄今已閱十六年從無人議及此者蓋由總署但記九年四月本衙門與曾侯之函而未留意十一年七月曾侯與英外部訂定之約也此乃整飭釐金項下絕大款目與議加細民日用等物之釐不同茲謹將曾侯原摺鈔呈尊覽其應否飭局籌議之處伏候鈞裁

上鹿中丞請加捐洋藥說帖 光緒二十六年四月二十八日

光緒十一年中國與英所訂稅釐并徵條約其第五條載明洋藥拆包零賣之後內地仍可抽釐一節迄今已閱十六年從無知其事者上年在都與總署章京某君談及此約某君疑而不信繼又與總署大臣某公言之某公謂恐係一時誤記乃檢曾侯原奏送閱始憮然不語既而復謂國勢衰弱至此縱有條約亦何足據職道竊不謂然洋人於我恫喝要求凡條約所本無者輒攘而有之我於洋人思葸却顧凡條約所本有者尚委而去之以此相形則所謂弱者不在國家之大勢而在臣子之一心矣嘗欲慷慨論列一明此義顧身無言事之責苟有所陳說人不以為多事即以為希榮不容不默爾以息乃以近日所覩之事機則正時會可乘有不能已於言者職道於三月下旬到籍即聞錫金米商因釐局飭令包認釐捐一事合市驚譁已一再叩轅瀝陳苦況求免包釐等情職道夙欽鈞座仁慈愷悌愛民恤商無微不至必能仰邀洞察俯順輿情顧念釐局定此新章亦緣洋債急迫始為此剜肉補瘡之舉職道愚見竊謂米捐應如商人所請免其包認而仍由地方紳士另籌可捐之款以備國家歸還洋債之用因就洋藥一項援引光緒十一年稅釐并徵條約將內地拆包零賣之後仍可抽釐原文稟呈鈞座請飭釐局核議如釐局不以此言為謬即可參酌上年戶部土藥加捐三成之例核定數目稟請奏咨立案惟此次議捐之旨專指拆包零賣為言則毋庸仍就每箱核算應以土店銷售價值為憑以免外人藉端饒舌查錫金兩縣銷售洋藥價值每歲計洋銀在二百萬元外如按值百抽五之數計之歲可得洋銀十萬元合計通省所得當在百萬以外一省如此各省倣行其

裨益度支良非淺鮮較之區區米捐其廣狹至不侔矣且事由民間自請根據條約斷不慮洋人從中阻難所謂時會可乘者此也反覆籌思似覺有利無害惟事體重大應仍請鈞座察奪是否可行伏祈裁定

與錫金各扇董公函

錫金戒煙醫局於四月十四日暫借竢實學堂開辦迄今月餘凡到局報名醫治現已戒除斷癮者計二百九十餘人開局之初因係試辦恐無把握故經費皆由籌墊並未集捐刻下成效已著來局戒煙者日多若不從長計較寬籌經費則無米之炊焉能博施濟衆又上年十月同人在都察院遞公呈時聲明擬就縣境廣設戒煙醫局現計錫金兩邑城鄉四百餘圖似非城中僅設一局即可以慰衆人湔除宿疾之望弟等之意如能每扇各設分局一處就近勸戒收效自廣第念各扇財力不同一律設局經費不易茲

擬通融辦法商請台端暫將本扇各圖自願戒煙之人按期函送城局酌貼醫藥之費似屬兩便儻能先行捐貲若干隨後陸續送人來戒抵算則於城局更爲有益茲寄去上年在京所刊公呈及輯錄　諭摺各一冊以明吾邑倡辦此事宗旨又都察院咨文錫金兩縣照會開局時試辦章程近日增訂規條及來局戒煙保單刻樣各口口分敬祈轉交各圖董俾可家喻戶曉庶幾境內萬衆一心同除積弊以爲自強之基無任盼切

錫金戒煙總局增訂規條光緒二十六年五月

本局自開設以來凡願到局戒煙者按照報名前後挨次依期排定近日願戒者衆已挨期排至六月中旬深恐守候需時阻人悔奮之機又本局初開時原係試辦並未集捐現在經費支絀勢不能以無米之炊博施濟衆茲更訂規條數則如左

一眞正赤貧之人無力自備醫藥之費者仍照前章按三六九期清晨到局服藥每期以二十人爲限過二十人卽歸入下期其臨期不到者亦歸入下期一體醫治

一家道小康毋須本局貼費者但先一日到局報名掛號自備藥貲洋銀二元當交本局帳房隨到隨卽服藥毋庸守候

一貲力不足須本局酌貼半費者到局掛號當繳藥貲洋銀一元三日之內准予服藥亦毋庸久候

一自備藥貲二元者除服煎藥兩劑外給予丸藥三百顆貼藥貲一元者服煎劑外給予丸藥二百顆由局出費者服煎劑外給予丸藥一百顆

一除自備藥貲者毋庸覓取保人外其由本局貼半費及出全費者在城須覓公正紳士商人作保在鄉由各鄉圖董作保

一此章程自六月初一日爲始

復庵遺集卷八

無錫　許珏

禁煙牘存二

上督院說帖請設籌餉公所附章程

竊維籌餉一事至今日爲極難粵中尤難自闈姓白鴿票番攤等以賭規充餉細民罄家蕩產而司國計者習焉不察祇知取盈由是民力日竭而餉源始絀民貧爲盜復以防盜之故募勇緝捕多養游惰之兵由是餉路益廣而國計亦窮職道自奉鈞札會同司道籌餉早夜以思竊謂已往之誤改正良難未來之患防維宜豫就粵而論種種取民之法雖似竭澤而漁然工作之勤甲於海內商路之廣不乏來源但能勸導有方不患措施無術昨見戶部奏摺此次賠款粵省每歲派二百萬又謂房閒捐輸按糧捐輸廣東已電奏開辦擬通飭各省一體試辦職道竊慮畝捐一事窒礙良多萬一他省辦理不善奸徒播散謠言人心一搖亂機四應至時咎有所歸必指粵東爲首辦之區不免代人受過後悔已遲以管蠡之見論之目前籌餉之策約有三端仿照泰西國債之法召集紳商諭以環球各國皆能上下一心故收富強之效中國夙稱禮義之邦而空言無實下之視上有若越人視秦人之肥瘠自今以往凡屬紳商各殫忠悃激發同志下逮編氓苟利國家惟力是視民出私財國家計本付息永永無窮其一切章程悉從西書譯出先由通商各埠試辦此則用力少而收功多策之上也甲午乙未之間戶部奏行息借商款其時各省所借多者百餘萬少亦數十萬迨至還款之日或爲疆臣移作別用或勒令報効失信於民獨粵東因稅務司簽字之故計本息二百七十餘萬按年清還無絲毫含糊蒂欠今若仍用前法民情亦尙樂從但得整借零還即爲急脈緩受此雖一時挪移之計差免萬家嗟怨之聲策之中也承

充膏牌餉仿行印花稅按照部奏鹽斤增價茶糖煙酒加釐窮搜
盡括悉舉而納之於賠款之中更無餘力可備徐圖自强之用策
之下也國債辦成祇須歲籌息款照前息借則須本息兼籌二者
難易不同然但能取信於民皆可源源接濟其膏捐印稅等項如
果辦成除歲付息款外尚可留爲舉行新政之資較之悉償賠款
者氣候寬舒規模差别至粤省現辦房捐一事聞綜核所收爲數
無幾而局費員薪耗糜已踰三分之一尚須量爲變通庶可久行
無弊戶部所稱按糧捐輸一節查廿二行省中惟四川有之緣蜀
賦至輕爲各行省所無且其土地膏沃畝收恒倍是以權宜辦理
數十年然尚懍遵　祖訓不准加賦故至今未敢勒爲定章粤省
情形與蜀絶異負山瀕海大利不在於農愚見房捐雖經開辦勢
難持久第此時未便中止應俟國債息借兩端辦有成效然後飭
停其畝捐一項應否作爲罷論飭行府縣明白出示曉諭宣布

朝廷惠恤小民之意不辦畝捐暫行息借其借款亦聽紳富中急
公好義之士量力呈繳不爲抑勒顯示維繫人心之用隱寓試行
國債之基但積誠以相孚自旋至而立效連日會商司道擬先設
一籌餉公所不曰局而曰公所欲合官紳中有識之士皆得直抒
所見條陳利國而不病民之法庶幾積思廣益相與有成昨藩司
面稟鈞座仰蒙俯准兹將設立公所之意詳晰上陳所有開辦章
程另摺繕呈伏祈垂鑒

擬辦籌餉公所章程

一公所之設所以輔善後釐務兩局而行釐務事有專主故另刊
關防公所凡有文件擬仿善後局統用藩司印信以示事權歸
一
一公所既以輔善後釐務之不及該兩局提調應飭遇事隨同商
議以便呼應
一公所擬設文案一員以司酌擬章程稟行文件支應一員經管
銀錢出入及照料一切雜務
一公所開辦所有繕寫清書司閽丁役擬由善後稅釐兩局或從
藩署原有胥役酌撥當差以節各項糜費
一藩司之有籌餉公所猶臬司於積案局發審局外設緝捕局之
意第緝捕係官府之事與紳民無涉公所取義專爲聯絡官紳
冀通上下之情以後凡有裨於籌餉之事無論候補人員在籍
紳士如有確見均許詳晰條陳親至公所投遞由司道公同妥
議稟請督撫憲施行

照會粤紳文

爲照會事照得廣東辦理籌餉事宜案經詳稟督撫憲諭准於十月
十一日開設公所其切要宗旨在聯絡官紳通盤籌畫以期有益
餉源無滋擾累上年拳匪釁禍變起非常現雖和議告成而賠償

兵費至四百五十兆之多庫帑久虚償期至迫昨經戶部奏定廣
東每年應派二百萬兩粤省素稱富庶工商之利甲於東南近因
時局艱難歲出之款有增無減正供之外至取闈姓等項充餉爲
民上者每一念及正俗阜財之義未嘗不惄然自慚顧際兹度支
窘迫之時不得不從世俗權宜之計究之民氣日漓盜風滋熾綜
核出入功不補患兹若再加每歲賠款二百萬兩將欲爲竭澤之
漁何異厝積薪之火本司道等前經稟准督撫憲籌辦房捐畝捐等
項現房捐業經開辦所取無幾而民間已有浮言若畝捐係按糧
加輸官司雖征之於業主而業主不能不取償於佃民剜肉補瘡
即元氣亦隨之俱耗揆度事理窒礙至多體察民情揆循宜亟現
擬面稟大憲暫緩舉行惟此項二百萬之賠款轉瞬即屆限期若
非先事預籌必至臨時貽誤查中國數千年凡與敵國用兵事定
議和從無償還敵國兵費之説此係曲從西國之例則勢不能不

仿西政舉行歐洲各邦向有國債一項其始皆由用兵而起兵事
既息勝敗攸分則舉國之人激於公義各出私財以紓公患國家
按年計本付息永永無窮一劵尚存世享其利遇有緩急仍許轉
售他人故國債股票民間視同恒產用能上下一心國勢蹶而復
振凡諸往事具載西籍可詳而知我中國夙稱禮義之邦尊君親
上之誼人所飫聞然自流失相沿儒生則襲紙上之空談有司第
行官中之故事堂廉既隔天性漸漓第今日環球各國皆以君民
一體爲治若我中國長此痿痺之痼疾不求血脈之貫通是不獨
負先聖垂教之心亦無以抗列國爭强之俗豪傑之士無所憑而
亦興忠義之民但有感而即應本年和議初成聞疆臣中有請辦
丁捐之奏者　朝廷以事同加賦有違　祖訓迄未允行是　國
家軫恤閭閻之意至爲優渥若地方有司不能奉宣　德意率先
士民共矢忠悃上答　皇仁亦有司之恥也粤省文物昌明財力

雄富紳士勵志節商賈急公義向非他省可比歷屆籌捐報効動
成鉅款茲若合志同心倡辦國債以一省開廿二省之風氣不獨
東粤之光亦中華之福也目前籌款之方此爲最上之策次則息
借商款一法甲午乙未之間各省一律舉辦比及還款之期他省
間有移作別用者惟粤省辦理此款二百七十餘萬本息悉數清
償未有絲毫含糊蒂欠差足取信於民成案可循舉行尚易此二
者皆上無乖政體下不擾及民生惟是近日博訪周咨僉謂中國
情形與泰西異君民之情固隔官商之分亦嚴既未置腹以推心
安能如臂之使指扼要之論切中事情本司道等一官鞅掌職守
所拘治簿書期會之時多親賢士大夫之日少深慚固陋未廣見
聞茲特就城東隅廣雅書局設一籌餉公所凡紳士之志切匡時
富商之才堪裕國者但有眞知確見惠然肯來即當開誠布公虛
己以聽總冀有裨於國計相期共濟夫時艱除出示曉諭外用特
備文照會貴紳請將以上所稱國債息借兩端各就地方情形詳
晰講求於何者爲宜折衷一是但使賠款有著擬即將畝捐等項
一律停止此外利所當興弊所當革何者宜開源何者宜節流凡
本司道所未及周知者均望條列以聞冀收集思廣益之效相應
照會即希察核據實見覆以便施行須至照會者

上督院稟條陳籌餉三端

竊查此次籌還各國賠款前六月中粤省電奏時尚未見戶部指
派數目倉猝之間但慮籌款稍遲貽誤和局是以有擬辦房捐畝
捐之議不意近日部奏遽欲各省一律試行查目前房捐雖經開
辦然所收無幾計每年僅及二十萬金畝捐則尚未舉辦粤中向
無魚鱗圖册吏胥據私簿爲世業各縣額徵僅憑歷任徵數取十
年內外數之最贏者定爲比較責成糧書包徵現欲按畝計捐勢
不能丈量清理若按糧攤派迹近加賦恐違　列聖貽訓殊非

朝廷軫恤民隱至意司道等自詳准設立籌餉公所以來博訪周
諮體察粤中目下情形可以擴充整頓撙節之款約有數端謹具
列如左
一洋藥一項每年通省進口約一萬二千餘箱每箱四十顆每顆
約重三斤如按生土計膏抽釐每生土一斤加抽膏釐一兩應
每箱抽銀一百二十兩每年應共抽銀一百四五十萬兩即使
稽查不密走漏一半每年亦可抽銀八九十萬兩近有人建議
欲仿香港搜查私膏辦法惟全省之大非香港一隅可比搜查
必致騷擾但由商人設立公司承認充餉最爲扼要現已飭員
至香港與向來承辦洋藥華商（洋藥到港例入屯棧洋商完稅後待華商簽名納釐方准批發）
（總匯之處稽核最易）妥議按土計膏辦法俟其回省面稟如無窒礙即可
舉行至四川雲南土藥由西江來者其銷數之旺不減洋藥但
毗連廣西之境設立總廠嚴查加貼膏印花一律核抽計每年

所收之數即照洋藥一半計數亦當有四五十萬統計洋藥土藥兩項歲可收銀一百二三十萬兩

一粵東行鹽正引額配一百零七萬包同治年間私鹽充斥每年祇配銷六七十萬包及光緒初年前運使國設法整頓是年即配引至一百四十萬包正雜餉項陡增一倍後任漸就廢弛銷數亦漸就短絀及前督憲張察悉情弊特設河海三營認眞巡緝此一二年內辦理得人正引亦銷至一百三十萬包此皆有案可稽近年正引每年銷數均在一百萬包以內如能力加整頓每年多銷正引之鹽三四十萬包即可增正雜之餉三十餘萬兩

一杳善後局每年出款項下陸勇三萬七千二百二十七員名薪糧經費等銀二百一十五萬八千五百餘兩現在粵省無警長養多兵又無好將帥認眞訓練游惰之衆日久益滋後患現擬

將此項陸勇如裁減二成應可節存銀四十餘萬兩

核計以上三款每年已可彙成二百萬兩之數洋藥膏釐如有商人認餉承充其款指期可得裁營一事陸續挑强汰弱計期亦不過半年以內惟鹽務整頓稍費時日但係名正言順之款較之按畝派捐似有區別又近聞鄂中來電各省賠款如有七成報解已足敷用此說果確又可少籌六十萬兩畝捐一項更無庸議司道等一再會商粗有把握擬請憲台早日電奏前擬辦畝捐近察度情形不免窒礙現已停止不辦但得明奉　諭旨庶使各省聞之均置此項不議則葆養閭閻元氣所全者多鈞座造福至宏不獨粵東一省矣

上督院稟籌議加重膏捐

籌餉公所開辦之後訪察輿論均以加重膏釐一事最爲裕國而不病民查各省銷售洋藥每歲約一萬二千餘箱土藥進口數亦相埒而膏牌經費商人承餉每年僅收銀十二萬兩與售土之數不符遠甚訪聞沙宣洋行經理之人黃姓頗知大義勇於任事因札派公所委員王典史藻印赴港面晤黃姓與籌按土計膏之法該商慨然承命願爲設法并欲以此項賠款悉攤於按土計膏之中該委員即回省稟知此十月杪事也惟洋藥總數該商握其樞紐稽查自易土藥則川雲兩幫路徑紛歧處處可以走漏商辦恐未易收效十一月下旬復飭公所文案委員虞令汝鈞赴港察看情形旋據虞令回稟該商現正議合川雲兩幫并須待新加坡吳商到港合股方可來省承辦一切詳細情形另具說帖呈覽惟是粵省商人承餉一節近年流弊滋多此項按土計膏之餉關係絕大司道等一再會商職道擬日內帶同虞令親至香港一行與該商妥訂章程預防流弊約計三五日內即回理合稟聞

上督院說帖請招商承辦膏引

竊維廣東開辦膏牌經費未有扼要辦法特以顧忌洋人莫敢過問竊嘗加意考求諗知確有可辦之理查煙臺專條二三節洋藥運入中國由海關封存具有保結之棧房完納稅釐後方許拆包搬出塡給運單只准華商持用並不許洋人包送惟聲明貨包未拆暨包上海關印花號碼均未擦損私改即無須再完稅捐等項是拆包後之洋藥即可收捐又第五條載此等貨包在行銷洋藥地方開拆者如有應納稅捐等項明收暗取均不得較土煙加增並聲明係照貨價計課即應將洋藥與土煙價值相較均算是洋藥土藥一律辦理即與約旨不背又第七條載所發運貨憑單於海口運往內地行銷處所之時仍不免其輸納稅捐英國即有廢棄專條之權是指未擦損印花拆改之貨包而言與第三條互相發明又第九條載派員查香港至中國偷漏之事應即作速派員是偷漏當查即可在香港船頭關查收洋藥進口之數目但抽取

經費不得黏連洋藥貨價之內以致有所藉口當經札派公所差遣委員典史王藻印訪勸沙宣辦土洋行買辦黃竹友商議辦理章程嗣據復陳事屬可辦應作爲洋藥華商報効國家按土計膏抽之於拆包零買之時廣東全年進口洋藥至一萬二千箱之多合計可成鉅款川雲各土藥須一律辦理旋接黃竹友由港來信擬聯合同行集十股開辦尚有同行總商馮恕堂陳煥明兩人請諭勸會辦以免歧異當即會諭勸辦去後復由王委員赴港諭查復稱尚有潮幫雲幫未合尚須設法善聯前月底特飭公所坐辦文案委員虞令汝鈞挈同王委員赴港考求辦法章程並察看各幫聯合如何情形復稱該商等以開辦此事商家自有應得之利商情均尚踴躍惟開辦之始人頗難求用項亦大請稍假時日以便籌畫詳密免致滋弊喫虧並稱已邀允南洋粵商吳夔甫來港合力舉行須俟年內可以到粵等情至其辦法係就香港船頭關

計數每土加煮膏引票一張內只載明計應共熟膏若干兩買土製膏憑製膏人照納膏費繳銷某年月日給票等字樣並不載明數目每兩膏應納費若干另行通示以別於土凡洋藥入內地某行承批若干箱歷歷可知每土必有引賣若干土繳若干引代收若干費引票存根編號查收可期得法惟川雲土藥散漫無紀走漏甚易由川雲幫議定辦法應請分咨湖北雲南督撫准其在宜昌關雲南發土會館專查入廣貨裝一面在粵中酌定地段設商廠四十處專查土藥來源既明查緝自易委員准商指禀云云伏念餉需孔亟籌措維艱據該商擬承膏引經費一節所有章程辦法證以條約本無違背揆諸情理事在可行查有候補知府黃守恩煥與黃竹友等爲海外舊交復由司道等飭其督同原勸委員切實勸辦尅日舉行官司力任維持之責以期趕速收效所有會議變通原辦膏牌章程歷次委員到港勸商並商議辦法各情形謹具

說帖恭呈憲鑒章程續經改定原章不錄

詳督撫院酌擬膏引辦法開列章程

爲詳請批示遵辦事竊查廣東進口洋藥以及川雲各土槳行銷最廣製成熟膏日以數千斤計近年開辦膏牌未得扼要之法抽收尚難起色光緒二十七年十一月二十四日奉憲台檄行准戶部咨開議覆御史瑞璐奏請推廣膏捐一節不失以徵爲禁之意各省情形不同應飭詳核市情妥籌辦理務期有濟於事無擾於民奉
旨依議欽此遵飭司照依會局遵查體察辦理司道等再四籌商當以借土計膏離土收費於條約並無違礙擬借資商力籌議辦法曾經歷次派員赴香港勸諭洋藥華商候選同知黃寶田並招新加坡華商分用知府吳丕球合力舉辦以上各情緒具說帖曾於上年十二月二十四日禀奉督憲批仰候劄行粵海關稅務司核議具覆飭遵等因復經職道珏帶員赴港與職商黃寶

田面議訂定三款於十二月二十八日列摺呈奉督憲批膏引如何抽收前後手摺均未詳晰聲敘至稱承辦商人如難得手應由公家將三十萬兩發還是承辦之商無論事之成否均無虧損而公家原有之膏捐轉成無著似不得不再加斟酌等因奉此茲據職商吳丕球由新加坡到粵謁見議辦膏引與職商黃寶田協力認承司道等於接見時即以原有之膏牌經費十二萬兩責成務使不至無著據稱洋藥每年進口至一萬二千餘箱之多川雲各土藥數復相埒膏引辦定一月所收之數足抵膏牌全年之數縱使辦未得手公家原有之膏捐自當惟該商是問司道等見該商人甚樸誠議辦事宜具有條理當飭令具禀聽候詳辦本月二十五日該職商吳丕球黃寶田等禀稱職商等向在香港南洋新加坡等埠經商瞻念宗邦不忘　帝德先後報効國家職商丕球蒙獎分用知府職商寶田蒙獎候選同知醇邸出使德國道經港坡

職商丕球痛念拳匪肇禍賠款難支曾邀集南洋華商擬通籌鉅
款合力承辦全華膏礪條陳利弊稟求代奏章程稟詞聞已邀達
政府惟此事非合二十行省同時舉辦由商等向印度政府投充
鴉片總商尙難開手茲奉憲諭以粵省攤派賠款至二百萬兩之
多籌措萬難擬從膏捐考求扼要辦法於洋藥入口拆包批發時
借土粒計膏收費於煮膏之人查洋藥土藥一律辦理借土計膏
離土收費於條約並無違礙洋藥進粵口每年約一萬二千餘箱
職商寶田處稽數自有把握惟川雲各土藥須一律歸商抽辦方
免洋人藉口誠恐獨力難支舉職商丕球合股承辦職商丕球於
十二月二十八日得接奉司道憲電諭正月間遵由新加坡束裝
到港與職商寶田商定按照土粒於批發時用膏引票計數按引
根收費於承批拆兑之行棧川雲各土均照洋藥斤兩核抽章程
另詳清摺辦有成效鉅款既足無事更張設有窒礙兩月之間已

有分曉職商丕球即向新加坡邀集同志湊成三百萬兩在港截
買洋藥開全粵熟膏公司便可統握利權力顧餉項總期務底於
成現在膏引開辦之初未能定餉擬由公司先借繳銀三十萬兩
准分兩期借繳以先應賠款之期初辦六箇月內所收餉銀若干
除公司二成半經費及二成半花紅外將借項償還其餘作爲正
餉儘繳至第七箇月如尙未能扣淸所餘若干即於逐月匀數扣
歸借款總以扣淸爲止設此事萬難得手六箇月內一無可扣之
款公司又難開辦應請收回官辦所有前借之三十萬兩由公家
照數給還如開辦之後日有起色六箇月內已將前借三十萬兩
扣淸自第七箇月起除二成作公司費用以二成作花紅及老本
息外以六成繳餉並請准按照賠款年限以三十九年爲期惟洋
藥一項須與洋人交手簽字開辦必得交職員等以辦此膏引事
宜之權應請督撫憲照會各國領事及稅務司有文憑回覆俾得尅

期舉辦本省各生土行棧應到公司領牌領簿取引票以便稽查
其餘辦理章程謹具條款呈候訓示幷承認原有膏牌餉銀每月
一萬兩甘結一紙等情據此查廣東進口洋藥每年至一萬二千
餘箱之多川雲各土藥數復相埒洋藥有洋關貿易册可稽川雲
各土有釐廠可考核計每年洋土藥熟膏每兩以一錢二分收費
六成充餉實不止一百二十萬之數至於二成經費二成花紅商
利所在商情所關似未便再加刻覈際此餉需孔亟舍此更無可
籌之鉅款交權辦理俾得與領事稅司剖論定議簽字開辦撥之
公法交涉事宜亦屬實情司道等爲力顧賠款起見是否有當爲
此備文並附列章程一扣詳情憲台察核俯賜批示祇遵實爲公
便

酌擬承辦廣東全省膏引公司章程（按此係商人原擬章程其後續有修改案繁不錄）

一此次承辦膏引擬用拆包後計土核膏之法所有洋藥暨川雲
及各省入口並本省土漿均一律辦理與條約並無違礙惟與
洋人交手須有交辦之權應請督撫憲照會各國領事及稅務司
有文憑回復後方能舉辦一面仍請奏咨立案以重商業而裕
餉源

一洋藥每土一顆計重四十八兩至五十兩不等以六成核熟膏
三十兩每熟膏一兩抽經費銀一錢二分每三十兩熟膏計應
抽經費銀三兩六錢土顆拆包批發後由公司塡給與承批之
行棧熟膏引票每熟膏三十兩引票一紙連附批發貨單付執
爲該行棧發售與煮膏之人抽收經費之證據公司憑引票存
根向各行棧收取繳餉公司白川雲各土漿一律辦理

一承批之各行棧憑公司引票向煮膏之人收經費繳公司充餉
公司持引根收銀如各行棧代收餉銀每百兩給銀二兩以作
酬勞

一凡應收經費之行棧如有拖欠以及違抗不繳應請隨時稟請查封由公司隨時稟送究辦按土給引遝根查引在何棧由引查熟膏若干瞭如指掌萬無含混

一開辦之初斷難定餉應由公司先借繳銀三十萬兩分兩期攤繳准二月內借繳銀十萬兩三月借繳銀二十萬兩初辦六箇月內所收餉銀若干除二成五公司經費及二成五花紅外所存五成餉銀將借項遞扣其餘作爲正餉儘繳至第七箇月如倘未能扣清卽於逐月儘數歸款設如此事萬難得手於六箇月內一無可扣之款屆時如欲收回官辦所有前借之三十萬兩應由公家於四箇月照數給還但無庸給息

一六箇月後如辦有頭緒卽永遠先除餉銀二成作公司經費二成作花紅及老本息外以六成繳餉無庸造册報銷所收餉銀按月淸繳

一洋土二藥每月膏引之餉當以常關及官設卡廠抽收數目與公司核膏引票比較以定多少便知餉數以杜含糊

一請准承辦按照賠款之期以三十九年爲限期內不得更換新商

一川雲各土槳核膏辦法本有自主之權應請准公司在各要隘地方自設卡廠專查土洋二藥不得過問百貨並請通飭官辦釐廠將各項土藥收釐護照關會商設膏引卡廠加給核膏引票並飭官廠將收釐之數與商廠給引之數相較俾知有無偷漏以資共濟而保餉源如有官廠之護照無商廠之引票卽係走私任公司查拏嚴究儻仍巡緝未周猶有偷漏應由公司在各地方自行設法辦理

一川雲土槳以及洋藥運入內地向多偷漏擬請通飭本省各府州縣文武員弁實力維持保護儻有販棍走私以及藉端阻撓均飭一體裁緝查拏從嚴究辦本省邊界尤爲切要以杜越境私銷

一請督憲移交海關部堂准商人在常關將洋藥拆包核膏黏貼引票並飭關上將抽收之數與商辦抽收之數對較俾得兩數符合以昭劃一而杜私放遺漏之弊

一公司股商均係商人集股而成應繳餉項由籌餉公所每月派員查核一次

一公司設有稟請札委員弁協辦事宜均有專責儻有越分誤公應准隨時稟請撤換

一准商等設立輪船及招募巡丁以爲解運查緝之用請給旗簿祇領

一廣州灣及各口走私最多之地自應擇地設立卡廠並准隨時稟請飭兵輪查緝應用煤斤由商按日核數繳價

一請督撫憲移文雲南湖北兩省准商等設立公所以便查辦一設雲南省城一設宜昌關近地

一膏引係爲賠款浩繁起見凡有華洋交涉事宜公司請有律師辦理官應力任維持之力

一所有川雲各土旣准商家在雲南省城宜昌關近地查知廣裝土藥來源旣明查緝較易萬無捕風捉影之弊惟確有走漏之處巡緝萬不可少開辦時由商等稟求轉請督憲札廣協鄭副將梧州協江副將各招勇一營勇糧由商籌給其西江歸江緝私其東北兩江歸鄭緝私駐卡口隨時酌量分派

一緝私之例如有挾持軍械預爲拒捕者格殺勿論照鹽梟治罪其無軍器者以私販懲罰

一本省各生膏行棧應公司領牌領簿取引票方許販運洋藥土藥其牌係懸於行棧其簿與引票係販運入口之用於入口時

到卡報明若干引運往何方行棧即由運客出具期程及繳餉限單此單應將運客所攜之簿蓋用卡廠騎縫戳記卡廠則攜限單以取餉運客則攜簿引以爲憑其所攜之引票每過一卡蓋一驗戳如過期程下次即作舊引不能再往販運至繳餉期限應於期程到行棧限七日內清繳如有拖欠准送地方官押追

一沿邊各口禁止攜帶熟膏入內地售銷其緝私賞罰與生土同

一賞格宜從重如查緝得私膏以九成充賞一成充歸公司其作綫之人即使往日走私均不計其既往照例賞給如作綫至百斤者恐日後爲私匪尋仇應永增給勇糧一名由公司發領撥入各卡當差

一應准商人稟請知府一員到公司督辦公事並懇照永安堂成案頒給關防一顆以便開用

一福建省宜咨移照數增抽俟開辦稍有頭緒即可行文照膏引辦理以免攙奪

一所議章程係就應議大略先請示遵遇有因時制宜相應變通辦理以期有利無弊與一切未盡事宜隨時稟請核辦

上督院稟陳覆晤商英領事情形

竊職道於本月初一日奉憲台傳示致英領事函稿並英領事復函飭將推廣膏捐抵償賠款一節與英領事晤商初二日詣轅稟見請示旋經巡捕傳諭祇悉查商稟中所指各國領事係爲澳門廣州灣等處緝私而言澳門屬葡國廣州灣屬法國必須由官照會商人方有辦理之權是晚回寓即將商人呈請試辦膏引始末渾敍大意又摘錄商人章程與外國有交涉數端並錄光緒十一年稅釐並徵專條內三款足與商稟相發明者繕文三件攜往於初三日十一下鐘帶同委員虞汝鈞繙譯薛永年至英國薩領事署相見後寒暄畢委員告以來意即舉第一件文示之薩閱後即云此項鴉片若再加稅萬萬不可現在廣東釐金極重盜賊充斥無物不貴若再加稅民間生計愈窘必致滋事擾害地方儻傷及洋人各國必要派兵船來此時更難收拾況我英國現正爲東三省事替中國出力尤不應加稅職道見其所答非所問支離閃爍意在搪塞了事因告以廣東現有膏捐經費辦理已久此次不過推廣並非加稅商人具稟承辦此係我國內政不必定要貴領事允准且係按照光緒十一年約章辦理並非違礙有損邦交其時副領事同坐在旁即就案頭檢洋文一册送薩閱訖薩不語良久徐云制台何必寫信來說與我商量職道答以制台因看重貴領事故通知貴領事欲得貴領事隨處相助薩初見時隨口狡辯意氣甚鋭後見職道持論堅定不肯鬆勁意已稍挫及聞此言則容色頓改和平云陶大人待我們本好我亦並非不肯幫忙實恐內

地窮民易鬧亂子職道云此不必慮貴國在香港收鴉片膏釐較省城更重何以不鬧亂子薩云香港他物皆不收稅獨鴉片重稅故其事可行中國若能仿照便好職道云此事緩日再談制台命我來意我已說畢總之無論貴領事答應不答應我們賠款所關勢在必辦薩云我在此做領事若中國要加稅我實無此權力答應制台須告知上海盛大臣呂欽差與我國現在上海之欽差商量若事屬內政則領事並非中國之官何必與我來說及職道云即此足見貴領事明白因即起辭職道初去時有商人同往詢其能否接見薩變色云我不必見商人及瀕行時虞委員詢其有港商隨後若來可接見否薩連云接見接見職道上轎時薩殷殷送至輿前執禮甚恭是日在彼談論有一點鐘之久總之括要只是兩語中國若要加稅領事無此權力答應若事屬內政則不必問領事以上皆當時確實詳細情形此外支離嘲笑中國之詞甚多

皆於膏引事無甚關涉故不贅陳

詳督撫院開辦膏引請咨部核奪

爲詳請據情電咨外務部核奪飭遵事竊查光緒二十七年十一月十四日奉憲台札開准戶部咨開議覆御史瑞璐奏請推廣膏捐一節不失以徵爲禁之意各省情形不同應飭詳核市情妥籌辦理務期有濟於事無擾於民奉 旨依議欽此欽遵飭司照依會局遵查體察辦理司道等再四籌商當以按土計膏離土收費於條約並無違礙擬借資商力籌議辦法曾經歷次派員赴香港勸諭洋藥華商候選同知黃寶田並招新嘉坡華商分用知府吳丕球合力舉辦旋據該商等稟具章程請給札開辦於正月二十八日會詳蒙督憲批飭職道玨晤商英領事詳細稟復再行核辦等因職道玨遵於本月初三日晤商英領事業將詳細情形稟明在案現値賠款緊急籌措萬難廣東在各行省之中尙稱富庶此

無可籌追論他省如使解期失信彼將厰占利權內政愈失時事益不可爲就外患論與其使難緩之賠款失信各國不若就可據之條約力爭利權一省開辦各省皆可仿行以內治論與其窮搜蠹括支支節節而爲之不如重抽此病民之物多取之而不爲虐伏查洋藥既拆包入內地即與土藥之來自川雲者同爲華商之物按引計數而收費於批發後零買煮買之時洋藥土藥一律辦理係就原辦之膏牌推廣事屬內政外人不能過問於條約實無違礙況承辦之商即香港沙宣洋行之經理人黃寶田果有窒礙黃商斷不肯冒昧承辦此本司道等所以決信其可辦也現據吳丕球面稟黃寶田等並無退縮疑難惟問官中是否給札交權開辦外洋條例商權頗重官中但據和約專條准辦商人自信確有把握惟土藥緝私商力不及之處須官力任維持之責惟是開辦之始不厭求詳擬請據詳電咨外務部核議定奪飭遵以昭愼重

而符奏案是否有當理合詳請憲台察核批示祇遵

詳督撫院具報開辦膏引

爲申報事竊廣東遵 旨籌辦推廣膏捐一節就原辦膏牌成案變通招商吳丕球黃寶田稟具章程以按土計膏給引按熟膏收費於專條並無違礙兩次詳奉憲台批示並蒙據詳咨請外務部核明電復各在案二月二十六日據該商續稟陳明未盡事宜曁聲已稱由該商向香港洋商說明此項辦法既合專條無礙商務可以辦得稟及章程各一扣由本藩司面呈憲台察核奉諭飭先行給札試辦一面催令繳餉仍候外務部復准飭遵等因奉此隨即會同司道等傳該商面諭據稱願即奉札分赴香港新嘉坡提款儘本月二十外尅期繳借餉銀十萬兩開辦四月二十內再繳借二十萬兩以符原稟當分札該職商吳丕球黃寶田飭照兩次稟列章程妥愼籌辦去後理合備文申報察核

與虞和甫書 二件 光緒二十九年

疊接葵甫竹友來電云大局有變請到粵挽救等語弟此時已奉使命粵事勢難兼顧因念此必由台從暫時離粵羣小以爲有間可乘暗中唆聳英商爲之是以於初二日發電請閣下速回粵照料一面電囑吳黃兩商速請律師據約駁辯即是挽救之法旋奉復電候船即行私心稍慰未知日內已抵粵否初五日接吳黃兩商稟函幷鈔錄英領事八月十三日照會制台請停膏捐文一件及制台八月十九日札飭籌餉公所立將膏捐新章撤銷文一件尋繹再四果不出所料因憶本年二月初三日弟與英領事晤談之時該領事反覆陳說大旨謂中國若要加稅領事無此權力答應若但辦膏捐此係中國內政不必問領事其時閣下在座共聞此語今照會制台之文與此大異且自二月初至七月杪幾及半年省城議推廣膏捐該領事豈無聞見何以噤不一言乃直至八

月十三日陡發此議其爲閣下旋閫之際乘隙而發萬無可疑至英公使照會外務部原文則又於現行膏引章程全不相符蓋由英領事含糊朦禀即英使亦爲所愚惟當道於條約全未究心遽札公所將膏捐新章撤銷試問以後每月十萬之賠款將從何出此則聽人播弄不顧國家大計其咎不在洋人而在華人大抵此等鬼蜮伎倆如果細意推求不難水落石出但念弟此時既已去粵祇可付之一歎不爲已甚惟望律師據約駁辨理直得伸自於大局無損不審近日尊處辦理機勢如何律師駁辨能得力否甚切系念茲將電稿鈔去昨已將此意電告外務部丞參請其回明堂憲堅持定見勿爲所搖弟現定九月二十四日乘德公司船在滬放洋計二十七日可到香港屆時望閣下與吳黃二君同來一敘

本月初一日藩台來電以拱北稅司申呈一節囑弟與赫總稅司

面商又接吳黃兩商來電謂香港英商意存阻止告北京英使懇軍機外務部大臣據約辨論等語維時弟已請　訓且面奏出京之期不便在都延滯接電後頗費躊躇閱數日前總稅司有函致外務部丞參論廣東膏捐事因索觀之見其大旨祇不欲商人在香澳六廠徵稅而仍許由稅司代徵其言新捐太重恐走私愈多亦是實情尚非立意阻撓因即請外務部左丞鼎臣瑞君良與赫面商稅司代辦一節赫旋復函應允由九拱兩稅司代辦其函中慮走私一層有礙海關稅釐囑於內地商人所設緝私之處如遇有未向海關完過稅釐之洋藥或按私貨查拏入官歸公或令膏捐之下照納一百十兩之稅釐送交稅務司歸入正款以冀互相臂助云云其言亦頗近情因於初七日電復藩台請派員與九拱兩稅司會商又恐商家未必周知是以由義善源轉呈想閣下及葵竹兩君早已得悉矣未審方伯接電後現在如何辦理至商人電禀香港英商意欲阻止一節弟已將煙臺續訂專條逐款簽出并曾惠敏訂約原摺送交政府以爲他日駁辨地步但商禀所云似係傳聞之詞未必實有其事刻下續有所聞否赫稅司前後兩函鈔錄附去可卽送藩臬諸公一閱八月十七日

與丁愼五方伯書光緒二十八年十月

虞令回省逈布一緘想登籤覽所有維持膏引之法已囑虞令面陳此事須仗鼎力始終主持能堅守一二月朦蔽漸消風波自息查省城開辦膏引如洋商不願自當推沙遜新舊兩行爲首事今沙遜行主並無停阻之言獨一巴巴利小土行妄生異議聞英領事照會督撫之先卽有中國官員與該行往來行踪詭秘且傳有所撰文字大抵詰責膏引之詞後數日領事照會督撫卽稱奉到英政府來文云云其中所用詞語與在巴巴利土行所見者一字不易此則甚爲可疑且照會中有請將膏捐新章停止之語查膏

捐乃上年十一月戶部奏准推廣奉　旨依議之件督撫札行司局遵照辦理豈一領事所能遽請撤銷而八月十九日院札遽飭籌餉公所停止膏捐新章竊意督撫大吏條約容有未明　詔旨豈可違背乃任聽劣員播弄輕重倒置若是幸公力顧大局體恤商艱爲民請命八月二十四日兩院會電外務部之語甚屬明晰想英使得外務部照復後亦心知其非是以不再嘵瀆風波平息者一月乃本月二十四日外務部來電英使仍執有背約之語定須停止新章所引數端語多不倫大約仍由英領事唆聳所爲當卽擬成復電交虞令帶省呈請速發不知兩院閱過後曾照發否來示有停止膏引而膏牌事在必辦之語此則萬不可行正墮小人術中彼一二劣員始終阻撓其私心亦謂歸宿必出於此第思從前膏捐止辦十二萬尚不能如數解繳茲稱歲繳餉銀六十萬恐其必無此鉅數不過甘言動聽冀以阻止膏引耳查膏引章程

督撫若能實力保衛商人嚴密緝私則早有成議一百二十萬之歲餉並非虛懸無著之款現據虞令面述閩省已擬仿行弟在滬時蘇皖兩省亦各有人來抄錄新章擬仿粵中辦理此事於國計民生所係甚大望公一力肩任爲禱再弟在上海時與英國領事滿思禮閒談詢其近日英政府曾有議及中國膏捐之事否彼云並無所聞祇見廣東新聞紙曾提及此亦無關緊要云云此事弟到洋後當訪悉明白即行電聞又昔年在英國時與倫敦禁煙會紳頗多熟識如果英政府眞有阻撓之意則干我內政於理亦爲不直尚可囑禁煙會紳發議駁之從前光緒十一年曾惠敏與英訂稅釐幷徵之約英外部初亦堅執不允後得該會紳幫助之力始克定議前事不遠可以取法總之我公能堅定不移辦成膏引一事不獨爲粵計實爲天下計此事亦關氣數豈一二寡識之小人所能阻撓李中丞人極正派未審於知人之明何如弟固不願與小人結仇然彰癉之公自不可廢再商人黃竹友所任用之簡某既極荒謬應即飭令竹友早日撤去而膏捐公司決須實力振頓其商人延訂律師一節最關緊要但必須督撫批准彼方能上堂辦駁此事華商理直殆可操必勝之數現南洋大臣即延訂西國正副律師辦理一切交涉案件已十數年未聞有礙邦交也

上岑雲帥書光緒二十九年五月二十七日

粵省出款日繁官吏習爲聚歛掊克小民無微不至而明明可籌之款則又以不諳條約自相疑阻昨在粵時奉委會同司道籌餉經營半載辦成膏引一宗由商人具禀承餉每年認繳一百二十萬於粵省派賠之款已得大半其章程係按照曾惠敏煙臺條約續訂專條第五款辦理與約章並無違礙於上年六月開辦商情極爲踴躍閩省已議仿行乃八月間駐京英使至外務部饒舌指爲違約外務部電粵省督撫核復而德制台惑於人言遽飭司道

將膏引新章撤銷商人以所辦章程並未違約籲懇延訂律師據約駁辦而制台又不允商人既負屈莫伸公家亦坐失鉅款可爲浩歎玨既來海外職在簡書未便越俎代謀茲幸鈞座重到天南民有來蘇之望遙想藎籌碩畫必能裕國恤商如將此膏引一宗飭商照舊承辦其一切零星瑣屑掊克之捐概予刪除則全粵之民受賜多矣若慮外人故智復萌則玨已將曾侯原約逐款詮釋明白幷附錄曾侯訂約時密摺可據以爲駁辦之資茲繕錄一分謹呈鈞覽

煙臺條約續增專條約稿現將粵東膏引辦法與此約並無礙之處逐款註明

大清國大英國國家因查光緒二年七月二十六日一千八百七十六年九月十三日在煙臺所定條約第三端第一第二兩節所擬通商各口免輸洋貨釐金地界及劃定洋人居住地界各辦法均須再行商酌又查煙臺條約第三端第三節所載之詞於認眞整頓洋藥貿易之法尙欠詳細抑且深願聲明於行銷洋藥之事須有限制約束之意是以定此續增專條

查曾惠敏原奏稱專條首段加入於行銷洋藥之事須有限制約束之意一語以聲明此次議約加稅之指而暗伏將來修約議加之根是惠敏當日定約時已預爲後來加稅地步目前如欲加洋藥海關進口之稅必須修約若照粵東膏引辦法此約固已包括在內詳見第五條下

一煙臺條約第三端第一第二兩節所擬辦法現在議定應由兩國國家日後再行商酌

二煙臺條約第三端第三節所擬洋藥辦法今議定改爲洋藥當運入中國者應由海關驗明封存海關准設具有保結之棧房或封存具有保結之躉船內必俟照每百斤箱向海關完納正稅三十兩並納釐金不過八十兩之後方許搬出

三現在議定凡照上節所載正稅釐金兩項完納之後該貨主即可在具有保結之封存處所眼同海關將洋藥拆改包裝其貨包各種式樣尺寸應由海關官員會同該口領事官預先酌定聽貨主擇用如貨主於此時請領運貨憑單海關即當照給不取分文其所請憑單或每包一張或數包一張悉聽貨主之便凡有此等運貨憑單之洋藥運往內地之際如貨包未經拆開暨包上之海關印封記號碼數均未擦損私改即無須再完稅捐等項此等運貨憑單只准華民持用而洋人牟利於此項洋藥者不許持用憑單運寄洋藥不許押送洋藥同入內地

查此款載貨包未經拆開無須再完稅捐則貨包既拆之後應完稅捐即不能不照章輸納今粵東膏引係計膏收費於拆包之後但於未拆包之前預給引票以免走漏與此約並無違礙

四現在議定給發憑單章程各口一律其憑單式樣開列於後

載運洋藥憑單

爲給發憑單事照得單內所開蓋用記號碼號之洋藥遵照每百斤箱應納正稅釐金章程業經納銀共　　兩按照憑單背面附列上諭批准光緒十一年六月初七一千八百八十五年七月十八日在倫敦所定光緒二年七月二十六一千八百七十六年九月十三日煙臺條約之續增專條凡照此憑單載運之洋藥無論在於何處祇查貨包未開海關印封記碼號均未擦損私改則一切稅捐等項均免輸納

記號　碼號　第　何處進口　發單日期

海關稅務司簽名

五中國國家應許此等貨包在行銷洋藥地方開拆者如有應納稅捐等項或當時所徵或日後所設或由明收或由暗取均不得較土煙所納稅捐等項格外加增亦不得別立稅課如此等稅項係照貨價計課即應將洋藥與土煙價值相較均算其較算之法應於洋藥之市價內扣除進口時所納釐金

查曾惠敏原奏稱於第五條議得洋藥於拆包零賣仍可抽釐是內地並未全免稅捐將來若於土煙加重稅釐以期禁減則洋藥亦可相較均算另加稅釐今按此款所載或當時所徵或日後所設或由明收或由暗取均不得較土煙所納稅捐等項格外加增即原奏中所指拆包零賣仍可抽釐內地並未全免稅捐是也現粵東所辦膏引即款中日後所設計膏收費即款中所謂暗取膏引章程洋藥土藥一律徵收洋藥並未視土藥格外加增是與此款一一脗合此款又云如此等稅捐係照貨價計課應將洋藥與土煙價值相較均算即原奏中所指將來若於土煙加重稅釐以期禁減則洋藥亦可相較均算另加稅釐是也查洋藥價昂土藥價賤是

以定章洋藥百斤徵稅釐一百十兩土藥百斤徵稅釐六十兩行之已久外人並無異言近來洋藥之價日增即除去釐金算較土藥亦多至一倍有餘如照貨價計課是洋藥計膏收費應照土藥加增一倍現粵東膏引章程不問洋土藥每膏一兩抽銀一錢二分是已重徵土藥而洋藥反輕矣與此約更無窒礙上年英使照會外務部詢問粵東土藥每百斤已否加抽至一百十兩因欲阻撓膏引新章反議加土藥舊日稅釐於此款照貨價計課一層全未理會眞是無理取鬧而粵東大吏並未據約辦駁遽飭司道將膏引新章撤銷殊不可解

六現在議定此次所定續增專條應與光緒二年七月二十六一千八百七十六年九月十三日所定煙臺條約視同一律其實力鄭重之處亦與逐字載入煙臺條約無異此專條應於畫押以後六箇月開辦施

行此指兩國批准文據已在期內互換而言儻期內未能互換
即自互換之日開辦施行
七專條所載洋藥章程議定照行四年四年以後兩國如有欲
廢棄章程者無論何時皆可先期十二箇月聲明一經通知屆
期即爲廢紙惟議定儻查所發運貨憑單於海口運送洋藥前
往內地行銷處所之時仍不免其輸納一切稅捐等項則無論
何時英國即有廢棄專條之權儻續增專條既經廢棄則洋藥
辦法應仍照現在所行之天津條約所附章程辦理
查此款內稱儻查所發運貨憑單於海口運送洋藥前往內
地行銷處所之時仍不免其輸納一切稅捐等項則無論何
時英國即有廢棄專條之權上年英領事照會粵東督撫即
據此條爲言查膏引章程係到行銷處所售與煮膏之人始
按引收費並非於海口運送內地時令途中輸納稅捐該領

事引此爲證殊與膏引章程實在情形不合
八續增專條既經開辦如查其中有應行變通更改之處兩國
國家儘可會同商議酌改
查此款載明其中有應行變通更改之處即可商議酌改現
在賠款如此之鉅除粵東膏引辦法本與條約不背外儻或
另有應行變通更改之處亦在可以商議酌改之列用特附
誌於此以告當世有籌款之責者
九煙臺條約第三端第七節所載派員查禁香港至中國偷漏
之事應即作速派員
十此次專條所改之煙臺條約暨此次議定續增專條一併由
兩國　朝廷批准其批准文據應在倫敦作速交換定約大臣
各奉本國　國家之命議定續增專條畫押蓋印此專條係在
倫敦繕立漢文二分英文二分共爲四分

光緒十一年六月　初七　日即
西歷一千八百八十五年七月十八日
與程雨亭書光緒二十九年十一月
春間寄奉煙臺條約續訂專條注釋各册想蒙披閱嗣又送呈二
百册請攜至粵中徧贈僚屬弟之愚見今日民窮財盡岌岌可危
外洋賠款數鉅期迫各省派償羅掘幾罄惟就洋土藥想法尙可
抽收大宗款項以紓民力乃粵省膏引公司僅憑外人一言阻止
推原其故皆由通省官吏不明條約所致猶憶去歲議辦此事之
初委員中僅一虞令汝鈞商人僅一黃竹友於專條各款所載了
然於心蓋虞令閩人閩省於數年前曾擬此辦法黃商則沙遜洋
行經理洋藥之總商也此外則無一人知此專條用意者惟在督
撫前訕笑阻撓而已當時陶制軍臥病牀蓐非其私暱不能進見
德靜帥惟洋務局員之言是聽幸藩臬二公尙能同心且籌餉原

係藩司專責念舍此亦無別法可籌故能力排衆議克底於成不
意弟甫離粵枝節橫生敎猱升木悉由洋務局員所爲此中曲折
公但密詢虞令可悉其詳自來海外僉此事若不剖析明白聽其
從此戛然而止不但粵商膏引之辦法莫屈負伸且使曾侯立約
之苦心有懷未白是以排印此册廣送同人亦冀有一二勤恤民
隱之君子細繹此約更立良法不至長爲外人所刼持夏間雲帥
抵任曾將此事詳告請其飭商復辦近接來函知粵省現行膏牌
外人且從而干預幷江鄂兩省就土征膏已行之法亦爲牽動現
方靜候部議外人之得步進步固屬可恨然物必先腐而後蠹生
不能不歸咎於粵省洋務局員之開門揖盜也本年七月間得外
務部友人書亦謂各省膏捐英使時來饒舌現惟妥訂章程收之
於拆包以後過與爭辨於事無益弟察度情形既不能據約力爭
惟有另籌辦法適譯義國稅則見其中有重征煙稅一條似可仿

照辦理因於中秋後專摺上陳欽奉硃批交外務部議奏茲將摺稿錄呈台覽并請閣下於謁見雲帥時密呈一閱（弟不錄奇雲帥者恐督署洋務局長聞知送信與外人衛生紗節交涉上年故轍也）聞粵西軍事未能速了餉項奇絀巽公有請開捐例之奏鄙意捐例已成弩末仕途流品混淆已極斷不宜再開若洋土藥加稅每年所入遠勝開捐雲帥向來疾惡鴉片甚深儻以管見爲然可否請其以重稅洋土藥普免雜捐具摺上聞雲帥負天下重望　朝廷倚畀方隆其言易入如得　諭旨允行寓阜財於正俗之中非獨於籌款有裨也

上岑雲帥書（光緒三十一年十一月）

粵東財政聞益艱困竊謂自乙未辛丑兩次賠款歲出之項驟添四五千萬雖不加田賦而商稅日增民力久已不支求其多取而不爲虐者祇有重抽鴉片稅一法前年敝處請加徵洋藥一疏部復交駐英張在使與英外部商辦嗣英外部復文謂必須土藥與洋藥一律加徵方能公平商辦查土藥自設八省膏捐以來徵收已過洋藥之數目前洋藥必應加徵似無疑義前在粵時招商承辦膏引按照條約並無違礙因大府不肯與外人駁辯歲失百萬之款此事鈞署當有案牘可查竊意該商原定章程如有未妥之處儘可酌改何至全功盡棄今粵省籌款既別無良策曷不就此想法改章續辦如能堅持定見事在必成彼族雖狡亦無詞可措夙仰執事威稜震俗懾服外人敢獻愚忱伏祈采納

復庵遺集卷八

復庵遺集卷九

無錫　許珏

禁煙牘存三

上蘇撫陳中丞說帖（光緒三十二年五月）

竊查上年十月政務處奏定禁煙章程十條頒行各省內第二條分給牌照以杜新吸第四條禁止煙館以清淵藪最爲扼要蘇省經司道詳准以本年正月初一日起限扣至六月底即屆封禁煙館之期惟禁令必宜凛遵而下情亦應曲體此項開設煙館之人似須先期告戒令其預謀生計以免屆時失業之歎職三月二十六日到籍訪查錫金兩邑城鄉煙館約有二千餘家計店東及幫夥不下七八千人日來邀集城鄉紳士妥籌安置之策並密詢各煙館屆六月之期能否恪遵告示一律閉歇據各紳等稱上年諭旨初降人心震動一時戒吸者頗多各煙館均有改業之想後聞以正月初一日起限衆情稍怠及屆三月底照章應停止燈捐乃地方官反將燈捐（近年所辦膏捐錫金兩邑皆向煙館燈吸徵收故邑人統名之謂燈捐）每兩加增二十文從此人情疑沮謂政令反覆若此則六月閉歇之期諒亦徒託空言未必實行復見省章有停止燈吸即作爲膏捐之文試思錫金兩邑安能開設二千餘家膏店則其陽奉陰違開燈密室不言可想是禁止煙館一條已屬有名無實可爲浩歎職思加價之與燈捐截然兩事祇因向來地方官辦理不善以致今日衆人誤會轉生阻力因又就開設煙館之人擇其稍明事理者告以六月底必須停歇違則封禁據稱定章不敢違唯必須將四月初一日起每兩加徵四十文之燈捐迅速停止則該煙館既蒙體恤於前當不至抗違於後再三研詰衆口一詞竊思此項土膏加價既曰土膏自應在土店膏店徵收本無取諸煙館燈吸之理刻下距封禁煙館之期已近惟有籲懇鈞座電飭各屬地方官自五月

起將此項加價改向土店膏店徵收庶界限可淸並出示曉諭各煙館其四月分業經收取之款照數發還以昭大信如此則屆期閉歇自無異詞禁令既孚衆情帖然他邑情形職不敢知但就錫金兩邑以推人情恐亦相同或謂洋藥稅釐併徵之後遇有加捐之事土店向不承認此項加價儻土店不肯認繳勢必無著如欲按照舊日膏捐之數循章提解蘇滬兩釐局將於何取償似亦不能不慮查光緒十一年煙臺條約續增專條內第五款載明貨包在行銷地方開拆後如有應納稅捐等項與土煙一律照貨價計課云云是洋藥於拆包零賣之後本可抽捐此事詳見曾惠敏當日奏摺職昔年曾詳加注釋茲將此册附呈台覽則流俗之論不辨自明矣至分給牌照一條原定章程由地方官出示曉諭發給格式令吸煙者照式開報蘇省經司道詳准省城派候補人員會同拒煙會紳董辦理外縣遴紳設局經理限三箇月內一律報明

今禁煙起限已逾四月此項分給牌照之事尚未悉省城如何辦理外縣無可遵循又查章程第八條責成地方官督率紳董以期實行在定章初意重在責成地方官而上年司道詳准謂州縣以一身而理庶務勢不得不假手書差偶一失察百弊叢生論熟悉地方情形莫如紳董計惟本地方自治之意用官督紳辦之法是今日禁煙之能否實行官紳已分任其責惟是紳董之在本地祇能從容勸導其風行雷厲與民更始之效全仗地方官不避嫌怨實心任事方能日起有功合無仰懇鈞座迅賜嚴詞通飭各屬以儆怠玩管蠡之見謹以附陳伏祈鑒核施行

與無錫縣伊峻齋金匱縣趙嶼秋兩大令書 光緒三十三年五月十四日

禁煙事實行當遵政務處奏定章程煙館勒限六箇月內一律停歇改業逾限概行封禁爲第一要義蘇省經司道詳定以六月三十日爲限今距封禁之期不及五十日而停歇者寥寥並聞有書差需索之費以致有欲歇不得者又土膏加價一項不應就煙館燈吸徵收昨弟玨親至蘇垣謁中丞面遞說帖蒙允飭司妥議惟是現距六月底已近如待省中議定輾轉行文已於事無及因與中丞熟商祇能相機辦理當蒙許可謂俟有成效並可推行他邑茲同人擬定簡明辦法數條專爲屆期禁止煙館而設繕摺呈覽並懇速賜出示曉諭以堅小民遷善之志嚮而息非分之覬求無任懇切盼禱之至

與伊峻齋大令書 二件　光緒三十三年

弟與閣下相識已逾十年雖過從未久而學術經濟素所欽佩茲幸仰託仁帡凡有造福桑梓之事必於明公是望禁煙一事上年欽奉　諭旨諄諄爲挽救目前貧弱之故近奉　寄諭各省大吏著照奏定章程切實辦理儻再有鬆懈定與嚴懲不貸　詔書一再宣示業已深切著明乃弟昨至省垣訪查現在辦理情形極爲

鬆解聞祇係操筦榷之柄者借膏捐一端巧辭游說中丞惑之查通省膏捐歲不過十二三萬金如從三月底停止煙館燈捐七月初就土棧膏店起征加價界限分明其間只少收三箇月膏捐通省所短不過三萬餘金以蘇屬之鉅庶此三萬金何處不可設法彌補前聞執事云錫金兩邑報解之數每月二千餘元通計三箇月不過六千元弟曾告中丞云如釐捐局爲此六千元之故致錫金兩邑不得實行禁煙則邑紳尚可認墊此項惟求迅飭地方官切實出示曉諭煙館必須至六月底一律封禁業荷中丞慨允許以相機辦理又查閱本月初七日新聞報載有淞滬釐捐總局移蘇臬司禁煙局上海道文有既經予限飭禁而應繳之捐仍復勒令照完未免政近煩苛特予豁免以示矜恤而彌隱患俟禁定後再行飭令售膏之店照章起捐以示限制云云則與鄙人所見不謀而合惟此件公文未知係何月日之事擬請執事轉詢釐局總

辦展雲老公祖查明並希見復爲禱五月十一日

頃奉賜函敬承壹是並悉以禁期瞬屆已囑三廳查戶造册擬俟到期之日雷厲風行廓清毒燄仰見藎籌周密欽佩良深承諭前摺所擬辦法第一條應候憲示弟玨昨已發函請中丞迅賜示復第二條須商金邑乞公即與嶼秋公祖斟酌停妥早日施行第三六七八條需款頗鉅尊意必先籌足方可放手辦理尤見慮事精詳曷勝心折查前奉省局來文土膏起征加價於收加價錢內按照舊日膏捐之數循章提解蘇滬兩釐局餘剩之款留作本處禁煙之用原文甚明惟弟等現擬辦法六月三十日以前此項加價不得就煙館燈吸徵收應予豁免至七月以後此加價自應歸膏店認繳除循章提解釐局外按計每月餘剩不下二千元此項尚非無著之款惟六月以前則須籌墊現擬由弟玨先借墊一千元弟建綸弟壽楣各借墊五百元此外則儒寡會公款可挪移三千

元至各紳富聲應氣求願出資墊款者尚不乏人總之此舉係奉
旨嚴飭實行之事弟玨又係奏請回籍隨同地方官專辦禁煙之人即使他處辦法不免鬆懈而錫金兩邑決不肯因循粉飾貽患後來況上海切實奉行已有成效以執事之賢必不甘居人後惟尊處必待上臺行文則輾轉稽遲未知何日始到可否請閣下據實逕稟撫憲請示之處伏乞裁奪至感至禱五月十七日

前聞膏店執照尊處已由省局發存三百張查日前新聞報載上海奉到執照與向來煙館之照無甚大異既無禁設煙館一層亦無發照領照章程經上海縣李大令另擬辦法四條奉瑞觀察鑒定札發遵行等語不知尊處所奉之照與上海前奉之照是否相同抑已改定敬祈即檢一張交下以憑察辦爲禱六月初三日

與趙嶼秋大令書二件　光緒三十二年

昨今兩奉惠函並照會一件敬承壹是膏店執照先後領到二百九十五張查核開載云云確與向來煙館之照無甚大異因陋就簡可爲太息論理須援上海辦法申請但爲期已促多此周折非省憲所樂聞今擬由公所另紙載明續定省章及錫金兩邑現擬辦法排印多紙黏同省局執照給發茲將擬稿呈請鑒核如有需增删之處幷希與峻齋公祖會商改定交下爲禱六月初六日

頃奉手教敬悉壹是煙館歇後改爲膏店查照尊處疊次照會省章土膏加價一項所收錢文除照舊日膏捐之數循章解交省城牙釐局外餘作地方禁煙經費云云弟玨意如認定禁煙宗旨膏店總以少開爲宜而省憲既以膏捐爲重則不得不通籌兼顧錫金兩邑城鄉煙館共有一千三百餘戶每月解省局膏捐計洋二千餘元現擬限開膏店三百戶則此二千餘元之膏捐必須就此三百戶匀攤方不偏枯匀攤之法祇能就舊開煙館之街巷劃分地段令其自認較有著落金邑天四圖舊有煙館一百四十三戶

每日售膏六百五十九兩現擬限開膏店三十二戶則此項膏捐不得不就此三十二戶匀派大抵既願承開膏店決非乏於資本之人是以先就天四圖試辦弟玨手定一表將原有煙館之數銷膏之數現限開膏店之數逐層分列交與公所發給之人此表附呈一閱凡來領膏店執照者須照此認捐或量減一二成俟一月之後如確係銷不及數准其具稟改定加注執照中並給與册簿二本令其按日填寫銷數循環倒換以備查驗此弟玨所擬限制膏店而仍兼顧舊日膏捐期公款有著之辦法也弟謙培之意竊謂禁煙之與收捐事難兩全蓋禁煙期銷膏之少而收捐求銷膏之多近來　明詔屢頒但飭實行禁煙從未提及膏捐一語以省章與
綸音相較孰輕孰重不待智者片言可決且煙館改爲膏店銷數諒不能旺似宜曲體羣情不必拘泥省中疊次來文致多窒礙擬就凡來領膏店執照者但查本人舊開煙館捐數加十之五如開燈時

認捐三兩現已有店認捐六兩隨到隨填照給付以盡三百號爲止於膏店所加有限人情自必樂從此弟謙培所擬限制膏店不復計及膏捐之辦法也日內來領照之人聞知敝處擬此兩種辦法尚未決定不免觀望敝處亦未便遷就致乖禁煙宗旨正在躊躇茲奉惠示所稱孫太尊函詢各節足見此事以俯從民便爲宜現已決定用弟謙培辦法矣六月二十六日

與伊峻齋大令書二件　光緒三十二年

煙館停歇幫夥類係無業之人日久賦閑易生怨望自應爲之妥籌生計庶與前定章程符合不致徒託空言茲敝公所於前籌墊禁煙經費項下酌提銀洋一千元就禁煙公所設立借錢局以作肩挑貿易定於七月十六日開辦酌擬章程六條開單函送敬祈核明迅賜繕發告示徧貼城廂內外通衢要道俾衆周知是爲至禱七月十四日

昨准來文奉省城牙釐總局排單札催膏捐將七月以後銷數確查具報等因並蒙示及錫邑原報銷膏數目每日一千二百六十餘兩按月應收解錢七百五十八千四百六十文現敝公所僅發照六十七戶日認銷膏五百二十七兩零核與原定銷數不及其半將來短絀萬不能賠繳等情具見藎慮周詳顧全額款至意查此次各膏店所認數目原爲填寫領照暫認此數俟至本月底尚須核實重定現數日來錫邑境內續領膏照共已七十三戶每日銷膏共五百九十八兩零五分按照每兩加價四十文算應每日收錢二十三千九百二十二文每月應收錢七百十七千六百六十文較之舊解之額每月尚不敷錢四十千零八百文查清城鄉揚名鄉兩扇領照無多日內必有續報之戶俟至月底當與解額相去無幾擬即核數將空白執照奉繳作一結束以清界限前擬另設勒限減癮官膏店五處亦爲籌抵解款起見後思其中辦法頗多窒礙蓋　諭旨煌煌祇曰禁煙今以區區膏捐多方遷就殊屬不值且錫金兩邑號稱富庶但能實行禁煙即撤開膏捐另籌他項以抵解款尚可設法何必沾沾出此下策遂將前議作罷今執事慮及賠繳一層鄙意禁煙關係兩邑盛衰大局當從長計議將來銷膏日減自當由敝公所隨時設法補苴決不相累請紓廑念七月二十三日

與趙嶼秋大令書光緒三十二年八月初五日

疊奉惠函並膏店執照及城廂膏店加捐清單領悉一一查上年政務處奏定章程第五條清查煙店項下載明由地方官查明注冊存案給與憑照後不准再有增開之店其隨時閉歇者即將憑照繳銷不准留存又蘇省續議章程第四條此次清查之後永遠不准添開以示限制合觀兩條詞義至爲明顯今敝處於七月十二日業經遵奉來函截數已將空白執照呈繳冊報省憲在案茲

尊處因聞城鄉尚有擬開膏店之人復將前項執照發下按諸定章似屬不合照此辦法於清查之後不准添開以示限制一層殊形窒礙第念執事因顧全膏捐不得已而出此茲擬於本月初十日爲止此後永遠不再給發以符定章至城鄉各膏店認銷膏數尊處派友稽查類多隱匿現議酌加以重公款固屬正經辦法第此事似應歸三廳收捐之員一手辦理敝公所但管發照未便與之計較錙銖蓋敝處宗旨在於禁煙如知有隱匿等情即應勒閉以肅禁令毋庸遷就議加也原單奉繳即希察入諸祈鑒原爲荷其各店報減銷數及繳照報閉之戶統俟截止發照之日造冊送呈

與伊峻齋大令書光緒三十二年七月初五日

竊照各煙館前有違限抗違之徒已承查出封屋責懲在案此等陽奉陰違恐一時未易盡絕有犯必須速辦方可稍示懲儆擬請

台端可否將來公所收膏捐之員早日委定並兼辦禁煙善後事宜以後有事即由委員在公所就近辦理以期迅速而免周折遲誤遴員檄委後並乞轉致孫太尊爲叩

與常州府陸勉齋太守書

敝處於本月十六日設立借錢局先籌墊洋銀一千元仿照從前揚州因利局章程辦法迄今半月未有煙夥過問蓋緣章程中有戒煙後方准借給一語非此輩所樂聞至習藝所之設殊屬不易凡人至以煙館爲生必其平日懶惰已極不肯吃苦故甘心作此下流行業豈因煙館既歇即能發憤習勤聞上海設立煙夥習藝所至今報名寥寥足見此等惰民未易就範是以敝處遲回未辦弟之愚見自上年八月初三日欽奉　諭旨禁煙期於力挽近來貧弱之弊本年三月又奉　寄諭各省大吏著照奏定章程切實辦理今勒限閉歇煙館特奏定章程之一端此外應按照章程辦

理者正多日來輾轉籌思其最要者係章程第二條分給牌照以杜新吸第三條勒限減癮以蘇痼疾但此二事必待省城定有辦法然後外縣可因地制宜仿照舉辦前閱省章於分給牌照一層諉之本城拒煙總會由紳士姚姓經理後聞因朱竹石廉訪與姚紳意見不合多方挑剔姚紳亦知難而退牌照既未分給則勒限減癮事更無從辦起竊意目前實行禁煙當使上等人漸知愧恥則下流社會自不至故態復萌且此次煙館一律閉歇固由地方官三令五申有此成效亦由國家教澤未泯法令尙行如春雷一震萬彙昭蘇但能從此下手力圖振作譬諸瘖者思語跛者思起氣機所感殆有動於不自知者若謂煙館既勒限閉歇此外奏定章程應以十年爲限則死灰復燃之機恐轉瞬即成炎炎之勢矣風聞近日省城自司道大吏以下吸食如故將何以間執衆人之口鄙人所慮在此而不在彼敢以質諸高明至分給牌照勒限減癮二事究竟應否及時舉辦亦乞指示爲感

復鼈捐局孫展雲太守書光緒三十三年

煙館雖一律閉歇仍賴稽查不懈方有實濟藎慮周詳無任欽佩承示膏店宜少開方合禁煙宗旨卓識偉論尤爲今日省章痛下針砭敝處上月由兩邑尊送到膏店執照共六百張竊意如准此數開設膏店是改兩戶煙館爲一戶膏店不過改一名目而已於禁吸之義安在因擬兩邑合共三百戶以爲限制庶幾挑膏銷數較舊日煙館燈吸可以驟減惟膏捐係賠款所關故前擬辦法兩種有兼顧膏捐不兼顧膏捐之別六月二十五日接到嶼秋公祖函詢各節當即詳晣具復諒早轉達冰鑒自二十五日起領照者不復如前觀望現截至七月初四日止已發膏照一百三十二張共認銷膏一千零七十二兩有奇查兩邑煙館舊認每日銷膏者計三千四百二十兩七錢五分如必湊足舊日原額捐款計非發

照四五百張不可尙復成何政體且上年政務處奏定禁煙章程內清查煙店一條載明現開之店以後須漸令收歇不准再有新開詞意森嚴於現開之店尙欲令其收歇且聲明不准新開今省章一味顓頊煙館停燈即爲膏店而漫無限制流弊胡可勝言竊思目前但期賠款有著何必盡用省章鄙意現發之膏店執照宜即日停止城中四鄉另設膏店五處名曰勒限減癮官膏店每店認銷膏二百兩合一千兩併前項已認銷之數共二千零七十二兩較煙館燈吸時每日確已減銷一千三百五十兩之膏而就加價一項核算每日可收錢八十二千八百八十文一月可收錢二千四百八十六千四百文以抵向來循章解省中鼈局之款有盈無絀於禁煙宗旨既不背而於賠款仍得顧全昨已函商峻齋公祖玆再爲大君子縷晣陳之如其中尙有思慮未到窒礙難行之處務請切實指示以期磋商盡善

與伊峻齋趙嶼秋兩大令書
光緒三十三年十一月

接誦手書知疊奉上臺批札膏捐不能短缺分文續發膏照以解額爲限制期於禁煙籌款兩不相妨藎慮周詳無任欽佩惟是銷膏多寡之數必視吸煙人數爲進退苟吸煙之人日減則煙膏安得多銷若膏捐長此無虧則禁煙何從收效斯理易明無待多贅昨已將蘇省征收膏捐有妨禁煙之處呈請御史臺代奏仰蒙聖恩寄諭江督蘇撫體察情形酌核辦理兹將呈稿錄寄冰案此後各州縣自可儘征儘解得免賠墊之累應請尊處停發膏照以存限制儻將來因解款虧短上臺有督過之言惟地方紳士是問

上端午帥書
光緒三十四年

讀明公復奏摺稿統籌全局語重心長至爲欽佩第膏捐窒礙情形尚有未達清聽者在牙釐局以籌款爲專職自不肯任捐數之減收我公庶政殷繁各州縣稟報禁煙情形縱有不實不盡勢不能一一洞察然念大疏既上玨即面謁縷陳亦徒滋煩瀆且自計假期屆滿淹留在里何補時艱遂於四月初旬北上到京之後縈念鄉里積弊一日不除沈痾一日不起伏思鈞座公忠體國廣益集思苟有以身親目擊之言效土壤細流之助知公必深所樂聞而不以爲多事此玨近日所以又有呈請代奏之事也竊計此稿早達冰案惟縷縷愚誠爲呈稿中所不及敍者不揣冒昧請陳崖略竊謂名實必相附以立義利不並域而居蘇省所謂膏捐本係燈館燈捐其後名目雖改仍就煙館燈盞計數定額官吏收捐時亦就煙館挨戶徵收改其名而未改其實此則開辦之初官吏苟且之咎上年四月省章停止膏捐起徵土膏加價夫既曰土膏即應土店膏店一律征收乃不及土店而祗徵膏店且即此煙館停燈改設之膏店是則輾轉巧立名目始終不出曩日之燈捐利之所在弊即因之竊意今日爲捐款計惟有將此加價一項改向土店徵收凡膏店購土時由土店照章扣存代繳則力少功倍計捐數必溢于舊額此名實相附之說也雖然此第言籌款之益而於禁煙固無效也以徵爲禁之說行之數十年矣究其所極則有徵而無禁蓋籌款一層既須兼顧則要需所在不能不委曲求全若無錫縣伊令立勤讀書既富吏事亦多勤敏耐勞可謂賢吏及牙釐局一再札飭不准膏捐短少則雖政務處奏定章程亦不敢堅執遵守玨既不願膏店閉歇之後復准添開是以商同邑紳自本年正月起由縣將膏捐短絀之數按月照會公所代籌墊解兹將往來文牘另册鈔呈此於邑紳不失爲好義然地方有司亦豈甘受狥利之名玨兩次呈請准州縣儘收儘解微旨在此蓋禁煙與籌款二事離之則各有辦法合之則決難見功此義利不並域之說也鴉片流毒垂及百年開禁收稅已五十載懲於道光年間海上兵事從無人敢再陳禁止之議　聖明天縱疊沛綸音薄海生靈如釋倒懸之厄玨上年請假之時原擬隨同地方官按照政務處奏定章程逐條辦有頭緒然後入都荏苒一年愧無寸效然亦因此阻滯而悟禁煙機緘所在蓋栽種吸食販賣三者皆宜逐漸限制惟限制吸食爲最難統籌蘇省全局長淮以北自以限制栽種爲先大江以南必以限制販賣爲急限制販賣之法首勒閉煙館次禁栽種並膏店次勸改土業但使通縣境內無煙土可購必購之於境外則一縣吸食之人不限制而日少由縣而推之一郡由郡而推之一省不過數年漸有摧陷廓清之望（年老病廢之人應聽終身吸食不在此數）至於限制栽種亦有簡便易行之法斷非逐年遞減一成可以收效此事思之頗熟如蒙俯采容俟續陳

復庵遺集卷十

禁煙牘存四

上督院說帖籌擬禁煙入手辦法（光緒三十四年十二月十八日）　無錫許玨

竊職道現奉鈞札委辦全省禁煙總稽查事宜並諭以認眞整頓期收實效日來調閱卷宗咨訪輿論粗悉省城目前辦理情形伏讀上年三月初四日　諭旨諄諄於栽種販賣吸食各項令各省遵照政務處奏定章程切實辦理查粵省種煙之區甚少唯潮州府之海陽縣據報上年土藥出產約十萬零五千餘兩饒平縣出產僅二百數十兩此外概無所聞是粵省所應整頓者祇在販賣吸食兩項而已茲謹擬入手辦法數端伏候裁奪

一省城現設之戒煙公所戒煙局應請仍由巡警道廣州府照常辦理惟查驗官員一節聞州縣以下由廣府主政者已查驗十

數員府廳各員由巡警道主政者尚未調查擬自明年正月開印後查訪明確一律認眞調驗

一禁煙大臣奏定查驗章程有分別官民以淸界限一條內稱凡紳商士民之戒斷由民政部及各省督撫隨時隨地攷察辦理現省城戒煙公所但查驗官而未及紳商士民竊謂商民至衆查驗不易紳負一鄉之望士有學籍可稽似應就省城官位較崇譽望素著各紳分致照會請其按照政務處定章倡率士民以期一體實行

一政務處奏定章程內分給牌照勒限減癮兩條爲禁煙扼要之處然其事至爲繁瑣頗難著手職道所見江蘇一省至今未辦本年在京聞直隸天津等處分給牌照之後流弊甚多頃查閱卷宗粵省情形亦復相同且牽涉膏牌商情難饜欲求令行禁止似須改絃更張另籌簡易之法但必周咨博訪詢謀僉同事有把握方敢列摺上陳

以上三條限制吸食事宜

一外務部與英使商訂辦法洋藥進口自本年始每年遞減一成期以十年減盡現查粵海關洋藥進口之數上年一萬零三百九十七擔二十斤本年一萬零五十九擔四十斤（此係按西歷計算）以本年比較上年所減尚未及百分之四按諸原議每年遞減十成之一似有未符理應將本年少減之七百餘擔併入下年計算以便設法從嚴限制

一如欲照會外人限制來年洋藥進口之數須先將本年土藥進口之數查明確係減少若干方能間執外人之口查雲貴兩省土藥來自西江川省土藥來自北江此外潮汕雷瓊欽廉一帶土藥由輪船進口者亦復不少本年各屬進口土藥尚未截數呈報檢查舊卷光緒三十二年約銷土藥一千一百三十五萬

九千餘兩三十三年約銷九百二十七萬二千餘兩核計減銷之數在二成以上惟既稱約數自不比海關冊報覈實可憑應俟本年各屬呈報之後確切查明定一限制之數以便照會外人俾洋藥銷數與土藥一律遞減不至畸重畸輕

一擬遵照政務處奏定章程從嚴將各土店切實限制洋藥土藥一律稽查每店就近兩年來屯賣數目酌中定額以後或半年或一季隨時限令遞減銷數各土店就現有家數暫給牌照仍勸諭及早改圖當知功令既已禁煙則販賣煙土即非正經行業其熟膏店尤應明定限期准其隨時報歇所有膏牌承餉應否隨時量減以示體恤

以上三條限制販賣事宜

右所陳係粗舉大概如鈞意謂爲可行當再悉心另擬辦法細目次第呈鑒茲事繁重擬請撥公地一區俾資辦公並請刊發關防

以昭鄭重酌撥經費准設員司以便幫同料理分派稽查是否有
當伏候示遵

詳督院擬定全省禁煙事宜章程請核准立案宣統元年閏二月初九日

爲詳請立案事案奉憲台札開禁煙爲今日要政粵東自奉　旨
禁煙以來先由巡警局設有戒煙所又由廣州府稟設查驗官員
戒煙所要無非禁煙之事今酌定辦法將府設之公所改爲禁煙
局管理全省禁煙事務其查驗官員戒煙之事亦歸併該局辦理
名曰廣東全省禁煙總局等因奉此查自光緒三十二年八月
明詔禁煙定限十年以內將洋土藥之害一律革除淨盡三十三
年三月　諭旨嚴飭各省於栽種販賣吸食各項遵照政務處奏
定章程切實辦理儻有鬆懈定予嚴懲三十四年二月　諭旨飭
內外臣工協力通籌認眞辦理毋論如何爲難必期依限斷絕毋
得稍涉因循致干重咎　綸音訓誡至再至三凡在臣庶宜如何

禁煙牘存四　三

洗心滌慮痛改前愆乃迄今已逾三載雖悔悟自奮者尙不乏人
而泄沓相安不知振作者實居多數恭讀本年二月二十四日
上諭禁煙一事乃今日自强實政教養大端特禁吸禁種及籌款
抵補洋土藥稅釐三事相爲表裏禁吸一事責之禁煙大臣及京
外各衙門長官民政部暨各省督撫及管理地方之將軍都統等
禁種一事亦責之各省督撫及將軍都統抵補稅釐一事責之度
支部明知籌款誠艱要當權其利害輕重豈恃此鴆酒毒脯以救
飢渴而不爲民除害等因欽此仰見　聖天子痌瘝在抱欲海內
臣民速出水火而登衽席蕩祛沉痼以蹈康和斷不容再事因循
遷延貽誤查上年四月民政部會同度支部奏定禁煙稽核章程
諄諄以縮短期限力圖進步由各省查看情形辦理茲本司道遵
札將全省禁煙事宜妥定章程六條列摺詳請察核俯准立案一
面即由局出示曉諭並移行遵照是否有當仰候批示祇遵

擬定廣東全省禁煙事宜章程

一政務處奏定章程以禁種罌粟爲第一要義本省栽種之處無
多前奉督憲札行不拘十年之限各屬統於光緒三十四年一
律不准栽種通飭遵辦在案復經本局查明向有栽種罌粟之
潮屬海陽澄海饒平等縣及韶州府嘉應南雄各府直隸州所
屬嚴飭該地方官查禁誠恐愚民覬法射利故智復萌嗣後應
責成地方州縣認眞查勘如有膽玩之徒仍敢私種立即督飭
差勇全行拔除並將栽種之田主佃丁枷責示懲種煙田畝追
契充公本局並不時派員密查儻仍有栽種即將查禁不力之
州縣詳請撤參以儆泄沓

一膏土各店亟宜逐漸改業以符部章查政務處奏定章程第五
條清查煙店項下以後祇准閉歇不准增開又查民政部會同
度支部原奏既聲明縮短期限復於章程第八條稱膏土各店

禁煙牘存四　四

應設立期限於膏土營業以外兼爲他項營業逐漸替換務於
定限以內將土膏貿易一律停止現本局遵照以上章程將膏
土各店自本局出示日起以六箇月爲一限每屆限期清查一
次其有遵章兼爲他項營業將膏土貿易早日停止者酌予獎
勵其貪戀舊業至數限後仍不遵勸諭停止者即吊銷牌照以
符定章

一給發牌照已由巡警道遵照政務處章程辦理惟聞報名領牌
多非確實往往揑冒假造借牌購煙其弊不一而足至各屬未
設巡警之處據報領牌並無確數查政務處定章分給牌照本
與勒限減癮同時並舉現種煙既經縮短期限則吸食之期亦
應一律縮短豈容姑息遷延嗣後除年老痼疾二項有關生命
實難戒絕者驗明酌予從寬照前領牌此外領牌之人每屆換
牌務將牌開認限某年戒斷空格內切實塡明期限以便後日

按册稽查無可欺飾若仍沉溺不悛屆時未能戒絶卽照政務處奏定章程有職者斥革無職者注名煙籍不齒齊民

一開燈煙館實爲吸食淵藪迭經嚴諭禁止近聞省城內外偏僻之處私行秘密開設者仍復不免固由棍徒玩法牟利半由各署差役得賄包庇地方官查禁不力咎無可辭嗣後各屬內如再有前項開燈煙館一經本局派員查出卽將該管正佐各官分别記過撤任以示懲儆並令各屬廵典每三箇月查明管內並無開燈煙館出具印結申該管直隸廳州縣加結轉報本管道府暨本局以備查考而昭核實至售賣煙具早申嚴禁現在各屬有無販賣之人幷飭一體查明列報

一地方紳董爲鄉邑之望果能實心爲地方除弊則民間情僞素所稔習如鄉黨之中有吸煙人若干斷無不知之理現擇其品望素孚者分别照會該紳等以身作則剴切勸誡凡已設有廵

警者由警局查明吸煙人數造册呈報其未設廵警之處由縣會紳辦理務須查明實數不得稍涉疏漏並廣設戒煙分會務使鄉閭之中一律掃除煙毒儻有不率教者由各族祠堂值理處以相當之懲罰停其嘗胙並將姓名列摺呈報以憑提究庶化導創懲互相爲用足爲地方自治之初基

一自奉　詔禁煙以來稍明事理者非不自願戒除往往因戒不得法或致害生或成痼疾情亦可憫前經民政部頒發戒煙中西各方業飭州縣及各善堂依方製藥究竟曾否遵辦現擬再飭各屬督同各善堂實力舉行廣爲銷流並查明市肆發賣各戒煙丸散如有參入嗎啡等類者嚴爲申禁以重民命

上督院說帖請調驗武職人員　宣統元年閏二月二十四日

竊現奉憲台飭知附奏粤東設立禁煙總局片稿自當遵照會同認眞籌辦惟調驗文武各員一節文員自府廳起及州縣以下業已分别次第傳驗而武營將弁深恐視爲具文雖有調驗之名仍蹈延諉之習擬請憲台移行水陸提鎭及中廣兩協轉飭所屬先將六項員數表依限切實塡注繳局查核如有應行調驗之將弁隨時呈報察核照章取結傳驗在各營將弁經奉憲台札飭斷不敢稍存玩視庶免延誤而昭核實是否有當伏候鈞裁

上護院說帖籌議禁煙扼要辦法　宣統元年六月初二日

竊本局自正月開辦至今倏將半載局用所費已及萬金課其成績不過查驗斷癮職官六十餘員及封閉開燈煙館二百餘間而已此於通省禁煙全局並無大益若長此不變則地方官之玩誤因循轉有所藉口而本局督率無方辦理未能扼要當先尸其咎竊謂今日任禁煙之責者當如治軍討賊以期滅此朝食而後可然不將致寇之源及養敵之患分别察究則寇且蟠踞窟穴牢固而不可去大抵種煙販煙譬猶倚賊爲利者也吸煙者則被賊脅

擄之人也吾於爲賊脅擄之人當力拔而拯出之內地種煙販煙萑苻嘯聚之類也發號施令以解散之足矣外洋販煙疆場侵掠之寇也宜堅壁淸野以力拒之如此則賊勢自蹙寇且引退吾民出水火而登衽席矣今就省城河南見聞最近之地先籌扼要辦法兩端俟三月之後果能收效然後推及各屬由近而遠或者全省肅淸之機將發軔於此乎謹將辦法開列於左

自上月派員調查省城河南各膏店銷數雖所報未必盡實然約計城廂吸煙人數不過二萬惟換發木牌尚有六千張未領故無牌挑煙者屢屢被罰以後擬無牌被罰者一經查獲卽發交戒煙所勒令斷戒第省垣現祇廵警道在新城設有戒煙所一處勢不能容多人兹擬於老城添設一所東南關設一所西關設二所河南設一所兹添設戒煙所五處專收下等傭工作苦之流每所擬月戒百人計一月可戒斷五百人一年之內可戒斷六千人此外

能服藥自戒之人本局另延訂醫生愼選良方配合戒煙丸藥減價發售計一年之內亦必有數千人戒除斷癮凡此皆被賊脅擄之人宜力拔而拯出之者也

政務處奏定章程勒限減癮項下一年換牌一次每換牌時酌減舊癮幾成現巡警道換發木牌卽照上年減癮二成竊意勒限減癮不宜延至數年之久查前據韶州府嚴守條陳家族禁煙辦法興甯縣茹令稟請改戒煙分會爲禁煙分局俱奉前憲批准所擬章程均限一年斷癮現採用其意自本年七月起限減二成以後每三箇月遞減二成至明年六月底卽行減盡如不能按期遞減及屆時尙難斷癮俱一律編入煙籍其省城所有土膏各店營業本視銷數衰旺爲去留果能一年之中吸食之人減癮戒斷十居八九計土膏各店自能陸續閉歇此於發號施令中卽寓堅壁清野之法藉以抵禦外寇於無形者也

以上兩端尙屬扼要辦法如果省城行之有效卽可飭各州縣一體倣照辦理惟設戒煙所五處照巡警道現辦規模每月約需經費銀三千兩此款尙無所出可否卽就土膏各店加抽查近日奉前憲札行廣州英領事函述港督意請粵垣抬高煙價與香港一律以免私煙入港似可乘機辦理伏候示遵

上護院說帖請通行各屬查禁吸煙幕友書差宣統元年六月初七日

竊維禁煙之要首在官員其次莫如幕友書差吸煙者旣居多數而又爲一署之關鍵地方官禁煙不力未始非劣幕蠹書暗中阻撓若不嚴申禁令於禁煙前途大有影響似應通行各衙門局所查明如有吸煙幕友勒令辭館吸煙書差勒限戒斷如敢扶同隱飾與以應得之咎此則上有用舍勸懲之權下有不得不勉之勢苟能實力奉行當不難飭就範圍也是否有當伏候示遵

上護院說帖請開辦煙膏加價宣統元年六月十六日

竊職道前擬禁煙辦法兩端幷擬於膏店加抽捐項以平省港煙價荷蒙批准照辦業已由局分移巡警道善後局遵照在案惟是添設戒煙所五處需款頗鉅自應卽從各膏店酌定加價爲入手辦法查省港煙價相懸太殊港價每膏一兩價銀二兩五錢省價每兩僅一兩有餘若驟令抬價過高恐多阻礙現擬每半年加價一次每兩熟膏每次加價銀五錢俟三次加足於原價外計每兩實加銀一兩五錢與港煙價値相埒均取之購膏吸戶於膏店牌費毫無出入所加之銀以八成歸官二成津貼商人以示體恤擬先飭令膏商敬信堂承辦如該商意存把持託詞難辦卽令各膏店公舉承辦黨各膏店仍不願承不得不另行招商承辦此次寓禁於征計所收加價開辦戒煙所外尙有餘款藉可彌補洋土藥稅釐且此由英領事譯送港督來函而起自無慮外人阻撓總之事在必行該膏商如果不顧公益唆聳各膏店希圖違抗惟有仰

懇憲台力爲維持從嚴懲辦庶雷厲風行於禁煙前途可收實效是否可行謹具說帖呈候批示遵辦

詳督院擬訂各縣戒煙分會章程宣統元年七月二十二日

爲詳請示遵事案奉前憲台張批據香山縣稟請明定戒煙分會權限章程由奉批各屬戒煙分會應以贈藥勸戒爲主若不戒而遽禁欲合數十村之衆斷賣斷吸於一時卽通行禁煙章程亦並未有此强迫辦法仰廣東巡警道會同禁煙總局明定戒煙會章程諭令該紳董等守定勸戒宗旨妥爲辦理不得於吸者賣者擅自僱勇拏辦致佔地方官之權通行各廳州縣一體飭遵並行香山縣知照等因奉此司道等伏查各屬戒煙分會之設係專爲輔佐官力之所不及州縣牧令公事殷繁深恐精力或有未周卽禁煙或多貽誤各紳士於地方情形見聞較確苟能熱心公益盡力奉行自易漸收實效固不第守慈善宗旨僅以勸戒施藥爲義務

也惟是良莠不齊或以戒煙爲名挾嫌滋擾亦不可不防其漸現擬遵照前督憲張批行興甯縣茹令成案將各縣戒煙分會改爲禁煙分局以重事權官督紳辦庶官紳一氣自能相與有成所有擬就禁煙分局章程理合呈候察核是否有當卽請批示飭遵

擬辦各屬禁煙分局章程

一各廳州縣城內各設禁煙分局一所專辦闔屬禁煙事宜卽以原有之戒煙分會改設由地方官督同該會公舉紳耆辦理官爲局長紳充局董遴事官紳妥商酌辦以免偏私

一禁煙分局直接省城禁煙總局舉定局紳後妥定章程詳列職名稟請給鈐開辦

一各廳州縣除城內已改設禁煙分局一所外其各鄉戒煙分會悉仍其舊一切戒煙事宜商承分局辦理

一禁煙分局紳士如有吸煙者由地方官稟請撤換並不准再預

別項地方公事

一地方官及幕友書差如有煙癮匿不具報徇私袒護者禁煙分局得稟請總局聽候核辦儻挾嫌誣稟查明反坐

一各廳州縣如有開燈煙館及膏店私設煙燈者分局得干涉而懲勸之重要事件得稟報總局分別札縣或委員查辦

一各處戒煙分會如有未經設立之處由分局會縣勸諭開辦

一禁煙分局除禁煙應辦事宜外不准干預別項地方公事

稟督院請招商設立稽征公司 宣統元年八月十二日

竊本局開辦以來倏逾半載苦無成效焦灼莫名推原其故由於遏絕來源限制銷路兩者均無扼要辦法查禁煙要政不外禁種禁吸禁販三端廣東種煙之地無多所宜注重者禁吸禁販兩事而已然一言禁販洋藥則事涉外交土藥則關係練兵經費於遏絕來源一層殊不易言唯有限制銷路一層尚可因地制宜妥籌辦法查本年五月十八日奉前督憲張札行英領事來函幷譯送港督一書內論禁遏私煙入港之法其意欲勸省城將膏價高抬與港價相埒庶彼此禁煙可收實效且煙價既昂吸戶有不得不戒之勢所言極中竅要來牘具在有案可稽第念目前省港煙價懸殊勢難驟令相埒必須分次遞加現擬每膏一兩先收加價銀三錢六分加至三次恰與港價相等適六月中省城河南添設戒煙所五處議籌禁煙經費由本局會同善後局傳諭膏商飭議加價乃兩月以來該商等一味支吾幷屢次抗傳不到藐法如此勢不得不另招商人承辦現據職商許景新黃鴻年等來局呈請煙膏加價寓禁於征幷章程一扣詳細考核均尚可行計抽收之款非特善後局膏牌餉項可照數撥還禁煙一切經費有著幷可彌補洋土藥稅釐一舉而數善備於禁煙前途大有裨益司道等往復函商意見相同特將該商所擬章程錄摺呈候察核請示遵行

如蒙允可卽當會同善後局詳請立案給諭開辦

稟督院詳陳煙膏加價並無流弊 宣統元年九月十六日

竊本局前擬開辦煙膏加價據商人許景新等呈請設立稽征公司官督商辦並擬具章程稟請察核示遵在案嗣於八月二十七日奉批行戒煙總會稟豁免膏牌加增膏價飭令會同善後局詳愼核議當卽錄批移請會核稟覆又於九月初一日准善後局移奉度支部電催開辦牌照捐以補洋土藥稅釐等因伏查禁煙一事　朝廷三令五申務在掃除積痼本局自開辦以來苦尠成績職道荷蒙委任夙夜疚心敢不竭慮殫精冀收速效竊以土藥禁種現已實行來源大減洋藥按年遞減自應照約限制非從禁販禁吸悉力調查設法收束不足以速進行而塞漏卮惟是土膏漫無界限銷數卽難清查吸戶習慣成風禁令斷難遍及再四思維土膏兩業祇有淘汰歸併之一法煙膏價値惟有立限加增之一

法庶營業可冀改途吸食不得不戒此稽征公司之設實於禁煙前途大有裨益者也兇部催開辦牌照捐稽延已及一年儻因區區二十萬元之膏牌致生瞻顧於煙禁固多阻力於籌款復甚懸殊揆諸輿論則易啟羣疑證之大局則尤爲失算憲臺神機燭照無難洞悉隱微茲特另具清摺將現辦之膏牌費部電催辦之牌照捐及擬辦之煙膏加價比較數目詳晰開列呈請鑒核儻慮有交涉窒礙則照約洋藥拆包以後外人不得干預譬諸百物市價漲落原無一定彼香港膏價每兩需銀二兩五錢豈我內地膏價獨不能與彼相埒乎卽欲過問據理以對彼復何詞至於許景新等所擬章程不過草創規模原須開辦後體察情形逐加改正既係由官督辦緝私等事該商必待稟命而行操縱權衡自當上候憲奪由局認眞督率決無慮流弊之滋職道平素卽志除煙害故在京屢有呈奏既專司其事則責有攸歸現據該商等以守候逾

禁煙牘存四　十一

月呈催請示遵行可否飭令司局將原稟章程核議速行定奪之處伏候批示祇遵

謹將善後局現抽之膏牌費與度支部奏行之牌照捐及本局擬辦之煙膏加價三項辦法及收數分別開列呈請憲鑒

善後局膏牌章程就所售膏價抽收每售銀一兩抽牌費四分煙土價值隨時漲落則膏價亦無一定是以商人包餉委員承辦均隨時以意增減查廣東上年洋藥進口一萬八千三百三十二擔土藥行銷九千六百零八擔計購入煙土價值幾及銀二千萬兩商人售出之價諒必有增無減然卽照二千萬兩計算每兩抽費四分應抽銀八十萬兩今查善後局抄來上年膏牌之數統計全省抽收祇有十九萬二千零七十餘兩近且收不足額約計僅收洋銀二十餘萬元其故由於抽膏而不及土又商人承辦志在牟利半多不實委員又敷衍了事弊端雖免此善後局現辦之膏牌收數也

度支部奏定推廣牌照捐每購土一兩捐錢四十文購膏一兩捐錢六十文此捐係憑吸煙牌照收取查每土一擔析計之爲一千六百兩購土時應捐錢六十四千文以一擔之土煮膏可得一千兩購膏時又捐錢六十千文是每擔共收捐錢一百二十四千文折合目前銀價約得庫平銀八十兩如照上年廣東洋土藥進口行銷二萬七千九百四十擔之數則所收捐銀當有二百二十三萬五千二百兩此度支部所以迭次電催亟詢何時開辦每月收銀若干也近准善後局移開此項捐錢須由店戶驗照收繳非將吸煙牌照數目及土店注册給照一事切實調查不足以資考核第查廣東各廳州縣吸煙領牌人數至今未册報者尚有二十一屬其册報土店間數稟請本局給照者僅有三十三屬若待一律册報齊全尙需時日且所報亦多不實不盡竊意部章雖云由店

禁煙牘存四　十二

戶驗照收繳似亦未可拘泥當酌量變通或仿照落地捐辦法凡城鎮市墟銷數各就本地彙總册報則簡捷扼要卽不能照上年二萬七千九百四十擔之銷數但按二萬擔計算此項牌照捐已可收銀一百六十萬兩以洋圓計之應得二百二十二萬二千餘元較善後局現辦之膏牌已逾十一倍矣

本局現擬開辦煙膏加價宗旨在以香港煙價爲準的查香港煙膏現價每兩需洋銀三元五毫與省價相距太遠不能一蹴卽至擬分三次遞加現定煙膏一兩收取加價銀三錢六分官督商辦一切經費均由商認所收加價官得六成商得四成計每土一擔煮膏一千兩應收加價銀三百六十兩除去商費四成官得加價銀二百十六兩如按二萬擔銷數計算應歲收銀四百三十二萬兩以洋圓計之應得六百萬元則較善後局現辦之膏牌多三十倍矣

以上三項辦法同一寓禁於征而抽收之數多寡懸殊何去何從不待智者片言可決惟是開辦之始必須面面顧到查善後局膏牌抽費係發各屬巡勇口糧每年二十萬元之款必不能少度支部牌照捐現雖尚未開辦然既經部電迭次催詢且係抵補土稅巨款勢難再緩擬先認定每年籌解一百萬元此兩項共一百二十萬元均俟本局開辦煙膏加價之後酌度收數按月分撥毋庸另籌唯是向抽膏牌歲收祇二十萬元今辦加價驟增至六百萬元無論局外衆情疑訝易生阻力即局內之人亦恐未敢深信然職道內斷於心自問確有把握者則以海關洋藥進口及統稅局土藥行銷之數均有册報可憑則抽收之數即小有出入決不至大相逕庭是在辦理得人耳第通省地方寥闊辦事之才無多勢難同時並舉是以先就省城河南佛山入手所以必需官督商辦者清查販賣實數非假手商人莫由悉其底裏惟權必操之於官

商人仍須聽官指揮庶不蹈廣東向來商包積習此中詳細節目須開辦後方能列摺上陳再此項加價命意重在禁而不在征如一年之內果能收至六百萬元則第二年即將洋土藥進口之數減去一萬擔每膏一兩再加抽銀三錢六分計所收之數仍是六百萬元第三年將洋土藥再減五千擔每膏一兩再加抽銀七錢二分計所收數仍是六百萬元經三次遞加入款不減而洋土藥則已減四成之三矣此乃實行寓禁於征之策計屆時土膏之價亦正與香港相埒此後應否再行遞加之處當隨時察看情形辦理合併陳明

稟督院請通飭各屬實力禁種宣統元年九月二十二日

竊查禁煙辦法不出禁種禁販禁吸三項範圍之外廣東一省山深水曲地少人稠故貪種罌粟者尚不甚多祇有潮州之海陽饒平澄海大埔豐順及高州之電白暨南雄嘉應等處向有蒔種多寡不等經前制憲周於光緒三十三年通飭各州縣勒限光緒三十四年一律不准栽種罌粟各地方官雖均遵照奉行實則並未淨盡本局自本年正月初九日開局以後即分派郭令桂芬章令壽椿前去會同各地方官按鄉履勘實行拔除並奉前制憲張批行將禁止不力之各州縣分別記過惟本年開局時已屆罌粟播種以後廣東天時較暖收漿早於他省各委員縱分道疾馳而路途遠近不一到境即有遲速收割已畢則形迹全消稽查自不免疏漏現復欽奉　諭旨廣東省限至本年不准再有栽種功令森嚴則防範益宜早計不能再爲鬆勁雖已欽遵通飭誠恐小民無知私種地方州縣公事煩多不能周歷稽查儻待播種以後紛紜拔除民間不免騷擾州縣復被嚴責似不如先事防維並隨時查禁剷除較易爲功擬請憲台查核將本年以後不准種煙　諭旨再行出示曉諭通飭各廳州縣實力奉行如果屢訓不悛則頑民

何足愛惜劣員更難姑容所有種煙地畝概予充公各廳州縣官即行參革本局即於本年封印以前預派幹員分投密查免致到境後時再有挂漏各委員皆優給川資火食如敢收取程敬等項代爲隱飾同干參處似此雷厲風行庶於禁煙不無小補是否有當伏候批示祇遵

詳督院擬訂戒煙所章程宣統元年九月二十五日

爲詳請立案事竊本局籌定禁煙扼要辦法兩端並請加抽土膏捐項呈奉前護憲胡批准如議辦理內擬添設戒煙所五處專收下等傭工作苦之流每所每月以一百人爲限在老新城東南關西關南北路河南五處地方各設立戒煙所租賃民房供其飲食住宿並派委醫官製備丸藥每所約月需經費銀五百兩業將派委所長及總稽查并各所委員銜名分次呈報移行在案嗣據各所員先後稟報開辦業已一律成立理合將章程十六條繕列清

摺呈候批示立案爲此具呈伏乞照詳施行

設立戒煙所章程

第一條　本所專爲貧民入所戒煙而設所有費用概歸官備

第二條　本所分設五處以便貧民就近入戒一設老新城天官里後街一設西關南路逢源街中約一設西關北路珠璣崗一設東南關天字碼頭一設河南龍尾導均經租屋成立

第三條　五所歸禁煙總局直轄有重要事件仍稟知總局核辦

第四條　五所共設所長一員總理五所事務設總稽查一員協同所長輪流赴各所稽察一切事務遇有應行興革之處隨時會商妥議辦理

第五條　五所各設所員一人常川駐所管理本所經費及戒煙人數並丁役人等皆歸約束遇有應行整飭各事商於所長總稽查酌量辦理

第六條　五所共設醫官一人醫生二人分赴各所檢查戒煙之人有因戒煙致疾者即爲診治如有他項疾病或病症較重者即令其出所愈後再行入戒

第七條　五所各設司事二人一專任文案兼司發藥等事一專任會計兼司庶務等事如遇公事忙迫仍不分畛域互相贊助

第八條　各所戒煙人數以一百名爲額如房屋不敷將來再謀擴充

第九條　凡來所戒煙者如領有煙牌入所即行繳銷

第十條　五所戒煙人數按旬造報總局查核

第十一條　五所費用收支數目按月册報總局核銷

第十二條　凡入所戒煙之人須有鋪保或妥實保人方能收入

第十三條　凡戒煙之人戒斷出所如以後復吸一經本所查出或被人告發即酌量議罰貧者送地方官罰充苦工二年

第十四條　凡入所戒煙者如係上等之人本所另設優待室兩間膳費由本人自備藥丸仍不取資

第十五條　管理戒煙人規則另行酌定

第十六條　以上創辦大畧如有未盡事宜隨時增減

上督院稟另擬煙膏加價章程宣統元年十一月二十七日

本月十五日奉鈞札内開宣統元年十一月初四日據廣東善後局會同布政司核議詳覆商人許景新等請承辦煙膏加價一案奉批該商人許景新等請設禁煙稽征公司加抽膏價既於外交内政均有窒礙難行之處自應毋庸再議以省煩擾候行禁煙總局轉飭遵照等因奉此當即轉飭該商遵照查司局會詳之文大指謂該商所擬章程未能妥協於外交妨礙者四於向章不符者三飭令停止妥議章程再行核辦鈞批則令毋庸再議竊思煙膏加價一事係本局六月間稟奉前護督憲批准飭商承辦當經會同善後局傳諭膏商梁普興等飭議加價乃遷延兩月該商等一味支吾幷屢次抗傳不到是以本局始議招商另辦並核計所加之款數逾百萬除開辦戒煙所五處外尙有鉅款可以抵補洋土藥稅釐非設立稽征公司無以握全省土膏之總要又恐蹈粵東商人承餉積習定爲官督商辦適該商許景新等具稟到局其所擬章程先經本局函商藩學臬運四司巡警道取有復函僉謂可行本局始會銜具稟計自八月十二日遞稟之後至十一月十五日奉札飭遵中間相距三月之久始經善後局會同藩司指駮章程各條有礙外交内政豈本所具稟之前司道函商之時皆未見到耶竊謂善後局所指外交内政窒礙之處不免模糊影響之詞殊非實事求是之道惟既奉鈞批毋庸再議自應謹遵但細核批詞似係指許景新等章程窒礙而言非謂煙膏之不當加價稽征公司之不應設立文義甚明溯查土膏加價之議始於江蘇光緒

三十三年春間江督蘇撫各定禁煙辦法江甯則主辦官膏專賣蘇州則主辦土膏加價其後江甯之專賣不行而蘇省之加價則由漸而增現已加至每膏一兩抽錢三百文迄未聞有外人阻撓足見加價一事與外交無涉也又江蘇設立禁煙局時刊發關防即稱爲禁煙併稽征官膏總局是稽征一端本禁煙局分內之事其勢不容歧出以撓事權今鈞批但謂該商等章程有礙毋庸再議並未謂本局加價之議萬不可行查省城自十月十五日起本局購土憑照各土店一律遵領之後截至本月二十日止僅三十六日據西關分所發照司事册報省城各店共銷洋土藥一千一百六十一擔五十七斤如照每膏一兩征加價銀三錢六分計算應征洋銀五十八萬零七百八十元折合庫平銀四十一萬八千一百六十兩六錢此尚未滿四十日而應征之款已有此數是故煙膏加價遲辦一日無異失去庫平銀一萬一千餘兩今廣東財政如是竭蹶憲台力排羣議鹽斤且欲加價招商承辦今善後局乃獨於煙膏加價之議逡巡退阻竊所未解且職道前已一再聲明此議由香港總督來函欲平省港煙價而起凡與外人交涉務在批郤導窾不容膠柱鼓瑟若如善後局所詳亦可謂昧於外交者矣總之目前能早辦一日煙價即早增一日吸戶即早戒一日而抵補稅釐既不虞無著則禁煙號令自必日益加嚴速除沉痼不必待至十年此就今日禁煙全局言之也就廣東行政而論其利益亦有數端度支部迭次電催開辦牌照捐善後局惟以延宕之法應之甚非臣子急公之義如本局開辦加價之後此捐自可擔承按月提解利一善後局膏牌一項委員奸商通同舞弊衆論指斥謂爲禁煙一大阻礙現擬開辦加價之後撤去膏牌仍按月解還該局牌費一萬五千兩全年解還一十八萬兩較該局目前所收之數有盈無絀利二現據各州縣稟報戒煙分會艱於經費

地方瘠苦者更難爲無米之炊如開辦加價之後各就本地收得之數酌量分撥俾各分會得盡力以求公益利三本局既自有收款則局中經費及會辦薪水此後毋庸再向善後局支領該局月可省二千二百金全年可省二萬六千四百金又省城河南五處戒煙所按月用款約三千金不至再向善後局挪借利四統計以上四款每年約需三百萬元現查海關洋藥及各關卡土藥進口之數較上年所減無幾恐仍有二萬五六千擔之數今姑照二萬擔計算扣去商墊各費應收加價洋六百萬元除前各項支用外尚餘三百萬元恭讀本年二月二十四日　上諭於抵補洋土藥稅釐既責成度支部仍　諭各省如有抵補良策亦著奏陳備采此項加價如核實開支尚有餘款屆時似可奏明另候撥用反覆籌思煙膏加價事在必行稽征公司不容緩設茲本局另擬簡明章程十條凡善後局所指外交內政窒礙之處業已一概刪除淨盡謹列摺錄呈是否可行伏候批示祇遵再此稟正在繕寫接到商人許景新等稟摺一扣大致遵照善後局所指窒礙之處業經刪改並加增按餉至十二萬元惟所擬加價數目核計每膏一兩僅抽銀二錢八分八釐與本局所擬收數兩兩比較每年短收幾及二百萬元茲亦鈔稟附呈應否飭令遵照局章試辦南番兩縣加價之處並乞示遵

本局籌設康和稽征公司簡明章程

一此公司之設宗旨在清查銷數限制吸食收得款項專備抵補洋土藥稅釐非他項籌餉之比招商承辦以三年爲期儻屆期煙未禁絕應再行另議

二現定加重煙價寓禁於征每熟膏一兩抽加價銀三錢六分洋膏土膏一律並征

三各屬所報吸煙人數大都不實不盡所征加價多寡現尚不能

預定祇可儘收儘解其辦法先從南海番禺兩縣入手承辦此兩縣膏商應繳存擔保銀五萬兩（此照兩縣現辦膏牌一年之數）即行詳准給諭開辦省外各府廳州縣准各商分認開辦一處即繳一處擔保銀兩其數目約計抽數之多寡酌定統於三箇月內一律辦齊不得逾限收數均按月解清開辦之初所有各項布置稽查訪緝等用暫由承充之商籌墊仍令按月造報每屆三箇月一結如數發還收得加價實數除給還商用外八成歸官二成歸商以示體恤

四稽查銷數除海關及內地各卡有册報可憑外尤以巡緝私販為要現由本局會同巡警道飭各分局巡官督同巡士與公司協力稽查如無巡警之處報明該地方官或紳局偵有私煙協同搜查以杜走漏另訂充罰花紅專章津貼協緝之人以資鼓舞

五凡城市繁盛之處由公司分設煮煙公所有煮煙者無論發售及自行吸食均須到所煮煙不得私自在店內家中開煮違者查出從重議罰充賞凡到所煮煙者每膏一兩加抽價銀三錢

六分其省外及各府廳州縣均照以上章程辦理

六無論省城四鄉及各府廳州縣凡煮煙發售及自行吸食者均須領有本局所發購土憑照其憑照由公司大批領出遇店戶購煮時分別發給並存根繳查悉照定章辦理如無此項憑照一概作為私煙緝獲分別議罰充賞

七南番兩縣開辦後即由局札行各府廳州縣所有屬內膏捐無論從前係由地方官委員及充商承辦一律到公司訂批遵章辦理不准抗違逾三箇月之限如逾限並不訂批將逾限期內應征加價之數照新章核算責令賠補

八此項章程為禁煙起見故辦理不得不嚴如開辦之後各處生熟膏店或有聯行罷市阻撓挾制情事由局主持懲辦以儆刁抗此係華商貿易與外交無涉

九此項加價原為實行禁煙以冀銷數日減如半年之後查核煙土來源仍未能銳減該公司聽本局再加重抽收其所加之數臨時酌定

十此公司係官督商辦謹遵光緒三十二年八月初三日　諭旨袪沉痼而蹈康和之訓名曰康和稽征公司歸廣東全省禁煙總局管轄

以上所定係開辦章程祇舉大綱不及細目以後如有更定增減之處隨時呈請核定

上督院說帖駁善後局核議錯誤（宣統元年十二月初八日）

竊諮議局原議設立煙膏專煮局加徵膏費一節係就政務處奏定章程摺內限制銷路四字著想此時內地禁種一層業已縮短期限若不實行禁販則洋藥來源正旺無異為淵敺魚今諮議局因禁販二字恐與外交有礙但就限制銷路加徵膏費入手又不限土而限膏已屬苦心遷就免起外人交涉查煙臺條約續增專條第五條洋藥拆包零賣之後本可與土藥一律加徵曾惠敏原奏具存可以覆按今善後局並不考求條約原文乃因專煮二字謂與專賣無異望文生解且謂此事應由外務部與各國公使妥商訂有專條方能開辦竊意加徵土稅則涉外交加徵膏費純屬內政查江蘇自光緒三十三年四月即起徵土膏加價現已三年並未請示外務部豈江蘇可行廣東獨不可行乎善後局又謂此事須全國一律方能辦到查自光緒三十二年八月奉　旨禁煙之後各省辦法未必盡同雲貴禁煙最力首請縮短期限今禁種一節業已各省仿行大臣憂時謀國拯救民生固宜若此即憲台在山東任內報紙流傳於禁煙要政極為認眞今善後局乃以因

循怯懦之詞熒惑鈞聽淆亂是非殊出情理之外查該局所似慮因諮議局原案專煮二字而起職道於上月二十七日請設稽征公司稟內另擬簡章第三條聲明南番兩縣及省外各府廳州縣各商分認開辦第五條凡城市繁盛之處由公司分設煮煙公所既明言分認分設即不得謂之專亦可以解善後局之惑矣至該局膏牌種種弊竇實爲禁煙一大障礙通省輿論既同諮議局爲通省代表所請豁免膏捐之處似應俯察衆議以順民情立予豁除所有每年牌費銀一十七萬七千餘兩俟本局開辦加價之後當按月解還該局決不貽誤要需職道奉委禁煙苟於禁煙有一分之益自當盡一分之心愚昧之見屢次瀆陳伏惟鈞鑒

無錫　許玨

禁煙牘存五

詳督院開辦牌照捐並擬訂簡明章程（宣統二年二月十五日）

爲詳請立案核示開辦事案奉憲台札開度支部奏定牌照捐辦法固以抵補土藥稅釐亦與禁煙事宜相爲表裏粵省因開辦膏牌在前故此項牌照捐尚未實行近來迭准部電詢催自應照章改辦即責成該局經理以爲禁煙之助度支部原奏既聲明不得再有別項征收名目所有善後局原辦膏牌應限年底截止迅由該局按照部定征收牌照捐辦法妥擬詳細章程詳候核明飭遵辦理並咨報備案等因奉此伏查大部原奏係仿照蘇省辦法並無章程當即札委本局坐辦委員華令蘭馳往甯蘇兩處調查並鈔錄一切章程及詳細辦法業經呈報在案現據華令調查回粵將鈔錄各件詳加考核查蘇屬牌照係就原有膏捐按兩抽收立限將銷數遞減膏捐遞加已於上年十一月每膏一兩加抽至三百文本年五月又將遞加均已奏咨有案甯屬則將此項牌照捐責成土市公行於批發時按數代收早經開辦此甯蘇兩處辦理之實在情形也司道等詳細研究現本省既奉飭開辦自應妥籌善法如責成各地方官恐散漫難稽轉多延誤似不如倣照甯蘇兩處現辦之法冀無窒礙況本省購土憑照業已實行吸戶牌照迭經給領祇須於土行批發及售賣時切實驗明牌照按數抽收派員稽查於銷數既可立限遞減於抵補不致徒託空言於禁煙前途最爲扼要復傳集土店各商詳切妥議在該商不過經理之勞於貿易毫無關涉各商亦深明此義擬請由該商同業公舉身家殷實辦事公正之人設立公所聯絡各商切實辦理司道等詳加體察商情既順輿論亦孚況蘇省業經奏咨有案此項牌照捐

抽自吸戶撥之部文亦無不合省城擬卽諭令該商等定期開辦各府廳州縣亦飭該商等一體推行俟開辦後仍隨時體察情形變通擴張以冀早除痼疾所有遵飭開辦牌照捐緣由並擬就簡明章程八條繕具清摺恭呈鈞鑒伏候察核批示咨部立案並飭善後局將原辦膏牌卽日停止實爲公便

擬訂開辦牌照捐簡明章程

一蘇省牌照捐每膏一兩現已加抽制錢三百文本省制錢日少通用毫洋現擬每膏一兩收銀圓三毫

一購土憑照現已實行所有進口土數以此核計最能得實現擬設立發照稽查所派總理委員一人協理委員一人發照委員一人一切發照收款各事責成經理每日收捐若干發照若干分簿詳細塡註不得遺漏錯誤每五日開單呈報本局一次按旬造具清册俾資稽核至塡寫購土憑照等事極紛繁應派司事開辦時再行酌定

一此項牌照捐旣歸各土行代收所有經理一切自宜酌給津貼花紅現擬於所收捐款除本局開支及緝私經費外所餘以十成核計提給二成以示鼓勵

一牌照捐稽查所各委員司事薪脩日用等均由本局開支與商無涉其應需緝私經費及一切不能預定之數准其實用實銷不得浮冒

一查省城土店現共有二十餘家經收此項捐款非有擔保不足以資信用擬飭該商等合繳擔保銀十五萬元專款存儲俟辦理三年後毫無遺誤於尾月捐項內仍如數撥還

一各土店原領有本局營業牌照此次開辦牌照捐後應一律給換新牌各膏店原領有善後局牌照現膏牌旣截止限於十日內呈驗舊牌來局換給新牌如逾限不領者勒令閉歇並不准土膏兼賣以符部章省外各屬一律照辦

一吸戶牌照從前雖詳細調查究難得其實數所發牌照每多不實不盡以致每有無牌挑煙迭被懲罰現旣實行牌照捐凡從前隱匿未報及捏造姓名領牌各種寬其旣往限於一月內自行報明一槪補給庶幾可得吸戶實數以便立限實行減癮儻仍逾限不報一經發覺從重罰辦並勒令入戒煙所戒斷

一所收捐款由各土店存儲各銀行每十日將收數報明核對無誤由本局照數提存除本局及各戒煙所經費並將來擴充各屬辦理禁煙經費外按季批解藩庫聽候撥用

以上八條不過粗具大略所有一切應增應減未盡事宜隨時再行議定請示辦理

呈復督院聲明牌照捐與條約並無違礙宣統二年五月十一日

爲呈覆事宣統二年三月二十九日奉憲台札開接廣州口英國總領事傑爾遜稱近聞廣東禁煙總局擬於四月初一日開辦煙膏新捐由廣榮元所謂洋藥生理最大者承抽又聞其安泰土藥生理最大者不願附和此舉本總領事覺有奇異故請貴部堂將煙臺條約續增專條爲禁煙總局提明該專條旣明示洋藥與土藥不得歧待又已納進口稅釐貨包未經拆開在通商口岸不准增抽如有違背本總領事自當駁阻等由前來合就札飭札局卽便遵照現楸事理立速查明分別妥爲辦理勿貽外人口實又於四月二十一日奉憲台札開接廣州口英總領事函稱抽收煙膏新捐一事訪聞所擬辦法先向生土商號抽收但如此辦理難免有礙煙臺條約續增專條所定洋藥權利此次抽捐旣爲熟膏而設似應向熟膏販家抽取以免將來辯駁請札飭禁煙總局知照辦理等由前來查此事前接英總領事來函業經飭行查明分別妥爲辦理勿貽外人口實在案現在辦理如何未據具報接函前

由合就札飭札局即便遵照先今札行事理立速查明分別妥辦以免外人藉口別生枝節仍將辦理情形刻日具復察奪各等因到局奉此查本局開辦牌照捐係仿照甯蘇辦法悉遵條約而行今英領事函詢各節自應逐條分析說明呈候核覆如來函所稱近聞廣東禁煙總局擬開辦煙膏新捐由廣榮元承抽又聞其安泰不願附和一節查本局現在籌辦者係大部奏定之牌照捐並無煙膏新捐名目至派廣榮元其安泰兩店代收捐款係就其平日銷售洋土藥之數最多故派爲商首其安泰所不願附和者特不肯爲商首非謂土藥獨不收捐與洋藥歧異此則英領事之誤會也來函又云煙臺條約續增專條明示洋藥與土藥不得歧待已納進口稅釐貨包未經拆開在通商口岸不准增抽各節查現辦牌照捐每膏一兩抽洋銀三毫調查以土煮膏重量每洋藥一百兩僅熬膏五十兩應收洋銀十五元土藥一百兩可熬膏六十

禁煙牘存五　四

兩應收洋銀十八元又洋藥價高土藥價賤今不論洋土藥每膏一兩均抽銀三毫是洋藥已占便宜而土藥反喫虧矣惟本局命意重在禁止吸食故不屑屑於此計較又所捐者係熟膏非生土因膏店與吸戶散處各鄉最易走漏故於發給購土憑照時即令認繳捐銀俟煮膏後完納此即仿照江甯辦法且捐項抽自吸戶並限定煮膏日期始令繳費確非貨包未經拆開即行增抽亦無先向生土商號抽收之事與煙臺條約續增專條毫無違背現値煙禁厲行　朝廷除惡務盡各國贊成苟於禁煙有裨者自應嚴行設法以除痼疾各店係屬華商分應盡此義務以期公益斷非外人所能干預所有以上辦理情形前奉函諭業經詳悉稟復在案茲復奉行前因理合詳覆憲台察核俯賜駁覆英總領事查照

詳督院牌照捐定期開辦請咨部立案（宣統二年四月二十七日）

爲詳請示遵轉咨立案事竊前奉憲臺檄飭開辦牌照捐電商度支部覆准試辦當經由局給諭商首廣榮元梁超棠定期開收業已呈報移行在案嗣奉憲函准商務總會咨呈以梁商不饜衆望據土商廣鴻昌等聯名投訴各情飭令會同藩司妥愼遴舉以昭公允幷飭暫緩開收本藩司遵卽於四月初二日詣局會同職道等傳集各商飭令另行公舉期以多數取決乃是日公舉之廣源盛並非殷實因擬派逄泰號幫同辦理復衆論紛紜致無成議當由本藩司照會商務總會請即開特別會招集土行各商切實開導務期化除意見悉泯異同擇其資本較厚銷數較多而又素能辦事者投票公舉一人或二人承辦由會核定移知以憑諭派而杜競爭去後現准覆稱本月十三日開特別會議傳齊土行各商到者十六家內有全福興其安泰等六家自居中立不願舉人出頭爭執之廣鴻昌廣榮元兩家照公應停其被舉計舉廣源盛承辦者共有九家因令原保各家出具聯保切結以資徵信乃迭詢

禁煙牘存五　五

各店均有難色惟稱除廣源盛外再無殷實之店可舉迭加開導各家始諉以回店籌商十四日復集各商勉强允保約以翌日繳結由會派人按店蓋章藉昭核實迨十五日接據函送結稿於擔任二字全不相符十六日再傳各店著令換具妥結蓋章繳候核定各店相顧力辭惟稱可添舉福昌和以厚商力不思省城土行現存二十餘家銷數較多除廣榮元不計外以全福興廣福興其安泰爲最其餘各家銷數均遜至廣源盛福昌和兩店雖無召頂歇業字樣訪諸輿論多謂其生意冷淡買買寥寥以上情形先派會董確查報告無如稍有魄力者徧詢皆不願辦惟此兩店直無貨銷之店私相覬覦繳總會前據投詞因其用同福堂全體名義以爲行中人人可承奚事專徇廣榮元而使全行受抑故未敢過拂商情代爲伸訴今者在上有折服之言在下無正當辦法被舉者既難擔任而可任者偏相約不舉此事廣榮元貿易既占優勝

又經禁煙總局選擇在先自有可與承辦之道其廣源盛一店聯舉各商不肯擔保能否屆此鉅餉敝總會實難預斷請煩察酌等因并移知到局准此本司道等伏查粵省積習凡遇商辦之事無不競爭商首以期專利此項牌照捐開辦後收款頗鉅廣源盛福昌和二店生意極微貲本可知各士商舉而不保直是視同兒戲本局籌辦此事冀在掃除積習故擇銷數較多之廣榮元其安泰二店承辦因其安泰一再堅意辭退始專令廣榮元肩承何敢稍涉輕忽并嚴諭該商不得稍染舊習免致物議廣鴻昌多方營求以不遂所欲簽衆投訴既由商務總會一再傳集開導所陳各節自係實情廣榮元既經先繳擔保洋銀四萬元業已給諭擬請飭令再繳洋銀四萬元共八萬元仍准承辦由局責令聯絡各商妥慎辦理以觀後效所有照請商務總會核覆仍責成士商廣榮元梁超棠辦理牌照捐各緣由并擬具章程二十條理合詳請憲台核明咨部立案是否有當伏候批示祗遵再省城現擬於五月初一日開收省外各屬次第舉行另行呈報本案係禁煙總局主稿合併聲明

呈復督院詳陳辦理牌照捐原委并聲明並無包攬違約情事　宣統二年五月十二日

為呈覆事案奉憲台函開頃准外務部佳電開英使面稱廣東現行鴉片新章有每洋藥一兩於提出關棧時征銀三錢之說查洋藥照章每百斤祗完稅釐一百十兩若照此辦則每百斤須另完五百兩請飭按約章稅則辦理再該省廣運公司有包攬洋藥之事與約不符等語查粵省加征洋藥稅銀究係如何辦理并廣運公司有無包攬情事希飭查明電復等因准此相應函局迅將推廣牌照捐仿辦原委及與約章稅則並不妨礙情形并按土計膏商人承抽辦法詳細具覆以憑電部等因奉此伏查本局現在籌辦者乃係遵奉部章之牌照捐並非加征洋藥稅銀亦無所謂現行鴉片新章及每洋藥一兩征銀三錢之事因前項牌照捐疊奉度支部文電飭辦久未實行去歲始決議開辦當以此事造端宏大非審慎周詳難期妥善而度支部奏定辦法係仿照蘇省並無章程經由本局派委專員馳往蘇甯兩處調查並鈔錄一切章程及詳細辦法參酌粵省情形擬定開辦牌照捐簡明章程八條於本年二月十五日詳請憲台察核咨部立案旋奉批示電商度支部覆准試辦遵於四月二十七日將擬辦推廣牌照捐章程二十條暨責成士商廣榮元梁超棠代收捐款定期五月初一日開收各緣由詳蒙憲台批准照辦在案此推廣牌照捐仿辦之原委也至英使所稱約章稅則一節本局當籌辦時即熟慮及此故於擬辦推廣牌照捐章程第四條內有洋藥因有煙臺條約續增專條必須拆包吝賣之後方可抽收故現定辦法舍土而專抽膏又商人於售土時發給憑單與膏店吸戶令煮膏後如數繳捐則此捐係取之成膏以後各等語是本局所辦之牌照捐乃抽之於膏店吸戶煮膏以後並非抽之於洋藥提出關棧之時其界限本極分明既與約章稅則絕無違背更與釐稅之取諸生土者截然不同每膏一兩抽銀三毫洋土藥一律確照約章並無歧待抽收銀數係仿照江蘇省每膏一兩加抽制錢三百文辦法蓋粵省制錢甚少市面通用毫銀以銀折錢數目訖無差忒此為因地便民起見並無征銀三錢之說英使得自傳聞未能深明實際且購土憑照係奉部章飭辦於膏店吸戶領用此項憑照時發給煮膏單不過便於稽查藉以嚴杜走漏迥非由土抽費並無與約不符情事代收商人為廣元公所亦非廣運公司該商廣榮元號梁超棠係經本局諭飭聯商辦理並由總商會開會公酌呈移有案現復詳加訪查開辦以來尚無包攬洋藥情事所有推廣牌照捐仿辦原委

及與約章稅則並無妨礙情形幷商人承抽辦法謹據實呈請憲台察核電部轉覆英使力杜無理干涉庶於禁煙前途可收速效是否有當理合詳細具呈伏乞照驗施行

再呈復督院聲明牌照捐並不違約並請電部商減洋藥進口 宣統二年五月二十二日

為呈覆事案奉憲台函開現准外務部巧電開粵省加征稅銀並廣運公司包攬洋藥事佳電計達未准見覆茲英使又稱廣東膏捐章程致令每箱洋藥暗受三百元之損並限令各舖將洋藥三日內熬化成膏違背約章若任該省如此妄為印政府必不肯照原議再行遞減等語速將辦理情形電覆為要等因前來查佳電所詢事項業據呈覆各情於嘯日電部正譯發間接准巧電除於覆電尾處如敘查明續覆字樣外相應錄電函達希速照電詢事理再行詳晰聲覆以便據情轉電等因奉此查牌照捐詳定章程係抽捐於膏店吸戶熬煮成膏以後並非抽之於生土前十二日呈覆已詳細聲明在案今英使所稱每箱洋藥暗受三百元之損不知膏捐係吾國內政既非抽之於生土且洋藥土藥一律辦理並無歧視外人固不得過問將來倘擬按期遞加捐數遞減銷數儻此等內政任令外人干涉於禁煙前途將不免大生障礙至所云限令各舖將洋藥於三日內熬化成膏一節此原為防商人囤積起見據外間輿論各省辦理禁煙粵省尚稱得力而查海關貿易冊洋藥進口之數光緒三十四年較三十三年僅減少百分之三至宣統元年較光緒三十四年則有增無減其銷納之處大抵為商人囤積者居其多數此次辦理牌照捐欲防偷漏不得不先清其源清源之法首以破除商人囤積為第一要義故特限令各舖於購土三日後將洋土藥熬化成膏再查煙臺條約續增專條首段載有深願聲明於行銷洋藥之事須有限制約束之意一語

是英政府未嘗不顧念邦交思助吾國速除酖害也今限令三日成膏既可破商人囤積之弊而揆之續增專條內所云限制約束之意亦深相闇合英使乃遽以此為違背約章夫約章固未載有洋藥既入中國商人之手不准中國限令各舖將洋藥於三日內熬化成膏之明文既無此不准之明文則此舉即不為違約且牌照捐係遵奉部章辦理何得謂之妄為況當日按年遞減之說原係指洋土藥同時並減現各省禁種土藥已減至七八成則洋藥進口數目似應由憲台電商外務部竭力與英使磋商按照原議遞減之數再大加銳減方於禁煙要政多所裨益不能任令以印政府不肯照原議再行遞減之語肆行恫嚇所有遵照外務部電詢事理謹再詳晰聲明呈請憲台察核電部轉覆英使是否有當理合備由具呈伏乞照驗施行

呈督院英領抗阻牌照捐妥議駁復幷變通辦理 宣統二年六月初五日

為呈復事竊本局於五月三十日奉憲台札開接廣州口英國總領事照稱牌照捐一事本總領事報告本國駐京大臣去後現奉札飭駁阻查洋藥到內地行銷地方後中國政府纔可抽收無歧待之捐因此於通商口岸行銷洋土在新開牌照捐章程之外此新辦章程除違背煙臺條約外本總領事尚應駁阻即如勒令膏店限三日內將購土煮膏此章實礙煙土商業因所買之土立刻全行一時煮膏必有為難此實與加抽生土捐無異蓋買土者待至三日限滿後纔繳此捐較之購土時立刻繳捐並無區別也某膏店五月初四日買生土一隻收單內載明買土時納煙膏捐七元二毫此即可為顯證矣再接香港總督文稱廣東開辦牌照捐交與廣榮元承辦迹近壟斷因廣榮元現仍業生土生理其餘各家未免向隅等因查以上各節本總領事不得不為駁阻應請貴部堂將章程內凡違背煙臺條約者迅速設法撤銷蓋中國政府

曾有聲明禁煙十年期限內並無阻礙英商煙土合例生理之說本國商人自有踐言實行之希望也等由前來查此事迭接英總領事來函均經飭行該局分別妥爲辦理在案接文前由合再札飭札局即便遵照迭札事理立速查明情形分別妥議具覆以憑照會領事等因奉此查粵省推廣牌照捐係抽之於膏並非抽之於土並無違背條約及歧待外人之處業經疊次聲敘明晰在案今英領事函稱章程內限令膏店三日內將購土煮膏實礙商業此節原爲預防商人久囤起見如以限期太迫不妨稍予展緩惟斷不能任其拖延日久擬將三日內酌改爲十日以內以示體恤此不得再謂與加抽生土捐無異矣至稱某膏店五月初四日買生土一隻收單內載明買土時繳納煙膏捐七元二毫以爲無異購土時立刻繳捐之顯證不知該土係初一日買入至初四日繳捐有該店數簿及公所號簿可據照章收捐業在三日以後所稱

自非事實函內又據港督來文稱廣榮元承辦牌照捐迹近壟斷其餘各家未免向隅等語明是行商挾爭承不遂之嫌暗中聳聽查本局諭飭土商廣榮元承辦本有務須聯絡各商和衷共濟字樣亦無祇准該商獨辦之事各行棧如能力顧大局湊集認股該商並非不准附入似無庸以向隅爲慮竊維禁煙一事英國亦允協助今本局遵照部章辦理牌照捐稽查銷數限制吸戶係我國內治主權乃英領事一再駮阻枝節橫生當亦非其本意惟既據來函所稱爲難情形業經稍加更訂實已格外變通所有遵札妥議具復緣由理合呈請憲台察核俯賜照覆英總領事查照

呈復督院澳門高沙地方設廠稽征葡官不應干預（宣統二年七月初四日）

爲呈覆事宣統二年六月十八日奉憲台札開接廣州口西洋國宋署總領事照稱現因澳門謠傳貴國抽收洋藥膏釐委員有意在高沙附近關閘之地起棚一所爲收該膏釐之廠澳門總督照知本署總領事轉致貴部堂迅飭貴屬員勿爲是舉庶免生事蓋因中葡兩國未將分界之事立妥之前澳門總督萬不能准人在該處有所建蓋因高沙係附近澳門關閘尚算局外地也等由前來查關閘附近之高沙地方擬設抽收洋藥釐廠是否屬實應飭查明具復核奪等因奉此當經札飭前山同知查明高沙地方是否中國境地設立廠所葡人應否干預與兩國界務有無關礙據實稟覆詳辦去後茲據該同知稟稱伏查廣元公所於六月初十日在前山屬之高沙地方設立稽查牌照分廠該處爲澳門至前山必經之路過關閘後始則經過茶亭由茶亭至拱北關分卡過拱北分卡後尚有第二十六營勇廠一座過勇廠方爲查驗煙膏牌照分所是該廠之前本有中國之關卡及勇營實爲我中國完全之屬地何得謂之尚算局外地現西洋總領事宋無端干涉殊堪詫異查澳門本屬租界光緒十三年因併征洋藥稅釐一案欲

在澳門租界地方稽查洋藥西洋國允爲協助是以專立條約始允葡人永遠居住澳門是中國在澳門稽查洋藥稅釐葡人尚有協助之誼豈有在中國地方稽查煙膏牌照葡人乃反出而阻撓之理況此案係爲禁煙要政與界務毫無干涉今西洋宋領事照稱未將分界之事立妥之前不能准人在該處有所蓋建大約因條約所載未經定界以前一切事宜具照依現時情形勿動而言援引亦屬失當奉札前因理合將高沙地方設立廠所葡人不應干預各緣由據實稟覆等由前來理合據情呈覆察核施行

呈復督院請電外部勿聽英使浮詞阻礙煙禁（宣統二年七月初八日）

爲呈復事宣統二年七月初二日奉憲台函開現准外務部勘電開頃與英使談及煮膏十日期限已屬通融與英商似無妨礙該使仍以英商對於此事意見甚深請電粵督與英領商議妥善了結之策云希飭妥商辦法期於禁煙與售土兩不相妨方免再生

阻礙等因准此希局按照電行事理妥籌辦法務使消融意見免生阻力迅復以憑轉電等因奉此查禁煙既已實行吸食之人數日見其少則售土之銷數自隨以日減此固相因之理似難求兩不相妨之術中立於其間儻任令售土如故尚何禁煙之足云故禁煙之功令愈嚴則妨礙於售土愈甚勢所必至且英商具有資本不難改營他業以與吾國貿易而必欲售土於吾禁煙時期直不啻有意破壞中國禁煙大局當亦非英廷允爲中國禁煙助力之初意矣應請憲台電達外務部轉復英使以英之素號文明曾經允助中國禁煙諒決不專顧一二商人之利益致於吾國禁煙前途多生阻力而大負其允助之初心再查英使此次不過隨意談及並非用正式公文來相詰難此在大部儘可當面駁復何須更事電詢似應由憲台一併電部以後英使再有交涉須照會到部方可作爲准據否則任舉浮詞無理取鬧實於禁煙要政有礙

所有遵議緣由是否有當理合呈候察核施行

詳督院擬定禁絕洋土藥期限請奏咨立案 宣統二年七月二十二日

爲詳請奏咨事案奉憲行廣西撫部院張咨開桂省議分區分期禁售土膏情形陳明立案一摺恭錄　硃批抄錄摺稿行知到局奉此查原奏內稱自宣統二年四月初一日至三年十二月初一日共二十箇月全省土膏各店一律禁絕先行示期與衆咸知俾各預備未至禁期地方能提前禁閉者聽已至禁期地方官紳商民不准藉詞展緩違禁私售店貨充公從嚴究治各地方禁售不力查照部章分別奏請議處等語司道等查兩廣地既毗連似應同時嚴禁惟查歷年土藥銷數廣西行銷三成廣東行銷七成是廣東之銷土藥已逾廣西一倍而進口洋藥又倍於土藥統計廣東洋土藥兩項銷數視廣西僅銷土藥之數多至七倍有餘勢不能與廣西同時禁絕竊意救時之策貴因地而制宜革弊之方當迎機而利導自五月初省城開辦牌照捐後洋藥進口之數較前銳減查海關貿易冊上年廣東洋藥進口一萬八千五百三十八擔本年西歷正月至六月僅得六千五百八十擔土藥統稅局冊報本年春夏兩季廣東行銷土藥之數亦復大減茲擬從本年七月初一日起將現在銷膏之數分作十成每屆三箇月遞減一成計至宣統四年十二月全省土膏各店亦可一律禁絕而於此三十箇月內抽捐之數按期遞增庶幾沈痼可冀廓清而財政亦不無小補除將所有遞減膏數遞增捐數另繕清摺外理合詳請奏咨立案再此件曾於五月二十一日具詳至今未蒙批示現因開辦牌照捐後察度情形所定每期收捐之數與前詳稍有變通之處合併聲明

謹將按期限制膏數遞增捐數列摺呈核

宣統二年七月初一日起至九月底止爲第一期此三箇月內銷

洋土藥膏不得過三百萬兩每兩抽洋銀三毫應收洋銀九十萬元

十月初一日起至十二月底止爲第二期此三箇月內銷洋土藥膏不得過二百七十萬兩每兩抽洋銀五毫應收洋銀一百三十五萬元

三年正月初一日起至三月底止爲第三期此三箇月內銷洋土藥膏不得過二百四十萬兩每兩抽洋銀七毫半應收洋銀一百八十萬元

四月初一日起至六月底止爲第四期此三箇月內銷洋土藥膏不得過二百一十萬兩每兩抽洋銀一元應收洋銀二百一十萬元

閏六月初一日起至八月底止爲第五期此三箇月內銷洋土藥膏不得過一百八十萬兩每兩抽洋銀一元五毫應收洋銀二百

七十萬元

九月初一日起至十一月底止爲第六期此三箇月內銷洋土藥膏不得過一百五十萬兩每兩抽洋銀二元應收洋銀三百萬元

十二月初一日起至四年二月底止爲第七期此三箇月內銷洋土藥膏不得過一百二十萬兩每兩抽洋銀二元五毫應收洋銀三百萬元

三月初一日起至五月底止爲第八期此三箇月內銷洋土藥膏不得過九十萬兩每兩抽洋銀三元應收洋銀二百七十萬元

六月初一日起至八月止爲第九期此三箇月內銷洋土藥膏不得過六十萬兩每兩抽洋銀四元應收洋銀二百四十萬元

九月初一日起至十一月底止爲第十期此三箇月內銷膏逐漸減盡大約不得過三十萬兩每兩抽洋銀五元應收洋銀一百五十萬元

統共三十箇月分爲十期共銷洋土藥膏一千六百五十萬兩收牌照捐洋銀二千一百四十五萬元

呈復督院加稅停捐有礙煙禁請電外部駁復英使（宣統二年七月二十四日）

爲呈復事宣統二年七月十五日奉憲台函開准外務部寒電開膏捐事已據處電告英使查禁一事英使前來照謂中政府若肯將該章程撤同則英政府允將進口統納之稅加增云今洋藥價值較昔已增議加稅項正合以征爲禁之意惟須由尊處查明粵省所抽膏牌捐每年統計進有若干即電復以便商度支部并與英使磋議至膏捐仍須暫停英使乃始允商應照本部歌電酌核辦理等語查現辦膏捐性質按限加抽重在稽查爲刻期禁煙起見此次部電事理亦主以征爲禁利用英使加稅之言雖辦法不同而用意則一相應傳達貴局希將本省膏捐收數通盤籌算詳細見復一面仍就抽膏及加稅兩種問題切實研究推勘利弊熟審彼我情勢剴切復陳務於煙禁得所維持事實室無窒礙敝處俟議復到日再行酌核電部可也等因奉此當即札飭辦理牌照捐稽查處詳細稟覆以憑核辦茲據該處稟稱遵查此次辦理牌照捐原因禁煙期限漸迫吸食人數是否確已日少必須認眞稽核以期依限禁絕而稽查之法如何始臻周密必以遵照政務處章程先從牌照捐爲入手凡業生土熟膏者土店必須領營業照始准販土膏店必須領購土煮膏憑照始准其購土煮膏如此層層稽核則吸煙人數不難按圖索驥惟是目前禁吸既尚未能一律從嚴祇有先使膏價擡高庶吸食者不能不減縮煙量逐漸戒斷故酌定抽捐之數分作十期現當開辦伊始每膏一兩先抽銀三毫以後按期遞加計加至末期每膏一兩除原價外抽捐銀數增至五元此注重在禁而不在征之用意也至抽捐之數就現在每膏一兩抽捐銀三毫核算以上年洋藥一萬八千五百餘箱

計應收捐銀四百四十餘萬元查煙臺續增條約洋藥進口每箱收稅釐不過一百一十兩現在英使縱謂英政府允肯倍增亦屬有限而粵省牌照捐辦法係按膏之分量抽捐每土一箱實抽銀洋二百八十八元不特目下所收之數已倍於稅釐以後數年之中尚須按期遞增將來捐數當倍於今以粵東一省計每年牌照捐可收數百萬元推行全國爲數尤屬不貲且抽收膏捐係我國內政我國自有主權可以酌量情形自由增減儻使今日加征關稅重訂新約即將已經辦成之膏牌捐名目一旦撤銷則完全內政變爲國際交涉處處當受條約之拘束條約未限滿之前萬不能再有變更我國受害不少後悔何窮且粵省現辦牌照捐奉旨在於禁煙並不在乎籌款故前此洋人屢出干涉業經一再據理駁復卒未受其阻撓若今日利其加稅而即停辦牌照捐即係自已坐實加收土捐之證據設使英政府以此詰責不特制憲無以

對英領即我外部亦無以謝英使萬不可不加審慎授人以柄况英使照會允將進口統納之稅加增一語細繹語氣是專指進口洋藥一項而言並不包括各項進口貨稅查洋藥進口每箱納稅釐一百一十兩行之多年未聞英國倡議變更今見我創辦牌照捐之後忽行倡此議論其意何居况膏捐係出之我國吸煙之人與中外土商概無關礙今英使反欲豁免膏捐而加增土稅是直使外國之土商加其負擔英使亦何厚於我而薄彼之商人耶此英使之別有用意已可想見度英使之用心不特永欲暢銷其洋土於中國吸我國民之金錢直欲破壞我國禁煙政策以圖他日藉口之地步耳在洋人居心叵測外交陰險以利餌人本爲慣技而我斷不可不加研究致遂其詭謀且十年期限轉瞬即滿若不稽查每年銷土之數使有確實之比較則何以能得禁煙之樞紐若不重征捐稅使煙價高昂則何以能使吸煙之人逐漸減少須

知萬一中國十年限滿鴉片不能禁淨則萬國恥笑何所飾詞設因不實行稽查而結此惡果則誰當其咎說者或謂每年洋土進口有關册可憑不難按籍而稽殊不知進口洋土固可查考而行銷之地則無一定若不按處稽查則何地銷數暢旺何縣禁煙不力不特無以考成且恐禁煙之令託諸空言難收實效否則亦何庸自爲紛擾而必實行稽查牌照之政策哉况現在所抽牌照捐原係暫抵補稅釐及設所戒煙一切禁煙事宜之用並非以此項捐款作爲國家經常之收入洋土進口之稅以後正當逐年減少尅期即淨我政府亦早有實行印花稅及整頓田房稅契以爲抵補之計斷不能再恃此爲餉源總之此事之利害當分別對內對外兩方面而觀就外交一方而論中國若加收關稅而撤銷牌照捐既虞坐實前次英領藉口抽收土捐之嫌且恐限滿煙害難除而授人口實就對內一方而論則　朝廷嚴禁鴉片縮短期限已屢降　明詔去害務速深望其早日禁絕以塞漏卮而蘇民困今若一旦加收土稅數年之內尙恃爲餉源不特起愚民遲疑觀望之心且恐啓後來洋人干涉內政之漸於大局殊有關礙伏思抽收牌照捐爲我國之內政既係沿用舊來膏捐名目並未絲毫違背約章萬不容外人之干涉稽查煙土銷數爲我實行禁煙必不可免之政策斷無因噎廢食自行撤銷停止之理雖加收進口稅與另征膏捐誠如制憲所言同爲寓禁於征之用意然約章必有定限一經修訂調印即無從隨意變更牌照捐則抽之於膏可酌度情形隨時增損故表面雖同而其實一則束縛於人一則操縱在我利害判然况英使聲稱須將牌照捐停撤始允商加統稅其意不過誘我裁撤牌照捐然後用其强硬手段磋訂條約使我喫虧尤屬居心叵測顯背公理試問世界各國焉有强迫他國停止現行之內政而改訂約章之理不論遷延時日將來英政府能否

實踐其言尙未可必但國家既萬無此政體即外交亦萬無如此辦法諒亦非英政府曩昔襄助我國禁煙義舉之初心知縣謹將本省收捐之數通盤籌算並就抽膏加稅兩問題悉心研究利弊判若霄壤無待推勘而知此事關係大局殊非淺鮮英使所請務當據理力爭萬不能稍涉遷就貽害將來况洋土進口稅釐統收與其他進口貨物之完稅後仍須在沿途子口加抽稅釐之辦法不同亦不能與裁釐加稅之問題併爲一談深恐英人再逞狡謀誘我政府不可不預籌應付等因前來所陳業經明晰本局更有言者此次遵奉部章辦理牌照捐爲去毒也非籌款也伏讀宣統元年二月二十四日　上諭抵補稅釐一事責之度支部明知籌款誠艱要當權其利害輕重豈特此鴆酒毒脯以救飢渴而不爲民除害大哉　綸言可以破今日英使加稅之說矣總之粵省現辦之牌照捐係從爲民除害起見其宗旨尤在縮短期限英使加

稅之說直是以利餌我欲我延長禁吸之期其是非得失判若黑白况即就收款而論計牌照捐所收廣東三年之內不下洋銀二千餘萬元沿海各省一律照辦所收當更增兩倍竊揣英使加稅之說決不能逮此數此尤事之顯而易見不待研究而利弊昭然又不獨內政之權萬難聽其干涉也所有一切議復情形理合呈候憲台察核俯懇轉電外務部據理駁復以維禁煙大局實爲公便

呈覆督院洋商領單運洋藥入內地與約不符請飭稅司遵照 宣統二年八月初四日

爲呈覆事案奉憲台札開據粵海關稅務司歐森申稱現有洋商來關請領運洋貨入內地之三聯稅單報運洋藥三箱前往內地查西歷一千八百八十五年中英所訂和約雖有准發三聯單運洋藥入內地之明文惟此項三聯單本關向來似未發過稅務司

禁煙牘存五　十八

現在尚未答復該商究應如何辦理之處理合具文申請察核示復遵行等由到本署督部堂據此查該洋商所請殊於禁煙前途大有障礙惟應如何辦理方杜流弊必須從長計議明示辦法俾有遵守合就札局核明具復以憑察奪飭遵等因奉此遵查稅務司所據西歷一千八百八十五年中英所訂和約有發准三聯單運洋藥入內地之明文即係光緒十一年煙臺續增專條原約內第三條載貨主請領運貨憑單海關即當照給不取分文又此等運貨憑單只准華民持用而洋人牟利於此項洋藥者不許持用憑單運寄洋藥不許押送洋藥同入內地各等語據此約內明載運貨憑單只准華民持用則所謂貨主者自指華民而言故自訂約至今二十餘年從無洋商運洋藥入內地之事該稅務司申稱本關向來似未發過則是該稅務司非不知之乃以究應如何辦理具文申請不免近於嘗試查此項運單即在平日尚不准發給洋商何况現當煙禁森嚴遵奉部章推廣牌照捐時該洋商所請顯與約章不符斷難准行爲此核明具覆呈候察核並懇劄飭稅務司按照約章辦理伏祈照驗施行

呈覆督院酌改牌照捐辦法仍請電部維持 宣統二年八月十一日

爲遵議呈復事宣統二年八月初七日奉憲台函開頃准外務部歌電開膏捐事卅日電計達茲英使又來言汕頭三水新塘各處違例扣留煙土之案迭經函致面談毫無效果近仍有似此相類之舉七月初四日三水寶豐寶益兩行各被罰三百五十五元係售煙球一百十六枚未報廣榮元總局未向購主索取新捐之故且該兩行出售之煙係在新捐實行以前又肇慶西江佐記行被廣榮元恫嚇非將新章未出之前所售之八箱煙土照納新捐即將撤回執照查封看押竟置已完稅釐於不顧本大臣已將粵省大吏所爲轉報本國政府奉電囑聲明英政府於大局商議之間

禁煙牘存五　十九

惟有力駁華官此類之舉等語查廣東辦法名爲膏捐實則仍是就土抽捐無論如何解說外人斷難折服應飭先將前項扣留各煙土放行並免其罰款另擬辦法以免交涉紛起有礙大局正核辦間又據廣東戒煙總會會長陳基建等電禀粵牌照捐商梁超棠賄串瞞攙走私背章胡行外人屢詰不速撤換必至破壞煙禁餉需無著乞速查辦另選殷商等語可見該商種種辦理不善華洋交怨應再妥籌辦法或查明撤換毋任滋擾希速飭遵並電復等因准此除照電指事理函達滿司查籌議復外相應錄電布聞仍希分別籌擬改良妥速見覆以備酌核等因奉此查粵省現辦牌照捐原爲寓禁於征起見且抽自膏店成膏之後非抽自土店購土之時與約章並不相背乃一二奸商因稽查嚴密不便販私遂聳洋人出頭藉端干涉實爲無理取鬧惟既奉飭籌擬辦法自應設法改良俾免外人藉口司道等公同商議計唯有展緩收捐

期限裁撤澳門緝私私貨免予充公三端應洋人無可詰責而界限亦能分明按原定局章係各膏店吸戶購土領憑照時先行稽查數目限三日內成膏嗣因英使以限期太迫展至十日又展至半箇月爲時不爲不寬今外人尙不滿意姑再展半箇月統限一箇月後繳捐則膏店購土者斷無一月之久尙未成膏之理應抽自成膏並非抽自購土更顯而易見英使所謂就土抽捐之說亦可不辯自明此改良展期收捐之一法也省城土店進貨概以洋關數目爲憑固無從走漏惟澳門地屬洋界與內地情形不同一經過關則四散無從查考深恐內地膏店吸戶相率赴澳買土潛運私自煮膏所以前經稟請在馬溜洲通利關兩處設立稽查分所並於前山河面添設巡查船隻以便稽查今既英使嘖有煩言現擬由拱北關抄錄洋土出口數目將前山馬溜洲等處分所巡船暫行裁撤不在洋界附近稽查則洋人自無從責難致生交涉

此改良裁撤澳門緝私之一法也政務處定章土店須以營業牌照爲憑無營業照則不准開設售土須以購土牌照爲憑無照私購即係顯違禁令將貨扣留充公現擬除澳門緝私裁撤外內地如遇有查獲私貨姑從寬仍將原土發還但責令販土之人將土轉交領有營業憑照店承受煮膏售賣似此僅令遵章不罰其土洋人亦無從干涉此改良私貨免予充公之一法也以上三端皆爲委曲求全之計免予外人藉口之端可否仰懇據情電達外務部一力維持俾牌照捐完全之內政不致功敗垂成尤爲感級至前項扣留各煙土均已發還陳基建等所稟商人賄串喘擾等情業經查明並無實據商人梁超棠辦理捐務不避勞怨收數尙日有起色攻訐之來或由於此合併陳明

上督院稟請照會各領事查禁洋商運洋藥入內地售賣　宣統二年八月十六日

宣統二年八月初六日奉憲台批本局具稟據職商梁超棠稟亨泰洋行購運洋藥五箱回省並未報明入倉請照會法領事轉詢見覆由奉批法商亨泰洋行迭運洋藥入口未赴牌照捐處報明數目自與該局定章不符惟廣州係通商口岸按照煙臺條約本准洋商販運洋藥售賣勢難禁止但洋商入口煙土既無營業牌照又不報明入倉該土售與何人漫無稽考儻各洋商紛紛效尤必致毫無限制殊與禁煙要政大有妨礙應如何嚴定章程洋商販運入口煙土祇准售與領有營業牌照之人不得任意售賣致礙禁煙大局仰即從速妥議詳候核明照會各國領事通飭各洋商遵照等因奉此本應遵照批行妥議洋商販運煙土入口售賣章程詳覆惟查煙臺條約續增專條第三節內載洋藥完納稅釐後貨主拆改包裝請領運貨憑單運往內地無須再完稅捐等項並聲明此等運貨憑單只准華民持用而洋人牟利於此項洋藥

者不許持用憑單運寄洋藥不許押送洋藥同入內地等語是條約既明載只准華民持用字樣則此條所稱貨主自係專指華商而言洋商並不在內且一則曰洋人牟利於此項洋藥者不許持用憑單運寄洋藥再則曰不許押送洋藥同入內地廣州雖係通商口岸而洋藥過關以後即爲入內地矣入內地即須領用運貨憑單而此項憑單既聲明不許洋人持用則是洋商販運洋藥一至海關完納稅釐後即應交與華商販賣方爲正當辦法條約所載固極詳明並無准洋商販運洋藥售賣之語再查續訂專條在光緒十一年其時並無禁煙之議亦尙未辦膏捐已不許洋商販運洋藥在內地自行售賣何況現當禁煙時期遵奉部章辦理推廣牌照捐即在華商且均須遵照政務處奏定章程領有營業憑照始准購運以資稽查尤不能任聽洋商販運洋藥在內地售賣顯違條約而啟華洋各商紛紛效尤影射之漸致礙禁煙要政前

據職商梁超棠具稟亨泰洋行兩次購運洋藥來省發賣違章不報又無營業購土憑照且該洋行係法人所開法國向無洋藥入口乃該洋行於禁煙辦理牌照捐之時忽違約章販賣洋藥其爲聽受華商買囑出而冒認以圖抗阻已可概見應請照會廣州口法領事嚴行查禁究罰並請申明條約照會各國領事一體禁究以後如有洋商違約販運洋藥者緝獲時應即比照華商走私辦法以杜效尤而維要政再查商人緝獲私土洋人所以屢次駁阻者無非以洋藥已納稅釐任憑售運不能過問不知政務處定章非領有營業憑照不准販賣煙土業經通飭遵行廣東一省自不能獨異即與煙臺續訂專條首段所云於行銷洋藥之事須有限制約束之意亦相脗合總之本局所辦牌照捐係取之成膏以後非取自購土之時現煮膏收捐之期已展至一箇月更與生土無涉不辯自明其無購土憑照即以私土論者亦係遵照政務處定

章洋人決不能藉口應請一併照會各國領事俾知查獲私土係因無購土憑照不便稽查有礙禁煙要政與牌照捐並不相涉勿庸牽混所有查明煙臺續約並無准洋商販土在內地售賣之語仍請照會法領事將亨泰洋行違約販運查禁究罰並照會各國領事一體查禁緣由理合具稟察核分別照會實爲公便

詳督院修訂牌照捐章程暨辦事細則請分咨立案（宣統二年八月二十二日）

爲詳請核明分咨立案事竊本局於宣統二年七月十七日奉憲臺函開准度支部元電開貴省變通牌照捐前經本部以所擬辦法如果不致外人干涉即由貴督暫行試辦等因電復在案現在英使對於此事在外務部頗有違言希將貴省現時辦理情形先行電復幷將詳細章程從速咨部查核等因准此查牌照捐開抽以來頭緒紛繁情事更變所有煮膏展限試辦改期核與局繳到章程均已不相符合自餘亦多移步換形原章礙難達部應由局

查照來電事理迅就現在辦法將此項章程逐加修訂所收捐數亦照目前抽收情形酌量估計一幷更正刻日呈候咨送查核一面先撮概要另摺復院以憑轉電等因奉此遵即於二十日先將現時辦理情形撮要具說摺呈憲鑒轉電度支部立案伏查此案前於四月二十七日具詳開辦牌照捐並擬具章程二十條經於五月初四日蒙批如詳辦理仰即將各項辦事細則連同此次清摺所開籌辦綱要二十條彙訂詳章繕備四分另文詳院以便覆加核明並分咨度支部禁煙大臣民政部立案等因當即遵將摺呈推廣牌照捐章程二十條重加釐定並酌擬牌照捐處委員辦事細則十二條代抽牌照捐商人辦事細則十四條共二十六條附列牌照捐章程二十條之後彙爲一冊名曰廣東全省推廣牌照捐詳細章程每冊繕備四分於五月二十日詳請憲臺察核分咨度支部禁煙大臣民政部立案並由局將章程多繕一分懇請

轉咨外務部以便外人詰問時有所依據以與之理論庶足杜外人藉口各在案現奉憲臺函開前因自應遵照現在辦法與原繳章程不符之處逐加改正並刪去二條又於辦事細則內增加二條以期完密茲已修訂妥協合遵前次批示繕備四分詳請察核分咨度支部禁煙大臣民政部立案仍由局多繕一分懇請轉咨外務部存案實爲公便

廣東全省禁煙總局籌辦推廣牌照捐章程

第一節　宗旨

第一條　現辦此項捐款用意在禁而不在征目前禁吸之律未能從嚴祇有先使煙價抬高則貧民無力吸食者自思變計戒斷即在中貲之家亦因煙價增高勢必減縮煙量日減日少則沈痼自可廓清矣

第二條　各省煙價高低漲落不一現擬逐漸加增煙價亦須因

地制宜廣東近接香港遠通南洋諸島煙價皆倍蓰於內地查近日香港每膏一兩售洋四元八毫南洋各島有每兩售價十元者今省城膏價洋藥每兩售銀三元有零土藥則僅及二元較之香港南洋價不及半現辦牌照捐先定每膏一兩抽銀三毫以後逐漸加增仿照香港南洋各島辦法庶於煙禁可收速效

第二節　辦法

第三條　粵省各項承餉多由商包以認餉最多者承辦現此項牌照捐重在清查銷數限制吸食自不能沿用商包之法然使官爲經理則收買洋土藥及煮膏銷售其中頭緒紛繁又非官長所能洞悉假手吏胥益滋弊混不若責成商人代收代繳既免隔膜且省繁費

第四條　度支部初定牌照捐係就土藥而言查粵省歷年銷數洋藥居七成土藥居三成若僅捐土藥不獨收數有限亦恐生奸商弊混之漸惟煙臺條約續增專條洋藥必須拆包零賣之後方可抽收故現定辦法舍土抽膏則洋藥自包括在內商人於售土時給予膏店吸戶憑單令煮膏後如數繳捐則此捐係取之成膏以後自不致外人干涉

第五條　煙土來源洋藥進口之數原有海關貿易册爲憑土藥行銷之數原有統稅分局呈報册爲憑惟知其來源而不查其去路捐項仍恐漏匿自應責成商人於發購土憑照後另給予膏店吸戶煮膏憑單即由給予憑單之店按照所煮膏數代收代繳俾免隱漏

第六條　商人代收此項捐款既有擔保之責又有催收之勞且全省設卡置輪遴派員司丁役分布緝私一切薪火日用所費甚鉅其省外各屬並有匯解之費通年合計亦爲數不貲非厚給津貼不足以資辦公而示鼓勵現擬將收到此項捐款以八成歸公以二成歸商俾免竭蹶

第七條　省城選派總商一人以素業土店貿易較大身家殷實辦事公正之人承充令其聯絡土膏各店及省外各府州縣商店一律按照官定章程代收此項捐款省城則按旬呈報省外則按月報解均責成總商派人催收不得稍有逾延致啟侵挪之弊

第八條　洋藥進口以廣州粵海關爲最多南番兩縣各煙店銷數幾居全省十分之四此外九龍拱北江門三水各關悉在廣州界內煙土行銷之地亦距離不遠省城既派有總商并設總稽查處則附近地方自能呼應一氣惟東路汕頭一埠相去較遠貿易亦盛進口洋藥居全省四分之一近年土藥由汕頭進口者亦占多數除代收捐款仍由總商聯絡該處商人經理外凡一切派員稽查之事應仿照省城辦法以重公款其西路瓊州北海兩關收數較少無須多派員司以節糜費

第三節　權限

第九條　經收捐款既責成商人則委員所司者特稽查之事省城應設一牌照捐總稽查處派坐辦委員一人文案支應發照庶務委員各一人司事書記由委員酌量事情繁簡派充至每日所收捐款若干分簿詳細填注每五日由各土店開單呈報本局一次每十日由稽查處委員造具清册呈報一次俾可互相稽核庶免遺漏錯誤省外各屬視商埠大小銷數多寡分設稽查處酌派員司經理

第十條　委員稽查之事所宜注意者在各店每日洋土藥買進之數及每日賣出之數須抽查該店帳簿逐一比較以防商人銷多報少之弊所有購土憑照均由該委員管理按日發交各

土店於售土時覈實塡寫

第十一條　凡稽查處委員司事薪脩日用等費均由本局開支與商家無涉

第十二條　本局所派委員專司稽查銷數及應收捐數隨時開單報局其外埠匯兌報解等事仍由商家自行經理惟商家應解捐款委員應就近督催分商按期照繳總商彙解以免延欠

第十三條　外埠各商或因捐項轇轕或與各舖爭執以及地方痞棍藉端生事自所時有難免有與地方官承接之處本局委員權限所在又未便代爲擔任應由商人稟請另派委員專理其事此項委員薪犬由商家致送與本局無涉

第四節　計數

第十四條　上年洋藥進口一萬八千五百三十八擔土藥行銷七千九百七十二擔共二萬六千五百十擔以五成計膏每擔煮膏八百兩共二千一百二十萬零八千兩以每膏一兩抽銀三毫計之應收銀六百三十六萬二千四百元

第十五條　上年土藥銷數較光緒三十四年已減少一千四百三十擔本年海關貿易册第一結較上年第一結少四百二十擔第二結少二千二百擔土藥行銷亦日見減少現在試辦牌照捐自五月初一日起至七月底止此三箇月內核計銷膏之數與未辦牌照捐之前不能及半擬從本年七月初一起以三箇月爲一期將現在銷膏之數分作十成按期遞減一成抽捐之數隨時體察情形按期遞加限至三十箇月後所有通省土膏銷數一律減盡

第十六條　此項捐款現既責成商人代收不可無擔保銀兩以資信用茲於試辦期內繳到擔保銀十五萬元俟三十箇月後煙已禁淨仍將擔保銀發還

第五節　支配

第十七條　照上年約計之數收款應得六百餘萬元惟現查本年海關進口洋藥業已銳減土藥來源更絀核計此半年中較之上年祇可得十成之六則此後收捐之數全年亦祇有三百五六十萬元之譜應自本年七月初一日起每三箇月爲一結就所收捐款分作十成以一成爲通省禁煙總分局及省內外牌照捐總分各稽查處並各屬戒煙所經費以二成津貼商人計實存七成捐款除照章抵補洋土藥稅釐外所餘之款聽候本省及大部隨時撥用

第十八條　所收捐款由商人按旬報解本局由本局暫存銀行除支付各款外按季彙解藩庫收儲

牌照捐處委員辦事細則

一現辦牌照捐宗旨在清查銷數限制吸食仿照蘇省辦法立限定期銷膏之數按期遞減抽收之數按期遞增茲當試辦之初無論洋土藥膏每膏一兩均抽銀三毫

一省城舊有膏牌捐向歸敬信堂承辦凡膏店吸戶購土後均須遵領煮膏單方能熬膏今膏牌捐業經停辦本處現仿此辦法刊發煮膏憑單未領此項憑單者不准煮膏

一此項牌照捐雖係計膏抽收惟膏店與吸戶零星散處難以稽核故設立牌照稽查處於各膏店吸戶購土領憑照時先行稽查數目限半月內成膏一月繳捐由商首按數繳收方能得其要領嚴杜走漏私售諸弊

一凡各膏店購貨熬煮不論多少須到本處及商所報明件數斤兩指明在何處熬煮被購之土店應先立一銷號單持赴本處具報由本處發給購土憑照再由商所塡給煮膏單註明地址限半月內盡數成膏一月內照數繳納捐款但膏店最易瞞匿

非以土店售出之貨核算不可今以土店所報之銷貨單爲憑俾無隱匿

一現在禁煙之期已廹無論吸戶膏店均不得陸續囤積若不嚴行限制轉瞬限期已滿而各膏店囤積尚多則斷難遵　旨依限禁絕今定無論吸戶膏店祇准隨購隨煮不得故違延匿以清根源而免朦混

一民政部會同度支部奏定章程凡土膏各店所領營業牌照每年須呈驗換給一次總局自上年四月發給各土店營業牌照現屆一年期滿應即遵照更換所有省城內外各土商已領營業牌照者限開辦十日內一律到局呈換新照此後不得再有添設開張

一省外未發營業牌照處之各土店俟設立分處亦限十日內一律向分處領取嗣後不得補領增開

一開辦五日內凡各土店以前存倉之貨亦須來處報名查驗登記以杜取巧省外照辦

一生土店有貨進口清完稅課後須到本處報明入倉件數方准移貨出倉以便稽核如違罰究

一所發牌照數目逐日列一簡明報單先行申送總局逢旬再彙造清摺呈送其收數隨同票根按旬清解除開支一切經費外由總局按季批解藩庫聽候撥用

一擬先於省城潮州北海瓊州新會之江門三水之西南香山之石岐前山之灣仔行銷煙膏最多之處設局派員開辦其餘內地如肇慶南韶各等處察看情形再行稟請設局派委

一外府州縣所設稽查牌照分處均一律照省城辦理其捐項統由商首在省城按月報解以期畫一而免分歧

代抽牌照捐商人辦事細則

一廣東全省牌照捐諭飭廣榮元職商梁超棠設立廣元公所承辦頒發戳記以昭信守

一此項牌照捐以稽查銷數杜絕囤積限制吸戶以期如限禁絕爲宗旨

一土店運貨進口清完稅課後須到牌照捐處報明生貨入倉數目賣出貨時亦要到牌照捐處報銷出倉數目方准移貨出倉以便稽查銷數

一業膏之家凡買土必須先到牌照捐處報明件數斤兩並具限日熬煮必無私藏久囤及成膏時遵繳牌照捐項覓有妥保後方准發給購土煮膏憑照帶往熬煮

一凡違背定章不到牌照捐處報明入倉出倉件數斤兩及未領有購土煮膏各憑照者概以私土論如被緝獲祇將該販土之人究罰責令將土轉交領有營業憑照膏店煮膏售賣

一洋人牟利於洋藥不許押送及持運單入內地既載在約章儻有奸商串通洋人或洋行包運洋藥抗不遵章報明件數者在洋人既爲違約自應一律以私土論緝獲時即比照上條辦理

一各土店須要驗明買客領有煮膏購土憑照方准發賣賣出若干隨時到公所報請銷號以便稽核

一計熟膏一兩收捐銀三毫該捐項由廣元公所按數代收此款雖抽自賣膏之家究屬出自吸戶與土膏營業無礙

一凡買生土者限半月內盡數成膏不得私藏久囤破壞禁煙大局

一外府州縣均由廣元公所設立分所照章一律辦理各土膏營業商人不得多生枝節以專責成而歸畫一

一土膏各店已領營業牌照者即到總局換領未領者限開辦後十日內補領以後祇准閉歇不准增開

一如無購土憑照則不准買土若未領煮膏單則不准煮膏如敢
故違稟候從嚴究辦
一如有奸徒作弊違背章程定即稟請弔銷營業牌照勒令閉歇
重罰示儆
一每生土一兩定以成膏五錢爲率假如據報現在買生土一兩
則將成膏後繳納捐款以熟膏五錢計算有此定率庶知日後
吸食銷膏之數且抽捐時不致有爭論成膏數目多少之弊
一開辦以前各土店存積生土須於開辦日向公所報明以便稽
核日後銷數如違查出究罰
一如有未盡事宜隨時稟請增删更改俾臻妥協

上督院稟解釋條約洋商不得領單運洋藥入內地仍請電部查
復 宣統二年九月十七日

宣統二年九月初十日奉憲台札開現准外務部電開准稅務處

文稱據總稅司面稱潮海關稅司奉粵督劄飭運寄洋藥憑單照
煙臺續約只准發給華商不准發給洋商該稅司恐與約不符請
示辦法總稅司查該約條款內載如貨主於此時請領運貨憑單
海關即當照給各關辦法向無華洋貨主之分今粵督擬改恐係
誤會約章意義等語咨請酌核前來本部查煙臺續約雖有運貨
憑單只准華民持用洋人不許持用之語而上文明言貨主請領
憑單海關即當照給是給單祇認貨主不分華洋持單入內地始
限制不許洋人約文本甚明晰今若不准給單與洋商恐啓交涉
難以置辯應飭仍照向來辦法辦理希查照等因到本署督部堂
承准此合就檄行札局查照轉飭該州禁煙委員遵照辦理等因
奉此查煙臺續約第三款於貨主請領憑單一語並未分別華洋
惟其下即云凡有此等運貨憑單之洋藥運往內地之際即無須
再完稅捐等項是憑單原爲入內地免稅之憑證其義甚明洋人
既不許持用憑單押送洋藥同入內地則上文所云貨主自係專
指華民而言蓋惟欲免內地之稅捐所以必請領憑單爲據若不
入內地即無須請領憑單洋人既無准持憑單入內地之約則稅
務司自以不發給憑單爲正當辦法且查煙臺會議條約第三端
載英商於販運洋藥入口時由新關派人稽查封存棧房或躉船
候售賣時洋商則完稅並令買客一併在新關輸納釐稅以免偷
漏等語夫入口謂之稅內地謂之釐買客在新關納釐即爲便於
通行內地以免重稅之故參觀互證則憑單係因內地而設固不
待煩言而解矣洋藥既因入內地始領用憑單而續約明載洋人
不許運寄洋藥同入內地則請領此項憑單果何所用且查本年
八月初一日曾奉憲台札據粵海關稅務司歐森申稱現有洋商
來關請領運洋貨入內地之三聯稅單報載洋藥三箱前往內地
稅務司查西歷一千八百八十五年中英所訂和約雖有准發三

聯單運洋藥入內地之明文惟此項三聯單本關向來似未發過
等因到局是該稅務司自稱向來未發過此單尤足爲洋人從無
領用此單之實據况當此煙禁森嚴牌照捐開辦伊始該洋商必
於向未領用者矇混請領其意何居理合稟請憲台據情電達外
務部轉詢稅務處此項憑單是否爲持往內地免納稅釐憑證之
據並詢明粵海關於此項運洋藥憑單從前有無給發洋商成案
明白答復以便遵辦實爲公便

詳兼院請照牌照捐定章減銷加價並派員赴各屬稽查 宣統二年十月二十一日

爲詳請奏咨事案奉前署憲袁劄行廣西撫部院張咨開桂省議
分區分期禁售土膏情形陳明立案一摺恭錄　硃批鈔錄摺稿
行知到局奉此查原奏內稱自宣統二年四月初一日至三年十
二月初一日共二十箇月全省土膏各店一律禁絕等語司道等

查兩廣地既毗連似應同時嚴禁惟查歷年土藥銷數廣西行銷三成廣東行銷七成是廣東之銷土藥已逾廣西一倍而進口洋藥又倍於土藥勢不能與廣西同時禁絕查本年五月省城開辦牌照捐後洋土藥來源日減因擬從七月初一日起將現在銷膏之數分作十成每屆三箇月遞減一成所抽捐數則按期遞增計至宣統四年十二月全省土膏各店亦可一律禁絕列摺詳請奏咨立案當奉前署憲袁批來詳及清摺均悉寓禁於征計期程效用意極善按照摺開自七月初一日起至九月底止預計銷膏不得過三百萬兩膏捐應抽至九十萬圓轉瞬秋杪第一結即已到期屆時由該局查明三箇月內銷數收數如果與預算大致相符幷表試辦成績再行詳候覆核奏咨辦理可也等因奉此現屆三箇月第一結業已期滿省城共銷洋藥一千零四十八擔七十斤土藥二百十六擔六十二斤每擔煮膏八百兩每兩收洋銀三毫

應收膏捐三十萬零三千六百七十六元八毫現查核省城三箇月內收數尚屬相符粤省歷年銷售煙土之數省城占十之四省外各府州縣占十之六今查省外此三箇月祇省城附近佛山江門三水石龍石歧前山等處收到捐款八萬三千六百五十元省東則汕頭淡水等處三萬一千五百五十六元省西則肇慶都城陽江水東雷州廉州北海瓊崖等處八千八百零四元省北各屬尚未稟報通計省外僅收十二萬四千零十元以全省現收之數按諸預計之數僅能及半而查海關貿易册本年西歷秋季粤省洋藥進口二千七百七十六擔土藥統稅局摺開最近三箇月行銷來粤一千二百二十七擔合共四千零四擔除去運銷江西福建湖南等省之土約及一成外計本省銷售之土實有三千六百餘擔應煮膏二百八十八萬餘兩合之預計銷膏之數尚不甚遠乃銷數並未見少而收捐之數祇能及半則由省外各屬於此項

牌照捐尚未切實舉辦又自八月中旬遵照外務部來電改良辦法於緝私一層從寬辦理遂令私銷充斥捐數日減查粤省海關八處現祇廣州江門三水等處洋土藥進口後均照章報捐九龍拱北兩關均不受稽查而拱北尤甚查本年春季該關進口洋藥祇一百九十一擔夏季一百零三擔而秋季驟增至六百四十六擔則由於該處報關納過稅釐以後奸商四散分出不問外口內港專以漏捐爲利藪也此外汕頭一埠亦未悉就範圍北海一關數本無多瓊崖孤懸海外自爲風氣如能一律仿照省城辦理所收之款即不能悉符預計之數當可十得七八查詳定牌照捐章程第十五條自本年七月起以三箇月爲一期將現在銷膏之數分作十期按期遞減一成刻交十月已屆第二期即應遞減銷數以符定章而減銷之法仍在實行加價之中擬自本月起每膏一兩加抽洋銀一毫合前共四毫現省城各土店已辦定基礎諒不

至再起風潮省外各屬必應派明幹之員前往稽查力求進步俟三箇月後第二期結算與上屆比較實減銷若干能否符一成之數以後再隨時體察酌定遞減遞增之數此於前擬辦法稍爲變通而於立限三十箇月土膏各店一律禁絕之宗旨仍當確守不移或謂　先朝諭旨原限十年禁絕今定三十箇月提前勒限恐勞而無功且慮起外人交涉抑思上年廣西撫部院奏請勒限二十箇月禁絕既奉　俞旨則廣東三十箇月禁絕並不爲速且沈痼已深深恐三十箇月之後屆時尚未必全省肅清善後事宜正需歲月若及今不提前勒限恐延至十年仍是因循敷衍之局貽禍民生何堪設想如有外人藉端干涉亦祇可隨事應付似未便因噎廢食致礙憲政之進行司道等往復會商意見相同用特呈請鑒核應否奏咨立案之處伏候示遵

呈復兼院聲明限制洋藥由粤赴贛緣由宣統二年十一月初五日

爲呈復事宣統二年十月二十二日奉憲台函開准外務部號電
開英使節畧稱據駐粵英領電粵省調查鴉片局出示令運往江
西之煙土每年減十分之三實屬違章希即電粵將告示內所論
註銷免致洋藥貿易有礙此次正在兩國商辦之際粵憲如此行
爲不勝詫異等語查本部現正與英使商議洋藥輸入改良稽查
辦法以符遞減定額祇須進口確係遞減其進口後由此省運彼
省不必另爲限制粵省限制運鄰省洋藥究因何故此舉似無關
扼要如可取銷希即飭遵以免藉口並電覆等因相應函局刻日
查明原案聲敘理由呈候核飭裁覆等因奉此查贛省土商在港
如購土由海道達滬轉運九江與本省無涉自可勿庸過問惟近
日贛商在港購土時由粵省內地南韶一帶轉運名爲赴贛實則
沿路私售且有甫經出境立即暗中煮膏倒灌回粵沿路偷銷遂
至稽查無從於本省禁煙大局大有妨礙故不得不稍加限制俾

防流弊至稽查處所出告示已由局飭令取銷理合將遵飭查明
限制煙土由粵赴贛緣由並抄錄示稿一紙及飭令取銷之處呈
請憲台察核分別轉電外務部及答復英領事實爲公便
呈兼院派員前往各屬督催禁煙宣統二年十一月二十二日
爲呈報事案照禁煙爲第一要政迭經本局嚴飭各屬認眞查禁
所有各地方官署局所內自幕職以至家丁差役沾染嗜好者概
令分別辭退斥革勒限戒除並遵照政務處奏定章程發給各吸
戶煙牌經由本局會同巡警道詳定牌式辦法每六個月清查換
牌一次勒限減癮二成久已通飭遵行在案嗣又札飭各州縣將
戒煙分會改爲禁煙分局官督紳辦以期得力乃各屬習於因循
相率視爲具文漠不置意即如換發煙牌一事自本年五月間札
發各州縣限以從文到之日起半個月換發淸楚隨即造具吸戶
姓名淸册連同發過牌根並牌費於一個月內悉數解局延至七
月杪尚未據一縣具報當即於八月初二日通電各府嚴飭所屬
刻日解繳又逾兩旬仍渺無消息遂於八月二十二日再通電各
道就近派員守催迄今又逾兩月計通省州縣册報到局者尚未
過半數而定章六個月換牌一次是下屆換牌之期已到而上屆
之牌尙未換發竣事且經一再電催尙復如此玩忽其平日對於
禁煙要政漠視可知溯自奉　先朝諭旨十年戒盡以來瞬已五
載儻長此敷衍因循恐至蹈貽誤憲政之咎似非派委專員辦理
不足以收實效現擬以十一月爲下屆換牌之期所有通省各州
縣均由局派員督催換發煙牌事宜每牌一張收牌費銀二毫不
准再行補領並查明以前册報之數是否確實兼就近查勘開燈
煙館及向來種煙地畝是否一律禁絕以防毒卉復萌又各屬禁
煙分局及戒煙會社稟報成立有案者是否辦理切實得法及衙
署局所內幕友員司家丁差役向有嗜好之人是否均已戒除淨

盡概應由委員詳細調查會同各州縣稟報以昭核實而收速效
至各屬往來渡船往往開燈供人吸食亦應由該委員會同各州
縣商酌妥善查禁辦法以肅功令其各委員薪夫銀兩擬即在所
收煙牌費項下開支不另動公款除由局選擇妥員酌定薪夫數
目按縣派往外理合備由具摺呈請憲台察核施行
派員前往各屬換發煙牌並調查禁煙事宜簡章
一政務處奏定章程煙牌係分甲乙二種久經通飭遵照惟各屬
繳來淸册多有未分別甲乙者殊不便於稽核此次委員換發
煙牌應按甲乙各立一册以免混淆並照局定格式註明新牌
及舊牌號數吸戶姓名年歲籍貫住址門牌號數原量及減量
數目向購某店煙膏均一一詳細開列淸册具報並查明以前
册報之數是否確實以後應由該州縣嚴飭禁煙分局及巡警
防勇隨時稽查如有違章私購私售即按照禁煙條例罰辦

一開燈煙館及製販煙具久已懸爲厲禁而向來種煙地畝前於光緒三十四年即一體奏報禁絶特恐無知愚民及牟利奸徒或不免骫法嘗試此次發牌委員應就近切實查勘如有違犯禁令者即會同州縣官立予查封變價充公以防毒卉復萌

一各屬禁煙分局及戒煙會社已經成立報局有案者此次發牌委員應就近切實調查辦理是否得法有無徒務虛名之弊其未經設立者應會同州縣官邀集紳董速行籌設以便窮苦人入所戒癮查省城戒煙所內所用戒煙藥方收效甚速現抄交委員帶往各屬轉交官紳照方配製施戒以後並由該州縣官將戒斷人數按月造具姓名年歲籍貫清册繳局以定考成

一官署局所爲民間表率尤宜特嚴禁令上年曾通飭各屬將官署局所吸煙人查明分別辭退撤換斥革勒戒在案此次發牌委員應就近查訪衙署內官親幕友家丁差役以及局所內紳

董員司是否一律戒除淨盡儻有沾染嗜好該州縣官仍行姑容使之逗留者應由該委員據實稟局照章處罰儻該委員有意徇隱查出一併處罰以肅禁令

一查民政部奏定管理售賣膏土章程摺內聲明膏土店成本不及一千兩者令其改業又民政部與度支部會奏稽核禁煙章程第七條內開膏土各店應將每月銷售實數按月向該管衙門呈報一次不得隱漏或售與未領牌照之人該管衙門於年終彙計造册申由各該督撫分咨報部備查各等因現在各州縣膏土店資本概屬無多雖未能遵章遽令改業不可不嚴示限制此次發牌委員應就近會商各州縣官設法將膏店竭力歸併合數家或數十家爲一家以期便於稽查並由該州縣官發給膏土店煮膏及銷膏印簿各一册飭令每次煮膏若干兩報明禁煙分局紳董或巡警局到該店秤過分量登記煮膏印簿內而每日售膏若干兩即逐一記於銷膏印簿任憑紳董隨時調查如查出二印簿數目不相符合定係違章隱漏應按照禁煙條例處罰以示懲儆該州縣官宜即據印簿登記數目按季册報到局以便年終由局彙計造册申報咨部備查

一各屬往來渡船往往一經開船即出賃煙具供人吸食實於禁煙有礙此次發牌委員應就近會商州縣官設法嚴行查禁如該渡夫實有煙癮即發給煙牌收執惟須取具向不供人吸食甘結保結二紙儻無人敢出保結即不准發給以示限制並查明該屬共有若干渡船人夫吸煙者共有若干人將該渡夫姓名年歲籍貫每日吸煙分量及所居之渡船名均一一另列清册繳局以後仍由該州縣官隨派司捕或禁煙分局紳董及巡警防勇等嚴密訪查如查有違章聚衆吸食情事嚴行罰辦

上兼院稟英領事干預禁煙內政請據情駁復　宣統二年十二月初一日

宣統二年十一月十八日奉憲台札開十一月初六日接廣州口英總領事照稱案照煙膏牌照捐一事近聞所發膏店與吸戶之牌照有歧視苛待之辦法吸戶祇准在牌照內所定之店買膏不得另向別家且有膏店數家均爲牌照內所不列者又聞此事原因廣元公所串同某某膏店欲爲壟斷之計此事若確自屬違背約章亟應竭力駁阻並請貴部堂立飭將此項煩擾章程即行撤銷廣元公所利令智昏擅自把持權力以致違約及兩國互訂之合同深望貴部堂迅爲設法取締遏制是禱等由前來查所稱給發牌照祇准吸戶在照內所定之店買膏不得另向別家且有膏店數家均爲牌照所不列等語究竟如何情形未據具報合就札飭札到該局即便遵照刻速詳查稟復等因奉此查今年秋季換發煙牌本局以禁煙期限日迫擬先從省城地方切實整頓逐漸加緊當經改訂章程七條其第一條內首先聲明凡吸煙人必須

領此牌照方可持牌到指定某膏店購煙吸食於九月二十八日
詳請憲台察核立案嗣於十月二十日奉批詳擬均悉應准立案
施行仰即遵照認眞辦理不得稍涉鬆懈等因在案是吸戶祇准
在牌照內所定之店買膏不得另向別家係遵照詳定章程辦理
而本局當日所以首先規定此條之故則由於從前吸戶領有煙
牌可隨意到各店購煙以致一日之間往往一牌而重購數次或
方至此店購買之後又持往彼店購買在吸戶既恃牌照爲護符
盡量吸食兼以供他人借牌購煙之用而膏店則更藉此以廣招
徠希圖厚利種種影射弊混不可勝言於禁煙前途實多障礙故
特定此條以示限制而便稽查庶可漸收勒限減癮之效至所云
有膏店數家均爲牌照內所不列者係因該數家前曾違章賣煙
經已勒令閉歇改營別業故不能再列入牌照之內英總領事所
稱此事原因廣元公所串同某某膏店欲爲壟斷之計均屬臆揣

之詞且此事與煙膏牌照捐並不相涉英總領事乃牽混爲一竟
謂違背約章亟應竭力駁阻尤爲無理取鬧蓋按照約章所載凡
洋藥入內地一經拆包零賣之後外人卽不能再事干涉何況由
土成膏則純爲中國貨物而限制膏店吸戶又純爲國內行政無
論如何彼均不得過問尙復何約章之足云設英領事於此中實
情猶未明悉卽不應以捕風捉影之談來相詰責如已經明悉而
爲此照稱則是有意干預我內政侵奪我權限尤不免越俎之嫌
似此輕舉妄動兩無所可應請憲台據情駁復嗣後勿動以違約
遽有責言實爲公便是否有當理合稟候察核批示祇遵
上督院說帖詳陳牌照捐不可撥抵賭餉宣統二年十二月二十二日
竊本局開辦牌照捐用意原係寓禁於征故於詳定咨部章程第
一條首先聲明此語並非重在籌款當日所定辦法不用商包而
用商人代收代繳由局設稽查處派委專員稽核銷數以防偷漏

亦謂一涉商包其流弊必至於專顧餉源日冀收數暢旺以爲加
多捐款之計而於禁煙宗旨適成反對職道早慮及此始決意用
商人代收代繳俾不至專顧餉源而局中亦得體察情形隨時操
縱以期於禁煙前途無所阻礙及開辦後外人不明內情疑此舉
爲注重收捐係籌款問題非禁煙政策迭次執煙臺條約以相詰
難幾經舌焦筆禿據約辯明方能疑團漸釋今一旦撥抵賭餉又
改換商包是意在征而不在禁不獨與當初開辦之宗旨大相刺
謬亦恐外人反脣相稽我且無詞自解方今時局艱難人情變幻
凡辦一事不能不並顧兼籌求其利多弊少計今年迭奉　明詔
嚴切禁煙三令五申自不能置爲緩圖而邇者粵省紳商士庶企
望禁賭異口同聲苟有可以籌抵賭餉之處亦不能不曲徇其請
冀以稍慰輿情惟外人抵隙蹈瑕儻予以藉口之端必至橫生阻
力恐籌抵之賭款未收實效而禁煙之障礙轉事補苴是亦不可

不愼之於始也昨藩司送來會詳稿職道細心查閱新商所擬辦
法重在遞加捐數並非別有把握雖原定局章有膏數遞減捐數
遞加之語但體察情形在禁煙範圍之內洋人尙執而有詞若撥
抵賭餉歸入籌款問題則執約相爭更恐非筆舌所能折服伏思
牌照捐開辦伊始原因上年五月港督來文有惟有將中國煙價
擡高使與香港劃一俾私煙入港無利可圖等語職道以機有可
乘遂擬辦牌照捐爲禁煙之助當時議者均以事必無成從旁非
笑幸數月以來捐數已近百萬元左右而洋人之干涉與商情之
抵抗均就範圍私衷循省差可自慰今以禁煙之舉而改爲籌餉
方鍼且以代收之名而變爲商包性質將來該商有挾而求太阿
倒持雖欲稽查亦無從操縱矣大局所關職道不敢固執己見以
矯同亦不敢隨聲附和以貽誤一得之愚瀆陳縷縷幸垂鑒焉
上督院稟交卸禁煙局差幷請赴江蘇將牌照捐聯絡開辦宣統三

年正月二十五日

竊職道於光緒三十四年十二月奉前憲張委辦全省禁煙總稽查事宜當具說帖陳禁煙大概辦法分限制吸食販賣各條請諭撥辦公之地並刊發關防酌撥經費准設員司幫同料理旋奉前憲札設廣東全省禁煙總局以藩學臬三司巡警道爲總辦職道爲會辦駐局經畫以專責成於宣統元年正月初九日開局閏二月初六日經前憲附片奏陳在案受事以來倏忽二年才短慮疏愧無成績本年正月初九日奉憲台札飭調充地方自治籌辦處差當以事關憲政素未講求懼弗勝任并以夙昔微尚務在袪沈痼而塞漏卮蓄志十年未便灰心一且昨已詳晰面陳荷蒙鈞諭以到差後准即禀假仰見樂取人善委曲成全之至意無任感荷查上年五月粵省開辦土膏牌照捐計至年終共收捐款洋銀一百零八萬元有奇而洋土藥進口數目與宣統元年比較洋藥減少六千七百一十六擔土藥至九月底已減少四千零二十六擔十冬臘三月尚未據報即此銷數銳減足證吸食者逐漸戒除之效而籌款一節特其餘事邇來迭奉　諭旨禁令加嚴內地各省已一律禁種而沿海省分吸食洋藥如故查向來洋藥銷數廣東與江蘇爲最多閩浙次之沿江皖贛各省又次之現粵省籌辦此捐既著成效如沿海各省不同時舉辦則此張彼弛終難收指日廓清之績職道擬請假兩月赴江蘇一行禀商兩江督部堂江蘇撫部院及時開辦并與沿海沿江各省聯爲一氣務使洋藥來源與土藥同時禁絕庶幾速除痼疾共蹈康和職道昨已禀銷禁煙局差所有牌照捐收支款項另具摺陳地方自治籌辦處甫經到差並無經手未完事件伏祈俯鑒下情據禀咨會兩江督部堂江蘇撫部院俾得早日束裝就道感激私衷曷其有極

復庵遺集卷十一

復庵遺集卷十二

無錫　許珏

禁煙牘存六

上外務部說帖詳陳洋藥加稅停捐利害 宣統三年四月初一日

竊職道前在粵省奉兩廣督憲札委辦理禁煙事務上年五月開辦土膏牌照捐以就膏抽捐爲禁吸之原以分期遞減爲禁淨之計自五月起至十二月止洋土藥銷數較宣統元年減少一萬一千餘擔計收捐款銀圓一百零八萬四千餘元其抽捐章程於上年八月經禀請兩廣督憲咨呈大部在案原定限期以三十個月通省土膏各店一律禁絕蓋宗旨在於去毒並非在於籌款乃英使屢向大部抗議指爲違約要求停辦尋又願加徵洋藥進口稅以爲嘗試職道曾於上年七月將抽膏捐及加土稅是非利害剴切詳呈兩廣督憲電達大部本年二月奉兩廣督憲札飭赴江甯江蘇等處調查近年洋土藥銷數並籌商推廣粵捐辦法適聞英使仍執加稅停捐之議在大部嘵瀆竊思此事於禁煙大局關係至鉅非到京面陳不能詳盡因於上月來京謹就一得之愚瀆陳鈞聽惟垂察焉恭讀宣統元年二月二十四日　諭旨抵補稅釐一事明知籌款誠艱要當權其利害輕重豈恃此鴆酒毒脯以救飢渴而不爲民除害　聖諭煌煌必應恪守今各省嚴禁種煙土藥統稅各局業已裁撤而一面議加徵洋藥進口稅以爲持久延長之計捐棄千餘萬之土藥統稅而斤斤計較於六七百萬之洋藥稅釐禁煙政策自相矛盾外人必謂我意在籌款並無實行禁絕之意其害一且一經加稅即不能限制販運之期既不禁運何從禁吸譬之勦除流寇不堅壁清野以絕其接濟反藉兵資糧而責以自新此理勢之所必無亦中外之所竊笑其害二洋藥銷售後必煮膏方能吸食按膏抽捐增減輕重權自我操既議加稅則

一切抽捐之法彼皆可指爲違約我必致受其束縛而禁煙愈不
易其害三即使加稅以後收數日旺度支日贏亦　諭旨所謂恃
鴆酒毒脯以救飢渴况此次所議辦法洋藥進口分七年禁絕又
將業已進口尚未出售之二萬餘箱分年扣算則是加稅所益不
過數年每年所益亦無確數爲利至微而爲禍至鉅其害四英人
志在貿利雖議逐年遞減現仍逾額販運前此訂十年遞減之約
近査海關貿易册洋藥進口惟第一年減少二千六百餘擔至第
二年則不惟不減反見加增是其明證其害五有此五害則加稅
之約萬不可訂儻然甚明推英使之意必以廣東牌照捐爲意在
籌款故以加稅之說餌我不知廣東定章本限三十箇月禁絕其
非爲籌款起見可知現在此項捐款抵補賠餉亦經度支部奏明
難恃爲經常之款當妥籌經久款項乃爲根本之圖奉　旨兪允
欽遵在案是始終重在禁煙並不恃爲的款以此明告英使當可

禁煙牘存六　二

間執其口伏祈大部撤銷加稅之議縮短進口年限俾煙害早日
廓淸儻已有成言萬難作罷則請與英使聲明此次加稅以後各
省從前籌辦之膏捐牌照捐及此後續收各種捐項但係洋藥已
入華商之手無論如何抽收中國均可自由英國不能過問似此
劃淸界限俾各省禁煙尚可措手總之因禁煙而議及加稅斷不
可因加稅而妨礙禁煙必於條約中寬留餘地乃可收實行禁絕
之效大部統籌全局必有以濟薄海之災而慰羣黎之望冒昧瀆
陳無任激切之至

上民政部說帖請縮短禁吸期限 宣統三年閏六月二十六日

自光緒三十二年八月奉　詔禁煙之後定限十年以內洋土藥
之害一律革除淨盡嗣因中外臣工請改縮期限以圖進步經會
議政務處議奏奉　旨兪允惟歷年章奏大率言縮限禁種未言
縮限禁吸迄今禁種已逾十之七八禁吸猶未及十之二三至於
縮限禁運一事各省章奏間及土藥而於洋藥則絕未提議蓋慮
外交牽涉應付不易故也上年二月間兩廣總督電商度支部變
通牌照捐辦法寓禁於徵意在遏減來源並非專重籌款計至年
終廣東各海關洋藥進口減少六千七百一十六擔煙價既昂影
響所及江蘇一省減少三千二百八十八擔此外沿海如奉直東
閩浙沿江如皖贛鄂湘各省共減少三千四百一十七擔通計進
口總數比較宣統元年減少一萬三千四百二十九擔方謂禁運
漸有進步則禁吸不難加嚴乃英使遽以停捐加稅之說餂我外
務部顧念邦交允其所請此次續訂條件外益以附件聞此兩月
內上海廣州二處洋藥進口驟增二萬餘擔隄防既潰奔築安施
是禁運一事此後更難著手惟有就禁吸一事縮限加緊但使吸
食之數日減即販運之途自窮職道輾轉籌思因就續訂條件範
圍之內謹擬辦法數端於五月十四日呈請都察院代奏留中未

禁煙牘存六　三

下疏逖小臣未敢再瀆竊念政務處奏定章程本有勒限減癮之
條今擬按月勒減則吸食之期約計一年可以淨盡至新增稅釐
諭旨明言亟欲與民更始決不顧惜此宗進款但使禁吸能尅
期收效則禁運自不必另與磋商茲謹成芻議二篇幷將勒限減
癮及按年減運勒限禁吸各列一表所有勒減辦法及洋藥價値
稅釐公私損益之數一一詳載表中謹呈鈞覽如蒙采納奏請縮
限禁吸但求　諭旨明發以宣統四年十二月爲禁吸淨盡之期
使億兆編氓早除痼疾而登仁壽則　聖主之恩亦莫非大部之
賜也

禁煙最近芻議一 宣統三年六月

禁種　自光緒三十二年八月奉　詔禁煙以來迄今五載所有
禁種禁吸禁運三端惟禁種成效已著宣統元年五月經度支部
奏明除陝西甘肅四川貴州等四省外各省悉限宣統元年年底

爲禁絶之期現四川一省亦已禁種淨盡陝甘貴州等省奏報禁種事宜亦甚認眞特尙未肅淸耳總之目前內地毒卉剗除已十之八九縱有餘咸未盡各省疆吏及地方官自能隨時懲辦現所亟應注意者祇有禁吸與禁運兩事耳

禁吸　禁吸之要自以勒限減癮爲一定不易之法近來煙價日昂購食不易吸煙之人癮量多者吸食不過三錢少者僅一錢或幾分不等現擬以六箇月爲限如煙癮三錢者第一次給與牌照注明三錢第二月換牌減爲二錢五分以後換牌按月遞減五分至第六箇月減完煙癮二錢者第一次給照注明二錢以後每月減五分至第四箇月減完如煙癮在一錢以內至第二箇月卽減完其年在六十以外者以一年爲限每兩月換牌一次遞減之法亦同其因病不能減者准其報明注名煙籍假如一鄕之中有一百人各吸煙三錢日需膏三十兩又一百人各吸二錢日需二十兩又一百人各吸一錢日需膏十兩共計需膏六十兩第一月應准該處膏店賣膏一千八百兩至第二月祇准賣一千三百五十兩以後按此遞減至六箇月爲止在此期內不准踰量多賣致吸戶得以積儲屆六箇月後減除未盡其年在六十以外者報名給牌時卽另示區別所有膏店按期遞減辦法亦同減癮至一錢以下屆換牌時如有自願早日斷戒者卽停給挑膏牌照改給領戒煙丸藥照赴公家所設戒煙局備價領藥貧苦者祇取半價

照此勒限減癮在吸煙之人並無大苦且今日煙價既昂吸量能減則耗財自少貧者省此爲事畜之貲富者移此爲施濟之用卽有沈溺煙海之匪徒當不敢造謠滋事公然反對

禁運　印度生土現續訂條件加徵稅釐後所有以前各項限制及徵收稅捐均已停止於大宗禁運已無可著手此後所謂禁運者祇有稽察整頓土膏各店零賣事宜而已土店貿易除批發外大抵躉買零賣膏店則純屬零賣查光緒三十四年民政部度支部奏定章程凡土膏各店令逐漸改業每年須減十分之三如果遵章實行則三年以來土膏各店當已十去八九現此項貿易改業者尙未及半則由以前各省於禁吸事宜並未切實勒限故土膏各店遂觀望不思變計現定禁吸既以一年爲期則准煙土零賣亦祇在一年之內屆時零賣既絶卽大宗販運又將焉往此所謂不戰而詘人之兵者是也

勒限減癮表

第一月	吸三錢者一百人 每日三十兩	需膏九百兩	吸二錢者一百人 每日二十兩	需膏六百兩	吸一錢者一百人 每日十兩	需膏三百兩	共三百人 每日六十兩	共膏一千八百兩
第二月	吸二錢五分者一百人 每日二十五兩	需膏七百五十兩	吸一錢五分者一百人 每日十五兩	需膏四百五十兩	吸五分者一百人 每日五兩	需膏一百五十兩	共三百人 每日四十五兩	共膏一千三百五十兩
第三月	吸二錢者一百人 每日二十兩	需膏六百兩	吸一錢者一百人 每日十兩	需膏三百兩	已斷癮	不需膏	共二百人 每日三十兩	共膏九百兩
第四月	吸一錢五分者一百人 每日十五兩	需膏四百五十兩	吸五分者一百人 每日五兩	需膏一百五十兩			共二百人 每日二十兩	共膏六百兩
第五月	吸一錢者一百人 每日十兩	需膏三百兩	已斷癮	不需膏			共一百人 每日十兩	共膏三百兩
第六月	吸五分者一百人 每日五兩	需膏一百五十兩					共一百人 每日五兩	共膏一百五十兩

右表約舉大數如癮不及三錢而又不止二錢則第一箇月給牌卽注二錢五分餘可類推

以上六箇月共需膏五千一百兩假令此三百人不勒限遞減聽其照常吸食則每月需膏一千八百兩積六箇月共應需膏一萬零八百兩而其人長此沈迷至死方休今自勒限遞減之後需膏

未及其半三百人已盡離黑籍復享生人之樂兩兩相較孰得孰失惟是流俗滔滔能自振拔者少所願閱此表者共體爲民除害之心於強迫之中用循序之法俾海內之民同除痼疾而登仁壽則國家轉弱爲強之基於是乎在

查宣統二年海關貿易冊進口洋藥三萬五千四百四十六擔按十二箇月勻派每月不及三千擔以三百人月需膏一千八百兩推之約計通國吸食洋藥者不過四十萬人內江蘇一省（上年進口一萬四千一百六十八擔）約十五六萬人廣東一省（上年進口一萬一千八百三十二擔）約十三四萬人此外各省（上年進口共九千四百四十六擔）共十萬餘人如果認眞整頓按照此表勒限減戒六箇月後必能十去八九再加六箇月老者病者又當減除其半其萬不能減者至宣統四年年底另編煙籍屆時計數度祇一二萬人而已至吸食土藥之人各省禁種禁運之後來源已絕斷戒較易惟老病之人祇能聽其改吸洋藥然爲數亦無幾矣

禁煙最近芻議二（宣統三年閏六月）

外務部與英使續訂條件第三條無論何省土藥已經絕種他省土藥亦禁運入則洋藥亦不准運入該省此於洋土藥兩項辦法似極持平惟上海廣州二口訂明爲最後之結束則江蘇廣東兩省之民受禍已不淺矣蓋此兩省土藥種者本少即他省運入土藥亦爲數無幾向來被洋藥之毒最深如照各省土藥禁絕洋藥亦不准運入一律辦理則兩省之民即可速離煙禍今既訂爲最後結束則方其未結束之前爲兩省計祇有於禁吸一事實行勒限減癮之法提前強迫祛此沈痼則洋藥之來不禁自止不則七年中雖按約遞減其輸出銀數尚有二百四十五兆之多以有用之貲財擲諸無窮之陷阱且爲日方長事變難料亦非懍遵諭旨認眞整頓早絕根株之意也茲將按年減運及勒限禁吸兩事所需洋藥價值釐稅銀兩各列一表如下

續訂按年減運洋藥箱數擔數價值稅釐表

年分	箱數	擔數	價值（遞年漲落無定現均照本年算）	稅釐
宣統三年七月至年底	一萬五千三百箱　照本年三萬零六百箱折半算	一萬七千七百四十八擔　每箱輕重不等茲定以一百十六斤爲率	三千五百四十九萬六千兩　照目前市價每擔庫平銀二千兩	六百二十一萬一千八百兩　照新定稅釐每擔三百五十兩
四年	二萬五千五百箱	二萬九千五百八十擔	五千九百十六萬兩	一千零三十五萬三千兩
五年	二萬零四百箱	二萬三千六百六十四擔	四千七百三十二萬八千兩	八百二十八萬二千四百兩
六年	一萬五千三百箱	一萬七千七百四十八擔	三千五百四十九萬六千兩	六百二十一萬一千八百兩
七年	一萬零二百箱	一萬一千八百三十二擔	二千三百六十六萬四千兩	四百十四萬一千二百兩
八年	五千一百箱	五千九百十六擔	一千一百八十三萬二千兩	二百零七萬零六百兩
九年	無	無	無	無
	共九萬一千八百箱	十萬零六千四百八十八擔	二百十二兆九十七萬六千兩	三十七兆二十七萬零八百兩內有存放關棧之二萬箱仍照一百十兩算應除去五兆六十六萬四千兩

現擬勒限禁吸洋藥箱數擔數價值稅釐表

月分	箱數	擔數	價值	稅釐
宣統三年七月	二千五百五十箱　照本年三萬零六百箱十二分之一算	二千九百五十八擔　每箱以一百十六斤爲率	五百九十一萬六千兩　照目前市價每擔庫平銀二千兩	三十二萬五千三百八十兩　照續訂附件存放關棧之洋藥仍完釐一百十兩
八月	一千九百十二箱半	二千二百十八擔五十斤	四百四十三萬七千兩	二十四萬四千零三十五兩
九月	一千二百七十五箱	一千四百七十九擔	二百九十五萬八千兩	十六萬二千六百九十兩
十月	八百五十箱	九百八十六擔	一百九十七萬二千兩	十萬零八千四百六十兩
十一月	四百二十五箱	四百九十三擔	九十八萬六千兩	五萬四千二百三十兩
十二月	二百十二箱半	二百四十六擔五十斤	四十九萬三千兩	二萬七千一百十五兩
四年正月至六月	一千四百四十五箱	一千六百七十六擔五十斤	三百三十五萬二千四百兩	十八萬四千三百八十二兩

	老病之人不能依限勒減准展至明年六月第此項人不過十分之一今姑從寬作十分之二算添加一千四百四十五箱			
四年七月	無	無	無	無
	共八千六百七十箱二十斤	一萬零五十七擔	二十兆零十一萬四千四百兩	一兆十萬零六千二百九十二兩

如照續訂條件洋藥按年減運至宣統八年十二月爲止民間應耗費價值稅釐銀共二百四十四兆五十八萬二千八百兩如勒限禁吸至宣統四年六月底止祇耗費銀二十一兆二十二萬零六百九十二兩尚不及十分之一當世不乏有心人但就此兩表觀之可以知所從事矣

或謂照按年減運之數此六年六箇月內公家可收稅釐銀三十一兆六十萬零六千八百兩照勒限禁吸之數公家祇收稅釐銀一兆十萬零六千二百九十二兩二者相衡雖提前五年六箇月

禁絕而公家實少得稅釐銀三十兆零五十萬零零五百零八兩此係有著之款與其強迫禁吸不如聽民自由遞年減戒爲得方今財政困難料度支部必不肯捐去此三十兆以從一年禁絕之議也不知海關雖多得三十兆稅釐而民間所耗乃至二百四十四兆較所入稅釐多至八倍有餘恭讀宣統元年二月二十四日

諭旨抵補稅釐一事明知籌款誠艱要當權其利害輕重豈恃此鴆酒毒脯以救飢渴而不爲民除害本年四月十一日諭旨新增稅釐不過暫資彌補朝廷亟欲與民更始財力雖絀決不顧惜此宗進款此時惟有嚴申禁令務期早絕根株大哉綸言凡中外臣工又何疑何懼而不併心壹志冀早收摧陷廓清之效乎或又謂英使因廣東上年辦理牌照捐尚至外務部曉瀆謂其於英商貿易有礙今勒限禁吸以一年爲期則外人之受損更甚雖保不又生枝節不知廣東之事命意原在限減販運或可藉口涉及外交現擬勒限減癮則純屬內政與外交無涉且續訂條件第九條載明此條件日後兩國考驗若有他故於七年限內或將該條件全行刪改或但改數款均可隨時由兩國政府互相商酌辦理詞義甚明早留後日地步尤無庸疑慮也

上民政部林侍郎書 宣統二年八月十四日

前叩崇階並呈說帖仰蒙誨示以洋土藥稅釐事屬度支部須與協商當即具說帖呈度支部請會同大部入告月餘以來未聞後命大部統籌全局自不得不審慎周詳惟職道輾轉籌思尚有瀆陳於大部者查上年各海關洋藥進口總數較宣統元年雖減少一萬三千四百餘擔而各省輸出購買洋藥銀圓較元年反增多三千一百萬元蓋自上年七月以後洋藥之值愈昂故進口之土數雖減而輸出之銀數倍增頃閱上海報紙四月以前洋藥每箱價值銀二千零七十二兩自續訂條件之後由五月杪迄七月初

繼長增高現每箱價值銀已四千零九十兩閱時甫及四月所增已有此數循此以往洋藥即云按年遞減而輸出之銀實按年遞增沉痼未除漏卮轉鉅近接粵信英商自訂約加稅以後另用詭謀由印度運鴉片至新加坡復由新加坡運至香港澳門廣州灣較運由印度運入中國之貨連稅及價每箱約減少一千七百元近日港澳廣灣私土運入內地極多粵關收稅因之短減是則加稅之舉不獨有礙禁煙抑且妨及稅款矣或謂煙價愈昂吸者愈少於我禁煙宗旨仍不相妨不知目前民窮至此若不縮限禁吸必照續訂條件待至宣統八年年底爲止則民間拖延日久元氣益傷竊思續訂條件重在停止捐項於查禁吸戶一層本留餘地且政務處奏定章程本有勒限減癮之條現值東南各省水災極重之候貧下之戶一飽難謀乘此嚴禁吸食既與條約章程兩不相妨而因勢利導必收事半功倍之效此與洋土藥稅釐另爲一

事度支部當無不贊成鈞座慈惠公忠素深欽佩可否會商列堂將此中實情上達　宸聽但求　諭旨明發專以禁吸爲主務於宣統五年開國會以前一律禁止淨盡則名正言順外人自不能藉條件以爲阻止儻以茲事體大未便率行入奏則或懇大部通咨各省由各督撫察酌辦理總期煙禍早除一日即中國貧弱之患早免一日茲謹呈芻議三十册即前此齎呈大部之稿以備咨行各省惟職道管見條件有上海廣州留爲最後結束之語江蘇廣東二省必應加緊籌辦方足杜觀望而樹風聲可否於通咨各省以外另文咨江粵兩督迅速切實辦理之處伏候鈞裁

復庵遺集卷十二

復庵遺集卷十三

文一

原治上

唐虞以前邈矣三代之不能爲唐虞秦漢之不能爲三代唐宋以降之不能爲秦漢說者曰由風俗之偷也政事之苟也而吾謂不然天下之大利在生齒之繁天下之大患亦在生齒之繁生齒繁則風俗政事隨之而敝矣人之生子也多者或至以十數而寡者至於無嗣計其多寡之中一生二者常也人之生子也早者年未迨冠遲者六十七十而猶提抱焉計其遲早之中三十其大凡也然則一人之身閱三十年則倍之矣又三十年則再倍之矣循是以往未至百年而一人者且十人焉又循是以往未二百年而一人者且百人焉又循是以往未三百年而一人者且千人焉自古水旱疾疫之災其小者未足以多殺人其大者恒百年而一見然極其害死者不過半天下而止耳干戈爭奪之患其小者亦未足以多殺人其大者恒二三百年而一見然極其害雖屠戮至慘亦必存什一焉夫此民也忽焉去其半甚且去其九草薙禽獮不過是矣然積百年而亡其半向之十者猶有五也或二百年或三百年而存什一向之百者猶可什向之千者猶未減於百也然則綜歲之豐凶世之治亂而計之積三百年一人之身無有不百人者也或曰人之生也有殤者有夭者有廢疾不能人者有貧不能娶者有爲亂而覆其族者積三百年安得皆百人曰固也然吾觀天下夭殤廢疾貧獨禍亂之人不能什之九其綿綿延延世有子孫者殆不止什之一也即曰不過什之一而由三百年計之雖不百人其猶有不足十人者乎夫即以十倍之數計之而生齒亦大可患矣三代以降由漢而唐而宋而明而至於今日其間相距或五

六百年或三四百年亦不僅以三百年爲斷也世世相嬗人相續然則今日之生齒不且十於明百於宋千於唐而萬於漢乎何暇言唐虞三代之治也

原治中

或曰生齒之繁固已然使制民之產貧富相等則風俗不至於偷擢其秀而良者使司牧之愚而慤者衣食奔走焉則政事亦不至於苟也曰勢不能也請勿言國姑以家言之有人於此有田千畝有屋百楹夫若婦安坐而食畜奴婢輿馬裕如也無何而有子數人有孫十數人計產而析之田不足百畝屋不足十楹終歲勤力僅足以食求如向之畜奴婢輿馬不得也然猶未至於貧也迨其曾元則十數人者且數十人且百人人有田十畝屋一楹又承百年窳敝之後俯仰事畜勢不能給於是向之役人者轉而服役於人且夫此百人者智愚不齊也勤惰不一也彼智而勤者早作夜

思苦心勞力雖十畝之耕一楹之庇久之而足衣食久之而畜妻子愚且惰者思區區者終難藉以活也不如貿之貿之而得值猶少緩須臾之死也於是兼幷之事起焉兼幷者非得已也成於彼此之相需也嗚呼天下猶是矣方周之初一夫授田百畝又有所謂一易之地二百畝再易之地三百畝焉又有所謂上地萊五十畝中地萊百畝下地萊二百畝焉豈侈以市惠哉人不足而田有餘也及至戰國井田不能偏給於是商鞅李悝之徒開阡陌辟草萊舉向之溝澮畛涂悉墾爲田又不能偏給於是始聽民得賣買田彼亦從民之欲而養其生也非迫使爲之也然而貧益貧富益富風俗於是不能復古其不能復古由生齒之繁也勢也古之長民者或以德進或以事舉或以言揚周官戴記猶存崖略然觀春秋之世賓興造士事已不行則周制之廢久矣漢人入仕由郡縣吏魏晉以後由九品中正較之今制猶爲近古然而賢否混淆名

實錯亂於時識者已深病之後之人君知賢與否本無定評也於是科舉設焉不問其才行若何所考校者文字一日之長也又久之而糊名易書之禁興焉不辨其文字之工拙何若所憑恃者舉子一日之命也朝而釋褐夕而服官其所爲黜陟幽明者亦絕異於古也然而行之千有餘年世轉相安者何也以其賢否之評不繫乎此也藉使今日而行周之制曰有德蓋一鄉者吾使長一鄉有才高一邑者吾使宰一邑則此所謂賢彼所謂不賢也一人所謂才衆人所謂不才也相識相毀相傾相軋勢求而賄取蒼素無定色冠履無定位陽爭陰黨朋起角立小者獄訟大者干戈此大亂之道也且古之所謂長民者自比長閭胥以上至鄉大夫此天子之卿也然其所治者萬二千五百家已耳孔子稱子路曰千室之邑可使爲之宰也今天下州縣大者率十數萬戶小者戶亦盈萬彼其所治且什百於子路之治與周之卿也以凡人之材力而

責以什百大賢之任安得不顚蹶乎古者公侯百里伯七十里子男五十里是父子相繼爲治數百年而不易者也其相佐理者有世卿世大夫或數人或十數人亦數百年而不易者也博謀而遠計旦摩而夕拊故其爲治也詳今一縣之治聽於一令令率數年而一易且守署更調之不恒卽有傑出之吏不傳舍視其官實心實政無飾無詐然前者之是後者之非不轉瞬間仍掃地無餘矣自縣令以至於封疆之帥一轍也政安得而不苟乎欲不苟而思以古之道治之則卽吾向所謂大亂之道矣故曰政事之苟亦生齒爲之也勢也

原治下

曰然則政事風俗其終不可復古歟使秦漢以後有堯舜秦漢猶唐虞也宋明以後有堯舜宋明亦唐虞也曰子所期於堯舜者以其心乎抑以其迹乎夫以其心雖治百世以後之天下猶此心也

若其迹則堯舜而生秦漢必不能以唐虞之治治之生宋明并不能以秦漢之治治之也且爲治而期乎堯舜者亦不以其能盡人物之性乎哉夫自秦漢以降人物之不盡其性亦酣矣而生齒之繁猶若是使堯舜爲之至於今其參贊化育者猶將千百於今日也彼政事風俗安得而復古歟曰然則奈何曰堯舜之世尚矣彼孔孟者皆心堯舜之心者也孔子見衛之庶則思富之教之孟子曰制民之產必使仰足以事父母俯足以畜妻子樂歲終身飽凶年免於死亡然後驅而之善此政事風俗之本也能富能教斯謂政事既富既教乃有風俗彼政事風俗者以其心也非以其迹也後世之所慕於古者迹而已矣且夫政亦何取復古哉措施準乎今利澤及乎後不規規於既往而垂緒乎方來斯政之大者也天下之富在農工商而農爲本今中國　士不足以給中國之農則本已病矣古之戒逐末者以其棄田而不耕則地有遺利故爲之

厲禁以防之今以口量地千萬於古不爲商賈何以自活徒執抑末之說而多爲關榷以取盈焉是末又病也農商病則工亦因之矣民何恃而富天下之教存乎士謂其材智之能達古今也謂其廉恥之心之異乎齊民也今叩以古今之宜則茫乎昧乎詰其操守則憂貧嗜利無異於庸人民何恃而教嗚呼天下至大也四海至廣也物力至饒也人之心思智慮日出而不窮也拓海外之地可以廣農通萬國之貨可以裕商精求化治之法可以惠工今之世有先我而爲之者矣人倡之而我賡之策之下也不猶愈於人日富而我日貧乎天下之教亦衆矣求其久而無弊者固莫如周公孔子之教也誠得材智廉恥之士昌明之彼且折而入於我古取士之法雖不可行於今然使多爲之途以延攬天下奇偉非常之人四海之大必有起而應者而仍不廢今之科舉以收茫如昧如憂貧嗜利之徒使不至羣噪而起且馴習之俾自知其陋而求

返凡當世官師兵食之政因革損益之宜一準乎時而不拘陳迹以漸冀於家給人足使天下之民熙然有樂生之心則政事立者風俗自厚將見合中外爲一家聯瀛海爲臂指如是雖時異唐虞何必非堯舜之用心也諺曰天道三百年大變三十年小變非天道之變人事之變也孔子曰如有王者必世而後仁言王者之興必因時度勢斟酌於三十年間而後政事詳風俗美也嗟乎撫今之民圖今之治不獨侈言邃古之無當即陳昭代之令典而二百四十年來亦有今昔之不同焉補敝救偏不主故常是在深知當世之務者

貢舉私議

昔朱子患當時科舉之弊不足以得士嘗著貢舉私議以爲雖不得議於朝猶得私議之於家後世學者誦而韙之今之所論亦猶朱子之意云爾國家承明制以四書文取士天下瑰奇雄傑之才

苟不由是而進則皆謂之雜流行之五百年四書之緼闡發無遺有司者患其勦說雷同則求之於字句格調之間而風氣之說起蓋於國家求才之意固逕庭矣而士習之卑靡亦隨有司爲轉移所學非所用所用非所學稍有志於當世者莫不思所以易之然康熙之初改策論矣不數年而復乾隆九年侍郎舒赫德疏陳八股之弊宜有釐革卒格於部議至於今日士之所學視乾隆初又不可同日語矣而卒無所以易之者蓋自隋唐而後以文章取士凡詩賦策論皆未足以得賢才特假此爲招則豪傑之士時亦出乎其中八股之文猶是也而託之於聖賢之言其明理較詩賦策論爲近故相沿行之亦較詩賦策論爲久然以今日士之所學亦不得不思變易之變之者非必廢八股也今功令頭場四書文二場經義三場策問四書文以觀其明理經義以觀其考古策問以觀其通今果使三場淹貫豈非通才豈非績學無如有司疲於校

閱士子安於簡陋於是三場祇重頭場頭場祇重首藝徼倖速化者日多刻苦好學者日少有司者既以此進身則亦以此取士不知古訓不達時宜夫是以人才之衰敝如此其極也今日廷臣亦患士習之空疏倡爲三場並重之說矣然有司之精神既苦搜閱之難徧士子之學問未能猝辦於臨時雖經　諭旨頒行其實積弊如故竊謂欲除有司草率之弊當令逐場放榜欲革士子空疏之弊宜令分年治經科場舊例康熙時鄉試每舉人一名錄送科舉六十名遞增至乾隆時舉人一名錄取科舉百名當時已奉有　旨今則又增十之四五矣（一如江南舉人額中一百四十四名而癸酉科入闈者二萬一千餘人）非今日之人文轉盛於康熙乾隆時也錄取者愈濫冀倖者愈多而場外之鑽營場中之搶替種種無恥大率皆此輩爲之今宜一遵乾隆時　諭旨每舉人一名上准錄送入闈百名（此專就江南言之他省或有不及百名者當分別酌定）頭場畢後房考主司逐卷校閱取五分之一放榜訖是百名祇存二十名矣二場入闈又取五分之一放榜訖是二十名祇存四名矣三場入闈每四名中取一名放榜訖是爲正榜另副榜若干名至會試人數視鄉試較少房考總裁校閱較易而逐場放榜之法亦宜與鄉試同蓋逐場有去取雖欲草率而不能又逐場文卷遞減主司既無疲竭精力之苦亦無久稽時日之慮如此則有司草率之弊革矣自明初至　國朝乾隆初年頭場皆四書文三篇本經文四篇乾隆二十二年始分四書文三篇爲頭場經文四篇爲二場原謂頭場作七藝則經文必草率故寬其時限冀以覘士子底蘊執意分場之後士子於經旨未必探研轉以易於完卷益思速化然其時尚專治一經也至乾隆五十年禮官因士子改經兼經頭緒煩瑣建言國家教術昌明經學日盛以後宜概試五經改四篇爲五篇當時奉　旨以事屬創始恐士子未必盡通五經定於某科專取某經以後某科輪取

某經至五科之後始以五經各出一題立法之初非不詳到古人三年通一經十五年可遍五經不知十五年後應試之人少壯不一未必盡治畢五經也既無專經則五經皆視爲具文并向之專習一經者又遠不如矣士子即不通經有司不得不取以足額沿襲既久士子與有司均不知經學爲何事於是三場專重頭場矣欲革其弊不如仍仿乾隆間初改五經時某科輪取某經之法如子丑年鄉會試用易經則卯辰年用書經午未年用詩經至十五年後周而復始所習有定則心無旁騖即不中式之諸生應試五次遍習五經較從前專經之例則所學已博視目前不專經之弊則所習已精亦造就人才之一法也如此則士子空疏之弊革矣然就今日之三場尚需互易蓋經策不能空疏四書文儘可以空疏了事既議逐場放榜若頭場仍憑四書文爲去取則通古今者或早被擯而不與經策之試非良法也擬鄉試頭場經文二場策問三場四書文會試頭場策問二場經文三場四書文如是則經策並重經策不佳雖工四書文無益也而終以四書文則去取仍重在此與今日功令仍不相背至策問出題每道不得過百字不得繁稱博引教士子以蹈虛之習果能如是行見十年之後人才一變或不如今日之空疏矣以上所論事皆平易可行初非更張駭俗不偏重八股亦不廢八股所謂三場並重之道無逾於此至逐場放榜之說宋歐陽公嘗欲行之分年治經之說朱子嘗言之鄉試先經會試先策近世魏叔子嘗論之蓋科舉之弊古今有志之士莫不扼腕非一人之私言也然以昔人所論與今日士習核之事固有適相合者故撮其大要著之於篇以備當世知言之君子採擇云

讀周禮

天官六十太宰無不統小宰宰夫遞貳焉宮正宮伯掌王宮之政

令膳夫以下十官供王飲食之事醫師以下五官食醫供飲食其四官以類從者也酒正以下九官亦主飲食宮人以下四官掌掃除供張之役大府以下四官主貨藏司會以下五官鈎稽出納而司裘掌皮附焉自內宰至屨人十八官皆典宮中婦女之事者也夏采一官無類可從附於末周禮之亡久矣其書眞僞論者不一要其用意則非盛王之世莫能造也夫以天官之尊而所屬者皆宮中瑣屑之事然職是官者乃朝夕於王左右之人視外廷之臣密邇親狎蓋什伯也此之不愼履霜堅冰患立至矣故先王以天官統之宮中府中俱爲一體良法美意莫備於是後世以宮禁爲宜秘密與外廷不相聞太阿之柄委之於刑餘下賤佞人之禍烈焉漢唐明三朝已事可知也漢以少府主天子私財唐設瓊林大盈等庫受四方進奉宮中用財之數亦與外廷不相聞故服御之靡賞賜之濫作無益而害有益者無算而筦度支者方持籌仰屋爲不終日之計則以宮府之畛域既分雖有忠臣直士不敢侵其官也我朝　列聖家法崇尚節儉一掃前代之陋宮中嬪御不過二十人太監不過四百人宮女□□人視漢唐之世不及百一故二百四十年來綱紀肅清亦無前代之弊惟內務府奏銷浮冒往往以一報十亦由外廷不與鈎稽之故若令會同戶部奏銷并派科道按月稽其出納之數則杜侵蝕而肅官常亦猶周官之遺意也夫

正本制用篇 辛卯十月

古人制祿謂之代耕漢世官秩皆以石計義猶近古自九品之制行官以品爲尊卑其輕重不屬於祿馴至官極尊而祿極薄會典一品官歲給俸銀一百八十兩以今日米價核之約可購米百石此漢世小吏之祿而今以之待三公蓋亦惑矣服官者藉口祿入之薄則從事於苞苴貨賂吏道之衰由此而起世之言政本者莫不以重祿爲先務然自軍興以來四十餘年余見營員局員之薪水未嘗不優且厚道員大抵月支百金府州縣以次遞降極於簿尉亦月支二十金十數金不等即簿尉一年薪水計之固已過於會典所載一品之俸矣而此簿尉者亦未嘗贍足方且皇皇營求計較某差之肥某缺之瘠若目前之薪水尚不足酬其勞績也者噫以如此之人心雖加十倍之祿亦安有饜足哉近年簡使出洋凡使臣之薪水三品卿以上月支一千二百金蓋視親王之俸有加厚焉（親王歲俸萬金）隨使之員概從優給卽至供事學生亦支百金（減成以後支八十金）與內地道員當差之薪水同然余兩次出洋從未聞同事諸人有感念國家詒糈之厚者外洋百用昂貴其眩於西俗不知撙節之輩歸之日往往罄積年薪水尚不足以清逋累亦可慨矣夫官卑祿薄至筮仕者不足以自給自有執其咎者祿厚矣而仍不能自全此又誰之咎歟然則不足生於不儉能儉則自足一人之儉尤不如一家之儉能使一家皆儉則無以祿薄爲慮矣余行將差滿回華慮吾家之不能儉也故預定其一歲當用之數以告之使知古者祿以代耕之義而無奢望焉且使知余卽出而仕固不惟妻子飽煖之謀而自有行吾心之所安者庶幾他日進退綽然有餘裕乎書既訖名之曰正本制用篇

山西商務以禁煙爲本議上

光緒二十二年中丞胡公撫晉奏設商務局籌開煤鐵各鑛築火車路以利轉運由商局借築路洋款銀六百八十萬兩以二十五年爲期開鑛銀一千萬兩以六十年爲期合同既訂山西京官大譁羣議阻止謠諑四起或請停辦或請停借洋款歸山西紳民自辦既而總署卒如中丞言奏請照行余作而言曰山西京官之請停辦非也其言由紳民自辦則是也惜乎不知所以籌款舍借洋債別無辦法耳予自抵晉後每詢諸人不曰山西吸鴉片煙者十

室而九即曰山西吸鴉片煙者十人而五以予度之當不至若是衆也意者十戶中必有二三十人中必有一二歟或曰山西吸煙有留人不留戶之諺謂間有不吸之人斷無一家全不吸者予曰子勿謂不止此數即以十人中吸者一人計之子知山西每歲所耗之銀若干乎光緒二十三年民數册山西通省二百九萬七千三百七十四戶男女大小一千一百四十九萬二千七百七十一名口以十人中吸者一人計之已有一百十四萬九千餘人矣煙癮之大者日或吸一兩其至少者亦須吸一錢煙價高者每兩需晉錢五六百文其至賤者亦需二三百文吸煙之人富者僅十之一小康者十之二三貧者居大半富人吸煙日耗錢三五百文即至貧者亦須日費三五十文今姑謂通省祗一百十四萬九千餘人吸煙就其貧富之等差約略計之當歲耗銀二千萬兩以外假使山西之人而不耽此毒則所謂鐵路需款六百八十萬兩開鑛

文一　十

需銀一千萬兩皆取諸本省而有餘何必向洋人借貸乎使今日而山西之人即能戒煙不吸則所謂六百八十萬者一千萬者不待期年而已足何必遲至二十五年而清償六十年而歸還乎夫往事之誤悔已無及即今改圖來者猶可追也夫吸煙種煙二者論治本必以禁種爲先論治標則以禁吸爲先吸者少則種者自少也吸者全受其害種者猶利害參半也欲其少吸不獨禁未吸者勿吸必令已吸者速戒然亦有不能戒者二一則年老之人氣血已衰不能戒也一則疾病之人不吸則所患輒發不能戒也然度此兩種人不過十分之一極多亦不過十分之二而已其餘八九成則皆以游惰使然沾染成習可以嚴立章程勒限令戒者也勒戒之法當自省會始立限三月將省城吸煙人數清查造册除老病不戒外再限三箇月一律戒絕半年之後推行外府州縣先其近者後其遠者以漸而及不必操之過蹙然外府州縣知省城

業經如此辦理意當有聞風興起先自清查先自禁止此尤事理之可必者由是而論大約一二年後除老病外可無因游惰而吸煙之人矣今計吸煙所耗之銀如十成中能去其八則晉省歲耗二千餘萬之銀可減去一千六百餘萬不過耗四百餘萬而止耳夫以晉民之貧困即此四百餘萬棄之亦豈不可惜然老病之人一概勒戒亦恐殘其性命既未禁之於先不能不寬之於後立法貴恕宜體人情且老病之人理無能久老者景迫桑榆病者苟延殘喘十年之後死亡必已過半計所耗四百餘萬屆時不過百數十萬而已耳又十年後不過一二十萬而已耳又十年後必無一存者則無銖兩之耗矣此清查勒戒之效也計此三十年中晉省存留未耗之銀歲得一千六百餘萬至二千萬不等合而計之當在五萬萬外以較目前所借洋款六百八十萬及一千萬者不過三十分中之一分耳不獨太原以東之鐵路股票晉人可盡數買

文一　十一

歸即盂平澤潞鑛務股票不數年間晉人必可收至四分之三按照合同將此鑛先期收回由商務局自辦也故曰晉省京官之言停辦非也其言歸紳民自辦則是也然必能禁煙乃能還洋款乃能自辦則山西京官未之言也或曰晉民今日困窮極矣道途所見面目枯槁食不果腹襤縷而體無完衣頹頹而居無完屋然鮮不吸煙者今即禁煙勿吸恐未必通省即能歲餘銀一千六百萬可以築路可以開鑛也予應之曰固也吾意始禁一二年後食必果腹矣又一二年後衣之破者完屋之頹者整矣時則民氣漸蘇民心漸奮惰者思勤弱者思强向之貧者可免於貧富者日以益富方是時也太原以東之鐵路已成盂平澤潞之鑛產漸出晉民見鑛路股票可以獲利必將出其積年所蓄悉數購歸計其時總在五年以後十年以前固無俟遠期也且使晉省之民果能禁煙不吸十年之內又豈僅收回太原以東之鐵路盂平澤潞四屬之

鑛務乎夫自太原以西迤南而汾州而平陽而蒲州計程不過千一百里由韓侯嶺以南分道東出澤潞不及五百里由太原北過忻代出雁門抵大同僅六百餘里統計晉境南北聯絡一氣需造路二千二百里計銀不逾三千萬此就境內言之也以境外論由蒲州造鐵路西渡河抵咸陽凡四百里自咸陽分道一出西北一千四百里至甘肅省城一出西南二千一百里至四川省城築北道與陝甘兩省分任之築南道與陝川兩省分任之（蒲州至咸陽需銀五百萬）（咸陽至蘭州二千萬咸陽至成都三千萬）計銀亦不過五千五百萬分任則我所籌者二千七百五十萬耳而西路南北數千里之利權盡籠而爲我有矣若由澤州而東南趨滎陽由潞安而東北走邯鄲計程均不過五百餘里以視獲鹿至太原路短省費而聯接直豫兩境北至津榆南通江海猶咫尺間東方之消息既靈海外異域之貨且輻湊於晉總之用三千五百萬築境內鐵路用三千萬合陝甘川三省築境外鐵路而我山西四通六闢之形勢已成此皆十年內外財力可辦之事而其樞紐則繫於禁煙一端無待他求竊願今日辦晉省商務者取吾言而熟思之也

築鐵路自是今日强國首務泰西鐵路之興在於道光初年至今僅八十載而各國互相長雄遂成不可遏抑之勢中國當事諸貴平日絕不綜覈時變一以深閉固拒爲上策故至今猶以鐵路爲疑憾余丙戌年初至美國暇時偕同人閒步園林小憩一西人趨前握手極道嚮慕中國之意既而謂繙譯某君曰僕有一事不解中國人稟性聰穎實爲地球之冠然如鴉片之害歐美各國懸爲厲禁中國獨甘之如飴有議禁者輒搖手以爲難鐵路之利歐美各國由此勃興中國獨堅不肯信有議築者輒瞪目以爲妄何其利害倒置若是耶繙譯不能答西人笑而去某君以告余聞而憮然由今思之使以三十年來購買洋藥

文一　十二

之銀築造鐵路（每年洋藥來華價值銀三千萬三十年當得九萬萬可築路九萬里）其富强當若何詎至今日跋前疐後受侮外人若是哉往者不可諫來者猶可追檢閱此稿因附誌之

篇中築境外鐵路一層尚係縱筆所之一時興到之語試思境內鐵路既至蒲州距潼關咫尺彼陝省之人有不踴躍奮迅急起聯築尚待吾之代謀哉是晉省所籌者不過境內鐵路需籌款三千數百萬耳誠使禁煙之後以平時購買土藥之銀轉而築路但使一歲能集銀三百數十萬則十年之後通省之鐵路成而山西眞成强國矣左掌燕齊右襟秦隴北五省之樞紐實在於此若我不亟圖則從旁覬覦者不乏其人一旦太阿倒持授人以柄屆時雖痛哭流涕又何及哉己亥六月虁叟記

山西商務以禁煙爲本議下

或曰禁煙可以富民是固然矣但山西民人所吸之煙半由於本省自種半由於陝甘河南運販而來今但禁本省之民而外省之來源未絕則民必仍私購外來之煙利歸他省山西之民未必能聽也應之曰吾之議禁煙者將以晉省爲天下倡非獨一省自禁而已方議禁之始中丞必將晉省禁煙之故函告鄰省督撫具公牘請其曉諭本省人民禁止販運煙土入晉又於毗連鄰境之釐卡派員嚴查如有私運煙土入晉者除煙土充公外仍從重議罰且晉省既議禁煙自必先具疏上聞言晉民貧不聊生此舉勢難再緩請　旨勅下鄰省勿得私運致有妨礙度　朝廷未必不俞允也夫人之欲善誰不如我窮則思變衆情所同吾意他省決不甘讓晉省獨爲君子亦必相率響應自禁其民之種與吸也故曰將以晉省爲天下倡非獨一省自禁而已或曰今山西每歲徵土藥地畝稅銀十萬九千四百餘兩坐賈釐金九萬六千餘兩行商藥料稅銀五萬七千七百餘兩計通省全年所入銀二十六萬三

文一　十三

千一百餘兩今庫款支絀方藉此補苴若遽議禁煙則此二十六萬金將安從出恐請於　朝而司農未必謂然也余曰子何輕量當事之甚耶今稅釐所失者不過二十六萬民間所存者乃多至二千餘萬兩兩相較孰得而孰失耶且當議禁之始此二十六萬者亦正不能一旦遽免而去之何則今老病之人既不能戒則所吸之煙將於何購之與其購自外來不如購自本省吾意造册清查之後計老病實數若干人每歲需吸煙若干擔應有若干地畝方足給其所求必詳晰核算一定之數因就向來種煙最繁之區如交城文水代州歸化等數廳州縣派定地畝若干頃暫准種煙其地畝稅則視向來加五倍徵收但老病吸食之人必逐年減少則准種地畝亦必遞年減少其外省煙土既不准入境即將坐賈之釐金加三倍徵收如此則於稅釐初無所損必待通省無一人吸煙無寸地種煙而後稅釐乃悉數蠲去或曰今土藥之稅山西一省已二十六萬此外見於奏報者如陝西十四五萬他省或一二十萬或二三十萬四川最多計六十萬大約土藥之稅統計各省每年不下二百餘萬如各省皆仿山西辦法禁吸而加稅可通行歟余應之曰可吾意不但以此施之於內地且將以此推之於外洋嘗就稅務司海關貿易册考之近年洋藥入中國雖已較往年減少然光緒二十二年尚五萬數千擔價值三千餘萬兩是年海關徵收洋藥稅釐兩項不及六百萬兩而民間煮成藥膏發售則視洋藥入中國原價必加倍是已耗銀六千餘萬矣上得其一而下耗其十又歲漏鉅款出洋誠仿山西議禁章程各省老病之廢人均吸本地土藥則洋藥來華無過問者勢將不禁而自絕縱或沿海省分不能照腹地省分一律辦理然吸者既少則洋藥之來源必衰稅釐加徵則海關之入款無損國與民交益何憚而不為此或曰洋藥加徵外國其許我歟余曰此中國自主之權外人

文一　十四

所不能阻猶憶光緒十七年予隨使英國其時英京禁煙會紳士一百六十餘人聯名請英廷禁止印度種販鴉片其言深以積年貽毒中國為恥當時英上議院答覆此事者為外部侍郎克蕾與會紳言如中國欲禁止印度鴉片入華或加抽數倍之稅英廷斷不阻止因此啓衅其會紳亞歷山德即以此言來告中國駐英使臣謂此時係中國絕好禁煙機會續又呈遞說帖請函達中國政府時駐英者為薛叔耘星使即據其說帖函告總理衙門此光緒十八年五月間事是則內地果能禁煙斷不必慮啓衅於外人土藥洋藥同時並禁不獨裕國足民且使外洋各國知中國發憤思治確有自强之機亦足稍戢其覬覦陵侮之意或曰然則曷為不先禁外國洋藥之來而後徐及於內地土藥其名既正其效必捷余曰勢不便也今為山西計故禁鄰省外來之煙一省如此辦理他省仿而行之然後徐及於海外雖洋人亦自無詞若先與洋人議彼且以內地未禁土藥為言是舍其易者而圖其難者不可也或曰然則內地之禁各省可行何必自山西始余曰今日山西如不禁煙則築路洋款六百八十萬開鑛洋款一千萬將於何取償豈眞待至二十五年及六十年之期乎夫以近年中外事勢言之即十年之內亦慮其有變遷洋商平日用意至深乘時攘利尤極巧便若不及早籌款收回萬一事變迭起出人意外至此而追究首議之人商務局將何以自解且為晉省商務計無論何項種植紡織畜牧等事一年之內有能收利至一二千萬者乎舍此不圖愚孰甚焉故內地禁煙他省或可稍緩山西不得不急急也山西十年之內能將太原以東之鐵路股票盂平澤潞之鑛務股票盡數收回且偏造境內鐵路又擇要以造境外鐵路則山西商務局之財力雄於天下即中丞為晉民籌富之心亦共白於天下或曰山西向者亦嘗屢禁煙矣而無其效今日之事恐如往昔將奈何

文一　十五

余曰今日之事與往昔異鐵路鑛務非儲款不能收回非禁煙不能儲款禁則如吾以上所言富强之效立見不禁則貧弱之象亦立見福有基禍有胎惟所自擇故處今日而爲山西策禁煙乃智士救時之先著非迂生守舊之常談也至於以晉省爲各行省倡而幷禁海外洋藥則就事勢而推廣言之猶其後焉者也然天下理數倚伏之機有必出於此者則以今日中國受外侮已深非有此舉不能立起而與外人爭勝非有此舉不能籌款徧造十八行省之鐵路得山西禁煙爲之嚆矢殆天啟之也

陝西種煙之盛不亞於晉甘肅所植尤繁今晉省行銷者本地土藥之外餘皆秦隴產也故晉省如議禁煙必合陝甘兩省籌之誠得三省大吏同心爲國深謀遠慮聯銜入告除此積弊僉旨允行則推此以及沿海各省並禁洋藥販運入口亦易易耳自來天運循環貞下起元豪傑之士深觀時變則起而承之

管夷吾號天下才史遷紀其爲政第曰善因禍而爲福轉敗而爲功今日外侮內憂事變迭作禍敗亟矣第念　本朝之深仁厚澤　皇太后　皇上之宵旰憂勤豈無夷吾其人應運而生從容補救者乎語曰非常之功必待非常之人中心藏之何日忘之己亥六月驥叟又記

禁煙餘議

余既草禁煙議出以示人疑信各半迄今月餘所聞不一大約謂用意良是而勢不能行因即衆所疑者條析以解其惑

或曰吸煙人數既多徧地皆是清查造册勢必騷擾此開手第一難事應之曰如限通省同時一律清查則誠擾民今先從省會辦起斷無此慮有友人言據省城保甲局云城廂民居鋪肆共七千餘家公館不在內則城內人數並不爲多即使家家有人吸煙清查亦非難事且限以三月爲時甚寬辦理亦有次序今開列如下

一設立禁煙官局凡辦理禁煙事宜俱以此爲總匯　二由地方官出示曉諭先禁城內煙館限半月內一律閉歇諭限房屋發封入官大凡游惰之人其始皆從煙館吸食而起禁此以清其源　三煙館封閉後除富人及官場必有蓄積煙土無需零購此外不能不向土店購買應即查明省城發售煙土鋪店若干家令每家開具每日售土若干入價若干售與何人逐一詳細登記五日一次繳呈禁煙局一月以後可知省城吸煙人數大概　四禁煙局應設醫院一所延訂名醫數人凡有願戒煙者到院爲之診視又設發兌戒煙丸藥公所按照良方慎選上好藥料配合凡願戒煙者照原價祇取其半逐日登記某某售藥若干住居何處一月以後即願戒之人若干亦可知其大概　五既知省城吸煙人數大概後即派委員十數人按照保甲局所給門牌逐戶挨查內某戶有幾人吸煙或男或女年歲若干係何疾病每日吸煙幾何詳

註册簿察其萬不能戒者由官給予憑單一紙准其五日一次到土店購煙但所購不得逾五日吸食之數如無此憑單而土店私自發售者查出即將該土店封閉其年壯無病者另爲一册亦給憑單一紙准其五日一次到醫院診視購取戒煙丸藥至斷癮之日爲止如按照以上辦法三月之內必可辦妥似無甚騷擾之處省城辦妥後外府州縣可以類推

或曰法之行也必富貴貧賤一律人心乃服今封禁煙館稽查土店而富人及官場蓄有煙土者並不議查議禁何以服衆應之曰吾之議禁煙者乃目覩晉民之貧困欲拯其免於溝壑耳非於吸煙之人一概深惡痛絕之也彼富人者家有餘貲又多暇日苟非志氣奮發卓然自立之人中材以下鮮不沾染此習彼方視此與參苓朮草同功而其不可一日離也較參苓朮草爲尤甚吾何從而查之禁之吾獨怪赤貧之人明知參苓朮草食之有益未嘗效

富人之所爲獨此最毒最害人之物必欲藉口於不禁富人之說以自促其生也至於官員吸煙本干例禁彼誠賢者必不蹈此既已吸矣或因多病或因衰年勢難勒戒且今之所議於貧民老病者尚聽吸食矣必於官員多所苛求如欲轉移此習權在督撫藩臬凡遴差缺吸煙之員一概不委現任者撤省察看期年之內即可弊絕風清然非吾分之所宜言且於貧民之貧富無與故不以此爲急急也

或曰山西自丁戊大祲之後田畝多荒農夫既少雇工日貴如種米麥雜糧則歲之所入除納國課外且不足以償工價故家有十畝者必種數畝罌粟則納課之外方有餘貲以給饔飧今嚴禁不種勢必田畝日荒國賦從何取辦應之曰吾之所以不遽禁種而先禁吸者亦爲是也然種者愈多吸者愈衆向之力能作工者既種則無有不吸未幾而不任作工矣向之有田可種者既吸則所入無餘未幾而並鬻其田矣以余所聞如此者不一而足則前說亦未可盡信也夫一歲所穫不足以給工值則自度其力所能種者種之少雇工可也一畝之入不足以完國課則地方紳士據實具稟大吏奏聞請減賦可也安有苟且遷就資漏脯以救饑藉酖酒以止渴之理哉

或曰山西吸煙人數向謂十室而九十人而五者亦祇口頭常語如實查其數未必遂有一百十四萬九千餘人當不至有歲耗二千萬兩之數何以言之以上年土藥地畝稅計之本省所產之數不過四千二百餘擔以行商藥料稅計之外省販運來者不過三千八百餘擔統計祇八千餘擔再以坐賈釐金核之通省鋪店銷售之數僅有四千餘擔蓋其半已爲種田之農自吸無從徵收釐金也土藥之價每擔約銀四百兩如此則所耗之銀不過三百二十萬又自種自吸者去其半則所耗僅一百六十萬耳應之曰子

亦知地方官所報地畝稅之數不可爲據乎有友人言昔年就館某縣其地實種煙七千餘畝地方官祇報二千餘畝又見某縣典史言本縣地畝稅每年徵錢一千四百餘千及查上年該縣所報之數僅三百餘千是則報其一而匿其二三者常也又行商之稅向來各省釐卡積習委員匿其一司事巡丁匿其一僅以三之一歸公而商人藏匿不報之數亦十居其五是則徵其一而所隱漏者殆有四五焉若此計算則本省土藥當有一萬五六千擔外省運來者當有二萬擔計山西每歲吸食約有三萬五六千擔之數實耗銀約一千五百萬兩至自種自吸者雖未耗銀而舍可以療飢之五穀易而嗜此戕生之酖毒迨至合家成癮嗷嗷待斃之時其害尤在耗銀之上矣

或曰吸煙宜禁是固然已子曷爲於山西商務牽連及之且指禁煙爲商務之本此吾所未解也應之曰山西所以設商務局者欲其裕民生而裨國計耳子獨不聞近日之 諭旨乎一則曰商務爲富強要圖再則曰通商惠工古之善政今山西所以貧弱者究因何故歟他省有雖吸而未必種者亦有雖種而不盡吸者山西則種煙之多與他省同而吸食外省之煙且過半是吸煙人數直甲於二十一行省矣他省商務局所辦不過繅絲織布紡紗等事而止耳山西則以鐵路礦務爲大宗礦務獲利之多少姑弗具論鐵路利益吾所深知但不速籌有著之款則收回之期總屬渺茫今使禁煙之後一歲祇積銀三百萬則三年之後鐵路早已收回利權全歸掌握其裨益於富強大計豈不明甚安得不與商務一事牽連及之也

賦役全書山西丁糧之數近三百萬與直隸山東河南三省大畧相等嘗疑晉省地瘠境隘非畿輔齊豫之比乃額賦相同且歲歲徵收如數略無蒂欠不解何以能綜覈若此一日與友人

言及叩其故友人慨然曰此近年罌粟之種所以日蕃也晉民謹愿不敢虧國賦而自昔年大祲之後人民彫落雇人種田率不足償傭佃恃有罌粟始可酌盈劑虛以致愈重愈繁如在上者罔恤民隱不思變計再閱十年恐全省徧栽妖卉無麥禾矣其言與篇中或云第三條同顧取於民者如是及考每年出款大率以十之六七供京協各餉其供本省官俸軍食公廉驛站雜用者不及十之三四而所爲灾荒之備耕三餘一爲民計者畧無聞焉因憶光緒六七年間予從丁文誠公在蜀嘗縱論蜀中富饒遠不逮晉公慨然曰四川向無協濟鄰省之款自咸豐年間戶部指撥款項歲歲加增現協解外省之銀每年不下百萬以三十年計則三千萬矣凡取民之事如仍用在本省雖重賦歛不害以其利不外溢也今充協餉則輦運遠方無涓滴歸源矣相與歎息癸未計偕入都謁文介公方長戶部一日謁見

述文誠公語因誦杜少陵詩珠玉走中原岷峨氣沮喪之句公愀然曰此豈獨四川一省然耶顧以今日之山西與四川較幅員之廣不逮川省之半而丁糧定額五倍於川川省近雖加津貼加捐輸然合計不過二百萬以視晉省尚祇得十之六且蜀地溫沃百貨繁衍晉土寒磽物產寥寥蜀民耐勞敏於工作利源日開晉民則愚闇慵惰百無一解縱有地利亦不知興蜀中協解鄰省餉項始咸豐中晉則拱衞京畿輦送供億已二百餘年夫以蜀之富庶尚有今昔之感況晉之貧瘠又可相提並論乎乃二百數十年來賦役之定制如此因歎晉俗之厚爲不可及而晉民之惰亦固其宜凡民愈貧則愈惰愈惰則愈貧今日之徧栽罌粟家家吸食殆亦困頓無聊氣運使然乎然則當此時而欲挽回浩劫振起頹風固非輕徭薄賦不爲功矣世變無窮天下不乏有心人後之官斯土撫斯民者取吾說而熟思之

以聞於　朝豈獨晉省之幸亦所以鞏　國家億萬年有道之基也或曰今時局方患貧爲此迂談是直麻木不仁不知痛癢語耳嗟乎天下大計豈規規於咫尺之見爭錙銖之利者所能解乎信筆書此知我罪我均弗計焉

附英國禁煙會上薛叔耘副憲書

敬陳者本會總統前在下議院所擬各節蒙大人允許代爲上達中國　國家本會極爲欣喜本會設立已閱十七年會中皆係公保各黨執政之人及各方耶穌教人查一千八百四十年間爲鴉片事兩國搆兵旋經議和修好而鴉片煙從此暢銷於中國有損中國之人且與中國律例相背本會每深悵惜自天津條約則定後鴉片不在禁貨之列本會竊揣此非　中朝改變前意謂鴉片無害於民良由歷年戰事所迫之故本會是以竭力欲幫助　中朝冀倖兩國修改條約議加稅則以征爲

禁兩國辯論此事卒於一千八百八十五年立約此約係照中朝之所擬而定當時前任大臣曾侯爺訂立此約嘉許本會之相幫其語載於曾侯信內此信曾刊於一千八百八十六年十二月分本會報單中但本會期望之意不能以爲立此條約之後即算完結若印度政府仍然做此害人之貿易本會總不能自安耳本會嘗聞道光年間我國公使勸中國將鴉片作爲照例進口之貨並收稅當時中國　大皇帝聖諭曾云欲我收取害我民人之物之稅無論如何必不能說動我本會每思此言極爲欽佩我們教中規矩視四海之人皆係同氣譬如兄弟二人兄受其害弟享其利本會大以爲不然歷年以來本會每乘機會將此禁煙之事陳說於議院中本年所極喜者議院各紳以鴉片貿易爲不是者多於往年本會總統議院紳士寶星比斯於四月初十日擬一應辦之意見如下

本議院之意見以爲但加重印度鴉片稅之辦法非是合理之辦法我們欲力勸印度政府不再給發種煙及賣煙之准單除出售作藥料用之鴉片不計印度政府又應禁止馬爾華鴉片過英國印度之境

此意見一百六十人爲是一百二十九人爲非

我們甚喜各紳意見相合者多當議論時我們又喜聞前孟買總督外部侍郎寶星茀爾克生代國家聲明如下

此事我想我可以聲明儻若中國欲加重鴉片煙稅加至極多如禁止情形或全行禁止不准入口英國必不欲費一鎊金錢以買藥彈及傷一兵强令鴉片入中國

本會欲將此一節緊要之語請大人告知 貴國政府本會亦不敢代 貴國政府設法如何趁此機會禁止此等害中國之貿易但本會所欲表明者儻中國 國家有設法禁止印度鴉片貿易之意一經本會知悉本會無不竭力幫助刻下英國知吸鴉片之貽毒中國比從前較爲詳悉一千八百六十九年間總理衙門行文於寶星阿里國極言鴉片之爲害茲將此文之譯文另錄於後（文內略言中國售與外洋者絲茶大黃皆有益西人日用之物外洋售與中國之鴉片使華人耽嗜成癮耗財促命流毒至深擬請此後由英國設法禁止不再販運來華云云今檢行篋中此稿已佚故未錄後）此文內載所擬各條彼時竟置之不理亦未答覆若刻下擬有此等辦法必不至於不答覆耳但若擬有此等辦法中國 國家不准內地種罌粟一層亦必須切實擔保在內本會極望大人並中國 國家承受 天祐能速滅此鴉片所生無窮之災難本會並極願中國 大皇帝中國 國家及中國民人昌盛

藹稟敬請鈞安伏乞垂鑒總統比斯首事麥的生叅贊阿來山德代禁煙會簽名

西歷一千八百九十一年十一月十一日

光緒元年英國倫敦都城始設禁煙會其立會宗旨以印度種販鴉片流毒中國爲非擬請政府停止印度貿易郭筠仙侍郎於丁丑歲奉使至英會中紳士來謁發言慷慨請中外合力禁此積弊侍郎即據其言入奏且擬逐年遞減法限二十年除絕奉 旨著各省將軍督撫議奏而將軍督撫例飭司道會議時內地官吏不知海外情形羣嗤侍郎爲彼族所愚扣槃捫燭妄相揣測津海關道黎兆棠痛詆侍郎原奏語尤輕薄直督即據以復奏侍郎之議遂寢而外國禁煙會紳志仍不衰每歲春夏之交必於下議院集議一次以覘舉國議員之從違至光緒十七年議員以禁煙爲是者過半議遂上聞其政府答覆下議院之文遂有任聽中國加稅及禁止進口之語後數日禁煙會紳掃司屋爾阿來山德二人即以此言來告中國駐英公使謂此時係中國絕好禁煙機會請轉達中國政府時駐英者爲薛叔耘星使囑其將此事始末具一說帖以憑轉達該會紳遂上此書星使因屬余作函并以此書譯寄總署蓋距郭侍郎初奏時已十四年矣今距該會紳上書時又閱九年外洋販運如故內地種植日繁去年來晉偶與士大夫言及泰西禁煙會事則猜疑之見訕笑之詞仍是光緒初年黎君詆斥郭侍郎之故智禍水橫流毒燄方熾良可憫歎適檢行篋中攜有此書鈔稿因附刊之以諗晉人

此書大旨約分三節謂中英構兵始由禁煙後來准以洋藥納稅決非中國本意乃因戰事所迫而成但納稅必須加重方可以征爲禁光緒十一年曾侯定稅釐并征之約實得該會贊助之力此一節也追憶道光年間中國 大皇帝不肯收稅之諭及彼教不應損人利己之旨而尤喜本年議員同志者多并政府答覆之詞有任聽中國加稅及停止決不起釁之語故亟以

相告此又一節也末言目前英人知鴉片貽毒中國至深如有議禁之舉當不如前梗阻但中國内地亦須禁種罌粟庶幾拔本塞源此又一節也西文與華文語氣絶異譯者最難恰合附識數言揭清大意凡閲此者當念海外異域之人尚不願中國受此荼毒奈何以中國之人濡首從之沉溺不返耶己亥六月𩕄叟記

復庵遺集卷十三

復庵遺集卷十四

無錫　許玨

文二

詒安堂三集序 丁卯

白太傅晚年手定其詩爲諷諭者若干卷閒適者若干卷多寫其本藏之名山以求必傳於後今讀其閒適諸作夷猶清曠類士之獨樂而無與於世者而諷諭詩則洞悉民隱深達治體於當時利病惟恐言之不詳因嘆古人不爲無益之詞其亟欲行世而傳後者固非徒以文字之工也吾師海上王萩畦先生年甫四十著有詒安堂初二集行世大江南北幾於家有其書玨嘗受而讀之和平坦易不爲憂思愁苦之音竊謂與香山閒適諸作爲近然先生轉漕遼海統旅江右迨讀禮家居墨縗練勇功效皆卓卓可紀則固非獨樂而無與於世者私謂先生之詩必不止於是也丁卯歲先生自浙東以書來言將裒其近作續刊問世命玨爲之序先生之詩曩者劉鴻甫姚春木朱述之諸君子言之綦詳豈待門下士之揄揚萬一且玨又年少不能詩烏敢序先生詩顧自辛酉訖甲子侍杖履者數年竊見先生性情行事無不合於古人其風流好尚尤與白傅相似而宦迹所歷近在浙中浙中山水秀甲天下又白傅所嘗爲政者也然兵火之後創痍未復湖山樂事今昔異焉先生公餘游覽隨其所見發爲咏歌意昔人諷諭閒適之作必於是乎兼之其亟欲行世而傳後也猶昔人之志也因書以復於先生請附簡末若目爲弁言則何敢

有福讀書堂叢刻四種序

道光庚子海疆初作假擾三載至壬寅和議成乃罷此爲中國受侮外人之始時湘鄉曾文正公在翰林推究其故嘗作原才其言以風俗之厚薄自乎一二人心之所嚮而竊怪當時在位者自尸

於高明之域不克以己之所嚮轉移習俗而陶鑄一世之人猥曰天下無才又謂有國家者得吾說而存之則將慎擇與共天位之人士大夫得吾說而存之則將惴惴乎謹其心之所嚮恐一不當以壞風俗而賊人才循是爲之數十年之後萬一有收其效者乎方曾公爲是言時海警甫息上下愉嬉衆未覺其言之異也後十餘年粵寇擾亂毒徧天下曾公團練鄉兵以忠義奬帥同志一時胡左江塔羅李楊彭諸君雲集響應同治之初芟夷大難海宇廓清遂成中興之業所謂收效於數十年之後者若符左券豈非君子之言信而有徵者乎自公薨後垂三十年世變風移宇內人才日漸凋落而海外交涉之事紛至沓來當國者恒不免有乏才之歎庚子之歲　鑾輅西廵余自吳中奔赴　行在辛丑四月上書言事奉　旨來粵時同鄉吳公福茨陳臬是邦與余同任籌餉之事頻相過從一日贈以有福讀書堂叢刻前後編余閱而好之書凡十六種自省身寡過以迄中和位育之事罔弗具焉因謂君刊此編意在厚風俗而培人才顧全書卷帙浩繁不如就其尤精要者選刻數種可以廣贈僚佐與夫省垣需次之員余來粵九閱月官吏來見不下數百人其中眞知民生國計而自待不薄者殆不多覯憂終寠冀速化者則言不絕於耳也豈必其才智之汚下哉夫亦視在上者一二人心之所嚮默揣熟計而必出於此歟今君以此編示之準的吏之自愛者循是弗失十年之後粵中之治或亦有收其效者乎君曰然會余拜出使義國之　命星馳北上選擇斯編裝印成帙廉訪既爲跋其緣起而謂余不可無一言余喜廉訪用心之厚追憶曾公前言冀收異時之效且念中國受侮外人實始自粵昔人有言十日十二子相配數窮六十循環之理陂者必平則　國家控御外人俾就範圍回易視聽者亦必自粵始余行矣所望粵中文武大吏及有司百執事皆謹其一心之所嚮與廉訪協和敷政則安內即以攘外用嶺南爲天下倡治平之效余將拭目俟之

義大利財政彙攷序

財政彙攷一册義大利國掌財政大臣濮鷺理瑕之所述也泰西各國通例司度支者每預算一年內出入之款除有定額賦外用不足則詢議院諸員或增商稅或籌國債以濟之必議員允者過半乃行有餘則量減之以寬民力此通例也禮記冢宰制國用量入以爲出今西國司度支者則量出以爲入道雖不同而其制節謹度之意則無不同光緒二十八年夏四月奉　命出使義國冬十月抵任駐節義都深維行人之職以詢度諏謀爲務若居其國而不知其政其負斯職也實甚又念今日中國度支告匱司農仰屋考義國幅員不及中國十分之一而歲入之款較中國多至五倍因先考求其財政大略會義國戶部送到此册爰屬使館繙譯翟主事靑松隨員許直倅沐鑅同譯按照原意不加改竄以存其眞譯既畢覆閱一遍凡字句不順及詞意費解之處間爲删易一二蓋此係彼國部臣會計財用宣示議院之言未可以中國著書之體例相繩也分章命節則原書無之直倅略爲標題並每章附按語以醒眉目鈔既竣將咨呈外務部爰述其大意如此

義大利關卡稅則序

泰西諸國地狹民稠類以講求商務爲富國之要義大利幅員不及中國十分之一其商務在中國甚稀故華產除絲繭外他物之至義者亦絕尠其徵榷所及大抵歐洲各國之貨爲多次則美利堅阿非利加二洲之產次則亞洲日本暨南洋各島諸物時或至焉其本國所產以絲綢葡萄酒爲大宗所缺乏者棉花煤油咖啡之屬以常理度之則出口之絀必不敵進口之盈及考近年出入貨值每年出口之貨過於進口之貨約有三百四十兆呂耳合中

國庫平銀一萬一千二百萬兩其財政大臣喜商務日有進境嘗舉以宣示於衆中國與東西洋各國通商已久近年每謂商稅日增然每歲出口貨價較進口貨價常短絀至八千萬有奇故通商愈久而商業日衰以十倍之地瀕海瀕江及內地三十餘埠灌輸轉販日夜不息稽其收效視義國懸絶如此此何故歟及此册譯竣反覆觀覽始恍然於中國商業之衰由榷政之不明而於取益防損之道茫乎未有得也中國向來稅則定爲値百抽五近議裁釐加稅槪增爲値百抽十二五不問其物之爲益爲損有礙民生有妨土產一以是爲斷嗚呼何其疏忽不思之甚耶今閱此册第二類第三十種如煙葉煙筋不准進口雪茄煙每基羅徵進口稅三十五呂耳以中國權衡及銀價計之是每雪茄煙一兩須徵銀四錢四五分也（一基羅合二十六兩有奇三十五呂耳合庫平銀十一兩五錢有奇）中國於鴉片煙一項自光緒十一年訂立專條稅釐併徵之後每百斤徵銀無得過一百十兩核計鴉片煙一兩徵銀不及七分鴉片之爲害非雪茄比而徵稅之數視義國徵雪茄未及十分之二且專條載明此章程照行四年四年以後即可修約議加而至今將二十年無有議及者即此一端而中西榷政疏密不同如是其他則又何說此册應稅之物分十七類凡三百六十八種原書係義文由使署洋員畢梯蓬譯成法文再由法文繙譯翟主事靑松口譯隨員陳直牧德雩筆之於書閱三月乃竣册中前後片段悉照原書其釐定格式編錄成帙若綱在綱有條不紊則陳牧用力尤勤全册計百數十葉任繕校之事者尙牧希曾與有勞焉繕訖將咨呈外務部因識其大要如此時滬上與各國議商約尙未竣冀可備採擇云

義大利榷煙志畧序

癸卯秋七月義國稅則譯竣咨呈外務部玨既誌其顛末於簡端竊念自庚子以後吾華財政日艱欲求裕國而不病民之方如仿義國稅則加徵煙稅或亦補苴罅漏之一策八月具疏以聞　旨下部議時俄日兵釁將開部中焦勞萬端日不暇給又海程迢隔迄今復奏之章尙未得讀余嘗詢洋員畢梯蓬義國煙稅如是之重歲入可得幾何畢云義國煙與鹽二項均由公家販賣專利欲保護土產令其暢銷不得不重徵外來之貨以沮遏之義國財政之善在能專煙利不在稅也余聞而韙之因函請義戶部願得辦理煙鹽章程一觀旋送到巨帙二十餘册皆義國文字余囑洋員擇要譯成法文踰月得譯稿若干紙復由法文繙譯翟主事靑松口譯隨員許直倅沐鑠筆之於書又兩月竣事凡國律一卷章程一卷國律綜其大綱意在使民易曉章程則本國律引伸條分縷析不厭其詳年來屢有增益其握要處在約束堅明犯者按律施罰重則治罪無赦法無營私使民恪守而已夫有律而不知守與無律同西國官民惟能守禁令故事易治今之言西政者動謂西法寬縱民樂自由觀於是編鈐制周密若此彼持自由之論者亦可廢然返矣原書係煙鹽兩項同一辦法余因所考在煙凡專涉鹽者譯而不錄仍存其條目以便與原册相參校錄既訖名曰義大利榷煙志略即日具牘咨呈外務部冀可採取其法以輔中國財政之不足且補前疏所未及庶加征煙稅之權操之自我而不爲異說所奪云

義大利國債册律章程彙編序

中國自甲午朝鮮之役爲日本所挫事定之後賠兵費銀二萬三千萬兩庚子拳匪之禍東西洋各國聯軍入都事定之後又賠兵費銀四萬五千萬兩由是歲輸外洋本息兩款合計四千數百萬外國以金鎊計數每屆還期西商輒昂鎊價我以銀易金每歲又益增數百萬蓋幾及五千萬矣　國家謹承　列聖謨訓永遠不准加賦雖歲出之數驟增而部臣規畫祇能指撥各省原有之款

移綏就急兼清官吏中飽之項化私爲公比數年來內而司農外而疆吏昕夕不遑如是而止耳其有擬仿西法理財如印花稅之屬　朝廷深念中外風俗不同未可嘗試以病民　明詔諄諄停緩我　皇太后　皇上盛德休養涵育斯民之心可不謂厚歟珏維中國數千年來凡與鄰國搆兵之事史册具存兵事既定棄惡崇好從無賠償兵費之說自道光庚子海上不靖事訖議償此爲兵費之權輿是則兵費者泰西之戰例則籌兵費者不得不仿泰西之政治爲之理固顯而易明也泰西各邦無論大小强弱皆有國債國債之起大半由於戰事法蘭西國債最鉅至三萬一千二百兆鎊方同治九年普法之戰法人償普兵費五千兆佛郎然不數年而畢由募集國債之易也中國風氣未開第有償費之事而無集費之策故近年上下交困司國計者汲汲不可終日珏承命來駐義國嘗飭館中譯員譯述義大利財政彙考見其中記國

債總數都義銀一萬二千八百五十六兆呂耳歲付息項五百八十七兆五十萬呂耳以全國幅幀廣狹統算不及中國十分之一負債如是疑其財政窘迫必較中國尤甚乃察彼國治理凡所興辦措置裕如且蒸蒸然日有起色始信國債之與外債利害懸殊外債權操諸人賸削劫持勢所不免國債權操諸己裁量裒益情罔不通且辦理皎然不欺則衆皆信購民視國庫與鍵諸篋笥無異故覘國者每謂外債多則弱國債多則强泰西理財家至視各國債票價値之低昂以驗其政治之盛衰此誠中國自古以來載籍所未聞者也簡書之暇詳考義大利國債緣起知有爲相傳舊項於得國時認許者有爲各省府縣興辦要務就地籌借者有爲築造鐵路散發股票者債類不同均由國家承認故統名之曰國債蓋不盡係於戰事也其息有五釐四釐半四釐三釐半不等最少者爲鐵路股分票僅有三釐國債衙門職其要財政部總其成月有攷歲有稽井然秩然絲毫不紊其辦理樞紐有册律有章程因飭洋員畢梯蓬先就義文譯成法文再由法文繙譯翟主事靑松口譯隨員陳直牧德彔筆述册律三十八條譯甫竣陳牧因黑龍江中俄交涉局電催回華復飭隨員許直倅沐鑅賡續筆述閱五月竣事凡章程三百三十七條余閱之喜其規畫精詳思慮縝密凡防弊之法罔不周備蓋章程所載皆原本律意斟酌而定者也竊維今日欲救中國財政之乏舍是莫由　國家既不忍加賦以病民則民所得自致者祇此急公奉上之誠可以少酬於萬一禮曰民以君爲心君以民爲體又曰未有上好仁而下不好義者也聖哲遺言中外一理若上施而下不報是將謂六經四書之教澤不及摩西十誡之感人深耶必不然矣是編條敍既繁許倅復括其大要爲畧例三十二則列於簡端俾閱者一覽可悉鈔既竣將咨呈外務部並轉咨戶部因揭明譯述之意如此

鐵畫樓詩集序

昔杜陵詠歌推有唐之詩史曲江風雅創嶺表之宗工雖託謳吟實本忠愛兄海天持節傳蠻峒之弓衣絕塞荷戈述天山之賸稿備嘗艱阻彌見性情宜其弁冕羣倫喧呟一世者矣樵野尚書夙負英姿長垂淸譽早參府椽旋預軍麾捫蝨神閒聞雞心熱元瑜之掌書記爭詡捷才陶侃之辟幕僚蔚爲時望閻文介丁文誠兩公皆倚重焉由是薦剡屢膺　溫綸疊奉備兵渤海移權皖江盱衡睇裘帶之容嘯詠得江山之助溟濛蜃宅盡入奚囊縹渺鳩茲咸歸點筆迨至繡衣奉使紀西歐北墨之謠金佩趨朝皆玉宇瓊樓之句元遺山之感事慷慨可知李贊皇之籌邊輪囷略見蓋公之憂時如醉匡國忘勞悱惻纏綿胥於詩見之矣繼以謗書盈篋　恩詔曲全口縱鑠金心仍止水風災火難廿作逐臣沙度繩行遠逾瀚海關榆邊柳歸故里以何期雪窖冰牀夢觚稜而不見比

陸平原之聲譽惜此風徽嘆蘇內翰之生平竟如春夢其後戎氛方熾始憶馬隆寇燹已深還思謝與九原可作遺憾當平已其詩也跌宕自喜玲瓏其聲絳霞萬重澄波一碧良金美玉均嗣三唐之音素練輕縑閒沿兩宋之格久已名高北地挾壯氣於幽并豈徒嚮嗣南園樹詩壇於嶺外哉哲嗣仲宅比部父書能讀先志克承徵及鄙言屬爲弁序曩者追陪異域謦欬親聆今茲棖觸遺文風流頓盡此卷長留天地他年定泣鬼神牋報秫陵筆漸元晏滄江歲晚愴懷三絕之篇記室文傳附名一品之集

居安思危錄序

自同治甲子大軍克復江甯東南以次勘定迄今四十餘年井里晏然民間不復知有兵革之事雖大亂之後元氣未復不獲再覩乾嘉以還重熙累洽之盛而休養生息倏將四紀人情嬉愉物力侈靡加以西俗東漸禮防日壞邪說蜂起識者隱憂讀吾友單君

蓉坡居安思危錄一書嘆其用心之勤爲能慮患於幾先弭亂於未萌也始君爲此錄時距粵匪之平未久見聞所及隨手掇敘積十餘年乃成此編君自少時即去儒學賈文事非其所長初無著書冀垂名於後之意嘗語余吾儕身經喪亂復覩承平痛定思痛往事如昨後之人未經憂患狃於目前世運盛衰迭相起伏吾之爲此將以詔我子孫俾其觸目知儆庶幾宅心行事反己自修彰往察來全身遠害云爾奚敢梓以問世貽笑通人哉乞爲我弁言數行以明斯書微指在此余諾之顧頻年鞅掌於外君書雖成不獲卒讀未幾君歸道山令子紹聞安吉昆仲遵述先志繕寫此編襮以示余余披閱一過回思五十年前移家避兵情事歷歷在目因念世變日殷士大夫方舍本逐末務爲領異標新之學未來之患不可預知君此書不宜藏之於家獨以示子孫宜公之於世藉爲龜鑑此則慮患幾先弭亂未萌之大者詩云迨天之未陰雨徹

彼桑土綢繆牖戶易曰其亡其亡繫於苞桑自昔聖賢莫不用此爲兢兢充君居安思危之心雖謂此編與經籍相表裏可也若其文之不盡雅馴記載條例間有不合義法則君固未嘗以文人自命不得用此爲病遂書以爲之序云

送侯雪農游學日本序 戊申

侯生雪農將爲扶桑之游乞余一言以爲贈自光緒辛丑大臣條奏救時之策以多派游學生爲言迄今六七年間吾華儒生舍章句而事游歷以日本地最近又同文至者益多數且逾萬　朝廷方以勸學鼓勵天下其卒業歸者往往得美仕一時靡然從風然吾見其爲人大率黨援倚附者多守道不阿者鮮雪農此行其將窺時俯仰以求速化之術乎抑尚有不屑於是者在也今夫圓顱方趾明動晦休者胥天下一也而人品之不齊乃至等級相去不可計數則方寸之善不善爲之也孟子有言一國之善士斯友一

國之善士天下之善士斯友天下之善士雪農年雖少其在中土親師取友孜孜如恐不及所至必交其聞人今就學日本吾知日本賢士大夫必樂與之游異時學成而歸必有異於吾嚮所見者因得展其底蘊以尊主庇民則洵乎游學爲救時之策曩日大臣條奏之言爲不誣矣遂書以贈其行

秦笠亭先生八十壽序 壬辰

光緒十有八年歲在壬辰六月八日世丈笠亭先生八十壽辰先期哲嗣來卿貽書屬珏以一言侑觴且曰今吾邑後輩中知先生之深者莫如珏雖在瀛海之外不可無詞竊維先生少而劬學至老不衰出則庠序式其化居則鄉閭欽其德高風懿行衆無間言是皆無待珏之敷陳無已請徵先生所以延齡之法且卜將來無量之祜爲來卿昆季告焉蓋人稟五行之秀以生剛柔之性根於二氣不可以或毗自世教漸衰士大夫務爲模稜兩可仕則容悅

處則鄕愿於是大賢以降其持論莫不伸剛以抑柔進陽而退陰孟子言浩然之氣至大至剛直養無害是也先生自幼風采嚴毅出言不苟意所不可雖違衆而不屑中年客授大梁司訓句容晩而退老於家始終一致不以世俗毁譽入其心鄕人士莫不嚴憚而先生卒亦與物無忤肅然若秋煦然若春皐謨九德曰直而溫曰剛而塞先生有焉夫剛直者天地之正氣正氣盛則陰陽寒暑沴厲所不能侵此其延齡之一端也易象傳曰天行健君子以自強不息繫辭傳曰夫乾其靜也專其動也直是以大生焉蓋秉德之直未有不本於心志之專一者世之學者始焉疲精於場屋之利鈍繼焉饕心於祿仕之得失營營擾擾其志旣紛其神不凝先生於時俗聲利淡焉無嗜所篤嗜者諸經義疏及宋五子之書其於經也不爲章句訓詁之學務沈潛熟復涵泳理義以治心爲本來卿言先生自中歲迄今每至晡時默然靜坐暗誦六經之文輒

盡數卷謂一日間人事紛擾藉此片刻收歛則凡情自退正氣自凝積數十年無間其優游潤澤於詩書道義之味如此此非所謂自強不息者歟記曰不息則久久則徵徵則悠遠此又延齡之一端也濂溪周子有言師道立則善人多今天下府州縣莫不有學學莫不有師究其所以爲師者名焉已耳甚或貪戀一官龍鍾衰病八九十而不去大吏謂此文學掾其壯老不足深問爲弟子者獨心輕侮之後先仿效相習成風先生之官句容其所以敎士一如其居家之課徒者必以通經砥行爲先旣敎有成矣年未七十卽援古人引年致仕之義具狀乞退歸休於家春秋暇日猶能徒步行十數里以探山水之勝精神矍鑠不啻五六十歲人此豈與世俗繫情一官者所可同日語哉夫淡泊所以明志志定則仕止久速若浮雲之過太虛於心之本體無與焉心不動則神自全神全則形亦全此又延之齡一端也夫剛直以帥其氣靜專以理其

心淡定以娛其神三者有其一皆足以長年益壽先生備之宜其膺受多福躋大耋而神明不衰也昔衛武公年九十作抑戒兢兢於威儀言語之間榮啓期年九十鹿裘帶索援琴而歌自明其樂先生耄不忘學旣深合武公之旨而子孫趾美繩繩繼繼視榮氏所樂固遠過之由此以往彌性迓福益未有艾十年之後珏必將躋堂稱觥拜手而上臺萊之頌今日之言如持左劵以相合也來卿昆季經術修明行誼純固一稟義方之敎牧卿登賢書十餘年仍授徒里中不藉口祿養遠游疏曠定省深符古人愛日之義珏亦上有老親而簡書行役七年之中兩來海外誦小雅不遑將母之詩未嘗一日不興歸思以視來卿昆季捧觴絜膳濟濟一堂是尤抽毫伸紙之時所企慕於無已者也

孫仰泉先生八十壽序

幼時讀史至隱逸傳如嚴子陵梁伯鸞之屬私謂人生斯世當經

緯天地澤被億兆庶滿參贊化育之量而獨俯仰一室蕭然物外宜若無所取焉顧箕山潁水亦與禹皐稷契並稱此何義耶迨年長漸閱世變性剛才拙意每有所不樂偶諷考槃十畝之閒等詩輒心焉好之則謂人之窮達顯晦都無足計惟適吾性所安可耳中年以後足跡歷十餘行省又三度隨槎海外周游數萬里慨然太息中國之乏才居高位者大抵以不學之身用患得患失之心備員充數猝有變故禍貽君父而已則持祿保位偷一日之安若是者比比也亦由瓌意奇行之士抱道自重遯世無悶以有用之才不獲見用於世使庸庸者膺艱鉅之任仕與隱交易其位而世變卒不可問然後歎如嚴子陵梁伯鸞者不謂之鳳凰翔於千仞不可得也婣丈孫仰泉先生少而湛思好學從其族父仰晦先生游讀宋五子書篤嗜之躬行實踐一以宋儒爲依歸孫氏邑之大族萃而居者數百家代不乏高科名宦仰晦先生以孝行爲合族

所欽道光咸豐年間既旌於　朝自仰晦先生歿後凡言孫氏之內行純備操履貞白者則又交推先生邑中承學之彥無論識與不識道及先生輒歛衽推服衆口如一無退而議其後者嘗怪世俗言門閥者動以高科名宦爲賢而吾鄉人之取舍乃不於彼而於此然後知山川清淑之氣所積者醇東林顧高諸君子之流澤長也　國家設孝廉方正一科以求篤行之士蓋二百年於茲矣顧其科必　天子嗣位之年始一舉行蓋甚重其選也吾邑二百年來未有應是科者　今上初元邑中諸君子謂無其人而冒之濫也有其人而弗克舉亦邑士大夫之過也於是無錫議舉先生金匱議舉龔先生叔度一時輿論翕服顧兩先生皆欿然若慮遜辭堅謝弗應並戒子弟勿鈔事實與人其後龔先生事實由其戚周質寫廣文約略平昔所默誌者錄以付同人而先生事實卒不可得於是金邑以龔先生名上而錫邑則從闕焉嗟乎世俗鶩榮

文二　十二

利久矣上以實求下以虛應余行海內見各省人士應是科者以爲特入仕之一途耳而吾邑獨愼重如此先生之制行卓絕不肯苟同又如此此豈晚近所易覯哉抑余有感焉方三十年前吾邑績學之士大抵以勵名節敦行誼相期勉暇則怡情文字以尚友古人一時至好中如李豫巖秦姚臣范孟和秦來卿諸人間數日輒過從或置酒談藝流連山水之間先生與龔先生年齒較長遇在坐則衆人神志肅然迄今思之猶昨日事也而龔先生姚臣孟和來卿先後物化近年邑中人士侈言新學風氣亦稍殊焉今年五月來卿之弟牧卿與余邀豫巖爲水居之游而先生自鄉居翩然適至是日爲豫巖六十生辰先生聞之則益喜以爲不偶輕舠中流容與自得既至水居肅瞻高子遺像登可樓遐眺九峯五湖之勝暢游竟日意亦謂此後家居歲月正長良朋樂事當賡續未已不謂世變方亟敵燄遽開曾未兩月都城不守　鑾輅西巡余

以無官守言責之身宜若可以伏處牖下苟全性命顧念吾儕朋輩相處偶聞其家有急難失意之事亦必親往存問始釋於懷矧　天子蒙塵凡嘗受一命之榮宜亦有不安於中者又烏可淡漠相忘援孟子鄉鄰有鬭之義以自解耶先生所處與嚴子陵梁伯鸞相似而余非其倫因是益服先生遯世無悶之懷見幾至豫不可企及明年先生年八十矣吾邑夙俗凡享高壽者其家例於歲首受賀今余風雪逆旅不克躋堂晉祝敬舉一觥又念值此時局以先生之情性度必辭不受賀將俟　翠華旋蹕海內昇平然後附巷祝衢謳之義爲邑里歡余與先生交好逾三十年長男同范之婦又先生女孫知先生者莫若余故不爲泛常祝嘏之詞而特揭先生平昔自處之高與吾邑嚮時風俗之美幷闡明先生今日不受賀之意俾海內耆年之士知所矜式云

單蓉坡七十壽序

文二　十三

昔孔子歎善人不得見而曰得見有恒斯可復致慨於有恒之難玨少時讀論語私謂孔子轍環天下所晉接者如鄭僑蘧瑗吳札之儔皆當世賢俊而及門之士身通六藝者至七十二人豈皆不足語於有恒者此言也殆有爲而言之也及閱世數十年馳驅十餘行省又數爲海外之游然後知孔子此言蓋歎政教既衰風俗日敝黃農虞夏之既沒雖三代直道之民浸淫陷溺而莫能自拔故思聖人不得見而願見君子此就當日政教言之爲在上位者發也思善人不得見而願見有恒此就當日風俗言之爲在下位者發也易恒彖傳曰天地之道恒久而不已又曰四時變化而能久成象傳曰君子以立不易方然則察時會之變而一以不易者主之斯則恒之道矣吾邑自泰伯端委而治肇啟文明其後代有聞人迄於明季顧高諸君子講道東林扶敝起衰海內響應學問氣節蔚爲風俗迄今垂三百年遺澤在人久而未泯故雖山林市

廛之間常不乏隱君子者託迹其間若吾友蓉坡單君庶幾孔子所謂有恒而進於善人者歟始余與君相識在同治初年時粵寇甫平余歸應試友人范孟和爲余道君之賢出君所記寇亂時耳目聞見桑梓各事意在表微闡幽彰善癉惡余閱而韙之自後時時過從察君言行表裏如一心益重之君少讀書穎悟稍長去而學賈既不得從事詩書之途則悉智力研究貨殖之術酌盈劑虛與時消息而一以誠慤爲本邑富人權子母者咸倚託焉既而名譽日起郡縣有司知君出入不苟凡事涉財政者胥欲委重於君蓋忠信之見孚於人者如此君先世自宜興遷錫宗譜久佚兵燹後族益分散君承先人遺命周諮博訪或徒步四出蒐求稽翁諏嫗審詢詳確手自釐定閱十餘年而譜始成族有貞義單姬祠建於明嘉靖間經寇亂殘毀出貲葺祠如舊君非饒於財大率節縮衣食銖積寸累爲之其他睦婣任卹之舉見義勇爲皆此類也吾邑士大夫之賢者如施叔愚廣文秦姚臣范孟和兩明經尤與君相愛重巴江廖侯養泉太湖王公少谷先後來宰吾邑稔君賢皆折節與交語曰桃李不言下自成蹊君雖日處闤闠而諸公視之以爲賢於垂紳委佩之儔豈無故歟余性迂疏不諳生計頻年出游芻秣之費所耗不貲君時其有無數年之間累千餘金及辛丑秋余奉　命赴粵君臨別語余仕途變幻勿以逋負縈心有所遷就致違素志其陳義甚高出於常人期望之外此尤難也自丙申丁酉以來士人趨時尚談新學議論哤雜雖以吾邑嚮時風俗之美至是亦稍稍漸染君嘗惕然憂之謂昔之違背禮教傷敗彝倫第草野不學之人所爲今乃出於膠庠儒生搢紳子弟之口此其患不在小嘗舉以告余弟晴川弟轉述於余嗟乎君言及此其識豈不高出於今世之峨冠博帶者哉余曩時信君表裏如一今益服君始終如一豈非所謂察時會之變而一以不易者主之深有

文二　十四

合於恒之道歟今歲某月爲君七十懸弧之辰令子紹聞昆仲將爲君稱觴余弟郵書來海外屬余一言以爲壽余與君交契四十年稔知君立心制事本末而又感俗尚之變遷深維孔子願見有恒之語私幸吾猶及見君益信吾鄉舊時風俗積累之厚今　朝廷亦頗患新學流弊亟亟以經正民興爲言是政教之源未嘗不清風行草偃其效必捷計君八十稱觴時予亦將息轍里門斯時抵掌追話今日庶幾康衢擊壤同慶昇平之象也夫

鹿太宰七十壽序

光緒三十有一年秋七月太宰定興鹿公七十覽揆之辰時珏方泛槎西海未獲躋堂叩祝謹郵獻一言以侑觴嘗攷詩書所載國家運值昌明必有耆艾碩學之臣以左右天子綏靖萬邦昔周盛時如召公畢公皆歷事文武成康之朝年踰百歲而召公至康王時位冢宰猶以張皇六師之言啟沃上心亦足見其神明不衰年彌高德彌劭也公之所學於書陳節性敬德用祈天永命於詩思馮翼孝德求吉人吉士綱紀四方孔子曰仁者壽太史公敘燕世家曰召公可謂仁矣今觀詩書載公告君之言益信後世大臣事君其存心有同符於公者則享遐齡膺繁祉如公無疑也我太宰鹿公早歲起家翰苑改官粵西歷任繁劇洊擢監司所至惠愛民懷其仁殆有召公甘棠之遺焉既而開府豫秦總制川蜀鸞翮暫息　鳳綸再申蒞粵移吳人仰福星同歌來暮庚子之夏畿輔有潢池之警事涉隣交東南大吏咸以保疆爲重未遑他顧公獨簡帥勁旅星馳入衛會　鑾輅西巡迎覲中道　兩宮深鑒忠赤命贊樞要扈從入秦倉猝受任竭誠經畫時外侮既深要索踰分公秉經達權神定不懾力持大體危然後安　皇輿返蹕海宇大驩食桑之鴞咸懷好音顧以撫卹用繁司農告匱談理財者或謂取法泰西爲當務之急公念民力已殫不欲鑿空以傷元氣一切奏

文二　十五

罷雖所持間與時不合而　朝廷灼見恤民正以爲國倚畀愈隆今歲四月公晉位冢宰董正百官夫多事之秋用人理財尤亟今中外咸以乏才爲慮不知激揚陶冶轉移之機捷於桴鼓公既以書之顧畏民碞者却聚斂之謀豈不能以詩之樂育賢才者致彙征之盛乎鳳鳴高岡桐生朝陽卷阿之詩方將繼召公而作也珏昔戊戌之冬蒙　恩召見始識公於西苑洎公入衞相從北上侍誨言者三旬維時盛暑雨後積潦縱橫川涂莫辨車行淖中疲羸顚蹶或陷深澤古滅頂屢矣丙夜抵旅舍過公見方治軍書手不停筆略無倦容語珏北來消息殊惡感憤咤歎憂形於色夜漏未央促駕復行迄今思之歷歷在目夫平陂往復氣運之常邇者萑蒲已清鐘簴如故然聖有謨訓安不忘危矧東隣之交鬨未闌西陲之伺釁已伏敵國外患正　聖主賢臣交儆之時昔人所謂張皇六師者於是乎在而公適位冢宰當召公之任訏謨辰告決

文二　十六

幾　廟堂之上孟氏有言國君好仁天下無敵曠觀今日環瀛各邦於善陣善戰不乏其人明此義者蓋鮮夫天心至仁爲國者能以大造之心爲心躋一世於仁壽之域則祈天永命之要道即寓張皇六師之中從此寰海鏡淸方隅砥平公光輔　聖朝之事業既不亞於召公則其膺受多福由是而至期頤之歲亦必符於召公可信也或曰召公封燕公世爲燕人山川靈淑之氣積數千年而一發故其先後同揆若此因拜手綴詞郵告於公蓋非獨致臺萊之頌亦幷以紀明良之盛云

王藎臣六十壽序丙午

易恒象傳曰天地之道恒久而不已又曰四時變化而能久成其象傳曰君子以立不易方夫變化者時也而君子之因時適變者乃獨著不易之象何哉蓋見其大則心泰非一時外物震動所能眩亂書曰納于大麓烈風雷雨弗迷胥是道也近年外患日亟

朝廷勵精圖治思欲一新庶政而有司奉行不善或因以病民士之稍稍涉歷東西國文者達官之自號開通者侈然爲詖淫邪遁之詞以生心害政斯亦時變之適然於此而求立不易方之君子宜何從焉吾友王君藎臣始有得於恒之時義者歟始余識君時君年甫舞勺余亦未及冠也光緒初元君服官秋曹明年丙子余亦應京兆試入都此爲兩人京邸相聚之始既而君改外任攝赤緊縣篆者二十餘年余奔走南北泛槎海外間數載輒來京來則寄居邑館時久暫無定顧與君每見則情益親余疏於治生意有所觸輒千里命駕芻秣之供或至不繼君時其匱乏解推如恐不及誼若弟昆余性剛才拙君偶有規誨言人所不能言今夏六月令子受虛昆仲書來將於是月二十三日爲君舉六秩之觴君以需次閒居不欲效世俗濫費作爲無益而思得余一言以紀日月邁征之感余回憶見君於舞勺之年曾幾何時而人事推遷世運

文二　十七

治忽循環倚伏迭爲消長者此數十年中何可勝道丙子之歲同應京兆試者三十三人今屈指數之我兩人外存者不逮什一而自丙子以來吾鄉士大夫之榮悴升沉皆如浮雲飄風渺不可追然則人之所爲恒久而足自存者果何在歟猶憶己亥冬月與君京邸圍爐夜話君談次頗及身世之感余因謂君我兩人者齒相若境遇亦相若自今而後時局未可逆料余有拙法可以全身可以淑世君矍然請問余曰吉人爲善君子固窮守此二語足矣君大稱善明年拳匪禍作都城震驚君方令寶坻力撐危局爲民捍患備歷險阻遺黎以安吉人之善有明驗矣君雖落拓一官然天懷淡定不汲汲以求知今距懸車之歲且十稔誠念念爲國事事爲民循績益彰　帝心簡在膺鉅任享遐齡安知不襲黃媲美而喬佺並壽也哉故曰見其大則心泰又何詖淫邪遁之詞足以變易吾守耶余游歐美二洲前後凡十有三年比歲駐節羅馬羅馬

古大秦國證以范氏後漢書所載今其遺風存者尙什二三蓋二千年來雖迭經變更其賢人君子猶知綱羅舊聞唯恐失墜而東方之國或乃改朔易服弁髦先制爲彼族所譏議是則立不易方之道觀於外人而益信余既覩時政之日新而竊喜君之制行有恒不隨俗委蛇也遂書此以爲君壽並告受盧昆仲俾世濟其美云

許師母吳夫人六十壽序

光緒八年歲在壬午吾師仁和許恭愼公以少宗伯典試江南得士一百四十六人十數年來相繼登進士科者四十餘人其不歷甲科服官中外者亦三十餘人公前後四典秋試是科得士獨盛嘗舉以語及門諸子己亥春正月師母吳夫人六十初度門生之官京朝者謀所以侑觴時珏自晉陽奉 召入對留居京邸同人相屬撰詞以獻珏在及門中受知最深不敢以不文辭謹案易有四德肇元訖貞而貞之下則又起元循環終始相爲不窮不獨一國之運然也即一人之身一家之事感應倚伏罔不由此文言曰貞者事之幹也又曰貞固足以幹事貞之爲義大矣方咸豐季年海內多故 鑾輅北巡吾師以中書舍人簪筆樞府扈從木蘭維時左右臣僚在具瞻之位者或顧望徘徊相與引退公以書生夙夜在公軍報旁午承 詔指授方略往往達旦不寐既而 景運中興 皇路清夷公於樞府之暇復以文書侍從數歷中外甲申之春越南事亟瀕海萬里爲之震動 朝廷念曉暢軍謀能斷大事者莫如吾師迺 命爲軍機大臣公既受 詔視事規畫機宜洞中竅會未及期月敵人就款海宇以甯公欿然若慮不自矜伐自是天下獲享承平之福者復十年公尋進位大司馬 賞太子少保銜甲午倭釁始作公已不及見時相距纔數月耳閫帥顚蹶樞臣張皇忽戰忽和中外悼歎凡平日與公有雅故者咸羨公爲

全福而不知數十年中公之襄贊 廟謨造福無形弭禍幾先者固已多也使吾師而在時事豈若是孔棘哉然公歷事 三朝所以砥臣節而鞏國基者實自咸豐季年始蓋得公貞固之義久矣師母吳夫人仍世清芬婉娩毓德來嬪之日値公中年已捷高科膺顯秩夫人黽免同心履蹈儒素益儉以勤公筮仕垂四十年直樞廷者幾三十年室無媵侍夫人雞鳴而起三商而息恪恭將事終身弗懈撫前室子女寬嚴中禮愛而有威戚黨交欽視爲儀法惟夫人一意以閑其家故公得畢志以靖於位遭際昇平我獻子佩猗歟盛哉回憶己丑之歲師母夫人五十稱觴時則寰宇雍熙門第烜赫夫人雖儉約自持而姻婭周旋賓僚翕集俊髦之士抽秘騁妍爲文以獻者著作如林卷軸具在今則時移事易獨門下士惓念師恩追維知遇之感殆所謂文不足而情有餘者耶然珏聞師母夫人之治其家者敦厚謙儉不異昔時覩境之豐嗇不以毫末攖其心嚴課諸子勗以承先志而繼家聲昕夕毋怠不又合於貞固之義歟吾師淸操絕俗然約以持己厚以及物爲侍郎時嘗積廉俸所入購田千畝置義莊以敬宗收族 璽書褒美今世兄春卿部郎養疴里門日以睦婣任卹爲事兢兢於先人之意惟恐失墜世兄南仲副郎年甫弱冠供職農曹刻苦好學閉戶不交一客晨昏侍養以效萊綵之歡吾聞世臣之家其氣運基緒往往與國相感通方今九重乾惕於上百族感孚於下寰海鏡淸方隅砥平跂足可待春卿南仲昆季必能紹繼前烈以慰吾師未竟之志方叔召虎之功業於是乎在師母夫人康強逢吉愛日正長珏等方將拜手賡續而上期頤之頌也則所謂貞下起元者又豈獨一家之休美也歟

旌表節孝歸樂安仲姊八十壽序

嘗讀史至魏晉之際其時王綱解紐政敎陵夷士大夫委蛇世變

求其扶危定傾砥礪名節能使頑廉懦立者頗鮮其人然當時縉紳之家不乏孝友端謹循循禮法閨門之內敦厚雍睦以綿世澤而召天和如太原王氏祥覽兄弟以孝悌昌大其宗而婦女之賢哲者若陶侃母湛氏安貧勵操虞潭母孫氏守節撫孤咸能教子忠孝成名當世而虞母壽逾九十詔拜武昌侯太夫人璽書褒美史册榮之蓋雖世運衰頹而一家之盛和氣致祥有足稱者事固未可一概論也歲在丙辰我仲姊壽登八十甥廷贊廷相將以正月爲其母稱觴姊以時方多難宜戒妄費并勿殘生命止之廷贊兄弟以問余并乞一言余謂世變滄桑姊向者曾膺　恩綸旌表感時撫事勿觴固宜而回念五十年來姊之集蓼茹苦以有今日爲子者假萊綵之歡上麥邱之頌亦分所應然方竹坪姊丈捐館時遺孤四人大者未十齡小者甫數月室如懸磬變鬻衣飾不足三百緡孫氏雖邑之望族至姊丈以再世丁單無期功强近之親門祚衰薄顧影淒然先妣詹太夫人憐之命姊同居以免外侮時余方資硯田以爲養一勺之泉遑言河潤時其匱乏量竭綿薄不二十年廷贊廷相皆克自樹立以有室家廷贊弱冠補博士弟子員授徒里中卽翕然爲時所稱及幕游南北事賢友仁聲譽日起既而隨使節東瀛槃敦之暇讀律數十萬言將以致用會辛亥之變亟歸定省近方以其所學附於抱關擊柝之義廷相自幼習賈頃年用白圭之術人棄我取所業日豐念母年高特營新居以娛之率其婦以孝養此二十年來孫曾日繁姊方含飴抱弄以爲娛樂然一念曩所處境不啻涉深淵履薄冰蓋今日痛定思痛而知姊之膺多福享大年非倖致也始先太夫人之誡姊也曰人處貧非難能忘貧爲難汝欲諸孤有成當自口不言貧始里諺云三年不飯凸肚過橋此言雖小可以喻大姊謹奉教是故紡績鍼黹之事未嘗一日去手宵燈縫紉往往中夜不寐歲時魚菽之祭戚黨

簞笥之餽雖貧不廢顧皆節衣嗇食黽勉爲之自余兄弟外從未貸人一絲一粟故處困久而無債累其勤與儉若此姊幼讀書解文義諸孤既就塾晚歸必篝燈自課句讀音聲偶有謬誤必檢書以正之或就所誦習命之解說不當則反覆詳晰以詔之諸孤稍長則時告以先世苦節及前母遭亂殉難等事廷贊兄弟由此益自感奮其教子之意頗主於嚴及爲諸子娶婦則又待之甚寬曰來作貧家婦不忍苛求也姊早歲事姑孝謹顧爲時未久無所表見自壬申後復依先太夫人居迄壬辰凡二十載左右侍養與未嫁同先太夫人偶有恙則湯藥按摩應手立愈先太夫人全歸之歲姊年已五十六矣孺慕如幼時其慈與孝又若此自諸子授室即不問家務六十歲後長齋茹素研求明心見性之旨故能精神不衰容釆如昔生平拙訥寡言不喜臧否人物余家幼輩謂數十年來未見姊背後議人短長蓋其宅心寬厚持己慎密殆出於天性之自然凡此皆致壽之由也竹坪姊丈事親孝與人忠温恭謹厚與姊伉儷十年如賓如友未嘗有一言之忤中道先逝遺姊以承先啟後至艱至大之任今幸諸子成立孫曾蕃衍家庭氣象方興未艾庶幾不負付託可告無憾於姊丈矣廷贊廷相其以吾言侑一觴乎抑余所欲言者猶不止此夫陶母之安貧勵操虞母之守節撫孤其所處境與姊何異而二母賢名至今磊磊若懸日星而垂天壤則以侃與潭爲之子也成覸有言彼丈夫也我丈夫也今世變已亟否泰循環天道之常廷贊兄弟果能卽侃與潭之立心行事而深思之雖所處不同而九仞之山基於一蕢或者姊九十稱慶時亦能彷彿潭母之萬一則尤余所企祝於無窮者也

復庵遺集卷十四

復庵遺集卷十五

無錫　許玨

文三

題王藎承柳陰課子圖

咸豐己未歲玨始識藎承時君甫成童玨亦未冠也歲月迢遞世事變遷倏忽已四十年光緒己亥自太原入都與藎承同寓邑館出圖屬題則諸郎三人已授室其季亦成童矣回憶吾兩人少時情景彷彿目前挑鐙話舊不知其年之遲暮也抑余有感焉今世之所謂課子者不過冀其讀書應舉科名仕宦以是爲無忝所生而立身行己大節或轉略焉流俗相沿往往名父之後未必有賢子孫即宦成亦爲鄉里所譏薄近年所見如此者蓋比比也藎承爲武愍公季子能讀父書自秋曹改官畿輔歷任繁劇十有七年而宦橐蕭然其立身行己蓋可知矣玨三度乘槎頻歲入都匏落

無成而藎承交卸房山篆後亦閒居歲餘冬夜風雪夜就余談時海疆多故慨念身世思所以濟時艱而綿先澤者余謂舍固窮二字外別無長策君此日樹立能不負武愍公他時諸郎欲其不負君道不外此是則課子之要義也既以告君并爲詩二章以貽之

題陳毅甫先生遺像卷

天地之所以不敝日月之所以常昭江河山嶽之所以常流峙者無他一恒久不息之誠而已人秉陰陽五行之秀遞世賡續父子之道立焉有父子然後有君臣民胞物與胥由是推故曰求忠臣於孝子之門其所以相維相繫者非外物之所能緣飾也誠也光緒癸巳歲余從鐵嶺楊公使美國駐華盛頓而伯材駐紐約相距數百里雖共事而不獲常見書翰往還知爲篤行君子其先世隱德則未稔也丙午之夏余自義大利差旋入都伯材適謁選京師相遇歡然時諸大臣以考察歐美政治歸方議一新耳目而伯材就余談則猶守其平昔所自得者不從衆好以急術售余益心重之一日出贈公毅甫先生遺像屬題因得讀曲園俞先生所譔傳然後知伯材所以能挺立不阿卓然自信者皆得之贈公義方之教非偶然也贈公以醫活人而不受謝爲人主會計而不敢自暇逸雖閭里瑣細事然積久不懈出於至誠夫推其不自暇逸之心即人臣鞠躬盡瘁之思也推其不受謝之心即人臣不以寵利居成功之志也贈公雖不仕吾願伯材本先人此心以宏他日遠謨庶民胞物與之懷隨遇可以自盡方今言政治者專務求新世運之平陂因革吾不得而知而諦觀天地日月江河山嶽終古不變則今日諸人之紛擾亦猶浮雲之過太虛人第問心求可以對於君父足矣必附會風氣以邀一日之榮舍其舊而新是謀非忠臣孝子之所急也伯材每出游必奉是圖偕行殆孺慕之誠有不能須臾忘者余既展斯圖而有感遂書以復伯材並質當世知言之

君子云

題高忠憲公圖像

此圖不載年月以張氏補景意測之並攷公年譜疑在天啟癸亥之歲按譜辛酉三月詔起公光祿寺丞九月啓行十一月至京明年正月升本寺少卿五月轉太常寺九月轉大理寺十一月晉太僕寺卿癸亥二月乞差歸四月抵家復尋東林之社初公別東林諸友北上時以會講事屬葉園適吳覲華謂此事爲吾輩究竟可歸即歸不使東林草深也在京時與覲華書云弟衙門有人可脫身念中事亦次第了之可浩然歸矣一登依庸便是弟十洲三島也公所寤寐不忘在此自辛酉季秋至癸亥初夏凡去鄉里一十九月殆即所謂三徑就荒時乎張君既繪是圖題曰補淵明先生所居意其相契於不言之表者微矣方是時公已有終焉之志觀集中與湯闇生書云弟衰病以一歸爲快抵家至湖上湖干魚鳥

如故知相逢不忍復作別也顧公雖歸朝中諸賢未能一日忘公是冬即家起爲刑部右侍郎公疏辭不允甲子六月至京時則朝局全非八月升都察院左都御史十月自請罷斥奉旨回籍十一月抵家從此閉關永居不見一客其示子書以屈子江潭袁生土室自況蓋非陶公松菊猶存之境可比矣故知此圖之作必在癸亥無疑也是年公已六十二歲或謂圖像類四五十歲人以公學養沖粹神志不衰表裏瑩澈丰采固宜若此獨念公壬戌在京已知時事不可爲三疏引疾乞休使歸里後力謝秋官之召養痾不出翛然物外無後日鋤奸之事亦無沉池之禍而顧計不出此嗚呼吾以是知公所學之純也人臣之義貴能致身國事方棘君命既召誼不俟駕受任之日當官而行激濁揚淸爲世道人心計也崔魏之惡敢於無君若其報復尋仇特蜂蠆之毒耳豈公所屑計哉公殁於天啟丙寅三月距今二百八十九年展斯圖者不啻親

文三　三

炙其德輝方將奮然興起有頑廉懦立之思孟子稱伯夷百世之師如公之孤忠邃學臨難不辱其身殆無愧矣公臨終與華史部書謂心如太虛本無生死何幻質之足戀今者瞻遺像亦第公所謂幻質云爾學者當深求公不死之心而神與之會焉庶不負公啟牖後學之意也夫

秦節孝婦周孺人事實册題詞

大雅烝民之詩曰天生烝民有物有則民之秉彝好是懿德孔子謂作詩者知道孟子引之以證性善夫兩儀既分三才斯著以藐焉一身而足與天地並峙於萬古此男女之所賦者同也特男子主外女子主內主外者窮則獨善其身達則兼善天下經文緯武勛施爛焉史册所傳磊磊軒天地者男子居什之九主內者言不出於梱外職不越乎中饋善事父母舅姑相夫教子大抵皆家庭庸行即居華膴膺繁祉亦祇爲宗族戚黨稱法傳於史册者鮮焉

獨至身世不幸早失所天松柏之操冰霜斯見而又含辛茹苦歷久不渝此與士大夫以身許國蒙難艱貞者何異故史書傳列女於節烈爲獨詳蓋作史者之心猶烝民詩人之心也吾邑秦節孝婦周孺人年二十適秦二十二而寡其夫兆甡又以游學在汴病歸殁於途次計其爲伉儷之日曾無幾時而一與之齊終身不改歷三十餘年如一日詩曰之死矢靡他易曰安節亨孺人有焉宣統元年邑有司以聞於大吏彙案請旌奉　旨建坊越三年坊成秦氏族人以其事實册徵文於余秦於吾邑爲望族自歐風東漸世以西俗爲文明婚姻之間弁髦禮法雖世祿之家往往不免節孝獨於此時拜　恩綸爲秦氏光吾以是歎詩禮之家流澤長也自辛亥之秋潢池告警當軸措置不善遽易滄桑海內賢士大夫莫能挽救其上者相率爲居夷浮海之計下焉者則縈情利祿與世推移昔歐陽公作五代史馮道傳引虢州司戶參軍王凝之妻

文三　四

李氏斷臂明節之事而嘆士不自愛其身忍恥以偷生者爲有愧今題節孝之册益滋世道之感竊與歐公有同慨云嗚呼此又烝民詩人所不及料者矣

禁煙　諭摺輯錄書後

光緒己亥秋吾邑同志諸君以鴉片煙爲害日深擬仿宋時藍田呂氏鄉約先從吾邑倡禁爲他日推行各省之漸顧以百年積弊欲革之於一旦以九州通病先治之於一隅念非奉有　綸音無以震肅衆志十月入都偕同鄉京官呈請御史臺代奏總憲某公謂此僅一邑之事毋庸上瀆　宸聰否行本省督撫酌核辦理於時同人咸慮官司奉行憲檄虛應故事未能滌除舊染珏因追記疇昔見聞凡議禁鴉片自同治以來奉　諭旨昭示海內及寄諭各省督撫妥籌辦理者恭錄於首幷錄諸臣原摺凡若干篇編次如右竊維自古有國家者其經世宰物之本不外君子勞心小

人勞力二語蓋上能勞心自朝廷大臣下逮諸司百職皆靖共爾位竭忠盡智則人才盛而國自强下能勞力合農工商賈以至轉移執事之徒皆勤趨所業貨惡其棄於地力惡其不出於身則百產饒而民自富富强之道無待外求自鴉片煙入中國士大夫嗜之則曠其職守而不知勞心小民耽之則棄其生計而不能勞力流毒既久卒成今日貧弱之患往者　宣宗成皇帝憂深思遠爲子孫黎民無窮之計嘗欲力除此害中外大臣未能一心功敗垂成海內惜之然刑法具存人情猶有所憚自津門定約弛禁收稅舊防既潰沈災斯亟洋藥而外土藥尤繁以今日視道光時吾民罹禍之酷何啻什伯然而人無智愚未敢一言及此者誠鑒曩日海疆之已事也珏則以爲天運循環無往不復中國欲圖富强必自禁吸鴉片始善乎郭侍郎之言曰西洋與中國搆衅之源實由鴉片推原禍端創鉅痛深宜如何疾首蹙額相爲戒禁以示勿忘國恥之義嗟乎使中國士大夫早明此義則臥薪嘗膽安有今日往者不可諫來者猶可追此編輯錄斷自弛禁以後王文勤一疏當中興之初首以吏治人才武備爲言郭侍郎親至泰西見彼族有悔禍之心因思乘機利導至若沈文肅嚴劾屬吏以儆官邪閻文介曾忠襄左文襄禁種毒卉以正民俗皆憂國愛民出於至誠故不避流俗之譏抒忠入告我　穆廟與　今皇帝采納嘉謨如恐弗及則猶　宣廟昔日爲民除害之心也吾邑諸同人公呈雖未獲上塵　乙覽而奉此一編以爲準的又何慮官司奉行之不力哉卷末附錄薛叔耘星使致總署章京書及英國禁煙會譯件則以近年海外情事迥異曩昔冀睹是編者咸思及時振作內無負　朝廷之意外勿爲異域所笑果能上下一心祛此酖毒自今以往君子勞心小人勞力將富强之效旋至立見所以勵天下人心湔雪國恥者於是乎在又豈獨一邑之幸哉

跋林文忠公戒煙斷癮方後

右戒煙斷癮藥方道光戊戌夏間林文忠公官湖廣總督時遵旨復奏嚴禁鴉片章程此方係隨摺進呈　御覽中間所稱懍國法而免刑戮及死於煙死於法等語蓋以其時禁令嚴肅故有此怵心警目之言是冬文忠入覲即　命爲欽差大臣赴粵查辦諭旨諄諄期於積習永除根株斷絕迄今讀之猶如見當日　聖主賢臣惓惓爲民除害之心也文忠以己亥正月抵粵至三月英商即遵諭將躉船鴉片煙儘數呈繳是當日外人於販賣鴉片一事自知理虧並無抗違中國禁令之意其後因欲停止該國貿易浸成齟齬奸民又從中挑衅然猶遷延歲餘至庚子六月始有浙江定海之警其距遵繳煙之日蓋已久矣兵衅之與禁煙雖曰相因實則兩事後人不察動詆文忠爲首發大難而於當年政府媢嫉之私疆吏瘝情之罪轉不加責寬以待小人苛以論君子抑陽扶陰是非倒置莫此爲甚迨後白門定約竟置鴉片煙於不問尤出洋人意想之外咸豐九年天津議約以洋藥訂入通商稅則燎原之勢從此不可遏抑馴至今日上下交困外侮環生究厥厲階謂非此六十年來英國之處心積慮荼毒我中華以致此哉人必自侮而後人侮之假使當年政府疆吏人人如文忠之用心翊贊　聖君力除煙患何至有今日之貧弱使今日政府疆吏痛懲前失果有一二大臣能如文忠之用心啟沃　宮廷上承　先烈即可兆後日之富强天運循環無往不復十室之邑必有忠信矧以中國幅幀之大豈無文忠其人應運而興宏濟艱難弭煙患而紓夷禍者乎因刊文忠此方謹跋數言以爲左券

是方刊於己亥冬庚子四月邑中設戒煙局依方製藥一時戒除斷癮者共一千二百一十四人刊有清册會拳匪煽亂洋軍入都鑾輅西巡珏遂間關入秦此局亦因經費不繼中輟本年三月自

義大利差旋請假回里始籌經費設局續辦迨八月初三日欽奉
諭旨禁煙限十年之內將洋土藥之害一律革除淨盡煌煌
聖謨薄海蒼黎從此出水火而登袵席矣天運循環於斯益信因就行篋舊存戒煙局文牘擇要付諸排印以示不忘昔年希望之意仍錄此方於後冀得普除痼疾并慰文忠當日未竟之志云光緒三十二年十二月既望許珏識於都門寓廬

跋銅官感舊圖題詠冊

光緒丙子章君价人作銅官感舊圖蓋距曾文正公之沒五年矣圖成後又五六年李次青方伯始題之既而恪靖侯左公中丞陳公紉秋王君相繼爲詩文皆文正故人章君所素交也同時薛慰農梁檀浦卞制軍亦先後題詠凡爲文六篇詩一篇所謂銅官圖題詠者止於此而已推章君繪圖之意亦以往迹易逝不有所記
聖哲庸愚同歸於盡人第見文正勛名蓋世謂其生平行事百折不回堅忍卓絕用此戡大功而垂後世不知其始未嘗不挫折且欲一死謝天下初不自知有後來旋乾轉坤之績者夫文正且不自知而謂章君能預知而援之此必非章君意其欲以此自爲功尤非章君之意也而或者不察至以介推例之則失章君作是圖之悁矣君沒後數年令子觀瀛曼仙昆仲服官京外思表章先德時以是圖就當代名流與平昔交游之稔者乞其題詠由是所積詩文多至百餘篇予謂觀瀛曼仙曩日尊公繪圖之意與今日賢昆仲乞題之心義各有在宜就冊中諸作稍區別之且告之曰昔文正在翰林時嘗作原才其言以爲天下之人才風俗潛移於一二人心之所嚮蓋隱然以天民之先覺自期其後景運中興人才蔚起卒如公言今天下時事亦亟矣上年中外衅起居高位者巧爲趨避置君父之急不問袖手作壁上觀且挾外人以爲重使
朝廷法紀有時而窮以視文正當日以在籍之紳赴國家之急一不當而輒欲以身殉者其巧拙爲何如耶夫惟有文正之心斯能成文正之功然則斯圖之作所以揭文正之心昭昭然與日月爭光即百世下猶將聞風思奮也章君一援手功在天下章君繪斯圖功并及於後世世有知道之君子當不河漢予言

跋梁溪文鈔

周佩安先生梁溪文鈔八十卷成於咸豐癸丑之歲先生自序中備述蒐輯是書之勤以卷帙浩繁未及付梓癸丑以後粵匪踞金陵庚申歲吾邑亦陷邑中藏書家既遭兵燹悉付灰燼此書自原稿外幸有副本展轉傳鈔片楮隻字完好無失則不獨文字有靈鬼神呵護抑亦先生畢生心力所萃精光灝氣相與保守於無窮也宣統辛亥邑人高松濤顧季欽侯伯文三君重刊顧響泉先生梁溪詩鈔五十八卷未訖事而遭滄桑之變明年夏余歸自京師時詩鈔之刻已竣伯文擬集貲刊梁溪文鈔以竟佩安先生之志余亟贊成之甲寅五月始付排印十二月畢工伯文謂余不可無一言以紀余維先生成書迄今已六十年始因粵匪之亂未克梓行今日世局較粵匪時固稍有間然綱常名教掃地無餘則視曩時亂尤過之天運循環無往不復吾邑自泰伯開基代有賢人君子道南一脈至東林顧高二公始大流風徧於海內今當厄運剝極而復貞下起元正人心息邪說於是乎在則是書之成殆其左券也歟

書薛文清跋諸葛武侯出師表後

武侯身都將相二十餘年而僅僅有桑有田爲子孫衣食之計如此故爲可貴若仕宦未顯歷官不久之人祇有以淸白貽子孫而已讀者當默識其淡泊明志之懷切勿死煞句下以詞害意也

曉亭顧公傳

公姓顧氏諱鳳仪字翙周號曉亭系出陳黃門侍郎希馮公諱野

王後自銅坑再遷至無錫涇里始祖爲明贈侍郎南野公諱學二
世爲萬歷時倡道東林諱憲成謚端文學者稱涇陽先生實公之
八世祖也再傳爲明季孝廉退菴公諱柄明亡後隱居不仕世業
儒有積德祖鍾岐公諱詔　貤贈奉直大夫父晴川公諱振邑庠
生鄉飲大賓　誥贈奉直大夫母侯宜人公少聰穎一目數行性
至孝九歲時有女兄適華氏早夭公號泣戶外不令父母知居恒
冬溫夏凊曲意承歡聞者感慕年將三十始補博士弟子員道光
甲午舉於鄉時贈公年踰七旬公每於子夜起坐噬指血作書於
燈前焚之冀早秋捷以博堂上懽鄉舉後遂致力於宋儒性理之
學心體力行始終勿懈先後舉父母喪哀毀骨立水漿不入口者
三日凡九赴春官咸豐壬子　恩科成進士以主事籤分刑部在
京供職半年假歸適粵匪擾亂下武昌陷金陵江左騷動里中土
匪費繼祖等聚黨數千人晝夜劫掠焚三壩橋趙姓且執其子公

文三　九

數有德於鄉往諭釋之而焚掠如故公至郡城請兵宮贊趙振祚
與邑宰高公會剿繼祖等衆衆抗拒公帶勇直前衆駭散獲繼祖
等數人置之法事遂定公又於村落焚處別其無辜者給以財是
役也城野鼎沸無公且釀成大禍公一月之中勞苦萬狀鬚髮半
白時賊氛方熾公奉憲札於黃埠墩設盤查局獲其僞地官丞相
以功讓司事奏廷獎其不與人爭功類此咸豐六年江南大旱蝗
憲察知錫金辦賑爲蘇省最聞於朝公得加員外郎銜而竟以積
勞得中風疾雖臥病在牀猶手執一編寒暑無間咸豐十年髮匪
至公即不食家人勸之免進饘粥曰生平每以第一流自許今抱
病不能殺賊雖生亦何爲乎竟齎恨而卒公薄嗜欲靜心氣而遇
事勇敢有爲不避嫌怨與人相接平而和雖待童僕無戾容惟訓
子弟以嚴肅間或與人排難饋遺不及門曰非以鳴廉職分當如

是工時藝善書法不爲駢體之文而著作古文辭稿每散棄不自
收拾蓋非其志也嘗慨然慕李鄴侯之爲人曰處世當磊磊落落
作眞名士勿效俗儒貪庸富貴嗚呼其志念深矣惜通籍後即病
廢家居不得一展其用與戡亂諸臣並駕齊驅是則可傷也已公
生於嘉慶六年辛酉卒於同治元年壬戌春秋六十有二娶施氏
繼娶李氏俱封宜人李宜人寡言笑通經史以淑德稱子三長佩
蘭候選縣丞次佩蓀候選從九殉髮逆難入祀忠節祠次佩荃廪
貢生試用訓導女二長適候選縣丞蔣汝僩次適試用縣丞杜學
豫孫男八人桐華棣華邑庠生寶珏郡庠生寶璞寶璜寶琛均國
子生寶瓚寶璋孫女二人長適庠生過協中次適庠生孫靖圻珏
與公之三子春巖廣文爲金石交得悉公行事故采而傳之以質
當代立言君子如黃叔度碑信而有徵不作諛辭恐辱公也

顧綸卿傳

文三　十

同治乙丑之冬應試毗陵始與綸卿相識是年同補博士弟子員
時同案中以學業相砥礪者惟秦姚臣范孟和及君數人朝夕過
從後二年余娶於華與君爲中表因益稔君內行醇篤時君與余
皆授徒里中既而余就館虞山每隔數月輒歸歸則與諸同人爲
文酒之會一時觴詠之樂迄今思之猶昨日也癸酉君以拔萃貢
成均旋丁外艱明年遂幕游鄂渚嗣是不復家食而余自丙子赴
京兆試亦歷游齊魯浙蜀至壬午歸應省試則姚臣孟和皆前卒
獨與君晤於白門君與余皆久困場屋是年皖撫裕壽山中丞監
臨試事撤棘後稔知君文行聘入幕掌牋奏既相處日久倚君如
左右手嗣後皖帥繼任者凡九易人皆維縶君不聽歸兵刑錢穀
諸大政悉諮決焉而余自癸未公車報罷後尋隨槎海外游歐美
二洲者十年歸而爲秦晉楚粵之游者又數年壬寅之秋奉使義
大利國過家時君丁裘太淑人艱方里居因得握手敘別後事蓋

距壬午白門唔時二十年矣昔年文酒之友無復存者獨君與余垂老相對君新病初起而意興未衰語余現方闢蔬圃蓺花木不預戶外事手一編以自娛余時鞅掌海外意甚羨君別後書問數至洋洋千言字畫結構完整不異壯歲余方謂君此享大年之徵乙巳元旦立春余在羅馬用韓魏公安陽集中元旦立春詩韻賦一律寄君乃詩未及達而君訃至矣哲人既萎吾道益孤自乙丑識君至此凡四十年云明年歸自海外君弟石仲謂知君深者莫若余囑爲君傳余諾之頻歲奔走久未報命戊申九月出都將赴粵君弟季欽復申前請誼不可以再緩謹即石仲所爲君行狀括其大略君諱森書字綸卿江蘇金匱人同治癸酉拔貢生曾祖諱某廣東樂昌縣知縣祖諱某太學生父諱某廩貢生安徽候補同知三代皆　誥贈通議大夫曾祖母王祖母樊母劉皆贈淑人繼母裘封太淑人君性孝友始贈公需次皖省不以家累自隨食指

頗繁君昕夕治舉業課徒藉脩脯以奉重闈仲叔季弟皆親自督課卒能有聲庠序贈公既歿橐筆出游仍資館穀養親性廉介雖久在帥幕取與不苟硯田所獲修先祠輯家譜兢兢以敬宗收族爲急昆季四人至老翕樂無間一門之內敬順雍和族戚交羨其內行之美如此抑余重有感者君四十以前始疲精於舉業繼肆力於詩古文詞大率不越文人之事自入皖帥幕府感其禮遇之隆閱時之久舉軍國大政措置安危一以身任之雖未膺　朝命隱然負全省重寄其憂勞過於常人又諸箋奏書牘概出一手任事久而耗心太過年未五十鬢髮已蒼銷鑠精神殆由於此夫士人讀書恒言通經致用君之在皖合省受其福其致用遠矣特名位未顯耳凡人幼學壯行第患空言無實君既有其實矣奚事外至之浮榮哉君以拔貢生就職直隸州州判以籌賑積勞晉州同分省補用同知娶徐淑人同邑候選縣丞徐公濟女相夫四十年有賢聲嗣子倘勳浙江永康縣典史女二一適直隸景州知州楊壽楨一適陽湖附生趙湯君生於道光辛丑八月二十日卒於光緒甲辰十一月二十日春秋六十有四乙巳九月葬於惠山之麓馬家墩之左余既詮次君傳因併及四十年間與君交游離合之迹以附見焉

顧耘薌先生墓田記

古人之教子女並重後世賢者訓子誡子諸書往往而有而於女鮮聞焉近世桂林陳文恭公始有教女遺規之刻其用意可謂遠矣抑聞諸古人之言曰興門之男衰門之女自昔簪纓之族傳世已久其子孫或不蕃而其女所適則或昌熾寖大其興勃焉蓋物理不能無盛衰而善氣所育有時不於彼而於此理或然也吾於顧耘薌先生墓田有感焉墓田者先生女孫歸華氏者所置也先生邑諸生工書善畫原配王孺人繼配徐孺人合葬惠麓仙人塢

子爲雪梅先生配鄒孺人祔焉生子女各二子皆未婚而卒女二長適丁煜早卒次適候選員外郎華景方先生名袞臣封宜人予婦宜人從女也嘗爲予述宜人事云宜人幼時家無宿產境故絕窶宜人晝鍼黹夜紡績貧不能具燈火輒移繰車就月恒終夜有聲既歸華事祖姑周太恭人以孝聞其處妯娌也事必任其勞而以逸者與人既主家政入不足出則罄其私財以供甘旨景方先生與昆季甚友愛宜人體其意從子女失其母親鞠育之與己子同庚申寇亂華氏避於許舍景方先生佐團練於蕩口音息不通賊至許舍周太恭人暨予外舅外姑先後殉節時殉難者大抵皆藁葬賊平覓骸骨則往往不可得獨宜人逆計有變預徙良櫝於鄉倉猝中棺殮如禮又出所藏錢貲以舉柩同仁育嬰善堂本華氏建至是宜人擕文券以行有識其非急者不聽而櫝埋諸地亂定後諸失文券者多致訟獨善堂產無尺紙遺其先事遠慮皆此

類也周恭人有女歸於史殉節後遺子女二人予外舅遺子女亦二人皆依宜人以居宜人煦之以恩教之以禮迄十餘年不忘孤子皆成立女亦嫻其訓婚嫁從子女無異所生見者莫不美宜人宜人嘗爲予言吾所以爲華氏者即死者復生問心差可無憾獨念吾父母生二子次粤匪亂被擄僅存長子不能早爲娶婦致閒然無嗣此吾罪之大者言已欷歔不止又曰吾祖父母父母墓在仙人塢歲時祭埽今一歸華氏特恐閱世浸遠子孫不能無忘忘久欲購置墓田以爲久遠計生平女紅所入不下千金顧皆隨手輒盡近始學爲蠶桑積數年之贏已買田若干畝子當爲我作記以示子孫庶他日長保此一抔土乎予惟宜人之於華氏所以事祖姑相夫子者厥功甚偉此固華氏之澤而究其所由來則皆耘蕓雪梅兩先生之教也故先生之無嗣天也先生無嗣而女不啻其嗣使華氏世世子孫奉祭祀拜邱壟則亦天之所以報先生教女之心也故不辭而爲之記并畧舉宜人懿行庶後世子孫苟無忘宜人之功則亦可無忘先生之澤云爾

重建惠山尊賢祠記

尊賢祠舊在二泉亭上其始爲陸子祠祀唐陸處士羽建自北宋時後增祀劉宋湛長史挺唐李丞相紳爲三賢祠明正德五年邵文莊公撤祠屋更新之增祀宋以來焦公千之等七人爲十賢堂謂諸賢於兹山生游歿葬名在天下非此雖賢弗與嘉靖四十一年邑人增祀文莊公與秦貞靖先生旭合十二人改稱尊賢祠此尊賢之名所由昉也迨入　國朝自康熙迄乾隆年間先後增祀者又得十五人則與文莊建十賢堂初意似不符矣嘉慶四年秦侍郎瀛重修作記戒後人毋更妄有增入以貽有道者之譏然迄於咸豐增祀益衆復得二十一人合之共四十八人祠初在二泉之上康熙間移於若冰洞之東後復移於德水亭最後移於至德

祠之右即今祠也咸豐庚申遭粤寇之亂燬於兵鞠爲茂草四十餘年光緒丙午余自海外歸丁未季春乞假旋里與諸同人㡳徊山泉之勝追話曩時文獻高君松濤指謂余曰此尊賢祠故址待重建久矣君盍捐貲爲邑里倡余敬諾顧君季欽及在坐中諸君從而贊成之於是重建之議決顧集款無多鳩工不易時則顧君子文陸君靄如秦君子治牧卿僉謂不如仿東林書院報功祠之例凡捐貲之人得祀其先世之賢者於別室則羣情必翕應既而衆意僉同款乃漸集方舉工之初凡有不給悉由季欽籌墊經始丁未之冬迄己酉夏竣工凡爲饗堂廳事門闕樓閣亭榭臺觀以逮庖湢之室共二十一楹凡用銀元六千六百有奇其監督鈎稽胥由高君松濤任之自城中至祠徒步往來三百餘次勞亦至矣是年仲秋有司恪遵舊章致祭官紳預祀事者數百人蹌蹌濟濟復覩嚮時之盛焉辛亥仲春余自粤中還季欽屬余爲文記之時方以事入都是秋東南亂作風塵澒洞余滯京久之壬子夏五始返里門季欽復申前語余因感念文莊往日崇祀之本旨并述今兹重建之緣起如右嗚呼造物不言無爲而成化方邑人初祀陸子時特以其功在泉耳不盡爲其賢也詎知千載而後邑之賢者且因其祠而日附益之苟非其人雖貴至卿相不得入其門焉即其人賢矣猶懼以濫貽識恐或戾於昔賢之志此亦足以見邑士大夫之風尚而臨事之謹嚴矣嘉慶間秦侍郎記尊賢祠左有報忠祠今祠址甚狹別爲一室奉諸忠節神位自漢新陂令虞公俊迄　國朝州判華公元超凡四十人列饗堂左楹君子世治則立身行道時危則致命遂志其賢一也夫世道有興廢而君臣之義不容變易觀於今日邪說橫流政綱掃地歲寒知松柏之後彫則報忠之示勸固宜與尊賢之旨並垂天壤矣堂之右楹爲報功祠所以志斯祠之復興皆諸賢裔之力禮以義起且欲俾後之人

永保享祀於勿替云

出使大臣題名記

人臣之過莫大乎履其位而不明其職任其事而不課其效職之不明則於其官守之繫乎天下國家之安危或且不知而貿焉承乏至一旦變作方不測其咎之所由來效之不課則其心亦未嘗知是官之所繫之重而苟且取巧旦夕以便吾身由前之說曠也騖於利而不知害由後之說欺也務避其害而以爲私利不有人非必有鬼責而卒亦同歸於盡自光緒初元　朝廷始遣使東西洋各國其時視使才尤重有才望者或不願行行者亦未敢苟焉充數歷數年始定駐歐之使二駐美之使一駐亞之使一自是近二十年至甲午以後增置日廣今則惟美洲如故駐歐之使七駐亞之使二交際日繁而交涉之事亦日棘今具列其名如右而其人之賢不肖所謂曠且欺者亦具列焉下闕

書晉陽二嫗事

戊戌閏三月余自都中攜眷來晉既抵寓雇一女僕頗有宦家風詰之乃翁嘗以縣令需次某省夫亦士人家來素封惟一門十餘人無不吸煙者翁夫相繼卒產日落家中人死亡過半存者貧病不聊今祇母子二人有屋數楹得僦値僅供其子吸煙之需無所得食因傭以自給余問汝亦吸煙乎則惝怳久之曰日間可不吸至晚須吸問需錢幾何曰無多日祇四五十文問汝一月工資千五百文僅可供吸煙曰然問已吸幾年曰初嫁時卽吸今已二十餘年余謂宦家婦流落誠可憫不宜使供役吸煙若此尤不可留遣之明日雇一嫗年已五十餘詢之本農家向未服役於人近始爲傭覩其貌頗樸愿留十餘日寓中屢失物家人怪而詰之則靦然曰不得已也吾家本有田數十畝初年種雜糧米麥頗足自給後見種罌粟利厚改植罌粟歲入之數計其半已過往歲所穫由是吾夫日吸煙繼而吾子亦吸之吾媳亦吸之則歲之所入除僅供吸煙外而饔飧不足以自給矣乃鬻其田之半則並吸煙亦不足去歲因盡鬻其田家有二孫長者八歲幼者初生時其母必日噴煙數次始能啼笑自是習以爲常今纔五歲已慣吸煙日亦需錢十數文自鬻田後全家無所得食祇吾一人不吸煙故出傭於外得傭資養吾夫尙有幼子十餘歲吾傭所入不能兼養不得不竊主家物時時私畀之兩月前長孫出門走失徧覓不得近日始知因兒媳無錢吸煙鬻於河南人爲奴得錢十數千現已赴河南去矣言已涕泣家人聞其語不復呵責亦遣之嗟乎此二嫗者一宦族一農家皆以耽嗜煙毒凋落貧困至此向使兩家不吸不種其婦女未必若是顛沛也然吾數月來每與人言晉省宜禁種罌粟鮮不以爲難或曰今地畝有稅行商有稅坐賈有釐金計晉省一歲所入爲銀二十六萬三千餘兩方今度支不足土藥稅釐戶

部恃爲正款如禁種罌粟安所得此以解部乎或曰山西田土瘠薄如種米麥雜糧則完國課之外無以自給罌粟利饒必種此民方有餘資藉得溫飽雖禁亦不聽最後一友人謂余曰君勿言禁煙此官場所最不樂聞者記數年前就館某縣查境內種煙之害共計七千餘畝祇報二千餘畝以其一歸公以其二自私一縣如此他縣可知此弊相沿已久必上司雷厲風行或可稍戢乎無斧柯强聒奚益乎聞而默然繼念二嫗皆晉人其言家被罌粟之害如彼而士大夫言罌粟則上裨國計下厚民生且資以自潤得失損益之不同如此吾嘗讀易繫辭傳何以聚人曰財其言理財必繼以正辭禁民爲非亦異於今所聞矣故詳書二嫗事以冀爲民牧者察焉

家世事略

許氏伯夷之後也自有虞氏至李唐詳宋王安石所爲許氏世譜

中自唐以前散處各郡唐以來則惟高陽之族爲最盛高陽之族始於魏郡守據而最著於唐睢陽太守遠宋南渡後其子孫避地江左者尤衆今自江以南極於浙閩皆睢陽太守後也吾家舊籍安徽之歙縣自六世祖文之府君始至錫時　國朝康熙十八年府君至錫凡十一年而卒遺孤二人長曰昌侯方四歲次爲右良府君生纔數月耳妣吳孺人撫二子成立苦節五十四年以上壽終昌侯無出右良府君有子四人長卽吾高祖烈忠府君自烈忠府君以上式微特甚又以僑居故無宗族右良府君幼孤先世事不及知也烈忠府君年四十無子禱於神生廷元府君府君爲人言動不苟持身治家皆有法度鄉里翕然稱長者烈忠府君年七十九而終府君痛不欲生曰父生我晚今欲爲父舉一觴可得乎吾母嘗言來歸時府君年八十矣每起必黎明坐書室諷佛號家人咸集叩起居府君一一勞問或稍後至則目他視頷之而已中

門以內無五尺之童肅如也府君起貧窶以善賈手致萬金妣孫孺人尤賢相府君以勤自是始小康矣有子六人吾祖雲高府君性最樸誠生平不知機械事事親至孝既頒白侍廷元府君側如孩提廷元府君亦稚子視之出入必偕廷元府君病侍湯藥數月不解帶因得羸疾及廷元府君卒衆謂府君病已深不宜視含殮府君執不可殮時憑棺一慟而絕時年六十二矣妣秦孺人生子八人次卽吾父星湖府君也府君少穎慧善讀書生平孝友謹飭與人語恂恂如不能出口少年與戚某共賈旣折閱遂大困因之滬上嗣是賈於滬者三十年與人交無毫髮欺臨財不苟歲入雖薄恒以助昆弟之不給者方吾父之困也祖母秦孺人疑吾母命蹇使然吾母婉事之起敬起孝晝則侍舅姑執役夜則于女紅達旦得錢易米十指皸裂不恤也晚生予兄弟二人甚愛之而教之極嚴不少假借憶總角時有過不甚笞詈但終日不與言必長跪悔罪乃已吾父賈於外予八歲時母令作家書口授其語遇疑難字則檢書仿之時方夏月吾母手扇爲驅蚊自後遂以爲常予之悟文義由此始及爲舉子業頗不費力師甚愛其聰俊不知導之先路者乃吾母也嗚呼方文之府君之歿也一嫠婦兩幼孤且寄居異鄉無葭莩之親當是時許氏之不絕者如綫吳孺人茹荼食蓼幸而孤子成立今吾族雖不蕃然此數十人者皆右良公後也自廷元府君以來孝友端謹三世相承所不足者無讀書顯揚之人耳然以三世之內行純備卽儒者何以加此吾母之教慈愛肫至人子卽至不肖亦不能不愧悔自勉今吾父歿已十年吾母亦且老矣爲子孫者惟思所以綿祖澤而報親恩固不可一日忘也時同治壬申八月二十一日是日吾母誕辰也方課徒虞山不及歸侍母觴燈下獨坐因歷敘家世事以自警省并書一通寄示吾弟

書世系表後 甲戌

珽既據世譜作表繼又證以唐書宰相世系表見其牴牾處頗多因錄出之譜云允三子而祇載奇猛二人世系表云允三子殷動猛而無奇名一也譜云允後五世詢世系表以詢爲允玄孫二也譜云詢孫珪世系表以珪爲詢第四子三也譜云敬宗與其孫令伯以文稱當世世系表有彥伯韶伯而無令伯名四也譜云許紹者善心族父也世系表云安陸許氏出自詢五世孫君明君明曾孫紹則善心輩行與君明等紹且爲善心姪曾孫五也至世系表與唐書牴牾者亦有二處表以遠爲敬宗玄孫而忠義傳則云曾孫表祇載遠子峴而忠義傳尚有遠子玫官婺州司馬竊意荊公作世譜必據當日許氏子孫家乘非憑空詮次新唐書表祇據在官簿牒難免錯亂且一書之中傳表已自參錯固不如荊公之文信而有徵也今錄世譜於前仍以唐書世系表附云

字大兒說

吾少讀左氏傳慕范武子之爲人觀其才似不逮管仲子産而德器深厚殆過之及觀其所以誡子者益信其所以自處史所謂神人無怨者也然爲武子固難爲文子尤不易大抵記載所傳父子濟美世不恒有其尤過人者其後益難乎爲繼卽管仲子産皆不聞有良嗣他無論矣文子承武子之敎席極盛之後而其心欲然若不足是以際多故之朝事上接友處之泰然不詭隨以徇物不亢厲以招尤信乎盛德之君子也歲癸未大兒同范年十六矣是歲十一月二十有六日其生日也將仿古爲行冠禮獨念是禮之不用於世已久又今昔冠服異制如禮經所載三加等儀節今皆無可施惟既冠而字之則此意今不殊於古予初欲字兒曰公武既而思之期其爲武子不期如其爲文子且予既慕武子之爲人矣則兒他日如文子之能繼其父不益慰予之志乎乃字曰文伯

夫觀乎天文以察時變觀乎人文以化成天下文之爲義大矣哉而予所以字兒者則惟以文子之不辱其先爲可貴也既以字兒因書此說以詒之其古禮之不能行於今者命兒莊書一過以想見古人重成人之意而幷書此說附其後是卽吾許氏冠子之家規也異日蘭兒萊兒皆可仿此行之

晴川二弟暨弟婦張恭人六秩徵文事略

光緒丁未之冬余與溯伊姪同客京邸姪以明年弟已六秩晉五弟婦亦花甲一週將歸稱觴思徵文於平昔知好及當世賢豪長者因請於余冀備知世澤之詳及余兄弟幼時所聞於先資政公之庭訓先太夫人之慈敎余告之曰許氏之先出自伯夷自北宋以前世系略見於臨川王氏所撰許氏世譜余家自　國朝康熙十八年六世祖文之府君爲鹺商由歙至錫樂其山水清淑遂定居焉五傳至資政公皆潛德弗曜隱居未仕資政公近四十始生余兄弟二人以得子晚甚鍾愛然教之極嚴弟少余一歲同入塾資禀穎悟弟稍不逮余顧余除讀書外於他事頗戇獃與人易忤弟則敏慧應對周旋皆適如人意往往能調護余以是堂上尤愛之資政公嘗指弟曰是兒他日能代我勞又曰汝兄祇可聽其壹意讀書家事汝當獨任卽應曰唯弟年十四嘗與余同應童子試文亦清楚可觀先太夫人謂兒輩皆業儒則汝父無息肩之日以是弟年十五卽棄舉子業習賈未二年粵逆陷蘇常時資政公在上海與無錫隔絕太夫人率余兄弟轉輾避寇凡三徙而至常熟之廟橋鎮既而資政公自滬歸挈家渡江至通州未匝月復從上海余隨侍親側雖感世變仍日手一編凡出入鋒鏑經營生計皆弟任之同治壬戌資政公在里寢疾弟在滬上聞耗星夜馳歸至則疾已亟弟禱於神刲臂肉和藥以進卒不效哀毀骨立出橐中裝以治喪必誠必敬時弟年未冠族黨見者皆歎息明年余奉太

夫人復至上海弟經商盡力孝養乙丑余補博士弟子員明年食餼又明年畢姻凡所需用悉取給於弟計連歲耗費不下千金弟無幾微見於顏色曰吾父昔言家事當獨任也余師觀察王叔彝先生資政公友也既愛弟才又嘉其內行時督辦浙紹鹽局攜弟偕往命總司稽核未幾先生攝篆嚴州凡會計事悉委之居無何先生卒於嚴弟復回滬上仍理商業連歲折閱境乃大困自先公之沒至此凡九年余未嘗知家人生產之累庚午以後始資館穀以養丙子余應京兆試游山左入丁文誠公幕府嗣是奔走衣食南至浙北至晉己卯復應丁公之招入蜀而弟自庚午後游鄂依同邑李軨湘丈嘗爲筦漢陽榷務佐竹溪縣幕至庚辰歲弟亦入蜀就館蓋兄弟蹤跡睽隔十年而始合也壬午余歸省太夫人兼應鄉試倖登賢書自後遂不復入蜀弟歷就朱效先大令華建庵直牧之聘萬縣瀘州爲管榷政凡留蜀七年丙午以後余從南海張公

同邑薛公奉使歐美兩洲弟念太夫人春秋高乃決意回里侍養自是承歡朝夕極愛日之慕壬辰歲太夫人寢疾弟躬侍湯藥目不交睫時家中兒婦孫婦輩近數十人太夫人諭弟勿自苦侍疾有人弟始終未頃刻離左右太夫人既棄養則馳書告余戒家人毋發電謂數萬里外驟得急電驚恐悲愴恐有他虞及予發書星奔回里怪家人未發電衆乃述弟意如是嗟乎余與弟共受鞠育之恩而先公先太夫人之喪余均未侍側抱憾終天弟乃獨致其盡哀盡禮之誠豈亦有數存乎其間耶自壬辰至今弟竭力經理先公先太夫人營兆樹木垣牆必整必堅拓地濬池蔚然佳城余每歸拜掃歎弟慎終追遠之思爲不可及也弟雖未獲奮跡詩書然積善餘慶溯伊早雋鄉闈以慰弟未竟之志弟婦張恭人事姑盡孝相夫有禮而訓子尤嚴溯伊既承祖父累世餘澤又得賢母之教自其幼歲即飭躬謹信弱冠從其母舅張君望屺於鄂中習名法家言會國家功令停科舉遂游東瀛學政治法律畢業而歸今相國南皮張公致之幕下隨入京師兼任法律館分纂及地方審判廳推事年未三十卓然自立嘗歎造物無私昔之嗇於弟者今將豐於姪願溯伊勉旃猶憶丙子歲余初赴山東弟爲治行李製衣裝手自摺疊一一檢理畢謂余曰兄性不諧俗出門就館爲養家計乞稍圓通又曰上交固貴不諂亦勿過亢余雖諾之然迄今三十年自審此病根尙未拔去上年自義大利回京復　命弟迻至上海謂余曰今時論尙新而兄獨否此於仕途恐不宜盍少紓迴以就時局至冬貽書促余歸謂九龍二泉故鄉風景可念今春余請假回籍弟喜謂余曰世途荊棘宦海風波兄既皷得榮根以後願勿再出共尋怡怡之樂余曰諾蓋弟始終慮余聽直不啻幼年同塾時也宋柳仲塗有言凡骨肉乖離多起於婦人中人之資兄弟親愛者尙多妯娌親愛者絕少弟婦張恭人來歸四十年

與余婦華夫人交相敬禮未嘗有一言違忤此尤人情之所難凡和氣可以致祥而積德乃能裕後余兄弟數十年來所歷屯邅之境不一而幸能自振者皆先資政公之庭訓先太夫人之慈教也溯伊將求文章於當世賢者以榮其親其即以余言爲徵文之啓也可

范孟和像贊

道南一脈實啟東林斯文不墜代嬗至今維我良友純修卓行闇然日章動必以正天懷沖淡不鶩榮名咫尺湖山若將終身至性孝友力矯薄俗廿載硯田貧而能樂我始識君成童之年抵掌言志意氣沛然中更世變斂華就實山右同游晨夕一室君每勗我道在無爲知雄守雌爲天下谿三十八年言猶在耳知止不殆請自今始載瞻遺像回溯前聞述君雅言以垂千春

龐孝女像贊并序

孝女龐德靜無錫人處士安瀾之女也龐氏在嘉慶年間由江甯遷無錫是爲孝女曾祖肇忠公有子六人長即孝女祖雲堂公生一子即孝女父也龐氏自金陵來將及百年門祚衰薄肇忠公六子自長房外二三四六皆無嗣惟第五子聲和公有一子安泰年二十四亦未娶而殀於是孝女父無期功之親矣孝女年既長父母將爲之擇配孝女念其父已及衰年而弟尙幼未來事不可知遂矢志不嫁以侍父母操持家政鉅細畢親迨弟既授室父母皆歿即長齋繡佛晨夕一室皈心淨土不復問塵世事孝女曾祖母爲先妣曾太夫人之姊余伯姊歸於龐即安泰母也孝女之弟邦傑今已有子二人其幼者爲安泰嗣孫今歲孝女年六十三矣一日出其像乞題余追維孝女矢志不嫁之由爰誌其大略并爲之贊云

梁溪龐氏徙自秣陵百年相傳以逮孫曾門衰丁單期功不具桑

榆晚景覶焉寡侶孝哉有女能體父心屏撤環瑱絕意瑟琴潔我晨羞鬻我夕膳南陔春融北堂日暖非曰養志聊以忘憂罔極之恩終身莫酬二親怛化百慮皆空微塵世界泡影行蹤方寸靈臺神超萬象幻質未化猶留此像百年瞬息莫忘前因我述其詳以告後人

祭丁文誠公文

嗚呼公之忠誠　聖主允知公之清德海內所師國步之艱方倚公以共濟吏道之汚尤恃公以轉移如公之正直愷悌縱極黃髮駘背眉壽多福猶憾不得竟公保艾之施胡昊天之不弔俾柱石之遽摧此朝野賢愚所共慟而豈獨珏一人之哀其私嗚呼珏受公知十載於茲以不忍遠高堂之故再合再暌不得終侍左右以負公之所期猶冀公之康强矍鑠雖暫隔於此日或幷合於他時今珏以簡書之故仍不遑將母不謂窮海之外奉使之日公之噩問遽集於斯嗚呼方珏之歸公執其裾謂我拙直勗我盡規此人情不能得諸敵以下者而公之於珏若惟恐或遺嗚呼珏實負公悔其何追雖不能追其能不思海天西望薦此一卮嗚呼哀哉尚饗

祭閻文介公文

維光緒十有八年歲在壬辰月建丁未宜祭之日受業年愚姪許珏謹以清酌庶羞之奠致祭於夫子中堂閻文介公之靈而長言以申其哀曰我初謁公己卯之春維時入蜀道由運城尺刺甫通扶杖我迎接以溫顏賜以酒食入座煦春笑言竟日誰謂邂逅歡逾舊識書告蜀帥目爲佳士獎借拳拳有加無已何圖於公一旦得此越歲壬午我舉於鄉忝與令子同賦鹿鳴計偕北上拜公於京我未至都辱詢行李及其既至視同弟子誘之掖之過於其始癸甲之交夷訌越裳衆議洶洶沸羹蜩螗瀛海　七省列戍相望公

在樞府我伏里門蒿目時艱草書萬言將貢狂愚上達九閽既抵京師公謂姑止請纓非時越俎何恃代斵而傷不如其已感公良誨息影春明發篋陳書文茲是營庶幾三年一飛而鳴古稱長安居大不易况我迂疏罔知生計公爲綢繆時其乏匱有車鄰鄰餉粟於門相國之祿以爲我飧匪私一士古誼是敦南海張公持節東邁公來命我盍游海外拓爾壯懷覘茲風會我告公言固所願也凡今時論師夷變夏策士慮疏經生識寡二者交譏吾國日羸財匱力殫孰塞漏巵不有忠信焉格豚魚公顧而笑拊掌稱善允子所言不負吾薦努力他年濟時達變海波浩浩天風浪浪越四萬里而居異邦豈緊身謀冀爲國光人心不同有如其面我心匪石不可以轉錐不處囊末又何見荏苒三年來歸自東此行無補我實負公公曰否否子謀則忠我之未返公已在告養疴京邸時聞　溫詔再疏乞歸安車就道囊公秉軸我猶引嫌上交不諂古訓所嚴雖有私懷蓄而未宣今公歸矣願得執贄從門生列北面師事高山景行以遂吾志　璽書有命乘傳載途公戒僕夫罣車出都蕭然行裝去若寒儒不告於衆以節繾綣東郊祖帳咸成廬願嗟我臨歧靳茲一面公歸山右我來歐洲窮海邈然奄忽三秋去歲緘書未知達否豈期邸鈔傳徧瀛寰　明諭煌煌公歸道山拊膺一慟曷禁汍瀾嗚乎公乎而今已矣日黯雲淒山頹木毀孰分國憂孰貽民祉我之慟公匪僅其私追維往事難已於悲悲公忠懷未竟厥施公撫山左鋤奸去蠹吏道澄清疆圉完固野無曠土戶鮮逋賦彼何人斯讒口哆張挾其奸私詆斥忠良蒼素易色有舌如簧　聖聰未淆公志已決願歸中條優游歲月一十五年槃阿不出世方多難　帝實思賢　徵書絡繹再起林泉朝野欣欣屬耳目焉既筦農部旋贊綸扉嘉謨嘉猷啟沃隨時國用以充庶績以釐同寅嚴憚屬僚惕息公心冰淵公身圭璧匪敢議公懾

公淸節　帝眷方隆不可以移人望方屬不可以違讒夫睊睊日
陰齕之公量雖宏公性則介既掣我肘國事焉賴道之不行命也
何害三年樞相强半移疾七載大農日昃未食　主恩誠深衆好
難協大臣引年進退以禮身歸江湖心存殿陛惜哉遠謨而不盡
試自公之歸衆論益明筐篚相承寵賂肆行孰懲官邪以勵國楨
繄我慟公情在於斯知己感深一人之爲直道不容曠世猶悲
絲綸自天謳思在野忠淸粹德無間言者儉夫徒勞公何憾也傳
稱明德後有達人泰交之朝喬木世臣方叔召虎期公後昆我縻
於茲執紼莫從緘詞絕域彷彿音容公其來格歆此哀衷

復庵遺集卷十六

無錫　許玨

文四

具區賦

東皋子沖漠好道怡神詩書居臨震澤之濱閉門十年未嘗出游
適有煙波釣徒聞而造焉曰先生居道德之囿游仁義之塗風雨
不輟寒暑一廬形瘁神槁忘其勤劬雖然亦知四海之內几席之
外有可以娛目而悅志者乎東皋子曰鄙人闇陋未之聞也煙波
釣徒曰夫宇宙之勝靜則樂山動則樂水黃流九曲岷江萬里怪
麗千狀不可殫記子未之覩吾述亦憊吾所言者鄰子之居咫尺
可見是謂具區具區之爲水也負長江趨大海天目導其源淞婁
竟其委左則洮湖滆水之縈紆右則苕霅諸流之交匯納百川而
委輸環三郡而襟帶岡巒之阻則天地之奧區焉風濤之壯則萬
壑之歸墟焉是以爾雅稱吳越之藪職方兼五湖之浸由三古以
迄今爲東南之形勝具區之中有山七十或浮或沉或現或沒或
若鳥翔或若人立或若蛟龍之拏雲或若黿鼉之負碣交錯糾紛
盤紆茀鬱其最勝者號曰洞庭兩山對峙上干青雲東山之麓周
六十里西山倍之凡百三十里而贏其中則有沃壤平疇廬井田
牧曼衍原隰錯雜溪谷覩桃源之仙境非塵世之村落其土之植
則桑梔的皪橘柚芬芳白梅夏熟綠橙冬香家種黃柑之樹園收
銀杏之糧水族則有魴鱸之味鰣鱭之珍時褢之白鱠殘之銀石
首玉筋紛羅畢陳然此第言山中之勝也猶未嘗觀於斯湖之濱
若乃浩浩茫茫渺渺忽忽登高四望彌天一碧萬頃之水鏡平六
桅之船雲集則有吳娘踏歌漁娃撒網隨風折旋與波下上輕若
飛鳥捷若蓮苹倏忽起落變幻萬狀遠而眺之斷岫點點隱現迷
離如蓬萊方丈不可接也近而矚之怪石嶙峋谽谺嵺嵃如奇獸

怪物爭趨攫也當夫長風怒號欱野歕山雪浪排空陰雲蔽天鯨吼鼉鳴鏜然塡然估檣傾擢地軸轉旋鴟夷見而悸心賁育駭而汗顏俄而林巒寂響風日晴朗縠紋漣漪帆影蕩漾遙天漁笛之聲江上釆菱之唱靈巖則返照一痕弁山則輕煙彌望則又四顧徘徊怡然神曠至若瑤海月上星河倒懸流光千里玉宇高寒又若遙山雪霽積素萬疊俯仰上下珠宮貝闕一日之間奇態萬殊四時之際無不可娛斯固天下之瓌瑋大觀而賢人畸士所樂而不返者也溯昔泰伯采藥始居其間闔廬夫差遺蹟遂繁故有翫月之渚消夏之灣牧馬之城圈虎之山登夫椒之麓則句踐所從遁也躡杜圻之峯則夷光所偕隱也金廷玉柱石函寶書漢劉根學道之地甪里黃村丹崖翠巘周綺皓避秦之境也他若陰生燒丹之井柳子傳書之鄉雪竇降龍之淵聖姑絕雉之塘靈怪恍惚更僕難詳故北極遼塞南踰嶺嶠西越川蜀東至海表四方之人

文四　二

來游吳者無不弔古褰裳探奇鼓櫂沿流溯洄陟岡登眺攜賓侶從謳童舉酒屬月浩歌當風將挾飛仙以遨遊淩煙水之無窮今吾子生長斯土塊然獨居一室之外視若贅餘盍亦強起而從我游乎於是東皐子俯而不答仰而顧笑徐謂客曰若子所稱誠騷人墨士之見聞亦足以號博物而譽多能矣雖然嘗探其原而求其始歟夫天地之水東南爲下衆流所趨懷襄之代泛濫實多孰爲瀦之洩之俾吾儕免於魚乎其始斷髮文身之地耳周漢以降教化蔚興學校俎豆其文彬彬迄於今代懷鉛握槧之士類能咀含仁義歌詠昇平此又誰之功也吾子不陳明德之餘烈溯端委之遺風侈語山水誇述游蹤夫風濤之勝登覽之樂此亦彭蠡岳陽諸水之所同也豈足爲具區稱哉且夫捐藪澤以予民王者之恩也設險以守國疆域之事也具區之界跨州連郡浸邑十數財力雄富民物錯處澤梁之利固甲東南汊漊糾曲亦易藏奸波濤

角逐在昔爲患今則帆檣四達千里宵行囹圄兩歛跡蛟螭潛形山中之外戶不閉湖上之澄波砥平是蓋由　聖朝二百餘年之澤涵育之至深也方將殫思慮竭愚蒙述古昔宣　皇風緬斯湖之底定歌薄海之大同奏之　朝廷翕乎雍容東皐子之言未卒煙波釣徒矍然改容茫然失據逡巡下階鼓枻而去

惠山昭忠祠賦 以登高能賦可爲大夫爲韻 有序

皇帝御極之二年吳會既平　天子憫念死事諸臣優詔賜卹江蘇撫臣奏建昭忠祠於惠山之麓　旨如所請祠既成有司春秋祀焉俎豆方新湖山增色於是四方人士游於斯者莫不懍然於臣子致命之義　聖主教忠之心恩至渥也報至隆也爰爲賦曰

覽名山之勝槩感祀事之肇興惟臣節之克盡迺　恩命之寵膺棟宇斯煥神靈式憑炳日星河嶽之精千秋不朽占巖壑林泉之勝拾級堪登憶昔兵塵未靖烽火初遣綺街兮荊棘闌若兮蓬蒿

文四　三

空復蘊松石古黯易臺高驚心百戰乾坤可憐焦土曦有半天風雨怒捲松濤每當角聲月落劍氣凝霜指林嵐兮目斷話邱壑兮感增俄而天戈威震露布歡騰孟參軍落帽龍山別來無恙霍去病圖形麟閣孰與爭能溯夫貔虎踞城蝸蠻負固士卒爭先將軍赫怒甫躍馬而飛馳旋登城而蟻附犇擊雷霆追逐雲霧允矣動垂金石不負　君恩壯哉氣作山河克完天賦我武維揚神威不墮死豈鴻毛尸眞馬革大節既伸　恩綸寵荷鞠躬盡瘁而後已臣子分宜然以死勤事則祀之　皇帝制曰可乃相地勢建宏規此邦之勝於祠爲宜極宮殿之巨麗攬山水之雄奇飛雲在棟靈風捲旗允宜百世流芳薦豆籩而來享回憶頻年轉戰洵保障之能爲彼夫鄧耿則列土分符褒鄂則淩煙圖繪或擔爵而析珪或輕裘而緩帶孰與此威振江東祀崇吳會効忠節於一朝答生成於兩大即此湖光山色已堪照耀人間定知風馬雲車時復馳驅

天外士有栖遲巖壑俯仰寰區緬山川之風景瞻祠宇之規模感
天恩於北闕仰臣節於東吳愧無倚馬之才宣揚乎　聖德敢
以雕蟲之業貽笑於壯夫

擬鮑明遠蕪城賦 以蕭欹燼滅光沈響絕爲韻

噫嘻乎悲哉野岸霜飛平蕪雲沒蔓草迷煙殘墳臒碣麋鹿遊臺狐狸聚窟淒風碧葬之魂荒露黃埃之骨過斯城者莫不悲風景之飄零悵繁華之銷歇方其劃雉堞剗陂障複關之險五達之康固若磐石堅逾金湯因而綺街闤麗香徑尋芳淩雲結館拜月搆堂侈蘭宮與彤閣極瓊璧而瑤房十索絃歌雜燕嬉春之韻萬家燈火燭龍耀夜之光無何鼙鼓聲喧金戈響震鳳凰臺上倚弓鸜鵒窗前接刃焚燧則瑤草俱萎繫馬則琪花悉躪亭館忽其爲墟蘭蕙俄而已燼昔之瑣窻翳袖曲沼漪裙吟成咏絮巧奪迴文莫不埋魂荒石抱恨寒雲金谷詩成可憐明月玉樓夢醒空悵斜曛

倚絲桐而莫御撫蘭麝而誰薰於是僕本恨人心愴欲絕循堞魂驚登樓腸裂草木爲悲山河與訣愁聞南內之鈴怕贈西園之玦綺羅盡兮玉樹埋邱隴平兮金甌缺感天地之一瞬痛滄桑之變滅遂乃弄桓笛調嵇琴蔡笳韻急燕筑聲沉擬蘭成之苦語和靈均之哀音左望端溪右盼墨林含毫綿渺爲蕪城之吟吟曰峻隅兮荒煙高臺兮榛莽銅駝埋兮走鼯鼪金人徙兮集魑魍璇淵碧樹復何存淒涼怕聽寒蘆響吟卒扼腕悲憤凝思悵惘感世途之菀枯參造化之消長維聖人之金城亘不敝於天壤

木芙蓉賦 以水蓮已盡木蓮開爲韻

霜花著地飛不起畫闌九月涼如水一枝紅豔殿秋芳不逐繁華鬭桃李瘦影娟娟臨風悄然梧桐徑畔薜荔牆邊映日愈媚經霜益妍比晚節於金菊錫嘉名以木蓮當夫曉露如珠朝霞似綺瑣窗半開瓊樹雙倚妬寶帳之玉人醉霓裳之妃子盈盈而相對無言脉脉而含情未已又若深院香霏疏籬風緊花夢方酣夕陽將盡製裳而纖手偏寒照鏡而殘妝自哂冷絕豔於江濱落寒英於石徑感秋去兮雕闌訝春回兮金谷和煙兮綠葉半林近水兮紅雲一簇銅瓶供兮弄妍羅袖搴兮散馥苑同太液之風光詎豔平原之花木遂乃寄興跌宕含情邈綿招曼卿之仙侶歌庸樂之新篇歌曰房櫳秋寂寞一笑晚風前何必凌波去雙鬟唱采蓮又歌曰萬紫千紅次第開年年春信暗相催美人獨抱淩霜操翠袖天寒入夢來

餞春賦 以未到曉鐘猶是春爲韻

送桃客去渺矣波痕折柳人歸黯然花氣乃揖東皇招香尉看幾處銷魂芳草南浦重來且今朝沉醉東風夕陽尚未方其柳眼舒青梅裳曳縞壘驚燕子之成信喜蜂媒之報草綠侵簾花香壓帽忽聽碧桃枝上杜宇催歸無端赤玉闌前楊花飛到客夢驚回春

光去了愁看胡蝶嗡香怕聽流鶯喚曉山闢翠兮眉顰花墮紅兮魂悄此後相思兩地空憐雲樹依依勸君更盡一樽莫悵關河渺渺琥珀斟濃千鍾百鍾設柳邊之祖帳送天外之行蹤恨者番綠葉成陰三月江頭歸棹問後約白雲何處一聲花外疏鐘時則粱苑才人淒涼遠浦烏衣公子惆悵芳洲倒金罇而眷戀擊桂檝以夷猶杜司勳刻意傷春孤眠琴尾江大令多情賦別頻夢刀頭別有解珮漢皋蹭蹬洛水觴飛金谷之園絮落長干之里爲問海棠花下睡醒未曾可憐楊柳枝頭別離如是僕也江湖作客歲月依人埋愁無地好夢成塵悵流光兮冉冉傾濁酒兮頻頻我醉欲眠去萬綠叢中銷夏重逢何日待百花頭上迎春

雁陣賦 以秋風絕塞來鴻雁爲韻

陣雲天末雁影樓頭乍流音於蓼岸又結隊於蘋洲嘹唳而驚回午夢平安而慣遞庚郵曾經字寫一行布出青天之紙又見圖成

八陣帶來玉塞之秋時則煙沈岸柳霜醎江楓寒鴉繞樹秋隼排空歸燕方翔於雲表賓鴻乍至乎江東依稀鐃吹音流度重關之明月彷彿將軍飛下乘萬里之長風則見天際翺翔林邊明滅非鷺序之環分非鷄班之對列白羽一麾秋雲四裂可是行排征雁號令方新恍看勢走長蛇飛鳴不絕陣布堂堂雁飛隊隊影列縱橫勢分向背順風而如助師行噪月而無憂宵潰衆殊烏合奮健翮以摩空肅比鷹揚帶驚沙而入塞乍聞水涘暫見山隈形成魚麗夢醒龍堆星夜而征書飛遞霜晨而畫角頻催被練之衆三千衡陽聲斷背嵬之軍八百漠北飛來則有羈人遼左少婦吳宮離愁終古好夢誰同悵從軍兮渺渺憐征戍兮忽忽蘇屬國繫帛傳書心傷旅雁竇若蘭迴文織錦目送飛鴻彼夫鸛陣則雪冷芳塘鵝陣則天寒翠澗鶴陣警秋露之珠燕陣啄春花之瓣而是雁也亦復高逐溟鵬俯窺籬鷃不必六韜三畧氣吞天半之虹自成五花八門隊列雲中之雁

秋聲賦 以一葉落而天下知秋爲韻

客夢驚秋商聲入律木葉蕭蕭金飈瑟瑟壁冷啼螿燈寒吟蟀鄉書寄到樓頭之燕語雙雙清淚聞餘天上之鶴聲一一悲哉秋之爲聲也初入戶以淒淒旋排空而獵獵如幽壑之鳴泉如長風之送楫狂嘯登樓浩歌彈鋏一般秋思都歸江上之殘砧萬種秋心同聽牀頭之落葉則若班令蘭臺庾生蓮幕禁漏深沉閒庭寂寞秋清座上之箏秋冷深宵之柝碧天如水聽玉笛以含愁明月前身彈青琴而欲落至若羈人海曲游子天涯寒槖獨對浮梗頻移警清鐘兮半夜倚柔艣兮一枝愁聞零雨之鈴歲云秋矣夢醒擣衣之杵室是遠而別有受降城外回樂峯前從軍萬里帶甲頻年刁斗則五更未已琵琶則一曲堪憐秋思誰家和哀笳兮絕塞寒衣未到悵畫角於遙天更有繡閣妝殘綠窗香炧紈扇曾題迴文獨寫漏驚午夜銅龍響和丁當鐵馬對天孫兮獨處織錦閨中悵蕭史兮不歸吹簫月下伊秋聲之可感合萬籟而皆悲山容助其慘淡泉韻益其悽洏潘岳二毛之賦杜陵八月之詩最憐謝傳中年託琴箏而難遣劇惜長卿多病臥風雨兮誰知然而年華易逝歲月如流天無心以成化人何事而懷愁僕也種花鋤忿飲酒消憂乘興揮毫繼歐陽而作賦聞聲起舞異宋玉之悲秋

月中桂賦 以影落羣木香滿一輪爲韻

金蕊香濃銀河秋冷人在瑤臺花霏仙境謝下土之羣芳占清光兮萬頃搔首向青天而問月儼前身託根在碧落之間花還弄影爾其金波皎潔玉宇迢遙城開不夜人坐深宵涵寶光於一鑑話仙樹於三宵何人栽上界之榆晴暉歷歷有客賦廣寒之桂元著超超婆娑樹影點綴天文稟太陰之清氣吐仙窟之奇芬消受幾升碧露映來萬朶黃雲七寶裝成窺鏡而蟾蜍助采一枝許借尋

巢而鸞鶴成羣月色弄妍天香流馥種近薇垣飄來柳谷淡秋水之一痕散黃金而十斛時逢朔旦枝定亞乎扶桑倘過歲星躔或應乎析木於是歌翻白雪杵搗元霜倩雙成而擫管邀王母以舉觴賀題詩之長吉謝倚樹之吳剛迴非塵海繁華吟成蕊榜但覺天花亂落舞罷霓裳秋色娟娟而杵靜仙風拂拂而衣香種自何年花開無算影皎皎兮一輪芳菲菲兮四散蟠桃之實何遲靈椿之年猶短挂一天之星斗瓊宇澄清蔭大地之山河金甌圓滿彼夫奇傳應候之蓂異說彈棋之橘芝偶餌而登仙桐已焦而入律孰若此獨稟奇芳直超凡質月華秋迴紅塵而照徧三千桂影雲深銀窟而香分第一良由稟神奇於造化妙培植於洪鈞徧八埏而有耀亦萬古而長春士也沈酣香國跌宕吟身種夙世之靈根前生金粟成新歌於水調此夜冰輪

團扇家家畫放翁賦 以春在先生杖屨中爲韻　十六歲作

吳淞別夢劍閣詩人春風識面秋水傳神一幅丹青繪游仙之浪迹六朝金粉留遷客之吟身也曾樹伴梅花無言益淡最好扇擕月樣著手成春始其悵望天涯蕭條宦海風月情多星霜景改塵緣悟澈無非絮果蘭因佳句吟成翻訝鏤金錯采結名流於南宋幻境曾遊訪近事於東吳伊人宛在有客翩翩飄然欲仙畫宜雲託扇若月圓如此清麗故國煙霞之侶不堪持贈仙人詩酒之緣本來色相都空神遊象外果否鬚眉畢肖意在筆先蕭然一夢萬慮俱清描摹曲折點綴分明買將趙氏之絲還留仙骨譜出班姬之怨無限秋情到處爲家合受香花供養忽逢故我還疑斷梗平生則有芸館留題蘭閨清賞文字奇緣神仙幻想自饒品格添粉頰於長康不學風流染纖眉於張敞想到前身明月影共金杯描成眞面廬山手持玉杖半幅摹神幾回彈指筆墨閒情煙雲滿紙自成圖畫曾來柳樹陰中也有人家不是桃花源裏儘許圓成夢

幻十二瓊樓何須占盡繁華三千珠履然而浮生飛絮旅迹飄蓬蕭騷宦况寥落詩翁紈扇則徒聞宮怨妙畫則未補天工多買燕支莫譜青溪春雨頻驚蝶夢空留黃葉秋風請看一樣團欒想像廣寒之界留得萬家供奉傳留阿堵之中

復庵遺集卷十六

復庵遺集卷十七

無錫　許玨

詩一

讀文信國正氣歌壬戌

痛哭拘幽操悲歌易水風血飛墨池碧字吐劍光紅忠節古今絕文章天地空西臺竹如意秋晚泣梧宮

荔江晚眺

歸雲度遠陌夕照映池塘野鴨破萍綠亂蛙鳴稻香心隨流水遠人立晚風涼明月忽東上悄然思故鄉

蓉湖權歌

五里綺街柳色鮮桃花釀作暮春天踏青歸去游人倦共立斜陽喚渡船

紅蓼花疏菱芡長西風吹動片帆揚清溪只許梁家占秋柳陰中

話孟光

閔港晚泊

西風短櫂宿蘆汀客夢勞勞未易醒一醉儘人呼李白扁舟何處訪樵青時棄漁舟西上雲山縹緲今重見鼓角蒼涼已慣聽倦倚蓬窗看秋色夜深漁火兩三星

述夢

亂離骨肉又相親小別重逢也愴神阿弟牽衣勸卮酒老親擕手惜征塵略談家事憐游子漫疊詩箋送比鄰推枕忽驚逢底月可憐還是未歸人

夜過小東亭書感

櫓聲柔共角聲哀百里空江半夜回帆影竟從天上落孤身又到賊中來金魚誰綰封侯印銅馬原無大將才歎息鶯花成幻夢空餘殘月鎖樓臺

蕩口晚泊

十載江南作戰場蠡湖煙月正飛觴萬家燈火喧宵市一曲琵琶鬪豔妝綺夢醒來春旖旎笳聲吹徹月蒼涼只憐騄馬分香後人面桃花易斷腸

閏中秋叔彝師招同張孫鄂祝謙之錢華甫暨谷生集敬樂堂即席聯句

愛月愛中秋恰喜歲逢閏（叔彝）招要衆酒徒轉戰紛詩陣（華甫）中庭桂已殘北海樽初進（靜山）談讌正從容知己心相印（谷生）才筆推應劉酒國尊齊晉（孫鄂）往事溯從頭佳節經一瞬（謙之）蓂莢算無差梧葉又傳信（叔彝）醉鄉天地寬海國干城峻（華甫）雲煙嗟變易戎馬苦蹂躪（靜山）海上羽書遲鄉關金鼓震（谷生）漢劫昆明灰楚炬咸陽燼（孫鄂）飽照期遠來李廣方雄鎮（謙之）且解杜陵愁重向姮娥認（叔彝）雲開莽莽懷霜老絲絲鬢（華甫）人生隙過駒世態樓幻蜃（靜山）終軍請纓年要借長風趁（谷生）嗟予倘論落風阻鴻毛順（孫鄂）世事須達觀吟興酒能引（謙之）情同鄂渚游氣讓張郎僅（叔彝）文章華國材旗鼓騷壇振（華甫）風流王謝家賓從鄒枚雋（靜山）願月常團圞喜佐高堂餕（谷生）枯菀有定數莫向君平訊（孫鄂）何時探廣寒共騁雲逵迅（謙之）

客有以水蜜桃餉者凄然成詠

我生四五歲阿爺賈遠方一朝寄書歸纍纍桃一筐袖書未解誦見桃爭取嘗飽啖一二顆口角流瓊漿阿姊攜桃核阿弟牽我裳同行入寢門跪拜奉高堂阿母顧兒笑呼兒近身傍兒能讀父書此桃給慎郎（予小字）謹如阿母命跪誦聲琅琅頗解書中義似言苦風霜阿母顧兒喜嘖嘖誇兒強廿年一瞬息兒身如父長兒身已無父見桃心暗傷哀毀我何敢母齡永無疆駐顏此丹液懷哉綏山岡

題江伊人丈夢華廬印藁

商盤周鼓無人寫苔花蝕盡秦時瓦李斯一去三千春後來繆篆空紛綸伊人家在祖山足金石文章奪山綠蟲書鳥跡光陸離毛錐琢盡荊臺璞夢中彩筆花怒生瘦硬忽作玻璃聲只憐絕學無人問空與屠沽記姓名還君一編重歎息丹黃滿眼宜珍惜丈夫得志會有時須鑿燕然山上石

追悼周飛卿

百萬金錢許買鄰生來香火結緣深曾呼李嶠眞才子戲說留侯似婦人異姓如君同骨肉多情憐我慣風塵而今再到黃壚畔腸斷當時漉酒巾

雜感

十年苦征戰故里今清夷雖云今清夷世事未可知孤城僅斗大賊散人民稀狐狸當路立叢薄鼯鼯啼藜藿不可飽安問子與妻道旁陳死人啖之甘如飴官軍披鮮裘怒馬風前嘶

晨出東郭門古墓沒荒草白楊枯無枝牧豎緣其杪殘碑臥路旁上有牛羊道凄凄寒食雨澗花發紛窕河清不可俟因之心如擣

甲子生朝

桑弧蓬矢男兒志臣朔今年二十二一椽破屋一囊琴丈夫生世成何事少年意氣誤雕蟲六龍蜿蜒浮雲中春雷不鳴臥空壑西風江上飄秋蓬飄蓬歲歲心自傷化身太白何渺茫繡衣文褓紅羅襦啞啞指點瓊瑤章（週歲時家慈指示屏間字頗能不忘）一時石麟譽清絕藍田之玉生輝光滄桑人事雲煙易王生可惜頭顱黑十載江湖作戰場飢來猶抱毛錐泣酒酣欲起挽天河乘風洗盡鯨鯢波吁嗟乎乘風洗盡鯨鯢波男兒壯志空蹉跎功成長揖謝多士歸去請從赤松子

哭伯姊

竟撇紅塵撒手行傷心讖語霎時成（姊屢有厭棄紅塵語）無多骨肉難爲別有限年華了此生殘月半窗泉路杳秋墳三尺旅魂驚夢回第一淒涼處夜半孤雛索母聲

七齡學繡解承歡弟妹相依問燠寒飲食竟同慈母教平生不作女兒看從前祇解追隨樂此後方知補報難一卷金經親自寫烏絲濕透淚闌干

盡室流離已四年團圞真箇勝神仙偶談瑣事圍鑪坐爲戀萱親傍楊匡藥餌頻煩中夜侍形骸久動老人憐（母病時姊已瘠甚）可緣罔極恩難答代把微軀赴九泉

悔煞當時少主張庸醫誤爾竟身亡（姊病霍亂脉伏醫某必欲豚見方肯進藥遂至不救）遶牀空費吞聲泣入地誰投續命湯除卻夢魂難再面更無笑語到高堂他生漫祝爲兄弟畢竟他生已渺茫

後蘋花社即事分韵得後字

蘋花吹聚秋風後萬里江山一樽酒淪落天涯又幾人人生會合良非偶昔年絳帳闐笙歌霑瑯凤號扶輪手避兵名士過江來長揖鄒生召枚叟騷壇旗鼓振東海墨花飛舞龍蛇走桃源春色醉羣仙當時此樂亦僅有飄零蓬梗各東西滄江一臥三年久羈客難銘翰墨勳先生重綰銀黃綬蒼苔窮巷閉重門玉笛何人奏楊柳太原公子人中英更開蓮社虹江右雲門雅集繼蘭亭狂歌再擊相如缶仙人海上騎鯨來杯酒勸君爲君壽東南近今息烽燧努力韶華勿慮負浮蘋聚散安可常請君盡此綠玉斗

旅感

寂寂江頭倚釣竿西風吹夢不勝寒身緣愁病悲秋易眼爲孤高入世難把酒且邀山月醉眠琴自樂水雲寬芙蓉十里煙波穩如此家山畫裏看

題鬘雲女史柳陰垂釣圖代

東風拂拂羅裳冷碧痕十幅春波靜池塘花落鳥無言游魚銜住垂楊影美人含笑倚闌干玉纖徐拂珊瑚竿武陵仙子渺何許柳煙陣陣催輕寒

題梅花風雪卷子

烽火苦未息海天又遠行一尊風雪夜尺幅別離情圖畫人何在江山今太平淒涼展遺墨宿草已叢生

天地浮漚耳吾生亦有涯此身異金石餘事況才華珍重披殘稿清新亦作家捲圖成一笑且與種梅花

謁范文正公祠

貧儒困韋布鬱鬱不可居所見祇利名得志將何如人生髮未燥入塾誦詩書道通天地人識豈囿一隅舉世病飢溺拯之在吾徒偉哉文正公志量世所無伏處懷廟堂宦達憂江湖立朝三十年寒素如其初祿入贍同宗身外無贏餘世儒不自奮觀之徒嗟吁我來謁公祠再拜立斯須願言式高風永爲學士模

擬張若虛春江花月夜

春江灩灩波如鏡春月溶溶弄清影江行萬里月一輪隨潮蕩漾渾無定春江東來月向西月華照徧花枝低有花堪折趁春折莫待春殘花落時花枝何處最堪憶三月江南身作客二八盈盈樓上姝幾回相見不相識相逢不識亦何爲不如明月伴空閨玉鏡臺前相愛惜擣衣砧上共徘徊徘徊且擊江頭楫一種芳心遣誰說江水悠悠愁不勝江雲渺渺情何極愁無極矣可奈何古來明月比今多古人不及見今月長江浩蕩空生波明珠一斛速將去聘取娉婷教歌舞夜夜傳來玉樹聲朝朝拍徧霓裳譜春江水碧春月圓美人相並倚瓊軒從前明月空帳望今夜花枝相抱眠窮奢極欲非得已人生富貴行樂耳除卻人間花月緣古今萬事東流水

蒼山樓即席分詠得蠶豆

二月蠶豆華三月蠶豆實纖綠不盈指來佐盃中物下箸若不勝入口疑無質嘗新味自佳數典意轉拙斯豆以蠶名我欲徵其說或言豆花紫頗類蠶眉色或云豆眼黑有似蠶背跡而我未敢信戲語請陳臆五穀菽居次功與稻粱匹豇豌種雖繁斯豆最先出當其薦新候蠶事正未畢因時以畀名索解本易得不然巧傅會農桑理原一以彼衣被功况兹療飢力達人觀物悟生世貴自立名花與嘉果朱碧筵前列侑酒非不佳實用恐未適古稱經濟才菽粟相彷彿無之天下飢有之萬民益諸公餽餽姿霖雨爲時傑坐中我最少頭顱亦三十是會歲壬申三月廿五日

擬皮襲美初夏游楞伽精舍用元韵

挈伴尋餘春迤邐出西郭濃陰夾道旁天宇喜清廓心既忘時榮身不任民瘼飄如不繫舟隨處皆可泊前望楞伽山巃嵸何岧嶤

掩映見金碧中有陀羅閣高崖聳丹梯流泉挂珠箔塔鈴當風語疑是鈞天樂道人導升堂幽境謝丹雘色障盡劃除慧海自不涸階前鳥解歌潭底龍非惡世慮息榮枯塵心泯喜愕探幽上南山險若來巴笮籐蘿手自攀苔壁滑難摸山果絢珊瑚巖花垂纓珞迢迢太湖中諸峯淬霜鍔勝境不可窮萬象成輝爍山高雲氣濃未覺夕陽落扶倦三尺笻踏破幾兩屩我來興適至我去心無著相將復入寺斯須且酬酢人生一世間天地爲席幕但期適性佳不用私智鑿得志登廟堂退閒臥林壑造物聽自然于人無厚薄試拈鏡裏花靜聽風前鐸花來鏡無心鐸言風不諾世人自悒悒動云爲物蠹局促類轅駒毋乃識未博自從漢代來道衰釋氏作以彼清淨理思欲解塵縛雖足砭富貴未免苦寂寞我心自超然聖賢相與度毋固亦毋必斯言守最恪何取泡幻詞儒釋徒參錯即鏡無不佳隨地皆可托翛然歸去來一嘯驚山鶴

擬韓昌黎薦士

泰山不讓塵河海不擇流貫輸納百川突兀臨九州相臣坐廟堂衆材亦兼收芻蕘皆可採菅蒯且見求國家際重熙萬物俱優游潤色儻無人何以揚鴻休我讀雅頌詞敦厚而溫柔和聲徧四國麗藻垂千秋五言昉蘇李建安推曹劉自從晉以還六代皆俳優春華遺秋實剽竊徒貽羞聖朝蔚人文將相夔龍儔中興大雅才李杜居其尤繼此亦有作藝苑恣冥搜吾友曰孟郊十載相唱酬偉詞戛金石風骨何清遒筆端若有神勢欲淩滄洲近邁盧駱儔遠與屈宋侔惜哉宦不達匡廬徒藏修不令歌昇平翻使嗟窮愁捧檄走江南宦海悲沉浮枳棘困鸞鳳鹽車縶驊騮明珠與蒼璧按劍遭暗投負此華國才不能爲身謀冉冉老將至忉忉我心憂五十得一尉白髮漸盈頭縱不卑小官歲月苦難留緬思古之人公旦佐宗周一沐三握髮棫樸歌薪槱祁奚晉大夫所舉不棄仇

胥臣覯郤缺一旦起田疇豈慕下士名賢路固共由高風孰可繼毋乃在君侯選人循資格才士每滯幽望公一援手勿使棄遐陬得人貢朝庭寶貴逾共球下以宏相業上以宣皇猷明堂奏雅頌皇華備諮諏僕竊舉所知此語非悠悠爲公賦緇衣作詩致綢繆

擬李翰林塞下曲三首

未洗銀河甲防秋萬里營羽書馳瀚海獵火照長城胡騎無南牧元戎出北平燕支山下路鼙鼓動邊聲

月黑盤雕地風高射虎天短衣荒塞外匹馬亂雲邊羌笛聞新曲鄉書到隔年何當奏鐃唱歸去畫淩煙

十載覓封侯將軍已白頭踏殘葱嶺雪望斷玉關秋曙色寒笳吹霜花拂劍鉤閨中有少婦昨夜夢涼州

詠錫金古跡五首

馬鬣皇山百尺崇東南禮樂起吳宮去留默定姬宗局文采先開

言子風百代衣冠化蠻越六朝禪讓戲兒童相隣祇有延陵廟歲
歲官家祭祀同 泰伯墓
五洞橋邊泛櫂行岸花搖動綠波平先生不肯因人熱此水眞如
高士淸放眼浮雲空俗戀盪胸明月浣詩情漁娃盡道梁溪住漫
說當年變姓名 梁鴻冢
宋家三百年天下青史何人第一流巳敗殘棋身屢著獨支大厦
願難酬抗章未遂姚崇約請劍誰誅張禹頭恨殺西湖好風月荊
襄淮甸總空謀 李忠定公祠
雪浪峯高倚水濱風流曾住舊詞臣下帷披盡三千牘上殿爭看
第一人虀粥不忘天下志鶯花猶及故山春科名祇是尋常事丰
采𨗿誰繼後塵 蔣子讀書閣
詔書一夕下三吳湘水寃沈楚大夫天意斯文屬南國人驚黨禍
起東都茄花滿地生何益李杜齊名死不孤此日瓣香祠下拜欲

憑忠信薦潢汙 高公止水
冬日田園雜興
稼穡既已畢歲寒返吾廬南榮負朝暄抱膝讀我書開編輒狂喜
俯仰天地初十二萬年中歲月何忽諸人生一瞬耳胡爲不自娛
左披百代書右攬萬里圖斗室非云寬萬象羅庭隅門前一頃田
種桑復種蔬躬耕衣食足陶然樂有餘
昔年苦兵革荒村無人煙今年喜豐稔有穀不値錢東鄰八十翁
嚴冬袴無棉朔風豈不寒穀賤亦可憐縣官急催科租稅莫遷延
豪吏下鄉來雞犬夜不眠田荒今幸熟不如本無田溫語慰老翁
豐歉且隨緣曝背勝披裘努力期來年
洗兵馬
天生五材必並用治世原不廢甲兵棱威遠播海內靜往往脫劍
歌昇平少陵昔賦洗兵馬偉詞揚厲唐中興以今絜古豈多讓拯

民水火奇功成自從妖烽照嶺嶠吳楚千里無堅城十年苦戰始
得息長江蕩滌餘氛淸潢池盜弄時竊發大河南北仍連營捷書
一夜報 天子六軍奏凱歸神京古來將相豈有種 原缺四字 爲時用
向張忠節神鬼驚羅李威名山岳重曾藩報國出勛戚胡公知人
由天縱兩江節相今汾陽 朝庭倚畀如梁棟左帥李帥各開府
若論勛業相伯仲其餘鮑劉亦時傑血戰成功殺賊衆蕭條烽火
經廿年海內車書復一統削平雖出羣臣力 廟謨指示多奇中
樞廷方略本 先皇宵旰當年食不遑我 皇御極奉 懿訓繼
志述事無敢康欃槍盡掃寰宇靖周道復興漢再昌筐篚玉帛集
殊域薄海萬國爭梯航島夷懾服入宿衛坐令兵氣銷重洋河淸
海晏景星出劍戟俱化日月光 皇朝武功邁前古凱歌屢奏靖
八荒太平何必廢武備嗚呼聖訓民毋忘
擬東坡饋歲別歲守歲三首用原韻

歲暮百室盈爲歡各相佐閉門憶親故入肆市百貨貧富稱有無
酬贈隨小大紛紛互往來風雪敢高臥僕人銜主命發笥陳滿座
感此心瞿然歲月驚旋磨薄宦苦匏繫一年忽經過故鄉不可歸
作詩聊自和 饋歲
人生畏別離執手意遲遲何況與歲別一往那可追古人秉燭游
嘗慨生有涯去日良苦多行樂須及時翩翩美少年裘馬誇輕肥
流光倏彈指坐令老大悲主人莞爾笑酌酒前致辭努力盡一尊
兩鬢幸未衰 別歲
平生喜吟咏下筆驚龍蛇今夕祭詩篇燭影當窗遮韶華不可駐
漏盡將如何家人坐待旦笑語正喧譁曉鐘猶未動更鼓暫緩撾
千金爭一刻斗柄驚西斜來年亦易盡愼勿空蹉跎勉旃惜寸陰
少壯尙堪誇 守歲
讀史二首

三年立庭呼不已誓報父仇雪國恥能雪國恥父不死吳王千古
奇男子晉元趙構棲江左瑟縮偷安無一可青衣行酒佯不知大
漠梓宮歸未果南錢塘北金陵其中乃有姑蘇城二千餘年幾廢
興英風颯颯王如生
尹鐸爲晉陽主命墮其壘不墮而增之鐸乎意有在昭讐臣焉敢
思難君不殆彼陪隸耳猶知此謀國大臣乃反是柏梁災後建章
營趙鬼掉舌談西京土木之蠹何足云至尊昔日親蒙塵仍之猶
足儆子孫晏安酖毒生戎心吁嗟乎廟堂十載誰啟沃不及趙家
一尹鐸

復庵遺集卷十七

復庵遺集卷十八

無錫 許珏

詩二

清江道中 丙子

靜居忽不樂攬轡出風塵生世逢明聖安閒愧此身請纓行有日
槖筆且依人四海男兒志馳驅豈爲貧
舂宵苦不寐破曉上征車野曠天垂幕河乾地捲沙緋桃十數樹
綠柳兩三家何必江南好天涯攬物華

過舊黃河

大河北徙忽廿年昔日深谷今平田膏腴千里等甌脫黃塵莽莽
無炊煙我思神禹昔行水濬川距海澮距川蓄洩既爲旱潦備灌
輸亦令洪流宣東周一徙漢再徙黃流之患自此始歷唐宋明千
餘載補苴苟且徒爲爾　仁皇中葉屢告災翠華亦幸江南來口
講手畫示方略宣防既築民忘危黃淮合流歲五百河身日高流
日塞物窮則變變則通天爲　聖清導使北頻聞吏議尚紛紛欲
復南流息民力書生所見足可哂如瞽論棋昧黑白况今北流方
順軌濟能受黃疾趨海長淮南北幸晏然及時稼穡利斯在古溝
洫法難猝行但得其意足灌溉北引汶泗南引淮洪澤微山皆水
櫃奈何當事憎不圖坐令沃壤成瘠區嗚形鵠面亦赤子忍使乞
食臥路衢車中睹此長咨吁中夕數起心踟躕作詩敢告良有司
胡不乘時宏遠謨

早行有感

生年三十四未嘗離庭闈四年游虞山閒月輒一歸我母生我晚
拊我如嬰兒飲食必加詢冷暖爲護持一從出門來水陸疲奔馳
水行畏風波陸行苦崎嶇夜半坐車幰冷露濕衣裾驅蹇入水中
月黑流聲嘶深淺不可辨呼吸蹈危機日午行未息面汗沓塵緇

欲飲不得飲忍飢不言飢儻體慈親心見此將何如日暮暫解裝
挑燈作家書兒行皆坦途兒安毋勿虞

陪穉璜宮保游千佛山賦呈

憂樂關天下登臨詎偶然不緣甘雨足肯到好峯巔選勝參千佛
聯吟集衆仙西園未許擬應並峴山傳

俯覽三齊勝蒼茫接海東屛藩中外倚關塞古今雄綠樹明斜照
黃河隱短篷憑闌一尊酒四座共淸風

九月初六日發無錫 丁丑

家有七旬母身爲萬里行春暉原繫戀慈訓自分明養志不在近
懷安恐敗名棲鸞應擇木愼勿誤平生

漢陽別二弟

故國經年別他鄉十日留白雲江上權黃葉客中秋珍重加餐意
艱難負米游倚閭尤望汝莫久賦登樓

三月十七日淸江曉發 戊寅

纔從巫峽放歸船又指桑乾著祖鞭翻借遠游娛愛日回思壯志
已中年榮枯俱幻何須問歲月如馳劇可憐攬鏡自看還自笑不
知何處有凌煙

車中偶成

跪地垂楊露未乾雞聲催曉上征鞍四時無復讀書樂萬里初知
行路難去冬自蜀病歸偶展篋編祛午夢頻沽村醞爲春寒倚閭不作尋
常望時檢縫衣子細看

戲題虹西紀夢

我昔少年時畧脫易濡筆喜爲側豔詞雲雨羌無實偶然感幻夢
游戲成翰墨篋笥閟自娛讌斲朋傳說詎圖夫己氏一見災梨刻
不脛走海內公卿動顏色閒情玷陶令往往代惋惜我笑謝故人
猥薄悔曩昔廣平賦梅花未礙心鐵石

晉陽試院偶成

兩年萬里逐風塵疾病飢寒閱歷新大澤蛟龍猶蟄谷空山猿鶴
竟通神漸除湖海不平氣頗惜乾坤有用身朝菌紛紛感榮落可
知世上有靈椿

人日登太原西城寄故鄉諸子 己卯

樓堞參差隱夕陽風雲四顧感蒼茫百年身世人傳幾萬里關山
足繭忙錐不處囊誰見末金如躍冶亦非祥五湖自有煙波好聽
唱滄浪意味長

汾州道中

劫後哀鴻瘖不鳴天涯極目淚縱橫山經積旱春無色河咽殘冰
夜有聲萬里輪蹄消白日幾人肝膽爲蒼生蹉跎未遂澄淸志何
日馳驅報聖明

過韓侯嶺謁淮陰侯墓

萬里河山席捲收指揮大業定炎劉奇才卿不逢黃石疑獄吾難
恕鄭侯恩怨無端眞一夢頭顱如此亦千秋登臨欲證英雄抱彷
佛靈風起墓楸

晉中懷人詩

己卯仲春自晉入蜀山川形勝賢豪遺蹟溯風神往觸境感生
顧維樸陋重以荒落登高能賦愧不敏焉積旬以後忽忽不樂
私念詩以言志不文奚害今茲所經之祠墓里居皆吾平昔夢
寐懷思之人也不有所誌過焉亦忘爰取素日尤欽企者各繫
以詩明日將出晉境即以晉中所經者名曰晉中懷人詩不曰
懷古而曰懷人者我儀其人古今猶旦暮也亦差附於尙友之
義云爾詩凡六章祁大夫尹吉甫溫太眞藺相如裴晉國司馬
文正錄存二首

成康不復作姬祚嗟中衰宣王赫然興重見豐鎬規方召申甫儔

聯翩夾輔之尹侯最卓犖文武材兼資六月出戎車天戈清北陲
皇靈始一振餘威及荊徐崧高烝民詩藹然謨誥遺言言根理窟
讀之沁心脾乃知名世才胥由學問基中興誠多賢我以公爲師
下車拂殘碑英靈尚鑒茲
右懷尹太師吉甫（平遙南門外百步有碑題曰周卿士尹吉甫墓）
鸞不棲枳棘磁不引曲針凡物感以類况於至人心偉哉祁大夫
能以人事君親仇兩不避惟其材所任羊舌古遺直縲絏橫相侵
倖臣欲市德堅拒閟何深我公翩然來片語豁塵冥豈惟道義孚
忠愛由丹忱謀國必磐石信友必斷金千載挹高風執鞭吾所歆
右懷祁大夫奚（祁縣南七里榮仁村有祁奚墓）

華州道中寄范孟和

嗟我與君皆儒生船脣馬背三年程偃蹇萬里不得意未能投筆
空遠行十月晤言不知樂一旬暌別難爲情臨歧贈語尤肫誠毋

詩二　四

爲人重爲己輕新詩咳唾珠玉成五十六字皆箴銘今我已度華
山陰憶君猶滯晉陽城通人言政務其大使者豈獨司文衡甄陶
人才培風化噉鴻徧野尤所矜河東薦饑已四載赤地千里無人
耕荒煙宿莽纏白骨頹垣破瓦啼鼯鼪或言官府給牛種吏侵役
蝕徒盧名寒儒治生更乏策救死奚暇絃歌聲吹毛索垢愼勿爾
量才玉尺務持平莫言雲水洗眼明要求心若瓊壺氷在山出山
泉無分灝瀚一氣同澄清

車中和汪葆素送行詩卽寄

一年把酒明湖側一年瀹茗苕溪北一年驅車出雁門一年去作
錦江客四載迴環數萬里其間變巫返棹尤幻絕與君聯袂曾幾
時轉瞬匆匆又行役離筵惜別情何殷贈詩更極才人筆蟄龍起
蟄氣鬱蟠能寫傖夫面目出我生得天良獨偏癡情鼯態故無匹
人間游戲盡作眞不善用巧善用拙晉陽燈市方喧闐珠玉驚嗟

委沙礫鏡中芙蓉空徘徊夢裏荼蘼最悽惻未知碧玉宛轉心可
聽生公廣長舌作詩訊君君莫嗔好憑青鳥殷勤說

題馬跑泉（咸陽縣西二十五里）

唐宗昔駐軍神驥蹴泉出渴吻快一時流惠永無竭土膏融四圍
良苗挺一尺涓涓注平疇百畝徧嘉澤道旁行路人駐足滌暑暍
適用不在大隨處可潤物平生浩蕩意對此心轉折

過馬嵬坡題二絕句

禍水何嘗是禁闈廣平已死曲江歸開元一樣承恩寵不怨當年
武惠妃
翠華不幸已蒙塵忍爲蛾眉更刼君卻怪杜陵詩史在桓桓把鉞
說將軍

自和尙原入大散關

峭峯插天起下觀臨絕谷一徑窄如綫屈曲緣山麓蜿蜒不知高

詩二　五

返顧駭心目眼前堆白雲脚底響飛瀑輿夫前致詞雲棧此發足

庚辰二月二十七日生朝述懷

三十七年過瞢騰巳半生近懷愛閒適往跡悔紛營兀兀祗謀祿
嶢嶢空累名太虛本無物雲淨月初明
滄海浮家日江淮洗甲初漂搖淒風雨嗜好夙琴書絳帳開新壁
黃樓夢故居廿年一瞬息厚意至今孤
海虞有豪士延我住園林插架富千載牽裾托寸心看山邀竹外
滌暑醉桐陰愧少神仙骨紅塵忽地侵
本爲妻孥役翻云負米游庭闈貽遠志身世感虛舟鄉夢逾三載
神區徧八州白雲江上望莫慰倚閭愁
歎息離羣久登高眺故園素心數秦范儒術重龔孫風義兼師友
艱難當弟昆石交吾李子並世更誰論
喜把家書看芝蘭已茁芽（二弟近已得子）憶余初失怙賴弟早持家辛苦

十年客蹉跎兩鬢華楚吳歸棹近風便好乘槎
王覇蓬頭子居然舞勺年憨頑同我性愚魯得師賢爾戲重闈綵
吾揚絶徼鞭相貽無長物努力繼青氈

讀史三首

東漢重士節開之者子陵自不愛爵祿非爲薄其君宮廷一夕臥
天象動星辰軒冕竟何物未足當緇塵持此曠淡懷留滌萬世腥
至今桐江水徹底皆磷砌
吾自食吾力雖傭亦何恥但存不苟心焉往非君子孔張匡馬徒
儒術取青紫桓生稽古榮一語冷人齒鳳凰千仞翔斥鷃不敢視
滅竈而更炊此意童年始
魏不可爭鋒吳可以爲援寥寥草廬中決策盡數言古人審時勢
空論所勿陳後來六出師大義爲君臣一隅力有限千載志未伸
運會使之然企彼莘渭人

壬午元旦書懷

少壯不自立蹉跎及此辰那堪强仕歲猶是惰游身羈迹無龍蠖
清時有鳳麟東歸吾計決藉慰倚閭親

江口口號

灘聲怒合雙流水樹影濃遮半壁山十里畫屏青不斷江城風景
似鄉關

丙戌春隨使赴美洲過日本即席答岡鹿門千仞

邂逅來傾酒一巵與君同是未衰時澄清瀛海吾曹事莫爲風波
惜遠離

題鄒壯節公遺像己丑

桑梓論人傑如公近代無氣淩霄漢上節炳日星俱風義追前哲
艱難負壯圖東林遺緒在吾道未爲孤
倫敦使廨寄顧延卿即次其韻庚寅

長嘯思君獨倚樓暮雲千里隔寒流淮陰舊識無雙士海外重來
更九州槃敦幾家消昣域兵戈卅載泯恩仇浮槎自爲中原局詎
羡盧名定遠侯

賦呈南海張尚書時尚書謫戍新疆道過什貼戊戌

雷霆雨露總天恩萬里荷戈出玉門歲月久輕雙鬢雪　詔書但
感九重溫時艱未定身難退隣好能聯國自尊北徼勛名知有待
旄麾豈止鎭烏孫

己亥九月自晉入都山行連日感事述懷雜書所見得詩五章

戊春徂己秋屈指十九月幽并再往還四踏太行脊我非晉中宦
胡爲疲行役憶從海外歸誓言息游轍風塵方澒洞小儒弄筆舌
濫觴始江漢頹波及吳越悠悠我心痗褰裳適京國神州繁華地
避世非所宅東馬度井陘唐風號儉啬庶幾受一廛於此黔其突
惜哉古風邈民俗已變易浩然思故鄉勵我固窮節

先民教稼穡粒食功配天麻桑及果蓏尚恐妨中田奈何罌粟花
栽植盈陌阡春晚夏初時紅白競絢妍農氓倖逸獲縣令貪稅錢
小利忘大害倏忽三十年猥云勝洋藥抵制策良便漏巵爾雖塞
種鴆亦可憐司農議加徵舊禁悉棄捐大府嚴課最昔一今百千
遂令三晉壤十畝九種煙誰能澹此災世無曾與閻光緒丁丑戊寅間晉中大饑曾忠襄閻文介陳公合疏請禁栽罌粟一時毒卉删除過半迨庚寅歲戶部奏士藥爲中國出產大宗請以徵爲禁由是栽種日繁今視閻曾二公時增多不止十倍矣
朝登西山巔暮宿北山趾兩騾駝一輿蹀躞未百里犖确滿行徑
傾仄無夷軌危崖俯百仞去險不盈咫西北此通衢王路胡若是
我昔奉簡書隨軺使亞美東西萬里程車行四日耳昏曉無停輪
眠食兩不廢香花襲幬幕縹緗列案几主賓互舉觴笑語紛噻珥
中西等遠役苦樂難相擬安得鐵道成萬方平如砥
黃顓正名物創制過羲農唐虞煥文章官禮備姬公三統遞相嬗

救文當以忠宣尼不得位垂訓開羣蒙自從炎劉來一綫存儒宗
六籍道未熄百王斯折衷西士贍智藝縝思能博通聲光汽電術
往往奪化工若論政治原歐亞理頗同知人與安民不出吾書中
時賢喜標新瞽說生雰霁范公語橫渠子歸讀中庸興中覽近人書作盛言西
藝之外西政宜學爲多耳食臆測扣槃捫燭之談
去年自晉來奉　詔趨明光歷歷四國情淸問廑吾　皇奏對意
未盡草疏陳瑣瑣今年自晉來倦游懷舊鄉府公解組歸吾亦歌
滄浪未能及鋒試姑爲韞櫝藏晨興整巾櫛攬鏡嗟鬢萿不惜一
身瘁未覩六合康近畿盛鵝鸛頻海紛蜩螗天心預示警曰僭徵
恒暘昨聞降　綸音修省納諫章行見安攘謨赫然振天綱

喜晴 庚子

苦雨已旬日今晨始放晴天空雲淡蕩地坼潦縱橫戍卒荷戈送
征車結隊行鯨氛猶未息攬轡待澄淸

詩二一　八

鄭州車中

長安西望路漫漫雪虐風饕正據鞍障眼黃塵能蔽日驚心紫海
未廻瀾磨崖待勒中興頌仗節誰登上將壇此際皇華眞重任班
超再出玉門關

癸卯冬至海外設祭愴然感賦示同范同華兩兒念曾孫

不見慈親十五年追思失怙更潸然顯揚最重承先志敢恃浮榮
慰九泉
椎牛原不及雞豚風雪天寒憶墓門何況客槎三萬里几筵空對
酒盈尊
志潔行芳季女飢傷心堂上食貧時栝棬勿忘當年意兩字固窮
百世基
兒孫隨我捧壺觴豈獨音容臨上旁彷彿義方如往日勉持使節
報吾皇

和孫慕韓星使 二首錄一　甲辰六月

未從畏壘學庚桑咫見深知愧大方忠信何須花粲舌艱危空有
鐵爲腸劇憐鷸蚌漁人利日俄兵爭英最心喜終惜鯨鯢戰血黃一念好生
消浩劫中朝　聖主正當陽

乙巳元旦立春書懷用韓魏公集中至和乙未元日立春韻

海外東風又報春最難令節值元辰乘槎漢使經三載舞羽堯階
過七旬東鄰交閧我國恪守中立已一年矣革舊盡除殘臘景履端共慶太平人試
賡書錦堂中句八百年來韻更新

丙午二月二十七日舟經南洋將抵新加坡寄示范兒

候紀靑陽半槎行赤道平觚棱懷北闕風土問南瀛康濟存虛願
劬勞愧令名征途書寄汝辛苦念家聲

有懷 己酉

樓閣參差倚夕曛畫船排列繫江濆檣蒲百萬豪猶昔不見當年

詩二一　九

運甓人

庚戌五月之望泛舟珠江與同人爲消夏第一集卽景書懷

皓月照太空浮雲絕纖翳宛如至人心昭曠無物蔽翛然寰宇中
俯仰得眞契珠江古名勝長夏景尤麗別去已七年重來倏踰歲
得從勝侶游未覺韶光逝傾談寫性情銜杯樂身世投老志未怯
經變氣彌厲龍戰悟易數鷹揚隨時勢一笑謝君平拄笏看天際

乙卯六月十八日伯升邀游水居明日賦詩四章見示余久疎吟
咏勉成一律

萬頃湖光漾碧漪片帆天際共雲遲盡收好景歸詩卷已少豪情
付酒卮近戒酒已三月松菊猶思三徑益去年六月題高子松菊猶存圖并考定繪圖年月金蘭
何止百年期高子水居獨坐詩百年天地有金蘭洗心藏密吾曹事剝復循環理可
知

復庵遺集卷十八

復庵遺集卷十九

無錫 許玨

書札一

上丁稚璜宮保戊寅

七月初六日在忻州行次接奉六月初五日諭函猥以駑劣渥荷注存祇誦之餘感愧無似玨四月初道經濟南晤雲閣觀察叩悉節鉞入川之後竭誠爲國夙夜不遑剔弊釐奸事幾至躓先勞之雅有過曩時正深戀系竊念我公天賦精力雖什伯常人然憂民之心過殷即衞生之術不足方今天下豪傑祇有數人大賢之精神動關朝廷之元氣芹曝之忱無可爲獻總望爲國節勞隨時珍攝古人勞於求才而逸於任賢季懷已到蜀一切想可分勞也玨去秋孑身西行未攜僕從行役既瘁內顧又憂日月淹遲積成心疾自維入川始願原欲磨練才識非爲奔馳利名若以無用之病軀貽憂長者心亦未安因而決意返棹既抵宜昌無可駐足遂順流而歸新春至家見老母無恙疾始霍然本擬里居授徒藉娛愛日而因頻年膏秣之費幾無以爲菽水之供家食既難飢驅又出慈命敦迫復有晉陽之役二月杪發無錫五月初抵大同奔走閱四時回環逾萬里總緣驛馬臨於磨蝎以致中道有此變端方愧圖報之未能豈意手函之下逮書中憫晉省之奇荒慮學幕之清苦厚意惓惓溢於言詞自顧何人過承垂愛竊維古之君子擇地而蹈莫不欲得大賢爲依歸而所遇恒難玨則既遇而不獲相從前歲遄歸去年中返豈亦有數存乎其間耶抑離合自有時倘需遲以歲月耶西望仁暉曷勝延跂晉省致災之由病在數年來官吏相蒙以匿荒爲積習即如目前河東州縣大憲擬請緩徵而官場倘有以便宜百姓爲言者似此肺肝令人髮指罌粟雖經嚴禁仍爲具文自大同南至省城沿路所見膏腴之地徧栽此毒人之物訊之土人皆云官吏許民種植但令少種路旁多種僻地而已大抵祇禁種煙不禁吸煙舍田畝之入勢必購異域之產愚民既未肯舍此重利劣員又落得享其陋規竊謂禁種煙必兼禁吸煙一時不能禁民間吸煙且先申明舊例禁官員士子吸煙而欲斷內地罌粟之根必先停海關洋藥之稅庶爲拔本塞源之計鴉片流毒已七八十年內地種植垂三十年物理既窮天心示儆山右所植尤繁凶荒於此而始就天時人事而論今日實禁煙一大機會比來言路陳奏不乏嘉謨而此議殊未之及玨自入晉境目擊心傷前日發憤擬一疏稿內有一條及此摘錄呈覽書生迂見倘乞俯賜訓誨爲禱

上座師許星叔先生丙戌

自抵美洲每念惓惓培植之意思欲探討得失以冀稍裨時局而言語不通文字殊艱著中間有譯述又皆瑣屑末務無關體要邇來寓居日久熟悉此邦情形察其實有裨於中國而目前措置似未合宜者二端敬爲吾師陳之使臣秉節出疆原以申固盟約聯絡邦交爲第一義方今法踞越南英取緬甸昔年所謂七萬里外之海國今日已成犬牙相錯之鄰封疆埸之釁不可豫知一旦稍有違言滇距京師八千餘里粵亦六七千里內地調度既苦鞭長莫及而一切攻守器械向之購辦於外洋者屆時或且詭託公法自居局外形格勢禁使我束手坐困縱或幸而相助而歐洲之人機械百出亦無異於拒虎進狼則擇交之道不可不審也竊觀美國人情樸厚政事修明其山川清淑氣候溫和頗類中華雖其種族初亦來自歐洲而頗不以歐人之機詐爲然觀其與中國初定條約第一款即云他國有何不公輕藐之事一經知照必須相助從中善爲調處是其深知歐人之不公及不肯輕藐中國之意隱露言外上年法事之起招商局售與旗昌及事平贖回並無阻難

相助之效已有明證且聞當時美國材勇之士激於公憤願至中國投效者頗不乏人前總統格蘭忒之子亦在其中阻於外部之議而止事雖未行而人情之向背亦已可知然則中國今日欲締外交固未有善於美者也所惜十餘年來出使之員絕無閎識遠略籌慮及此悠悠泛泛瑣瑣屑屑僅知辦理華傭一事而所事亦未實心辦妥遂大啟外人輕藐之端然及今改絃更張猶未晚也珏去冬道出津門謁見北洋大臣議論之間頗有重歐輕美之意竊謂論異邦文物之盛則美不如歐論外人篤厚之忱則歐不如美今日第言外交要當取其緩急足恃者其文物之聲明尚非所先也誠令此後奉使之臣能得忠信知大體者以締交於外而總署之待美使於一體款接之中略示彼此倚依之意則今日未雨之綢繆皆異時相需之指臂也此有裨於中國之一端也至於華傭一事珏未至外國之先疑若水深火熱非亟籌保衛之宜不可及到此目察情形而知所以滋釁者咎不在美人而在華人不在華民而在華官蓋華傭之來美國時閱三十年人近二十萬頃以埃黨嫉害積不相安中外新聞報又從而張大其詞內地之人閱之咸懷不平或籌捐設兵輪或議駐師保護實則此紛紛者皆非探本之論也何以言之粵人嗜利忘生即在內地亦自成一種風氣方其初至外洋美人喜其工勤值賤專務招徠迨麕集既多良莠不齊作奸犯科時所不免外人始稍稍厭之而埃黨之入籍於此者三十倍於華人咸資工作以爲生乘機搆難美人保護之不能約束之不能始請中國設領事以自治之乃設官矣而中國之官不籌保護約束如故也其搆釁亦如故也於是向之願其來者且求其去而不得因設十年之約以限止之然猶僅限華工不限華商而此後凡來美者雖工皆托言商日多一日卒致上年焚劫之案外人限止之術又窮始議資遣回華又以礙於與各國一體

均霑利益之條不得不增設新例以限止之綜計華傭在美始末如此要之外人之意無他一言以蔽之曰冀其不來生事而已今之論者輒曰美律寬縱無以懲將來也新例苛刻非相待最優之道也平心論之竊不謂然今洋人之在中國一埠不過數百人且與華人生計無妨尚時有意外戕殺之事而欲以數十萬與人爭利之人冀其將來長久相安此必無之事也數十年來海禁大開粵人散而之外洋者殆不止一二百萬人航海逐末者日多則內地務本業者日寡輕重之際貴有權衡竊謂粵中大吏宜乘此時明諭沿海居民毋輕趨利以蹈不測多方設法留止其行使臣之在外埠亦宜勸其稍有資產者早日回華下以愛惜民生上以尊崇國體俾外國之新例雖設而無用如此則同一限 其權操之於我既弭未形之患且愧外人之心今計不出此華民既重利而輕生華官復瀆小而忘大外人齒冷輕藐日生使事掣肘不問可知推原其故總由十數年來使臣皆係粵產狃於咫尺之見但爲一隅之民開方便之門不爲中外大局籌久遠之畧此誠亟宜變計者也領事之設本以保護斯民今絕不籌所以保護約束之宜甚者又從而取利焉有事之日無益於民無事之日則有損於民反不如洋員之相助爲理者實心任事緩急之際尚得其力故今日各埠領事不獨洋人輕之即華民亦未嘗重之其弊由於以粵人治粵民而其人又未嘗膺民社半皆闒茸駔儈之流宜其無益而有損也竊念國家現當籌餉支絀之時歲糜鉅費遣使外洋奏調人員悉如所請不從中制而究其效驗乃僅如此又安得不思所以救其失乎救之之道奈何曰援遣使歐洲之例此後使臣勿專用粵人援內地用稅務司之例專任洋員以保護華民而已

與宗湘文

此間人情樸厚政事修明良由草昧初開眞氣未鑿如舉其粗跡

則出使泰西初記環游地球等書亦頗能道其彷彿無庸贅述若探原立論則此邦自華盛頓以遜讓開國風氣所漸蒸蒸日上譬諸中國方在唐虞以後殷周以前論目前邦交大計不獨宋明以來攘夷之論無所施即漢唐馭夷之術亦無所用惟有力求三代盛王之用心自治治人方不落人後著中庸九經以修身尊賢爲始事以柔遠人懷諸侯爲終事此今日對病之藥若不此之務第規規於槍礮機器之長電光化重等學恐用力愈多收效愈鮮耳抑尤有異者自海上多事以後歐洲諸國熟悉內地情形肆其貪狡輒存得步進步之想勢若連雞一國有事諸國坐享漁人之利惟美則頗懷不平故於戊午立約首以排難解紛爲言迄今已三十年始終未嘗藐視中國至於華傭一事在內地聞之非常賊虐誠爲可憤若究其事實則粵人在此嗜利無恥良莠不齊禍亦由於自取且爲暴者係客籍之愛爾蘭島人非美國土著之民美人

於此一事防患未然早立限制十年之約無如限者自限來者自來不致仇殺不止上年總署有自禁華民出洋之議彼國人心大爲悅服使事一切頓覺順手是知懷遠以德古人之言良不虛耳尊論以其民主之國不免太阿倒持類於處士橫議而慮其流弊玨初來時亦持此見迨日久察之知其不然彼中立國未久上下志通無甚壅隔與內地情形不同但有公是公非尚無作好作惡其議院所陳大都皆厚生利用之事其在官之人亦無樹私立黨之風因思尚書洪範謀及卿士謀及庶人周官外朝之位衆庶得從三公之後古時中國政事何嘗不詢謀僉同秦漢以還此風遂杳第惴惴以大權旁落爲戒而民生休戚僅付諸郡縣之吏其賢者拘於文法不肖者肆其奸欺所謂好民好惡民惡者不過紙上空談閣下敭歷日久痌瘝在抱凡此情事飫聞習見知不以鄙言爲過當耳又自宋以來儒者謂人才不古由於無小學之教亦思

有以振之而卒鮮其術及來此都見彼中雖五六歲小童遇中國官吏皆肅然致敬有若成人叩其所以則由比年學校之興日盛一日頗有黨庠術序遺意其課習之書雖淺近不文大旨導以忠信勤儉是小學之教亦暗合古人宜其人才日强能陵越重瀛以與上國抗也總之立國不外富教二字能此二者自强之術在其中從前郭筠仙侍郎出洋之後凡所著述雖不免激宕稍過然其意尚欲中國士大夫洞悉夷情發憤爲雄近年出洋人才日益智巧務在揣摩當事風旨專以礮械鑛產等事爲言而于中外所以强弱之故概置弗道又其下者則剌取日報中譏姍時政之詞摘譯一二推波助瀾以明外國之不足畏自謂不爲風氣所移庶幾不得罪於清議以無害其進取之途不知　朝廷遣使設官糜費重帑其所求效果如是而止乎亦可慨已

上閤中堂辛卯二月

玨自己丑科禮闈報罷後本擬息轍里門重溫舊業適薛叔耘星使有英法之行在都面商奏調星叔師亦有意勸行乃歸稟慈闈重爲浮海之役以去年正月十二日在上海啟椗出洋二月十六日抵法國之馬賽登岸三月初一日至英京倫敦派充駐英三等參贊官來歐一年細察此間風俗人情似不如美國樸厚水土氣候亦不如美之清和獨其政事綜核精嚴官吏上下絕無絲毫欺飾之弊則略與美同至究其富强之本大旨不外君子無逸民生在勤二語益信中西有異俗無異理也法政遠遜於英其民既不耐勞又不能儉人情囂動朝野皆有競心殆所謂其强易弱者近年英人頗有意結好中國去冬議在南洋英屬地添設領事以保華民近如香港遠如緬甸之仰光皆在其列外部俱一一答應此向十數年來所未有也鴉片一事英人亦知蠹害中國二十年前彼中議紳數士倡有禁煙公會頗能主持正論光緒三年郭侍郎

使英時曾經奏陳在案近來彼族聞中國徧地種植出產愈繁且海關榷稅視爲大宗遂謂此非彼國之蠹中華乃華人沉溺不返自甘受毒因而議禁之人漸少公會雖存非復昔年踴躍矣然猶月出新報危言隱諷時有所聞觀此情形中國果有禁煙之一日彼族當不因此而起釁端珏去歲曾以此意函稟星叔師但念今日司國計者方以度支匱乏爲慮恐未暇爲此遠猷耳山右昔年大荒之後人情頗知悔禍近來能否痛懲前失盡芟毒卉抑已泄沓如故禍種復滋竊謂禁栽罌粟一事若專恃地方有司雖諄諄誥誡不過一紙空文必多得本處賢士大夫任勞任怨盡心勸導多方設法略師藍田呂氏鄉約之意定立章程由一鄉而一邑由一邑而一郡逐漸推廣拔本塞源伏念吾師痌瘝在抱比雖頤志林泉而胞與之懷必不忍一夫不獲誠信所感晉中賢士大夫必樂於趨事又李菊坡中丞向撫黔中禁栽罌粟甚嚴惜未久去位

不能大行其志邇年解組家居如能妥籌善法倡率紳士化導鄉閭歲月漸摩亦當有效山右民風猶爲敦樸以吾師之盛德及中丞之清望南北主持始終不懈或能挽此頹波一省之流毒既清卽可推行於各省愚人千慮不知有當萬一否至於禁止外洋鴉片但使政府能一日籌念及此譯署農部合力維持再由出使大臣相機折辯不難杜絕來源緣此事並非彼族之所堅持咎在中國不能自振耳

上許星叔先生庚寅四月

珏新正十二日隨星使由滬放洋沿途所歷若西貢新加坡錫蘭等處皆泊舟登岸一覽南洋各國炎敲鬱蒸其人大抵昏惰愿懦不能自立歐人東來智取威懾易若摧枯拉朽無足怪也過紅海出蘇彝士河口入地中海天時地氣陡然改變其人亦皆堅忍耐勞秀麗多智足與中華相匹竊謂天地溫厚之氣始於東北而盛於東南中國得之故自唐虞以降其闢地也由北而日南天地嚴凝之氣始於西南而盛於西北歐洲得之故自羅馬而後其闢地也由南而日北英法兩國皆瀕北海其距赤道法則四十至五十度與中國之吉林東西相直英在五十度外已直黑龍江之北地極寒冷而物產所出至爲蕃夥則由人力能盡故也論兩國政教得失大抵英人俗勤而法惰英人氣靜而法囂英人政出於一而法則橫議蜂起法之視英未可同日而語惟英人智慮精銳處事絕無餘地亦非持久之道以視往年所見如美國之悃愊安靜殆遠不能及至與中國交涉英法似皆有玩視之意亦不如美國之能推誠相待雖初到此間其底蘊未能深悉然粗觀今日歐美兩洲之局而知我中國之擇交亟宜於閒暇之時爲未雨綢繆之計愚昧之見尚乞吾師莞爾存之

上許星叔先生

闢東三省開辦鐵路已有成議私心甚喜此雖不足語於自強之本然急則治標亦今日應有之義抑珏妄有陳者東省既辦鐵路則有兩端浮議決當屏絕一不可惑於取贏利以養路之說一不可泥於不用洋匠洋料之說何以言之中國太阿之柄操之自上與外邦情形迥異其始取萬方之租稅以供君國其繼用一人之帑藏以衛閭閻計歲賦所入凡養兵治河轉漕驛傳諸大政無一非損上益下取於民者仍用之於民若以贏利爲言則此諸大政無一當舉者矣西漢均輸北宋市易其所興作一有計利之心流弊皆至於財用耗散民氣凋敝蓋中國與泰西之政其本既異其末自不能強同也牛莊至吉林鐵路果成不獨邊陲有警可以朝發夕至而登萊之民藉工作之興渡海謀食者歲可多養十數萬人若能稍寬邊外墾田之禁從此化磽瘠爲沃壤內地無業之氓源源而徙田廬室家日益蕃殖非特有裨邊防卽於八旗生計亦

有起色則不言利而大利在其中矣惟是通籌今日中外大局檢查海關歷年總册土貨所出尙不敵洋貨所入東省鐵路一開風氣所趨將來商販繁盛之區計必自立公司接踵而起卽以每年造路千里計算需用洋料歲出之銀又多數百萬兩內地無貨足以敵之則銀日外溢商民日匱不得不借洋債以資周轉而稱貸取息國用亦暗耗於無形此則不能不緦緦過慮者也竊維自古善爲國者大抵因勢利導補敝救偏以管子之才而太史公稱之曰其爲政也善因禍而爲福轉敗而爲功玨自來英倫詳訪彼國輿論皆以中國沉溺鴉片一事決爲不能自强之明證其長厚者祇代爲太息其巧黠者則譏侮百端倫敦現有禁鴉片貿易會月出新報正言隱諷不一而足前任使臣郭侍郎曾經奏陳有案當時內地諸人頗譏侍郎爲彼族所愚平心論之鴉片一項爲印度歲入大宗驟欲彼國自禁種販談何容易然猶幸天理一綫不絕於人心此議發之自彼在我未始不可援以爲助檢閱使署舊卷光緒三年郭侍郎條奏之時 諭旨明云欲禁吸食必先阻止販運著與英國官員妥爲籌商果使外洋煙土不入則內地罌粟不難自行禁止迨九年正月特派曾侯辦理洋藥稅釐幷征之時 諭旨亦有乘機利導聯絡會紳與外部酌議洋藥進口分年遞減專條期於逐漸設法禁止尤爲正本淸源之計是 朝廷於禁止洋藥一事原未嘗一日能忘近見總理衙門整頓土藥稅釐之奏大旨亦重在收回利權寓以征爲禁之意然自洋藥稅釐幷征以來亦已數年中國吸食之人未嘗減少而種植之地日益繁多使鴉片一物食之有益於人如此辦理可也卽僅止無益而不至有害如昔人茶酒之榷仍之可也今則一朝耽好終身廢棄一夫成癮八口皆飢種植愈廣受禍之人愈多此豈可以爲常法乎蓋種罌粟視五穀獲利不啻十倍卽令重征終無以遏之然欲內地不

種罌粟必先使外洋煙土不入前奉 諭旨甚明査西人近年在印度極意講求種茶漸著成效是彼未嘗不慮我有禁煙之一日故爲此先事預防之策竊意此刻正宜乘機利導與議洋藥進口分年遞減之法西人計較利害細入毫芒苟不稍與以利益斷難就我範圍中國數十年隱忍包荒以及郭曾兩使臣奏有 諭旨而仍躊躇不發者亦由於此刻下開辦鐵路需用洋料爲款至鉅若乘此機會與英國訂明中國現擬將洋藥進口之數逐年遞減以期漸行禁絕惟念英商貿易驟減或致向隅故擬將目前所購鐵路洋料專歸英商采運以恤商情而敦睦誼如此措詞在我仁至義盡在彼諒無阻拒之理卽或彼以鐵路所需之數不敵洋藥所銷之數支吾其說然在我既有此議卽可飭下各關按年定額示以限止幷商令於印度出口之處定一遞減之數彼處種茶既可獲利亦何必多種鴉片害人今英禁煙會紳已倡此議我卽可援以爲證以塞英商之口總之彼遵用吾議則鐵路需料利歸英商不遵吾議則鐵路需料利歸他國操縱之權悉由於我但能相機應付則彼曲我直斷不致因此起釁查中國與俄美巴西等國立約皆有不准販運洋藥之條卽英國與日本朝鮮通商進口各貨亦並無洋藥一項參觀互證同此邦交豈有中國獨應受人挾制之理是此事可行確無疑義猶憶道光二十年初定禁煙之律當時俄人款關來告謂已協助中國嚴查邊界不准鴉片私入內地前年郭侍郎陳奏禁煙之時荷蘭駐京公使函告總理衙門謂西國素來敦睦者聞有此舉莫不以手加額樂爲助理足見秉彝之好薄海皆同 朝廷舉動得宜異族亦輸誠爲用今日乘此機會力籌禁煙亦管子因禍爲福轉敗爲功之一端也或慮方今國用孔艱洋藥稅釐驟減恐於度支有礙勢所難行不知公家歲少數百萬之稅民間實留數千萬之銀今日大患在於民貧不在國

儉且西人每云外國正經商人亦恨中國之銀爲鴉片所占致他項洋貨不能暢銷誠使洋藥既減而他貨旺銷則於關稅出入亦當不致大損且謀國者以義爲利此等稅釐亦豈可恃爲經常之用乎玨自聞東省開辦鐵路之後即懷此意而事體重大積思數月未敢告人伏念平日蒙吾師垂愛至深用敢竭其一得之愚縷析上陳以備采擇

上許星叔先生 辛卯

今年三月間英國禁煙會紳士曾在議院倡議限制印度種煙之數一時趨其議者居十之六西例凡集議之事從者過半則以上聞英廷重違衆意而仍以印度餉項攤籌爲慮其答覆會紳之詞有謂中國目前如欲禁止不准入口或再加抽重稅英國決不過問亦不因此啟釁如此則限制之道自在其中蓋英政府料中國必無議禁之事姑以此語搪塞會紳也至四月下旬會紳復開院集議欲遣人至中國上書總署請乘此時禁煙係是絕好機會云云當時玨亦在坐親聞其議其首事者旋來署謁見星使備陳願助中國之意且述同治八年恭邸而勸英國阿使禁止販煙之言爲證謂今日情形異於疇昔目前中國如持此議教會從而和之力可辦到請將此意轉達總署星使慮空言無據囑其開送說帖允爲代呈此五月杪事也旋以內地教案紛起該會中係教士居多衆心惶惶無暇及此其說帖亦未送來星使亦未催問議遂中止伏思玨上年肅稟擬請申明光緒九年　諭旨與議洋藥進口分年遞減之法而尚慮英廷冀佔利益有所規求及今夏親覩會紳集議情形與英政府答覆之語益知事機可乘私謂此時若與開談或不慮其鑿枘不意教案既興之後英法聯合一氣局面頓變英外部挾中國不允喀事之嫌於教案尚多挑剔諒不能再提議減洋藥一層且揆度目前事勢亦恐有所未暇第念外洋實在

情形如此而中國當事諸賢則未必盡知故覼縷上陳用備異時采擇

此書發後逾月禁煙會紳亞歷山德即將說帖送來幷告所以遲遲呈遞之故會星使赴巴黎度歲明年三月始返倫敦至五月將說帖函寄總署是秋八月玨奉太淑人諱即星奔回華後來總署如何函復迄未得悉云

上許星叔先生

玨三載在英粗觀梗概凡交涉事件由星使隨時函達譯署無俟贅陳惟此中肯綮有關係大局之處請爲吾師約略言之大抵歐美通商各國皆有所利而來然於吾華損益之數恩怨之故則各不同英人與我結怨最先受損最甚此亦盡人所知而出使以來中國士大夫至英者咸謂英爲歐洲最強之國中英輯睦則泯各國窺伺之心是以置其結怨受損之處不言壹意遷就以爲聯絡玨之愚竊不謂然英人內狡而外和專利而忘義其於交涉事件得步進步從無退讓以曾惠敏之才一至俄國能改崇厚已成之約而駐英之日緬甸一役不能出一語爲重輕檢閱緬事全卷英外部視惠敏不啻玩於股掌之上此非惠敏才有所短也英之長技然也上年長江鬧教之案法居什九英祇什一而英人與法始終合謀最後各案已結英人尚於黃陂匿名揭帖一事百端挑剔梅生代購軍火罪狀甚明而赫德巧爲開脫於先英按察司輕縱於後其蔑視中國之心處處發露所謂輯睦者安在以視俄美等國之用心不可同日語矣歐洲各國俄爲最強地大物博已踞全洲之半英之忌俄百倍於華萬一有事英亦自知力不能敵俄故常思嫁禍吾華俾其發難東方以緩已國之禍倫敦各新聞報大抵皆操此術每論中俄之事巧爲簧鼓以動衆聽我內地申滬報從而譯述之士大夫亦閱而信之耳目漸染先入爲主是非混淆

莫此爲甚此事關係將來大局不可不熟慮深思卽如帕米爾之事若非英人先圖下手俄尙不致遽佔爲已界幸此地於中國得失亦無甚緊要然因有英人在內我轉不便與俄爭則亦英人累之也通商數十年無論鴉片一事流毒至深卽洋關出入之貨歲輸銀數千萬兩出洋大抵皆英商所得與他國無涉俄人來華進口貨少需用內地物產較多美國商務略與俄同而華傭所得之銀歲運回華者亦數千萬是我失之英而取償於美此中損益之數華人知之洋人亦知之曩年俄外部嘗謂曾惠敏英人以毒藥害中國以戰事迫中國在中國當飲恨俄與中國交好二百餘年似非英人之比云云近日美國機利創立苛例其中有云華人至美獲益甚多與往各國不同而中國視美泛泛與他國等其意實亦有所不平故激而云然竊謂此時駕馭外夷之法不外恩怨分明防損取益八字我能結好俄美兩國則英人之氣自沮而禁煙增稅等事他日皆可徐商雖積重而不致難返若以畏英之故轉認英爲眞心輯睦則各國必竊笑其旁弱者齒冷強者攘臂恐此後日益多事雖有善者亦末如之何也已抑嘗推究其故蓋赫德爲總稅務司握中外貿易之權馬格利爲使署參贊任兩國折衝之事此兩人原係英人偏袒本國固無足怪獨怪中國日復一日遂使恩怨不明損益不知隱忍因循不思變計良可痛耳珏在英三載與星使意見大致多合獨此一端每至斷斷執辯刻下星使任滿將歸後至者心地才略不知視前人何如第念此中肯綮爲向來函牘之所未及愚者千慮或有一得不敢不上陳於函丈之前倚裝匆匆言不暇擇伏乞鑒察

與錢念劬 辛卯正月

尊函云柏林樸氣不下倫敦而靜氣過之善哉覘國乎非深心人不能知也治國治身實同一理望閣下以此驗人幷以此自驗則進德之勇一日千里矣

復姚子良 辛卯四月

印度水土惡劣一至於此此古來史籍所未詳近人記載所未及非閣下親涉其境不能言之確鑿如此英人營繕此邦不遺餘力固有深意自乾隆年間北美合衆國自立之後向所視爲外府予取予求者一旦盡失既挫於西不能不圖償於東印度物產故饒亦數千年著名之國熱帶之下繁殖倍於溫帶且輪船東來實當衝要是以畢力於此冀收桑榆之效未及百年竟償所願向使英人無印度新嘉坡爲東道主其能肆毒於中國若此乎弟觀歐人勝於華人之處只是不畏難不好逸到處存一人定勝天之念其所長在此中國則反是閣下昨在仰光遞來各件公文具見擘畫周至第設領事一節一時恐未能行前年香帥督兩廣時曾有南洋各埠設員之奏譯署議覆頗不謂然刻下耘公籌設香港領事

英外部已允而譯署尙在躊躇未卽許可以此觀之將來仰光設員一層尙須斟酌而印度無論矣欲領事得人尤非易易閣下所論左楊諸人習氣誠亦不免然在今日出洋人員中已算明白穩練但望風氣漸開或再更十數年有忠信智略之士一以君國爲心者出乎其中則應付外事庶有轉機耳

與顧延卿 辛卯八月

中國教案迭出彼族協以謀我情殊可惡內地辦法亦未盡錯四月出事八月結案不可謂遲試問洋人保護華民辦交涉事果盡如是迅速乎然猶一再恫喝屢受其侮此無他中國人才不足故也其所以不足之故仍不外乎弟前所謂泛持正論者不通世變巧趨時局者祇便身圖二者之弊而已其所以不能革此二弊之故由士大夫尊主庇民之心不眞而已來函慮根本之間頗有虧傷不盡寒暑之爲虐自是勸進一層之論兄所言者本病弟所言

者標病也安得良醫鍼膏肓而起廢疾乎

與李豫巖辛卯三月

泰西之政勝於中華者有四曰勤曰儉曰公曰誠中國大弊在於上下相蒙以作僞爲得計究其作僞之故則由於不公不儉不勤然此弊亦惟官場爲甚　九重未嘗不公且勤萬姓未嘗不勤與儉特無如中間一節致君澤民之人事事不誠習爲固然縱有一二賢者亦不能挽一世之滔滔此眞扼腕太息無可如何者也至於日本勃焉奮起之故當明治初年審知西人之不可力禦即分遣才智之臣數十人游覽歐美兩洲考察所以富强之由歸而衆論僉同遂決計改易新法此數十人者本負時望回國即分任要職故能如此中國他事無論即以出使一端言之大抵用不甚愛惜之人辦無可奈何之事其相從而來者則除薪水保舉而外別無他志此何可與日本同年而語也

與李豫巖壬辰二月

承示中國吸酖藥者日衆有民窮財盡之患因推極於天運循環引晉張邈之言爲證蓋懷卓論實獲我心弟嘗言英人作事處處精悍不留餘地實非持久之道目前君相同心賢才任職自是一時之盛將來嗣子庸駑上下猜貳亦在意中就今日中外交涉大局而言不過英法俄德美日本六國竊揣英人三十年後必不能如今之强盛德則國小地瘠恐幷不及三十年法則已衰勢難復振日本計功謀利之風日甚尊君親上之意日微此即從事西學之流弊不久且當有變計曩日能與中國並峙者祇俄美兩國耳然俄內政亦多未善蓋但恃君權無限而無與民同欲之意循此不變人心日離度亦未遑遠略美則國富民和爲地球之冠方興未艾然素以無事爲福不尚武功故深觀中外交涉之局實無大可慮者竊謂今日事勢不患外國之日强第患中國之日弱其所以弱之故則在士氣之惰偷吏道之欺妄上哲不易得中材以下大都以徇俗爲通方以守正爲迂闊馴致百度俱隳萬事叢脞自强之道要以力挽此風爲先不審吾兄以爲然否

與秦來卿辛卯七月

古人爲學指歸要在裁成其生質之過不及以求合於中擴充性之所固有而去其本無大學言修身在正其心而指出忿懥恐懼好樂憂患四者有一於此則必不得正至爲明白中庸言聖人之極功推之天地位萬物育而必求端於喜怒哀樂未發之中亦與大學同意高子遺書發明此旨至再至三幼時鹵莽讀過近日持以印證諸經及先儒性理各書無不悉合因是稍得由博返約之趣質諸有道以爲然否嘗函論歐洲政事謂西人於物惟恐其有餘於民惟恐其不逸此弊誠亦有之要特末流之失非其初意鄙意外國百年所以富强之本不外公信勤儉四字括其要旨不出敎養二字範圍中國目前貧弱之故祇由不求自立大本事事隨人學步又不究心其政治之大而屑屑於器械製造之末所謂皮之不存毛將焉附徒見其弊未見其利也

與楊叔平壬辰八月

日間承傳述憲諭諄諄非不感激顧念遭此鞠凶惟有壹意守經則於心少安稍稍通權達變即古人所謂以三年之喪從其利者矣弟身體本弱此時悲從中來惟有置一切名利得失於不顧一往無前但以憑棺一慟爲念則正氣尙壯稍足以減哀思若略一徘徊則正氣一衰心無主宰哀思內鬱時感外侵陰陽沴厲皆得而乘之倫敦水土尤惡恐使憲之愛我者適所以禍我也請奔喪稟懇代求即日批准發下俾寸心稍定極知使憲相待之厚所以報知己者請俟異日

謝錢念劬壬辰九月

前奉賜電垂唁並誦惠函代籌一切摯情高誼感激涕零哀痛之餘未即復謝諒蒙鑒宥玨自今年六月以後連接家書知老親衰憊日增常在牀蓐祇以滿差期近臘月即可回華私冀歸侍匪遥不圖一旦罹此鞠凶痛何可言此次出洋本非始願所及己丑夏間在都耘公面商奏調當時玨雖答應意實躊躇及回里後聆老親嚴訶訓誨諄諄以始生之日桑弧蓬矢期望爲言乃黽勉從命決計復出來此三年無日不喜懼交縈然大抵喜者什一懼者什九卒至今日之事悔憾何及已矣今生永爲無母之人矣此時雖星奔而歸安得復見倚閭望我者乎日來經手事件次第料理清楚已定於本月十八日在倫敦起程廿三日至馬賽上船十一月初可抵家計尚在聞訃百日期內葬事恐今冬趕辦不及須待明春矣來函慮及長途無伴語言不通囑少從容以圖具紉雅意惟念不祥之身人既不樂與伍而既曰奔喪又欲待伴於奔字之義何居是以聞訃之後絕不計慮及此蒙叔平厚意囑周大隨同回華途中有僕諸事較便感承關愛謹以附聞

復庵遺集卷十九

復庵遺集卷二十

無錫 許玨

書札二

上許星叔先生 癸巳八月初九日

受業初擬四月中旬附輪北上趨侍左右會得皖中舍親來函述楊子通星使雅意相招詢其能否出洋受業竊思與星使素未識面意必在京之日蒙老師齒芬獎借是以禮羅及之第念星奔歸後雖營葬已畢未踰小祥若遽捧檄而出寸心實有未安比謁見後談論甚洽有虛左以待之意且謂此次隨帶各員內諳悉洋情嫻習公牘者殊少殷殷勸駕受業見星使求才之意甚誠似難固卻因訂明暫不同行俟過小祥後出洋須八月杪在滬起程星使允諾六月初旬附片續調抄咨譯署計吾師於案牘中已見之矣此次海外之行實非意料所及每念堂上音容已渺即異域長征亦復何所繫戀惟以讀禮之時爲隨槎之舉事非金革藉口權宜清夜自思良深內疚現擬到差之後稟請在服制期內雖受檄辦事不敘資勞仍以服闋之日爲起資之日庶問心可以稍安而與譯署定章亦復相合華傭在美覊縻已久必改弦更張庶有轉機星使之意極思挽回補救其持論與受業平昔之見頗合此行或能裨補萬一上慰廑懷惟屈指瓜期又須三載絳帷趨侍尚待異時北望京華神馳靡已

與鄭蘇龕 癸巳十二月

中美交涉之事自戊子秋間彼國違約立例之後寓美工商受困已甚張崔兩前使駁例之文不下數十次彼族概付不答中國亦遂聽之自去年以來復因注册領照一事華民不願延訂律師控於彼國察院聚訟經年卒不得直以致秋間有拘拏華工之事平心而論戊子所立苛例自應及早設法廢除注册之事彼族不過

為分別新舊工人起見並無苛待之處應聽辦理當事者不審緩急輕重之序悉聽華傭悠悠之口隨其播弄以致愈辦愈壞現經星使商允外部重修條約廢除戊子苛例而注册之事另立報施專條如得就我範圍則以後當有轉機耳惟禦侮之道必先自治華傭取侮之道不外吸煙聚賭窩娼械鬬數端此為地球各國寓美人民之所無彼族屢以有礙地方風俗為言限制之議緣是而起今若能從此下手痛予懲禁自可令外人心服一勞永逸而環顧同來海外諸人足與言此者殊鮮總之華民本不自愛華官既不知愛民又不知自愛而第諉咎於洋人之不愛我華人有是理乎故弟每謂辦理各國交涉之事其棘手處病不在洋人仍在華人也所望風會轉移人才輩出計現在隨使各國之人合亞歐美三洲不下百數十員但求什得其一異日忠信才智之彥奮起其中聲應氣求雲合飆舉或足以滌今日吾華士大夫委靡苟安之

恥曠觀當世非執事其誰與歸

復薛叔耘星使 癸巳十月

華工在美已成江河日下之勢究其病源大抵咎由自取前樵公在此於實事無裨而與外人交際場面尚好崔任四年則并場面而破壞之總署與使臣函牘往還不外駁除新例四字究其如何駁除之法不過囑律司上控而已於土客可以長久相安之道始終未嘗籌及披閱舊牘祇增太息又數年來衆口所爭指為苛例者係華民領照注册一事平心而論此即中國保甲法煙戶册之遺意有此則良莠可以稽查而華民大抵不願以致被拘昨經星使詰問外部調停議院乃允展限半年被拘者一律釋放現在方籌抵制之法俟有端倪當再奉聞

復薛叔耘星使 甲午二月

承示滇緬條約業已告竣畫押昨又得讀咨到摺稿具仰碩畫周詳無任欽佩英人外和內狡外部名為持平實與印督互相表裏就滇緬時勢而論界務為急商務次之至商務中八募設關一條鄙意即使議成將來辦理亦殊不易趁其頻去此層撤彼數項權利相機應付未為失策也此間華工一事現經商允外部廢除苛例仍用戊子年原擬之約而添入注册保護一款凡華工在美美工在華一律辦理又因美工在華寥寥無幾除工人相抵之外寓華別項美民按年由美國公使册報總署一次又另訂交犯專約以上所得各項利益皆在戊子舊約之外已於本月十一日奉總署電傳 諭旨與美外部畫押矣中美交涉之事崔任四年漫無條理久為後族輕藐此次披卻導窾挽回煞費苦心自上年仲冬開議磋磨三月甫得就緒昨星使已具摺上陳即日想抄稿咨達茲不詳及

與陳伯才 甲午十月

大著戒煙賭文二篇沉著痛快語誠詳切洵足振聵發聾昨呈使憲閱過微嫌於原奏美國所以限制華工之故尚未盡情透發蓋此種惡習為地球各國之所無美恐壞其風俗故立此限制之法亦為待地球各國之所無此習不除將來名為禁工勢必并至禁商此習革除不獨商人享一體優待之利十年以後此限制華工之例美國亦可停止蓋既無損於其風俗則中美邦交方睦限制本有年數也前擬稿時未見原奏是以立言命意稍有未符即請閣下更作二篇按照以上大意而兼及傭工之人因此喪貲流落切身之害篇幅不必過長多至六七百字足矣雖名勸誡文實亦告示體裁即乞大才斟酌盡善為禱

復許九薌 甲午十月

倭事潰決至此外洋日報又加甚其詞閣下忠憤所激詳論中外事勢瞭如指掌曷勝欽佩弟自六月間倭衅初起之時早慮此局

難於收束蓋倭之氣輕財匱固在意中然入寇者皆亡命之徒有不死不休之志我之海軍雖經營十餘年大抵祇講器械不講人才陸師尤窳惰難恃兩軍相當堅脆懸絕兵家貴知彼己固不能以空言爭也惟是兩國業已開仗勝負亦戰事之常自當堅守定見與之持久主客形勢究殊待其力竭就我轉圜庶可徐圖收束不意袞袞諸公始則輕於言戰繼則急於求和自九月下旬英人倡棄藩賠費之說以嘗試中國總署諸公承命維謹並力求俄法德美同出排解各國以英意甚狡不願與之共事刻下戰既無備和亦未成連日電報絡繹祇爲借洋債賠兵費之計時局至此殆關氣運復何言哉尊論各國邦交與我親疏厚薄殊多未確以目前實事驗之美於我最爲關切云此時不可議和恐啟各國輕視別滋事端俄雖強悍而用心尚公甚不以英之袒倭爲然法德皆泛泛惟不甘爲英所用英則自始至終一意庇倭目前倡議勸中國賠費求和正以倭力將竭故也至於各處日報抑揚之詞與各政府邦交之誼全不相涉未可爲據

復許九薌 乙未三月

總署定章以三年爲期苟無萬去不過之處自宜黽勉終事薪水保舉歸裝皆爲中人以下言之吾輩立身進退去就亦宜求合中道何所聞而來何所見而去此際不當草草況在重瀛數萬里之外乎秘都失陷總統出亡使署卽云無恙亦類幕巢之燕未知何日可以安居此時閣下尤不便言歸也

與余立之 乙未三月

煙賭二事在僑氓甘心沈溺已成牢不可破之習此次使憲苦口誥誡未審衆意以爲然否自上年十月起舉行宣講　聖諭約計每年所費不下千金究竟商民能否感動有無悔悟之意講生趙家璧能否始終懇切大抵任事之人有眞精神自然有眞效驗若

視爲具文則亦徒多耗費終於無益而已此事應由領事官認眞整頓

復張梅航 乙未三月

來函言獨爲君子之難鄙意惟獨斯爲君子若從風而靡安得謂之君子乎出洋人員流品最雜如香兄之書生本色介介自持殊不易得卽爲閣下計亦不可無此幫手也

復孫仰泉先生 乙未四月

小兒同范學業淺陋倖中副車猥蒙獎飾過情益滋愧悚科舉之學疲精勞神銷磨歲月終歸無用現擬令潛心經史數年俾稍知立身軌範古今成敗將來無論出仕與否胸中有數十卷書脚跟自不致隨人轉移冀以慰長者期望之心時事潰敗至此譬諸人身本無大病祇由平日誤認庸醫爲聖手侈談海上奇方於養生卻病之道絕不願聞一旦腠理不實外感忽侵醫自顧藥籠中空空無物妄言病由夙孽非藥餌可愈且勸延請師巫及早禳解而侍疾者以其久荷主人豢養強欲一驗其刀圭之效不知適以性命爲嘗試庸醫欺罔之罪固不勝誅而侍疾者之鹵莽亦預有責焉及元氣大傷客邪未退醫益自神其說謂舍師巫禳解外更無良策雖有他藥屏不使進而邪且入於筋絡中於臟腑遂成癱瘓不起之症矣雖然猶未至於不可療也但使斥其庸醫勿再談海上奇方求藥性之和平可久服者食之愼起居以卻外邪勤運動以袪內滯血脉既和風痰漸散沈疴立起在指顧間事耳嗟乎大臣不可以不學進賢退不肖憂國如家使非天資篤厚而所學又純粹以精未易望其及此也今之當路者遭際時會因人成事負其勛望居寵利者垂三十年平日除鋪張西法外不知何者爲人才何者爲學術營私植黨侈然自大驕盈已極忞爲欺罔敵人洞見癥結始從而生心雖謂啟敵召侮禍由此人可也昔閔馬父以

原伯魯不悅學而知周之將亂孟子言兵甲不多貨財不聚非國之菑害獨以上無禮下無學事君者泄泄沓沓爲患誠使懲前毖後力圖振作知自强在賢才不在西法博求志節之士因時達變相與有成禮曰忠信以爲甲胄禮義以爲干櫓詩曰無競維人四方其訓之三年之艾及今蓄之未爲晚也區區島夷何足患乎辱承垂問輒貢其狂愚之見質諸有道以爲然否玨三度出洋歲月蹉跎年逾半百精力漸不如昔惟管窺蠡測之所及較前似覺有進暇時仍日鈔高子遺書領略其虛明靜逸之趣水居可樓時在寤想擬他日結廬其側以樂餘年未知此願能遂否耶

復李豫巖 乙未正月

倭事潰敗一至於此威海失後積年軍貲盡以予敵不審平日高談西法者持何面目以見朝廷可爲痛哭自上年十月以來總署亟亟請各國居間求和而倭人並不因此少作回顧寇日益深所謂和者其效如此各路援兵屯集都下近二十萬卒未聞遣一軍出山海關致奉天迤南一帶連陷要隘所謂戰者其效又如此此時內而政府外而閫帥尚可謂有人乎總署於此間除需商量美國之事一概信息不通即電詢亦不答覆凡戰事勝敗及失陷地方僅憑外洋日報或外部得駐京公使電信轉以相告而已惟軍事失利後此數月中各國大萌輕視之意交涉之事愈難措手美初允訂互交逃犯約現請停止墨西哥先力求換約通商現亦遷延不答至於秘魯檀香山等處因此敗耗而華工之遭淩虐者更無論矣大抵政府根本也使臣枝葉也根本受傷而枝葉尚得發榮滋長乎來函極稱西法之善而有意於議院學堂之設我兄身在草野心存魏闕見所譯西人書往往自誇其盛謂中國泥古不用西法之弊弟三次出洋親所目擊歐美各國均有議院學堂而治亂得失亦各不同至議院之黑白變淆黨援傾軋更難殫述歐洲之法日義南美洲之秘魯等國均不免此獨美國風氣尚樸稍安靜耳近日曾作西法論一篇附錄奉覽暇時乞惠教之

復李豫巖 乙未六月

中倭之事如此敷衍下場試問一年中紛紛擾擾辱國殃民至於此極正名定罪誰尸其咎尤可異者俄法德三國於簽押之後力阻批准暫緩換約此是絕好轉機而迷者不悟漫謂各國同冀漁人之利畏首畏尾無所適從易曰負且乘致寇至又曰鼎折足覆公餗此皆人事使然豈得諉之氣運哉現臺灣早經割送而遼東寇蹤並未撤去此後有無變局尚不可知然而燕雀處堂方且泄泄沓沓自以爲無患今而後化干戈爲玉帛矣豈不傎哉來函謂中國大患在蒙積弊在惰而深盼議院學堂之設竊料經此番挫敗之後凡震驚西法者必將推波助瀾神奇其說不久當有疏請開議院設學堂之人弟之愚見則謂立國以人才爲本人才以忠信爲基徒法不能自行此固中西一理者也吾兄以爲然否

上張香濤制軍 乙未十二月

自聞節麾回任之信兩旬以來仰見訏謨碩畫務籌久遠不以瀕行稍易初規無任欽佩昨聞諭旨亦以洋操鐵路兩事創辦不易易後來者賡續無怠益徵　明良一德欣忭尤深惟二者之中似尚有輕重先後之分敬爲左右陳之洋操一事我公行後峴帥自必遵　旨謹守蕭規第慮湘人狃於所習筋弛脈緩未必實力振作而洋將韜略我亦不深知其底蘊所可知者紀律而已必謂教成之後他日臨陣即有把握殊未敢決鐵路則造一段即可收一段之益其關係最大處在能弭患於幾先何以言之假如海上有事敵於吳淞口外駐兵艦數艘我長江輪船即不敢出海口內地運河節節阻淺縱使開挖深通用小火輪船拖帶而江甯至蘇極速亦須兩日程設有督撫必需面商之事往返一次已四日矣

若有鐵路則自甯至蘇不過四百五十里計兩時可到辰往午達商確已定即時而返未及半日耳軍謀神速銷患未形縱海道或有梗阻而內地徵調自如敵亦何能爲患此鐵路之益豈可以區區贏利有無言哉總之鐵路妙用在能縮地中國幅員遼闊唐宋以後邊塞郡縣僅以羈縻爲治自元人設立行中書省政府大權益以下移今日六部所司者僅紙牘耳甚且內外顯分畛域部院大僚不察各省情形而各省大吏亦不能聯爲一氣則又一畛域也本省大吏不能察悉州縣利病則又一畛域也凡此皆幅員遼闊使然也鐵路行則治一省如一縣治二十一省如一郡又何畛域之有故愚謂鐵路利益所包者廣不當如商賈貿易斤斤就所獲多寡計也爲一省大局計目前開辦蘇滬一段不如先開江甯至蘇州一段蓋蘇滬現有小輪船行駛計程不及一日而江甯至蘇必由海道繞滬始到計程在兩日外小輪行內河則更遲故宜

先開此段尤爲當務之急惟創造之始必須官辦即官商合辦亦應權自官操今主商辦之說者殆謂官吏侵蝕無廉潔特操耳然商豈可盡信乎如其人各挾私見惟利是圖築室道謀徒誤時日官辦則可以專其責成雷厲風行尚可冀剋期集事自甯至蘇一段告竣由此而滬而杭剋期可畢聞前借洋款尚存三百萬如以二百萬作鐵路官股再招商股五百萬足敷江甯至吳淞之用其蘇杭一路或商股或官款似應會商浙撫再定此事有關時局大計且念切桑梓爲異日有備無患之思用敢直陳儻蒙俯賜采擇斟酌施行大局幸甚

上張香濤制軍 丁酉

竊聞鐵路一事與比國訂立合同近日復有後言借款尚在未定或謂由英法等國忌而阻之未知確否或又謂今日中國局勢某處鐵路係何國承辦將來此地即歸某國管轄以是各國競思染指是鐵路一端徒爲外人乘機攘利之具而於補救時局實無大益雖以鈞座之公忠愛國覩此亦不免灰心此皆近日之所聞也職道之愚則謂各國冀以承辦攘利自是實情若謂某國承辦將來地即屬某國證以外洋之事殆未必然如土耳其墨西哥秘魯皆孱弱之國所有鐵路均借各國商人之貲建造計各商所得不過專鐵路之利而已若謂即能佔其國之地殊未確也今日中國勢已岌岌凡言自強之策皆屬緩不濟急獨此鐵路一端如能幷日而營十年之內六通四闢國勢尚有轉機而現在蘆漢借款已多方作難不能應手如此竊謂此事辦法總當稍有變通觀今日鐵路總公司之意未免騖於小利忽於遠圖蓋此時當求借款之速集不當屑屑計錙銖之便宜儻有數國願借即擇其利便者借之而不必過慮其佔我土地爲遲疑不決之計也

上張香濤制軍 丁酉九月

山右一省西接關隴南通河洛鑛產之富爲各省冠如由太原東出井陘與蘆漢幹路聯絡計程不及六百里由澤潞趨彰衛接幹路僅三四百里幷代雁門畜牧最繁太行左右煤鐵之利自昔稱盛如晉中造此兩路瘠苦之區可變爲富饒若由晉而西迤邐入秦度隴達玉門從此東聯遼瀋西接甘涼北陲五省五六千里三日可達不獨瘠土可沃且惰民可勤轉移之機莫要於此山右本公舊治甘棠之蔭至今謳思即晉民之不能忘公益知公之不能忘晉若晉中鐵路克成其利國惠民功效實非淺鮮聞胡中丞近頗有意於此職道私念頃在鄂中荷我公拂拭之殷每思及時自效而鄂省事簡人才濟濟濫竽溷跡殊切內慚在憲臺雖有求才若渴之忱在職道究乖敬事後食之義是以兩次抵鄂輒有席不暇煖之思非敢自外栽培實以年逾五旬精力漸衰若不及今奮發自立空慚蒲柳無補桑榆昔人拊髀肉而興嗟良有以也現計

兩月假期屆滿理應早日回鄂趨聆訓誨惟念大君子之存心當爲一世廣人才之用不爲一已收得士之名職道二十年前曾隨同鄉朱筱甫學使按試晉省周覽南北各郡形勢粗知梗概現擬重尋舊游荷利斯民在晉猶在楚也

上翁叔平中堂

詩稱宜民宜人受祿於天書言四海困窮天祿永終自古迄今國家治亂興亡罔不由此頃者外侮環生時局日艱　朝廷深維仁者樂天之義以大事小馬關之約隱忍於前膠州之衅含宏於後無非與民休息之意然而志士拊心貞臣扼腕甚至外國日報橫肆譏評創爲瓜分中國之說京師士大夫習聞不以爲怪轉相稱述絕無顧忌計必有上徹鈞聽者矣夫殷憂啟聖多難興邦往事既然豈獨異於今日竊謂外患不足憂目前所宜注意者惟我之民窮財盡內變將作亟當設法弭亂未萌耳溯自乙未罷兵至今三載東南沿海數省人心離渙民氣蕭條珏去歲在滬目擊租界華商外強中乾情形爲之太息及來京師見市廛景象亦非昔年可比又聞各省偏災待賑者非一處中夕徬徨欲求一強國保民之策而不可得本年正月閱邸抄恭讀　上諭將頒發昭信股票息借華款輾轉籌思因於財殫力絀之時爲反本窮源之計謹擬奏稿一通思呈請總理衙門代奏會俄人議租旅順大連灣事人情惶惶徘徊月餘迄未上聞今則俄議已定繙閱前稿私念愚人千慮或有一得用特錄副先呈鈞覽是否可行以定進止伏維中堂入贊萬幾出綜百國中外大政取決片言又筦領農部天下財政所總匯也方今言理財者不外開源節流然而講商務談鑛學設銀行議論徒紛迄無所獲則所謂開源者其效已如此矣至若折漕裁兵等事無論各省因循未克舉辦即使實力奉行一歲撙節幾何今洋藥一項果能遏其來源俾漏出外洋之銀逐漸減少

猶不失爲節流之上策也珏昔年隨使歐洲曾與英國禁煙會紳士詳晰討論知中國果欲爲民除患決不致啟衅端又稔聞歐洲各國每指華民吸食鴉片一節決爲不能自強之明證今若使知　朝廷於多事之秋尚能垂念及此彼必謂中國人情迫而思奮確有轉機亦未始不可少減其覬覦非分之念伏懇中堂爲天下蒼生援手拯此陷溺啟沃　宸衷明降　俞旨准各直省府廳州縣紳民設立禁煙公會則四海窮黎皆獲更生之慶假樂之詩所謂受祿于天者將於是乎在不勝期望懇切之至

上張樵野侍郎 戊戌正月十二日

傳聞俄英兩國俱以借款要挾多方尚無定議職道之愚以爲俄英各有所求歲息雖輕而太阿之柄一旦倒持後患正自無窮似不如兩罷其議與美國婉商美多富民其國家向不干預他國內政即息錢稍重較無顧慮科士達爲中國效力有年若速電籌商計一二月間尚可就緒但此係局外推測不知其中有無窒礙姑即管蠡所見上備采擇

與袁爽秋 戊戌十二月十九日

聞外間謠言謂美國有事要挾中國其意甚堅此語初出自英商洋行買辦某某頃聞士大夫亦有傳述此者未知究係何事總署已見明文否珏在英數年深知英人之狡詐中俄合則忌俄中美合則忌美百計離間以求必如所願爲快近日中俄交誼已不如前實係英人搆煽使然假令早向俄國將此層揭破當不致成目前局面今若再信英人墮其術中不與美使開誠布公說明更起猜嫌則中國益孤力無助矣外人待我之情亦視我之應付爲轉移前上條陳所以懇切言之意亦在此弟自海外歸來已逾三載原不能執三年以前所見爲定案祇以天下事百聞不如一見英美兩國人情純僞厚薄係得之親歷與身在內地僅憑外洋奏報

者不同蓋外洋奏報之不可憑實緣中國積習即海外之事亦專在紙片上做工夫不在血性上做工夫也恃愛直言倘祈鑒察

上廖仲山尚書 戊戌十二月十一日

凡事關國計者非有尺寸之柄無能為役事繫民生者隨分可以自盡程子所謂一命之士存心利物必有所濟是也今日中華菁英所萃惟揚子江以南錢塘江以北十數州郡人文最盛財賦最繁地瀕大海亦往往得風氣之先欲求經正民興之道必當由此下手去年在里因見新說盛行士人為學譸張怪妄蕩然於心寡不勝衆決意北游冀得一容膝之地三晉風俗號為樸厚尤所注意及今春渡滹沱入井陘抵太原見其地方貧瘠人物庸陋風俗雖樸無所取材以言政事則百度窳廢官吏以廣植罌粟為足民自潤之計以言人才則士能究心經史者百不得一叩其所志不出豆區釜鍾之間然後知吾鄉之大可有為江浙閒十數郡洵中

華全國菁英之區也鴉片流毒已久世人往往擬之洪水猛獸之禍然洪水猛獸不久為患者以有禹與周公治之也禹周皆聖人非後世所敢希蹤乃若其志則固學人所當志況鴉片一事禁之本易觀於東西洋各國成效可見固不得以洪水猛獸比今日中國欲求富強之術其速而易效者無過於禁煙顧有治本治標兩法治本則前上條陳杜土藥出產之源絕洋藥販運之路是已治標則仿照藍田呂氏鄉約辦法城廂以及四鄉一律禁開煙館廣設戒煙醫局務令未吸食者保全不染已吸食者悔悟速戒雖不能如治本之法收效神速然為之不已俟以歲月此害亦可十去其五今　國家既無禁止之意則紳士力所能辦者祇有治標一法耳去年在里時曾與邑中紳士籌擬及此頗多同志因而考求本地實在吸食洋藥之數取土行帳簿核之計每日耗費洋銀在六千元外一月即需十八萬一年即需二百一十六萬元如能十去其五則百里之地每歲存留洋銀在百萬元以外十年之後數逾千萬家給人足何圖不成能富則能強理固相宜且十室之邑必有忠信人之欲善誰不如我敝邑此事果能辦有成效計江浙州郡必有聞風嚮應者其於經正民興之道庶有冀乎職道材質駑鈍涉世多拙自揣不合時用獨此惓惓之愚幾如精衛塡石負山未能一日稍忘南歸之思微志在此

上廖仲山尚書 戊戌冬

前條陳外交內治二端已聞人言謂與風氣不合奧　朝廷意思亦不合夫不合風氣則洵有之至於芹曝之獻原為　深宮未悉海外各國隱情與閭閻積年受困根源不憚覼縷上陳若　上意業已知之亦何煩疏逖小臣希　旨求合耶

上趙展如尚書 戊戌十一月

恭讀　諭旨敬諗我公拜總署行走之　命不禁為之喜躍繼而

鰓鰓不無疑慮終乃釋然大有望於左右請畢陳其說頃年中外交涉事件日益煩重而任事者往往互相推諉觀望以致積小成鉅變易為難我公氣概豪邁任事果決絕去因循巽懦之習以此應事必能力更前軌此所以始而喜也然自淺見者論之鈞座平日心厭洋人不喜談洋務恐此非其所願或勉強入署隨同畫諾或鄙視異類不屑推誠則於大局亦鮮補救此所以中而疑也及反覆思之我公平日所拳拳者罔非國計民生之大端今強鄰環伺小有齟齬即受挾制往往牽一髮而全神俱動事之關係國計有迫於洋務者乎海內虛耗而洋貨之來日多一日其最受病者則鴉片之毒已近百年蠹蝕中國金錢不可以數計事之困累民生有甚於洋務者乎職道觀公曩撫吳中祇此實事求是之心至誠所感民情翕然今推此心以交鄰國深思遠慮因勢利導使異族之人亦感激鼓舞於不自知公年甫五十精力過人非同事諸

公比此後聯絡外交澄清內治胥於公乎是賴此所以終乃大有望於左右也職道此次來京瞬已月餘如爲一身私計不宜久淹都下第念千里赴闕若僅以奏對數語了事耿耿寸心自問殊多未慊且以疏遜候選之員蒙　恩召見亦屬異數竊不自量前日恭擬奏摺一通呈由總理衙門代遞第憾人微言輕限於地望疏入留中未蒙　朝廷采擇施行伏念洋藥之害我公撫吴時知之必悉姑無論民間失業傷生敗壞風俗諸弊即以每歲漏出外洋之銀言之不下三四千萬兩職道籍隸江蘇金匱縣就縣境而論延袤不及百里而每日購買鴉片之價計需洋銀六千元外一月即需十八萬元一歲共需二百十六萬元合庫平銀約一百五六十萬兩此係查考本地販運煙土鋪店帳簿實數非約略之詞僅百里之地而耗費若此沿海州縣計以百數其耗費又可知假使革除此弊百里之境每歲能餘存銀一百五六十萬兩自然家給

人足百廢俱興此洋藥之禁斷不宜緩者也土藥之害已詳前呈山西禁煙論中秦中爲公鈞游之地渭川八百里徧栽毒卉其病民耗財左右所知必較職道爲尤悉無待贅言區區愚見今日救時之策自以富民爲先務而富民莫捷於禁煙茲將昨上條陳草稿呈覽祈公垂念斯民力拯積弊如得嘉謨入告必能上回　天聽迴非草茅下士可比語曰非常之功必待非常之人臨穎不勝惓惓再近年無錫金匱兩邑每歲蠶繭之利豐收之年約及洋銀三百萬元少亦不下二百萬元計其所入適與鴉片所耗銀數相抵民間自種桑以訖繅絲種種辛勤祇與鴉片交易而退地方有此大利而仍無富饒之象現且不能支持日貧一日此外無利可興之州縣甚多其爲害何堪設想此患不除中國之民決無轉弱爲强之一日職道去年在家曾與同鄉紳士議立禁煙公會廣設戒煙醫局僉謂不奉　諭旨礙難舉辦頃來京師每與縉紳先生

言及禁煙一事人人知其害人人憚其難不思時至今日國勢貧弱如此欲圖振興之方豈有容易辦法此刻惟立定主意以不畏難三字作宗旨以因禍爲福轉敗爲功八字作關鍵寸陰必惜一息不懈思之思之鬼神通之精神所至金石爲開國計民生庶有豸乎職道十四年前寓京時惟見朝邑閻文介公往往縱談移晷亦無旬日不見之時我公立　朝行已本末不亞閻公用敢一再奉瀆尚希鑒原並祈采納爲幸

上趙展如尚書 己亥六月二十八日

晉陽遄返旅寓如恒感時事之多艱懼修名之不立韶光易逝玩愒懷慚祇有振刷精神自矢勿虛期望而已前在京時曾擬一禁煙公呈稿求正初意欲合江蘇一省籌之頃思通省人多意見參差築室道謀此必無成不如專就無錫金匱兩縣倡辦衆心較能齊一現已將此稿後半篇改過並排印數十册寄回家鄉與邑中

諸紳士妥商事關兩縣不能不詢謀僉同慎重出之儻此議上聞得奉　諭旨雖於鴉片之害未能拔本塞源而其利約有數端一游惰之人日少民務本業風俗自能返樸還純二忠愛之性日生民知大義人心漸能化頑起懦三耗財之流即節上下富樂國勢自足建威銷萌惟是天下大計竊不自諒欲以一書生之志力就百里之地倡之未免近愚然精衞填海愚公移山從來至艱至鉅之事必有志而後能成道光年間朝臣論鴉片之害謂甚於洪水猛獸今又六十年矣甲子一周物理亦窮而將復自古運會貞下必又起元安知今日無大禹周公其人能力除洪水猛獸之患者乎默數當世賢豪非公其誰與歸茲將排印之稿奉呈鈞覽儻其中尚有窒礙難行之處敬求賜誨以便改正無任企禱再近聞人言五月初當路建聯倭之議國書已發樞府尚未得知不審果有此事否竊揣時論必以英俄近有聯盟之事謂歐洲兩大既已締

合則中倭同在亞洲亦宜締合以爲聲援此可謂不達事理者矣無論倭人狡詐決無眞心和好之意即使彼怵於俄患冀我同當其災然陽爲助我以防俄陰實間我以挑俄但使中俄之交一離彼即譸張反覆惟所欲爲不可究詰矣職道妄謂英俄聯盟一事仍是貌合神離之局於中國目前實無妨礙緣兩國決不能說到一處也

上趙展如尚書 己亥十二月

恭讀二十四日 硃諭愼簡元良以定國本此 宗社之福也乃日來無識之人惑於流言輾轉揣測昨聞上海租界紳士曾有電音至京又我駐美使臣伍廷芳亦有電達總署謂美國詢問此事又聞各國駐京公使意存干預云云道路謠傳不一而足此係中國內政與外交無涉凡言外人欲干預者此奸人恫嚇之詞不可聽也惟查各國交際通禮遇有應行慶賀之事必當徧爲知照此事譯署似宜從速照會各國在京公使並電我國駐洋使臣行文各外部措詞務須正大得體似宜以 皇上已屆三旬萬壽而尙前星未耀爲言不必照前日 硃諭措詞其致賀與否則聽之則外人猜疑之見自泯至草野無識之人如上海紳士等雖輕舉妄動罔知大體祇可包荒不宜加譴竊維 國家累葉重光二百八十餘年自天命至同治十世相承爲唐虞以來所未有 皇上自旁支入承大統光緒初年人無異詞今茲浮議紛紛皆緣康梁徒黨煽其餘毒 朝廷惟以寬大鎭靜處之必能不動聲色而措天下於泰山之安抑更有瀆者前日 硃諭出自聖衷不妨過示謙挹若此後樞廷秉筆似宜爲 皇上一面寬留地步以杜奸人讒慝之口且戢異族窺伺之心一得之愚伏維采擇

與李豫嚴

前接惠書具見籌慮周詳關愛肫切至深感激旅邸少暇尙未奉

復茲將創辦此事之意爲兄詳晰言之弟之究心洋務自同治甲戌臺灣一役始前此固懵然也丙子三月赴京兆試始有四方之行嗣後十年之中徧歷齊魯燕趙秦晉越蜀之地所見不乏當世賢豪及考其立心行政與詩書所載異矣丙戌之春隨使美國凡他人驚訝爲奇特者以弟視之皆吾詩書中固有之義也竊歎中國斲喪而失其本眞外國樸野而葆其元氣以爲海外各邦大率如此及庚寅至英所見乃又絕異其詭詐浮薄不殊中國而損人利己之心殆百倍焉非鴉片一端之禍我中國也嗟乎事非身親目覩不能知其詳非思深慮遠不能燭其隱回憶前日與弟同游兩國者何止數十人試一叩之彼固漠焉而無所覺也而況身居中土僅憑一二譯出破爛不全之西書參閱數十册雜亂無文之報紙乃遽囂然自命爲通曉西國政治且欲紊亂我中國之紀綱法度此弟所以每一思之而扼腕太息者也大運循環無往不復亂極思治自有其人而圖治之機必自禁吸鴉片始馬關和約賠款二萬萬當時鄙意此款不能不暫借洋債而欲歸還洋債非杜塞異域之漏巵則必四海困窮而後已上年昭信股票之議起曾以此意草成一牘會有晉陽之役未及上聞至秋奉 召來京條陳時事即舉此爲內治之本其稿兄具見之然初意馬關賠款二萬萬即使子本侔相度亦不過四萬萬及今春見海關每年償還洋款本息盈絀表幾及八萬萬且必歷四十五年之久而後償淸乃大駭且大憤思求所以補救之策及報仇雪恥之方則禁吸鴉片一事實不容再緩始猶欲合全省同志之人圖之顧舉世滔滔惡直醜正驟聞此議鮮不驚且怪者於是乃返而僅求諸吾鄉冀先合兩縣之人圖之不揣綿薄實冀挽回氣運由近而徐推及遠惠書所示各節實獲我心其謂天付處此世者萬難之局仍欲以安然無事之心處之恐人有巧拙而皆未能必出萬全此數語尤

爲不磨之論時局至此惟有認定不畏難三字無論在朝在野尙可努力做人昔咸同之際海內多故湘中豪傑如曾胡左彭諸公出死力以剷平大難人才萃於一隅而收功極於天下今讀諸公往還書牘力撦危局弃命扶傷之狀猶爲膽戰心驚夫夷禍大於粤匪而禁煙易於打仗舍此不圖而謂別有救時之策其可信乎吾輩束髮讀書除國計民生之外皆非所措意顧國計必遭時得位而後可以與聞若民生則隨時隨地無不可爲者程子謂一命之士存心利物必有所濟是也鴉片之害果除益於國計者猶少益於民生者無窮弟今日手無斧柯即欲竭誠爲國其道無由姑以此大聲疾呼爲天下倡則爲民亦即爲國也鄙性不善治生數年以來一身私計誠爲窘迫顧獨默念我意方欲拯天下之貧民各遂其生諒彼蒼蒼者亦決不絕我之生不過家人婦子稍受困阨然使兒輩艱苦或能奮發自立克綿先澤亦未爲失策乘槎之舉前雖有　旨存記而簡放則未可必即使得之今日所處亦極難耳枉尺直尋則吾豈敢然非古道如兄孰肯以此言告者人之相知貴相知心天下雖大求如我兄之愛人以德豈有第二人乎寒夜獨坐呵凍書此以當面談

與王旭旦　庚子五月

昨奉惠函具紉良友忠告之盛心感佩無已尋繹吾兄一再賜書之旨蓋未嘗不取其志而特憫其愚且慮其以此自困是其見愛之深超軼尋常萬萬豈獨賢於腹誹及背後訕笑之儔哉顧此事之難弟非不知之自上年五月初十日在太原節署草就第一次公呈稿寄至都中與同人商榷都中諸友即以爲難後貽書與家鄉諸君諸君復函亦慮事體所關者大恐辦不動十月入都與京朝老於事者言之則無不訝以爲狂非匿笑則駁辯求如老兄之委曲相諷者不可多得也數月以後墾唔屢談衆情乃漸釋然蓋

自道光庚子海上肇衅以來至今六十年中國之隱忍包羞甘爲人下未有甚於今日者也夫洋人以其酖毒貽禍中華我受其害彼享其利及其禍我既深知我不能自拔則轉薄我爲無教化之國而彼乃靦然自命爲文明之邦然而今日中國士人未有痛斥其非者反以爲其語誠然甚至創爲瓜分之說而亦相與安之嗟乎此何心耶此豈戴高履厚自命爲人者所宜然耶昔郭筠仙侍郎嘗言西洋與中國搆衅之始由於鴉片推原禍端宜如何創鉅痛深以示毋忘國恥之義弟每歎其言之探本爲不可及也夫存一毋忘國恥之心則凡耳目所及一榻横陳呑雲吐霧之處皆激吾中國人報仇雪憤之處也來函舉印度土商及上海老新沙遜洋行以及靑蓮閣之煙霞窟宅無不據此以爲利藪凡閣下之所聞見者皆弟所聞見者也顧閣下第曰付諸浩歎已耳夫僅僅一歎亦何裨乎彼誠禍我我能救止斯禍此上策也既不能救則姑訟言其禍使一世之人求其脫焉用力雖勞不猶愈於束手待斃乎今戒煙局之設亦欲使人求自脫之意也亦由在上位者不思救止斯禍故竭吾輩之力僅僅爲此一事以冀逐漸推廣收效於當世也其與遭時得位而欲救止斯禍者難易至不侔矣然而吾輩於此果能存一不畏難之心則又何事不克濟精誠所至金石爲開要就吾分之所得爲者而毋越思焉如農夫之有畔則可矣閣下所慮抗官等事則越畔之思弟決不出此也雖然弟即不畏難同心者固無多人儻閣下能移其浩歎之心爲不畏難之心兄才十倍於弟則布置經畫必有條理此眞吾邑之幸而幷不獨吾邑之幸也語曰德不孤必有鄰其信然歟弟平日不善治生勢難久於家食俟此事辦有規模即當移交同志閣下其有意乎

致邑人士

周官大司徒以鄉三物教萬民而賓興之一曰六德二曰六行三

曰六藝德行居先文藝居後古人登進之途未有不由於此者也孔門四科首列德行漢世興廉舉孝猶有崇尚行誼之意隋唐以來始用科舉自是專取文章歷宋至明登進之途日以偏重而人心風俗其純厚亦遠遜於古良可慨也吾邑東林書院創於明萬歷年間當時顧端文高忠憲兩公以講學爲東南倡士以氣節相高自明季至　國朝乾嘉年間邑中人士猶以經明行修爲務近百年來風流歇絕士於八股試帖之外不復研精經史而立身行己之大節更無論焉近年各處創設學堂意在補偏救敝而學不本諸德行則支離蔓衍其甚者至尊西抑中謂四書五經可緩讀蒙養之基已不能正又何論他日成人以後哉東林舊章山長必延本邑紳士爲之向以科第爲重近年陶先生蓉初始以明經主講此席蓋由邑人厭科舉之陋習思明實學以救之數年來人無間言惟所以課士者仍祇論文而不論行士能束身圭璧者卒鮮

本年春間陶先生擬添課時務算學分修脯之半招邑中高才生校閱議不果行竊謂算學僅藝之一端時務非呫嗶之士所能空談近年滬上各報館流弊已可概見不如延聘德器渾厚行誼純固之師以爲矜式吾邑李先生豫嚴忠節之後天性孝友修身治家皆有法度可觀其教授弟子亦本末兼賅多所成就現擬公請李先生與陶先生同主講席陶先生專課邑士之文李先生兼督邑士砥行立品以身教不徒以言教常時下榻院中除陶先生課期之外士子皆得以燕閒之日就而考道問業檢束身心庶幾經明行修近追乾嘉先正之遺風遠紹顧高大賢之學脈以符周官三物德行爲先之義其修脯即如陶先生之議各分一半毋庸另籌凡我同志以此議爲然者請各署銜以便函告邑侯修書延聘庶幾人心風俗漸可挽回且以一隅爲海内之倡云

復庵遺集卷二十

復庵遺集卷二十一

無錫　許珏

書札三

上蘇撫鹿滋軒中丞 庚子

竊自京津拳民發難外夷交訌電音郵報均不得達草野之人莫聞京華消息而忠愛之性藹人所同北望　闕廷杞憂莫釋鈞座懷忠發憤奏統勁旅星馳入衛以明臣子致身之義海内人士孰不悚然動容珏雖疏逖無位之身然同仇偕作之義聞之已稔自維三度隨槎十年海外於鄰交敵勢離合嚮背粗知要領亦由國家培養而成緩急之秋誼當不避患難自聞警耗瞻望京國不能奮飛茲幸旌麾北上竊願執鞭以從藉抒小臣葵藿之忱兼備大賢芻菲之采儻鈞座嘉其志而收錄之攜挈同行無任感激之至

上鹿中丞 庚子八月德州旅次

旅次暫憩靜念時艱感懷千里提挈之恩尋繹一再勸留之意捫衷自省佩德靡涯竊意目前時局誠有類於伏邪恐其内陷猶幸體質素堅元氣尚固誠能扶本袪邪未必遂令和緩束手昨在道中車行困瘁又所聞情事言人人殊不敢遽持芻見上瀆清聽茲已休息數日得閱邸鈔參以近聞謹就管蠡之見別紙錄呈鈞覽職道此行原因激於同仇偕作之義投袂請從感公愛惜欲爲保全第竟不入都則此行亦殊無謂擬俟溽暑稍退仍北上以符初心愚人千慮容有一得當稍竭駑鈍仰贊高深知公必不見責也

與鮑潤漪 庚子

別未半載時局一變至此　翠華西巡聞兄隨扈入關敬維急難從公馳驅報國此人臣之節亦志士自見之秋也秦中自古帝王州然由唐季衰亂以來迄今千年無卜都於此者近則渭川八百里膏腴之地徧栽罌粟風俗如此人才可知其寙敗委靡想不亟

於上年晉中所見各狀安得賢豪之士相與戮力定興中丞奉
詔北上勤王弟激於同仇敵愾之義投袂從行六月初八日由錫
起程七月十二日行至德州聞都中亂象愈甚中丞諄勸暫緩入
都言之再三且云俟到京發函知照後再去弟感其意遂允留德
以待後命適同鄉楊仁山挈家寓德就下榻焉方擬休息旬日整
裝北上迨二十三日聞　乘輿西幸消息二十五日聞京城不守
之信二十七日得鹿中丞書知行抵琉璃河折回保定取道房縣
阜平入山至五台迎覲其於弟之行止但云請自酌奪未下斷語
弟意溽暑遄征已行二千餘里計德州至太原爲程僅一千三百
餘里且係頻年熟遊之路既不入都自應趨叩行在而同鄉寓德
諸人咸以此時西行於事無裨又沿途游兵潰勇紛紛南下單車
獨行亦頗不易羣來阻止仁山見弟終日憤懣謂不如遄返故鄉
以大義激發同志或有機緣可圖無爲久客於外自取憔悴遂於

月杪結伴同行由水路南旋八月初三日行抵臨清泊舟河干意
中尚戀戀不忘行在時時欲西會周衡甫惲孟樂兩同年自京來
亦以入晉勞而無益均力阻之寸心始決泊臨清五日黃河水尙
未來不能久待初九日遂與仁山別登陸遄趨濟甯州十五日卸
車既晚登舟是日爲中秋佳節孤舟獨宿感念身世悲憤抑鬱不
可爲懷中夜猛省此時惟有人定勝天四字尙是轉弱爲強妙訣
立身經世一以貫之利害得失絕不計較吾吳本人才淵藪近數
百年來失之文弱遂令陸宣公范文正李忠定一流人不得再見
亦吾黨之恥也自前月杪在德州啟行後途中絕不聞時事晉耗
惟初十日過東昌在一同鄉處聞　乘輿已到太原駐蹕又聞各
國已允議和獨俄德兩國未允不知確否鄙意此時　鑾輅已西
和議之成遲速無關大局要當先定議和宗旨耳

上鹿大軍機　庚子

此時南省人情均盼和議速成則巢幕之燕可冀安栖而傳聞各
國所索條款類難應允即如　回鑾一節此刻京城殘破敵兵未
退語云千金之子坐不垂堂豈有　萬乘之尊可以冒險輕蹈危
機其難一也賠償兵費至數百兆之多取之於公帑則大農早已
告匱借助於民力則中西風俗絕異明季加徵遼餉遂成流寇之
禍可爲殷鑒其難二也且各國必以用兵之久暫分賠費之多寡
如是則我受禍最深之俄倭德法所得必多始終未與我用兵之
美國所得最少厚以待仇人薄以酬友誼事之不平莫此爲甚其
難三也即此兩款已具三難此外無理之要挾更不必論磋磨日
久徒啟戎心風聞北路洋兵有分兵進犯晉豫之說又聞南省有
假道長江之說雖謠傳未可盡信然亦足見和議一日不定則變
端百出未來之事難以逆料愚見此時扼要辦法約有兩端一曰
與各國次第議和以解散其合從之謀首與美國議約請其持平

辦理美未嘗乘我之危淩辱於我居心較爲平恕美約不大吃虧
即他國亦易仿照次則俄國俄入京後首允退兵雖東三省遭其
蹂躪辱侮難堪然釁由我起祇能含忍且俄爲各國所畏能以柔
道制之俄既就範各國轉圜亦易其次則及英英與俄勢不相下
先俄後英彼或不願但告以此舉專爲俄歸還東三省侵地故不
得不先俄英亦可無辭美俄英三國既已言歸於好法德本不相
合倭雖譸張爲幻亦必見風收帆此中孰後孰先在議和諸臣臨
時相機斟酌約既分定則利益均霑一語即可刪除此與各國次
第議和之大略也一曰請鄰國居間議和以消化其狂悖之隱今
全權大臣慶邸爲倭保護合肥爲俄保護俄倭兩國情同仇寇決
不能說到一處然俄悍而倭狡俄可以情動倭不能以理喻查外
人所索之款如請　慈聖歸政不用滿人爲督撫及各省財賦均
用洋人經理凡此等狂悖之言美與俄兩國斷不出諸口即英法

德亦未必爲之大抵倭人陰聽康梁死黨發爲此說故意嘗試度我亦萬不肯允以冀相持不下及支吾既久中國將此數項駁去而他款一一允行則在彼所得已多此實倭人之隱情也查中美條約第一款云如他國待中國有欺藐不公情事美願爲之居間和解此約定於四十年前當時止一英國侮我美已爲之不平故首載此語以爲結歡中國地步今各國連兵荼毒中華而美除保護使館之外未肯輕用一兵此其恪守約章之意已可概見竊謂

朝廷如電遞國書請美總統派員就近來華隨同排解則凡倭人狂悖之言不攻自破此外各款會同慶邸李相持平酌辦完結必速或謂七月中旬美國會致書中國表其勸和之意當時中國置之不答美廷因此不悅此刻求美相助恐未必肯從不知此說確否竊謂七月間政府心煩慮亂之際自無暇理會及此今不妨認明謝過懇其相助竊料美國必不因前事芥蒂此請鄰國居間議和之大略也職道反復籌思果能如此辦理雖不敢謂和議之成確有把握特較之目前束手無策聽人劫制似爲稍勝特南北暌隔局外之論未知與局中情事是否脗合姑竭芻蕘之愚上瀆鈞聽用備采擇再前在德州因奉垂諭諄諄從緩入都未及隨行歸里之後蒿目時艱而鬱鬱家居無從自効私念十年海外稍知各國大略亦由　朝廷培養而成際此多難之秋不容自逸矧

天子蒙塵尤非臣下安居之日刻擬取道清江由豫入陝計冬至前後可抵秦中明知祁寒遠涉道路多艱幸精神筋力尚足支持聊以自壯所有縷縷愚衷俟到後詳晰面陳

上鹿大軍機

昨聞　密諭秦中起造宮殿管蠡之見以爲此時祗宜作一離宮不必作定都之計數年之後如洛陽金陵等地方或再營一二處以示歲時巡狩不常厥居之意而仍以順天爲根本郊廟之位官

司之署悉如其舊太平暇日照常駐蹕庶可戢外人窺伺之心若遂定都秦中則外洋各國駐使勢必接踵而至緣彼所以駐京者因兩國交涉之事須與政府相商我以陝爲京都彼亦就陝營建使館數年之後西安城中又一東交民巷矣惟作爲離宮則無此慮此事極有關係非僅爲一時惜費起見望公造膝密陳

上趙展如尚書　庚子

時事難知不意數月之中竟有此大變回憶京邸叩辭之日春光駘蕩景物雍和時聞有　駐蹕頤和園之說竊慮天時人事未見其可公亦愀然憂之由今觀之人心敬肆之機息息與造物者相應可不懼哉自古殷憂啓聖多難興邦矧我　朝厚澤深仁二百五六十年爲列代所未有指日收復京師　翠華東返　中興景運可以理決雍州地處上游河山百二談形勝者豔稱之然自唐季喪亂以來迄今千年無卜都於此者近則渭川八百里徧栽罌粟風俗如此地脈可知我公秦人慮之必審九州方輿甚大海疆偶警無與本圖若遂阻關自守置東南於不問外則海國憑陵瓜分之說將驗內則督撫桀傲藩鎮之勢必成從此偏安一隅眞成小朝廷矣旂分八面下秦州此等歌謠起於嘉道之間明係當時作亂之徒造言惑衆豈可引以爲證遽信數由前定耶

上趙展如尚書　庚子十月

閏月初旋里後目見耳聞彌多感憤家居一月抑鬱無聊重陽後至上海又至金陵與士大夫相語大率以東南免禍爲幸而不以京畿罹毒爲恥惑新舊之政見昧中外之大防恒舞酣歌一如平日語云哀莫大於心死其此之謂乎職道十年海外頗與洋人相習竊謂吾華此種風俗此種政事不獨見斥於聖賢亦恐貽譏於異族是以決計入關二三知交以秦中歲歉冬月天寒交相勸阻愚見此次　乘輿播遷實中國非常之變吾輩朋輩交游偶聞其

家有急難失意之事亦必親往臨視始釋系懷矧　天子蒙塵豈食毛踐土之儔轉可漠焉相忘非惟不忠自待亦薄至職道入關之意則以自古殷憂啟聖多難興邦乘此創鉅痛深左右大臣啟沃　聖心早定所嚮有數百年之計有數十年之計有不終日之計毫釐所判榮辱懸殊此中得失統俟到日叩謁面陳

上鹿大軍機 辛丑

所擬條陳業於今晨在都察院呈遞惓惓之愚此時總以感通上下之情爲先若　朝廷有恤民隱之心而臣下無紓國難之意是猶以慈父而養驕子亦非興家之正軌試辦國債看似損下益上實則上下交孚之道不外乎此就廣東辦起者因瀕海各埠人心不明大義而上海浮囂尤甚陶制軍在今日自是鐵中錚錚如有　寄諭可行與否當必據實直陳處此時勢種種籌款之法皆成强弩之末惟國債一節風氣未開而爲利甚普若顧後瞻前誤認

爲頭會箕斂之策不敢舉辦適自困耳

上鹿大軍機 辛丑五月

國債風氣不開非獨中華禮義之名徒成虛語自後並無自强之機今人動謂中外强弱不侔由於船堅礮利職道則謂所以不侔乃在尊君親上之誠彼族上下一心而我臣之視君與民之視國泛泛然若越人視秦人之肥瘠此豈周孔以來聖賢垂訓所及料耶鈞座感念時事亦慨人心不古竊謂人孰無良特因習俗所移不自知愧耳苟有大聲疾呼者激發其天良則十八中必有一人附從者其深閉固拒者不過二三人其餘六七者則皆中無定見可轉移者也今欲試辦國債如遽謀之坐擁厚貲之顯宦則萬不能行僅謀之於商賈尚易爲力欲求著名之富商巨賈亦自無多但求中貲小康之家正復不少管見擬以百金爲一票必其歲入所餘力足購此者方聽承領須其自願不强發給事由紳辦官但爲之綜核奏聞不經吏胥之手如此差少流弊通年六釐行息較之存於各口岸銀行三四釐息所得已羸果能動以至誠不患人情不奮大約初年但行之於通商口岸第三四年即可推廣於近口岸之內地矣或謂六釐行息第一年收銀一千萬給息六十萬實得銀九百四十萬固爲合算至第十年給息六百萬僅得銀四百萬矣至第二十年給息一千二百萬將何以應之此說甚屬拘泥大凡理財之道因時制宜本無一定職道愚見此項六釐之息初年擬給予現銀至五年之後可由戶部精製銀票發給如西國用楮幣之法此項銀票准其完納地丁漕折鹽課釐金但能上下通行即不至失信於民計自第六年起至第十年應陸續給發銀票二千四百萬十年以後或現銀與銀票分成給發總之中國於理財之道果能精心振作十年後之入款與目前局面自迴不同須屆時酌度情形再定又查外洋各國金銀楮幣虛實兼權而楮

幣流通之數視現銀多不啻數倍中國近年度支出入銀款以九千萬爲率如能行使二三千萬銀票則一切出納周轉國用較爲寬舒但須持之以信守之以恒耳或又謂賠款洋債息僅四釐償賠款之國債息乃六釐殊屬非計不知洋債者譬仇家取盈之款至期不償則足以肇衅國債者譬子弟私蓄之財臨時支絀則可以別圖且給以息錢仍在一家之中雖多予之不爲失計也況中國前借俄法英德各款幷折扣核算利息均在五釐外此次四釐之息乃於賠款上加息償還非謂借洋款祇須以四釐行息也現擬試辦國債祇求商民急公顧借國家守信不渝便是上下交孚氣象他日自强之本必基於此總之國債非洋債之比法國幅幀視中國不及十分之三其國債之數乃比中國多至八倍而法國之强自若美國國債前曾還清因近年古巴小呂宋之役刻又驟添國債比中國多至二倍而美國之富自若茲將光緒二十六年

各國戶部國債表鈔呈亦可知其大凡矣洋藥拆包零賣後仍可抽釐此係明載約章有案可據必應速辦毋庸疑慮昨謁王中堂言及總署案卷聞多遺失茲將篋中所攜曾侯摺稿鈔呈幷附洋文中英續訂洋藥稅釐幷徵專條一紙如此間有能繙譯之人即可令其譯出萬一總署此件案卷已失倫敦使署案卷現存可電告出使英國大臣速鈔華洋文字各一分送京備查亦非難也至職道所陳每洋藥十六兩加抽銀一兩一錢合之每擔又得一百十兩之數必有人疑其抽釐太重恐不能行者其實不必疑也查閱海關貿易册近年洋藥每擔價值六百二三十兩加入稅釐合銀七百三四十兩計每洋藥十六兩需銀七兩三四錢茲加徵賠償兵費稅釐一兩一錢亦不過八兩四五錢而已所增多於舊價僅七分之一吸煙之人斷不至因此受窘且果憚其價昂又何妨減吸七分之一以自便耶惟土藥必應加徵庶可以服彼族之心而杜嘵瀆之口且土藥之毒烈於洋藥僅議加徵已屬第二義昔左文襄有言洋藥宜徵重稅使其價極昂則吸者自少土藥祗有不許栽種一法隨時隨地痛斷根株方能保全貧民不至受害其言最爲扼要大抵民生謀食之方無論智愚强弱總憑心思筋力爲用東南之民其强不如西北而心思靈敏西北之民其智不逮東南而筋力壯實自山陝一帶徧栽罌粟比戶吸食近三十年來蕭條貧弱雖壯夫亦同尪瘠一遇災荒饑饉死亡不能復存故山陝兩省近來客民日多土著日少此何異自設刃網芟薙而禽獮之也今者　鑾輅西巡省方問俗適値兩省同時告災蒼蒼者殆非無意大抵截漕發帑賑之於既荒之後所益有限不如正俗坊民禁之於未災之前其利無窮聞兩省土藥稅釐報明戶部者每歲不及三十萬是區區者何濟於國用如爲正本清源之說不若明降　諭旨嚴禁種植最爲上策藉曰不能固宜重徵稅釐以示

懲創而官吏侵漁之弊尤不容不搜剔淨盡也率臆上陳語多戇直惟鈞座憫其愚而察其誠無任企禱

上岑雲階中丞 辛丑

晉省開鑛事關盂平澤潞四屬地段散漫所訂合同頗多漏著平陽開煤油一條尤爲節外生枝此係總署添入非胡中丞原議義國商人羅沙第赤貧如洗與英商勾結譸張爲幻將來轇轕必多戒煙一事晉省官民煙禍之深甲於海內鈞座深謀遠慮思欲力障狂瀾此尤職道所樂聞者惟是晉省吸食傳染之多實緣種煙地畝之廣猶憶光緒三四年間隨朱筸甫學使按臨各郡時曾忠襄閻文介兩公合疏請禁民間亦頗知悔毒卉芟除過半彼時種煙之區未及今日十分之一迨光緒十六年戶部奏土藥爲中國出產大宗請以徵爲禁由是栽種日繁而大吏比較逐年收稅亦以增多爲勝任愉快則今之滋蔓難圖不能不歸咎於當年開府諸公也查晉省土藥一宗合畝捐商稅坐賈釐金各項每歲祗收銀二十五六萬兩而貽全省人民以無窮之禍鈞座誠能及此回鑾之始痛哭流涕爲　朝廷一言乘變法之際力請改絃更張爲拔本塞源之計俾三晉殘黎復登仁壽之域則公之功德詎可量耶

致李豫巖秦牧卿 壬寅十二月

書院之改學堂雖奉　詔書宜有斟酌蓋從前書院所課者原係成材不過就其中甄錄佳士與院長收教學相長之益院長得人儁才自出而脩脯膏奬經費不多所爲用款約而收功博也學堂辦法各省既無一定之章省會大府名爲遵　旨奉行實則虛文敷衍州縣更無論矣然言其次第必先有小學而後拔其秀異者入中學有中學而後拔其秀異者入大學此則一定之理古人八歲入小學今鄉里之間農畝市廛之中因父兄貧惰而子弟及時

不學者一縣何止千人弟意吾錫如議設學必應從此下手姑以千人爲額設小學百所延師百人每師課徒十人設學之地隨城廂道里遠近酌定務令與學徒附近不得在一里外每學延師修膳兩項一年以一百二十千文爲額按月致送十千先期令學徒報名造册但令自覓正經紳士保送不用花費一錢其師長不必求學問淵深但曾應縣試文理清順者均可應聘却須有耐性習勤苦明白道理者方不誤人子弟緣此小學學生肄業其中不過二三年其稍秀異者即須拔入中學也中學應設幾所當以秀異之學生多少爲斷既入中學又二三年方挑選入大學所謂大學者即如吾邑向有之東林書院而今日　詔書所稱學堂是也小學學堂之課本祇誦朱子小學及四書正文不必讀注中學則五經之外兼講史鑑不必作文入大學後始課令博覽經史多作策論如有西學書籍亦聽兼習此弟意今日里中設學之大略也設小學百所每年應需經費一萬二千千弟在里時每年允助經費洋三百元即擬作此項小學之用後見範甫交來捐簿有竢實肇興東林繼改等語私心竊不謂然故將捐簿送還未寫鄙意今日士人侈談新學風氣大變偭規錯矩後患殆不勝言果能廣設小學既導無力讀書之子弟率循規矩且俾貧寒失館之老儒贍養身家至於求出類拔萃之才原未必即在此中而揆之古人老安少懷之心實未嘗不隱相吻合是用少竭棉薄爲鄉里之倡若竢實學堂之辦法凡來學之子弟既須自備脩金且頗豐厚此則未便勸捐招人指摘管見如此不知兩兄以爲然否至於東林宜定如何課程應請豫兄主裁弟遠隔重洋未便揣度也

無錫　許珏

書札四

上鹿大軍機 癸卯三月

賠款不足擬改關稅用金一節義國政府雖經允諾而仍以不便與同好諸邦歧異爲言竊揣此事必欲各國一律允行恐難就緒轉瞬第三批賠款屆期不知外務部如何應付珏謂與其議關稅用金苦受各國牽制何如按照曾惠敏續訂條約但與一國磋磨前接倫敦禁煙會紳士來函深以上年英公使領事阻止粵東膏引公司爲非謂此事必應設法辦駮渠願幫同出力並附來赫德庚子年寄回倫敦之函內言拳匪肇亂咎由鴉片各件茲將此件譯鈔呈覽原來洋文一併附呈大抵今日外人之見如中國因賠款不敷就洋藥土藥議加稅釐均視爲天理人情至當不易之事公論所在即英政府亦不能飾詞堅拒較之議關稅用金收效迥不侔也昨接楊主事道霖來函云大部議開銀行擬仿照日本辦法鈞座意在參考西洋各國銀行章程囑就近訪察譯送以備采擇頃已覓到羅馬銀行章程飭員速譯約計半月後當可繕呈此事實今日理財一大關鍵銀行既設即國債票亦可通行尤於財政有裨肅泐附陳

上鹿大軍機 癸卯八月

大部議設銀行已否議有規模向來中國仿行西法之事商辦則無羣力官辦則無實心是以利未見而弊已叢生今鈞座審慎於先必能收效久遠敝處所譯義國稅則業於前月咨呈外務部並另册請轉咨大部册中所載徵榷之法至纖至悉視中英新定通商稅則疏密迥殊因摘錄要義八條別爲一册附去茲另繕清摺呈請察核內重徵煙稅一條中國似可仿行溯自辛丑歲驟增各

國賠款之後除大部所指裁減之款及各省關應解部庫之款六百餘萬兩此外皆款非素定取辦臨時其最病民者則房間捐輸按糧加派二事刻下甫及兩年人心騷動衆衆滋事已非一處而所入亦殊有限若不及早改圖恐不待三十九年後患已不堪設想愚昧之見必須另籌大宗歲入之項庶可裕償款而安民心日來取曾惠敏續訂洋藥稅釐幷徵專條反復玩索察其用意已早伏後來修約議加之根今日如據此聲明辦理並非無因且查中英新訂通商條約內第八款第四節所載新約舉行之後既無藥釐名目則此專條不廢自廢屆時欲議加稅須待十年之後實恐緩不濟急且置現行專條不用亦辜負惠敏昔年定約時一番苦心是以不量疏賤本日謹具摺上陳請仿義國稅則重徵煙稅摺片中已詳敘者玆不贅述竊計此奏必交部議人情畏難樂易深恐部中過於審慎不免延緩時會一過欲議無從敬懇我公鼎力維持剴切爲邸堂言之目前各項籌款俱成弩末幸有一綫生機尚可設法萬勿誤聽浮詞自爲阻塞無任盼禱

上鹿大軍機癸卯十月

前上摺片未審外務部已代遞否世俗之見或謂今日局面似非議加煙稅之候但光緒十一年訂此專條時洋藥計價每箱不過銀三百餘兩現已增至八百數十兩目前計價加稅揆情度理均無不合且所加者仍取諸吸食之人亦於外國無損昔年曾惠敏函告譯署總辦云中國議鴉片稅釐之案無論如何堅執英使祇能以言語糾纏斷無因此肇釁之理蓋英國用兵籌餉權在下院議紳必不肯因印度煙事致失兩國之和此眞破的之論玨去年到義後與倫敦禁煙會紳往復通函會中卽以逐漸加稅宗旨相告且謂寓禁於徵自是外洋通例足見加稅一事可放膽辦理也東三省事一誤再誤竟至如此可爲太息玨自聞俄兵復據瀋陽

之耗輾轉不寐者數夕檠使來函謂非口舌所能爭竊念時局阽危至此同使海外不宜各分畛域惟此中曲折竅會非至俄不得其詳是以電達外務部擬赴俄一行旋奉復電謂部中正在磋商無須赴俄不審近日商量如何有轉機否東望神州杞憂曷極玨來義一年此邦交涉事簡無待折衝卽譯書一節考察彼國政治爲吾華借鏡之資亦不過藉以消磨歲月官閒祿厚如守括囊之戒循分以待三年差滿於一身私計固所甚便第回首昔年患難之際隨侍旌麾北上當時意中復何所圖祇以自問於應付外人一端粗有所見冀稍裨時局而已今玆所陳如議加煙稅赴俄轉圜均非分內之事若練習世故稍存避嫌之見皆不當出諸口但一則可增千萬鉅餉俾償款有著各省掊克之政可除培元氣於無形一則開國發祥之地存亡已在呼吸得失之間不容毫釐而外人玩我於股掌之上者亦不當墮其術中爲天下訕笑用是不敢默爾而息一再瀆陳然亦不顧以出位之思重招尤悔負我公以人事　君之盛心昌黎詩云嗟哉何所憂所憂非吾力每誦此言聊自寬解

上鹿大軍機甲辰二月

日俄兩國開衅至今倏逾四旬外洋日報所傳海軍接仗數次陸兵尚未登岸懸揣目前大局內地人心當尚不至搖動惟曠日持久則我東省受禍愈深今兩國既擬以東三省爲戰場將來無論孰勝孰負勢必得尺則尺得寸則寸各就佔界以爲己境屆時我欲索歸則必償還兵費中國目前財政殫絀至此豈能再籌巨款是此番兵事一起我東省疆土權利已不能自主矣上年九月俄兵復佔奉天玨曾電告外務部擬赴俄轉圜乞代奏請　旨蓋當時猶有一綫之機可望和平完結故擬不分畛域慨然請行及外務部復電止之則又未敢固請目前大局糜爛若此言之亦復何

補然事必懲前乃克毖後縱眞有歸宿不能預知而相機轉圜隨時皆可聖人有言知者不惑仁者不憂勇者不懼古之任大事者大抵從知仁勇源頭探討決不在惑憂懼窟裏盤旋曾文正亦云天下事變之來往往出於智慧思慮之所不及惟歷事久者能守義理之常以待時勢之變管蠡之見竊佩斯言珏壬寅在都蒙賜讀忠節公遺集邇來反覆展誦有感於心竊嘆三百年來世事有如棋局惟豪傑之士能自樹立英光浩氣歷劫不磨今東三省能否保全原非珏分內之事第念古人奉命出疆苟利於國知無不爲矧今日事勢尤與昔異亞歐兩洲風氣隔絕獨駐洋使臣耳聞目見較得其眞今歐洲一隅駐使七人而緩急之際無一能爲國分憂　廟堂不免旰食心竊恥之用是數月以來悒悒不樂幾忘寢食思得一當以報　朝廷又念以珏之疏遜猶日抱杞憂我公朝夕論思贊襄密勿際此艱虞其焦勞又當奚若尚望珍惜藎

躬爲　國自愛以慰海內屬望倚賴之心無任企禱上年請加洋藥稅摺計外務部已當復奏至今尚未鈔稿咨行到洋殊深盼系敝處續譯義國榷煙律例章程現已譯竣此編大旨以保護土產抵制外來之貨爲要義我如采用此法不獨有裨籌款且可隱杜漏卮日內擬即咨呈外務部以備查考并以附陳

上鹿大軍機 甲辰四月

近閱滬上日報載有總稅務司赫德條陳籌餉節略按里計畝按畝計賦令每畝完錢二百文每年可實征銀四百兆兩奉　寄諭各省疆臣核復具奏等因此種芻言瞽論於中國政體民情全未諳悉如使京朝官僚陳奏若此計必　嚴旨申飭原摺擲還今外務部爲之代遞　朝廷曲予優容並　飭下各省核復以示敷衍諒亦爲懷柔遠人稍存體面起見然而蚩蚩之民易惑難曉想各省大吏必有明揭其非以入告者無待珏之贅陳第念若非財政匱乏至極彼亦安敢妄言如此欲息邪說宜裕本圖珏前請加征洋藥稅細審外務部覆奏語氣似甚放鬆英廷又習慣延宕此事一時恐難收效竊維理財之道與用兵同當致人而不致於人目前祇有先就土藥整頓淸理土藥試辦既效洋藥來源必減洋商志在求售自能就我範圍珏現擬兩種辦法一仍中國舊章聽民種販官但嚴加稽核一仿義國新法由官收賣商祇代爲運銷就舊章整頓每年可增收銀一千萬兩用新法試辦則所入倍之反復籌思似有把握本日謹詳晰上陳並請由大部妥定章程通行各省籌辦總之今日財匱根源由乙未辛丑兩次賠款每年驟添四千餘萬之債無論如何羅掘總覺百孔千瘡必能另闢利源取之不竭以後小民始有樂生之心區區之忱不敢憚煩實在於是土藥係大部專政此奏交議伏乞鈞座鼎力主持則海內蒙福非獨言者之幸也

上鹿大軍機 甲辰十月

日俄戰事相持不下現値冬令嚴寒或冀暫時停息近聞波羅的海軍艦已陸續過蘇彝士河此軍到後計必有一番惡戰孰勝孰負尚未可知察度情形距息兵之期尚遠東省之禍殆無已時頃美總統議開和蘭弭兵會意在商同各國排難解紛但俄師屢敗之後尚未得一二勝仗恐其未肯轉圜珏所尤慮者各國排解之舉即能辦到兩國應允戢兵其於我主權能否完全一層恐不暇及縱或籌及亦未必能如我意反復籌思目前必應預計歸宿以爭主權本日業將此意具摺上陳如蒙　朝廷采納摺中第一二條似可即見施行惟　國書措詞亦須量度日俄兩君之意否則必致鑿枘仍於實事無裨茲謹擬兩稿寄奉鈞覽即祈削正以備臨時進呈猶憶庚子臘月在西安時承命屬稿後得俄主辛丑元旦復書詞意篤婉茲稿中引用前語似應查照原文飭譯方免歧

誤合并陳明（男同范謹案庚子年擬致俄皇國書見李文忠公電稿第三十一卷王言體尊未敢羼入特記於此）至第三四條就目前商勸停戰在日本已得所欲且餉源將竭或肯見風收帆俄則挾一報復之心慮其固執不允故以移師一層爲歸宿廷審知俄廷本無久佔滿洲之意往事之誤皆由武員貪功徼人挑釁所致茲何督已離遠東我如簡使往商必有轉機惟一切臨時應付之方不能遙度是在折衝樽俎之得其人矣

上鹿大軍機 乙巳二月

近聞俄師節次潰退而彼政府仍不肯罷兵東省蹂躪之禍殆無已時所幸俄退而北則吾華中立之局較易保全耳賠款還金應補鎊虧甫及三年已踰千萬如不速籌補苴之法則來日方長亦殊可慮廷前飭譯員考求義大利國債辦法業於上月譯編成册咨呈外務部及戶部以備采擇所有管蠡之見略具此册序中茲鈔錄一通謹呈鈞鑒廷自來此邦計譯送之書內關涉財政者六

種如能略採其意酌量試辦似於目前籌款不無裨益至國債一事必以銀行爲樞紐茲戶部已設銀行因利乘便尤易措手惟是理財要旨總以寬恤民力爲本如不揣其本而逐末以求則近於聚歛又不如不辦之爲愈矣洋藥加稅之議聞英廷尚無阻難祇要土藥一律加重竊思洋藥土藥同一病民現議加稅非獨爲籌款亦冀禁減吸食似不必慮及土藥滯銷自生障礙況目前土藥出產之數業已十倍洋藥進口之數如不淸查加徵聽其侵蝕偷漏亦慮無以間執外人之口即洋藥加稅一事又成虛語矣

上趙次山尚書 乙巳三月十二日

昨閱滬上日報載有大部擬奏洋藥土藥嚴定分年禁止畫一辦法摺寓阜財於正俗之中碩畫藎謨良深欽佩扼要處尤在先查土藥足以折服外人之心異時議禁洋藥彼亦無詞廷於土藥出產之數雖未確知若干第據光緒二十二年赫稅務司摺開之後云每年有三十四萬擔二十八年大部與外務部覆奏閩督請辦膏捐摺稱每年有五十萬擔指數認明諒非無據查近年海關貿易册洋藥進口每年在五六萬擔左右今土藥出產已十倍於洋藥洋藥每擔計價銀九百餘兩每年約耗銀五千萬兩土藥價貴賤不等統扯每擔銀三百餘兩每年應耗銀一萬五千萬兩是民受土藥之害現已甚於洋藥大疏謂始圖抵制終至氾濫爲自强計爲致富計均非禁煙不可洵確論也廷兩年來疏陳請加洋藥土藥稅未敢遽言禁者因言禁則衆必以爲迂圖勢將置之不問言加稅則尚有裨財政或冀采用其說又稅重則價昂貧民無力者或可略減吸食此不遽言禁之一端也自光緒二十年以前國家歲入之款不過收銀八千數百萬兩歲出亦如之今每歲增洋債及賠款多至五千餘萬視往年出款驟加至十之六雖謹遵列聖成謨未嘗加賦而十年以來百端搜括何莫非民脂膏夙夜

焦思惟此鴉片漏巵歲耗民間二萬萬兩但能減去四分之一即洋債賠款每年輸出之數已略相當又煙稅既增得此有著之款則各省苛細雜捐自可一律停止此又不遽言禁之一端也惟是以征爲禁之說相沿日久竟成理財家籌款套語大疏謂局卡愈密繞越愈多不惟禁不能禁而且征無從征與其求征稅之方不如行禁煙之策至理名言發聾振聵洵足刷國恥而勵人心惟日報載此摺因關係甚多尚未出奏未知確否廷意今日土藥蔓延至此不容不速爲淸查淸查得實即可逐年限禁其進口洋藥儘可同時一律辦理廷昔庚寅歲在倫敦與英國禁煙會紳屢次晤談知禁煙一事祇須中國立意要辦外人斷不因此起衅上年到義後又與該會紳等通函其復書深盼中國早除此禍且謂僅議加稅尚非一了百了之策等語故禁之一字明公如無意及此廷不敢輕發議端今大疏既剴切指陳此實中國發憤爲雄之機較

之籌餉練兵其效百倍竊願早日上達　宸聽以收旋乾轉坤之功無任企禱

復呂鏡宇尚書 壬寅

奉惠書並石印商約二册尋繹再三具仰藎籌碩畫曷勝欽佩及誦副牋以第八款十四五節載明須俟各國允許照辦始可舉行尊意欲各駐使將詳細理法與各國外部言之催其允許照辦庶可不致中變所示尤爲周密惟鄙人管見現在加稅免釐之議以稅補釐入款未必大有裨益而中國權政已爲人處處範圍無由自主幸而各國意見參差未始非留此關鍵以爲善後斟酌之機竊意宜趁此約未行之先切實講求理財要政即如洋藥一項曾惠敏續訂煙臺條約其第五條載洋藥於內地拆包零賣後仍可抽釐並聲明內地並未全免稅捐將來若於土煙加重稅釐則洋藥亦可相較均算加重稅釐然自惠敏訂約以後十有七年通國無人籌議及此上年玨在廣東有商人議推廣膏捐設立膏引公司每年認繳賠款一百二十萬業經試辦有效閩省亦議仿行迨九月杪玨放洋之時舟過香港聞有漢奸勾通洋商阻撓議改章程然亦未敢謂拆包零賣之後不得加抽稅釐也廣東一省認繳之數如此若沿海各省一律仿行其數當在一千萬左右近來土藥之數多於洋藥數倍如照洋藥一律加抽所徵又當不止一千萬是土藥洋藥通共每年可多收二千萬此外可籌之款尚多玨姑舉洋土藥一項以見大凡耳釐金在今日誠爲秕政然權自我操欲罷則罷自是　朝廷恤民之政不必授權於外人至此次議改商約原係遵照和約大綱第十一款辦理勢難堅拒如各國意見參差因而中止並非中國負約在我有詞以謝外人此事實今日理財一大關鍵一得之愚瀆奉左右是否有當尚祈裁教是幸

致柯巽庵 癸卯十二月

大疏忠誠剴切持論正大不屑委蛇徇俗如見陸敬輿一流人物目前西省凡百需財籌款固急而正俗尤先易大傳云何以聚人曰財即繼之以理財正辭禁民爲非曰義今日袞袞諸公明此義者蓋鮮惟閣下庶幾無愧惠敏原奏本有修約議加一層惟洋藥加稅土藥亦必一律加稅相較均算方免外人藉口西省土藥出產雖不過繁而爲雲土入粵必由之路執事公忠體　國軫念元元如將重抽雲土之議入告當邀　俞允此則寓阜財於正俗之中計每歲所收必成鉅款於餉源似有裨益謹貢芻蕘伏候卓裁

上錫清弼制軍 癸卯閏五月

蜀民浮囂易動旌麾到日似宜以靜鎮爲先必民困漸蘇而後可貧民力蜀省攤派賠款每年二百二十萬未知兩年來以何款作抵蜀中土藥出產甲於二十一行省前見奏報徵收稅釐每年不過六十萬竊揣官吏侵漁入己必居其半玨意如照六十萬之數加徵一倍再將官吏中飽之弊剔除淨盡計於賠款所短有限此事望公切實舉行昔年李鑑帥在東撫任內陳奏土藥不宜加徵力駁赫德單開之數謂川省錢糧正額不及百萬不應土藥加徵浮於糧額恐今日或有持此說以相抵制者鄙意鑑帥原奏本屬似是而非況今日賠款早已倍於糧額如再拘文牽義從何下手我公忠悃定識必不爲其所淆芹曝之忱謹以爲獻回憶二十年前從丁文誠公在蜀時歲解京協各餉數逾百萬文誠每嘆凡屬解款一出蜀境皆長往不回無怪蜀民日見凋敝玨因誦杜少陵詩珠玉走中原岷峨氣沮喪蓋自唐時已然幸蜀俗尚勤勤則不匱是在爲民司牧者提絜綱領相時緩急以補偏救敝耳今日蜀中出款又數倍於昔時非大君子通籌全局酌盈劑虛斷難持久蜀中賢吏如馮夢華廉訪鄭蘇龕觀察均學有本原洞悉時事鈞座隨時咨訪必收臂助

上錫清弢制軍 乙巳四月

讀川漢鐵路集股章程一疏碩畫周詳思深慮遠果能不招洋股不挪別用全省士民翕然傾服羣疑既釋大利自興惟此路需費在五千萬外若每年能集股五百萬須遲至十年方克告成世變迭興未來之事實難逆料似須一二年後察看集款情形另圖長策近年舉行新政尤患乏才各省大吏因有遣派游學生之舉然良莠不齊頗難抉擇就玨見聞所及大率囂張者多求其篤志於學不染習氣者百無一二皆由本原未厚見異思遷聞川省派至西洋學生亦不免此弊以後如續有所派尚祈嚴加甄錄勿任濫竽非獨經費可惜亦免外人訕笑也

與鄒紫東 癸卯正月

到洋後將及三月此邦水土清淑氣候溫和其人物聰穎韶秀性亦馴良與他國一味鷙悍者不同徒以地爲教王所據將及七八

百年置之煙霾塵霧之中窒其心思錮其耳目自同治庚午歲義主振旅入羅馬莞其政治驅迫教王一無所預整飭紀綱勵精圖治於是氣象改觀近十年來蒸蒸日上目前情形與薛叔耘星使日記所載已迥不同竊揣以後方興未艾教王在今日已如退院之僧歐美各國與之通使者不過舊例相沿一時未遽改耳吾華如欲挽迴教案積弊其樞紐在整飭吏治如果地方官有膽識入教之莠民自不敢倚教作奸一味恭維教士亦無益也至各國藉教案生風波已成慣技此則全在尊署剛柔互用應付得宜斷非聯絡教士所能收效粵省膏引外人阻撓一層現已查訪的確今將若輩譸張爲幻之隱衷略揭一二去年二月初三日英領事與弟當面說過膏捐係中國內政不必問彼業經據實稟復兩院有案該漢奸即勾通唆聳彼頗難於措詞及聞藩台接到弟八月初八日出京之電該領事即於十三日照會德制台並滕稟駐京薩

使假使弟其時尚未出京則該領事必尚遲回有待也其稟薩使云云與粵省辦理膏引實在情形亦殊不符故薩使經尊署照復之後風波平息者一月及弟在滬放洋前有電與藩台令委員商人於九月二十七日同來香港妥籌辦法該漢奸聞信著急遂趁弟未到香港之先促迫領事電催英使再至尊署饒舌粵省於二十五日奉到尊署二十四日電該商人於二十七日到港見弟時云據此電看來英政府決無行文到京之事緣土藥應收釐一百十兩之說向來所未聞亦條約所本無查條約上載明日後所設稅捐如係照貨價計課應將洋藥與土煙價值相較均算是日後之稅土藥尚當與洋藥論價分別豈有取從前已定之稅釐混而同之之理且現在膏引公司於未拆包前祇給引計數並未令其納捐英使此番饒舌既未深悉粵商辦法亦非眞有英政府來文務懇電達尊署力爲維持云云是晚弟即代擬復電且告以發電

之後仍須籲懇制台准商人延訂律師將條約辨析明白將來方能推行各省自香港行後途中一再致書藩台請其勿爲浮議所動乃言者諄諄聽者藐藐卒不能挽迴補救英政府行文到北京一節弟到此後函詢倫敦禁煙會紳士請其探聽去秋八月英政府曾否有議及廣東膏捐爲違約應令停止之事探訪月餘影響毫無是此次外人阻撓一節英國政府不能任咎即領事之有心滕稟英使之無理取鬧亦非本意不過情求賄託使然而封疆大吏偏聽局員不准律師申辯其昏庸恇怯貽誤至此殆不可以理解然使粵省有款可籌即不辦膏引賠款亦能裕如則已往之事原可姑置勿論乃近閱粵中新聞紙搜括之術愈出愈奇房捐糧捐之外又有所謂猪捐糠捐等名目甚至牙刷一物亦令商人承餉銀三千兩零星攢聚政體愈失於賠款仍屬無裨思之太息弟既來海外職在簡書原不必因此縈懷自尋煩惱第去年擬辦此

事非僅爲粵東一隅起見實冀推行各省以紓民力而塞漏卮若從此竟遂中輟則不獨粵東膏引之辦法負屈莫伸且使曾侯立約之苦心有懷未白日來公事稍暇因取曾侯續增專條約稿逐款加註明晰并詳載粵東膏引章程與此約並無不合之處脫稿後即用糖印法印就數十册至專條命意所在備見曾惠敏乙酉七月奏報密册中因亦印就數十册將以分餉當世理財諸君俾知籌款之法當就大處落想不必瑣瑣屑屑苦我小民又弟前在倫敦時薛叔耘星使曾有致貴衙門總辦論英國禁煙會始末書並譯鈔當日禁煙會紳來函此譯件足與曾侯原摺相發明頃一併付印茲每種寄上一册即乞老同年公餘之暇逐件披閱如不以鄙見爲謬並望將此三册即付手民排印以廣流傳天下不乏有心人或有用此條約以寬各省搯克之苦者

與唐蔚芝 癸卯正月

義國財政彙攷一書大約兩月後即可竣事咨送尊署此書第泛泛觀覽似無甚佳處如掩卷靜思彼一部臣能舉全國之度支日懸於心盈虛消息何者爲始念所不及何者爲意外之加增通盤籌畫刻刻不忘試問中國任度支之責者有此條理精密否吾輩作舉業時一題到手其心思過人者每於無字句處體勘弟譯此書亦請中國有理財之責者於無字句處體勘也因閣下曾任農曹輒敢以此言進

與唐蔚芝 癸卯七月

讀大部咨行奏稿及章程各條慮周藻密已得要領聞悉由閣下手裁燕許大文欽佩無既當此財政支絀之時重商固屬要圖而保商尤須實力近見舉行各項新政大都紙上空談既無西人上下相通之情亦非吾國君民一體之義不過襲報紙之讕言爲枕中之鴻寶究其實際祇便私圖今貴衙門之設當不致復蹈此弊

然默察時局東北之強鄰未退西南之伏莽方滋經世宏規似尚有急於此者閣下懷抱利器當事者復虛左相需尚祈審物產息耗之原究國用盈虧之本不徇流俗輕議更張今日能無赫赫之名異時可免悠悠之口幸叨夙契敢進芻言

與廉惠卿 癸卯五月

時局日異月新不審賢者近年所見又臻何等境界想能吐棄凡俗掃除一切功利魔障身心得大安適也弟去歲十月杪抵義此間交涉事簡若論因物付物之義大可息心澄慮即作海外之水居可樓觀但念世方多故虛縻厚祿以自暇逸心竊未安自正月至今日課署中各員選譯義國財政諸書取彼所長以資考鏡脫稿之後稍爲删潤略存問俗采風之義以免玩時愒日之譏因而終日握管昨已譯成義國財政彙攷一書咨送外務部并另繕一册請其轉咨尊署弟譯此書之意原因義國幅幀至狹不及中國

十分之一而歲入之款較中國多至五倍苛歛若此其民無搯克之嗟頗不可解及譯竣之後乃知其命意所在處處代百姓身家計算期上下之交益不裕國以病民迨民情既已感孚國用轉資挹注近來中國籌款日艱司農仰屋談新政者動議仿行西法而每舉一政適以擾民是以亟將此册寄回冀吾國有心人閱之或能反求其本不再扣槃捫燭貽禍方來閣下近來是否常常進署弟意吾輩爲學不外盡性二字仕宦不外盡職二字每念閣下潔修自好泊然寡營超出塵表心竊佩之獨惜其於職分不免曠廢況今日戶部正宜講求財政實效集思廣益之時多一事閱歷進一層見解似不宜悠閒度日默爾而息也數萬里外寄一書不敢作泛泛無益語輒布區區尚希采納

與曹再韓 甲辰七月

台從蒞豫一載刻刻以國計民生爲念承示教戒屬吏以官民不

隔振興實業爲宗旨具見保惠之中隱寓富强之意欽佩良深第欲振興實業必先懲儆惰游中州風氣馴良號爲易治惟民間痼疾耽嗜罌粟致成貧弱弟庚子冬間赴秦道出河洛時方饑饉夜宿逆旅求一雞卵不可得而鴉片則比戶有之其百業惰窳卽此可想閣下欲整頓地方必宜從此下手弟遠使海外無補時艱卽有敷陳僅屬空談不如閣下能見諸實事也尙望益宏遠謨無任欽企

與曹再韓 癸卯五月

來敎謂當今局勢治內莫如管子外交莫如鄭僑自是按切時世確論弟之愚見則以管氏國氏皆間世一出之奇才其措施規畫卽中知以上未必遽能模仿今日補偏救弊求其平實易行者莫如孔孟遺言確有依據論語中所答許多問政之言字字顚撲不破惜數百年來爲後人出題考試用作八股話頭以致當面錯過

耳此迂闊之論時賢所號爲頑固者不審高明以爲然否

與鮑潤漪 癸卯閏五月

昨紫東同年寄到年伯母大人行述一册浣誦之下至情至性流溢行間如讀蓼莪之詩中心怦然竊觀古來懿行凡人子能致身通顯卓自樹立者大抵皆由先世積累所致而賢者之稟賦剛柔純和激烈則得於母氣者居多前年謁老年伯於珂里得瞻丰采祇聆謦欬并觀尊府居室仍是儒素規模私心敬異以爲義方之訓非偶然也今讀此册乃知吾兄堅忍耐苦守正不阿所由來欽仰之餘益增感愴弟自先慈見背倏逾一紀回憶少時先君服賈在外以慈母而兼嚴父其艱難拮据之境大致與年伯母相同先君見背弟甫弱冠嗣後奔走四方資館穀以爲養先慈無一日安樂可知每一念及悲憾交縈今讀此册不覺其涕之何從也

與鮑潤漪 乙巳九月

滬甯鐵路以六百餘里之工程借三百二十五萬之英鎊合庫平銀幾及二千三百萬兩查造路之費從實估計每里需銀萬兩卽按雙軌合算謂須加倍亦不過一千二百萬兩今溢借一千一百萬又以五十年爲期計出息錢數倍於本合同所載各節疑竇甚多殊不可解因思粵漢鐵路合同其中含糊當不至若此之甚頃因三省力爭業已廢約而此路竟無人議及昨見申報載武陽同鄉致某君書云云乃知人有同心此事目前究應如何補救能否仿粵漢之例爭回自辦現路已動工挽救之策愈早愈妙閣下見義之勇察理之精皆爲弟所不及又久官京華於鄉人中氣類知之最稔故敢以此奉商伏乞統籌全局與同志諸君子竭力圖之

與鮑潤漪 乙巳十月

接閱上海報紙知滬甯鐵路一事武陽同鄉已偏告都中巨公外省大吏亟籌挽救之方擬仿粵漢廢約收回及浙贛自辦之策語

語切實先得我心所慮者此事與粵漢情形稍異英人狡悍非美可比薩使陰鷙播弄奸商恫喝政府均在意中不可不預防後患目前祇有切實責成夫己氏改訂合同如彼族能允照行我既收回主權自以省事爲福如不能照行惟有合五府一州紳士具呈商部請　旨飭下停工查閱洋工程司格林森七月二十二日說帖以該路分爲六段自上海至無錫二段係現造未成之路自無錫至江甯四段係現測未造之路目前趕緊力爭猶未爲晚惟是懸隔海外一切情形僅憑臆度恐未必遂能中窾儻老同年不以鄙說爲非可否卽懇轉告尹中翰及武陽諸公互相商搉折衷壹是所有籌款辦法隨後續陳

與李豫嚴 甲辰十月

世局日非當道不知本原至計第認興學育才爲好題目粉飾鋪張致令舉國若狂從此風俗人心將有江河日下之勢小雅詩人

謂譬彼舟流不知所屆又曰其何能淑載胥及溺此之謂矣近課小孫讀書經至召誥洛誥無逸立政等篇其訓詞悱惻纏綿反覆玩誦令人意厚凡爲大臣者必具此心地自能尊主庇民益信孟子惟仁者宜在高位之言爲不可易也來百工則財用足誠亦爲國九經之一端然使不從修身尊賢諸大綱做起亟亟以製造工藝爲事得毋本末舛逆貽笑遠人乎近內地各省派來歐洲肄業學生弊病百出而嚣淩無狀尤以鄂省爲最聞此輩皆當世所謂熱心教育之大吏鄭重栽培之人材也

與李豫巖 乙巳四月

近時學堂課本意取童稺易解實則貽誤不小凡人記性悟性早晚自不同時十二三歲以前祇求其能記並不望其能悟也早讀經書欲其成誦不忘正爲後日見理漸深思索地步若幼時但取淺近易解之書泛泛誦過迨至年長悟性開後再讀經書不厭其沉悶卽苦其迂拘矣吾兄前後淺深之喻至爲確切弟意吾輩家塾中祇宜仍用舊法萬不必兼采新說大抵今日各種教科書譬如水波起伏偶爾洶湧數年之後風平浪息必廢無疑承示不立私家學堂恐子弟將來有所未便因擬添入洋文算法體操之事竊意算法尚可兼及洋文須視子弟性之所近不必人人學習體操一事尤宜斟酌中西人飲食嗜欲不同小兒體氣強弱判然各別勉強仿行有損無益弟差滿回里時當與閣下悉心妥商擬仍用從前經正書塾之說酌定規模稍籌經費就各相知家子弟招集二三十人以爲鄉里準繩與尊旨大致相合計明春開學時必可辦妥也弟涉世愈久所見愈迂近因課孫尋繹經旨覺理義悅心迥非他樂所能及放翁詩云青鐙有味似兒時洵不誣也

與孫伯璵 癸卯二月

民生休戚宜認眞留意宦途巧拙不必縈懷吾輩寒士教讀出身

縱使小有得失較之坐冷板櫈時調度日用究覺容易勘破此關閣下爲循吏不難矣

與張在初 甲辰三月

弟於上年八月曾奏請加徵煙稅以裕國用奉 旨該部議奏欽此頃准外務部來咨知已會同戶部議覆奏蒙 俞允並咨行尊處與英外部商議弟於此事已籌之積年前在粵東辦成膏引一宗又爲漢奸勾通領事阻止於粵東賠款仍無裨補因思昔年曾惠敏續訂專條原有暗伏修約議加一層且其時洋藥價每箱僅三百數十兩今已加至一倍有餘而稅釐之數仍一百十兩未曾稍加分毫殊負當年惠敏經畫之苦心適譯義國稅則見有重徵煙稅一條因借此立言又慮外務部交涉事繁應付不易故附片陳明此事全仗閣下迎機善導鼎力主持庶惠敏未竟之志待公而伸將來議成於民間苛細之捐或可減除一二敦槃妙用造福良多企望清暉欽遲無已

與張在初

加徵煙稅一節經閣下斟酌盡善照會英廷以洋藥價值倍增而稅釐無改受虧太鉅現僅欲規復原來應有之數立論甚平且係據約磋商想彼族亦難深閉固拒然一得之愚有樂爲執事陳者昔年曾惠敏續訂稅釐幷徵之約頗得倫敦禁煙會紳之力此事見惠敏原奏及與南皮制軍書中光緒十八年弟隨薛叔耘副憲在倫敦使署該會紳領袖阿來山德曾與相識上年到義後時有信往還該會紳以英國販煙爲非嘗謂中國如欲加重煙稅彼當出爲助力弟昨得來書後即函知該紳言我公現在奉政府之命辦理修約加稅一事請其即詣尊館進謁面陳一切竭力相助倘望曲加延接冀收無形之效芻蕘之見是否有當伏祈采擇

與胡馨吾 癸卯九月

前電詢一節初閱洋報疑未必確及奉惠復始信竊揣俄意重在防倭中美開埠尚非所急昨駐義俄使納禮託夫與弟談及此事謂滿洲之事祇應中俄兩國商議若外人從旁干預適爲中國之累又云俄費許多資本造成鐵路決不肯聽人損壞駐兵守護亦屬恒情且云政府事雖不能遙度然俄王決無與中國失懽之意云云弟頗韙其言不知尊處所聞果如此否　朝命覲見陳商之電何日奉到有國書否覲見不能談公古今中外通例此事祇可與外部磋商惟日本不應干預一節似須與我國政府剴切言之否則方鑿圓枘終無了局如再半年不撤兵恐東三省非中國有矣弟初聞估奉之耗輾轉不寐者數夕念國事不當分畛域思赴俄與兄一談曾電外務部請示旋接復電囑令無須然東望懸系此心一日不能釋也風便幸將近情隨時示悉爲禱

與胡馨吾　甲辰七月

遼陽俄軍又經潰退旅順恐亦不能久守未知俄廷衆議如何有止戈之意否此番戰事以鄙見論之不但俄爲失算日亦未嘗得計巽時痛定思痛方知不戢自焚一語古人不我欺耳現日軍計已進偪奉天　陪京重地蹂躪殆徧我雖中立究係地主似可趁此啟口與俄政府一言爲保全主權之議不知外務部曾有電到尊處否弟每至扼腕無聊之際輒思發憤爲政府一道第念閣下在俄星垣在日俄日又各有駐使在京與外務部可直接晤商其見聞必較敝處眞確尚能從容鎭靜鄙人越畔思之亦徒自苦因是重復放下前函所謂隨時變易以求中此其一端也二程書中精要處俱已采入近思錄故閱時並未摘鈔第不閱全書不知昔賢得力之處又弟之所以看此書者因性情褊急思所以藥之閣下天賦沖粹遠勝於弟尚希時賜箴規爲幸

與胡馨吾　甲辰十二月

東省兵事一日不了則中國之能保全中立亦殊難必蓋由勝者強橫敗者無賴遷怒尋衅均在意中今日閱譯報俄政府謂中國在日俄戰事之中違犯局外已行文各國政府等語未知確否此等波折本所難免但不知吾華目前如何應付弟十月間曾有敬陳管見一疏意在力任調停明認東省主權彼時旅順尚未降日現局面又稍變矣天下洶洶扶危定傾未知誰屬良可嘆息

與孫慕韓　甲辰正月

頃奉手教具見藎籌宏遠欽佩良深讀電稿高瞻遠矚洵足破庸人之論振積衰之氣而又虛懷若谷詢及鄙人益深感篆惟日俄搆兵中國雖居局外而事變難料可慮正多此時陳奏之件似宜相題行文又吾輩業已蒙　恩任以使事即欲斡旋時局亦當就使職引伸大稿君民共主編纂憲法一時頗難著手馨使謂江鄂兩督前摺宜切實施行其用意尤所未喻茲就管見所及酌擬一

稿是否可用敬乞指正

與孫慕韓　甲辰三月

前奉環章敬承壹是東省大局將來果如尊示能不失地主之權即爲萬幸眼前蹂躪亦祇可聽之頃聞日兵在皮子窩登岸已抄出旅順之後即日必有數番惡戰戢兵之期正未可必自去秋九月至今身在外洋此心無刻不在中國意緒鬱結殆與閣下同詩所謂靜言思之不能奮飛是也赫德條陳籌款之法每田一畝歲捐錢二百文奉　旨各疆臣議覆此等胡言豈容淆惑料來必不准行第財政至今日已窘極不能不思開源之法聞法國煙由公家專利閣下何不飭員譯其章程采擇入告似亦少寬民力之一端也

與孫慕韓　甲辰十月

承示新舊之說過蒙推奬愧不敢當弟意學派不論新舊當辨是

非人才亦不論新舊當別眞僞今之言維新者大抵僅口頭禪如兄之念念不忘　君國固弟所心折者也

與孫慕韓　甲辰十一月

還金還銀相持兩年迄未得直此次議定以後當就金價想法其機括在滬上之銀行若不嚴禁內地赤金出口持以歲月則鎊價終未易落耳京中久無函電中外日報所載殊未可信日俄戰事一日不了則中國尚在驚濤駭浪之中天下洶洶變端莫測小雅詩人謂譬彼舟流不知所屆身履此境乃知其言沉痛而確切也

與楊誠之　乙巳十月

立憲之說今日談時務者幾於萬口同聲實則中西情事迥然各別即我與日本同在東亞而稟賦既異用藥亦不能強同如果決意仿行將來利弊尚不可知弟非故違衆論誠以吾輩三年遠役他日還　朝須有一篇披肝瀝膽獨抒己見之文此時草草會銜必致前後牴牾是以未敢輕允歸期在即擬守括囊之戒不多此筆墨矣

與義國外部大臣狄多尼　癸卯十月

三十號在宮中賀年見貴君主及王后問我在此作何事消遣我答以無公事可辦但此亦兩國和好因君主敦睦誼故能如此回寓後我想有一事於貴國及中國均有大益但不知貴君主肯辦否我現將此事與貴大臣商量但此係我之私見此函係我與貴大臣之私函並非公文如貴大臣以此事爲可行我即發電報知我國政府請貴君主辦此事現在俄日兩國爲滿洲高麗之事相持不下不久恐有戰事必礙東方和平之局此事如有一國出而排解不難言歸於好此排解之法要斟酌公平俄日兩國曲直中國非不知但爲時勢所迫不能據理而行歐洲强國法德助俄英助日均無排解之意美有好意却另一洲又其先本與英爲一國恐俄未必肯聽惟有貴國在歐洲立國最古貴君主又極聰明勇於任事如貴君主肯辦此事中國必樂從俄國看重貴君主亦必肯聽如日本不允再請美國勸解事必可了貴國在中國商務既少從前到中國之洋人祇爲傳教而去於國家利益不甚留心近見各國在中國多得利益故欲振興商務但我以爲貴國如將俄日之衅端解去中國必感貴國較商務所得利益更大而貴君主之聲名從此傳於東方且共推爲中國第一好友今日係西歷第一日我所請貴國辦者亦今日東方第一事如貴大臣以我言爲然望便中告知大君主但須表明此係我與貴大臣私下商量之語必問明大君主如何意見我方好電達政府也

與英國下議院議員米爾松　癸卯正月

憶光緒十七年在倫敦曾與貴會中阿來山德晤見當時貴會中曾函薛欽差請轉達總理衙門欲乘此機會勸中國禁煙等語鄙人當時極爲佩服惟是禁煙之法祇有加重稅釐令吸者因價昂自然少吸從前光緒十一年曾侯在倫敦所定之約極得會中幫助之力上年廣東因籌還各國賠款加重膏捐洋藥土藥一律加抽如此辦法與光緒十一年曾侯所訂稅釐幷徵之約毫無違礙乃駐粵英領事指爲違約朦稟駐京英公使照會中國外務部言奉英國政府來文令將膏引新章停止查現在粵中籌款艱難若舍洋藥土藥不捐而捐別項日用必需之物恐致地方不安爲此將此事告知貴會中國現籌賠款祇有就鴉片一項想法英國政府不應阻止特請貴會中力持正論以解英政府之惑

與英國禁煙會董事阿來山德　甲辰七月

近年鴉片價値日增較一千八百八十五年曾侯在倫敦定約之時已加到三倍（一千八百八十五年鴉片每箱價銀三百餘兩現已加至九百餘兩）而稅釐之數尚仍舊中國政府以爲目前辦法必應按價加征現已派駐倫敦欽

差張大臣與英外部商議此事查從前曾侯與外部定此稅釐之數深得貴會中幫助之力茲我望閣下告知會中諸君仍幫助張大臣辦理此加稅之事務令中國政府愜意幷請閣下到中國使署與張大臣一見

復庵遺集卷二十二

復庵遺集卷二十三

無錫 許珏

書札五

與王少谷 丙午四月

弟海外槎歸乞假省墓征人初返親朋快聚而俗冗亦坌集衰年精力不勝因泛櫂至水居休息數日下榻可樓借湖光山色一滌塵襟回憶重建此樓之日深荷賢父母鼎力得復舊觀今閱時不過十年而世變遷流學術人心至於斯極昔陽明學派不過無善無惡四字高子猶力辨之若覩今日所謂學堂不知若何感嘆耳

上鐵寶臣尚書 丙午閏四月

大部議覆柯侍郎辦理土膏統捐事宜一摺內洋藥加捐一條尚待妥行籌議具見審慎邦交先內後外不欲操之過蹙轉致一發難收珏前在外洋時亦曾籌慮及此是以光緒二十九年八月疏

陳加徵洋藥稅後復於三十年四月請先就土藥整頓試辦迄今又閱兩年聞現辦土膏統捐川雲貴土藥值百已抽至五六十而洋藥值百現祇抽十三有奇似宜及時電商駐英汪使與英外部接續開議惟查二十九年十二月外務部會同大部議奏係照一百十兩之數增抽一倍按之現時價值亦僅值百抽二十七八之譜以視川雲貴土藥值百抽至五六十者尚屬輕重懸殊第業經照會在先此時似驟難改口惟有得尺則尺得寸則寸且先將此項增抽之稅專備練兵經費亦於財政不無小補萬一英外部意在延宕未能定議祇得另想辦法仍按煙臺條約續增專條首段限制約束一語以爲根據查大部核定土藥統稅章程於善後條款項下有云必須實行以徵爲禁之法總期漸銷漸少漸少漸無雖稅項短絀亦所不恤此誠探本之論造福斯民實無涯涘珏擬根據此意切實發揮所有管見繕日恭詣面陳

上鐵寶臣尚書 丙午六月

前因土藥統稅値百已抽至五六十而洋藥稅釐現値百僅抽十三有奇擬請電催駐英汪使與英外部速議辦法未審大部近日曾發電至英並已接到汪使復電否查海關貿易册光緒二十七年以前洋藥進口漸漸減少已不及五萬擔二十八年以後迭有加增多至五萬八千餘擔此即近年洋藥稅輕旺銷之明驗第邇聞有人建議謂與英商辦加稅不如竟議禁煙此誠快論最得正本淸源之道但玨審察情形恐此言未必即能辦到殆因目前路透電報提議及此遂謂機有可乘不知此等議論英國禁煙會紳陳說已非一日光緒十八年五月前出使大臣薛福成曾據以達總署有案可查玨近年在羅馬時與該會紳阿來山德通函非止一次頗知底蘊大抵中國自禁一層乃英政府權詞答復議紳之言未可信以爲實也又目前果議禁煙斷無但禁洋藥進口之理

必并禁土藥而後可然土藥之稅現方恃爲練兵常費則拔本塞源事未易行故愚見不如仍理前說電催汪使開議與土藥一律加增即按照一百十兩之數加增一倍亦可歲得五百餘萬兩較之別項籌款究有把握儻能加稅之後而洋藥進口之數日漸減少則用以杜塞漏卮亦未始非異日議禁之嚆矢愚昧之見不勝惓惓輒再布陳

與王蘧臣 丙午八月

今日主持立憲諸公意不在國計民生而在攬權亟亟以改官制爲言衆人窺見此隱是以反對者多日來尙無成議苟患失之無所不至每誦此言爲之慼喟人心澆漓若此鄉官亦斷不能行未可以其說出自亭林遂附會引重也

與楊子延 丙午十一月

承諭立憲一事儘可不問分非言官不宜輕瀆尤見關愛之深弟自十月以來即緘口時事假城南陶然亭僧廬三楹爲避囂之所藉以靜坐養心時時循念昔賢思不出位之訓擬春融以後即附輪南下息影鄉園惟念時艱若此揆之臣子致身之義又未可恝然言歸相知如吾兄其何以教之

上鹿中堂 丁未七月

蘇省煙館於六月底一律閉歇此事既能實行則禁煙自可逐漸加緊而省章以顧全膏捐之故凡煙館停燈即爲膏店聞省垣縣增膏店八九百家諸弊叢生仍屬無可整頓錫金兩邑因先事限制差免此弊計閉歇煙館共一千三百餘戶而改設膏店者城廂祗五十餘戶四鄉不及百戶故稽查尙易查政務處奏定章程十條內第四條禁止煙館第五條淸查煙店現錫金已經實行第六條製備藥方第七條設戒煙善會則自上年早經預備第八條地方官督率紳董實行現在官紳一氣尙無意見是此五條均已辦

到至第一條限種罌粟則錫金境內所無第九條嚴禁官員吸食則非紳士所能爲力第十條商禁洋藥進口則事隸外務部更非家居紳士所能置喙是此三條均無庸議現在應辦之事惟第二條分給牌照以杜新吸第三條勒限減癮以蘇痼疾但此二事必待省城定有辦法然後外縣可因地制宜量爲損益今省章於分給牌照一層諉之本城拒煙總會由紳士姚姓經理又因朱竹石廉訪與姚紳意見不合遂閣置不辦牌照既未分給則勒限減癮事更無從辦起竊思　諭旨煌煌實行禁煙而省城大吏一味含糊敷衍得過且過實屬令人扼腕用是將以上情形據實直陳伏乞鑒察儻能造膝之餘上達　宸聽再得　諭旨明發申飭疆吏毋許始勤終怠功隳半途則三吳生靈之福皆相國一人之賜也

上鹿中堂 丁未十一月

昨見度支部奏請仿行印花稅以抵洋土藥稅釐一摺玨意印花

稅所得至微即云積少可以成多而小民既非習見恐內地一時未必通行竊意禁煙之事今日當如救焚拯溺刻不容緩必有籌集鉅款之方而後可收實行禁煙之效連日籌思惟有試辦公債一法按照現收洋土藥稅釐之數分作十年遞減稅釐分年遞減公債按年遞增計此十年中應借公債八千八百萬如照近年北洋債票七釐行息之例應付息款六百十六萬查本年五月美國讓還辛丑賠款通計本息兩項照原數減收華銀三十三兆五十餘萬計每年可省一百餘萬今若移此以付公債息款計十年之中除付息外尚餘存三百八十餘萬實屬有贏無絀頃已繕稿呈請御史臺代奏茲謹錄副呈覽伏祈我公深維至計啟沃宮廷俾芻蕘之議得行則鴉片之禍自息不勝企禱之至

與鄒紫東侍郎 丁未八月

蘇省禁煙一事中丞始意極爲鬆懈後經疊奉五月十五日六月初二日　諭旨幡然一變嚴飭各屬通省煙館至六月底一律閉歇然所整頓者不過外觀而已錫金兩邑因先事預備較諸他縣稍有實際又官紳尚能一氣不致橫生阻力就敝處情形而論此後果能認眞不懈不過三年可望肅清所惜省中大憲並無眞實力量其最可笑者以膏捐爲賠款所關公牘私函月必數至一似惟恐吸食之戶不多務以旺銷爲裕國足民之計者弟雖持正論與爭然權力不足徒喚奈何閣下關心桑梓儻能與同鄉京官合詞上聞請　飭下督撫務在實行禁煙勿以膏捐二字貽誤全省無任企禱

與鮑潤漪 丁未九月

蘇省煙館於六月底一律閉歇足見國家教澤未泯法令尚行譬如隆冬雖陰沍已極及至春雷一震萬彙皆蘇此極可喜之事現在敝邑售銷煙土之數七月中較未禁時已減十成之三新設各膏店生意寥寥照此局面至年終尚能減去一二成所可慮者蘇屬四府一州以膏捐舊額關係賠款每見省中大吏與地方官公牘諄諄戒飭惟恐吸食之戶減少（公文妙於措詞不曰減少而曰隱匿）儻以後膏捐虧短須責令地方官賠繳云云弟意錫金夙稱富庶因與兩邑侯約但能實行禁煙膏捐即徵不及額當由地方另籌他款抵解錫邑侯伊峻齋明府（名立勳福建人伊墨卿先生之後）人甚明白且與弟舊交是以官紳一氣尚無阻力然錫金兩邑之外非權力所能及也仙洲大守聞月內可到任計常郡八屬或可一律整頓惟膏捐之柄操諸省會大吏恐亦無能爲役耳弟於七月杪曾上書定興相國具陳蘇省禁煙情形八月初旬又函告紫東同年能否與同鄉京官合詞上聞請　旨飭下蘇撫勿以膏捐二字貽誤全省迄今未接復函竊謂今日禁煙一事如挽逆水之舟必一步緊一步方克早登彼岸若遲回觀望綷一失手則順流而退瞬息千里矣

與鄒渭清 丁未十月

江浙路事此半月以內京師接各處紳商學界來電何止數百但云民心憤激請　朝廷收回成命而迄未有奮袂入都伏闕上書與外務部面折廷諍之人是以言者諄諄而聽者藐藐自本月初四日外務部發江浙將軍督撫一電初七日電傳　諭旨一通政府之意非不欲求諒於民惜應付外交全失操縱之道如以歐美各國通例論之目前此事未嘗不可轉圜蓋各國行政之人本視民情爲進退今江浙人情洶洶若是初持此議者例應自請退避賢路使後來接任者重新更議如是則於國體無損且與西例脗合此一策也西人行政既以合乎民心爲重今　朝廷方修好睦鄰自可開誠相告如電傳國書以江浙民心擾動情形逕達英國君主請其戒飭使臣毋再固執英廷諒不堅拒自可另議存我主權此又一策也借款自借款不關路工商辦自商辦准入官股除

蘇杭甬已成之局無庸議外現尚有浦信一路不妨存此一說以爲收場地步此亦一策也頃以此意上書政府而呈請代奏一層擬且暫緩謹以奉聞

與秦牧卿 戊申五月

此次到京恰值定興還朝外人遂有派禁煙提調之說此係揣度之談實則並無其事藉使有之弟亦不願蓋諸大臣意見既非一致而各派提調尤難融洽又提調所辦祇是伺候意旨之事於鄙性亦不相宜呈請代奏稿昨由公函中附寄此舉固觸督撫之忌然虛實不可不剖明正爲異日辦事地步兄云吾邑事事開風氣之先大約實行禁煙四字總須就吾邑發端擬在此一月內草就章程請禁煙大臣核實上聞

與謝仁卿 戊申五月

奉惠函知公祭錢烈婦之日到者數百人道旁聚觀有泣下者三代直道猶在人心然亦諸君子力持名教以風義爲鄉人倡故能響應若此王明府昔令吾邑有循吏之目及處置烈婦事含胡草率頓出意外地方紳士積威若是可畏亦可慮恐非吾郡之福也

上錫清帥 己酉閏二月

自丙午四月海外歸來滯迹京華者一載自揣迂疏與時鑿枘因於丁未三月呈請御史臺代奏乞假回籍辦理禁煙上年五月假滿入都復將蘇省禁煙未能實行並膏捐貽誤地方之處呈請代奏七月又呈請禁煙須變通期限因地制宜先後奉　寄諭兩江督撫及飭知禁煙大臣度支部在案八月奉發往粵東之　旨同日拜命者四人皆不願行珏竊念臣子致身之義唯以君命爲重名位之升沉宦途之枯菀皆無足計每讀前史凡不合時宜孤行己意之人往往動遭斥逐謫居水土惡劣之處今頑固如珏尚許以原班需次且有樞廷存記之　旨不可謂非政府逾格之優容矣因是欣然就道九月出都仲冬抵粵臘月中旬大府委辦全省禁煙事宜新正設局開辦迄今兩月雖粗定規模而辦事宗旨與大府微有不合竊謂禁煙扼要之方禁種最先禁販次之種販俱無則吸者且不禁自絕粵東一省種煙之地甚鮮其來源全出於販不於販者嚴爲限制雖日言禁吸而吸者自若也自　明詔禁煙以來倏將三載粵省銷售煙土之數有增無減上年洋藥進口減少五百餘擔而土藥轉增多一千二百餘擔現擬辦法洋藥一項英政府既允按年遞減十成之一以後洋藥進口必當按照此數稽查限制土藥行銷一如限制洋藥之例至土膏各店飭令遵照民政部會同度支部奏定章程設立期限於土膏營業以外兼爲他項營業逐漸替換務於定限以內將土膏貿易一律停止如是則來源日減流毒自清乃大府意存寬厚一再批示戒勿操切不得已將所擬章程扼要之處悉數刪去恐此後辦理難有把握因念我公在滇令行禁止首陳縮短期限之奏以速收滌瑕蕩穢之效豪傑舉動在今日海內眞寡二少雙矣欽佩無量珏昔在晉陽初謁鈞座即及禁煙之議刻下默觀時會百年浩劫確已將終天心悔禍迹本昭著特恨手無斧柯未獲少伸素抱又念此次來粵志本不在求官徒以時局艱難思得一當以報君國庶幾衰晚之年少有建樹今察度事勢祇可守老氏和光同塵之旨未易慰陶侃旦暮運甓之心殊深太息耳

上鹿中堂 己酉閏二月

嗣皇建極百度維貞恭讀二月二十四日　諭旨於禁煙一事諄諄誥誡禁吸禁種及籌款抵補洋土藥稅之事俾京外大臣各分權限各專責成并以籌款雖艱當權利害輕重不欲恃鴆酒毒脯以救飢渴　聖諭煌煌洵足振一世之聾聵祛沉痼而蹈康和要皆元老論思啟沃之功造福蒼生詎有涯涘無任欽感粵省禁煙

局自正月初九日開辦以來倏經兩月因所擬章程屢經刪改刻始詳定尙未刊示然於扼要辦法則已悉數刪去緣職道初意洋藥進口及土藥行銷均宜確查實數嚴定限制方爲淸源正本之策洋藥一項英政府既允按年遞減十成之一查上年粵省各海關進口之數較往年所減未及百分之三土藥銷數前據各州縣報稱已減十分之二及詳核兩廣土藥統稅分局所造行銷土藥數目表册則非第較往年不減且增多十分之一共計全省上年洋藥進口減五百擔而土藥行銷轉增一千二百餘擔銷數既有增無減則吸食之沉溺如故可知職道初定辦法洋藥進口必令按年遞減一成土藥行銷一如洋藥限制如已逾限定之數則貨雖到粵祇能封存行棧待下年始准行銷此即政務處原奏遏絕來源由漸遞減之意而大府以爲洋藥事關交涉勢難實行土藥則統稅所關方期旺收豈可阻礙命將此條删去又粵省膏牌大

項承餉已久計全省所收不過洋銀二十萬元然自封禁煙館之後各膏店皆開燈私售其已設有巡警地方尙稍歛跡其無巡警之處大抵以燈吸爲營業以膏牌爲護符恃其業已承餉與二三不肖佐雜朋比爲奸兩年來煙土銷數有增無減殆由於此查上年民政部會同度支部奏定禁煙稽核章程第八條膏土各店應設立期限於膏土營業以外兼爲他項營業逐漸替換務於定限以內將膏土貿易一律停止等因職道初定辦法擬立三限以六箇月爲一限如一年六箇月限滿之後仍不改業即將該膏店勒閉而大府謂一年六箇月後吸煙之人不能一律斷癮勢必購膏於香港澳門愈以利益外人命將此條改易同事諸君謂粵省向來辦事祇講敷衍禁煙雖要政勢難實行職道察度情形不得不降心相從目前暫虛與委蛇以俟後圖惟念前在鄉里以紳士辦禁煙則阻於官吏之徵收膏捐今日來粵操官吏禁煙之權欲停減膏捐而仍不能得每誦　聖諭鴆酒毒胏之言良深嘆息

上鹿中堂 己酉十月

九月十八日曾肅寸禀畧陳此間辦事情形並附抄件計塵鈞覽煙膏加價一事於籌款有益制軍頗思實行而事關交涉不無顧慮曾面詢如有意外阻撓能否擔任當答以按約辦理並無違礙凡有交涉願任其責制軍似亦首肯惟既批司局核議則築室道謀習成推諉且聞善後局以事涉籌款謂侵其權限不樂贊成刻計已閱五旬仍閣置未議不知稽查銷數寓禁於徵非此不足以强迫吸戶之戒除伏讀本年二月二十四日　諭旨禁吸禁種及籌款抵補稅釐三者相爲表裏於抵捕一事既責之度支部仍諭各省督撫如有抵補良策亦著奏陳備采　聖訓煌煌並未謂任禁煙之責者不當兼及籌款舉此隅反似職道所擬辦法不得謂之侵權且粵中如能辦成沿海各省均可仿行於抵款既得大

宗於禁煙亦收速效統籌兼顧無非公家之利職道賦性耿直不能依違徇俗久邀洞鑒每嘆近日舉行各項新政大都耗財而無實效惟禁煙一事於財政風俗兩有裨益然辦事掣肘如此前禀所陳仿照監理財政官之例未知鈞意以爲可行否倘蒙采納不獨粵省生靈之福將海內胥拜仁人之賜用再縷陳

致林惠亭 庚戌十一月

近得都中來書鈔示各省諮議局呈請資政院提議縮短禁煙年限定於宣統四年冬季一律禁絕聞此議實倡自執事又聞電致英國禁煙會期中外合力同心去毒藎籌毅力欽佩良深查原議注重兩端一爲各省一律限期禁種一爲土藥嚴禁互輸譬如用兵先淸內寇而後可禦外侮所論極爲扼要每念先朝　諭旨有洋土藥同時禁絕之語竊觀今日各省辦法大抵因瞻顧洋藥之隱情遂成寬縱土藥之現象究其瞻顧之由仍以抵補稅釐無確

實款項之故默審目前下手之處祇有以重徵爲速禁之本粵省自開辦牌照捐後煙價日昂吸食之人不能不減癮斷戒自五月至今甫及半年洋土藥進口之數較上年已減少六千四百餘擔此卽明效大驗而數月之中所收捐款已有洋銀五十餘萬元敝處章程本擬三十箇月禁絶以三箇月爲一期賫數按期遞減捐數按期遞增預計扣足一年當可收至三百萬元台從臨行鈔呈各件內卽有此章程計邀察閱惟鄙人初意此項辦法原擬推行沿海各省而粵省至今尚未出奏但於九月初咨呈禁煙大臣外務度支民政各部前見閩省請禁土藥輸入之奏已奉　俞旨仍經部駮竊窺部中用意殆慮統稅短收籌抵無策若仿粵中辦法則禁煙籌款似尚兩不相妨如執事俯采芻蕘或與同鄉京官聯銜奏請飭下閩督查取廣東牌照辦法酌量仿行則閩粵一氣於禁煙前途益增助力從此江浙各省亦可次第推行計至宣統四

書札五　十

年尚可收款一二千萬兩卽洋土藥亦不待嚴禁而自然減少此千慮一得之愚尚冀執事與都中同志諸君子統計而熟籌之

與鄒紫東 辛亥九月

山左業經取消獨立而吾鄉冥頑如故甯蘇本係一省乃自相殘賊且恐禍變不已揭竿而起實繁有徒卽蘇常兩郡亦未必遂能安枕頃見山左京官通告同鄉父老子弟書委曲詳盡反正之機或由於此閣下與蔚若侍郎負桑梓重望盍商諸元和相國挈同通省京官貽書程中丞從速改圖以中丞之明決如能幡然效順則一紙書賢於十萬師矣而諸公之造福梓鄉化危爲安其功德亦詎有紀極耶玨手無柯斧蒿目時艱徒增慨嘆

與劉幼雲 辛亥十月

自漢陽克復山東取銷獨立大局略有轉機而江甯又爲革黨佔據似此迭長更消哀我生民何日得以免禍弟頃追尋歷年致亂之源及目前弭亂之策似不在君主立憲共和立憲問題要在鋤除苛政固結民心貶斥昔日黷貨諸臣以肅官常按問各省守土大吏以飭國紀凡不遵　朝旨顯有叛迹者速籌正當對付之策揭示綱常名義蓋此次亂事始由兵變繼則民黨和之驅逐官吏倒戈相向目前祇能停戰議撫而不可云議和立定宗旨相機應付海內或尚有轉危爲安之一日否則蜩螗沸羹恐生民之禍正無已時也

與鮑潤漪 辛亥十月

近閱報紙派員至武昌議和紛紛隨往者二十餘輩夫潢池弄兵古來恒有此次響應雖廣亦祇可云議撫而不當云議和乃揆之中外人心尚惟恐不得一當綱常名教掃地盡矣此後世界當是另一局面弟已屆懸車之歲從此絶意仕途溷跡樵漁以終天年亦分所應爾惟念世道人心披猖至此當思碩果不食卽剝極而

書札五　十一

復之機今抹倒天澤名分擾攘不安者乃吾桑梓之鄉義當大聲疾呼一振聾瞶得寸得尺收效惟力是視每中夜彷徨屈指徧數同志惟公學能衛道識足匡時而又慮事精審心思才力過弟十倍今既謝事閒居似亦造物留此待公如能北來聯袂入都一伸正論挽回浩劫丈夫生世固有磊落軒天地者不第桑梓蒙福已也

上陳伯潛侍郎 辛亥十二月

前月中旬晉謁備聆謦欬憂國之誠溢於言表無任欽佩月杪到京再謁妄擬一陳管蠡之見適値公無暇未得瞻對爲悵君主共和南北各持一見然係政體之爭儘可釋甲投戈各行其是安用塗炭生靈今且迫脅　朝廷妄求遜位此殆奸人覬覦神器藉以恫喝國務大臣天潢近戚唯阿曲從四維不張滅亡將見幸蒙藩劾忠軍界抵抗稍緩須臾現距停戰之期不過數日解決之策尚

無所聞北望觚棱憂心如擣前曾擬一說帖呈遞內閣茲謹錄稿恭呈鈞覽雖已成偏安之局較之共和遜位所保全者尚多且持此應付各國賠款外債均不落空在我尚佔先著惟此稿呈遞已踰半月未聞閣意云何環顧今日正色立朝志扶危局在　帝左右朝夕納誨者惟鈞座一人用敢冒瀆上陳儻蒙采擇造膝進言冀於大局挽回萬一不勝悚惶待命之至

附錄上內閣說帖 辛亥十一月

大局阽危和議中梗　朝廷俯順輿情詔開臨時國會將來結局殆不忍言蓋民軍佔據已十二省此十二省之代表必主共和以外十省雖不贊同而受其煽惑畏其脅迫盲從取決自在意中不獨　皇室不能保全且慮各省競爭互相殘殺　朝廷不忍生靈塗炭而屈意議和革黨乃肆意要求而殺機益烈此普天之所共憤萬國之所不直者也爲今之計莫如提議將奉直吉黑魯豫秦晉甘新十省及蒙藏回部仍用君主立憲政體南方各省則聽其設立共和政府期以三年以觀實效如三年之內北方安靖而南省擾亂則三年之後南方將共和政府撤消如南方秩序井然而北方政治敗壞則北方亦將政府改革南北政權仍統於一以此議付各國調停似勝於國民會議或謂人才國用取給東南如此則南北分裂無以立國不知西北不乏人才朝士仍多南籍魯豫物產殷盛京畿鐵路灌輸元魏遼金皆在北方未聞匱乏如慮賠款外債南省不肯均攤外人不肯承認則竊有說於此海關抵押賠款外人正在籌議不如因而利用監督稅司之權屬於政府海關收入之數悉繳銀行此外以他項作抵之款則分別輕重商議展緩但能應付得當究係權自我操似此和平解決各國商務不至受虧諒無不允保　皇室而奠羣生計無逾此愚慮所及謹以上陳伏維采擇

與龔子達 辛亥十二月

今晨閱報讀　詔書可爲痛哭弟雖現無官守然束髮入塾即誦論語至聖有言君臣之義如之何其廢之不意今日中華竟成無君之國此等庸宄奸人決不能久存於世其敗亡可立而待吾輩當拭目俟之

與許九薌 壬子正月

閱報知台從已入都想尙未能忘世故有此行然時局至斯萬無留京之理富貴一時名節千古以執事之賢不可不保全晚節也

復于晦若侍郎 甲寅十一月

前承囑覓湖山勝處擬就敝居敝邑西南十里外有管社山濱臨太湖風景絕佳頗可棲隱惟近來湖中時有宵小結隊爲探囊胠篋之事似以城居爲宜遇風日晴和時或散步或舟行來此流連遣興儻看花賞月偶爾下榻亦可得少佳趣如閣下不棄來此同居俾可朝夕常聆清誨尤爲快事

復王蘧承 壬子二月

此次滄桑之變有出情理之外者兄交卸一事如在去臘二十五日共和宣布之後即立時乞假請代告以守先人遺訓萬不能爲民國官吏決然舍去名正言順上司既不能阻止百姓亦不敢挽留刻已荏苒四旬時移勢易業既因循於前似難迅速於後此時爲兄計祇可據實瀝陳慮以衰病貽誤懇准交卸既有高守准假委代之事即可援以爲例猶憶己亥冬間與兄同寓邑館寒燈對話曾以吉人爲善君子固窮二語互相策勵兄此時印信在手且專就吉人爲善四字盡心保衛閭閻聞彼處民情尙愛戴攀留民之所歸卽天之所佑想早晚可出險入夷也

復程雨亭 壬子九月

承示杜門養疴愴懷滿目此情此境異地同心顧竊念之易文言

傳天地閉賢人隱故有括囊无咎无譽之象然坤六四一變爲豫其爻曰由豫大有得勿疑朋盍簪其象傳曰由豫有得志大行也是此爻不動則爲括囊動則爲朋盍簪吾輩遭此時變返求寸心所安似不能以括囊作自了之局閣下與夢公及鄙人論年雖屆懸車論所値則尙宜發軔夢公邃於經學試以鄙言質之如楚邱先生之告孟嘗君者可援以自壯也願大君子勿以滄桑墮志撥亂反正道不遠人

復庵遺集卷二十三

復庵遺集卷二十四

無錫 許玨

家書節鈔

與二弟

得耀翁書知弟到彼尙可一同赴萬到局以後凡事總以謹愼平實爲第一要義司事舩丁之弊竇務必竭力剔除使利歸公家不歸中飽自然商民稱頌於耀翁有益於弟亦有光也

聞萬縣局事甚繁關繫極重弟係季懷所薦耀翁諒必倚任耀翁於核算一事不甚精細季懷深恐其爲人欺蒙特囑弟細心核察務將書吏司事等朦混之弊澈底淸查收數若干總以儘徵儘解爲第一要義弟到川第一次就館能提起精神辦理得好以後之事自然順手兄俟弟立脚稍定決計回里家有老親萬不能兩人同作遠遊故於弟此番之事十分注意要淸査他人弊竇須自己先立於不敗之地潔己奉公早起遲眠帳目一手經理自然妥當

以上庚辰

所云此間軍務保案兄生平不肯開口求人兄此等無足重輕之功名實亦不願凡人立身各有風格兄雖久處貧賤然於名利二字極有斟酌現在宮保相待較前更加敬禮兄有所言亦多聽從將來自有際遇正不必急急也

人生行止聚散皆有一定趁此時稚公待兄尙厚又借鄉試爲名毫無痕跡兄前年來川時曾自誓不取非義之利不冒無實之名至今三年幸能克踐斯言不過家用艱難旁人觀之未免笑其迂腐耳以上辛巳

弟來信言無意做小官只求在貿易場中想法所言極爲有理但以目前時勢而論即貿易亦甚不易得利自去年法人事起東南數省市面極壞故貿易可做目前却非做貿易之時大抵做小官

只要有人照應亦不必十分卑鄙其所以可鄙者由其人自己無
恥非小官盡要如此也甲申
欽使張樵野京卿到京閻中堂許老師公同舉薦兄出洋欽使具
摺奏調奉　旨允准出洋之後母親年高似須有人侍奉弟如能
回家就近覓館最好乙酉
接家書知弟定計回里已於十月內在瀘州起程極爲欣慰兄從
前出門每每不久即萌歸念者總因母親高年我兄弟皆不在家
之故今弟既安心回家侍奉兄亦可定心在外自明年正月起兄
每月寄洋十五元爲弟處家用以後弟既在家須按月發信以免
懸憶丙戌
弟此番之歸原爲侍奉母親其所以能在家侍奉亦由兄入款稍
裕之故正不必慮及兄處費用浩繁不能兼顧心中不安也大凡
兄弟之間銀錢一事總以無分你我爲是昔年兄用弟之錢從不

家書節鈔　二

放在心上弟今日亦當如此若因存一不安之心輾轉又想別謀
生計兄在外聞之反不樂如離却母親出門圖就兄心更不能安
又要思歸矣
來信云母親精神日差則兄在此刻刻耽心亦非所宜擬候欽差
歸後即行回華兄於名利二字頗看得破凡事總須權其輕重也
母親秋涼後已漸復原否兄本擬十月內動身惟近日斟酌情形
又有不能回家之勢母親前望弟善爲寬解今寄回洋六百四十
元內五十元可於年底酌量分送親族之艱難者此次望弟作主
照單開之數一一送與但願將來母親九十大慶時照此加十倍
送人則闔家之慶也青山墳明春決須修理現在族中兄弟子姪
輩不下三四十人惟吾家氣象尚算興旺今年福兒又僥倖入泮
此皆祖宗庇蔭之故若此等事以後再不上緊亦非善承祖澤之
道況祖墓關係合族風水若族中多幾家溫飽較之一家興旺豈

不更好乎福兒喜事祇可照從前吾弟辦喜事之帳非但省費亦
正所以惜福極多亦不能過二百金年底分贈各家五十元家中
切勿自用一文以慰我心至於送人時只説母親之意亦不必説
我意更好但願人人感祝母親自然身輕康健矣此效驗勝於看
經念佛十倍也至囑交十二月初便可送人不必待至年底以上丁亥
福兒喜事未免世俗濫費兄意不以爲然至於家用一切日就寬
綽合家之人不知稼穡艱難此更可慮兄外間進款無多況轉瞬
滿差爲期已近若要會試則不過半年之局此後又將如何戊子
嫁女擇壻只要家世忠厚子弟能讀書卽清貧亦不妨切勿貪慕
一時之富貴此事可與家中諄切言之
兄此次出門原因有弟在家侍奉是以慨然遠行且弟在家照料
一切則福兒兄弟亦可專心讀書力圖上進母親欲弟另謀生計
殊不必也家中各用不能節省亦無可如何但兄意有必須分別

家書節鈔　三

者如飲食衣服之類不能省一切虛體面浮費可省量力幫助貧
苦親族不宜省兒女輩要長要短可省只此四句説話一切包括
在內矣
近來諸事順利惟汝嫂多病者想因進款稍裕而家中不肯幫助
貧苦親族之故以後准照我前信所説每月以十元爲度幫助親
族兄之此意原爲要母親康健合家安好卽我在外年將五十精
力漸衰若非祖宗保佑安見能三年平穩無事乎求神拜佛我所
不信惟有照應親族冥冥之中必然默佑決不有誤
八叔父身後之事幸有吾弟相幫照料諒可無憾德大店事須吾
家添本合做此是一定辦法八叔一生辛苦撐持此店將來一家
孤寡靠此度日必須善爲經理其贏虧得失於吾家尚輕於伊家
甚重也
新歲在即惟祝母親大人福壽康強吾弟及合家之人平安如意

數萬里外惟此時時在念弟與兩兒寄信務必按月上中下三旬分寄如弟信係上旬則福兒中旬寄三兒下旬寄如此輪轉則弟等每月祇寫信一次兄却可接信三次即途中偶有耽擱不致久勞盼望矣以上庚寅

外祖家墳墓祭掃現祇亮卿嗣子在錫年紀太小尙無分曉我意自今年起吾家酌貼祭掃之費屆時或吾弟與福兒兄弟同往一拜兼爲照料可以得知某山某向墳佃某人則將來不致遺失現在外祖後人式微若此我等爲外孫者義當照管不容推辭也聞母親嘗言兄生後百日外祖已八十二歲親來看視甚喜謂母親曰汝已得子我心願始了歸後不數日即壽終今年兄已五十歲此語亦隔五十年矣思之黯然此後年年常去祭掃亦報本之義也

幫助親族是分內事但求母親康强無恙兄明春滿差回華歡聚

便是合家之慶以後弟於親族中有求相助者務望從厚賙恤每年共用若干兄當另款寄回不必在家中帳內算也至囑至囑兄近日在外念及母親年高時時思歸近日更覺心如懸旌此間十二月中旬即可報滿明年正月初旬可起程回華也

八月十三日午刻接閏六月二十七日書痛悉母親大人於閏六月廿三日棄世長逝肝腸寸裂早知如此前年決不出門也今日椎心泣血安能再見母親一面乎賴有弟在家親視含殮閱來書自初終以至成服諸事妥洽周到弟於大事條理井然毫無遺憾兄此刻悔恨莫及惟有即日奔喪回籍守制營辦葬事以盡寸心哀痛或可稍減若再强留在外久停親柩以待問心片刻難安勢必抑鬱成病現擬將經手事件交代清楚約九月中可以啟程兄志已決即欽差欲奏留亦決不肯留也

弟之所以勸慰我者皆是至情至理之言兄豈有不聽惟留待滿差一節萬萬不能大抵仕宦之人遠離膝下不及親視含殮者十有五六雖曰終天之恨究亦人事之常惟聞訃不奔喪則其人即已同於異類出使章程原係援照軍營之例故丁憂者悉准留差實則苦樂安危情形迥別近來隨使出洋之人大抵貪利忘親者多故相習成風恬不爲怪兄少讀詩書粗明大義回念幼時父親終歲客居脩俸所入悉以贍家母親辛勞操作節衣縮食獨於兄從師一事不惜多金原欲期望後人顯揚光大若兄此時因循從俗與不讀書人無別則一生大節先虧異日何以自立又何以慰二親期望之心此其不可留差者一也母親臨終之事吾弟經畫咸宜纖悉周至毫無遺憾是以衆口同聲稱爲福人然殯葬二事必須一氣聯下若停殯不葬何福之有此時兄星夜馳回抵家之日尙可伴柩數月有歸裝銀千兩則喪費各項亦敷用有餘殯葬二事一氣辦完此則人人稱羨方爲全福若必待滿差而後歸計

抵家已在夏初夏秋兩季不能辦葬必俟冬季則停柩在家者已一年半矣人子之心安乎且租住人宅久停亦不相宜此其不可留差者二也兄生性迂執此等大事時刻在心惟即日奔喪回家憑棺一慟胸中悲思日以漸解屆時經營葬務心有所寄自不致鬱而成疾若淹留在此終日傷懷居憂之時必無尋樂之理淒風苦雨觸景皆悲倫敦水土尤惡冬間煙霧煤氣最易傷人不過數月百病交攻萬一淹染成疾斯時欲歸不能欲留不可悔將何及此其不可留差者三也有此三端萬無留差之理當兄聞訃之初悲慟欲絕而昏瞶之中早已打定即日奔喪主意更不別參一見此間各人有勸留滿差者有謂即欲奔喪不必如是亟亟者究厥指歸終不外名利二字與兄意中三端全不相合欽使初欲挽留後見兄意已決遂不相强現定九月十八日起程大約十一月初旬可以抵家矣因來書諄囑滿差故詳晰言之至於日後家用布

置一切見面後再當熟籌固非此時所能懸揣也 以上壬辰

墳上一切工料務必結實局面亦要好看此時爲子之心所能盡者惟此而已切不可因手頭不寬打算省錢至囑至囑 癸巳

德大一業原因八叔故後嗣孫幼弱代渠家經理不過欲保全此店不歸他姓並非吾家欲接管此業也現弟年已踰五十精力日減於此業既不相宜寶田姪將來必要讀書應試亦非幹此營生者兄意此後只宜將店中客本逐漸拔輕敷衍數年待八叔嗣孫長大即將此店交還歸渠經理方是正辦兄差滿回華後如或另有機緣局面寬展屆時弟可相隨同往老年兄弟總以多得聚首爲樂何必株守此一店乎 甲午

今日閱江南題名錄知寶田姪中式快慰之至弟早年棄儒業賈主持家計半生辛苦得此捷音亦足見造物酬報之公然要亦祖澤所留貽吾父親母親積善所致也今日兄甚高興雖范兒藺兒

均未獲雋却不在意 壬寅

寶田姪聞近已就黃州府館是否書啟抑係教讀少年人總須喫些辛苦閱歷世事學問方有進境弟在家宜保重身體一切善舉可量力爲之

兄近來夢中常見大姊看來改葬一事今年大寒時候必須舉辦刻下可趕緊覓地地不必大但亦須成一局面尤以乾燥爲要憶甲子夏母親大病其時大姊言願以身代後數日母親病稍愈而大姊以急疢卽逝未始非誠孝所感後母親又享壽二十九年此事將來當由親族具公呈請旌則墳上亦須建坊宜預留地步也

以上癸卯

榮壽孀母故後其家以屋作抵此層似可不必現在兄之景況族中有事理應幫助在尋常泛泛之交尚且解囊慨贈此係有服尊長之喪若借錢以屋作抵非但被人譏笑亦且問心不安弟可將我意告知爲要每思祖宗積善數世現僅發吾家一支自應以祖宗之心爲心溯伊姪既登賢書目前吾弟栽培之道亦不外此

接溯伊姪來函知到東後所學無甚大益而每月須花銷洋三十餘元官費一層有名無實兄十數年歷見赴東游學之人有損無益溯伊行止吾弟可細心斟酌如以官費生去留不能自由則當諭令事畢速歸爲要日俄戰事未了彼國人心難測當道不求實際但知以興學爲美名安知此中伏有種種隱患吾弟年已六旬祇此一子不可不愼重也 以上甲辰

前年兄在家時拜掃外祖墳塋見已坍壞現在福奎諒無力及此必須吾家代籌如今年山向通利望於秋後諭知墳佃趕緊動工需費多寡可不必計當另款寄歸每念母親一生辛苦持家教子兄祿養未及罔極之恩莫報刻擬爲外祖父捐請貤封立碑墓上稍盡寸心其墳上督工等事可令萊兒隨時往視藉以習勞吾弟

不必親往也

西門老屋基地既願歸併自應接受以備建祠之用

老屋地基如一時未易購回且行從緩兄意祇擬建造家祠及書塾不作住屋無須汲汲 以上乙巳

諭同范

我現在定見進京所囑付汝者不過認眞讀書做好人兩事讀書之法照我所定課程其中如有來不及之處酌爲裁減一二亦可做人之道汝只每日淸晨將小學看三五頁自然心收意歛眼前叔度豫巖兩先生卽是做人樣子汝肯學他我便喜歡不盡矣汝云近看太極圖說西銘尚能明白西銘命意閎大文詞亦明達易於領會太極圖說甚精微一時頗難索解汝云明白恐未眞明白也汝既讀此二篇想必看近思錄此書中有初學一時不能明白之處汝閱時可將胸中了了者用墨筆逐句圈過其不能了了者

不必圈其有最喫緊處心所喜者用密圈閱訖後看第二徧將未圈者細心先看如稍有悟境再用硃筆圈出其不能解者仍不必圈閱訖再看第三徧另換黃紫藍色筆大約看至五六徧無不全通矣每日不必多看但以半時為度或晨起或將睡（如此不就別項課程）看此書可以收歛放心澄清惰氣不獨增識見亦可長精神又此書必與小學兼看立身規模小學言之尤詳此書所言則正心功夫居多不參看不知二書之用意也

讀宋儒書從事性理之學原係自己做踏實功夫除求先生指教講解外切勿與人談論此是闇修之本再我近來與汝之信凡說及用功者須收好藏著時時取出閱之便與覿面教訓無異（丙戌）

先生來信云汝識見未能開展須以古人之書廓之此言深合我意人之氣質雖由天定多讀書亦能變化吾邑工舉業之師尚有其人真識讀書門徑者却少叔度先生於門徑甚真汝能循循虛心聽受將來獲益不淺

鄉試汝既要去我亦不便阻汝實則此事須有工夫不可妄圖僥倖我現所望於汝者只望汝讀書明理節用安貧此是人一生學問立脚處（以上丁亥）

汝來信云功名兩字看之甚淡此語却非我前信囑汝不必鄉試者因汝工夫太淺毫無把握之故非欲汝薄視科名也總之人既讀書刻苦上進之心不可無富貴利達之心不必切汝守此兩語可以知讀書應舉用心亦有一定分寸不必看得太濃亦不必說得太淡

我今日在此仍是寒士就館之局非官場闊綽可比去年我信中曾云喜事不得用過二百元故此次寄歸之銀仍照此數將來汝弟妹喜事我意俱以二百千為度不多用一文且必須汝弟能處館教讀後方與完姻此則寒士家風可以綿延世澤者也

鄉試錄遺萬一不取切不可營求聽其自然可也此係人生立品關頭不可隨衆我深知近日家用支絀而於戚族之艱難者總欲稍稍貼補緣我今日進款比在內地處館時多故目前不能不厚以待人而儉以自待若合家皆存此意便可感召祥和

汝刻下近思錄尚看否如看此書心中未能浹洽即看高子遺書亦好內有洗心說一篇最可針砭俗腸大抵士人立品不外耐饑寒勤學問六字我前信撙節之說尚是享現成家當者說法若論吾家子弟竟要熬得饑寒方有出頭之日否則瞻前顧後一步不可行矣

叔父現既在家汝以後可安心讀書歲試在卽務須努力用功處館授徒係寒士本等事業明年或出外教讀或在家課弟妹均可此與自己用功兩不相妨汝於幫助族戚一層尚未知我用意古人云待有餘而後濟人必無濟人之日論我家今日境況債負極

多人口漸衆安有力量及此但一年所費不過二三十元家中能於窮苦親友面上寬用一分卽我在外境遇順利一分故於此等處不必計較也至於家中諸人添補衣服一節惟有汝母督率女兒新婦趕緊學習紡織縫紉之事今冬可雇一僕婦專令織布以便家中人人學習我幼時尚見祖母紡紗及用僕婦織布之事十餘年前見汝舅婆亦尚如此近來兩家光景並不寬裕而婦女之安逸較前大異此事關係家運不可不竭力挽回也總之家中今日須及早想一寒士度日之法纔可長久至囑至囑我平生以志節自勵年將五十亦不肯為妻孥溫飽之計變其素心此意汝等不可不知（以上戊子）

汝處館所入亦有限一家用度不在館之有無也但不可因此荒廢嬉游度日耳切不可到茶館喫茶此中見聞既雜習氣尤壞切戒切戒經宜常讀史宜多看汝從前未讀十三經但如儀禮周禮

亦須補讀每日三四百字不過一年可畢亦不必爛熟能背只要在眼前時時經過胸中自然記得久且貫通矣此讀書簡易之法自來無人說過我於此却有心得汝可試之

科考既因病未去此亦不錯惟汝來稟有云中之一字命運爲主又云下場再去一二次中與不中無容心專一似胸襟極恬淡者不知此語似是而非不得不爲汝剖析言之凡言命運二字者乃因文章工夫既已到家而仍不遇故以命運自安此爲居易俟命之君子若未有分毫工夫而亦諉之於命可乎若汝文章工夫果已到家而屢試不遇則我方將以命字慰汝若如目前工夫淺薄安得不殷殷督責所謂愛之能勿勞乎

汝既有志讀書學做好人務須就切近處用功我八月中寄汝高子遺書摘抄篇目三卷曾否照鈔如刻下因科場已近作文無暇可先就高子書中將此數十篇圈出時時潛心玩索必有所得但能心地明淨則無論何等境遇皆不足以累心家中煩雜儘可視若無事也以上庚寅

汝云看書當時頗有領略而過後實無心得確有此境所以用功之人要記日記即是爲此汝以後但將當時所領略者隨筆記出待第二次再看所見或又不同便可以驗進境抄來文目五十篇選擇尚精袁子才文繩以理法多不合而才氣邁往頗足藥汝之病莊子文章胸襟卓犖絕世無雙足與孟子並駕齊驅至其精詣在藥人自賢自智之病破拘墟之見以進於高明廣大之域神而明之其用不窮不得謂其論過高不適於用也

場前既未用功場後亦不必作僥倖之想凡應試之事盡其在我聽其在天若人事未盡而妄思倖獲即非君子之用心矣汝平日視進取一途無甚關繫於應試極爲不宜於立志却無不合但須就汝性之所近或專治一經或專看一史宋儒性理諸書尤宜常

閱庶幾漸窺爲學門徑若既不專攻舉業又不研心經史則進退無據將爲廢人矣戒之戒之以上辛卯

來稟有專攻舉業爲歲考地步之語此意極是做秀才時專治舉業猶農人之治田商賈之蓄財漁人之具網釣樵人之操斧斤所謂本等事業也因治舉業而考索經史因讀經史而講求實用則沿流溯源之意也自明迄今五百年來凡眞正讀書人無有不發始於舉業者特不以舉業一端自限耳若舍此不務則入門一步先誤矣

朱子全書能自始至終看一徧於爲學入門可知大概正誼堂叢書采取太博又任意删節原文我前數年曾略翻閱殊不愜意黃梨洲明儒學案我未閱過姚江之學病在自立宗旨詆訶紫陽其超悟處亦多可取概以陽儒陰釋四字一筆抹煞亦非也陸清獻學問極醇正而局量太窄議論前人往往有過苛處湯文正曾貽書規之此書見切問齋文鈔其所疑高子遺書中數端大抵皆吹毛求疵之見茲另紙剖析言之以解汝惑至曾文正祇於早年在京邸時講求爲學大旨於宋五子書具有心得必謂其得洛閩眞傳亦殊未確其學案小識跋一篇係乙巳年作時僅三十五歲其謂高顧之學以靜坐爲主所重仍在知覺今高子遺書具在何嘗專重知覺乎文正晚年言學案一書不必出以問世此書在書札第三十二卷似文正之意已不盡以學案爲然與早年所見已別其跋語亦豈足爲定論乎良知二字出於孟子原指愛親敬長而言自後人專以不慮而知四字當之末流之弊遂至蔑棄名檢不可收拾張楊園之學初從姚江入手後乃一遵朱子故有惜往日等詩吾謂楊園始認良知二字先錯若以愛親敬長爲良知亦何悔之有乎總之楊園清獻諸公立身爲學實有合於聖賢在本朝洵爲大儒第賦稟稍近偏執又目覩王學末流之弊持議多過激之處未必盡不刊之論

也汝喜閱此種書閱而能疑問亦是好消息吾甚以爲慰高忠憲之學並無可疑惑處其所造已洞達天人居安資深似在楊園淸獻之上惟原書編次無法良楛並采精粗雜陳以致爲學宗旨淹沒不彰吾今節鈔此書去取頗愼現擬編爲十二卷視原書所收不及十之三鈔畢後凡於時事人名有應加注者有應發明者擬雙行附注各卷之後其文稍次而於時事有關係可資考證者另爲續鈔若干卷視原書亦當得十之三而高子書中之粹者盡於是矣至於刋行此書遠則待十年之後近則五年尙難預定恐一或不愼取譏叢侮爲笑當世轉乖此日表章先哲之心耳寄來三月份課程單作字項下汝所作論箴時文各件何以竟未鈔寄一篇即札記中如所論高子遺書及近思錄等亦可鈔寄數則來洋以驗汝見識筆力也 以上壬辰

汝現擬看時務書講求經濟此志甚佳但經濟二字必由閱歷得來汝此時閉戶讀書無從閱歷事非身親安能灼知得失若僅憑申滬等報所述往往十有九虛其言中外時事雖高談闊論自有識者視之不過矮人觀場之見無足取也大抵學問之事先成己而後成物吾嘗謂大學格物之義爲格明德新民之本末並非格一草一木之物致知即知明新先後之序亦非謂推極吾之知識欲其所知無不盡也汝兄弟在此三年中當潛心經史不必泛覽雜書徒亂人意果能如昌黎所云學有經術通知時事即他日出而問世不患無具茲將三年中應看應讀之書開一淸單寄汝能就此數書中切實用功立身行政之道可一以貫之矣南菁肄業諸君欲往上海方言館學習西文似非所宜西文一道非十年苦功不能通貫而通貫之後實無大益辦理交涉事件全在器識器識不宏遠徒工語言何用目前洋務乏才非不通西文之患患在士大夫無忠君愛國之實心耳汝見南菁諸君可以我此語告之

倭事潰敗至此由於合肥不以忠信二字待國家其所用之人亦不以忠信二字待合肥上下相蒙以成此禍目前收束殊無善策我意此後回家竟作鄉居之計亦未可定目前世變足令志士灰心是非不明紀綱大壞甚非仕宦之時汝兄弟此時宜以讀書明理爲急世務閱歷俟他年凡事由本及末行之有序則用力少而收功多一切詳汝弟函中閱之自悉

閏五月初十日得藺兒四月十八日稟已悉汝擬講求經世之學有不遑他務之意經世二字賅括甚廣軍謀吏治事非一端汝果何所指乎聖門四科政事祇居其一不聞顏閔游夏諸賢皆以政事爲先也吾嘗謂今日洋務僅政事中之一項政事以人才爲本人才以學術爲基吾前所開示十書汝兄弟能潛心於此學術本原已正以此入世豈獨可辦洋務已哉至云和議雖定國勢日弱民生日蹙此論不爲無見然善後之策祇在得人果得其人目前尙非不可救藥之症要之此等大事自有氣運存乎其間汝等此時總以思不出位爲佳孟子云士尙志究其所謂志仍不外仁義二字非游心廣騖之謂也

藺兒半年來因倭患之故屢言講求時務我不欲抑其銳氣亦姑聽之實則皆隔靴搔癢之語徒荒自己舉業天下大事成敗利鈍樞機在於君相苟權位不屬雖大聖賢大豪傑亦祇可自居局外不能補救毫末即如倭事使樞廷譯署有人何至辦理荒謬若此自去秋迄今春我代星使所擬函牘不一凡論敵情及英俄各國隱衷事後無不脗合如照所擬條畫區處亦可挽回十五而譯署概付不答近日總辦來函云尊處所見事事高人一籌先人一著惟各堂憲於信到後總不置一詞可否其言若此故吾謂此番倭事實有氣運存乎其間非激論也吾非徒講舉業而不知時務閱歷多則見地日造乎實不欲汝等以虛懸無著之見尋聲捉影空

費日月耳汝兄弟如果立志向上欲求經世大略在乎擺脫俗見不以富貴利祿動其心食貧居賤事事從庸行庸言切實做工夫自有豁然貫通之日非必舍去舉業而別求所謂時務也白日莫閒過青春不再來勉之思之 以上乙未

來此半月所聞所見仍是泄沓氣象樞廷諸公有見有未見大都無以人才政事爲念者觀昔年閻許兩師在時情景迴不侔矣合肥見面頗謙和不似從前驕倨氣象與外間所聞殊異言及時事則云毋徒爲杞人之憂新放出洋欽差三人資淺望輕都中嘖有煩言此後辦理交涉事件總是江河日下之勢矣 丙申

吾去年出門後歲暮在京購得李二曲先生四書反身錄一部時時檢閱頗有所得大學三綱領八條目其樞紐全在物有本末一節而尤以知所先後句爲眼目格致誠正修齊其先也治平其所後也吾自幼讀書志趣亦頗不凡惟於知所先後一句似少體會近年東奔西走債負山積亦緣專在時局上用心不就自己身上著想以致受累如此每念今日家中窘迫不免自悔然此刻仰事俯育自是汝兄弟二人分內之事但能布置妥貼便是齊家能料理今日家事即能料理他日國事無二致也 戊戌

官場勢利二字最易誤人無論做官作幕須先將此二字看淡方立得住脚好做正經人程子所謂見其大則心泰也閱汝來禀似已不免爲世俗所動吾命汝出門亦欲汝稍稍閱歷世故並非望汝做官發財至於家中不曉外面情形來函要錢汝但置之不答可也 己亥

汝在程公署中多看好樣觀其廉儉可法之處將來自己入仕途亦有把握不致沾染習氣甚慰甚慰我於廿九日又接到錫中丞手書因晉省現辦教案無提綱挈領之人盼望速去刻已准於十二日起程攜汝弟一同赴晉矣

籌餉一事我自奉委後即與司道商量凡所謂籌者當以民情順逆爲衡第一須聯絡正經紳士方得官民一氣血脉流通現在廣雅書局內設一籌餉公所不論候補人員在籍紳士皆許條陳籌餉利弊親到公所面遞我之主意早已打定決不擾民以副　朝廷軫恤閭閻之意 以上辛丑

考察大臣聞已起程在途計六月中旬必可抵京都中已設考察政治館風氣所趨但問新舊不計是非我却不願附和人生祿位自有一定行吾心之所安而已

我到京已及三月仍住會館目前情形無事不紛更迴非昔年安靜氣象極可憂慮我此時既無官守又無言責進退之際本屬裕如現在外洋駐使回國大抵奉本初爲依歸我素性戇直年踰六旬實不屑爲此 以上丙午

明歲新年我並不稱慶即生日亦不舉行因尚在叔父期服中情有所不忍也 辛亥

時局敗壞至此綱常名教掃地無餘有志之士不宜仍在仕途子興與汝交誼頗好然汝爲民國官吏實非我之所願可止則止須自定見 壬子

諭同藺

汝從前所讀經書每日須溫理多則十首少則五首不必爛熟可背誦只要常在眼中經過下筆時便能運用心思易觸發於作文有益若能體貼聖賢之言在自己身上理會則可以立定志向鍊成人品於作人更有益切勿拋荒

汝云溫孟子頗有所見此書好處須與戰國策同時並讀方見立論正大籠罩一切之概汝讀國策不下百篇須時時溫理作孟子題自然議論開拓波瀾動宕矣十三經須挨次溫理如若忘却便與不讀同我從前教汝一番精力豈不可惜

汝來禀云明文格局高渾筆意深刻國初文胎息六經出入史漢故能氣厚思沉所論俱不錯又云明文國初文可揣摩者少惟方氏兄弟之文深入顯出有門徑可尋最爲可學所見亦頗有心得然我意目前下手功夫却不必如此百川之文心精筆銳望溪之文思深力厚皆卓絕一世而百川文境尤高非初學所能學步且以之應試亦不甚宜又其中實在佳文兩人俱不過十餘篇汝可善爲選擇訂成一編置之案頭時時諷誦領略其胸襟氣韻已足不必全力摹仿昔人論應試文字謂須思力迴超流俗聲情極合時趨此二語可包括一切

士人立志不可不高須有食無求飽居無求安之意昔人有云齩得菜根百事可做又云富貴福澤將厚吾之生也貧賤憂戚庸玉汝於成也境遇豐嗇何足計哉 以上庚寅

凡既讀之經宜時時溫誦未看之史須一一涉覽然此事亦須從師我已函告豫巖先生請伊爲汝定一溫經看史課程務必日日照行每隔旬日俟先生回家之期汝到先生家中將課簿呈覽有疑請質或隨意作史論經解及律賦等即請先生閱改亦可若定見明年要小考則刻下急須從師作文至於豫巖先生無論作文不作文總須兼從每旬一到伊家聽其議論以求變化氣質至要至要

舉業不患妨功惟患奪志汝說似是而非不可不明白剖析朱子所謂妨功者妨進德修業之功如今日作文今日即不能用存心養性工夫是也奪志者奪正誼明道之志如因考試便生患得患失之心流入鄙夫行徑是也朱子謂不患妨功可見因作文而暫輟存養功夫原不礙事惟因考試而患得患失奪其爲學之志則不可耳

觀汝文章於清空一派相近但題不一類儻遇莊重典雅之題以

此種文章應之便枯寂寒儉矣作文須八面受敵方可汝以後讀文宜多選沈博絕麗運用書卷者讀之可以藥汝之病又閱 文時須先將題目分類編閒則文之平奇濃淡各有所宜不以一例限矣 以上辛卯

近接豫巖先生來信聞汝與人言敗壞天下事者八股也此等狂妄之語在無識之人聞之似乎議論闊大若被曾經學問之人聽之眞不值一笑我意並非偏重八股亦不喜人僅做八股但我深知此中甘苦且念數十年來仰事俯育皆得八股之力不然平生素性高亢其免於仰面求人者則以平日稍有文名他人先來延請故也汝年將二十不思自立之計豈庇蔭之福可長恃乎天下事與汝今日無涉汝刻下但盡弟子之職隨事循分體貼親心可也豫巖先生人品純潔心地篤厚與我交好三十餘年始終如一自是無錫第一等人凡少年人之成就全在親近賢師益友若見正經人遠避便非好消息矣至囑至囑

昨得來禀并試藝一首閱之甚爲欣慰小試場中作此種文字本不相宜邑尊獨能賞拔自是文章老手在汝得此師長眞有知己之感與尋常賞識不同以後當益加勉勵所言讀國初諸老文當取才調而氣象雄壯者毋以淡遠爲高尤爲不刊之論宜謹佩之 以上壬辰

與人相處要在介而能和味柳下惠由由與偕四字氣象最好

近日能否坐定立有課程目前用功總以立志效法古昔聖賢爲準溫經當玩味大意若何躬行若何及物勿瑣瑣於考訂之學讀史當究心治亂之本勿屑屑於記憶故事斯爲得之時文試帖多做少做隨汝意爲之但不可竟荒廢耳士人立身可隱可仕原無一定若時局日非卽不仕亦可汝年尚少總以培植遠大根基爲要曾文正公家書胡宮詹弟子箴言此兩書可常置案頭時時閱

之淺近而有益身心較他格言尤易動人也以上甲午

汝來稟云時事甚亟正士人一日不可空過之時而汝病廢數月甚以爲歉汝此言立志可嘉而燭理則未明孟子云士以尙志爲事所謂事者居仁由義而已若時政之治亂得失正孔子所言不在其位不謀其政者也大禹惜寸陰亦身任治水土之責故如此孟子以爲與顏子之簞瓢自樂易地皆然論孟書中此等處正耐人尋味吾三十歲以前頗有范文正以天下爲己任之願厭薄時文喜講經世之略迄今時過思之未嘗不悔蓋由君子觀之此等念頭正所謂出位之思憧憧往來復何益乎學問之道在求放心此亦放心之類也

時事多艱西文一道誠不可視爲無關輕重然中國文理不通即西文精通亦無用此弊人已知之中國道理不明即深明西法亦無益此弊人尙未知又西文一道時人以英文爲用較廣多樂習之實則英文各書所論時務出於英人手筆多偏袒己國僅係一國之私見不可盡信目前姑習英文將來如欲流覽各國之事必改習法文方有實用至於西人法度機器等書更不必觀儒生致君澤民自有大者遠者應當究心此等藝事尙不足附於不賢識小之列偶一涉覽原自無妨但不必列入課程每日能添靜坐工夫休息此心使常有湛然虛明景象更好以上乙未

目前境况雖甚窘迫較之三十年前汝母初來時究屬不同昔年苦况汝母尙且能耐守豈今日反不能耶即十餘年前甲申乙酉歲在京時局面汝亦親見全係典質移借度日當時我意興甚豪並不愁悶古人有言士大夫齩得菜根則百事可做汝務當知此意丙申

世態炎涼正是磨鍊英雄之妙藥近十餘年來汝兄弟享蔭下之福不知生計艱難人情變幻一味悠悠忽忽未嘗發憤用功故不能出人頭地以至今日汝兄弟處此境地惟有困心橫慮力掃世俗之見求盡人子分內之事毋圖一己之安自然竿頭日進又何世態炎涼之足計乎易曰不遠復无祇悔元吉汝當三復斯言丁酉

館中居處極適大可讀書養心此後能專意與古人酬對講求切己之學務其大者遠者此一片靈性尙可不汩沒也飲食不適口但一意發憤亦無暇及此當思范文正公斷虀畫粥之意是何等氣魄勉之勉之己亥

冬月二十五日上車後途中大風是晚宿中牟縣二十六日風雪交作寒暑表降至二十五度晚宿鄭州二十七日天氣晴霽宿滎陽二十八日過氾水縣三十五里至老犍坡宿在山頂居住二十九日午後又雪宿偃師縣初一日大雪至雒陽縣宿此次行六日程而四日風雪可謂極行役之苦矣然意興却好不甚覺疲憊也

汝於何日起身山西之行細思且緩遇意中拂悶時須思孟子生於憂患一章吾輩此時雖未必天降大任而動心忍性增益其所不能却是現在實在用力處

清帥天資篤厚在今日大員中極不易得汝既相從左右當一心師法觀其辦事結實存心長厚之處異日亦有以報知己辛丑

署中可專心讀書用功最爲難得之事汴居腹地見聞寡陋此眞樸之風未散最是好處如江浙近日風氣人人談新法乃大可憂慮之事識見長進只在隨處留心不在新奇也壬寅

瑞士山水奇麗明秀而不甚雄偉中國蜀浙兩省未嘗無之其不可及者在藉此勝地爲富民之計眞令人百思不到風俗之美尤爲歐洲各國所無我現擬采用其意他日回華在太湖之濱洞庭之麓照此辦法於桑梓之鄉可以別開生面造福無窮但非先禁絕鴉片亦無從下手耳癸卯

時局日艱仕隱兩途最宜斟酌必眞有濟世救變之志自以用世爲宜否則守拙自安領略道味減損世緣一邱一壑自有樂境第仰事俯育之累却須善爲料理陸梭山治家節用之道不可不講求也 甲辰

趙公心地仁厚操守廉正在大僚中不可多得可爲師法汝若能長久相依亦是佳事其筆墨極講究汝能虛心領教必可得益至於今日外交之事本不易辨上年已有簡放東三省總督之說刻下奉天俄軍儻退日人能否如約交還儻奉　旨赴任汝自應隨往藉可歷練切勿畏難自阻値此多事之秋既欲涉歷仕途萬不可存趨避之見甯拙勿巧但臨事須謹愼小心耳汝於公事筆墨向未學習牋奏一道凡不能率爾觚操近見上海所刻李文忠公奏議朋僚函稿外部函稿此三部書極有用不獨事理透徹即下筆輕重亦甚斟酌常置案頭可以隅反我近日閱過一遍其中交

涉諸事曲折多有向日所未聞者亦可見其用心之苦矣

汝來禀自知無擅場勝人之處此言極是從前只爲目空一切所以自誤至今此後當痛自刻勵學問之道不求勝人當求自得就汝質地所近以多看性理書爲宜我去年看二程全書今年看朱子文集悉心體認頗覺得益即論洋務亦似觸處洞然頭頭是道此意祇能自喻不足爲外人言也

學堂課程繁而寡要此弊各省皆然不獨都中大抵教育之事必爲師者深造自得就其甘苦親嘗之境酌定規程然後可以教人今日學堂先生弟子均係一鬨之集豈能造就人才前囑汝看理學書乃爲汝陶淑身心起見此半年中可切實鞭辟用功世俗詬病何足計也

汝目下情形與前數年不同不必急急謀館爲贍家之計當務其遠者大者我上年欲汝赴蜀原因清帥尚可依託不失良禽擇木之義趁此時候留心吏治民生爲涉歷仕途之計既不赴蜀自應閉戶刻苦研究學問尚友古人今試思此三年中東奔西走耗費不少營營擾擾究於身心何益乎科舉已停有志之士祇有潛修一著抱道自重而已豈暇與外洋留學生較短絜長乎前函囑汝多看理學書意即在此 以上乙巳

時局若此將來必受日本留學生之累厝火積薪良可憂慮 丙午

近來新政最無益而有害者惟各省練兵然大吏中無人敢言其非近又議海軍海軍較陸軍雖稍切要然無人才無款項鹵莽粉飾兼此二弊徒貽外人訕笑耳汝既司軍政科新舊之際此正宜用意研求不可因公事清閒虛拋歲月 己酉

東省借美款經營不失爲中策惟人才缺乏不知實效如何目前救時樞紐只在一實字汝來禀每言署中公事極簡不知身所處之地乃係極有作爲之地外則强鄰內則積匪土廣而荒民貧而

惰若確有所見詳爲區畫上書帥座不日即可見諸施行汝從前隨我出洋學習英文當時期望汝之心亦甚遠大汝宜振作志氣力求進取不失狂簡家風切勿誤以怠惰爲淸高至於保案薪水此皆庸人之見不宜使入方寸自趨窘步 庚戌

今年各省均苦霪潦洪範恒雨之咎按諸時事信而有徵然以新學視之則固天變不足畏也奈何奈何莊河廳之事緣辦新政歛錢而起益信財聚民散之說確不可移此時澆風日盛圍署劫官視等泛常若不從本源上早籌挽救之策恐以後日益多故耳

稅務最易叢弊現雖非旺月却不可大意汝初當外差尚少閱歷用人一節尤宜留心察看至囑至囑

刻下政府已派員至武昌議和諒不久即可就緒然不曰議撫而曰議和此後局面另一世界吾生平志在兼善而遭此時世不能俯仰從俗從此祇可絕意仕途混跡漁樵自適已事而已

當此時局收數能斂比較已是大幸鄰局之事以後似宜容忍不必再與度支司電爭致啟嫌怨亦明哲保身之道也 以上辛亥

時事紛亂若此局中公款無絲毫損失并長收至三成以上吾心甚慰具此見地不愧家風凡遠大事業必以操守淸廉爲本欣喜無極

本月我生日津寓並未舉動遭此滄桑大變祗以手無斧柯不能補救毫末苟全性命百念俱灰即汝在局是日亦不必讌客以重吾過

汝勸我以陶淵明徐俟齋爲法目前時局與陶徐二公所值之時同乎否耶 以上壬子

我自滬上歸後旬日之間兩次眩暈傾跌醫云鬱火所致肝陽上升若輾轉不已慮成中風之症勸以不問世事游心虛靜前日潤漪丈書來亦謂我病愼鬱交集方寸非老年頤養所宜諷我玩老莊而參禪悅藥石之言誠足鍼砭吾病然孟子有言人之異於禽獸者幾希庶民去之君子存之七十老翁縱不能力挽狂瀾不敢不勉爲君子汝曹奔走衣食亦當思不飲盜泉不蔭惡木之義庶合古人大德不踰閑之旨至囑至囑

汝此番出門未蔭惡木吾心甚慰雖暫棲枳棘亦自無妨居易俟命守定宗旨到底不錯也秣陵事平後南方風鶴之驚或可暫息惟世局總是江河日下之象淵明與俟齋所值之時當不如此因物以付吾心自有主宰汝可勿慮 以上癸丑

諭同爾同萊

汝兄弟在家宜諸事撙節惟幫助親族等類宜稍從寬此亦栽培元氣之一道也科名一事看今日時局誠不足重然統中國利弊言之此事在中國尚算好處中國之所以敗壞者乃在官場不在士林也試看以後學堂所培養之人才必與官場同一不堪矣此非有激之談日後自知 癸卯

我生平未取非義之財今年已六十一歲此事尚堪自信惟素性不解治生自乙未至壬寅八年之中席不暇煖致有許多債累現在如極力撙節每月俸薪所餘計此三年之內債項可淸却不能有餘款爲以後家中衣食之計汝兄弟此後宜亟圖自立之策大凡要做好官總須家累輕做官之日家中仍是寒士本色則其後人必昌若居家一沾官氣未有不速敗者也何謂寒士本色汝兄弟可問汝母三十年前度日光景便是想汝母尚記憶能詳言之

聖人言君子有三戒及其老也血氣既衰戒之在得我暮年始入仕途須保此晚節不負生平近日看薛文淸集見其中書諸葛武侯出師表後一篇義利二者不能並立讀之悚然今將此鈔寄汝兄弟一閱

俄日開仗後已半月尚未續聞警耗刻下高麗全境將爲戰場此固十年前日本與中國所力爭爲完全自主之國者也現在中國徧地皆日本報館其議論之譎詐消息之虛幻憑空揑造與實事全相反而閱者不知互爲傳播此最可慮但此風不獨內地外洋亦然汝兄弟現亦毋須與人爭辯以觸衆忌但沈幾以觀變可耳目前處世之道惟有存心忠厚進德修業可以解厄免禍德業始基齊家而外首先睦族吾擬自今年始每歲族中除常款接濟外另籌百元專爲周恤諸人急用汝兄弟須善體我意能令族中大事化小事小事化無事不但保全祖宗體面亦免累我聲名此意并望與二叔言之至囑至囑至於地方風俗轉移責在紳衿吾雖不在家鄉然當引爲己任錫金戒煙局係我昔年具呈都察院請辦之事急應復設金邑尊伊峻翁與我舊相識前在滬上見其尚是書生本色茲已致函懇其提倡矣 甲辰

諭從子同莘

聞豫巖先生每日講人譜一段此書最好姪能自幼明白道理終身受用不淺較之做文章更爲切要 甲午

目下緊要工夫以看書爲第一綱鑑現看到何朝代於古來治亂人才賢否政事得失胸中亦有所見否如能見到此則作文自有議論才思更進一層矣除綱鑑外小學人譜宋名臣言行錄三書可常置案頭時時翻閱優游涵泳則於做人道理自然明白他日不但文理勝人即人品亦不同流俗矣 乙未

連接來信悉到鄂後已進督署學習甚慰但能處處留心自然識見日長我倡辦禁煙之意乃今日中外盛衰大局轉機非僅爲一鄉一縣而設祇因京外諸臣無人敢言及此故由民間自辦此事並非毫無把握不過力爲其難衆情不免自怯但人人存畏難取巧之見大局安有轉機耶 庚子

正月十二日自陝西起程本月初二日到晉身體粗安眠食照常可慰遠念在陝月餘目擊行在情形毫無振作之機大臣則燕雀處堂庶僚則雞鶩爭食三千里崎嶇風雪一腔熱血化作冰銷言之可痛心也俄人許還東三省地此出俄人欲見好中國之意而廷臣猜疑百出 朝命致國書於俄主滋帥屬我起稿 慈聖閱後亟爲許可於臘月二十日電遞到俄元旦得俄主復謝國書謂所言實獲我心深爲欣慰當將約款所索利益刪減數條定稿送來并囑早日畫押即將東三省交還而政府聽英倭讒間之言仍遲疑未決我瀕行又竭力開陳勸其勿爲英倭所惑早日收回以保全大局自到此後接陝西電信知此約竟未畫押是俄人既不將東三省歸還恐各國撤兵無期 回鑾之舉未卜何日此間號爲洋務局其實目前所辦者祇清理教案一事去年毓撫之悖謬實出人意想之外此時收拾頗費手也

姪欲留心時事須認眞體認切勿學矮人觀場凡事非胸有確見第扣盤捫燭侈口妄談未有不貽禍大局者汝此時尚係局外旁觀戒之戒之 以上辛丑

得汝中式後來函欣悉一切憶我廿五歲時方應鄉試南北闈六次始登賢書與汝今日難易迥別披閱來書具見欿然不自滿之心又因我出使外洋引古人再實之木爲懼所見高遠少年人難得有此胸襟可喜之至場中文字放膽抒寫小心檢點得失聽之於命不必過事矜持同伴中須親近正經人時下新學一派敬而遠之可也我到此三月義國君臣相待禮文極爲周到尚無英法等國藐視中華習氣初來酬應頗繁近稍清閒矣

愼重譜系原爲敬宗收族而設今吾族自廷元公一派各房子孫多貧乏不能自存失教失養責在吾家我目前雖略有津貼亦不可恃滿差之後即難爲繼須及早想法可與汝父親商之近來內地風氣日壞報館猖狂學堂鼓譟大非佳象其始自一二當道倡

之以爲得風氣之先今報館已橫不可收拾而學堂尚在推波助瀾未知異日何所底止中夜徬徨憂心如擣 以上癸卯

鄂中新說盛行風氣日壞吾姪天資甚高必已灼見其非務望刻苦凝靜闇然自修力屏時下浮囂習氣至囑至囑姪年力正富已登賢書但能循序漸進前程自遠勿存見小欲速之心宦途中人大約祇知富貴利達而不甚措意忠信名節擇交一事尤宜審愼館中如有暇宜多讀先賢有用之書以收斂身心朱子所輯宋名臣言行錄呂叔簡呻吟語宜常看湖北書局有胡雲閣先生弟子箴言一書近揚州所刻四語彙編均簡要篤實旅館獨居即奉此爲師友可也

今日處世相時而動擇地而蹈自是守身要義切不可作矮人觀場致詒後悔 以上甲辰

目疾刻已愈否既有此恙以後宜省用目力少看書或每日添一

項靜坐時刻體會古人尊德性之旨做反觀內省工夫亦於養生有益少年爲學貴努力尤貴量力也 乙巳

接來書知荷南皮宮保委辦文案從此閱歷漸深蔚成大器將來從政臨民自有把握欣慰之至來函述香帥不主立憲之說足見老成謀國不同時彥未知能將此中流弊剴切上陳否京官改後惟吏禮二部都察院未大更動此外幷添各部頭緒紛繁靜言思之於國計民生有何裨益不過庸人自擾而已目前可言之事尚多惟呈請代奏總多窒礙必能封事上達方可一罄其愚耳 丙午

姪以少年爲名公賞拔筆墨之外兼能於操履致愼在幕府爲得士在家庭爲亢宗良可欣幸我到京後倏已十月年節又蒙 恩賞綢緞普洱茶等五月之中三拜 君賜撰之臣子致身之義似未可恝然言歸惟是今日政府用人宗旨與 朝廷恩典兩不相涉久留京師亦無可藉手以爲涓埃之報去歲曾擬一封事請停

改外省官制後讀鄂省與考察政治館電指示詳盡爲之心折因亦未上 丁未

所擬禁煙條例處置甚當此事目前辦法總以縮短期限爲第一義且禁種之期各省已經縮短若販賣之期不早限止必至洋藥暢銷而吸食仍無已時深可慮也

京中近年極講應酬此等無益之事宜力求減少不獨惜財亦保養精神之一道也 去年在京時曾與姪言及同治三年五月祖母疾危大姑母焚香告天求以身代未及旬日大姑母以急疢長逝而祖母之病霍然全愈從此以後二十九年祖母未嘗有小疾苦此其純孝所感實已上達穹蒼每一念及此事如不請旌將來必致湮沒問心良切不安唯向來呈報孝女大抵未經適人在家侍親者多因憶數年前在邸鈔中見定興相國兩女皆以孝行旌且俱在出閣之後想伊家必有旌表文册姪可就近向鹿宅求一本寄粵如不可得或託熟人之官禮部者取舊案一查亦好傳狀事實當撰就寄京 以上己酉

瑞兒在京須姪隨時教導得暇即看史書兼讀唐宋八家文或有長進姻事須第一訪明女子性情不可徒攀門第歷觀家門盛衰子弟賢愚大抵得之母氣爲多大雅既醉之詩云釐爾女士從以孫子此言洵不虛也我近來精神尚好興會亦佳前日與同人結銷夏會會必賦詩茲將初二兩集之作寄汝一閱此調已久不彈亦尚不失頑固本色耳 庚戌

聞汝父親凶耗悲不自勝吾姪星馳歸里竟未及一見傷哉我已暮年失此雁行回思少時友愛中年離別一一如在目前而今已矣老懷其何以堪此

所撰哀啟大致尚妥茲改定數語寄回京師新內閣組織粗定已成大權旁落之勢天下本無事庸人自擾之此後殆不堪設想我

自聞汝父親之變興致遠不如前惟念此行爲禁煙而來總須得所藉手方可出京耳

時局如此以後祇可絕意仕途潛跡樵漁自適己事而已借此斗室作湖上水居觀落得心地空曠省却多少煩惱黃綺赤松吾儔侶也姪以爲何如

上海信云望屺請郵且緩辦其夫人猶望伊生還也

閱日報似此後政局必變爲共和我意民軍所占據者祇有十二省現直隸奉天吉林黑龍江河南山東山西陝西甘肅新疆十省尚無共和思想（山陝係土匪與南方民軍不同）若召集臨時國會南十二省必主共和北十省一經鼓煽恐亦未能一律尊奉君主屆時以多數取決不獨無以保全皇室且恐此後各省競爭爲禍未息若及今提議北十省及蒙回藏藩屬用君主立憲南方各省用共和立憲由政府握定宗旨請各國就此意排解以三年爲期如三年之內北

方安靜而南省擾亂則三年後南省亦遵君主立憲如南省秩序無失而北方仍前腐敗不能整頓則三年後北方亦用共和立憲蓋立憲政體驟以施於中國本無把握不如俟以三年就實效觀之此後再歸統一較之臨時國會但憑衆口臆決似有實際擬就此意作一說帖呈之當軸而年衰筆鈍恐未易動聽姪可代我作之以速爲妙 以上辛亥

我從新春起取陶詩放意樂餘年之句自號樂餘老人煩覓一稍佳石章刻此四字帶來

我三月廿一日回里四月八日由錫來滬此間議論又與北方不同然熱情富貴則一所謂安其危而利其菑樂其所以亡者是也此時南北均不能安靖而北方風氣較爲樸直人心尚知有君父將來被禍必較南方爲輕自以且住爲佳此時營求誠不必耐苦安貧即是明哲保身之道

范兒調部辦事雖曰卑官末秩究非志士所安然既無恒產不能潔己家食吾亦祇可聽之藹華兩兒以其俸入按月寄歸以供家用此在人子之分則然惟係效力民國所得我不願享此甘旨擬從今以後自食其力君子三戒血氣既衰戒之在得宋儒謂聖人同於人者血氣異於人者志氣吾幸志氣未衰以今視昔殆不減壯年歲寒知松柏之後凋復邈前途會當努力耳

我料不久京外均有大變姪與諸兄弟均宜相機度勢而行吾家世代忠厚子孫宜免於禍惟近年邪說既熾衆意將君臣名分抹却幷其固有之良心而棄之此則萬萬不宜從衆來函告我以孫夏峯李天生爲法目前時局絕異勢不能步趨倘父鷹揚武公抑戒留以有待庶幾近之

仁山道經青島所覯聞不過如此想見四維不張大亂之挽回不易然天理不能澌滅則人心總有轉機靜以待之可矣吾姪在署編輯條約夜歸輯錄文襄遺稿專意筆墨不問世局之蜩螗甚善甚善惟用心不宜過勞既覺疲倦即宜量力節減以嗇養精神爲要 以上壬子

得來函閱悉一切游西苑詩感喟蒼涼不堪卒讀哀文組織工雅能以單行之氣運於駢儷之中就文而論亦是佳搆惟吾輩爲臣子者遘此奇變須有慟哭發憤矢澄清宇宙之心明扶植綱常之念飲冰茹蘖以自刻勵不必耗費精神於妃靑儷白之中吾家累世忠厚蓄積未發年來子弟讀書有成甫經出仕即遭此厄孟子有言守孰爲大守身爲大目前紫色蛙聲決不能久幸善自韜藏如能脫離政界最好我今年處境更窘凡族中幫項及貸款付息全恃典質以應頗難支持始信屢空之境不易處也

得手書云自同治末年我在常熟時起至宣統辛亥三月止與汝父親書三百餘通及歷年與姪書六七十通均分黏成册聞之甚

慰我近來記性日差每擬作家傳譜狀等件往往不能舉其歲月有此信册則四十年間之瑣事展覽時可以觸處追溯良用欣慰

京中舊學諸人定於孔子生日大會孔林我意此事行之今日殊屬不稱天降禍亂綱常掃地此披髮入山之時非投戈講藝之日倫紀不明遑言禮器姪於此事不必盲從

汝父親七旬冥壽移禮懺之資購地以葬族中貧困之人此舉甚合我意已在青龍山左近購地矣

景廟奉安之期我與同志數人就崇安寺之大悲殿恭設神牌通知闔邑紳耆屆時恭詣行禮者一百餘人衣冠雖不周備拜跪仍循舊制間有誦念遺澤歎息泣下者足見天理民彝之未盡澌滅也 以上癸丑

今年爲債累所困又値歲闌無從挪借然有一事不得不辦卽族中久停諸柩亟宜安葬是也近來意興似不如去年則以可嘆可

憤之事多物窮則變以待來年 甲寅

祭範甫文甚佳但時局若此消磨光陰浪費筆墨殊屬無謂以後宜力戒之

求代未得而能謝去繁劇亦差可幸時局至此不可思議安貧寡營斯爲上策 以上乙卯

帶到唐石經孝經拓本挂廳事尺寸恰合東方畫贊規模尚存筆力雄厚展玩一過興頑廉懦立之思此二件甚愜吾意貂褂竟未售去殆尚有復覩昇平之想姑留以待時 丙辰

與楊章甫甥

禁煙一事非心通其意而即議論横生則局外之言適足誤局中之事呂叔簡先生有云凡十分識見人與八九分識見人語便有不能領悟處譬如人在梯頂四望了然而與梯下人語豈能一一告之祇可示以東西南北方向不迷途徑耳來示謂除二三親友正言婉諫外竊笑譏訕十有七八此是世俗恒情不足詫異萬無因此自生疑沮之理文甫諸君以此事爲極難及舍姪迯鄂中議論均不謂然皆所謂梯下人語也試問時局至此欲爲轉移一世之計尚有不難者乎六十年前因循苟且皆坐畏難一念誤之愚自問志力足以辦此始敢慨然身任至舍間所望淸償宿逋林泉娛老等語固是人情但林泉娛老四字須是百年以前乾嘉間人方能有此受用吾輩處此世界不但無此境亦不必存此心此時即使出仕亦不過憂勤辛苦以終身而已何娛老之有 己亥

時局至此萬非意想所及記得在羅馬時曾有書與足下言立憲政體非可施之中國當時祇是據時勢習慣而論初不料今日成此奇禍此中原因固非一端而推究病根則古人不戢自焚之戒尤爲確論矣 辛亥

復庵遺集卷二十四 終

先君子居恆服膺義理之學於鄉先賢高忠憲公尤所默契一言一動主於誠敬每有所作必起草端書雖與子弟亦然稿本凡數十巨册然未嘗爲傳世計也平日推究中國積弱之由以爲國家之患在養兵民生之禍在鴉片乾隆盛時部庫歲餘銀九百萬兩因添兵六萬餘人歷三十年而國帑爲之虛耗前車之鑒可爲寒心甲午以後司農仰屋嘗欲建議請如富鄭公告宋神宗故事願二十年勿言用兵而當軸方張皇其事無措意者不得已則議禁煙以紓民禍自詣闕上書封章入告以至削牘投贈之言大率必論議及此不知者以爲强聒不合時宜實則 先君子悲天憫人之念未嘗一日而忘逮乎晚年遭值國變絕口不言此事則憂憤益深而心事亦益晦矣不肖等行能無似未克負荷先業謹編次遺稿爲奏議三卷文牘九卷文四卷詩二卷書札五卷家書一卷凡爲卷二十有四其間涉禁煙者十之五六則以 先君子精神所注不敢湮沒故編輯加詳此外有高子遺書輯要十二卷論語要略八卷當賡續刊印以諗知言君子壬戌四月男同 范等敬識

先伯父生平雅不欲以文人自命竝時摯友若薛季懷范孟和秦堯臣諸先生皆用苦心爲文不克永年　先伯父盡焉傷之謂人當愛惜精神留爲致君澤民之用不宜攻苦若是以故所爲文辭類和平樂易不規規於宗派格律遣時多故未能一伸素抱而志不少衰晚値世變抑鬱寡懽同　莘乘間以手編全集爲請則嘆曰此何時乃作此無謂事乎未幾騄歸道山諸兄弟痛念手澤就湮發篋中遺稿相與纂輯而屬同莘任參校之役集凡二十四卷別析詩文書札單行自來鉅人長德類不願及身刻集而子孫鄭重傳布識者亦不以爲非蓋作者歉然不自滿之心與後嗣不忍沒其親之意義各有在今所編輯猶斯志也壬戌四月姪同　莘敬識

跋二

復庵遺集勘誤表

名目	葉數	行數	字數	誤	正
奏議一	四	二	八	化	去
奏議一	四	一	十九	無	言
奏議二	四	二	二十四	言	無
奏議三	九	二十五	十三	玩	琉
奏議三	十四	十四	二	玩	琉
出使公牘	二	七	一	衫	錄
出使公牘	五	四	十	一	三
出使公牘	十二	二十六	三四	必謁	謁必
出使公牘	十八	十九	八九	按拏	拏按
出使公牘	十九	十四	十二三	爭力	力爭
佐軺牘存一	九	七	十九二十	將因	因將
佐軺牘存一	十三	二十二	十一二	產鑛	鑛產
佐軺牘存二	十一	四	二十三	司	師
佐軺牘存二	十七	一	一二	政韓	韓政
禁煙牘存一	二	六	六	漏字	紳
禁煙牘存一	十一	十五	二十二	薪車	車薪
禁煙牘存	十三	二十三	五	思	畏
禁煙牘存二	十六	十九	十六	買	賣
禁煙牘存二	十八	二十三	三	下	外
禁煙牘存二	二十	十五	十八	捐	引
禁煙牘存二	二十五	十七	十六至十九	莫屈負伸	負屈莫伸
禁煙牘存三	十	二十一	一	燈	煙
禁煙牘存四	六	二十五	五	玆	共
禁煙牘存四	二十一	一	二十四五	似盧	盧似
禁煙牘存五	十八	十八	二十一二	發准	准發
禁煙牘存五	三十六	八	四	[illegible]	煙
文集一	六	一	十一二	若何	何若
文集一	十一	二十六	五六	太自	自太
文集一	十三	一	十七至二十　四	猶者不可諫來　者往	往者不可諫來　者猶
文集二	一	十一	二十一至末	可卓紀則卓	卓卓可紀則
文集二	十	十二	十九二十	理義	義理
文集二	十九	三	十七八九	蓋得公	公蓋得

文集二	十九	二十六	十四	組	紐
文集三	一	二十二	二十	綠	緣
文集三	十五	十六	十八	來	本
文集三	十八	十二	四	漏字	擧
文集三	十八	二十六	一至四	徵信而有	信而有徵
文集三	二十	二十六	十七	午	戊
文集三	二十五	三	一二	害何	何害
文集四	五	五	一	原	泉
文集四	五	五	二十二	庸	康
詩集一	四	二十六	二	鬉	鬟
詩集一	五	九	六	詞	祠
詩集一	六	二十六	二	鏡	境
詩集二	二	二十二	六七	累脫	脫累
詩集二	二	二十三	十一二三	讖斬朋	朋讖斬
詩集二	三	二十六	一二	翮聯	聯翮
詩集二	九	十四	十八	漏字	集
書札一	二	十六	十六	塲	場
書札一	十	一	二十一至末	在西人近年	近年西人在
書札一	十一	一	十九	歪	耗
書札二	十三	一	二十	宜	需
書札二	十五	八	二十五	玩	愒
書札二	十七	十一	九	侖	命
書札四	十二	十	十八	玩	愒
書札四	二十	一	一	與	誤衍
書札四	二十	二	一	漏字	與
書札五	五	一	二十二	橫置	可
書札六	二	二十六	一	與	誤衍
書札六	二	二十六	二十四	漏字	與
書札六	十	二十六	二十四五	常宜	宜常
書札六	十七	一	二十二三四	後汝以	汝以後
書札六	二十	十三	十四五	觚操	操觚
書札六	二十四	二十六	七	頊	須

清芬精舍小集

（清）韻香撰

《清芬精舍小集》三卷，（清）韻香撰，清嘉慶二十三年（一八一八）刻本，中國國家圖書館藏。陳仲飛署耑，首頁鈐『嶽蓮之印』、『韻香』、『清芬精舍』印。上卷爲《『空山聽雨圖』題詠》，孫星衍序，許乃穀作賦，顧皋、張問陶、劉墉、洪亮吉等五十七人題詩，英和、孫爾準、趙懷玉等十五人題詞，舒位填曲，附秦瀛《畫蘭小賦》。卷中爲韻香詠蘭詩百又六首。下卷爲其所撰《説竹》四十八則，前有潘奕雋小序。

韻香（一七七八——一八二七），俗名王蓮，號韻香。九歲入無錫雙修庵，法名嶽蓮，又名淨蓮。後自度爲道人，因慕明末秦淮卞玉京爲人，故取號玉京道人，又號清微道人。工書善畫，解琴理，嫻吟詠。書學《靈飛經》，秀挺有骨，畫長蘭竹，娟靜疏朗。與文壇名流書畫相酬，詩文唱和，林則徐曾手書『素心書房』相贈，與顧皋合畫《蘭竹圖》。清完顔麟慶《鴻雪因緣記》中稱其『腹有詩書，别具出塵之致』。爲才情所累，兼濁世相逼，年四十九，自别人世。傳見《清代閨閣詩人徵略》、《聽秋聲館詞話》。

韻香請奚岡《繪空山聽雨圖》，貌己容入圖册，梁同書首題一詩，劉墉、英和爲之題詞，遂遍徵名流題詠，一時名俊題者幾遍（一説五百餘人）。亡何圖竟爲人竊去，韻香悵惘不已。乃請許乃穀補圖，百餘人補題，本書上卷所録多爲後復請題者。文人畫家詩書畫同理一體，韻香詩風清麗脱俗，《詠蘭》、《説竹》對蘭竹體察入微，詩情中有畫理。融詩入畫，以形寫神，畫有神似之筆。

是書柯愈春《清人詩文集總目提要》考，尚有上海圖書館鈔本。

本書據中國國家圖書館藏清嘉慶二十三年刻本影印。

（蔡家彬）

清芬精舍小集

嘉慶戊寅柘月

陳仲飛題

清芬精舍小集卷上

錢塘王　蘋蓮韻香輯

題詞

空山聽雨詩序

孫星衍淵如

嗟夫紛紛解縛蠶喢病殼之絲宛宛調簧鶯戀餘春之舌況復前身鹿女蚤脫塵緣往日魚山惟聞清梵咏謝庭之飛絮絮已沾泥懷洛浦之明珠珠還生慧則有詩禪弟子佛婢因緣謝金屋之綺羅戀元門之瓶鉢旃檀薰罷對玉鏡而拈花菡萏開餘度金鍼而繡佛瓣香裊裊不除綺麗之緣清磬聲聲時和玉臺之詠譬諸香奩區以別矣空山聽雨詩二卷無錫比邱尼韻香作也想其落鬟青年竭容白足多生蓮葉不踐陳泥少日蘭心能通慧業當生兜率作公主之導師舊住瑤光是名宗之處女加以書工帶艸格仿簪花戲餘事於蘭茗禪參水墨剔芳心於芍藥經愛靈飛當夫夜雨淒清空山寂歷展金經而漏盡焉棐几而寒生何處笙竽青衫有淚平生嗔愛古井無波了知寶樹菩提已證無生

之果豈復桃花源水猶增失路之悲而乃玉戛哀音珠串好句絮雲一盎劈旖旎之間愁花雨半天灑惺忪之幽怨雖禪心之有會亦結習之難忘而或謂玉女投壺仍親帝座彩鸞寫韻亦步仙壇傳清思於悲光詩留海印述辯才於淨秀文倩東陽頻荅飛卿誦元機之小詠曾述迦葉豈魔女之詠癡佛本無情聞聲説偈刀難斷水著手成春理或然歟然而花鈿侍從終慙神女之雲金粉簡編莫懺才人之孽鬪妍詞於白蠟排麗字於紅桃伴我北窗鴛鴦憐而左顧送君南浦鷓鴣怨其中留彼女子之善懷皆緣情而綺靡而此摩耶相伴金粟空明天女來窺覺花獨語湖臨蓉鏡滌惠水之澄清雲整華鬘禮錫山之蒼翠玉燒不熱金佩常寒知色相之無生匪靈修之有怨歌也有思孰爲來哉近且拾其咳唾付之棗梨謂有覺於聞鐘非無疑於覆瓿將竣其事寄正於予予惟諸家集字互有妍媸下士吹毛儘多指摘管諸一邱之貉終寂寂於雄雌同岑之苔偶紛紛其高下倘相驚於石火更奚恤其雲煙縱未寂於聞思更何關乎棗

取髮以知識覺其煩言往證維摩料應點首

賦

許乃穀 玉年

虛岫生煙空林釀雨雲白鎖峯颸涼拂戶度岩磬兮半空颺茶煙之一縷則有摩耶妙裔昭惠綺年神超八解累遣十纏靜參玉女祗事金仙書展靈飛之牒畫通摩詰之禪況復錫山境勝梁溪水清攬陽羨之幽秀經鴻漸之品評悟斷竹與續竹聽蕉聲與松聲眉珠微暈面月半遮手玉混塵齒犀粲華振銖衣於鹿女垂瓔珞於法華峭峰千尋暮靄沉沉萬籟俱寂百泉飛音破君疎夢清彼道心語集迦陵之鳥香洗薝蔔之林悵佳遊之修阻託幽怨於長吟雨腳收餘月華升處瞥眼風華關心泥絮焚旃檀以延宵坐團蒲以待曙證夢想之有因羌低徊而弗去

四言偈

顧皋 晴芬

耨達之山忉利可證甘露道場悟戒慧定香浥衣清雨滴心醒云空卽空不聽亦聽　雲門衍法洞山稱宗寄水隨波光闇皆空佛言因緣涅

槃乃通善根何存非泡影中　心不生滅照九
微火諸佛非佛見聲聞果雨飛天花無上薩埵
即此是空月起雲墮

章　寅

善哉大師散花天女坐破蒲團笑拈玉麈蕉葉
比清桐心共古何處禪機空山聽雨

宗聖垣

千鐘萬鼓聲從何來從耳根起掩耳而聽以爲
不聞究非無耳即如聾者未嘗無聞耳性不死
耳爲聲生如穴出風萬籟本此耳往聲處仍耳

自鳴聲不在彼空山雨至淅淅瀟瀟松竹泉水
身入聲中久而久之如無聲耳譬如旃檀晝夜
焚薰不知香矣聽而不聽喧然寂然圓通一理
聞性不昏以此覺寶白佛宗旨奉佛者誰爲羅
睺羅聲聞弟子

五言古詩

朱爲弼

憶昨登惠山懸崖翠欲滴匏尊酌二泉肺腑一
爲滌惜哉塵事催靈境罷登歷中有靜者居雲
扃未曾覓吾友從南來握手快良覿一冊落我
前濕雲羅霏歷風戰木葉喧石漱泉響激云有
清徵子結廬倚巖壁丹鑪散絪緼紙窗灑淅瀝
心空山爲空道妙守其寂吾鄉有茆屋聽雨亦
寥闃衣襟汙泥滓何由謝羈靮蒼蒼九龍巖臥
遊不可得題詩寄慨多清曠即仙域

陸　鏞

危巒破空來雲霧變出沒磁砑蝕青冥張口蒼
厓裂路窮石益奇土斷泉忽凸白日淡不下疎
星明更滅空山何所思夜雨聲聲滴愁向雨中
生去時杳無蹟師悟實中虛我悟虛中實大波

與懸崖進退可自決

朱績曾　芝園

空山閒無人但聞雨聲響遠樹影迷茫嶺雲流
瀁漭浩浩太古心落落煙霞想飛瀑洗塵心茆
齋延新爽此中有眞機妙與天來往豈同小乘
禪未悟牟尼掌時雨潤芳鮮春風自駘蕩塊然
無所求默坐觀萬象幽人隨處足嘯歌任俯仰

七言古詩

郭　麐　平伽

金鑪鵲尾香初炷十二簾鉤一時下女龍滴淚

作珍珠抛向龍堂響鴛瓦山頭佛髻青於螺山根泉眼明秋波芙容脂內奈涼何粥魚喚夢如鳴鼉作詩郍復譏東坡佳人薄命從來多

金麗生

淡雲如墨花有陰緗葉抱潤風悄悄鵓鴣斑沈暈初濕空山似有幽修吟一雨一珠珠一串百八牟尼手中綰聽到芭蕉佛悟空滴來楊柳仙心幻誰寫黃絁入道裝叢鈴碎佩應宮商靈簫譜罷眠琵琶細綑飛歸小蘚香鸞尾雙捎雲影翠仿佛簪花千箇字一碧湘痕欲化煙秋容淡

處春山睡

郭瑞光 芝雲

平生雅慕淡宕人賞心本自與人異俗塵三斗撲面飛林泉清福甘捐棄郍知清福即眼前此境覓來頗不易茆屋秋風亂白波千點萬點雨聲至道人學佛亦學仙仙乎成道佛通禪黃庭內景連外景手寫換鵝數百篇華嚴字字參靈悟散花天女相爭妍慧業靜根都種得空山獨結雨中緣人聞風聲兼雨聲三春花事憐清損我聞風聲兼雨聲一座蒲團最安穩到此身心

故自閒超然世表神幽遠聽去無聲卻有聲色相依然還混沌不用小樓疑昨夜賣花聲唱雨忪惺不用開門驚月出滿湖雲氣起沙汀但聽翻盆并倒井兀然反照如空冥我知道人愛山更喜雨雨前山外山雨雨忘形

楊煒 星園

空山無人萬籟寂雨聲瀟瀟風瑟瑟虛龕枯坐孤夜聽一鐙熒熒照四壁此中何處塵慮攖本是色空空是色掩關習靜誰扣門松花滿地苔衣積正是鐘鳴漏盡初秉禪悟徹波羅密烏絲

界就寫黃庭拈花妙手簪花格

五言律詩

黃嵋 又凝

夜氣微冥濛泉聲谷口通浮雲知不礙清籟想皆空誰灑諸天露紛飛萬竅風蕭疏鐘梵閒都在慧心中

李雍

曠茲人境外亦向畫圖開山色定中碧雨聲禪處來置身得蕭爽何地著塵埃我欲騎孤鶴江南訪辨才

汪國琛 省吾

一面從今日雙修記昔年多情惟佞佛入世本參禪愛種千竿竹能書五色箋最宜清靜裏翰墨結奇緣

潘奕雋 榕皋

清微方外秀耳熟已頻年聞說焚修暇能通書畫禪簪花懸玉腕滴露寫雲箋會放粱溪棹籠鵞結靜緣

七言律詩

鄧宗彝 六舟

仙居只合住雲山入海何因一往還自爲濡毫開慧相我思蠟屐叩禪關簪花格寫黃庭妙流水琴彈綠綺閒願爇瓣香同話雨詩情畫與更難刪

四圍濕翠蒼茫合天籟無邊近竹窗空谷雲深春寂寂小樓人聽雨淙淙松風莫辨聲吞吐水石相遭勢擊撞坐久軟紅飛不到耳根清靜意都降

楊獻弼 肖巖

江上青峯看未了花關同拜片雲慈名山只合

留仙住好雨常來入定時秋點遠和聲在樹春鐙殘照夢催詩孤舟幾日淒迷聽還乞空王柳一枝

周心如 幼海

空山淅瀝響潺湲小坐蒼崖怪石邊姿媚畫中窺八萬法雲香界護三千無殊郁馥曼陀雨頓悟聲聞大乘禪何日薄團分一席同將慧業證金仙

王堉 青墅

散罷天花萬念刪曇雲香靄鎖禪關飛來舊雨連今雨聽到巫山又楚山未斷聞根凡響絕終難法界道心閒何時授我簪花格不得籠鵞總不還

蒲忭 快亭

拈花一笑絕聰明新月如眉畫不成四海才人爭識面三生慧業悞傾城早工翰墨因通悟苦戀蒲團解好名祇合空王留供養紅塵無福可消卿

程塽 彝香

衣痕輕拂篆煙斜仔細描摹仗畫家靜聽山頭

干點雨坐看檻外一簾花香廚早報胡麻熟隔院還憐綠樹遮任爾百忙宜小住撥雲訪向竹籬笆

韻香自題

蘿薜牆邊煙似織鷓鴣聲裏雨如麻豔滋紅豆疎疎粒嫩簇青榆點點芽泉水在山清欲溢石壇隔院靜無譁晚晴能否今宵得擬坐經堂看月華

高風吹柳互欹斜潑墨山容似米家燕子歸來雙股雨雉媒歇處一林花閒居剩有婆心熱行

路憐無佛手遮勞爾亂雲深疊疊和煙圍住竹籬笆

五言長律

李友栗 香泉

獨捻牟珠坐空山耳孰提偶吟春寂寂潛聽雨淒淒曲悵淋鈴夜圖憐潑墨題一時清梵歇幾度翠眉低雲氣沈高閣泉聲咽隔溪散花聊付水飛絮早沾泥佛火依人靜鐘魚入夢迷禪心何處是煙外子規啼

七言絕句

孫星衍 淵如

柏葉香清出翠帷簪花書好寫烏絲早梅晴日開相對可勝西窗聽雨時

蔬筍筵前暫舉觴芙容湖畔理歸航頻年已作浮家客媿挈紅裝對道裝近常挈眷過此

年華如夢去匆匆莫遣春消夜雨中我是維摩長病在散花人過總談空

張問陶 船山

打鼻星冠掩鏡臺經聲初靜雨聲來渺無言說龍天喜福慧雙修此辯才

蒲團清坐斷聲聞人比蓮花瘦幾分寫罷靈飛經一卷碧天吹散妙鬘雲

石韞玉 琢堂

曾向梁溪畫舫停九龍山色對人青眞仙未證無生果且訪山中寫韻亭

解作簪花結墨緣由來慧業易生天修成六甲靈飛術便到楞巖十種仙

修竹幽蘭妙寫生風神瀟灑自天成緣知畫理通禪理蘭共芬芳竹共清

坐斷空華歲月深不須枯木聽龍吟讀殘暮雨

灂灂曲也識蓮花不染心

楊芳燦 蓉裳

濺玉跳珠滿石潭華芝初長影夔夔叢篁繞屋有寒意大似支硎放鶴龕

綠樹黃簾涼氣生泠泠茶夢灑來清空中琴與簷閒瀑只有銀灣似此聲

陳廷慶 石瞿

藐姑骨節致珊珊位業天生福慧閒髣髴仙八來歗樹曾傳鴻爪到煙寰

風蘭雪竹淡如無清逈明心鶴夢孤想像簪豪添嫵媚一簾蕉戰雨聲麤

周世錦 素夫

共住名山夢亦清雨霏風墮任縱橫拈花應笑蘇公語何獨消魂是此聲

蘇溪回首隔雲山我別湖湘已十年余曾作蘇樓聽雨小影未了一生衣食債匆匆無計學神仙

田鈞 若谷

苑牆空倚護花旛寂寞林扃欲護難不是此君惜憔悴爲誰傾倒碧闌干

共看幽蘭集道傍人遊雜遝鄉知香若非蹇灌黃磁斗不見素心壓衆芳

莫嫌遮道勝當門贏得年年伴屐痕多少踏青人散去獨留湘管爲招魂

陳文述 雲伯

叢棘三年困未蘇幽香和雨老蘼蕪直須紉佩傳秋思說與芳心等得無

散盡天花丈室閒禪心無夢水雲安夾羅莫似秋雲薄夜雨空山亦太寒

水閣蕭蕭畫燭昏十年流淚軟紅塵一聲斷雁孤舟夜我亦中年聽雨人

陳鴻壽 曼生

雨霏絶壑暮寒生泉磴風林衆籟清便少涼蕉三百樹也教蕭颯似秋聲

得從塵外寄幽棲凡鳥誰曾白板題滿地昏煙梅雨過輕陰只有一鶯啼

幾絲暗雨漾簾旌擬寫閒愁句未成道是元機猶色相頻將小詠寄飛卿

著箇茆龕壓霤閒竹陰寂寂掩松關阿蒙記聽蓉湖雨舵尾模糊大米山

周鳴鑾 介夫

寂寂禪關可自持秋心初抱雨先知靈飛一卷
書纔了又見黃昏月上時
九轉湘帆恰好收此身不繫等虛舟深林何處
巢歸鳥祗有空山一段秋

楊　鑄子堅

靈根明月湛然深自昔修眉倦撫琴孤臥空山
清夢醒不聽秋雨亦酸心
海內才人盡相識娟娟楚楚畫蘭情轉憐投贈
鴛溪本苦語貞心並蒂名
聽雨愁風病骨涼玉京去後剩空牀不知階下

清芬上　十四

梧桐樹可有飛來白鳳皇
姍姍仙骨此人多來往停舟總奈何我是林中
一明月清光常滿照巖阿

披雲居士作詩
張友柏書冊

塵世名心久化灰自題聽雨自敲推琵琶江上
嘈嘈急飄向空山領略來
庵外浮雲深復深此中山水有清音尋常風雨
誰關切畢竟多情是佛心
晨課剛繙幾葉經香消簷溜正東丁入門多少
夫孃輩猶在春閨夢裏聽

得見斯圖遇亦奇相看何必定相知十年面壁
功深候恰好渠成水到時

陳希哲雲濤

道人解說道心微微妙何曾知者希試聽空山
山際雨有無魂夢逐雲飛
朝朝暮暮滴蟾蜍細寫瓊宮六甲書道人愛摹靈飛經
昨夜又添功德水可能入垢盡消除
淅瀝山窗寐不成雨聲只怕又雞聲蕭蕭未必
思君子入海徒傳福慧名
蕉心重疊展玲瓏響到疎櫺耳倍聰幾陣廉纖

清芬上　十五

吹不斷濕衣時近落梅風
寂處聞喧亂點荷小樓欹枕夜如何不妨曉起
描蘭蕙剪取湘江一寸波
灑遍曼陀法雨新雙修畢竟是前因此閒莞秸
空堂坐散雨天花不著身

蔡鸞揚

前峯雲影渡溪灣夕靄虛無靜掩關深院塔鈴
空自語不知鶴夢帶秋還
日落煙橫古寺深遙聞疎磬出空林芭蕉自卷
秋風葉月上清虛是佛心

長松滴翠雨冥冥繡佛堂前夜火青小炷鑪香
簾不捲隔花閒寫貝多經
妙諦真如見雨花虛庭靜掃碧苔斜門前無限
江南樹幾處秋聲遍別家

趙　棨　戟門

巖壑幽閒絕少塵雨霏山暮有秋聲松風澗水
時相和無那疎林空景明
蒼蒼宿靄雨絲絲梵宇深沈聽竹枝鷓鴣未歸
人未寢白雲何事在山時

陳　珄　曉臺

三絕由來海內傳畫蘭咏絮浣花箋不須天女
殷勤問元是蟾宮謫降仙
好向華嚴法界尋拈花獨見妙明心衹今一樣
階前雨聽向空山意便深
座中應有木犀香盡日簾纖也不妨老我只從
茆屋賞何年相見話瀟湘

吳嵩梁　蘭雪

一櫂低徊又十年濕雲如夢水如煙重來煮茗
焚香地恰是吹花落絮天
白髮蕭蕭尋道侶青山黯黯入詩禪上方亦有
飄零恨何況寒鐙獨夜船

查有圻　自牧

趺坐空山萬籟空世緣不與耳根通雨聲還是
聲聞相收取乖龍制鉢中

陶　梁　鳧鄉

十樣華箋貝葉文旃檀香炷禮慈雲散花妙手
簪花格曾寫羊欣白練裙
青山一髮隱螺龕第二泉邊路舊諳今夜客心
淒絕處漫天絲雨夢江南

李　福　子仙

集稧帖字

一亭林竹此閒幽永日無言得自由聽水聽風
聽不盡今知世外有蘭脩

楊欲仁　體之

珠宮清梵含鳴泉篆繡鑪薰潤遍弦碎佩叢鈴
知不省風旛自定四禪天
孤篷一夜聽潺湲貪試名泉約早還想像螺峯
最深處磬聲如水出花關

劉嗣綰　芙初

慧嶺雲飛衹樹林此閒鐘磬是空音久無老鶴
敲門到階下青苔一寸深

清波不隔在山泉雨點飛來認檻前聽到杪欏
終夜響空山不是散花天
一廚書畫看青山冒雨尋眞只等閒任爾飛泉
懸樹杪落花流不到人閒
楊　烜桂堂
詩才書法妙飛鳶小仵人閒別有緣好向瑤池
訪仙子梵音清徹勝觥弦
秋雨秋風放棹遲幾回惆悵太情癡幽蘭一種
通芳訊想見含豪得意時
惠山寺畔意悠然汲取清泉爲客煎信是雲房

鐘鼓靜便從香火悟因緣
王衍梅笠舫
淅瀝空山聽雨秋粥魚禪板鎮清幽曼陀自結
諸天響不著人閒一滴愁
聞說眉孃最性靈蒲團繡罷佛鐙青朝來貝葉
曇花上更掬牟尼手點經
鵲尾鑪頭篤耨香楊枝心地灑清涼珠簾十里
笙歌路付與瀟瀟唱斷腸
君是香巖老辦才吳淞此去叩蓮臺遙知日暮
碧雲合清磬一聲今雨來

馬步蟾漁山
絕徑無人悟道心空山小閣自登臨思量一夜
喧階雨艸沒前溪幾寸深
未除結習感頻增郁似寒山拾得僧今雨忽來
元舊雨强教饒舌對孤鐙
彭邦疇春農
淅瀝空階夜雨深長明鐙暗影沈沈耳根寂滅
元無著特爲清涼洗道心
彩鸞寫韻已千年又見簪花格調妍怪底過庭
誇墨妙曾經低首拜瓊仙

劉　墉石庵
不便芭蕉倚榻前愛聽冷雨打秋煙牟尼本是
清心具澄靜空潭伴玉仙
凌鳴喈泊齋
一片湘雲晚暧中幾枝粉本借春工小窗睡起
慵無力欹枕輕盈怯晚風
吳蘭孫古亭
底事披圖百感生誤人大半是虛名年來怕聽
空山雨送盡流光是此聲
凌　榮香雨

偶隨鷗鷺到禪關也是浮生半日閒翦竹裁詩慚未穩風聲如雨落空山

李兆洛

鐘魚寂寂石壇高妙曇光中識玉豪偶約閒雲駐山麓一天晴雨聽松濤

自著鉢衣禮紫霞青城有路餉胡麻得來知是維摩室滿地古香金粟花

洪亮吉　稚存

不散天花不習禪此中樓閣小如船山居莫怪高寒甚記是修眞謝自然

花枝如繡艸如梳尚憶東風二月初萬點雨聲千仞壁最無人處一簾疎

陳　培　湘巖

筆底糢糊亥豕訛墨磨新樣寫雲羅關山難越憑誰訴心似鑪灰意似波

情到多時不覺癡試看蘭蕊比連枝山高月小留人影海闊潮平日暮時

孫　齡　集花

福慧雙修自有因散花仙女本前身如何結得廬山伴撒手人間遠俗塵

繡罷心經雨未收空山盡日鎖春愁應知今夜蓉湖畔零落殘花滿渡頭

汪　瑩　賓士

仙姿綽約本天眞謫到紅塵不染塵十二年中勞夢想此來悟得是前因

朱　堉　厚堂

神女凌波善寫經空山獨對數峯青自從花雨彌天散染得西池翰墨馨

豈愛公卿道令名偏教巨筆再三賡逃禪亢不如逃隱一片慈雲無限情

詩餘

女冠子

秦恩復

邃館巖扉小簾雕檻密密冷雲鋪滿清泉噴溜敗葉鳴飇併做晚愁零亂偏是引起閒愁攢上眉山卻難排遣任茶煙禪榻砌成幽恨細思量遍　憑仗他洗盡鉛華拋殘塵夢一味清涼誰慣鐘沈繡押香潤衣篝多在夜長人倦生怕消磨者番孤負虛擔芳情易減想遙岑染就餘得痕青幾點

買陂塘

英　和　煦齋

不分明楚天似夢搓成清淚如許湖山便有悲秋感淺碧眉痕乍洗君聽取算妙覺聞思早悟修羅語團蒲涼未看認得儂家軟雲一鉢劈作滿天絮　蒼煙裏問誰寫當年畫壁香茆一把新起冰牀雪被同誰證并少玉籠鸚女眞隱矣只我有愁心待寄還山羽江南暮雨便水閣瀟瀟吳孃留客難比恁情緒

金縷曲　秦瀛 小峴

寂寞空山裏捲湘簾畫闌獨凭香消翠被隔幔驚聞涼而滴滴入芭蕉心碎渾不管攪人難睡

寫罷芳蘭幽怨極展秋波腸斷盈盈水向誰說意中事　靈心妙捥眞無比只合伴風流絕代香光居士再世艸衣同慧業認取清微小字從今號蓮花庵主玉井峯頭開十丈算紅塵沒箇容卿地羅綺夢喚醒矣

臺城路　楊夔生 畹香

幽巖水佩囊琴去泠泠滿弦風雨鶴冷衣雲蝯靈掃葉小結華鬘香宇鐙涼爾許待蒲火青時覺花微語莫賦秋聲一籬添絲是愁處　幾折亂煙沙路夢閒敧瘦石苔老今古金粟箋紅劒

珠塵碧恰稱淡粧眉嫵曉晴簾戶見海色長松蒼寒如霧悟後談經定應逢鹿女

滿庭芳　顧翰 蕑堂

蕉雨催詩竹風醒睡瀟瀟聲下銅溝一天寒影偏解織清愁若問梅花標格拈香偈夙世曾修圖中認眉痕小綠吹上一痕秋　折釵臨舊帖松煙疎淡翠墨斜浮任生生貝葉瘦到銀鉤詹外輕陰如夢伴閒雲暝色山樓湘簾底滿襟涼意圓暈落鐙篝

買陂塘　白鎔 小山

靜悄悄香溫篤耨聲搖風竹如許琤琮翠澗幽林外攙入曉窗殘雨閒凝佇看簾暗檽疎潤到琴弦否明心妙悟正雲鎖松關涼回鶴夢空有碧玲語情無郵茗罷閒抄朮序靈飛六甲頻數步虛吹落瑤臺畔縹緲仙心何處洸水注愛寫影傳芳鶱絹添生趣山空太古記琳宇簫清碧城闌曲吟徹小樓句

齊天樂　孫爾準 平叔

琴倚何處泠泠響巖虛易生秋暝碎韻拋珠古音濺玉一片詩情清潤閒吟細領又點滴聲聲

驟翻高嶺洗淨塵襟并無蝯鶴伴深隱 莊嚴空色無想剩螺痕法雨捎動清磬蜀道聞時巴山吟處不是者般情景古懷誰兮是悟後談經靜中喧境心跡雙清任空階夜永

壺中天　　孫敦穀

簾漪鏡瀑灑泠泠虛籟似聞琴筑喬木蒼寒雲亦古剩得采芝人獨敲夢詩清醉漚檻小萬影搖空綠綫尋幽隱暝煙深貯闌曲 謝會靜裏閒心別成洗耳有商聲堪掬古意蕭森無不可坐對淙琤鳴玉石氣生秋岩虛積翠清藍圖書

屋夜涼歌罷濕螢孤照人讀

南柯子　　李鏡卿

殘篆和人瘦餘寒入夜添更無花影到空簾鄉有侵尋舊恨上眉尖 斷續簷鈴苔零星遠漏兼聞根已淨任廉纖消息梅枝一笑又重拈

長亭怨慢　　吳　鷹山尊

是天試清涼心地獨夜空房細縈思不種芭蕉滴階聲苦也難睡慧鋒偏利早按定心頭彎木是散花人不會管人閒花悴 不寐有空王作伴寂借一山幽寄風雷怒歇猛聽得遠鐘敲碎待霽看萬點青蓮拱禪閣峰峰明媚定不忘宵來孤對長明鐙𪹈

青玉案　　汪潤曇

衛夫人後簪花筆怎今日禪尼得寫出靈飛經色澤一分肌肉二分筋骨正合人標格 菩提樹下婆羅宅恨只與鶯花隔一霎雨聲聽不出經聲琵琶歌聲惻惻訴向長眉佛

減字木蘭花　　周石書

旃檀香裏寄到人閒書一紙聽雨空山知有仙風吹佩環 者般智慧玉骨珊珊雙佛髻何日

淨搓兜率宮中看散花

菩薩蠻　　趙懷玉收庵

空山滴盡空階雨聲聲響徹芭蕉樹獨坐捲簾時此情若箇知 聰明關福命成佛輸靈運我已鬢如星蕭蕭怕再聽

行香子　　陳　燮秋史

紫竹林邊青豆房前種芭蕉合號書仙蠶眠字小屋漏痕偏是色中香琴中韻畫中禪 福慧難全結習難捐怕繙經佛說因緣多生淨業不在生天只夢同時鐙炧後雨瑱然

唐多令　　吳寶書 松厓

何處認仙鄉雲深路渺茫爲幽棲塵事全忘亭到人閒清靜福有玉女杜蘅香　聽雨覺宵長寒鐙照影凉一聲聲未免回腸憶煞梨花今夜冷怕容易減春光

曲　　舒位塡詞 畢華珍正譜

商調集賢賓 瀟瀟暮雨何處愁似一片殘秋人外青山閉枕手聽蕭疎側打簾鉤斜飄窗牖遮遠岫蒼苔如繡延佇久一定是點鐙時候

二郎神換頭 雙修衣香鬢影纖塵不受想得郵情動花飛緣起後正諸天歎賞聲聞微妙難酬把水月觀音剖早併入芙蓉細漏漫停留只要劈魚箋靜寫蠅頭

虎珀貓兒墜 空山落葉閉戸最清幽好向禪心冷處求依稀濕翠鏡中浮凝眸者畫蒼茫畫如人瘦

清芬精舍小集卷上

畫蘭小賦　　秦瀛小峴

慨夫妙光人去孔雀聲殘悵畫眉兮無侶愁碎玉兮寡歡爰有伊人妙顏如蓮琴心二疊寂寥誰彈含縣渺於縑素託幽思於芳蘭霧縠煙綃韻流挽底風襟水佩香溢毫端繄匠心之獨運每得意而忘言顧媚羨其品逸馬姬歎爲絶倫爲之歌曰我所思兮在湘沅采杜若兮掇蘭蓀春風被兮春露緐夫孰識此孤抱兮邀明月兮照前軒嗟蒿艾之滿徑嗯柴棘兮當門慕竹箭之有筠兮希松柏之有根亮自全夫晚節兮勿遲暮兮永歎

清芬精舍小集卷中

詠蘭一百六首

錫山韻香王嶽蓮

蘺芷紛披杜若芳騷人九畹憶三湘春風昨夜
庭前至吹得芝蘭竟體香
含毫點染綠窗前不展芳情倍黯然料得有人
清夢裏琴心飛滿七條弦
一種幽香何處尋枝枝葉葉費沉吟雲房自結
無言契空谷誰知不染心
倚闌無事拓蠻箋花氣薰人已破禪拋卻菩提

閒吮墨金仙禮罷寫嬋娟
最憶湘蘭孔雀庵楊花飛過大江南春從碎玉
聲中去點點芳心獨自諳
十分珍重護芳叢意在忘言淡蕩中塵外天然
見標格肯隨桃李嫁東風
蘊香不遣蕊當風僻徑荒畦小小叢甲乙羣芳
緐舊譜秋江晼晚隔迷濛
參差花放麻姑爪閑靚粧含淑女容氣味千秋
存結契穹巖深谷蔭長松
階前不用護花幢蘸墨爲蘭映碧窗芳芷荃蘅
添少許管城今欲號湘江
萬紫千紅春好時深林香滿少人知陔前結契
情難託爲寫芳標一兩枝
九畹幽香風際微湘南沅北接依稀碧紗珍重
和煙罩不共落紅成地衣
蘭圖偏宜處士居濃香搖曳午風初寫成尺幅
渾無思增補離騷欲著書
花吐丹心香勝麝葉滋青雨儼如蒲美人皓腕
伸神游插傍雲鬟稱得無
爲蕊爲花放未齊迎風挹露勢高低絕無顏色

堪娛目贏得清香入品題
分來湘浦種庭階日暖天晴春正佳莫道國香
容易得五風十雨早安排
賁葹刪刈闢成陔掬土梳根手自栽雨際若非
勤護惜風前那得好香來
陌上青青細草茵履痕多少踏青人穿花度柳
尋芳意走入蘭叢意始眞
煙納霧縠碧波紋墨氣輕浮淡淡雲花在此中
傳色相埜禪參到日西曛
不生道左不當門渺渺汀洲小小邨枝茁露濃

香自在美人千里月黃昏
松楸一徑入荒寒曲澗淙淙響急湍行到深山
最深處叢蘭芬馥翠迷漫
行盡江南畫裏山徧羅香艸滿筐還欲從座上
供清玩兼贈佳人插鬢鬟
數箭青蘭古石邊宓妃神女並香肩不難荃蕙
連畦種爲少粱園萬頃田
湘江雲隔路迢遙采得幽蘭種且澆欲令衆芳
成一圃十分春色度花朝
荃蕙紛披不化茆吹風飲雨貼山坳春來拾翠

清芬中　三

人相問次第花開及近郊
素紙新泉淡墨毫町畦點綴作蘭皋舉瓢自酌
天漿飲醉倒花前讀楚騷
蘭叢春暖飲徵和握爪擎拳覆綠莎陌上踏青
人斷續箇中誰爲采蘭過
楚江閩海茁蘭芽一旦移來高士家欲使籠紗
堪入座先編護圃槿籬笆
春夏時時勤保護不風不日善收藏秋來自爾
花爭發共識叢中有異香
蘭圃栽培術貴精宜乾宜濕論陰晴勤勞邀得

花神眷報以幽香一點清
神滸波含鸚鵡綠靈皋山帶佛頭青叢蘭花發
深林裏開向秋巖等桂馨
心經欲解忝無能自學圖蘭悟境增花現毫端
兼墨表色香觸發在毋綫
色空空色兩悠悠數畮芬蘭畫裏收尺幅靜含
千古意美人寂寞楚江秋
迢遙芳圃隔雲岑綠磴捫蘿何處尋望見荃蘅
蘭亦在欲因臭味結同心
錦林繡壤是江南陽羨山深蜷畫涵我欲浮家

清芬中　四

五湖上衆芳成圃恣幽探
防蟻鑽根鼠齧尖盆籠紗罩戶懸簾涼茶靜裏
時時潤開到經旬花尚添
秋風歷歷動松杉中有幽蘭傍峭巖路隔煙波
願言采輕舠一葉試蒲帆
蕊劈疎尖香尚含棱巖隱谷在東南屈平詞賦
眞知己一卷離騷細泳涵
葉覆青芝依石角蕊分碧玉破疎尖護持深恐
園夫鹵采掇端宜女手纖
蘭宜扶植艸宜芟自闢町畦手把鑱圃側座隅

行且住幽香襲襲透輕衫
鉢裏曇開時一現座門蘭放或兼句天公相視
元無異覺悟空中自在身
葦石滿池插槿藩種蘭在圃不當門如何得傍
花田住落落山川小小郵
楚閩香艸古來多千里擕筐費采羅誰道亦生
十步澤不消搜遍衆山阿
幾莖露蕊傍庭莎一室求香香已多不學屈平
栽百畮澆花難徧恐無𨚗
銀屏珠箔蘐花張花態如人淡淡粧買得異書

隨意讀不須紅袖爲添香
甆瓶分種列房帷朶朶花肥露欲垂最愛畱香
簾不捲碧紗窗外坐移時
牡丹花下飲醍醐醉看幽蘭與不孤洛水月明
神女在春晴陌上走羅敷
蝦鬚簾靜午陰陰綠展芭蕉院宇深蘭臭與人
融洽處頻踰一點不相侵
星宿海邊挑活水蓬元山下掬紅泥國香種就
因風發飄入平林又過溪
曾望根舒除蚓窟更求葉展捲蛛絲業存蘭圃
難言瘁但願花開趁好時
和風搖漾日吹噓蕊自冬生春果舒碧玉青珊
叢内滿胡繩穿取比瓊琚
色僅青青香不淫日烘露洗惠風輕一春少雨
花全福閉靜如蘭福更清
綠苔如罽護根泥仙露滋肥放瓣齊香茗一杯
書一卷花閒忘卻日沈西
和風吹長蕙蘭芽盈尺青珊八九花擕向人閒
羅綺隊紅闌繡戶幕輕紗
荃蘅香芷是朋儕或在山巓或水涯蘭與衆芳

齊吐秀釀成春色十分佳
綺園三月百花妍石古苔青艸似綿中有幽香
問何卉短籬隔處是蘭田
紅豆花開春豔陽種蘭在圃正含香坐來沁人
心脾裏欲倩吳儂問楚湘
爲桃爲李太繁華筆蕊疎疎寫蕙花墨氣似含
朝露重交枝互葉共欹斜
可是春風昨夜來許教擕榼訪蘭陔長愁花裏
春難住久立看花日幾回
不飾臙脂賽麗人用將閑靚見天眞虛堂風靜

清如許文苑微添一點春
彼美天涯何處尋此花冉冉已春深適從花伴
搜佳句意恐花知且弗吟
嶺梅潔伴三冬雪籬菊清含九月霜最是此花
開放候非寒非暖好時光
含葩夙號芬芳質少色慚將錦繡春山後山前
青瑟瑟九天雨露逐時新
洛陽三月錦千章自有蘭開共逐香保護不嫌
紗幙密欲煩雲母立花房
願汲清泉灌蕙叢卿雲瑞靄覆朦朧長教谷裏

花芬馥詩與靈芝仙艸同
清露團團濕蕙芽微風搖動兩三花春來何地
香偏盛當是深山處士家
韻流湘浦見柔枝香藹中心好自持幽意結成
深谷秀相逢春暖日遲遲
福田新蓺兩三枝慧業憑誰賦小詩雙穗離離
花欲放倚皇讓露最恩施
清靜庭軒不染塵芬芳蘭蕙點餘春精神看取
枝頭露含卻幽人孰賞眞
玉蕊擅心露欲頻含芬開向午風前小叢自結
山川秀陌上花開不鬥妍
幽蘭得露盡開花世內爭將臭味誇到眼春光
看不倦十分清景在山家
中谷天生九畹姿秋來紉佩楚人思閒庭盡日
無他事坐對蘭叢賦小詩
三湘煙景浩無涯夾岸幽蘭盡發花正值晴和
好天氣誕敷春色到山家
和風小雨養花天開到幽蘭春正妍我欲爲花
來寫照新泉手汲試松煙
或宜春日或宜秋花自玲瓏葉自脩露下纖莖

試采取好教插傍玉搔頭
葉色深青花淺綠種宜淨土灌清流不知春好
因無豔獨立王孫芳艸洲
陽羡山中萬箭蘭雲深路僻水瀰漫樵夫挑入
郇邊路拾翠人來子細看
蕾香有待爲春遲一角花田蕊幾枝聞道雲邊
多雨露欲依王母種瑤池
紙素今教敵絹紗朝來隨意寫名葩莫嫌淡墨
無顏色此是心田自在花
幽蘭得露盡含香郁郁菁菁依石旁一陣好風

巖下過山前山後共芬芳

讀罷離騷有所思遷臺蓺蕙兩三枝最宜長晝香風裏繡佛齋前立片時

山頭山下盡芬蘭或俯擷兮或仰攀仰攀俯擷成相識地久天長共此山

蘭生石畔根常固石在蘭邊苔亦香蘭石相依最相得空山歲月何其長

九天清露滴蘭叢脈脈香生深谷中吹到座邊誰用力箒知一陣好春風

半花半蕊倚莓苔花正香濃蕊未開花到何時

香略減蕊舒脩鬣送香來

鋗繡林邊小燕飛絲花簇簇豔春暉風前一陣微香度知是新蘭蕊忽肥

絲絲翠影舞鸞姿爪握麻姑欲放時正是晝長風細細水邊石畔好尋詩

翠煙紅雨徧江南柳眼桃腮春正酣點筆略分春少許寫成清蕙傍優曇

鸞尾毿毿翠影偏玉簪斜挂露珠圓湘沅曲裏香成國輸與春花一點妍

隔歲疎尖雪裏探梳風沐雨到江南杏花賣後春無恙飲得微和放兩三

風日清酣好養恬翠莖碧葉影纖纖閒來欲撫離騷意寫偏人閒雪色縑

蘭陔攜榼好追遊翡翠叢中佳氣浮昨夜忽承新雨露花開香過白蘋洲

同日栽花先後開東君著意費安排先開先謝隨風去遲放遲香客正來

清虛亭館嫩寒時微雨當窗長蕙枝道上芳菲看不盡人閒爭說此花姿

春秋常爲蓺蘭忙一手栽花幾處香花下正逢

佳日永擬將拚醉倒天漿

葉褸翩翩鳳羽翔花容仙爪勢初張朝來小幅沿窗寫如讀離騷一兩章

簾幙香風長晝來劈箋題句爲蘭陔融融和氣披襟袖此際曾無一點埃

齋頭日永綠陰遮拾取風枝煮好茶淡墨柔毫新汲水寫成意蕊與心花

山巔谷口采來頻帶露和煙開向人插帽未堪才子折懸腰宜倩女婁釵

春來拾翠最陶情曾見佳人兩兩行欲趁江南

二三月提筐到處采蘭英

卉艸多情引興長衆芳成圃是何鄉願教九土蘭生滿錦繡山河處處香

弱葉離披與艸同花顏不似百花紅牡丹臺側薔薇畔無豔多香自一叢

一朶花含一樣姿趨朝向背令人思半花半蕊遲遲放正是江南春好時

小畦窄徑幾枝新門艸兒童過往頻深巷自生還自落護持賴有灌花人

新試輕羅怯嫩寒循陔欲采意盤桓臨風自有香持贈作佩何妨露未乾

淡墨描成點點多蘭香還仗墨香和閒來寫得花盈紙如在湘江岸上過

莖葉欹斜不待扶好從小圃蓄蘭租仙人幾輩循陔走子細能知花意無

清芬精舍小集卷中

說竹小序

潘奕雋 榕皐

余性喜竹嘗遊西湖至靈隱韜光又至雲棲兩地皆以竹勝一則曲徑盤紆抉石跨澗橫放直出一則夾路蕭森瀰望無際竊謂竹之大觀無過於此者後遊楚中地多篠簜蔓天蔽日終日行綠玉中曉煙夕靄濕翠沾衣迴視韜光雲棲不啻一邱一壑之勝矣歸田以來於三松堂後栽方竹數叢玩其風情雨態亦頗自樂因悟莊生鵾鵬斥鷃之旨大小各得其適庾信之三竿

兩竿與渭川之千畝固無以異也梁溪清微道人與余有同好所著說竹一卷恍置我於瀟湘雲夢之閒因書臆見質諸道人不知道人以爲何如也

清芬精舍小集卷下

錫山韻香王嶽蓮著

說竹 四十八則

竹有以慈孝名者不知其命名所由意者大竹覆翼其筍類乎慈新竹依傍其母類乎孝慈孝竹之名是以著歟予幼時父母甚鍾愛聽星家言謂是宜居淨土否則難養遂侍蓮臺父母可謂慈矣予於竹不能無忝矣茲多寫尋常亂竹者以見予之竹不成竹無與於竹之數也

壽星竹竿細而短近根數節較促而肉厚蒔于

齋中卷石之旁百歲青青齋中人老而竹不老焉予謂其所以名壽星者有三根但需土一簣不爭膏腴易足壽一筍小味薄廚人不愛不斫壽二葉疎細而竿短受風雨不偃壽三有此三者可以壽矣予恐人知竹之壽而不知其所以壽故備言之以明其所以然

竹之爲物其體直中虛翠色可愛固天之所生矣而其景之因地而異者則有辨後園榛莽中有竹數竿欹立於短垣菜圃之閒號風泣雨聲蕭蕭每於靜夜令人悽惻戊辰春遊杭州居西湖之上所在多竹琳宮梵宇傍嶺依雲脩竿叢翠上與金碧璀璨之色相輝映而其下則月榭風亭縈拂左右文人彩筆題其節美人紅袖倚其竿猶是竹也而令人對之心曠神怡悠然有淩雲之志矣

寫竹之法或於鐙下取竹影寫之或於日中月下取竹影寫之皆古人所創妙法也然而寫其形而未能寫其神也蓋必閉目靜坐游心於篁田竹圃之閒以默想其嬋娟蔥翠參差揖讓之致思於晝夢於夜如是者久之然後無形之竹

貯於心而手得乎心不但寫竹之形且能得其神矣此法外意也以斯意而寫竹竊有志焉而未之逮

竹之實鳳皇食之竹之管樂工取之竹之筍人人食之竹之用大矣竹與梅蘭菊並稱梅之能和羹者其用固大而梅之外有利益於實用者其惟竹乎寫竹者宜先知此意而筆法之工拙其次也

竹不取乎多小園不盈一畝卷石玲瓏清池曲折有竹百箇披倚乎石畔池邊或插槿爲籬而

敞小軒以對之微風時至戛玉之聲存乎耳拜舞之態存乎目耳目中無非竹也而或深山人少萬篠連雲砍竹者裹糧以入惴惴惟畏猷伏匿是懼則身在竹中轉不見竹之美矣

偉丈夫大筆如椽蘸墨三升潑吳綾寫巨竹數仞其豪邁之氣令人起敬年少風雅之士吮筆和墨指纖纖如春蠶寫新篁數莖於鵞溪佳絹英秀之氣可掬於枝節間態度與人相似其俊秀之意令人生憐若夫弱質女流長抱微痾亦學寫竹不蒲不柳不雪而傾不風而欹僅供一

笑而已予之竹是也

居梁溪每春秋至惠山寄暢園見巨竹成林高出牆外叢翠彌望以爲竹極盛矣及見杭州之竹乃知有觀海難爲水者戊辰三月由西湖肩輿至雲棲夾道多竹筍簇簇於山坡亂石間寺僧斫以餉客每食皆筍然後知竹之大觀于是乎在

或謂竹不喜腴壤而喜瘠土筍欲出土雖磚石不能碍而抑之及其成竹則雪壓霜欺蒼翠自若是何竹之能固其性歟予以弱體深居養痾風雨暑寒不出亦可謂善于節勞者而薄寒中人輒餒焉不適遠不如竹矣或曰竹之筍不畏磚石葉不畏霜雪者以無知也其信然歟

杭州可遊之地多竹當春景融和緑雲蒸鬱槿籬石徑高高下下如虬龍之盤曲焉遊人蟻聚蜂屯而翠袖紅帬掩映籬角不覺竹爲生色竹之產其地者抑何幸歟予聞陽羨山中多竹常數十里無郵壚徑在莽中時有虎行之跡是竹所託之地不如杭矣予於去年居西湖兩月得以賞竹之勝既歸寫竹遂勤寫竹者不忘杭州

也古人所謂未能抛得杭州去也

心經一篇句中多空字無字而其意無非空也然則心經句句空竹則節節空信乎如竹之空者可與論心經之空偈云紫竹靈山觀世音觀音不離乎竹者以其空歟吾以寫竹一幅當讀心經一過可也

嘉定竹器甲天下其雕鏤刻劃工細處雖古之良工弗過也而陳于王公之前才子之坐佳人閨閣之間常與寶物珍器相伍竹之成器如是竹工之心亦良苦矣是其取材也必於名山巨

竹肉厚而體大者爲貴予於竹不敢作是想但得竿大不踰指高不踰咫亭立於小園湖石間上蔭以高樹下與芳艸爲伍足矣

秦女吹簫而鳳皇至鳳爲秦女至而秦女必假簫以感之簫者竹之所爲也竹之爲物似宜以微妙爲用矣予於嘉慶戊辰二月九日起程赴杭是日大風雨運河巨艦皆停而無數小舟以竹爲檣帆風極飽船疾如矢而檣不稍彎竹之用又存乎雄勁矗鄙然則畫竹者但求肖其神倘非竹之知己也

龍山之麓多產細竹長不滿五六寸雜艸中牛羊之所踐爾或取之歸而植於砌以時灌之及三年產筍如指成竿可五尺許月來有影風至有聲居然竹矣而主人培護亦稍稍勞矣予爲竹喜而記之并寫竹一幅以實其事

花竹二字宜於園林桑竹二字宜於田野花竹取陶情桑竹取以足用陶情必先足用足用自宜陶情兩者不偏廢也世之但欲足用者幾致腹虛倉滿而陶情者或志溺忘軀皆非中也竹之爲物宜與花並宜與桑並園林田野無所不可古人謂不可一日無此君其有取於竹歟

古有夢中見平地產一筍頃刻成巨竹高千仞入霄而不見其巔其人從此得功名後遂位極人臣近來於裴潢鋪見鄭板橋墨竹一幅下皆亂竹中有一竿特大而高其題詞云若使沿牆循序長干霄蔽日在何年板橋所寫之竹與古人所夢之竹可謂不謀而合予於板橋詩見立志宜勇於古人夢見分位前定適當寫竹遂書諸幅

嘗見士有以瘠田不生稻欲改爲竹田慮竹於

出筍時不能禁人之竊也將率妻子同往結茆守之是直爲竹奴矣非愛竹主人也予故寫竹不用大幅即　小幅之中而竿數亦不多

鳳尾竹其葉垂垂若鳳尾搖窗拂砌頗引人詩思夫鳳非常有之物得鳳尾竹而種之微風動搖常疑有鳳至此意於靜中甚自得也予齋前地窄不能種竹常寫一兩竿以當竹之在窗焉不求鳳尾而肖之者不敢泥也

嘉慶己巳清和之望從裴潢鋪借歸古琅周拔所畫竹石兩幅懸於齋壁觀之其幅並高一尺

有五寸廣乃倍之一幅石右出新竹兩三出石後藏根露頂石有雲氣竹有生氣一幅石左出斜竹二竿自石根向右竿柔受風上曲向左若有風聲其筆墨皆紆而和潤而腴非得意時不能作此也寫竹適成用書於幅

竹與文字最有緣古之書記用竹簡此無奇而不必論巳予遊杭州之雲棲其竹極大而名士題詩刻于竿客至僧以竹梯扶客觀之雖年久而所署年月姓名可按寺僧以筍燕客又或用銅範刻筍片作書卷形置盆中使字畫鏤處映

盆底作空白體其文字緣則甚奇矣古有文竹竹誠不愧爲文哉

聞有十抱之竹剖一節可以爲小舟二予初不信有是竹也後以釣鼇之說觀之則其所取竿非是竹不足以勝其任矣然則園林細竹固不足以論竹郎子所見雲棲巨竹亦未盡竹之大也

竹之用有文有武以爲筆文也以爲箭武也掃眉咏絮多風韻筆之幸者也臨陣射敵有危機箭之不幸者也同以竹爲之而其遇何殊歟雖然掃眉咏絮而刖恨生筆僅供寫愁之用臨陣射敵而捷書奏箭可建報國之勲幸不幸又何一定之有竹亦以虛心者聽之而已矣

西廂琴心一篇雙文於月下令阿紅尋聲所在阿紅明明欲言廂中之琴而先將他聲說起有句云似疎竹蕭蕭曲檻中夫琴取乎絲絲與竹同列八音言及竹固知將告以琴矣而其下果云西廂裡結絲桐焉然則紅之於竹殆猶渡水之船過站之店隨取之而隨棄之也人皆愛阿紅之靈慧予獨惜竹之頃刻聽去取於阿紅也

爲竹惜故寫竹而係以數語

戊辰春遊杭州過姑蘇停半月金閶閭萬貨淵藪市屋鱗接街狹人衆糾紛華麗步行固不勝衝突即坐肩輿亦不勝耳目搖亂塵囂難忍一日舟過胥江至盤門由水窗見綠野中翠竹森森與邨邊茆屋相映竹之色新吾目竹之聲新吾耳耳目得竹之色聲而若爲之一淨焉歸後常想其境故因寫竹而記及之

竹字取兩个相並有朋友之象焉左右顧盼有相輔之情焉或昂或低有相下之意焉蓋相並

爲友而無相輔之情非所以爲友相輔矣而或意氣相淩無一人稍下之郎友亦不能久造字之意如此而畫家寫竹亦宜審之

初夏時見新竹數竿於園中嫩翠欲滴與牡丹芍藥相輝映駢青儷豔嫵媚婆娑秀色妍姿可餐可掬抑可謂佳哉而老竹毿毿然葉乾而蒼枝抑少昂微風入竿丰韻不揚恧然居其間者何爲乎而世稱王郎看竹東坡謂不可無竹何於竹俱未有別也或者竹之新者堪與嘉葩並植而老竹亦有可取乎

竹與松梅爲歲寒三友竊聞三人行必有師吾於三者何師乎松擅大夫之號過高而不敢師也梅依處士之廬過清而不欲師也惟竹瀟灑娟倩能柔能剛非卑非亢茹與瀝可療病筍可充膳節則勁也中則虛也勁則幹練虛則能容幹練才有爲有容量能受吾師乎吾師乎吾師竹矣

竹生膏腴平壤則筍肥甘而竿易長其爲質柔而脆以養之過優也若產於峭削山坡則節密竿細而長較遲其質堅而剛所處之地使然也平壤之竹皮與葉青以媆沃然有光峭山之竹膚微黃葉稀雖青而不潤竹工往往有是辨予以其言之可取也書之於幅

袁中郎作六橋桃花記多以美人比之纖微畢肖見桃花如見美人焉吾於竹將以才士比之竹生十六日而與母齊非成童之轉眼成人者乎葉小枝柔娟然蔥翠非少年之英氣拂拂眉宇間文光微露者乎迎風拜月沐雨挑雲非少年之咏物寄懷詩餘吐欬藻思飛動而得意者乎竹乎竹乎吾寫汝于鶯溪之絹矣

客自白門來言隨園在小倉山自山足造之穿竹徑曲折半里許而後及園門徑中積翠如雲屯雜以風聲鳥語詩意沁人心脾故遊是徑者能詩者居多古稱門對千竿竹家藏萬卷書者隨園有焉予不及遊是徑擬徑中之竹而略寫數竿亦庶幾乎遊徑之意云爾

竹有平安之名不省所謂意者竹生間隙之地人所不爭無穠華開落以搖蕩其精且竿竿相比葉葉交遮風雨之來互相倚仗而不折以是爲平安乎若子所畫竹平安之義別有所寄夫

人處境極不同矣子何人而身侍蓮臺清淨少煩得以柔翰寫竹自娛非世之平安而能若是乎非身之平安而能若是乎葢身世平安始能寫竹寫竹所以著其平安也故竟自號平安竹世俗於閨帷天井不種竹以竹之爲物淒清蕭索不宜於靜好之地也然而帳衘繡竹鏡兜繡竹帬方繡竹于眞竹不取于假竹悉取之不知何故夫靜好未有不由于平安者也今號之曰是乃報平安之竹吾知比戶將種徧閨帷矣

嘗見刺繡觀音一幅於裝潢店幅長三尺闊不及半神氣慈悲衣褶灑脫極女工之能事而旁用黑絨繡竹三竿欹斜飛動畫家所弗如夫寫竹頃刻而成繡竹非十日不就煩簡相懸若是然則予亦幸而託于其易者爲之耳而於寫竹敢不慎重周密以出之乎卽極其慎重周密而所勞於手眼不及繡者之萬一也記之以自幸亦以自愧

竹於樂部爲笙爲簫爲笛可以動神明之聽而召人意之和竹在窗外則僅以其蕭疎淅瀝醒紅樓之夢而助長夜之愁然吾欲其在窗外而

不欲其在樂部何也口吹管鳴人籟也風吹葉鳴天籟也天籟勝於人籟而又無彫琢之憂故欲其在窗外而不欲其在樂部

沈尚書歸愚春日雜咏有句云美人依翠竹紅袖表餘春咏竹耶咏美人耶予春日山遊見遊女穿籬倚竹未嘗以爲奇境何讀此二句恍若示我以圖畫也翠竹爲紅袖所依固幸竹與美人同入尚書之詩抑尤幸

鄉人於舍傍種竹四月中斫筍一握入市謂之杜園筍甚貴予觀筍乾來自浙閩波及遠地彼必筍多土人不勝食而爲此也想其出筍時盈山塡野如吾鄉人之一握者何足道哉此亦觀海難爲水之意矣

竹之行鞭在八月而產筍在來年三月八月土潤鞭舒來年筍必盛但望三月有筍可食而不知安排調劑必於隔年八月也八月雨水霑濡此誠天之所佑否則必多汲河水澆之圃中菜往往暮澆旦食而竹必食報於半年之後園夫不可不知也

筍味之厚薄視山氣之聚與不聚宜興筍味好

以其山深僻人跡罕到奇峰怪石蘊其精無所洩盡洩於筍故味好杭州山靈精氣淫於粉黛羅綺雕鞍金勒才人麗姝舞女歌兒之所往來會聚終歲震蕩而不寧產筍猶之糟粕耳故味淡而不美理或然歟

嘉慶丙子三月上巳之日陰雨自是連雨三十餘日翠影迷離新篁滿於圃焉夫以數弓之地千竿麻立皆欲舒根布葉以暢其生機宜其叢亂交錯相壓相倚而不能成巨竿也是非删緐就簡安望其暢茂條達哉然荑蘭樹蕙鎩鳳畱

鸞仁者又有所不忍也然則爲之柰何若敞數弓爲數畝以分種之庶可各遂其生乎然而豈易言也

墨竹但取寫意不求形似當風日清酣窗明几淨不論幅之大小隨意寫一兩竿自爾纖濃合度得意常在筆墨之外不必拘某葉雁某葉燕也寫竹葉之法有倣雁形者有倣燕形者

竹在山野青葱嬡娟雲披霧罩鳥雀鳴於上樵牧休於下有灑然之致焉予遊杭見官河之濱聚萬竹成市列櫃爲賈斷削根株規方丈地横木爲架而束羣竹倚其上竿梢麻立矗天雨淋日炙皮色盡變日以其憔悴枯槁聽去取於竹工吾見市上之竹而不能不睠然於山中之竹矣山中之竹雲棲爲極盛

夏日得黄山圖及前人遊記觀之因圖以按記而作者於山中奇絶如雲海雲梯蓮花始信等峰或言蟹行或言繩引或言足尖有著而足根履虛境奇而筆墨摹寫愈奇意愈快吾讀之未嘗不愛其奇若使吾遊之吾實不勝其險畏險吾寧處平地矣近寫竹數幅客見之曰平平無

奇客以爲貶詞吾以爲實獲我心矣

小齋與蓮座共一天井窗戶洞開略無蔽障齋中寫字作畫人從窗外觀之頗擾而不靜今年夏命竹工多插小竹編作籬笆附以薔薇月粉宛如垣牆而室以靜焉夫室受竹籬藩圍而靜竹之有益於室多矣而人在齋中寫竹或至得意處久坐諦觀使其如竹之虛如竹之清則竹之有益於心更多矣

好事者繪杜工部艸堂圖而藏之以示學杜之意長夏借觀以消暑披其圖堂在山足前臨大

江後負峭壁巨石古樹皆有奇氣由柴門以進石磴縈紆隨山漸高如農家茆屋者數處散布澗側中三楹亞然而面陽所謂艸堂也堂之左右無非竹者古人謂不可一日無此君豈其意歟予按圖以想像其景如履艸堂如遊萬竹之中而不知暑之何以忘也所云脩竹不受暑作詩者以實境予偏以虛境得之

邑中慈雲寺在控江門外前臨官河寺內清池周回一里許殿踞池心四面種荷夏月花開傾城士女雲集蜂屯霧轂煙綃迎風疊雪門停畫

舫動以十數花容人面相對爭妍杜詩所謂荷淨納涼時者非耶若池畔隙地多種脩竹則更有竹深留客處矣種荷所以採利竹之利甚於荷胡不爲之

世俗有竹於家者每以竹之盛衰卜家道之隆替而不知非也蓋一物自有一物之盛衰竹之爲物喜藩籬易新土去陳根雞豚遺溺以沃之刪繁就簡以節之數者備而竹盛矣當家道之隆人力必盡當家道之替他事且不遑而暇盡力於竹乎故竹或有時乎不盛歐陽公謂非詩之能窮人乃窮而後工者也猶之此意歟

冬筍藏土中深尺許不露萌芽斫筍者審其竹所立之勢即知筍之所在以鍤啟土必得之亦奇矣哉人之用目也往往有熟視無覩者而彼乃覩其所覩偏出於所覩之外而無不奇中如是彼非推測而然必有所灼見也

東坡不能飲而最喜論飲予初蘭竹並學既乃思並學而兩無所進不如專寫蘭而或能形似遂不寫竹偶於蘭幅石畔寫一葉兩葉者猶不能飲之人以杯中餘瀝沾脣潤舌儼然自稱飲

酒也說竹不厭者猶不能飲之人處羣酒人之中亦言不離酒以助飲興也

清芬精舍小集卷下　終

清足居集附蕉窗詞

（清）鄧瑜 撰

《清足居集》一卷，附《蕉窗詞》一卷，（清）鄧瑜撰，清光緒二十二年（一八九六）泉（錢）唐諸氏家刻本，無錫市圖書館藏書。諸可寶署耑，有『太歲在柔兆涒灘（丙申）六月乙丑朔，璞齋署檢』字樣，詞學家譚獻及瑜弟濂序，鄧恩錫題詞，録瑜丙辰（一八五六）迄乙未（一八九五）詩二百又三首。《蕉窗詞》同爲諸可寶署耑，有『光緒丙申長夜，捶琴詞人瑑』字樣，首有譚獻評語，録詞五十六首。清足居是瑜姐弟讀書處。

鄧瑜（一八四三—一九〇二），字慧珏，號蕉窗主人，女，金匱人。父恩錫有《清可亭集》，母于懿有《漱芳詞》，皆有詩名。幼時父母授以韻語，穎悟異常兒。其父官慈溪時，值庭梅盛開，宴客賦詩。鄧瑜先出二律，一座驚歎。同治七年（一八六八）嫁錢塘舉人諸可寶爲繼室，可寶字璞齋，後官至昆山知縣，工詩，著有《捶琴詞》。瑜隨宦至楚二十餘年，多子，家境清苦，惟夫妻唱和不輟。生平事迹散見施淑儀《清代閨閣詩人徵略》、孫雄《鄭齋類稿》。瑜弟濂，字似周，工詞章之學，爲清末民初『梁溪七君子』之一。

清代自袁枚收女弟子始，文人奬掖閨閣詩文，一反『女子無才便是德』，目才、情、德爲一體，詩文倡『發乎情、止於禮』。諸、鄧可謂閨秀配風雅文士之典範。鄧父有言：『山清則靈，水清則無滓，金石之音清故能遠循。』『心出之謂志，言出之爲詩，詩所以道性情者也。』瑜詩不乏清慧，更多抒發性情，《清足居集》於《清史稿》卷第一百四十六《藝文志二》有記。其詞尤婉麗，譚獻閲評其詞謂『生氣遠出，俗態屏除……有徐淑、李清照所不逮者』，嘗取其《金縷曲·丁卯春日初遊西湖》一闋入《篋中詞》。徐乃昌輯《蕉窗詞》入《小檀欒室匯刻閨秀詞》第七集，王藴章《燃脂餘韻》採其《祝英台近》一闋。

是書美國哈佛大學燕京圖書館藏本、香港中文大學圖書館藏本皆附於諸可寶《璞齋集》玉峰官舍刻本後。

本書據無錫市圖書館藏清光緒二十二年泉唐諸氏家刻本影印。

（蔡家彬）

清足居集

太歲在柔兆涒灘六月乙丑朔，璞齋署檢

宋唐諸氏家刻

敘

古昔南雅之音賢君后妃大夫夫人宣德達情皆作者也若夫國風正變有勞人則有思婦其中有哀焉其辭有怨焉固其次也奇偶陽陰文章之事彼君子女有士行者亦當有婦言以備德容工之一四始而降代有聞焉夫立言之君子豈不以達倫修義爲職志哉巧構形佀文若鼂華在口耳者俳優畜之流及閨房綺藻桐扇辟若蔦蘿施松上而榮者固勿貴爾惟昔私淑艾會稽章先生婦學一篇垂範方來隄之防而經通自流蕪之翦而後彫自茂則夫六義之遺何必不昌於笄珈同舉絫交諸璞齋令君有賢婦鄧又予同岑友人石瞿文儒之女兄乃緣譚藝沃聞門內風雅之盛璞齋讀書箸書仕不息敦畏愛定交二十餘年石瞿則應魯遽之瑟和漸離之筑又四三年矣鄧夫人矢卷耳芣苢之音有詩一卷抑於夫子爲笙磬邪於弱弟爲塤篪邪循覽終始獨淵乎感其仁孝之言溢于外充于中即達倫修義之職志粹乎立言君子之所尚蔑目加已然則士行在是婦言在是彤管煒若不其然歟彼其鼂華之采采信乎無與於文章夫何歉於婦學也乎

光緒十有八年夏五譚獻識

余與諸氏姊別十年矣戊春姊壻璞齋迻家來吳始見姊於姑胥僑屋別後顏色各揣瘦肥樽斝笑言猶含欬邑尋兒時之雪絮感劫外之風華既成新篇兼胝舊製余觀其哀怨之旨襛芳於杜蘅悽清之音激亮於琴筑黯然未忍卒讀也若夫追煙霜於昔游愴風雨於今夕離合之迹可得而言姊生而淵令長尤惠邁絳帷侍讀早受媰經紫石鐫彣便傳慧業故大人俱鍾愛之當其時孝威孝綽盡號能文若憲若荀尚皆無恙每至鶯初雁晚葉蚤華新簧匏迭賡脂騰俱雅紅閨結社倣竹林之游彤管爭妍冠花萼之集余齒尚稚見而慕焉閒亦

學姊簪花從兄乞艸習詩朱鳥窗下問字青綾幛中所謂清足居者余隨姊讀書室也瘦石支几幽落上階攤書城高束管岫列新翠浮硯豔於縢嬴古煙散芬靜於龍麝相與頤志文史瘅精典墳禽歌辨晨竹闇知夕愔愔乎穆穆乎弗自知其樂也既適秦樓占鳳皐廡棲鸞璞齋曰蕭史之伕才兼高柔之媲翫畫眉初罷分禮縢神攤髻無聊互擘琵調便娟寫韻之侶嫈嫿吹笙之娛余於疇曩亦得請業觥窗聯韻鴛社弟兄䌸律郎伯齊名信極一時之盛矣惜乎嘉會不常摶雲易遠姊從壻於鄂渚弟侍親於句章別離萬端寶脈於此憖而原鴒

隴雁歌泣相聞楚尾吳頭江山相望猶未以爲恨也光雰電馳人事波駴分手背面幾逾十霜余又遭罹世迍犇走家難牢愁之骨幾委於風塵同氣之儔接蹤於泉壤桓鳥無可埽之羽蜀鵑有未招之魂姊雖遠阻川邃未遑遄反而采采蘭訊偏蹔赴之書多淒淒葛覃弁言歸之望絕家國淼乎千里骨月滿乎九京此則紅心之彫同根俱痛黃蘗之苦在遠彌深者也譬夫青尊相對誰料今生白首重逢悅同隔世星慘慘而將曙風蕭蕭而欲秋訪昔年之懿親黃土歷歷尋先代之廢舍白雲悠悠接於目者絕非故懽覯於夢者時得新鬼斯卽逌

搖花月怡衍琴樽山川不殊顏鬢俱頳而入絲竹之座都疑雝歌登綺羅之場有若蒿里盍死生之故大矣身世之感多矣輒念積瘁之身今日猶在傷心之事古人所無姊㠯先業蕭落門基漸衰猶復勖之㠯顯揚斯之㠯科第庸詎知文章自桀出處皆非憂患之餘已傷於涕泪箸書之願亦左於窮愁殉名未甘傳世奚務今觀茲集足證吾生敘爲敘而刻之㠯詔來者庶幾因女嬃之詈慨想於靈均誦道韞之詩兼傳夫謝遏云爾光緒二十一年歲在旃蒙協洽十月幾望第六弟濂譔

清足居集

題辭

余長女瑜生而穎異旣長婉靜寡笑言承厀下歡肫如也從毋授列女傳因所會而有所慕繼讀集部書學爲詩任其天籟不事敷飾習旣嫥亦不之禁今積盈冊遂欲進之語之曰汝知之乎心出之謂志言出之謂詩詩所以道性情者也邃古以來詠歌不廢南雅之音不可紹邪汝涉學淺閨中兒女子語孰能窺其大然而言爲心聲發於言者苟不背則心亦見爾吾觀汝詩清已曾不外乎至性至情之言顧所思慮恆失諸激汝不聞乎志和者音尤雅詩之教也清而未和非所貴者也夫山清則靈水清則無滓金石之音清故能遠循斯道以往雖不至於大可也瑜乎毋鬱爾心毋病爾言吾願汝之茶汝清而敎汝和也勉矣哉

同治柔兆攝提格之歲八月中浣晉翁書於句章官廨

目

清足居集

金匱鄧瑜慧珏

秋興

小立綺疏前星稀月白天草香清帶露花暝冷凝煙河影澹無際蟲聲絮可憐閒庭人語寂詩思託池蓮

青山灣口占

古寺依崖戶半扃千林紅葉萬山青輕舟一棹板橋下竹裏鳴禽隔岸聽

送秋

隔年歸信問梧桐亭短亭長夕照紅萬里游蹤霜落後

一丸心事月明中添來同伴梁間燕催到行程砌下蟲雁影臆排留別字臨風飛寄小樓東

題洛神畫扇

翩若驚鴻婉若龍畫圖細認妾顏紅陳王去後清波冷羅韈塵生扇底風

小春夜

紅葉晚蕭蕭芙蓉如此嬌月明人靜後閒坐罷吹簫蓮漏夜沈沈寒窗獨箇唫非誇高格調冷澹女兒心

晚眺

水蓼根留紫江楓葉染丹乍寒蟲語噤新霽鳥聲歡窗外風初利階前露欲乾月光看未上籠袠一憑闌

試茗

漫試龍團風味饒消寒閒伴破無聊卻憐雛婢眠慵起自汲清泉竹裏燒

望雪

風梢雲片壓寒煙近臘光陰欲雪天東閣豔思遲詠絮西堂白戰待分箋錯聽折竹聲清絕屢起探梅訊悄然若到瓊花飛六出爲他野老祝豐年

丁巳除夕感懷寄呈家大人

燈花絡索肎輕挑度臘家家慰寂寥爲祝椿萱千萬福

兩行樺燭永今宵

笑語承歡入夢頻每逢佳節倍思親用句兒心欲引慈心喜愁上眉痕不放顰

風琴

一綫遊蹤倚太空㴱然雅韻落牆東曲高未許人間和天外昂頭唱晚風

榆錢

造化鑪錘鼓鑄便枝頭樹底認風前買將春去輕飛莢療得貧無碎撒錢製鍊未求槐火活模形原借柳絲穿笑他應妒青荷樣水面山根一例圓

美人啜茗歌

倦倚雕闌日卓午春風無賴琴慵撫活火烹泉徹底清
照見娉婷好眉嫵一甌在手思悄然紫甆盌子霽藍天
從來佳茗佳人似半卷蘇詩詠莫煙

寄懷金表姊紉秋和來韻

批風抹月隔天涯悵觸年時別思賒待到春來勞盼望
夕陽影裏一颿斜
料得聯唫興轉加傳來好句合籠紗昨宵夢繞松陵路
行轉山涯又水涯

喜晴與杜表姊景美同作

清足居集　三

久雨喜新霽晴空旭影浮狂花如欲笑眠柳若爲愁重
訂踰莪約還邀拾翠游春郊渾似畫無限莫山幽

庚申避兵夜泊梅里和景美韻

客裏多愁每暗傷柳陰小泊晚風涼回頭尙與家鄉近
從此前途總異鄉

有感和杜文山姑丈韻

最厭敲窗細雨來薰風不爲捲愁開椿庭遠隔已千里
夢裏趨承日幾回

留別家姊蘋玉

朦朧月色上牆東話別難分此夜中待到秋來休誤約
鯉魚風裏望征篷

寄懷景美用來韻

樹雲淼淼正銷魂且喜魚書恰到門回憶折梅同賞雪
弓鞵微溼印苔痕
小窗曾記共裁箋容易光陰欲雪天嶺上寒梅今破萼
一枝折寄趁春前

聞常熟吳潤卿女史殉節賦此弔之

我昔避地來琴川省識儒人吳彩鸞相依未久忽相別
嗁瘦一枝紅杜鵑燧火連天鼓鼙急蛾眉竟殉蟲沙劫
冰姿玉骨化秋煙環佩歸來哭孤月自從海內擾黃巾

清足居集　四

多少嬋娟委劫塵何當更續蘭臺史留取紅妝照萬春

秋海棠

牆腳西風發瘦枝含情悄悄暗催詩秋陽更比春陽酷
乞借輕陰好護持

書桐城姚烈女事

一曲離鸞暗自驚十年前事忽分明兩髦維特人何在
矢志從今不獨生
從容變服散釵鈿（烈女聞耗後檢釵釧分遺家人謂可作他日遺念）弱息還教
一月延只爲全貞先盡孝稱觴忍淚拜堂前（是年六月爲尊甫花農大令五十壽辰）

許纓已久忍相忘慷慨捐軀願始償如此姻緣如此節
令人不羨衛共姜（其壻亾烈女僅十齡耳今年二十始悉其詳）
斯世滔滔溺已深凜然大節重千金乾坤正氣在閨閣
愧殺人間臣貳心

秋日有懷趙譜姊蓮卿

別來彈指幾星霜對此秋光欲斷腸雨裏幽花時濺淚
天邊旅雁不成行憐君異地思親切苦我他鄉避寇忙
（時軍信甚緊又將由鎮海遷避）多少情懷和恨寫錦箋偏短語偏長

辛酉春日和家大人病中口占韻兼寄景姜

寂寞邨邊黯澹春一江春水雨離人綠窗近日諳嘗藥
愁看高堂百病身

藥竈熏爐度曉春漫將餘事作詩人天涯負米都無分
顧影紅閨感此身

送級秋歸後賦此代柬

小閣又見報花開攜手花前日幾回眉影應教新月妒
鬢絲暗約好風來招涼水閣閒拋扇試茗蘭窗共舉杯
正是閨中添雅興黃昏恨殺漏聲催

憶杭城趙蓮卿馨卿靜卿姊妹

萍水相逢結古歡忽聞驪唱恨漫漫棊當殘局偏逢劫
琴帶離聲不忍彈五夜秋風愁裏聽六橋月色夢中看
玉璫緘札何時到空向天邊盼雁翰

壬戌春莫輓馨卿靜卿

君不見芳園空好花開後無長紅又不見良宵短圓月
古來幾長滿花開花謝春悄然古月今月隨時圓月缺
詎無三五夜花開猶有去來年傷哉惡耗傳來急令我
心悲淚空咽姊妹雙雙去不回玉碎珠沉一朝訣蛟川
曾記一逢君握手深閨笑語頻相別詎知不相見回頭
往事倍沾巾吁嗟金蘭雅誼成陳迹極怨春花豔秋月
鶱鶴

已拌委棄雜塵氛臭腐神奇一霎分乙字骨除成幻相

丁儷形化許同羣豈無鱗向礁頭落或有聲從天際聞
畢竟此生餘鯁性幾時振羽上層雲

句章官廨不負齋前家大人手植梅花歷劫猶存有詩
紀事隨侍重來恭和原韻

水竹緣深本不遷一枝春最惹人憐重來索笑剛千里
別後相思已十年色襯餘霞香獨冷詩兼咏雪句都僊
因知清豔全無俗宵與羣芳共騁妍

賦得白桃花

本色丰姿宵染塵兩三枝外可憐春花開不敢霏紅豔
恐誤他人枉問津

送春

陽春有腳欲登程纔得迎來又送行杜宇聲聲啼不住
落紅如雨滿江城

九十韶光轉眼非階前草色綠痕肥流鶯銜得飛花片
留住餘春不放歸

墨梅紈扇

齊紈如雪墨如煙特地傳神向水邊願抱素琴花底住
空山流水不知年

詠菊索和景姜

輕黃澹白總無瑕香色偏饒晚節誇似此秋容清入骨
深山祇合伴梅花

不合時宜冷澹妝亭亭祇自傲嚴霜劇憐世上繁華甚
誰解寒葩裊晚香

曲檻疏籬點綴勻伶俜瘦蝶託芳鄰秋來我亦如花瘦
相對眞堪形影親

嘲菊

瘦影亭亭縱出塵也從籬下寄閒身當時不遇陶彭澤
澹到無言孰與親

知否羣芳共擅名嫣紅姹紫鬭輕盈傲霜君太矜風格
入世何妨畧近情

菊答

清標自賞耐霜寒願與孤松一例看莫怪秋容太消瘦
生成傲骨入時難

任他凡卉競枯榮自守三秋晚節貞徙倚東籬甘寂寞
春風桃李不關情

景姜以四律見貽勉和其一

風標絕俗最堪欽相對忘言意愈深木葉關山千里感
梅花氷雪百年心笛聲偏向愁邊起書味聊從澹處尋
讀罷新詩增感觸除君誰更是知音

乙丑二月送別景姜歸里

分題鬮韻互相酬只有愍癡不解愁一自熢煙迷故國
避兵千里也同舟

光陰如箭幾春秋作客渾如不繫舟唫盡天涯芳草句
拈來字字總成愁

無端君又賦于歸猛聽陽關疊疊催未到臨歧先有恨
暗彈淚點强相陪

一片癡心禱上蒼欲留駒影晷添長可知我是耽愁種
遇事都從暗裏傷

人生難得惟知己得見緣何又別離今日河干分手後
傷心不敢問歸期

吁嗟無計暫句留颿影悤悤雲影浮情極不堪問楊柳可能爲我繫行舟

驪歌一曲各銷魂杜宇催歸不忍聞山色縱遮千里目羨他一路尙隨君

此行重覩舊山河滄海桑田一霎過風景故園蕭瑟甚料君得句感懷多

桃花潭水深如許彷彿汪倫送李時無可奈何成遠別勸君切莫過相思

一腔幽恨付詩筒渺渺雲隨颯颯風試問天公緣底事偏儂生在別離中

慈湖寥寥庵看牡丹

潑翠晴嵐一帶遮色空空地轉繁華笑他魚磬蒲團外底事還栽富貴花

春夜感賦

素性無人識難教結習除綠窗閒課弟隨意注蟲魚

不解趨時樣梳妝儘更清任教花似錦安分女兒情

春寒

雨絲風片打窗紗商畧綿衾逸興賒多謝東皇生意厚替人綫釀碧桃花（署內碧桃初放故云）

病中盼景姜書不到賦此寄之

風風雨雨儘蕭疏藥臼秋燈伴索居閒雁但傳空外響剖魚疑有腹中書蕉留紙樣曾教種苔印鞵痕不忍鋤（前得來詩有舊時鞵印有還無之句）爲問故人知我否綠窗久病未消除

九日

蘆花蕭白柳淒黃風物相看總異鄉故國雲山渺千里天涯風雨又重陽鏡臺應惜新來瘦衣帶空憐病後長自笑疏情偏愛潔埽窗坐對蕙鑪香

夜坐假寐得末一韻因足成之

頫仰乾坤感古今倦時假寐醒沈唫無情莫杵催愁起有味寒燈耐夜深自分性迂甘忤俗轉欣才拙少知音

癡魂願化天邊月照徹人間靜女心

書懷柬景姜

刺繡寒窗獨坐時每懷返哺感烏私望施行馬期兄貴（伯兄需次越中）慣喜塗鴉笑弟癡（似周六弟髫歲能詞）李廣不侯嗟命薄陶潛作令苦塵羈承歡且著萊衣舞世事由來似奕棋

除夕偶成

鄰下常依不厭貧只愁無計可娛親蘆簾紙閣商量夢燭影爐熏煖熱人漸覺天涯風物換暗驚堂上鬢毛新何須埽室除煩穢清足居原絕點塵（予近署所處之室曰清足居取梅聖俞十分清意足詩意）

久雨初晴不負齋梅花將落時家大人偕友游金沙嶴
看梅五有酬唱奉同原韻呈家大人
幾日春陰小閣寒暗香疏影護持難惜花心事人誰識
聽雨情懷夢未安鶴意欲窺纖月瘦鵲聲已報溼雲乾
羣公得踐尋芳約都似神僊上界官
胸中五嶽起層巒蕩滌心情古鏡涵半月得閒容小病
一編相對勝清談性甘澹泊非關冷手摘寒香自笑貪
東閣傳箋詩興好敢隨杖履句同探
雨夜讀吳絳雪詩草桃谿雪傳奇漫題五首
美人命薄竟如花羣賊猶知道韞家有此驚才兼絕豔

料爲蝬鶴不蟲沙
更傳妙筆託鍼神兜向蔆花自雅馴梔子同心誰解得
璇璣文字又翻新絳雪以所作迴文詩繡鏡箔一事寄其妹名曰同心梔子圖
讒口誰將姓氏揚一時戎馬太倉皇滿城文武全無策
不道安危倚女郎
智能紿賊勇輕生竟爲黔黎請命行大局已全甘撒手
空山哭斷杜鵑聲
和戎唱後愧須眉湮沒同悲恨不齊絳雪死事久無傳之者不是
銅弦傳鐵筆桃花枉自落前谿傳奇爲近人海鹽黃韻珊大令所作
丙寅春日恭題家大人雪竇夢游圖

詩情一縷嫋雲霄夭矯盤空不可招何處山靈偏狡獪
峰峰幻出碧岧嶤
恍惚經過十八折在雪竇普同橋之上聳身又上乳峰巔華胥國
裏應相妒道是何人到洞天雪竇爲道書洞天之一
太白已從天姥返少文昨夜臥游回僊人認得王喬舄
管領名山雪竇來借用家大人小印文
巖壑迷離筆露垂天開圖畫在乳峯下作罘罳神工鬼斧休
閒著爲我深鐫應夢碑碑爲雪竇十景之一
落梅感賦
一曲江城玉篴吹無端零落點蒼苔可知有箇工愁客

滿地寒香獨自來
世間誰復癡於我每到花殘一愴神惟願將身化胡蝶
孤山飛徧證前因
丁卯春日隨侍兩大人石齒嶺看桃花紀游
苊苊香海欲迷津可似僊源爛漫春獨向翠微高處立
萬桃花擁一詩人
一重桃萼一重山路轉峯迴未許攀日莫鬢絲風漸緊
暗吹花片落人間
翦綃爲骨錦爲姿沈醉東風二月時燕影揹將花影去
一襟紅雨洗胭脂

待熟蟠桃已有因長生願乞爲雙親（今春恭逢嚴親五秩家慶故云）山靈應識神僊眷大似瑤池會上人

謁曹娥廟

欲拜靈祠願未酬今朝何幸泛輕舟孝思永靖驚濤險正氣能敎歷刼留四面峰巒朝萬笏一條江水共千秋始知俎豆馨香意錫類何嘗廢女流

長歌哭景姜

病葉鳴秋風瑟瑟妖鳥宵征叫荒驛布颿無力不再飛我輩相逢石尤嫉千里因君到故鄉正期執手話離腸茱萸香裏歡聯袂湯餅筵前慶弄璋誰知忽得耿蘭報

道君遽應嫦娥召意外驚從天外來夢耶眞耶兩難料淚從心湧不勝彈涼夜吞聲心愈酸可奈歸期遲五日竟敎一面見偏難（余以菊秋朔日到錫景姜于八月廿五日下世）春風猶憶當年別歌殘楊柳聲聲咽畫閣孤舟聽雨心（景姜寄詩有雨聲滴得人心碎畫閣孤舟此夜同句）那識相離卽永訣織錦無煩蘇蕙詞（景姜適竇氏）孟光操作善支持（景姜于歸後屏棄吟咏中饋克修）消除月榭尋詩興檢點雲窗寫韻時一紙書來讀輒噤夢境不祥愁已甚（景姜來書有夜夢不祥恐不能與故人再見之語）我猶婉致慰藉詞詎料前言竟成讖如君風格類書生此去修文向玉清紅閨有我尋前夢碧落何人證舊盟直欲從君訂幽契苦爲雙

親寄塵世尊緣難同帝女花消息空勞僊子遞喚君不膺痛轉深誦君詩句益沾襟尹邢相對終慚德管鮑論交只許心（是聯景姜贈句）傲霜瘦骨支離久可憐更誤庸醫手（景姜產三日肝疾偶作醫誤爲癱連進破血之劑遂致不起）遺此呱呱半月嬰泉路何堪更回首悠悠生死隔幽明苦竹黃蘆萬里情海樣才華花樣命憑棺一慟不成聲悽絕爲君檢遺稿吉光片羽珍如寶沈檀重爇護簪花雲鬟長埋悲宿草枉逐歸橈意未伸東籬花又一番新斜陽衰草江南路獨向荒郊哭故人

戊辰九月將從楚游留呈兩大人兼別弟妹

于歸甫兩月轆轤迴柔腸我生廿六年無日離高堂一旦甬江水送我游荊襄我生日以遠我心日以傷天涯卽門外夙願何時償北宮有奇女不嫁能安貧甘心粥釵珥守貞奉老親有志我不逮俛仰愧此身但覺秋風惡吹我如輕塵悠悠遠別離世事難由人小別已難堪況復有遠行從茲遠父母衛女同傷情我意誠惻惻大義豈不明此身不自主萬感中懷生天心無兩全垂裦重吞聲相見知有日曰歸難豫期罔極恩未酬立世將何爲恐

添堂上愁有淚惟偷垂當歸何日寄遠志難爲移春花
歇秋日根落名將離願言松柏心長祝親期頤
自我之出矣手足毋參商加餐各努力雲路同翱翔晨
昏賴弱妹珍重娛高堂上慰雙親心下減余愁腸行矣
何可言問天殊蒼涼

豫章舟次感占

回首幾千里晚山無限青斜陽休刺眼容我望親庭
人遠天涯近傷心淚暗彈可憐今夜月不向綺前看
心事何堪說客程風物非思親憑一夢夜夜到庭闈
漸覺秋將莫蓬窗祇自驚聽風兼聽水都帶別離聲

題偶蓀夫人聽雞圖

三五明星爛有光天邊遙唱浴扶桑關心不爲蠅聲誤
側耳先教婕夢忘絳幘因人頻報曉綠窗有女已凝妝
早朝更待親相警豈獨雞鳴第一章

冬初寄諸弟

舊嬾新愁事事增客中強自振精神聽來風雨聲添感
唫到池塘句亦辛白日看雲情更切青燈誑夢恨難眞
遙知手足承歡處數徧同懷少一人

梅

鐵骨冰心迴莫儔託根祇合傍羅浮半籬微雪簷無影
四壁凍雲凝不流除卻逋僊誰可偶本來杜甫善言愁
山中歲晚殊岑寂紙帳銅瓶好唱酬

春雨

連宵點滴暗消春醒到樓頭聽雨人未綠莓苔應漸長
乍黃楊柳定能勻愁絲織霧迷重影碎腳圈波憶幾巡
明日簾開增曉豔養花天氣正清辰

莫春口占

肥綠瘦紅春欲歸柳花隨處點輕衣撩人最是雙雛燕
故作依依傍母飛
景物他鄉總不如水流花謝雨晴初離愁觸處都成感

難借春風爲翦除

庚午七月晦哭臨兒

無根小草不禁秋一瞬靈圓水上漚縱到彌留還解事
垂頭兩淚向儂流
日日牀頭望病痊自爲裹抱自爲憐傷心今夜黃昏後
誰向荒原伴汝眠
四壁哀蛩竟夜鳴聲聲入耳倍悽清痛兒剛會臨池意
總是聰明墮爾生（兒於掌心解以小指作字）
開箱怕疊繡羅襦空道他年千里駒夢醒慣防兒索乳
小名猶向口中呼

初生記得夢蘭投歡喜詎知蚤種愁我爲哭兒消瘦盡
綠窗扶病强梳頭

款冬第一集分得詠物四首同外子作

鏡花

活色生香如是觀最空明處最團欒曉妝遮莫剛回步
對面穠枝背面看

水月

欲掬渾忘寒氣侵一輪冰鏡濯波心莫將瀍曲誇天上
都寫霓裳聽水音

浮雲

膚寸氤氳夕照邊非塵非霧更非煙輕羅一片無心曳
遮卻青青半壁天

幻影

一例亭亭不當眞照來春水淨微塵依稀幻出無窮態
月下燈前總此身

臨兒殤已百日感而有作

孩抱十七月而今那可思夢中如勸母向後莫憐兒可
有投懷日難忘學語時阿爺知我痛怕說衮師癡

夜坐有懷

夜半不勝寒霜華一以凍北風著力吹吹醒還家夢

夢醒月在窗皎疑白日起視一披帷方知是明月

餘杭郎潤芝夫人招飲賦謝

西風寒月夜窗虛鹽米光陰樂有餘新味奉姑聊勸酒
閒情課女自抄書不關樸拙詩詞廢半爲薪勞筆墨疏
韻語寄君惟本色唫筒休道報瓊琚

寒夜

不覺北風緊滿窗霜月新漏聲遲閣夢燈影澹依人薄
酒猜醒醉眞情忘笑顰歸鴻送清響閒坐一思親

集琴操名詩

丙子冬莫長夜無俚每聽外子鼓琴對譜理絃引聲
成曲古樂僅存操縵相賞因大雅之標題集短章而
依永材如百衲美等千狐詩城附庸錦文備格云爾

玉樹迎風懷水僊坐忘搔首問青天雲中笙鶴歸何處
流水春山聽杜鵑

泠泠列子御風行栩栩神遊六合清閒坐洞天春曉後
不從瑤島問長生

一江月白擣衣哀秋杵吟聲催夢回夜半客窗清話久
莊周蝶夢不重來

讀罷二南翻大雅關雎一曲沖和吟良宵秋半三更月
轉入高山如有心

雁度衡陽月半鈎玉關秋思一天愁平沙暗數程三四
飛過衡陽雪滿頭
蘇門長嘯續離騷半蒻幽蘭寄思高欲弔屈原何處是
汨羅江下水滔滔
如何消遣廣寒秋三五雙清風月儔寄語姮娥秋怨否
清虛半面可添愁
清夜聞鐘白雪天怪他滕六太狂顛冰痕凍裂空山磬
寂寞茶歌半榻煙
三疊陽關聽可憐春江送別又經年援琴欲作相思曲
無那秋聲咽七絃

梧桐夜雨又黄昏風入松間葉打門作得夏峯歌未半
滿懷春怨暗消魂
東飛伯勞雲撥銀崆峒山中思友人吟君招隱詩甫畢
八行書寄和陽春
空江秋月照茅亭天半高山夜色清時有漁樵相問畣
楚歌九轉不堪聽
黄鶴樓中老醉翁八公强半已還童琴書樂道參同契
高臥箕山秋月空
皎月長清玉漏遲梨雲春思十香詞天風環佩空空想
神化忘情意半癡

子規叫月春歸急春曉塡詞百二十一聲欸乃續漁歌
淼淼春江月波溼
山半十二紅闌干安樂窩中靜夜寒梅花三弄半輪月
蝯鶴雙清竹萬竿
箏理秋鴻柱十三歸風送遠望江南廣陵散已無傳久
聽曉鶯嘹嬾擘柑
黄雲秋塞冷刀弓霜夜聞砧夢不通羨殺幽人折芳桂
閒聽梧葉舞秋風
贈別宿松羅譜妹琵琶青和原韻
渺渺余情信共芳愁絲別緒篆添香三年一別渾如夢

但看江流曲似腸
長夜橫琴憶水偲尺書難得到燈前挑燈試讀瓊瑤句
無那橙黄橘綠天
久別重逢話昔游西風萍梗兩悠悠送君偏是逢君日
惆悵歸鴻急莫秋
春宵坐雨遣懷
滿院輕陰澹不收好春煙景但如秋幽篁尙漬湘君淚
香草應知楚客愁且喜有詩裁白紵本來無夢到朱樓
天涯旅寄歸何日天末衰親已白頭
最憶

最憶西湖好風景何時水北結幽鄰艱難處世誰常健
辛苦持家我慣貧有味書篇同訪舊無憑眉樣厭翻新
青燈紙閣蘆簾底井臼閒隨問字人

紀哀詩

庚辰正月慟閱訃書欲歸不得傷先君之永訣念慈母之就衰逆境如斯痛定思痛紀哀成篇未能盡我欲言亦曰長歌當哭耳

寒鴉號風怨春雪黯澹愁雲白日急意怯心驚不自由
飛來噩訊腸先裂噩訊悲傳一紙書紙長燭短書模餬
反復持書轉疑夢相看失色捶胸呼去年父病思歸省

難止難行迄無定遲我歸程信子平荒唐星卜誰眞應（星者云先君尚有十年大運）今年父歿仍未歸徒悲泣血中懷摧我
縱還家父不返此恨終天雙淚垂吾父沈淪今隔世最
痛生平不得志白首分符遷判官藍田作記留廳事我
不負丞丞負我薄祿微名無一可（先君官慈谿丞日曾署廳事曰不負齋）
折腰且卜升斗貲扶病猶繙簡書坐才能未展志未伸
傷心撒手離埃塵弱弟窮愁守黃卷（先君素喜讀書六弟兩科房薦均不得售他日或幸成名先君已不及見矣傷哉）阿兄老大辜青春舉家婚嫁累
吾父羣從提攜念同祖一身避債乏高臺千古療飢嗟
漏脯愈貧愈病病愈貧不疾歎絕飛將軍那有花卿醫

瘧疾（先君患三陰瘧年餘竟坐不起）豈無詩鬼唱秋墳不堪歡笑依親
厀偏讓阿爺憐女切女生畢竟外家人十年千里九離
別噫吁嘻當年已痛生離詩況寫今朝死別詞翻哀弟
嫂迎幽室（伯嫂及仲弟夫婦均相繼先逝）但祝長春慈竹枝

歲莫聞伯兄客死杭州爲詩哭之

訃書千里自杭州急景彫年死遠游已痛椿靈纔失蔭
何堪荆樹又悲秋客中弱妹襟先溼夢裏孤兒骨未收
手足九人摧大半倚閭尤有淚盈眸

辛巳閏秋二日適顧氏仲妹沁玉訃至寄輓五首

折到連枝姊妹花不堪噩信報嘑鴉衰年最痛慈懷苦

老眼乾來淚轉加

八載慈湖判袂時聲聲猶記訂相思歸期空負當年約
慟我淇泉未有詩

最是悲涼七月天頓驚撒手去重泉一生宜雅還宜俗
愛好心情倍惘然

婉順溫和婦德良而今奉倩益神傷天寒翠袖甘貧累
未了平生飲恨長

病羽離褷秋復春年來我亦淚生塵歸甯他日誰連袂
回首蘭閨賸一人

消寒四詠

黏窗

重重方空換輕紗瑟瑟風威面面遮簷薄煙痕籠竹素
尋常月影補梅花疏櫺不讓紅牆隔淨几還宜綠幕斜
閒看凍蠅鑽故紙新來詩意鬬尖叉

炙硯

呵凍何須玉辟寒池冰微解墨微乾筆花早熟三生夢
火候同磨九轉丹鑪有宣和新樣式田無惡歲舊艱難
從知石友天然性冷熱因人一浩歎

煑雪

縛帚提壺埽雪花寒泉無此足相誇竹鑪活養松枝火

冰盞添斟霧窟芽直以聰明資煆煉也從冷澹味清華
吳姬但識銷金樂苦憶當年太尉家

負暄

寒消九九放晴天野老閒談獻曝年列坐茆簷捫白蝨
同披絮襖樂黃緜政如日暖多相愛情到冬烘亦可憐
茸帽蘆鞵嗤覓句終朝爲底聳唫肩

題孤蓬雲海圖冊子

壬午莫秋衰慈臥病江城六弟秋試後來鄂省覲迎
侍邅歸又將遠別出冊索詩離懷儒忱惡能成詠勉
同外子以短律應之蒼茫八海家難如斯吾弟甘遠

游乎相喻言表可也

瀛洲何日到親舍白雲隈芥子若相喻琴師安在哉嘯
歌有魚聽浩蕩逐鷗來願繫飛行迹斑衣學老萊

述哀 癸未秋仲聞母訃作

生不能依親前歿不能侍親側人家生女復何益出入
顧復徒愛惜痛念吾母兮此恨何極解一自從父歿今幾
年檢蕕孤弱維吾母之賢負郭況乏桑麻田枕蓆冰檗
幾不克自全嗚呼吾母眞可憐解二吳山高漢水阻似聞
我母憶女朝夕愁苦爰遣桂舟迎母來楚喜極不覺涕
如雨各有低徊不盡之言哽咽不能吐解三九月云莫繫

霜載塗有弟有弟奉母將歸吳使我欲留不能欲別不
忍搔首而踟躕解四悽悽惻惻兒伏母䣛惻惻悽悽母牽
兒衣出門四望但見長江浩浩白雲孤飛嗚呼母病如
此後此相見知有期無期解五蚤知無見期何不隨母南
歸奉侍數晨夕昔猶生離今死別吾心悔痛那可說解六
昔昔之夜夢歸故鄉如見我母病在牀兩鬢雪白容枯
黃欲語不語中心傷始猶彷彿終渺茫嗚呼夢囘兮血
淚徒沾裳解七
餘哀未盡載紀四絕
去年今日事堪哀風雨江城送母囘誰料今年逢此日

夜臺一去不歸來

枉傳德教更慈明百不如人負此生到底蒼蒼欠公道

可憐有子未成名

傷心怕檢嫁衣裳知費當年幾許心腸斷猶留手中綫

不堪重理女兒箱

憑棺臨穴皆無分默坐椎心倍愴神望斷梁谿谿畔路

思兒從此絶無人

閒遣

東風料峭掩窗紗竹竈香清自煮茶留得小時青玉管

閒看嬌女學簪花

甲申六月外子爲貴筑廉使黄公製乃園雅集圖幐題

一詩亦和廉使原韻

卿雲輝德星百里賢人聚相商乃園圖若識乃園主同

盟擘唫箋擊節酌清醥瑶瑟豈凡響一彈再三鼓曲高

和蓋寡處今韻希古離離意蕊舒冉冉筆花吐每聞催

詩盋欲理釆蓮艫癡顰效捧心弱腕奈神弩才無詠絮

長缺敢鍊石補聊慰見獵思玉尺未堪數

梁谿感舊賦示兩弟

久别家園二十年（戊辰游楚戊子隨宦東歸自暌里舍適二十年）重來何事不

桑田九龍山色依然好惟有白雲空滿天

躍龍橋畔水粼粼望裏家門益愴神到眼夕陽芳草路

倚閭無復白頭人

白楊荒隴子規哀開徧棠棃酒一杯哭問九京聽得未

天涯弱息甫歸來

莫色蒼蒼野色深將歸重戀碧雲岑分明試認松楸徑

容我年時夢裏尋（予家祠墓並在惠山）

寸草春暉報答難浮生如此强爲歡當年坦腹親掄選

未及今朝一笑看

隔世嬋媛絶可憐奉親泉下賴伊賢（時六弟婦狄湘厝匶墓側）傷心

弱弟猶傳語盼斷歸來整十年（聞弟婦在時慕予甚摯）

一卷曇花感夙因（予曾爲杜表姊景姜刻曇花吟遺集）外家寶樹久飛塵

紙錢麥飯青山道空對東風哭故人（景姜墓在青山灣以道遠未去）

徘徊怕過舊妝樓斷礎頽垣滿地愁尚憶緑窗夢初起

朝朝阿母唤梳頭

諸弟相逢鬢有絲凉宵翦燭漏聲遲休題風雨江邨裏

老屋殘燈夜課時（壬癸之歲避地崇明先君恐諸弟廢讀命予課之）

劫後家山未當家苍苍身世悵摶沙不堪遺事談天寶

也自吳霜點鬢華

喜雪詩

十有二月幾望貴筑方伯黄公首作喜雪詩外子既

和之並製詠雪樓圖幅屬爲繼聲亦用原韻

遠邇勤補麥貴賤同盼雪麥苗苦中乾雪意逼內熱雲蒼蒼陰搏陽密霰騷騷復屑屑將冰比清玉比潔精誠格天官不祈和甘入地民俱悅昔在楚昨來秦今茲吳下歌登春（今春貴筑公自陝來蘇）春臺何熙熙義漿及仁粟寒閨亦喜絮因風煮雪綠窗商畫局

辛卯初夏送別六弟應南皮尚書聘赴武昌

此心聊借一枝安珍重天涯遇合難客裏寒暄應習慣無煩阿姊勸加餐

廿載棲遲憶舊游白雲望斷楚天秋而今陟岵悲無路

終古傷心在鶴樓

劉家小妹久歸眞（沁玉女弟棄世十年）數徧同懷一愴神（余晜七自季弟夫婦之逝賸弟與余已）孤露相憐惟爾我如何長是別離人

壯游迢遞難爲別多病情懷最自傷我返故園爾異地無端人事有參商（余客楚廿載昨始從宦還吳今弟又作楚游矣）

假裝梅子正黃時千里江流膢酒巵舊侶新來儻垂問爲言蕉萃鬢添絲

龍門聲價豈尋常清發於今小謝強三楚文章美蘭芷好攜玉尺細評量（弟去主兩湖書院文學分教一席）

吳市傭書已有年楚邦文獻又成緣只愁聽到山陽笛

回首黃壚一邈然（謂貴筑公父子）

知己平生未易逢由來國士行如銅馬枚原是梁園伴握手長乘破浪風（沈孝廉應聘同行）

更爲良會期何日留此音書慰寂寥卅六江鱗一雙雁郵筒幸勿付洪喬

玉露金風桂葉斜秋深文戰客歸家快看潑墨題名候得意還來就菊花

壬辰中秋五十述懷呈璞齋夫子兼示六弟

半百年華幾變遷滄桑彈指憶從前流離蚤作辭巢燕寥落渾如咽露蟬貧佐文簫聊寫韻才非德曜敢稱賢

人間福慧成虛語偃仰浮生一惘然

易簀無成矢寸衷敢云林下緒清風春暉愛日慈姑健好句微雲選壻工（謂次壻鍾郎）陶寫心情詩畫裏消磨身世米鹽中荆釵隨分安吾拙枯菀無煩叩碧翁

倚竹牽蘿漫怨嗟硯田原是好生涯解圍未設青綾幛偕隱須尋白鹿車五瀉煙波常入夢六橋鷗鷺尚無家（杭州故宅久燬於兵）功名休更嫌升斗晚節東籬且種花

草草勞人不自由已教善病況悲秋結茅莫遂名山志拱木難忘故隴愁拂拭襟懷徒浩浩平章歲月但悠悠百年半逐駒馳去貧賤夫妻漸白頭

少小聞詩憶過庭誰從曙後惜孤星舊游寥落空浮碧
句章丞署在浮碧山之麓予少時嘗侍先君子遊焉遺墨蕺殘待殺青（方爲先嚴慈謀刻遺集）
漫誦班昭能續史幾曾伏女解傳經窮途弱弟愁相
對話到傷心不忍聽
淚傳詠絮多新句夢訝生花筆已枯伊昔吟梅戀東閣
於今對月憶西湖孤山有分安吾骨大地何時息此軀
（余有梅癖兼愛西湖欲於孤山之麓卜一佳城苟無閒地可營生壙）樹有連枝鳥同命齊
眉私願乞黃姑
平生微尙託琴書有子徒勞說鳳雛倘事嬉游荒簡畢
可能志量在桑弧門庭詎望施行馬車服還須愧令狐

清足居集　二十九

出處爾曹能努力老予瓢飲亦堪娛
古稀中壽尋常事來去心驚日孔長自覺形容非故態
可憐時世又新妝繙書强作消憂計采藥難求駐景方
有限年華宜自惜虛抛心力爲誰忙
愁思無端且抑裁木犀香裏綺筵開紫鸞預兆恩光近
青鳥欣傳吉語來（夫子方北上引覲）恰好潮從江上至（余與潮同日生）
行看槎自斗邊迴獨憐四野蜚鴻滿介壽慳多酒一杯
（災黎偏野無意稱觴）

哭旅兒

早慧物所忌汝質乃近愚獨喜性靜默嗜好與俗殊家
貧無長物所有書五車喜汝能博涉六籍供田漁汝爺
笑謂我此吾行祕書每當下學歸兄弟相喁于作字亦
不醜簪花善臨摹書成請評隲含笑牽孃裾我老百無
歡見此頗自娛此景今不再回首悲何如
汝生歲甲戌我時方歸甯咳名襁褓中喚汝曰寄生外
祖頗愛汝謂兒乃甯馨十年一彈指幸汝漸長成可憐
汝外家門戶日替零今惟汝舅在身世同浮萍自恨數
太奇殷殷望諸甥謂汝頗挺立期汝能成名胡汝不克
副奄忽歸九京昨來彊慰我未語先吞聲吞聲更無語
使我難爲情

清足居集　三十

自我歸汝家汝父苦貧累對泣牛衣中甯敢怨顑頷生
汝八弟兄心力亦幾殆所覬俱有成婚嫁事完備迨我
謝世時送我入幽隧了我一生事辛苦聊自慰此願豈
云奢而竟未能遂自從阿加殤倏忽廿四載今汝又繼
之天乎我何辜汝爺素曠達痛極轉無淚況我多病軀
剜此肉一塊吾衰豈久存九原汝其待
十月有八日兒病漸不支宛轉衾簟中氣息餘一絲依
依握母手問爺歸何遲伏枕還和南聲聲念母慈兒身
惟母愛兒病惟母知勿厭兒擾母擾母祗此時願母强
自寬向後毋思兒此語誠可痛此情那可思夜臺風雨

黑兒今去何之暄寒與飲食誰爲兒護持嗚呼我阿寄汝當知我悲

小春有良辰行爲汝娶婦汝母拮据籌備此合歡酒頗聞彼姝子堪儷汝嘉偶庶幾小鶯鶯婉孌侍左右豈謂連理枝摧折如此驟此豈吾罪譬致汝不克壽抑或兒命薄無福一消受冥途焉可知靈璅渺難叩汝兄幸有子聊使承汝後縗經拜汝前足慰汝心否

書堂夜沈沈燈火凄以碧涼月照古落中多汝行跡入室何所見見兒几與席是兒冠與裳是兒巾與舄兒書所未竟朱墨紛狼藉兒嘗所披覽丹鉛半剝蝕爲兒檢篋衍一檢一於邑悽風動塵幌猶如兒出入兒魂儻歸來撫几應歎息歎息如可聞哀蛩闇中泣

賺我十九年欠汝淚萬行承此萬行淚爲兒奠一觴兒生於慈湖殁迺在金閶中閒鄂渚游曾未識梓桑行覓一坏土送兒歸故鄉當與汝長兄埋骨登蒿邱庶汝小兒弟泉下相扶將朝游傍青林夕嘯依白楊倘猶戀庭闈同來侍吾旁嗚呼我阿寄汝今在何方家人或汝悲時過亦漸忘獨有汝母心積久彌摧傷摧傷豈能久雙鬢今已蒼老者幸尚存少者胡遽亡嗚呼我阿寄天意眞茫茫

坿錄聞叔兄電訃遥哭以詩　以仁原名以良

吴江楓落滿天霜一雁離羣倍感傷别後詎知成絶訣目前不意遽參商池塘空夢春生草風雨難期夜對牀惆悵脊令原上路冷煙漠漠易昏黄

荆花第六久分開第五枝花今又摧有定數時難挽轉無名病死尚疑猜石卿竟作蓉城主溫室虛懸玉鏡臺最是堂前哀大母痛孫比我哭兄哀

廿年兄弟别離多夢短天長喚奈何起死無方醫亦窘返魂有術事原譌空思泮水芹同採還憶芸窗硯共磨我勸高堂休更慟可憐雙鬢已將皤

初寒天氣雨如煙爲痛斯人不永年玉樹驚風枝易折明珠落地魄難圓此生會面原無日再世同懷或有緣回首江南阻千里愴然忍賦大招篇

題萬梅花擁一柴門補圖

吴江郭頻伽徵君靈芬館詩話紀女士汪宜秋題水邨第四圖云江鄉風景世應稀奈爾飢驅未息機輸與縫人吴季子關門自製水田衣深閨未識詩人宅昨夜分明夢水邨卻與圖中渾不似萬梅花擁一柴門奚九鐵生見宜秋女士詩欣然點筆作萬梅花擁一柴門圖神韻不減南田女士席韻芬題句云美人

翻作羅浮夢撰出孤邨處士家一片水雲渾不辨是人家與是梅花放鶴歸來雪滿邨微茫認徧月黃昏東風曲折隨香去先比詩人得到門宜秋復題二絕云谿梅繞屋太周遮一夜東風萬樹花恐爾詩多吟不徧要分幾本與儂家一谿涼月水悠悠翠羽花閒自訴愁怪底前時曾夢到本來此景似羅浮詩話所紀此則最勝雅人韻致動我遐思璞齋爲寫補圖余因效顰亦題五絕以誌嚮往之私云

江鄉好景最宜春不在山涯便水濱是夢是眞還是畫有梅花下有詩人

詩中有畫畫中詩佳話成於老畫師門外未容居俗子故教寫徧萬千枝

西泠汪與虞山席都爲梅花賭韻來林下風姿林下格兩般地望一般才

儂家亦有梅花癖他日言尋畫裏邨可許結鄰橋外住梅花缺處對開門

閨中那辨路依稀料得谿邊鶴應扉此景合題香雪海不曾著筆也神飛

喜聞艮兒入泮追悼旅兒

不成歡笑不成悲㥘聽旁人譽白眉慢道宏微偏出嗣豈眞法護竟難爲文章勉作無雙士華萼應傷第五枝猶記綠衣同問字絳帷往事益淒其

乙未冬日夢游諸山得詩後半既醒續成示璞齋

山色蒼茫甚幽蹤不可尋頻年知足意一片息機心青鳥自來去白雲忘古今會當畢婚嫁相對理清琴

玉峰隨宦即事成詠索和璞齋夫子

賃廡相從廿八年差無別恨上眉邊夢同同試生花筆篋底還存賣賦錢夫子需次以來仍藉傭書自給自覺癡情難學佛偶尋舊迹擬游僊孤山他日容偕隱多種梅花繞墓田

情殷捧檄出吳中名士當官自不同共企繭絲新政跡敢忘荆布舊家風心田得種兒孫福書案能加翰墨功勤儉助廉曾習慣願君亮節媲梁鴻

清足居集

蕉窗詞

光緒丙申長夏

撫槑詞人篆書

宋書諸氏家刻

蕉窗詞

評語

有生氣有眞氣一洗綺羅粉澤之態以石瞿之慧兄璞齋之婉儷門內唱和之盛有徐淑李清照所不逮者循覽終卷獨舉丁卯西湖一曲入篋中詞續選以當禾黍之歌壬辰七月既望譚獻

目

桃源憶故人　哭伯姊蔡孺人
惜分飛　送别閨友
柳長春　柳絮
玉樓春　春雨
賣花聲　清明日距伯姊歿已十旬泫然紀之
滿庭芳　柳絮
桃源憶故人　尋梅
醉花陰　供梅
念奴嬌　初夏客中病感
訴衷情　寄懷閨友
南鄉子　題家大人清可亭論詩圖
剔銀燈　題江館聽秋圖
一翦梅　與景姜不負齋賞紅梅口占
菩薩鬘　不負齋梅花盛開與景姜分詠得憶梅簪梅梅影三題
醉花陰
前調
一翦梅　題畫梅摺箑贈别景姜
如此江山　游慈湖有懷景姜
金縷曲　不負齋白桃忽萎賦此弔之
祝英臺近　彭城民女高婉姬貞娥少以孝聞年十七適郝氏子守身潔頻不得於庶姑庶

姑以女之異己也銜之蟣以蜚語而故問其夫夫果惑日加箠楚女不堪其辱且無以自明仰藥死郝氏子誣以暴疾女父疑訟於銅山令驗之得死狀郝氏子殊不承旋有蝿大如盌黑質而斑彩繞尸飛不去睨郝氏子若與仇且撲其面於是令叱之曰此爾妻也自來鳴冤矣尙可遁乎鞫之遂得實蝿乃轉投令前若稽首謝又投女父懷若永訣然翩翩向西南逝銅山令高在午丙諆首唱二十絕表其異家蓉沼從父司鐸是邑書來徵和因塡此解
踏莎行　題沁玉妹湖山春曉圖
臨江仙　前題慈命代作
點絳唇　前題代景姜作
西子妝　白蓮
玉漏遲　月夜湖上和閨友韻
金縷曲　題畫
前調　丁卯春日初遊西湖
湘月　題長沙鄭淑荃女史雲璈閣詩草
踏莎行　題籬下尋秋圖悼景姜也
前調　其二
慶春澤　冬夜盼家書
乳燕飛　己巳初春微痾偶作百感紛來欹枕無眠信口賦此
鵲橋仙　七夕詞索和璞齋
滿江紅　辛未仲春歸甯有日留别璞齋夫子
滿庭芳　題韻梅女史畫扇

蕉窗詞

金匱鄧瑜慧珏

南柯子

掃簟欹瓷枕開窗隔繡簾重重花影壓闌前無那綠陰庭院日如年　倦眼惺忪霧慵心婀娜煙拋書慢理紫牙籤偏是惱人燕語一聲尖

菩薩鬘 留別景姜杜表姊

深閨相伴無相隔而今祇有長相憶翦燭話三更應知同此心　一牋攜手贈莫抱天涯恨別淚枉沾巾年時當再親

浪淘沙 寄懷景姜

悄月轉花枝心事誰知博山香燼夜遲遲不是當年同賞處空惹相思　世亂歎紛馳難定歸時海雲千里遞愁絲何日題襟重刻燭分韻尋詩

虞美人 渡海

風聲滿耳檣飄急極望蒼茫色雲迷滄海海連雲一片浪花如雪打詩魂　水天以外空諸相對此添遐想淩波東去是蓬瀛安得憑虛樓閣結層層

踏莎行 招寶山望海

危磴盤來層臺行到浮屠絕頂游蹤少蒼茫畫意一條

煙海天空處風颿小　半壁深林四山荒草戍樓古堠頑雲罩忽聞雲外幾聲鐘鐘聲遠落潮聲悄

金縷曲 寄懷家祥玉姊

雪釀梅花白意沈吟故鄉何在舊家遙隔鐵馬金戈盈大地同是天涯寄跡又幾處輕成離別泛宅浮家重渡海各傷心珍重殷勤說分袂也淚痕溼　無端冷雨敲窗疾最魂消深宵傾聽一番蕭槭海水天風欺客夢此際愁心山疊況漏斷燈殘人寂獨箇裁牋憑達意寄相思欲寫還停筆傳語道遠相憶

柳梢青 同譜趙蓮卿姊將有越行以二詞留別依調和之

秋到雲天今宵別夢夢落誰邊蛟水留人鑑湖約客離緒絲牽　別人那解纏綿應笑我臨歧淚漣枕角磨愁燭心卷恨一夜如年

浪淘沙 其二

話別月明中幾陣霜風潮聲颿影忒悤悤不管離人情戀戀攺送孤蓬　天曉望雲峰心事相同花開姊妹正初紅此去前途逢雁字繫帛休空

湘春夜月 旅思和韻

乍微涼不堪回首繡塘已是寇亂連年驚看亙欃槍是年五月下澣彗星見於西北愁對一簾風露聽隔花蟲語度到回廊悵關河阻客他鄉明月故國斜陽　疏櫺悄掩橫闌罷倚煙嫋殘香旅館無聊每惜此如花才藻似水韶光誰家玉遂更賺人相憶垂楊怪世上儘紅羊歷劫勞勞塵夢難熟黃粱

清平樂 晚涼和憶僑弟韻

芭蕉秋戰雨過閒庭院水面風來簾乍捲吹得鬢絲微亂　桃笙涼透昏黃蛙聲鬧出池塘綠徧夢中春草渾忘人在他鄉

賣花聲 納涼

簾捲背銀燈冰簟鋪平遙天明月未三更睡鴨香銷花

影上衫褏涼生　蓮漏一聲聲珠露輕輕飛來星火小流螢最是多情蕉葉扇欲卻還停

虞美人 題倪扶亭夫人倦鬘留影冊

散花天女生花筆如入維摩室零紈碎錦認詩心合印青田小篆女雲林　悤悤擲筆驂鸞去影在人何許賸觴閣裏翠簾空夫人于歸時攜有巨觥後顏其閣曰賸觴閣忍道調鉛吮粉對秋風

桃源憶故人 哭伯姪蔡孺人

天涯竟夢游仙去風雨傷心無數此別竟成千古痛定憑棺訴　憐他稚子剛能語忍聽喃喃索乳令我更添

酸楚難把人留住

惜分飛 送別閨友

堤畔楊枝親手折忍淚依依送別此去宜珍攝留君無計心如結 已是驪歌聲漸急更惱無情片月偏照人愁絕酒痕和淚離襟溼

柳長春 柳眉

蛾影晴烘螺紋春逗一般嫵媚臨風鬭陌頭深淺畫難成恐他京兆還低首 新月同纖遙峯比瘦翠痕一展天生秀管人離別替人愁含顰自暎春波皺

玉樓春 春雨

小樓人倚闌干立酥雨和煙宵未息階前潤徧綠苔痕花底流鶯聲寂寂 阿儂空有憐花癖爲替花愁眠不得忍寒燕翦掠波還零落香泥多帶溼

賣花聲 清明日距伯嫂歿已十旬泫然紀之

鶯燕互尋盟滿院飛英惜花人去暗心驚何日桐棺歸故里魂妥山塋 事事減心情悶坐閒行一腔塵俗撇難淸拾翠尋芳都懶問負了淸明

滿庭芳 柳絮

如霧如煙非花非雪趁風吹過窗西隋宮漢苑行徧短長隄怪底撩人千里梅花弄最惹人思鶯啼也纔依曲砌又見入柴扉 迷離甘冷落無根無蔕一任風欺笑誰拘誰管隨聚隨飛縱作新萍水面曾任爾飄泊無依須知道生涯不定世路有高低

桃源憶故人 尋梅

庭前一夜風吹急雪意妒花飛白欲覓孤芳難得蹋碎瓊瑤跡 徘徊幾度穿林出想見瓊姿仙格未許俗人輕識惆悵無消息

醉花陰 供梅

爲恐江城風信動折取宜珍重瘦極更無詩紙閣蘆簾位置癯仙供 銅瓶雪水初含凍淸入羅浮夢點綴鏡

匳邊一種孤芳還與君相共

念奴嬌 初夏客中病感寄景姜

久疏唫咏歎年來多病朱顏消損花事又隨流水去漸覺日長人困酥雨濺梅輭塵颺麴天也全無準數聲鄰邃夜闌棖觸離恨 愁對寂寞孱房櫳藥爐火黑氣息香微醞遠道河梁人幾處盼斷翠鴛佳訊半擁紗衾悄然獨坐鬆挽絲絲鬢窺窗梳月有情來照方寸

訴衷情 寄懷閨友

懷人天氣早秋時離恨兩心知惺忪倚枕無語腸百轉夢偏遲 門以外水之涯望如凝秋燈一點秋雨三更

無限相思

南鄉子 題家大人清可亭論詩圖

今古幾詩魂飛入秋窗月一痕如此谿山如此夜閒身派別源流子細分　問字共論文往日趨庭憶舊聞今對畫圖饒樂意凝神指點龍山認里門

剔銀燈 題江館聽秋圖

獨坐梧桐陰裏聽一片秋聲瑣細碪杵敲涼菰蒲遞響書卷替人翻起此時庭際問何事蕭疏未已　山色波光如此人靜薄寒天氣蛩韻啁啾雁羣嘹喨添得幾多鄉思西風過耳應別有一般詩味

一翦梅 與景姜不負齋賞紅梅口占

冷豔迎春獨占先斜倚窗前斜對樽前茜紗格子澹如煙春在誰邊月在誰邊　悄背紅芳整翠鈿人比花妍花妒人妍亭亭相對各無言花可人憐人可花憐

菩薩蠻 不負齋梅花盛開與景姜分詠得憶梅簪梅梅影三題

芳園惆悵春無跡巡檐空自探消息寂寞詠花人相思幾斷魂　闌干都倚遍驛使何時見莫是隱深山紅塵不耐看 憶梅

醉花陰

繡閣天寒容懶整暫見冰姿淨呵凍試新妝纖手拈來商略安雙鬢　疏疏斜帖雲鬟潤瘦極偏相稱伴我一枝春卸了釵環紙帳香猶賸 簪梅

前調

夢醒羅浮人去後約畧龐兒瘦月下細端詳尺幅眞眞澹墨描初就　天寒合倩胎禽守憐惜情都有一樣態珊珊鏡裏嫦娥廝並堪稱偶 梅影

一翦梅 題畫梅摺箑贈別景姜

繪就羅浮絕世妝客裏流光扇裏春光一枝橫處月昏黃逗入詩腸沁入離腸　摺疊玲瓏褏底藏贈到他鄉攜到家鄉願君珍重惜餘芳展向蓬窗記向芸窗

如此江山 游慈湖有懷景姜

一痕蛾岫迎人笑鱗鱗繡漪搖碧水面風皺雲頭雨洗此際塵襟都滌蘼蕪一色猛觸起幽懷嬬人追憶湖畔橋邊那年何處記同立　於今重認舊跡是同行過此徘徊凝覓夢裏家山望中雲樹兩地離愁應積關河目極只方寸柔絲往來難隔待寄相思綠波雙鯉缺

金縷曲 不負齋白桃忽萎賦此弔之

不是尋常質記當年儂猶少小此花初植劫後重逢依舊好露井傳神愈潔看正好聯吟朝夕不料連宵風雨惡猛傳將花萎心驚絕癡蝶倦亂鶯歇　芳魂倩影尋

消息悵閒階垂楊自舞蘚痕空碧知爾潔身歸幻境仍入司花玉闕每獨坐無聊凝憶畢竟如伊眞命薄捲簾櫳愁殺憐花客情與緒向誰說

祝英臺近 彭城民女高婉姬貞娥少以孝聞年十七適郝氏子守身潔頗不得於庶姑庶姑以女之異己也銜之巇以蜚語而故聞其夫夫果或日加箠楚女不堪其辱且無以自明仰藥死郝氏子誣以暴疾女父疑訟於銅山令驗之得死狀郝氏子殊不承旋有蜨大如盌黑質而斑彩繞尸飛不去覘郝氏子若與仇且撲其面於是令叱之曰此爾妻也自來鳴冤矣尚可遁乎鞫之遂得實蜨乃轉投令前若稽首謝又投女父懷若永訣然翩翩向西南逝銅山令高在午丙謀首唱二十絕表其異家蓉沼從父司鐸是邑書來徵和因塡此解

儘伶俜憑折挫藩溷幾曾墮影瘦腰纖幽恨一身裏可柰雨雨風風凄凄慘慘等閒把浮生輕過　情無那幻出弱態翩翩分明示因果惆悵芳魂漂泊倩誰妥適從何處飛來還歸何處也不管柳昏花彈

踏莎行 題沁玉妹湖山春曉圖

濺淥侵衣澄波揩鏡有人悄把闌干凭幾分春色破煙來一枝紅彈雙蟬影　翠窅香深日高風定惜花記否當年景故鄉詩夢幾時圓天涯盡是消魂徑

臨江仙 前題慈命代作

一幅江南春寫就湖光山色分明小紅橋畔趁新晴曉風颺柳岸好是放船行　隄外海棠剛睡足蘚痕綠過閒亭靚妝初罷怯寒生碧桃花徑遠闌對數峯青

點絳脣 前題代景姜作

無恙湖山那年曾記分離日換紅移碧風景從頭憶尺幅傳來猶是銷魂色天涯隔峭寒同怯休傍闌干立

西子妝 白蓮

碾雪搏魂搓霜靧面秋水亭亭玉立笑他桃李鬬春風染妖紅競誇顏色瓊姿豔絕算只有湘娥堪匹最消魂是綠房迎曉素波澄夕　珊珊骨不染汙泥愛潔眞成癖滿身清露立銀塘證前身一丸涼月裁冰濯雪待洗盡人閒炎熱者心情除卻白漚誰識

玉漏遲 月夜湖上和閨友韻

玉盤秋皎潔煙消水定十分澂澈萬壑千峯朧重螺濃如滴眞箇無邊風月全不費青錢能得萬籟寂綠陰滿地偶留人跡　素娥似識幽懷把三五清輝照伊詞客隔斷飛塵恍到玉樓瓊闕此際囊中無句恐難對多情山色空明絕人與湖光如滌

金縷曲 題畫

雲水蒼茫處憑悤悤乘桴於海飄然而去富貴功名來亦好一聽悠悠之數想塵世幾人千古鯤化滄溟鯨跋浪有蒙莊先得逍遥趣潮自湧老蛟怒　三千弱水憑

飛渡問前途蓬萊方丈尙離何許闔闢陰陽多變幻晷
盡廣川一賦獨有客乘風起舞星宿羅胸芒角出看一
丸冷月當頭駐天與地爲誰主

前調 丁卯春日初游西湖

第五橋邊去繞橫隄殘山賸水柳髡如許我與西湖初
識面風景淒清細數有幾帶望中煙樹岳鄂王墳蘇小
墓信英雄兒女分千古移畫舫向何所　水天別映孤
山路放中流斜陽影澹一支柔艣乍聽鐘聲風外落知
在雲深深處又背轉蘋洲蓤渚留得殘荷依弱葢可憐
紅猶作淩波步閒意態問鷗鷺

湘月 題長沙鄭淑荃女史雲璈閣詩草

瀟湘江上有郵筒寄我玉臺新詠睥睨唫壇雄樹幟肎
讓須眉辟易刻玉爲腸鏤冰爲骨團雪爲情性鯉魚風
好送詩吹過煙艇　除卻蘇氏蘭言謝家絮語今日應
推鄭密詠恬唫渾不厭雲外尙留餘韻笑我壺盧愛君
錦繡樣子描無準瓣香私爇寸心當可遙證

踏莎行 題籬下尋秋圖悼景姜也

蹋遍疏籬可憐秋冷柴桑依舊當年景越天覓徧又哭
天替秋寫出亭亭影　幾瞰西風一條芳徑荒苔細草
零星賸落英醮額正黃昏無情零雨重陽近

前調 其二

魂不勝銷夢還無據悲秋情向籬邊訴紅塵碧落兩茫
茫疑形疑影知何處　恨海誰塡情天莫補此情此恨
同千古寫生只算返生香年年秋到儂爲主

慶春澤 冬夜盼家書

圓月凝愁寒燈暈影偏驚長夜如年盼絕家書恨他千
里俄延誤人魚雁無情甚漫思量尺素遙傳怕累伊一
瞰霜風吹落江煙　思親太息胸頭惡歎蛛絲宛轉方
寸長牽極目憑闌白雲搖曳南天吳頭楚尾傷心路縱
凝眸親舍何邊最難禁百疊千行有淚無言

乳燕飛 己巳初春微疴偶作百感紛來欹枕無眠信口賦此

世事何堪問念椿庭一官寄跡總歸無定廿載飽懸貧
轉累贏得霜痕滿鬢只手板消磨相證畢竟有誰能點
鐵歎空炊無米慈勞甚長太息懨懨病　離家以後難
消恨走天涯女兒身世從人行徑回憶孩提眞樂趣二
十餘年一瞬常慢把思親淚搵何日歸甯償我願效斑
衣舞綵承歡景心切切夢難穩

鵲橋仙 七夕詞索和璞齋

涼風瑟瑟羅雲冉冉又是纖纖明月漫將奇巧乞雙星
怕弄巧依然成拙　無情河漢有情烏鵲萬古千秋此

夕一年一度一相逢總贏得傷離惜別

滿江紅 辛未仲春歸甯有日留別璞齋夫子

如此江山歸驅裏子規聲急纔賦就原泉淇水暫時輕別劇飲莫和春醒醉訂期好數輪圓缺衹聲聲珍重不多言心如結　蘼蕪外靈妃琵琶楊柳畔桓伊篴總一般滋味百般情節摺疊衣裳防冷暖殷勤筆硯傳消息但書來兩地說加餐長相憶

滿庭芳 題韻梅女史畫扇

粉膩蠶凝香甜蜨懶替花寫出風神窺來月子點綴越清新但識韻梅小字也莫問何處眞眞豐臺路因緣翰

墨誰是畫中人　冰紈剛一握句紅劃翠別樣輕勻想石華吮罷猶帶脂痕畧帶一分墨暈更澹澹活色三分秋風惡珍藏什襲休便染微塵

洞仙歌 題羅琵青譜妹瓊臺詩草

柳陰陰處恰黃鸝三請爲寫司空那詩品算詞鋒翦綵心眼纖絲纔著就大集江東香茗　好花開姊妹聯褏題襟翰墨因緣更僥倖贈答粉匳邊牙撥銀箏願刪去別離情境料伯玉盤中讀回文蚤四角中央目迷雲錦

憶蘿月 辛巳閏秋病感

新涼天氣已逗深秋意愁病也如秋閏起慵戀半牀羅

被　伶仃母弟江鄉可憐夜短憂長似此中年哀樂教人那不迴腸

高陽臺 初夏有懷

花雨消紅苔煙鎖碧果然如水流年物候驚心無端離思相牽天涯咫尺人千里覓封侯未整絲鞭問歸期幼女嬌憨絮語纏綿　零愁碎恨星星記且和衣倚枕轉側無眠梅雨濺寒聲聲只滴窗前等閒過了芳菲節意闌珊瘦損蛾肩盼東華一紙書來默禱平安

玉交枝 題桃花畫扇璞齋爲陶子縝學使製

龍翁筆等閒染就香君血香君血美人名士而今難得

春來花向東風惜秋來扇柰西風急西風急年年常好瑤池標格

一萼紅 余癖梅成性每形詠言自累塵俗近遂荒廢昨讀肖菊兄公白雪紅梅詩畫不禁見獵之思輒有寫懷之句譜爲慢詞幷約璞齋夫子同作

歲朝春 丙戌元旦立春

喜和脂和粉梅雪一般新虛白含緋嫣紅碾玉妝點還勝春人也人事天工巧占好煮茗花底暖芳樽正月平頭百年笑口難得今辰　都道幾生修到便桃緗李素總落凡塵萼綠嬌羞飛瓊薄醉爭似雙頻潮痕有如此幽香冷豔要屏風猩色替傳神越是清寒那枝越自清芬

相見歡 郵題似周六弟湘煙閣填詞圖小影

天涯草色萋迷月平西畫出小紅無語怨鶯嗁　千里外親風采女嬃題題起萬般心事付江蘺

浪淘沙 雨夜懷遠

簾外雨瀟瀟涼透疏寮玉釭與我兩無聊自是愁人心易碎休怨芭蕉　望遠暗魂消雙鯉迢迢青谿柳色白門潮爲語西風須著力蚤送歸橈

慶春澤 庚寅元宵春詞索和璞齋

律轉天心陽回地氣雨餘剛好新晴佳節從頭難逢元夜同更幾年冷澹梅花雪記聯唫綠意紅情丙戌歲朝立春曾與璞齋同詠白雪紅梅喜今朝春滿江東月滿中庭　故鄉重到懷今昔歎當初鬟角點了星星嘉淑虛傳柰伊鹽米光陰也知花市燈如畫愛清幽自掩疏櫺笑通宵遠近人家爆竹聲聲

紅情 題吳興周侍御文綬雲先生茗邊填詞第二圖同璞齋作

此翁仙侶耐半甌沁雪松篁如許往事從頭依舊茶經配圖譜師弟傳神畫裏圖出費山人丹旭手第二圖爲陸大令昀製大令是山人弟子休定認後遊前度但側耳便有瓶笙相和沸疏雨　雲霧夢同煮料嫋入篆煙蕩漾心縷引商刻羽隔院呼鬟試鸚鵡幾徧迴甘忍俊慣消息腋風脾露是江表家世也曲終善顧

蕉窗詞

紉餘小草

（清）鄒佩蘭 撰

《紉餘小草》不分卷，（清）鄒佩蘭撰，華蘅芳輯，清光緒元年（一八七五）金匱華氏刻，中國國家圖書館藏。收佩蘭遺詩四十五首，詞八首。前有蘅芳及父華翼綸序。佩蘭早逝，蘅芳收其殘稿，輯編一册，前序中盡表思念、歉疚之意。

鄒佩蘭（一八三四—一八七三），字浣香。金匱人。廣西巡撫鄒鳴鶴之女，數學家華蘅芳妻。十一歲許字于蘅芳，二十一歲完婚。時逢戰亂，兼列強欺淩，爲自強圖振，『師夷之長技以制夷』，蘅芳鑽研數學、辦翻譯館、參辦軍械所、研製小火輪、襄辦江南製造局、造兵艦，公務倥憁，常累歲不歸，歸不及數月又他適，不免疏忽愛妻情感。佩蘭善病工愁，每於別離之時，淚涔涔下。離多聚少，又遭喪子之痛，憂傷交迫，年方交四十即謝世。金武祥《粟香五筆》有小傳，羅明、徐徹《清代人物傳稿》『華蘅芳傳』有記。

佩蘭有家學淵源，好吟詠，詩多感傷之作。『自嗟方識面，已賦別離詩』、『底事盈盈隔秋水，一年只許一經過』、『身同楊柳眠還起，心如芭蕉卷未舒』諸句，情真意切，感人至深。佩蘭詩風淡雅，韻律嚴謹，詠古之作，沉雄奔放，音節蒼老，《金陵懷古》、《廣陵懷古》諸詩浩宕可喜，爲人傳誦。其所填詞，清凄哀怨，如泣如訴。病重時寫下一闋無詞牌之詞，『萬轉千回，千回百折。驀然相見無言説。無言説，只怕來年此日，要成離別』之句，令人卒不能讀。

本書據中國國家圖書館藏光緒元年金匱華氏刻本影印。

（蔡家彬）

紉餘小草吾妻鄒氏之遺稿也吾年四十一而悼亡吾妻之死年四十矣其生平吟詠之作每以零星細紙散置於殘書敝帖之間病臥經年則爲兒童婢女焚棄者往往有之已不可多覯矣此數十首吾從遺篋中所得大抵哀怨之什居多豈其不壽之徵即在此乎雖然此亦其境遇使然無足爲吾妻怪也生逢多難時際亂離貧病憂傷交迫於中雖欲爲歡娛之辭其可得哉吾於詩詞素非擅長不識其格律聲調果有合於古作者與否惟念吾二十年來羈驅在外恆累歲不歸歸不及數月旋又他適吾妻善病工愁每至話別之際未嘗不淚

涔涔下吾以爲兒女之態宜然不料其竟不永年也嗟乎生既不得常聚一室死且不及撫其尸今日之辰兒子舉其柩以葬於龍泉山之麓又不能一臨其穴以盡吾情而此區區之殘篇賸稿猶在行橐之中久亦必至飄零散失以歸於無何有之鄉則後之人誰復有惜其才而哀其遇者豈非重厄吾妻也哉茲爲校錄一本序而存之亦聊以誌吾感悼之意云爾光緒元年十一月初二日金匱華蘅芳序於春申浦上龍華寺北之寓廬

余既命孫雷鍔扶其母鄒恭人之喪葬於龍泉山之東麓越數日兒子蘅芳乃始序恭人遺稿郵以示余余一展視之覺幽怨之情溢於紙墨有不忍卒讀者而其辭哀其音雅聖人所云可以怨者此殆是與其稿云得之殘篋中皆零星小紙蓋恭人祇以自遣不欲示人也其與世之朝吟詠而夕多贈答者固有間矣苟非蘅芳留心掇拾將埋沒於塵埃而終亦不復可見嗟乎自恭人爲余兒婦幾二十年初不知其能詩詞也兒子亦從無一語及之而其間遭離亂值播遷十餘年無旦夕之安及安矣而病不去身以迄於死其詩詞皆自寫其幽怨

而卒以喪其生是天之厄以遇適所以成其才也幸也夫亦可悲已抑余又思之恭人之詩詞悲感動人如此而余在門內竟不之知則欲知天下之才人烏可得哉然其所以不知之故由於不輕示人也世之沉絕壑而處窮巖者其韜晦抑又甚於是又何從而知之則夫才人之湮沒者正不知其幾何也余故復書數言而命兒子刻之以示後之人光緒元年十二月十七日華翼綸

序

紉餘小草

金匱鄒佩蘭

辛亥　家嚴北上余送至淮上而還途中得詩五首

夜泊燕子磯

荒磯一片燕飛過江上蒼煙鎖寂寥南北千秋爭戰地乾坤終古去來潮霄凌寶氣金應盡沙浸寒光鐵未消惆悵西風明夜月數聲漁笛在橫橋

抵金陵

攬勝尋芳向舊京六朝遺蹟入詩情清吟懶逐嬌鶯囀祗作催歸杜宇聲

金陵懷古

龍蟠虎踞鎮金湯六代銷沉幾戰場詞賦有人餘感慨江山終古閱興亡西州城外空青草東冶亭邊又夕陽太息前朝宮寢地而今瓦礫臥牛羊

十四妝樓鎖寂寥風華誰與續南朝板橋煙雨蕭疏柳畫舫春波上下潮名士舊邀桓子笛美人近憶嫩兒簫多情賸有當時月冷照青溪碧未銷

廣陵懷古

邗溝碧水漾晴沙隋氏當年樂事賒廢院蘼蕪猶宿蝶危隄楊柳已藏鴉淒涼豔曲聞長笛惆悵閒愁付落花莫問竹西歌吹路繁華夢醒玉鉤斜

壬子秋　家嚴自粵西旋里作此誌喜

解組歸來日全家共笑歡一官何足惜骨肉且團圞

詠蠟梅

性格孤高極風霜閱歷深色疑金作液香以玉爲心不羡繁華景甘居寂寞林一枝開歲杪寒雀是知音

家嚴六十壽誕

花甲周今歲宏開獻壽筵斑衣呈玉盞綵袖捧金僊願祝春如海同欣福自天年年當此日長得拜樽前

刺綉

二月春光暖深閨綉嫁衣一枝梅未就花上夕陽微

草

一度東風綠天涯歲又更客來應有恨花好不知名古驛夕陽黯小橋春水平踏青誰氏女結伴綺塍行

水仙花

水石得幽趣仙根耐琢磨黃冠金作髻翠袖玉裁羅高潔殊凡卉丰神出洛波小盆清玩處香勝百花多

勉弟

勸弟須勤讀芸窗耐苦心靜能開慧性學可廓胸襟黃

卷雞鳴早青燈午夜深一緘拼暫輟七步自成吟

即吉

去時拜別慘親顔一往金陵竟不還縞素已除恩罔極
蓼莪篇上淚斕斑
幾囘夢到白雲鄉恍敘天倫樂事長忽被雞聲催曉漏
數行清淚九迴腸
記得前年在里時諄諄訓女學爲詩追思顔色猶如昨
怕讀危城絶命詞

春閨漫賦

雲陰低護錦屏虚料峭春寒二月初綠樹雛鶯如學語
紅樓棲燕是同居塵偏識懶先封硯風不知愁又展書
金鴨坐銷香一炷碧桃花蕚未曾舒

乙卯送別

天上星辰合人間乞巧時自嗟方識面已賦別離詩

晚眺

月照滄波濶雲連遠樹低孤舟向何處寒雁一聲啼

水閣

一屋小於舟四面蒹葭水坐看白雲飛飄入蘆花裏

村居

謖謖巖下松無風亦成響落葉滿空山閒雲自來往

游二泉

結伴春游去今朝喜午晴小橋春漲暖野岸杏花明九
曲峰巒秀一潭泉水清好山看未足星斗又縱横

白雲寺觀荷

好泛蓉湖棹侵晨露滿裳恰當初日下翻似早秋涼有
子心先苦無花葉自香莊嚴七寶座端合禮空王

詠綠牡丹

螺子研成欲畫難碧雲移影入雕欄嫣紅姹紫毋相妬
空谷佳人翠袖寒
莫問姚家與魏家當年歐碧壓羣花此生偎骨分明在
第一丰姿蕚綠華

詠三國事

一檄曹兵下紛紛議戰降仲華今不見天賜晉横江
三萬觀瑜破英雄廻不同如何赤壁戰傳說待東風
宛洛無軍出祁山枉用爭可憐炎火熄恨向麥城生
銜璧隨車去曾無念蜀思祇封安樂好恰與此間宜

憶冰清女史

寂寂深閨盡日閒閒來獨自背欄杆悲從別後生千種
愁在心頭作一團念我夜涼教擁被顧余身弱勸加餐
天涯從此無知已誰復幽窗課綉鸞

游山

風景依然似去年艤舟重向綠楊邊名山久識曾遨逆
囫月新攜又試泉未沒日痕紅上樹乍過雲影黑遮田
晚歸指點城西路更結清游異日緣

詠史

楊花落盡李花開忠諫無功枉自哀千里隋隄徧荒草
天涯不見錦帆來

己未送別

一片輕帆送客船迢迢北去路三千明知重晤時非遠
怎奈將離恨已牽雁塔題名應有分螢窗攻苦記多年

紉餘小草　五

願君勿惜修書紙兩字平安値萬錢

題箋面梅花

似此清癯冷不禁關山一夜雪痕深殷勤憑寄東風信
爲道春寒自小心

有感

杏花零落點苔斑庭院深沉月一彎報道春光燕銜去
令人腸斷玉門關

偶成

賣花聲喚過街東睡起拈針作女工繡出荼蘼春已了
留春無計怨飛紅

慵慵午睡日初斜亂挽雲鬟黑似鴉萬種思量何處訴
欲憑鴻雁寄天涯

養花

曉寒料峭綺窗深手沃清泉養素心自笑阿嬌無處住
膽瓶便抵屋黃金
瘦影亭亭背短檠霏微花氣漾簾旌春來有福能消受
願祝東風護一生

悼俊兒

去年出門兒尚存弱息懨懨欲斷魂何期忽地撇兒去
今日孃歸空倚門

紉餘小草　六

乙丑送別

楓葉蘆花兩岸秋陽關一曲又生愁恨他隄上青青柳
不繫歸舟繫去舟

憶母

一別慈闈半載多魚沉雁杳竟如何夢魂昨夜依親側
醒後啼痕溼素羅

題畫二絕

小樓門面綠雲遮一剪春風透碧紗涼雪滿山香似海
月明何處夢梅花
纔過長亭又短亭垂楊一帶暗前汀小橋笠影衝煙破

雨後看山格外青

丙寅送别

日易斜曛月易昏天涯底事問王孫請看一碧東風裏
春草春波總斷魂

詠古美人

館娃宮裏住蛾眉吳主歡娛越主悲十里荒塘無處問
泛湖人去幾多時

紅粉飄零霸業空楚歌聲裏怨重瞳可憐豔骨埋芳草
廟貌空留漢澤中

一騎明駝别故鄉六宮粉黛效胡妝雖然遠嫁緣圖畫
畢竟無情是漢皇

正舞霓裳譜妙音忽驚胡騎已相侵馬前宛轉緣何事
只爲君王愛不深

悼幼妹

割肱療親是孝思性甘澹泊只耽詩一朝化作瑶臺月
繡閣塵封舊粉脂

霓裳詠罷夢初迴滄海成塵轉刼灰記得大羅天上事
前身還是散花來

看月

纔能圓滿又潛消上下弦隨大小潮正好無如十四夜
一分留得待明宵

丁卯七夕

澹雲微月映銀河料得雙星别恨多莫怪人間增悵望
從知天上也蹉跎金針爭乞天孫巧雲錦停拋織女梭
底事盈盈隔秋水一年只許一經過

秋夜書懷

四壁蟲聲一樹蟬近來情緒更悽然滴殘秋雨心同碎
剔燼銀釭夜不眠無力藕絲容易斷當頭桂魄不常圓
藥爐經卷蕭閒甚賸有詩懷病未捐

至馬橋省墓

一抔黄土埋親骨望到松楸已黯然縱使雛鳥能返哺
幾時飛得到重泉

病中有感

萬恨千愁肯悔癡懨懨心病漫支持懶拈粉筆描春影
怕啓塵函檢舊詩看雨香殘花薄命抱枝聲碎鳥相思
無生妙諦如參透堆案楞伽總未遲

病起漫賦

堆牀重理讀殘書結習從今悔未除借酒消愁能幾許
問花解語又何如身同楊柳眠還起心似芭蕉卷未舒
十二碧欄慵倚處自憐清影照涼蜍

有慰

連朝風雨滯幽齋失意偏難作遣懷籬菊未開先覓醉借人沽酒拔金釵

秋燕

斜風嫋嫋雨微微漸有新寒透袷衣底事下階凝立久看他燕子一雙飛

黃菊

秋風凝露點蒼苔簇簇黃花取次開獨對寒香酌杯酒愛他傲骨絕塵埃

詩餘附

菩薩蠻

離情夜共燈花碎羅衾倒蓋何能睡心病最難當淒涼淚欲汪 分明留夢見訴盡愁和怨忽地被風驚吹來雁一聲

訴衷情

又看春草滿芳洲香夢倦難留今宵綺樓寒重問鸚鵡可知不 嗟遠客慕封侯幾時休久斷鴻音分飛鶼翼怎得無愁

昭君怨

疎竹偏生繞舍敲碎離心終夜細雨透窗紗溼梅花燕子飛來春早觸緒愁生不了嬌倚鬢雲斜憶天涯

西江月 己巳送別

桃葉流將舊怨柳絲又綰新愁無端春水泛扁舟記得畫樓分手 帳裏綃封紅淚燈前帕掩青眸一園別恨倩誰收心事渾如中酒

眉峰碧

一點燈花靜歸信渾難定昔夜歡娛今夜愁更忍說黃花病 淚溼文鴛冷其奈雙眸醒恨殺寒雞不肯啼分明要把愁支領

秋波媚 辛未送別

院外烏啼欲曉天人上鴨頭船萬般離緒一聲珍重掩卻珠簾 想要臨歧還折柳怕笑我癡顛拋開紅豆揉乾清淚整了華鈿

滿江紅

名花勝最好是人間三月凝眸處千紅萬紫清明時節一夜簾前驚驟雨鼠姑嫩蕊先摧折歎柔條弱質總相同增悲戚 筆與硯甘拋擲怨與恨時重疊更愁侵心病何來愈日拚得朱顏成土壤那期華髮頻添雪問何年能把此愁消埋香骨

□□□ 蘅芳案此闋不注調名蓋是病中自度之曲以其從此絕筆故不忍刪

春山慘切秋波淚滴者番病久心如結心如結祇有愁絲一縷纏綿難絕　萬轉千迴千迴百折驀然相見無言說無言說只怕來年此日要成離別

寄漚文鈔寄漚詩鈔附詞

（清）劉繼曾 撰

《寄漚文鈔》二卷《寄漚詩鈔》四卷附詞，（清）劉繼曾撰，民國十一年（一九二二）無錫圖書館仿宋聚珍版印行。

劉繼曾，字石香，號寄漚，無錫人。清道光時生，殁於光緒三十年（一九〇四）。劉少孤力學，工詞章，善書畫，不事科舉，不屑瀝汗摩肩，隨逐庸俗士子於塲屋中爭一日之短長。壯年槖筆遊荆襄，歷參大府幕數年，以母老歸，杜門撰述，學益大進。所交皆一時名宿，歸安楊葒翁、虞山楊濠叟、翁松禪、俞調青先後以文字相結納。晚歲卜居滬上，尋卒。民國十年前後，劉繼曾哲嗣劉書勳任無錫縣圖書館館長，而其父之《寄漚文鈔》久庋館内，即籌資刊印。《寄漚文鈔》共三十六篇，係先生手自輯存，即今尚存之《寄漚叢稿》。文鈔先列考據文若干篇，餘則序跋文居多數，其文引證故實，必條貫縷析，詳述其源流，不苟爲空言。積學既富，故左右逢源，一涉筆即如涌泉之自然充沛。學人之文，真樸詳盡，不可與浮弄聲調者同日而語。劉曾遊燕齊晋名都會，佐名公巨卿治文書，倚之如左右手。然今之集中此類文不載，蓋先生以其不足存。今集中所見碑刻考證，精純典雅。其誌傳之文，亦權衡輕重，確然合乎其人。先生當時詩、書、畫三者最爲有名，俞樾亦嘗譽之爲二絶。故文名幾爲三者所掩。《寄漚詩鈔》所寫，皆當時悲歡離合之情，雪泥鴻爪之境，身所閲歷，凡於故鄉山水，名勝古迹，風土人情，皆以詩咏之，膾炙人口，今尚有道及者。

本書據民國十一年無錫圖書館刊本影印。

（徐志鈞）

寄漚文鈔

受業唐駝敬署

民國十一年無錫縣圖書館用倣宋聚珍板印

序

往昔科舉時代讀書之士勿論智愚賢不肖盡役志於應試之一途聞有積學而不應試者則共奇之復初應童子試時即聞吾邑有劉先生其人蓋積學而不應試者時亦以衆人之見而奇之繼聞某君從先生治考据學獲選入某書院肄業則又知先生不僅長於文詞之學者顧復少時聞先生名而無由進謁稍長得知先生學有根柢益深敬仰然未敢貿然進見況先生居鄉時少更不易有因緣會合之時及復旅滬逾年先生適以其時爲夏氏主輯宗譜亦來寓滬乃得時一相見昔之欽其學問者至此得親其風采而先生言論藹然和易近人恆談笑逾晷乃未數年而先生病革滬寓平素所欽敬者一旦謀面尚未得一讀其文章著述而遽聞長往爲之悵然今距先生歿幾二十年矣哲嗣書勛君掌邑圖書館事籌貲刊行先生之詩若文詩既由虞山俞先生鍾詒裒集而序之而文未有序書勛君囑復爲之復弇陋寡識奚足序先生文然得藉是一讀先生遺著亦快事也是集計爲文三十六篇係先生手自輯存先列考据文若干首餘則序跋文居多數其引證故實必條貫縷析詳述其源流派別不苟爲空言其書巢記所云好讀書家貧不能具輒借讀之讀已即還蓋其博覽而且能精取自其年少時已然積學既富故左右逢原一涉筆即如泉之自然充沛耳學人之文樸實詳該寧與浮弄聲調者同日語哉先生富於學工於文其不屑濡汗摩肩隨逐庸俗士子於場屋中爭一日之短長固其宜也彼淺見者惡足以知之先生曾遊燕齊晉各都會佐名公鉅卿治文書倚之如左右手蓋又長於經世之學者今集

中無此類文意先生以爲不足存耳則其存者僅此顧可不寶貴乎哉

中華民國十二年歲次癸亥二月邑後學俞復敬序於滬寓

序

余少時讀書城東錢氏之潄芳書屋日莫課罷偶從朋好至酒樓見横額一顔曰醒紅字絶秀勁末署寄漚二字余不知誰何詢同坐者曰此吾鄉宿儒劉先生石香也先生少孤力學耆書若性命嘗以避地出旁郡見書肆插架萬軸直廉甚悉市以歸月夜舟過太湖先生方展卷危坐誦聲瑱瑱出金石忽大風覆舟溺於水遇援得甦而先生神色自若誦聲相續不絶也由是博通古今聲譽翔洽橐筆遊荆襄燕趙間名公鉅卿爭相引重晚年歸里杜門不出以著述自娛故所學益邃而名益高余聞之胷中時時有先生獨以年輩先後無因緣相見爲憾及余授經虞山周氏知先生與邑中楊太守沂孫俞孝廉鍾鑾皆相契郵筒往復時相唱和孝廉爲周氏壻故余益習聞先生之爲人而翁相國松禪又孝廉舅氏也以孝廉故識先生所箸瓶廬詩草中嘗稱爲石香江南名士通達古今亦可謂傾倒之至矣先生著作甚富其寄漚文鈔二卷久庋縣圖書館中哲嗣書勳嘗長是館謀印行以廣流傳乞余爲之序余觀先生之文精純爾雅長於考證其傳誌之文亦皆權衡輕重各肖其人以出非苟焉而已然先生當時詩書畫爲最有名曲園亦嘗譽之爲三絶其文雖工幾爲三者所掩吾知斯編既出而後人之以詩書畫譽先生者又當交詫爲能文是殆曾湘鄉所謂能焉而不伐斂焉而愈光者歟工將竣書勳屢以爲言因爲序之弁諗世之知先生者以爲何如也民國十一年九月邑後學嚴毓芬

寄漚文鈔目錄

無錫劉繼增石香

共文三十六首

寄漚文鈔卷一

無錫劉繼增石香

伯相解

書顧命伯相命士須材注疏皆言伯相卽召公按本經上文乙丑王崩太保命仲桓丁卯命作冊度此二命同出太保丁卯命不言太保者從上省文太保卽召公是矣越七日癸酉伯相命士須材如賈公彥疏召公於此所命士多非國相不得大命諸侯故改言伯相其說尤牽強國相乃後世語周公攝政不聞別有所稱太保何輕伯相何重旬日中同是一命豈其事有重於遣虎賁逆新君及作冊度邪今準周禮釋伯相以下文知伯相與太保不相蒙也春官大宗伯朝覲會同則爲上相大喪亦如之鄭注相詔王禮也此實伯相之證命士須材者直大宗伯命其所屬諸士各頒其所掌之材用以供喪祭耳宗伯之屬掌喪祭不一官亦不一士故概言之曰士狄設者祭統狄樂吏之賤者也樂師凡喪陳樂器則帥樂官及序哭亦如之是狄又樂師所屬大宗伯命所屬樂師帥狄而設之不言命樂師而徑言狄者亦省文也又司几筵掌五几五席之名物大府掌祖之守藏凡國之玉鎭大寶器藏焉若有大祭大喪則出而陳之其制度陳設皆與本經合又本經之大輅綴輅先輅次輅卽巾車所掌之玉路金路象路木路也以上官制皆屬大宗伯故得命之經不言大宗伯而言伯相者猶下文言小宗伯爲宗人古文誼當如此耳維時大宗伯實彤伯非召公召公以冢宰攝政命羣臣使各帥其屬各脩其職而已不容越俎代也

釋湆湇

古有湆無湇自唐張參撰五經文字云湇从泣下月大羹也湆从泣下日幽溼也今禮經相承多作下字或傳寫久譌不敢改正其說未詳何本與許氏說文湆从水音聲異按儀禮士昏禮大羹湆杜纍公食大夫禮大羹湆不和有司徹羊肉湆鄭康成注並云今文湆爲汁明古羹汁肉汁之汁皆叚湆也說文湆幽溼也汁液也一切經音義液津潤也津潤猶幽溼之意故漢時文字作汁說文湆汁兩訓各就本義如此非別奪湇字也湇字經傳所無玉篇廣韻亦不載集韻佩觿乃宋人書始湆湇並見而毛居正六經正誤云湇肉汁也从泣聲也从肉義也非从聲音之音也遂欲盡改諸經湆字蓋狃襲張參孤說舍許鄭而論六書傎矣幸石經字樣陸明德經典釋文堅守不失近時阮芸臺氏據宋槧十三經注疏作校勘記於周禮亨人注大羹肉湆下云經典及釋文多作湆自有毛居正說俗人每改湆爲湇是矣乃於禮記少儀凡羞有湆者不以齊下復引毛說云各本俱作湆誤則又與前校矛盾矣總之湆仍爲汁漢時已然湇別爲湆譌自張始廣雅羹爲之𦙩或作湇而無湆字疑此湇字在先本作湆爲後人所改

釋祘

祘從二示示古文爲丌古文偏旁從一從二者皆讀如上說文示從二三垂日月星蓋取上天垂象示人歷數之義凡數之示人皆可算惟獨成其爲一數者不可算且不必算是以演易由太極生儀象揲耆以挂一分陰陽必累之析之數與數並互相比例算由是立故二示並則爲祘說文曰明視以算之又曰讀若算是祘與算各有所指戴侗引蜀本古文𥘅與筭亦有兩字推其義一爲象形一爲會意各有別焉禮記投壺算多少視其坐籌云云注籌矢也其制用竹漢歷律志算法有六觚亦用竹老子善計者不用籌策是古人計數之具恆以竹爲之說文筭從竹弄乃不誤也此筭字當從會意作持籌布衍解祘字筆畫上臥下立如列籌然乾鑿度臥算爲年立算爲月其紀數以豎畫縱橫代字是明以列籌布筭之式示人示與視同說文明視以筭之其義正此蓋象形成字與左傳亥有二首六身數爲二萬六千六百有六旬以字象形者同由今言之宋司馬氏之潛虛蔡氏之洪範皇極數元之授時歷草所紀之數亦縱橫臥立以代字凡此無竹弄之義皆得曰祘而不曰筭逸周書士民分之祘祘是版圖計數非持籌布衍之謂故說文筭屬竹部祘屬示部離而言之曰讀若筭

姑蘇非地名說

姑蘇之稱國語見於吳語者三一今王既變鯀禹之功而高高下下以罷民於姑蘇韋氏解高高起臺榭下下深汙池姑蘇臺名在吳西近湖一越王句踐乃率中軍泝江以襲吳入其郛焚其姑蘇一越師遂入吳國圍王臺韋氏解王臺即姑蘇（宋公序本臺作宮此據明道本）據此則姑蘇乃臺名而臺在郛國中可知又見越語者二一居軍三年吳師自潰吳王率其賢良與其重祿以上姑蘇韋氏解姑蘇宮之臺也在吳閶門外近湖一范蠡不報於王擊鼓興師以隨使者至於姑蘇之宮據此則上姑蘇乃上姑蘇臺耳臺與宮近故又曰姑蘇之宮惟韋解在吳閶門外則臺似不在城中顧氏棟高春秋列國都邑表遂以

姑蘇爲吳國都之地名並云上姑蘇猶越棲會稽耳安有棄其國都走保一臺乎顧氏之説蓋以國語入郛入國之文臺與宮不應在城外耳按説文郛郭也管子歸地之利內爲之城外爲之郭此明城外爲郛也左氏傳鄭人伐宋入其郛公聞其入郛也將救之問於使曰師何及對曰未及國公怒乃止蓋師已及國怒其誑己此明入國猶入郛也公羊傳邑不言潰此言潰何郛之也曷爲郛之君存焉爾何休注國曰潰邑曰叛昭公居之故言國不言國之言郛之者公失國也此明國亦稱郛也越絶書闔閭造姑胥之臺（胥蘇古通用詩山有扶蘇傳曰扶蘇扶胥國策包胥作包蘇）又於硯石山作館娃宮吳郡志硯石山有石城去姑蘇山十里圖經續記姑蘇臺在姑蘇山後漢書濟南安王康傳注引顧夷吳地記橫山北有小山俗謂姑蘇臺今在蘇州吳縣西一統志硯石姑蘇二山並在蘇州府附郭吳縣西南三十里而近是當時二山並在石城中吳越春秋所謂與樂石城是也圖經續記又云流俗或傳吳之故都在館娃宮側朱長文雖斥其非意撰記時必有執是説者故存之惜未深考耳今以經傳證諸國語臺與山實在城與郛國之中臺近宮殿不獨館娃一處（陸龜蒙問吳宮辭序云甫里之鄉曰吳宮在長洲縣東南五十里其名存其蹟滅）介乎兩山之間故謂高高下下耳吳越春秋吳棲姑胥之山使王孫駱（國語作雄史記作公孫雄）請成於越曰意者猶以今日之姑胥曩日之會稽也漢志秦置會稽郡會稽山在山陰縣南是會稽之稱始皇時始因山以名郡在春秋時乃山名非地名姑胥亦山名亦臺名故王孫駱有猶之云爾不得仞爲吳國都之地名也越絶書又云越滅吳徙治姑蘇臺知其時石城尚完好越得就其宮殿而治之至三國時形制遷易故韋氏解在吳

閶門外也國語云上姑蘇者猶後世漢兵攻新莽莽與公卿大夫侍中黃門從官千餘人馳入宮間關至漸臺弓矢相拒耳宮與臺近實偪處此豈得謂棄其國都走保一臺有是理乎史記越因伐吳敗之姑蘇正義曰姑蘇臺名在吳西三十里亦本韋解陸廣微吳地記云地名甄胄水名通波城號闔閭臺曰姑蘇亦非地名

𨰻字跋申義

古銅鬲有文曰𨰻或釋即鬲之異體字見山楊先生以經典鬲不叚𨰻不得謂異體又據周禮考工記陶人爲鬲説文解字鬲或作甗漢令作㽁謂鬲古从瓦銅或漢以後有之作跋是正繼增刺取剩義更伸其説曰鬲於古亦有不盡瓦者史記孝武本紀禹取九牧之金鑄九鼎皆嘗鬺烹上帝鬼神漢書郊祀志本其文於下增句云其空足曰鬲蘇林注鬲音歷足中空不實者又優孟傳銅歷爲棺索隱歷即釜鬲也是鬲歷諧聲同爲一器三代至漢鬲有銅矣然終漢之世亦有瓦者三國志東夷傳東沃沮有瓦鑩置米其中編縣於槨戶邊廣韻鑩同鬲集韻鎘音歷與鬲同又㽁同鎘玉篇㽁或作鬲據此則鬲至三國時猶存瓦制以其與銅並行故史隨其質而別之曰銅歷瓦鑩後世瓦制漸廢爲銅造字者遂以鬲歷字並加金旁而甗㽁亡矣鬲變爲鎘此又變爲𨰻者亦猶鑩之與㽁耳皆後世造字謂非三代法物信然

附錄楊見山先生原跋

某公得古銅鬲字作𨰻釋曰即鬲之異體案史記楚世家登三翮六翼以高世豆注空足曰翮與爾雅釋器款其足者謂之鬲正契（款釋文本或作窾玉篇窾空也）

是假翮作鬲矣儀禮士喪禮苴絰大鬲釋文鬲又作搹爾雅釋水鬲津注水多阨狹可隔以爲津而横渡是假鬲作搹隔矣未聞有作㽁者然則㽁非異體直不體耳又案周禮考工記陶人爲鬲實五觳厚半寸脣寸說文解字鬲或作䰙从瓦漢令作㽁从瓦厤聲據此竊疑鬲是陶器今考古家概訂作銅器將毋惑之甚耶夫以不經見之字而強爲之說迷誤後來通人不宜若是夫許愼作說文解字時鬲尚从瓦則銅或漢以後有之遽信爲三代法物不敢一是正吁奚天下識字者之寡也

又附復論㽁字跋跋書

奉環章引廣均集均玉篇以箴㽁非不體雖三書不敵說文之信而有證畢竟前人有作㽁者峴失考矣聖人所以貴益友也竊謂鬲果屬金何以周禮伕陶人爲之漢晚出不可據以駁周禮或曰王莽僞造周禮謬也周尚文猶用陶器夏商尚質不應轉用銅器然不敢遽自信者疑相沿尚陶而禹嘗鑄金耳古書無確據無從指實兩存之可也至如易二簋可用享鄭注離爲日體圓巽爲木木器簠簋皆竹器鄭云木器者木可以統竹也說文木部椲木也可以屈爲杅杅卽盂之借字此類甚夥不能悉數今收藏家偶獲簋盂亦詡爲三代吉金峴以爲真者固不乏僞者實居其太半大抵宋宣和博古圖之後迷誤滋廣宋人疏於考據無論是木是瓦是竹一概以銅器當之拙詩所以有信石不信金之說也從者然否

鮑氏堪輿叢書序

吾邑章仲山氏以堪輿術名一時自謂得華亭蔣大鴻氏法依所著地理辨正書作直解其術甚神其辭甚隱每至作用關鍵處輒作門面語猥云別有口訣閱者惶惑摸索不可得江湖貿食之徒遂自詡得真傳從而炫鬻之非重贄不輕授人然挾其術都不驗非不驗也其授受口訣皆僞也夫蔣氏法以飛星神飛星源本九宮卽殷制之明堂位自宋儒取道家言認九宮爲洛書援以通易其實洛書是文字非圖象九宮自九宮易自易謂二者皆以數演天地陰陽氣化之理數之所極理無不通則可知謂聖人則之以畫卦傎矣秦火以來易以卜筮傳而九宮廢餘燼所在猶散見於太乙遁甲及醫家之靈樞道家之行棋術然皆各自爲用譬如易冒天下之道無所不通而參同契可以喻鑪火不可以當龜策也獨是古簡淪墜儒者弗能道江湖淺人一知半解文不足以達其理所撰述者口訣而已世傳太乙遁甲等書亦多口訣門類尤繁彼此混淆同失其真習者不察悻悻然且以售於人可慨也蔣書所采青囊序世稱楊筠松弟子曾文迪作蔣氏題爲其父曾求己所著其爲父爲子姑勿論第論其文皆七言歌謠首云楊公養老看雌雄明言挾此術者不過爲餬口養老計且恐其術淺易非艱深不足重乃變言陰陽爲雌雄已俚鄙可笑章氏有其術而無其學乃欲附驥蔣氏空言欺世多見其不知量也在昔公劉相其陰陽觀其流泉顧其術爲何如術苟傳其書必有若大易之易知簡能者矣奚事祕而不宣哉況乎鵲避太歲鸞避戊己微物尚知方向是道也固天地陰陽氣化自然之理也然欲窮天地陰陽氣化自然之理以發明九宮之本源在蔣氏且猶未逮何況其餘禮失求野是不得不有取乎口訣蔣氏采而輯之職是故歟陳某好習蔣氏法讀地理辨正苦

直解徒亂人意偶遊蘇門得鮑士選氏葬經註一卷元空秘旨註一卷天心鑰二卷蘇州府屬黃道命度立成表一卷凡四種研求玩索遂豁然貫通驗諸已往若合符契施之將來亦捷若桴鼓章氏所謂別有口訣者疑義盡析余方從天津歸裹書來訪且乞爲序蘄百世下得人而傳庶不沒作者之苦心余笑應之曰此不龜手藥也子不自秘賢於章氏多矣顧其書成於咸豐五年尚是未刊稿本首題乾乾居堪輿叢書其總目於所得四種外尚有續元空秘旨一卷蔣中陽子陽宅得一錄一卷地平經度準時刻一卷又有不計卷數者曰中陽子陽宅指南曰神煞權衡曰步算堪輿曰弧三角摘錄曰三角造命算法曰五星造命曰雜錄曰雜記凡若干種而天心鑰下卷末亦有闕文不知諸書尚在人間否士選名理自署其里爲虎疁知爲蘇郡中人其天心鑰中自言因爲其父字松喬卜葬徧質名師遇高价山於阜猶山周氏示以九宮圖與蔣氏辨正證之三年而盡得其秘始知俗學之非昔奉古人書皆非古人所作云云嗚呼鮑氏於此用功深矣所稱九宮圖今亦不可見然其大旨略具書中學者沿流討源自可入蔣氏之室庶不爲直解所惑云光緒庚子秋七月

六壬三書序

龍首經二卷金匱玉衡經一卷局外行藏一卷光緒辛卯春三月從古今圖書集成錄出合而訂之爲六壬三書原書係上海新翻活字本譌駁難信越九歲庚子冬至夜得嘉慶丁卯陽湖孫星衍氏所刻道藏本龍首金匱玉衡二書校勘之互有繆誤乃舍短從長間有闕疑仍其舊不輕改也二書標目

道藏皆冠以黃帝二字其爲依託不待言第文理樸野字避唐諱如以治爲理以世爲代似非宋以後人所撰孫刻龍首經有洪頤煊序謂書名見抱朴子及隋經籍志又所引皆漢時官制其占臣吏心善惡與漢書翼奉傳所述合此書在漢爲民間日用之書至六朝猶行於世唐宋後傳寫始微其說甚辨今錄附之世傳壬式書當以此爲最古矣序文言書中以午爲勝先今俗皆作勝光據隋蕭吉五行大義當以勝先爲是然圖書集成則已改爲勝光矣又以五行大義及宋許洞虎鈐經所引龍首經證之知尚有闕文今錄僅占法七十二篇不詳起例其起例須合金匱玉衡經參觀乃得蓋二書當時相輔而行傳寫者刪節重複故也孫刻又有黃帝授三子元女經一卷止八百餘言多嫁娶事無甚精義故不錄惟中以白虎爲白獸亦避唐諱類亦同時所出首載天一所在甲戊庚旦大吉夕小吉乙己晝神后夜傳送丙丁旦登明暮從魁辛晝勝先夜功曹壬癸晝太一夜太衝與今世通行之六壬大全起例正同可見唐以前古法如此局外行藏一書多七言歌訣無撰人時代可考其法兼用遁干而月將視日躔天一以戊庚同治餘八干並各自分晝夜與前二書起例各別在圖書集成中與五變中黃經同爲一派世傳銀河櫂即其術也五變中黃經亦七言歌訣與六壬大全所列之中黃經名同實異大抵術數書以歌訣傳者多出元明江湖流俗之手圖書集成從永樂大典采輯意其書殆作於元季歟夫同爲壬式起例各別則加時神將順逆吉凶彼此懸異孰得孰失必居一於是矣曩者故友孫旭三茂才篤信銀河櫂占事百不失一而吳門卜者謝穆倩依六壬大全古法占事亦百不失一

余初習此坐是兩端莫所適從乃廢然曰所操之術尚疑不能自決安用決人既而悟占卜之靈乃人心之靈非術能靈也蘄心之靈惟精惟一精一則誠誠則靈矣心持兩端人欲蔽焉誠且不能靈乎何有然而精一猶不可強爲也強爲之其弊爲專愚爲冥頑專愚非誠冥頑非靈是以昔之以術稱者往往不能卜己而能卜人何則利害切身私慮營之亦爲人欲所紛耳余於是遂不復習顧尋繹既久略知原委茲錄而序之以備一家之選古來占卜書大易而下以太一遁甲六壬三式爲最著太一遁甲自宋以前無完善書六壬至今尚存古法其起例正變具於三書後有作者皆其苗裔是可珍也

劉繼增書於寄漚書巢

紀革夏氏家譜序

家之有譜取法乎國之有史將以信今而傳後也六朝以前諸譜傳紀見於世說新語註者三十有九家並與史書相引證豈但爲一氏一族自重已哉後世譜學寖衰或還就宗支或粉飾事實操末續顛昧於書闕有閒之義宜爲通人所不取且使有識子孫亦自視欿然矣今年春薄遊滬上六合夏君逸齋以舊藏家譜徵余序客中冘沓無以應既還山始紬繹之譜凡兩冊一係明刻本每葉之背已爲市賈翻作會計簿塗寫殆滿復裝演訂合之紙墨黯黮差辨字迹首序有題莫釐紀革夏氏者莫釐即春秋夫椒今吳縣之洞庭山紀革其邨名也夏本大禹後著望會稽其聚族而居紀革不知始何時其居近之山水井巷皆以夏名亦不知始何時蓋歷世緜邈由來久矣至明中葉後裔因譜牒失傳上溯其先至鼎革前無可考乃各推其最前者爲一世祖得三支焉第一支曰仲清第二支曰德林第三支曰隣溪三支既未能分別行輩子孫遂各從其支而系其世譜之作也始於萬歷三十六年一支八世禾越十六歲天啓四年二支四世杞又越九歲崇禎六年三支五世時權先後纂輯合成之是爲明刻本一係手錄本爲禾之孫鄉貢進士彝崇禎末年續修之稿至其曾孫挑已散佚不全乃搜求補輯於國朝嘉慶十二年與明刻本訂爲兩冊藏於家當禾之世遷居六合子孫相傳遂稱第一支爲棠邑支咸豐時赭寇陷六合挑子起鵬盡棄財產挾譜以奔傳其子桐桐傳於桐支姪世德世德卒其長女謹守之女於逸齋同十八世姊弟也逸齋久寓滬光緒己亥四月還六合遂以譜屬逸齋且鄭重語之曰是譜經兵火之餘輾轉付託幸未失墜我夏氏列祖列宗在天之靈實式憑之特念自明迄

今一脈相傳垂三百年未嘗脩刻能任之者其在弟乎逸齋於是慨然有重脩之志顧族繁支衍恐旁搜遠紹難盡無遺而原本屢經補綴體例未純將欲據爲根柢必先詳述原委弁其端爲嚮導焉余嘉其志因誦其十世祖鄉貢君自序之言曰譜分三世皆同本源若遠宗漢初近視陌路奚當哉又曰家乘之立上以崇祖宗下以式後裔一字之差無窮之罪斯言也信合夫良史氏書闕有閒之義逸齋循其例而纂焉足以信今傳後矣夫根本立則枝葉茂源流遠則支派長善承先者必能啓其後在昔三支合力固從棠邑發其端守先人之成法纘百世之典型各敬其宗無忝厥祖將見夏氏之門復有興者爰書以歸之爲左券光緒二十七年歲次辛丑三月既望無錫劉繼增序

鏡臺清課圖序

鏡臺清課圖者吾友席君蔚堂爲其元配周孺人作也孺人歿三年矣其事姑孝持家儉且賢已具詳君所撰志銘中文與人傳可以慰地下矣而君猶若言不盡意命圖以寫之噫抑何情之篤耶蓋孺人歸君幾十年實能羽翼君匪特蘋蘩井臼已也君少負瑰奇之姿不可一世乃屢困場屋沈頓阨塞每至無聊孺人輒以讀書養氣相慰勉謂讀書以學問重不以科名重苟無學問倖取科名無謂也持志暴氣汩沒性靈亦無謂也君心韙之益沈潛典籍爲博通之學俛得俛失日漸以忘君性通脫往往筆硯自隨瓶罍不問孺人則綢繆牖戶纖屑必辦未嘗因倉卒告匱戚戚向君體羸多病不廢操作自奉甚約而好周貧乏如撫孤甥及收養陳氏女之無依者省衣節食不覺己之蕉悴也乃復好整以暇深宵紡織伺君苦吟方酣時瀹清茗雜酒核舉案以進以是君仰屋著書終歲不聞吁喟聲中年後以夙耽淨業請於君長齋奉佛初持金剛經從君問字君固不好釋典憐其誠而教之一過即了頗能自解悟喜曰今而後君疏十三經我參四句偈此無上樂境奚必更問科名爲哉卒以積勞致疾預知不起料量身後事神明不瞶以君食貧囑薄殮而亟葬之君如其志至於今每一言念淒涼悲感俛仰若失顧欲肖厥生平以寄長言詠歎此圖之所由作歟嗟乎時邁不停日月電流讀孫楚詩令人增伉儷之重聆君之言識君之意吾於是圖亦云

龜茲左將軍劉平國碑跋

釋文凡漶漫闕文從翻刻本及施跋補入者並於方空內填之　龜茲左將軍劉平國以七月二十

六日發家從秦人孟伯山狄虎賁趙當卑黃羌奴石當卑程阿羌等六人共來□□□□臣谷關八月一日始斲岩作孔至十日竝堅固萬歲人民喜長壽億年宜子孫永壽四年八月甲戌朔十二日乙酉直建紀此東烏累關城皆將軍所作也京兆長安淳于□伯頌

光緒壬辰夏有從新疆拓此視予文凡八行首行十六字以下參差疏密不等上鈐官印爲庫車直隸廳撫民同知之關防庫車古龜茲國碑在其地前此金石家皆未著錄文剝蝕難讀因與裘君葆良考定之裘君復取翻刻初拓本互校始得貫串其義蓋因斲岩工竟刻石紀之所紀歲月爲永壽四年八月甲戌朔十二日乙酉考後漢桓紀永壽止三年明年六月戊寅改元延熹此猶云永壽四年者戊寅至乙酉凡六十八日龜茲去洛陽八千二百八十里據晉書　改元之詔未達也首行云龜茲左將軍劉平國裘君以其官其人不見史傳龜茲在漢爲西域內屬諸國使西域官以都護爲最尊左將軍秩亦尊都護加官皆以都尉無左將軍惟前漢百官表平帝元始二年右將軍孫建遷左將軍證以烏孫傳建時方爲都護都護治所在龜茲部落謂此龜茲左將軍卽西域都護舉其官而略其職與班超傳永元三年超爲都護西域傳則仍書都尉義正同其說甚辨予案後漢書自安帝延光二年以班勇爲西域長史西屯柳中厥後都護遂廢故西域傳諸國道里遠近變前書例凡言至都護治所若干里爲去長史所居若干里明終漢之世不復置都護也續漢志將軍掌征伐背叛比公者四又有前後左右將軍注引蔡質漢官儀曰左右前後皆金紫位次上卿典京師兵衛四夷屯警此平國蓋以左將

軍典龜茲屯警未必有都護加官且所屯在龜茲不在烏壘何以知之龜茲東至都護治所烏壘城三百五十里平國先於烏壘作關城還於屯所斲岩刻石故末云紀此東烏累關城皆將軍所作也所謂此東者龜茲東也烏累即烏壘音同假借裘君以東字連下讀遂疑關城或有西南北不止一處按之文義反還就矣境未親歷終屬臆斷新疆初置行省地志未備此碑聞已殘毀翻刻本字多繆譌不足據爰釋文於前論辨之以俟考古者

再跋龜茲左將軍劉平國碑

余作前跋質諸見山楊先生先生謂此碑光緒己卯故友施均甫補華從軍新疆時所搜得施嘗作跋記之因手錄見示按跋碑在今阿克蘇所屬賽里木東北二百里山上以漢温宿今阿克蘇姑墨今賽里木拜城龜茲今庫車賽里木至庫車百餘里今至刻石處二百里已越龜茲而東距烏累城不遠此身歷其境之言信而可徵矣然余合古今道里計之則尚有未諦漢書温宿東通姑墨二百七十里姑墨東通龜茲六百七十里龜茲東至都護治所烏壘城三百五十里今輿圖自阿克蘇東至拜幾城四百里又東至賽里木台幾五十里又東至庫車幾一百七十里古今道里不同如此世遠地遷姑置勿論惟今輿圖於庫車東近有東川水與太平寰宇記東川水在龜茲國東合又南百里有古龜茲城無論庫車在漢是否爲龜茲國要不失爲龜茲所有地碑在賽里木東北二百里依三角術求之當在庫車北一百四五十里其東至烏累城當與庫車等不得謂越龜茲而東距烏累城不遠也碑文左將軍施氏謂即左將爲當時羣下尊稱引漢書龜茲國有左右將爲證其說亦通余前跋未見碑尾有漘於作誦字故未論及因并楊先生所錄施跋畀付裝潢更詳識之

附錄施均甫氏原跋

此碑在今阿克蘇所屬賽里木東北二百里山上五年夏有軍人過其地見石壁露殘字漫漶不可識或以告予疑爲漢刻秋八月予請於節帥張公命總兵王得魁知縣張廷楫具氈椎裹糧往拓之得點畫完具者九十餘字按文稱永壽四年八月永壽爲後漢桓帝年號後漢書桓帝紀凡年號六建和和平永興永壽延熹永康其稱永壽凡三年四年六月戊寅大赦天下改元延熹漢書龜茲國去長安七千四百八十里後漢都雒陽視長安較遠其時當未奉改元之詔故稱永壽四年耳云龜茲左將軍劉平國漢書龜茲國有左右將左右都尉左右騎君左右力輔君左將軍即左將其下尊稱之非官號也云東烏累關城漢書烏累城都護治所在龜茲東三百五十里按温宿今阿克蘇姑墨今賽里木拜城龜茲今庫車賽里木至庫車百餘里今至刻石處二百里已越龜茲而東距烏累城不遠矣云京兆長安漘於某作此誦後漢雖都雒陽長安乃其舊部故仍稱京兆關外漢碑如燉煌太守裴岑沙南侯獲碑先後見於海內金石之錄茲碑至今始出豈非文字之顯晦固有其時歟裴岑侯獲劉平國均於史傳無考而三碑略見事蹟吾意西域三十六國兩漢都護校尉之所到必有紀功述事之作刻之荒崖邃谷如雨淋日炙更千餘年而光氣不可磨滅者庶幾得盡拓以歸以補班范兩史之闕乎

三老通碑跋

此碑近時出現無立碑人姓名時代因中有建武年號或指爲東漢樂石今按其文殆西晉時子孫追記其遠祖諱忌而立也前畫界綫分四層上層書三老諱通不知何姓稱其配曰尊毋二層書掾諱忍稱其配曰母三四兩層則列伯子及次子諸名字凡九人稱女者二人蓋通生忍忍生九子列爲祖孫三代而忌日惟忍有建武年號餘無之界綫之外後題三行自三老德業赫烈以下字句晦蝕其有文義可尋者如云九孫日月虧代此九孫卽前所列之九子承上文三老言故稱九孫因世遠忌日闕失不能悉記故云日月虧代下云所識祖諱欽顯後嗣蓋春秋義言不及尊翼上也念高祖至九子未遠所諱不烈言事觸忌蓋所出□□□敬曉末孫㚍副祖德焉此九子卽

九孫因所稱高祖乃立碑人之高祖出自九子之後□承上文言故直曰九子惟此高祖上距九子之世雖云未遠然以月日虧代所諱不烈度之當相去百年再以三十年爲一世從立碑人上推至高祖前後積算當在建武後二百五六十年已越三國而至晉代矣又所書子字中畫右下皆多一直爲漢隸所無其餘字體亦漸近六朝鴻史仁光金石名家出此屬題客中無書可證聊以臆見就質乙巳冬十月石香劉繼增於春申江上

惠山石牀題名跋

元王仁輔無錫志惠山寺大同殿下有聽松石牀唐李陽冰篆聽松二字於上石牀側有大松二唐寶曆二年飭造競渡牛尾舟將伐松爲之是夕松忽哀鳴遂奏免明馮善錫山志石牀在殿前月臺下長可五尺廣厚半之上平可供偃仰故名石牀皮日休詩松子聲聲打石牀卽此此見諸前代記載者其於題名皆略而未詳石在明成化初二松已亡嘗一徙寺左聽松庵邵文莊寶作詩載容春堂集康熙十年仍還故處道光十五年知縣曾承顯撰記爲亭覆之咸豐庚申之變亭與寺俱毀同治四年割殿後地建淮湘昭忠祠石湮瓦礫中初無知者逾年始出遂復爲亭今祠門左偏是也石質堅頑初未礱治以形似故名爲牀其面正平一端翹起若枕向外稍其角刻聽松二篆於左方爲一行篆右並列行楷十行字參錯不齊文向右讀云松石相望於十步外不知幾何時合而相從理若有符政和甲午睢陽張回仲賢得而出之可以盤礴可以偃仰遂爲茲山登臨勝處至者當自得之惟勿遷勿伐俾勿壞同來者六人（泐一字）州李永久中廣陵俞光祖慶長汝南何安中得之

（泐一字）中將之寺僧奉仙六月丙午凡一百有二字內泐二字其平面有行書三行行七字云嘉熙己亥歲處暑日止泓趙希衮攜家過此與諱侍行按王箬林澍作竹雲題跋自言雍正六年拓聽松二篆右有行楷磨滅不可復識閱六十餘年翁覃谿方綱復初齋集云今拓尚微辨行楷十行筆勢如黃山谷不知何人所作又閱六十年道光二十八年吳平齋氏雲尹金匱日到惠山手自搥拓凡翁氏所闕而未識者復審出十數字詳載所著金石記中是其文字若前晦而後顯蓋拓有精粗故愈辨愈出耳吳氏又據宋史宗室表考得石面題名趙希衮爲舒國公維忠後師協子與諱爲冀王維吉後希瓌子皆燕王德昭裔謂此題名爲從來著錄家所未見以孫淵如星衍寰宇訪碑錄卷四載聽松二字卷八載惠山寺張回仲題名卷九載惠山趙希衮題

名並不指爲一石爲失據其說良是惟聽松二篆爲李陽冰書出王仁輔志乃云始自竹雲題跋所定則非也同治四年秋吳氏重過惠山訪石牀不得見疑已毀失乃取曩拓本雙鈎作跋刊諸木而平面字大冊隘不及摹仿第錄其文稱其筆法類瘞鶴銘而已光緒二十年繼增持所刊雙鈎本至石牀拓證字迹較前更加剝蝕平淺處撫摩滑澤若無字然細審之蝸痕灰綫隱躍可尋其聽松篆右題名吳本所闕者又辨得十字如張回仲下賢字上半尚存知回是其名仲賢其字閱下文諸人名書例皆如此可正志乘記載牽連稱張回仲題名之誤六月丙午六字僅有左半一橫及下兩平點月字則石有凹凸上半粗淺下半細隱非乾墨輕拓不可見考宋曆日政和四年六月有丙午餘於正四八十十二此五月亦有丙午然皆不類定是六月無疑其平面處署日止四字亦吳本所闕昔之不可復識及一再審辨不能盡得者今其錄如右而今所不可識如篆右第二行符字全泐及他疑似處則轉取吳氏本互證得之語云金石之壽不如竹簡爰詳記之爲後來考古助

停雲館孫過庭書譜跋

唐孫虔禮草書書譜刻於宋祕閣續帖及太清樓帖中者明季已罕覯文衡山父子遂撫入停雲館石刻十卷中之第三卷國朝乾隆時曾藏鎮洋畢秋颿尚書家嘉慶初輾轉離散歸桐鄉馮鷺庭編修缺三十五石爲常熟錢氏所得後歸武進劉氏道光戊戌吾鄉竇丈俊三同趙君伯仁購得之咸豐庚申兵燹殘毀書譜原有一十三石今僅存五石缺第二三七九至十三共八石餘皆莫可蹤迹矣此本首尾完善結搆波撇所謂渴猊遊龍之勢不爽豪

黍尚是舊拓佳本某某於滬上得之屬釆兒釋文因取近拓五石不全本校之筆畫差瘦蓋氊椎日久鋒芒磨泐不若此本之肥潤精采矣原本墨蹟鼎革時爲孫退谷購得中有缺文二百九十八字尋歸梁蕉林相國康熙戊子安麓邨得之鈎摹刻石於天津則缺二百一十字乾隆戊寅石爲歙汪令聞所得後歸江鶴亭南城曾賓谷都轉揚州攜至江右傳拓遂稀嘉慶庚午長白毓春圃亦都轉揚州屬吾鄉錢梅溪氏以安本重刻之今安刻與墨蹟存世與否不可知毓刻爲長蘆鹺商張氏所得余在天津曾乞得拓本與安刻皆別附釋文缺二百一十字

陽春集跋

右南唐馮延己陽春集一卷係舊鈔本購自常熟書賈首有嘉祐戊戌陳世脩序原無目錄今依次補之凡詞一百一十九闋康熙間吾邑侯蔚巖氏文燦嘗刻入名家詞集其南鄉子江城子兩調皆誤合兩闋爲一闋嘉道間昭文張月霄氏金吾愛日精廬藏書志有鈔本云從錢塘何氏傳錄凡一百十八闋則尚有一調誤合可知既又別見一舊鈔本其誤合與侯本同書中遇鎮照字皆缺末筆似避明昭陵裕陵諱明人刻書雖不盡避諱然如洛陽爲雒陽檢校爲簡較間或有之是此書在明代已有誤合今取兩本互校此本爲勝雖未能定出宋刻要不失爲明以前善本也陳氏直齋書錄解題云陽春錄一卷有高郵崔公度伯易題後稱其家所藏再爲詳確而尊前花間諸集往往謬其姓氏近傳歐陽永叔詞亦多有之皆失其真世言風乍起爲延己所作或云成幼文也今此集無有當是幼文作長沙本以寘此集中殆非

也（以上陳氏語）按此本謁金門第四首有風乍起詞而標題又名集不名錄殆即所謂長沙本耶欽定詞譜芳草渡調列歐陽脩梧桐落一首註云此詞亦刻陽春集後叚起句燕鴻羌笛怨脫一遠字坊本後叚第四句作遠山如黛月如鉤多一遠字云云是當時既有刻本且有坊本又全唐詩載温庭筠更漏子調玉鑪烟一首注云互見陽春錄名錄不名集似陳氏著錄之高郵本亦尚存惟此本拋球樂八首其坐對高樓爲末一首與侯本同詞譜則注此爲第一首又塘上行調侯本作上行杯詞譜於偷聲木蘭花調下注云陽春集刻上行杯是詞譜所見與此本及侯本不同當又爲一本以上諸本版久佚傳書亦罕遘今取侯本及諸選本校注異同疑闕悉仍其舊有云一本者即別見舊鈔本也南唐君臣無足取第爲倚聲家別集之始沿波討源終不可

廢故於箋校二主詞竟連類及之他日如得高郵本當更佳勝不知天壤間尚有流傳否光緒甲午夏四月既望無錫劉繼增

樵歌跋

樵歌世無刊本此舊鈔本購自常熟書賈元無序目今排比之爲調七十七爲詞二百四十五卷第篇次與阮文達四庫未收書今所載同蓋亦從汲古閣舊鈔過錄者陳氏直齋書錄解題樵歌一卷其本不傳此作三卷中間多寡異同不可考欽定詞譜促拍采桑子調下注云調見朱希真太平樵唱一名促拍醜奴兒聒龍謠調下注云調見朱敦儒樵歌希真敦儒字據此則所著樵歌之外更有所謂太平樵唱者是否一本兩名未讀中祕不敢臆斷惟列譜之詞校繹文義互有短長知別是一本此本原校不知出自何人所據異同又出詞譜所見之外單行古帙易於亡失亟欲付梓以傳眼前無別本參訂僅取詞譜校注數處其不注詞譜者皆原校也又淵鑑類函果部有朱希真詠梅云寒陰漸曉報驛使探春南枝開蚤粉蕊弄香瓊枝低小雪天分外精神好此詞今本不載知尚有遺佚識之以俟他日光緒歲次庚寅日長至無錫劉繼增

邵文莊公家書跋

錄原文　聞國臣有疾不勝懸念即日又聞勿藥須善加調理小愈之戒幸無忽也勳姪及冑生入學已託臨清如嶽御史切切與提學言之諒今歲可成書已發去可作書與談兵馬大人令其一探消息爲妙或差人去尤佳須與瀾菴圖之此書亦須與瀾菴看囪囪不能多作書故也餘不一一兄寶書致國臣國政兩賢弟勳姪均此

右鄉先賢邵文莊公與從弟國臣國政書一通款尾有小印篆曰都憲之章

公於明武宗正德四年爲右副都御史尋致仕書蓋作於其時海嶠司馬爲公族十世孫光緒庚子夏聞繼增自津沽還鄉重相示且述得書之由年前有甘露鄉魯君泰瞻者業堪輿術嘗從人家見此書以物易歸未幾臥病久治勿效一日恍忽有所憶禱之曰病苟少差願奉此書歸公家既而果勿藥起於是肅衣冠奉書詣惠山謁公祠且訪主者時海嶠方在祠修訂宗譜接見之下始悉來意遂拜受公書感其誠將謀款酬之魯君揮手辭去噫奇矣夫古名賢手蹟流傳人間者不可數計何有於一紙家書哉或謂是書也爲姪輩謀入學事以私請託不免爲盛德累天故假手歸之耳然而所見猶淺也傳曰內舉不避親家有佳子弟望其入學乃人之恆情況公未嘗通書於學使者寗惜與旁人一言乎自公義私恩之說行矯枉過正或且借以市名

而薄俗昧於親親幼幼之誼漠視宗族若陌路然勢利所在則無論賢否推挽之以云無私其間相去爲何如耶洵夫君子之非賢於小人之是多矣第此書流傳人間好古者遇之不過作法書名翰觀耳固不若藏之公家使本支百世一展誦而親親幼幼之誼油然自生他日得有繼公以興者推此意以視宗族充而之於戚鄰各因其材誘掖之而造就之不亦懿哉邑後學劉繼增拜手謹跋

寄漚文鈔卷一

受業武進唐駝謹校字

寄漚文鈔卷二

無錫劉繼增石香

讀沈約桐柏山金庭館碑銘書後

桐柏山與四明天台相連屬太平寰宇記越州剡縣桐柏山有金庭館在天台之北唐崔尚崇道觀碑謂天台桐柏同體異名中有洞天號金庭宮其上爲桐柏觀是天台亦名桐柏而金庭云者本出道藏如句曲之有華陽皆神仙所居故羽流棲止多託以號焉沈約撰此碑實代道士擬作然於他文如代柳世隆讓封公表晉安王謝南兗州軍章皆題明所代之人此獨不然遂有疑爲自製者按史宋明帝泰始二年約年二十六郢州刺史蔡興宗引約爲安西外兵參軍記室是爲入仕之始齊高帝初又自征虜記室帶襄陽令

入爲太子家令自此歷官至梁卒年七十三未嘗遠離朝市而碑自敘云皐尚幽棲屏棄情累又云高宗明皇帝曲賜提引來自夏汭固乞還山權憩汝南縣境聖主纘厤復蒙縶維永泰元年方遂初願遠出天台定居茲嶺云云與約生平渺不相合永泰改元爲齊明帝在位之五年是秋七月帝崩碑文係撰在七月後故得書明帝謚號合以下文聖上曲降幽情置道士十人越以不才首膺斯任諸語觀之明是東昏嗣位道士應命領居斯館乞約捉刀成此碑銘也

讀梅里志書後

康熙末年三韓吳氏存禮撫吳日撰梅里志四卷曾與四庫史部存目今所傳本爲道光四年泰伯廟道士華乾重刻末附碑記諸文乃後來贅入姑勿

論茲論其原書前列史記世家廣引經傳注疏旁及新序季子過徐脫劍事意在博采然如韓詩外傳卷十論衡四諱篇漢以前書言泰伯者反置勿錄未免麤疏書以梅里志爲名古梅里經界廣袤不可考其建置城郭山川祠墓自不妨以今地爲斷無錫舊志縣自宋以前轄二十六鄉有泰伯鄉梅里鄉明季併梅里入泰伯南延北延懷仁景雲五鄉今析隸金匱其舊統都圖按籍可考作志當合泰伯梅里二鄉詳定界限發凡起例乃見不及此泛引延陵闔閭虞山安陽山柯山閶江山非梅里地爲附見夫非梅里地而牽涉吳事者不止此數處其能一一附見乎如不能舉一遺百矣詩文內載李紓撰讓皇帝廟樂章見樂府詩集此讓皇帝乃唐睿宗長子憲新舊唐書有傳尤與泰伯無涉泰伯祠詩至德本無名一首乃張詠撰志誤作范仲淹又曾幾重修至德廟記校范成大吳郡志脫落至百餘字其他譌繆指不勝摘疑當時遽以抄撮未定之稿付梓杜太史詔雖爲作序其實未嘗考訂也梅里爲泰伯兆基之地泰伯至德如日月經天無藉搬演文字爲之表彰作志者宜以古今沿革人物文獻掌故搜訂采輯以符地志體例不必因後裔追述祖德圖列世系若譜牒然詳所不當詳簡所不當簡世有通人必更作之光緒丁亥冬十月里人劉繼增

讀雅雨堂文昌雜錄書後

宋龐元英撰文昌雜錄六卷從前刻本見於叢書者在明有陶宗儀說郛吳永續百川學海陸楫古今說海皆刪節非足本陶吳二刻又誤題爲陳襄撰又有祁承㸁澹生堂餘苑所列六卷似爲足本然未之見也此本乾隆丙子德州盧抱孫氏見曾刊入雅雨堂叢書最稱完善謂出自王漁洋池北書庫鈔本首有衞傳序云乾道丁亥夏留尹方公刊置建康郡齋蓋從宋槧錄出者也卷二第六葉第三行之下及第四行之上皆注闕又卷三第六葉第一行之下及第二行之上亦注闕今詳校之實非有闕乃池北鈔本裝訂時卷二與卷三中間互錯兩葉校讎者見文義不屬遂以爲闕耳其卷二六葉第三行云十三日以原廟奉安禮成宴百官於紫宸殿酒九此十九字下所闕當接卷三六葉第二行行罷教坊以下支賜凡絹一千一百餘疋錢四百餘千紅錦一端銀椀十四口用正旦例也爲一條自此至七葉第十四行凡八條皆卷二中文也而卷三六葉第一行云晏元獻家有相笏經占吉凶十可八九昔有相印此十九字下所闕當接卷二六葉第四行經陳長文章仲將許允（盧刻作尤誤）皆傳受此法允初拜鎮北將軍以印不善使更刻之如此者三允曰印雖始成而已被辱問送印者果懷之而墜於廁又有鷹經鶴經牛經馬經今公卿家亦頗有此本爲一條自此至七葉第十八行凡七條皆卷三中文也龐氏撰此書於元豐五年五月爲尚書主客郎至八年八月罷記在省中見聞故實雖不盡標年月然有次第可尋卷一卷二皆元豐五年所記卷三則六葉已前皆六年正月所記其卷二之十三日一條元豐五年十一月事也下文不應夾雜二月事於十二月之前知此原在卷三爲六年正月以後之文而卷三互錯之八條內有述及冬至事易置卷二時序亦相洽也何以知所錯爲原鈔本兩葉也盧刻每葉二十行行二十一字叢書格式未必定依原本至逐條提行體例當不更變今兩卷所闕皆在每條第十九字

之下試從次行起準每行十九字逐條排比之至三十六行本條之文適盡按諸字句推諸時序彼此互易首尾完善是原鈔本必每葉十八行行十九字爲兩葉也雅雨堂所刻各書世稱精美此特沿原鈔之誤未能校正識之以諗讀是書者

書王逸老讀書隨記續記剩語後

讀書隨記一卷續記一卷剩語一卷合兩冊每半葉八行行十七字雙行夾注仿宋巾箱本寫刻甚精光緒丁丑冬余君心禪於衢州市上購得之前後無撰刻姓名隨記續討論經史自序末署湖上逸人剩語皆五七言古體詩間有賦及小令詞亦有自序末題歲在上章攝提格逸老書心禪珍藏十餘稔徧求逸老出處不可得今年丙戌人日偶檢顧響泉氏輯梁溪詩鈔中有

王邦采詩傳云邦采字貽六晚號逸老亦曰逸人弱冠遊庠中年棄舉子業肆力於經史性理所居斗室常扃戶非所欲見叩之不應古今法書名畫張滿四壁興到捉筆爲詩古文辭書畫皆入妙所著有離騷注釋徐孝穆晁具茨吳淵穎諸集注幷此書皆付剞劂邑志文苑有傳謂其生平有倪高士之風焉心禪以爲吾邑文獻之徵屬余書以彰之余於逸老諸作前未之見近於朱君達甫處見具茨集注寫刻正與此同亦不知爲誰作也自來著述家勤成一書或校刻他人著作類皆附名簡端蘄於不朽逸老乃自撰自注自刻竟不署名而詩文中無友朋贈答游覽履歷可考所注又皆宋以前書惟一引說郛爲明代目錄騷讀之竟難必其爲本朝人今始知上章攝提格爲康熙四十九年耳高簡若此比諸雲林洵無愧矣剩語中示兒詩與梁溪詩鈔

所錄字句小有删節又別出十三首此本所無隨記二十一葉（後六行）二十四葉（前七行）玄字未避闕剩語三葉（後一行）十三葉（後三行）十九葉（前六行）則玄蚿字並避闕末筆又隨記末葉（前八行後一行）兩祊字並从衣而注正作祊續記九葉（前三行注）京房作高房十葉（後四行）范滂作范傍而下文正作滂凡此諸誤後有重刻當訂正之國朝畫識逸老又號攜鹿

讀詞林紀事札記

詞林紀事二十二卷海鹽張宗橚輯自唐至元凡四百二十二家末附宋張炎樂府指迷陸韶詞旨其詞韻考略則其師許昂霄所著也紀事云者凡詞有本事或前人品題則幷附詞下無則詞雖工不錄書輯於乾隆乙未刻於己亥倚聲家喜其勤搜博覽多稱道之光緒庚寅夏余篋南唐二主詞從友

人借閱一宿而反其書編輯體例雖不俗而舛漏甚多如南唐後主詞馬令書有故國夢初歸子夜歌一闋詞苑叢談有擣練子二闋捫蝨新語有簾日已高三丈透浣溪沙一闋皆有本事而未錄又十九卷紫姑瑞鶴仙一闋出洪邁夷堅志乃不引宋人原書而引近人詞苑叢談夷堅志載此爲周權巽伯知衢州西安縣邀致紫姑神而作周權是姓名巽伯是字而書中誤巽作選且脫去伯字作周權選是以權選爲名矣又詞內便引動狂蜂蝶本三字兩句而書中脫去便字作五字一句此誚前人或有作一句讀者然皆六字無五字也此書序跋並稱張氏家富藏書搜輯十載稿凡三易校刻踰年而成今略一展閱繆誤如此甚矣著述之難也

題說雋

說雋四卷首題武陵華淑聞修纂按淑在明萬曆時爲無錫人曰武陵者其族望也邑志及華氏文獻考載所著有吟安草斷園遺稿空山唄雪蕉葉惠山名勝志明詩綜而不及此書此書大旨倣世說新語而不分門類略以時代相次自唐迄明選詞雅潔不失爲說雋之目首有周詩雅序作於戊午蓋萬曆四十六年也其第三卷中有倪雲林山水不畫人物高皇帝問卿山水俱無人何也倪曰世自無人物可畫耳云云考雲林集所載傳銘雜志其生平未嘗遇太祖此說未確自此以下皆明代軼聞以本朝人言本朝事非盡可疑也余君成之於浙中得此是手抄本紙墨黯舊於明代廟號皆空格書而不避國初諱是明人僅有之本可寶也第寫手甚劣譌字甚多無從校訂略就所知用朱筆竄改數字歸之光緒丙戌中秋邑人劉繼增題

題五松圖

秦始皇二十八年上泰山立石封祠祀下風雨暴至休於樹下遂封其樹爲五大夫此史記原文不言樹數及樹爲何樹越四百歲應劭撰漢官儀始指爲五松自是厥後屢見於詞章梁庾信終南山詩水奠三川后山封五樹松唐陸贄禁中春松詩仁符千載壽不羨五株封李商隱五松驛詩獨下長亭念過秦五松不見見輿薪李白送人遊桃源序風雨暴作五松受職句皆以五爲松數宋黄朝英緗素雜記謂五大夫秦官名疑所封樹未必是五株松乃王楙野客叢書執應庾二家言譏之然以後證前不足服黄氏也按前漢百官表爵一級至二十皆秦制以賞功勞其九曰五大夫始皇郞邪臺刻石有五大夫趙嬰五大夫楊樛是秦以爵號封樹固不得離析史記文封五樹爲大夫也今隨意畫松其數適五秦歟漢歟不可得而知更千百年恐考據家牽枝引蔓爲十八公聚訟特表而出之

嵇桂山先生家傳

先生諱文輔字子翼號桂山其先出魏譙郡中散大夫康後六世祖諱本仕宋由湖州歸安居金陵再傳至高祖諱永仁入國朝始還無錫寄籍蘇州長洲縣學爲諸生食餼康熙初參福建總督范承謨幕殉逆藩難贈國子監助教曾祖諱曾筠文華殿大學士謚文敏祖諱璜文淵閣大學士謚文恭三世事蹟具於官私掌記不悉書父諱承濂國子監生以仲子某直隸州河南永寧縣知縣官累贈通奉大夫生子五先生其季也當文恭公世父子相繼爲相際遇隆盛而清名克副身後遺產不抵中人贈公行最後有兄七人皆宦

遊四方獨贈公奉生母錢以居終身孺慕澹於榮利兩舉廕官不就慷慨好義戚友稱貸不素償族中孤寒仰以食者歲四五十人家漸不支而贈公雅不計有無日惟縱覽圖史詠歌染翰泊如也邑志耆碩別有傳先生年十二即能文孝友肫摯見生母王井臼焦勞慰曰兒能勤學繩祖武母勿憂也叔兄惰學蹝而規之不聽怫鬱成疾屢致輟業年二十五始應童子試郡縣皆第一院試以詩限韻誤書韻抑置佾生是時家益落而先生學益劬邑光祿寺署正王芝林重其行妻以女且贈資焉以文謁邑令陳嘉勳一見傾賞延入幕命仲子師事之既偕之武進襄校士脩脯所入藉供菽水再應縣試第一迨學使按臨贈公病先生日夜侍疚不解帶者已匝月贈公趣治裝先生不忍離亦不忍違逡巡戶外抵暮復入贈公訝其反詰之涕不可仰贈公

喟曰不意吾兒一領青衿蹉跎若此乃相向哽失聲踰院試一日而贈公卒先生躃踊哀毁幾至滅性服闋再試爲忌者所擠俛得俛失而先生名愈熾遠近書院會課得先生文必冠多士時伯兄已歿仲兄叔兄皆就食於外家惟一弟素病狂而先生配王孺人亦沈痼不起生母高年乏侍先生出裹筆硯入奉甘旨深懼祿不逮養亟思早樹立乃納粟以國子監生應鄉舉報罷復就童子試於道光二十七年補博士弟子員時已三十六歲矣越一年丁生母憂咸豐二年鄉試報罷遂用例注籍以儒學訓導待選十年粵寇陷邑城先生挈家流離奔竄無以存活乃以醫號於人蓋先生泛覽百家雖星卜衆技必探其奧而於醫爲切於日用用功特深於是病者日踵門酬多寡不論貧乏者且卻之每臨診往復審慎與時工異嘗至人家處方已歸未及門

旋反索其方謂曰是當數服已頃吾諦思一服可已故來更定之病者如其言果瘳有毁之者謂先生遲迴迂緩業未精又用藥分劑重尋常不敢望治故所治多宿痼同治紀元邑城收復先生返里數椽老屋僅蔽風雨乃授徒課子稍理舊業時仲兄方仕河南歷權知縣數數分俸相濟遂得脩葺故第杜門卻掃少事休息然憂患之餘先生衰矣無何仲兄卒先生攖心痛悴時復遘疾自以終身阨塞未克顯揚春秋霜露嘅念世德每詔子弟努力自修無論窮達當以維持名教扶植綱常爲己任又以勤儉持家存心積善著爲訓凡數千言十二年閏四月十有一日厥疾不起脫然竟逝年七十有六子二爾霖郡庠生兼祧大宗後爾楫河南候補縣丞嗣禾甯公後女三皆有家孫燮復恭復中復孫女三明年爾霖將卜吉告窆具狀屬繼增撰家傳憶繼

增弱冠時避兵膠山遇先生亂離中方欲執弟子禮而先生謙退許爲忘年交窮愁無憀時以詩文相激賞其忠義惻怛流露行墨洵家學有由也賊盤踞久志力之士皆跳而出致身行閒立功名獨先生無援引重以家累不得少轉側而文人無行者且怙亂逞威福諗先生世族長者人多敬信欲誘以爲助先生憤不顧謂所親曰天理常昭豈今日忽昧哉當此滔滔我輩正宜堅定自持耳入其室士雖生塵一家晏然無嗟咨聲造次顛沛非義不取人或誚其腐以首陽民呼之一日繼增招先生飲既酣進飯半餐而止問先生食何少默然不答固扣之色轉霽徐曰寓中累日未舉火某獨饜飫已過分矣雖處窮餓未嘗戚戚向人生平接物以誠處己以約不矜門第溫然而恭喜讀宋儒書著論說不務高遠切中時弊無耳目玩好晚歲始就旁舍手蒔

花木謂不必點綴池石而得天地自然生趣作種樹說卒之前歲知病不起口占隨時隨地留心積善惜寸惜分發憤讀書十六字詔爾霖榜座右嗚呼此先生之概也先生寡交遊一二直諒皆先下世繼增後進闚先生淺不足爲先生傳顧辭不獲已謹按具狀次如右

黃琴香先生家傳

吾邑以善書名者自明季至國朝康熙閒有孫文學竑禾高僉事世泰嚴中允繩孫華茂才長發世號爲四書家乾隆中顧廉訪光旭以右軍法奄有衆長宦蹟幾爲書名所掩踵其後者則有黃琴香先生先生書出入二王閒作右軍體掩其題款人莫辨爲黃爲顧也兵火後遺墨漸稀而先生生平行誼有不可沒者今因其文孫丕烈請謹按狀撰次如左先生諱文瀾字桂閣琴

香其號先世居安徽休寧縣之古林邨明季被水災始遷無錫子孫相繼家縣治南之中市橋巷雍正四年縣析金匱今爲金匱人也自始遷六傳諱鎮寰字元吉是爲先生父先生幼而穎悟孝友性成少壯涉獵經史尤好經世之學應童子試不售納粟爲太學生既困於科舉鬱鬱不得志遂棄帖括肆力於書凡晉唐名人碑版莫不探索臨摹久之學大進語人曰學書之法其始當與古人合其終當與古人離蓋非合無以造其微非離不能擴吾精神也於是縱筆所如純以神行不規規於形似而能動與古會時鄉貢士鄒安鬯寶承煒亦善書鄒固姻好寶亦道義交三人常往還討論先生謂用筆結搆須具神氣骨血肉五者闕一不可而神氣爲最要然骨血肉乃迹象中物臨摹刻畫終落匠作科臼所賴神與氣行乎其間庶幾可成大方家數又謂今人於九宮八法久失講究如古人懸腕撥鐙實指虛拳輒多誤會握管有駢三指在外與拇指對拒謬稱龍睛形者則指與腕俱死不特不能手使筆直令筆使手耳焉能圓轉如志八面俱到耶一時學人皆師其說執贄乞書者無虛日所蓄古名家手蹟及碑帖皆鑒別甚精嘗歲暮途遇鬻舊碑帖者諦爲宋拓本倉卒無錢典所著裘酬其直嚴寒忍凍不顧也聞有收藏家識與不識必造門請觀品題精粗辨別真贋主人樂遇賞鑒每流連竟日而返風度端凝不苟言笑居家內外肅然雖童丱構昧見之莫不起敬然律己嚴而接物恕未嘗以聲色加人出就松江提督某公聘裁數月會戚黨有新喪者孤兒寡婦以家難告先生卽解館歸爲之經紀喪葬教鞠其孤迄於成立其敦品行義皆類此先生生嘉慶八年五月十九日咸豐九年四月十六日

卒年五十七歲明年春赭寇之警權葬於大池之木瓜墩光緒二十四年閏三月二十九日改葬於惠山茅蓬下新阡以孫丕烈階例得貤贈朝議大夫配李氏貤贈恭人後先生一年殉寇難列祀本邑忠節祠與先生合窆焉子廷枚贈朝議大夫亦善書能於折疊瑣骨扇燈下作雙行小楷移時滿三葉見者歎工捷三應童子試佹得佹失赭寇至侍母居守爲寇所略母殉難踰年憂病卒年僅三十事平求遺骸不可得鄉黨咸哀惜之孫三丕烈五品銜以勞績洊保遇缺卽選從九丕業幼殤丕承

論曰黃氏系出伯益後爲江夏望先生家世自明季由徽至錫相傳被水時全家漂沒僅一母懷孕坐巨缸中浮而出是生始遷祖當先生時手輯家譜已莫詳其先世所自出迨兵燹譜佚且併占籍以來六世稱諱亦無從追記矣親族長老猶有知先生王父曰三寶公者殆是小字未敢必也今先生孫丕烈溯尋墜緒重輯家譜疑者闕之無攀援無粉飾務求徵實以不欺示後人可爲善事詒謀矣又與厥弟丕承並以善書鳴端謹樸誠具有家法嗚呼先生之風不亦緜且遠哉光緒二十七年歲次辛丑八月朔鄉後學劉繼增

頓首拜撰

曹清華先生八十壽序

禮經言中庸之德曰闇然日章曰必得其壽乃所謂德不過不偏不易平常之理卽所謂闇然者亦不過素其位至於遯世不見知而不悔非有智力相勝於其間也然積德累行猶之種樹養畜當前不見其益必待時久而滋大邇來世故多艱人人嶄富強急功利一切作爲皆欲朝種畜而夕穫息焉思

慮紛紜患得患失不恆其德何有於壽其能素位而行遯世無悶德日章而臻上壽者不且如景星慶雲爲熙朝人瑞乎若是者吾鄉黨中惟清華先生庶乎近焉先生宗系本接輿後自六世祖學醫於曹氏遂從其姓爲之後自是累世皆業醫至先生父始由城析居東郭堠山之麓老屋七八間聊蔽風雨先生自幼習勞苦父教之讀家貧不能具膏火每於晨光熹微執卷就庭除誦聲朗作至日上乃更事操作無少間弱冠後丁父憂稍以醫號於人得所酬具甘旨以奉母時伯兄居城南業早精先生常就討論往必以夜黎明馳歸去來六十里不失定省其善事孝養有如此者兄弟五人先生行居四仲兄不善治生業終其身取給無少遴爲弟納婦以習醫不成更畀以貲設藥肆使自立迨伯兄以次相繼沒爲之喪葬撫視諸姪若己出今諸姪中多

有室有家嗣育蕃衍相依左右視先生亦無異所生焉其友于慈愛有如此者先生行醫不以身價自高有延請診視者度足力可至即徒步往所至病者要於途或深夜不得歸則傍人家檐下宿遇厚餽必量受而反其餘貧乏者且贈以藥資咸豐庚申邑城被兵親族故交避亂來投者數十家寇至隨先生倉猝行身外無長物人口衆多賴先生隨處以醫得資買米責食流離顛沛中未嘗有一人一日枵腹也無何時疫大行先後作故者不下二三十人皆先生代置棺具顧窮旅無多金始與主人約緩期以償其值馴至前值甫償後值復負若接踵然主人嘉其好善不倦而先生謝謂所得所施皆天佑俾吾日受人饋適如期約假非冥冥中豫爲數計安見不食言也其行義急難有如此者先生起居自奉甚約布帛菽粟惟以勤儉爲本被兵後舊屋毀圮銖積寸纍綢繆牖戶復擴地構屋與諸姪同居旋置膏腴課農工作又出千金購書籍以教養子弟比歲咸以先生年日高家日裕後起多賢宜少休息受頤養先生拂然曰勤儉正爲卻病耳吾生受氣薄少時體羸三十歲後求醫者日衆寢饋不遑而體反加壯至於今目明齒固腰脚彊健不杖而行可二三數里未嘗少衰也人不可佚佚則惰惰則百舉俱廢何況一身乎其持躬處素有如此者先生少時名不甚顯索居鄉曲狂暴驍伺有以柔懦侮之者先生反躬自訟釋然無怨言老來善念益肫周給貧乏施舍衣粥脩造道路橋梁有以善人稱之者先生如恐不及歟然無德色年前有邨嫗乞先生至其家治病者既歸即有踉蹌者踵而至言病人積有銀二十圓藏枕下以備身後資頃摸索不得計無他人惟先生一臨診耳今病瀕危重以失銀

情極無生理矣先生唯唯如其數償之既而病者服先生方而愈起視牀蓐則原銀固在乃大慼愧亟奉還先生銀先生復唯唯受之家中人初不知也一日令嗣棫卿明經偶從邨市閭里老有譚曩事者相與詣鄉愚鹵莽而歎先生涵養爲不可及異之歸而請於庭將問罪於病者先生笑曰竊銀汚名也乃得美名乎竟置勿論由是遠近咸傳其事比諸漢文時郎官直不疑爲二千餘年一再見云其仁恕大度有如此者明年某月爲先生八十令旦棫卿將於歲首設甆觴列長筵率子若孫奉觴上壽以長郎孟魚適於年前以第一人入縣庠風俗釋褐後當祀魁宿通賓客賀並命是日行獻酬焉重闈燕喜誠德門積慶也棫卿善頌善禱猶以爲未足思欲廣徵名碩播諸歌詩以爲侑屬繼增引喤發其端繼增辱在通家不敢以不文辭又慮勦襲浮華

泛引失當謹就平日習聞庸言庸行如所謂闇然日章者詮次而質言之在先生守謙尙志儻以是爲瑣屑不足道則請更以誦岡陵詠紫芝進

重建惠山文昌宮記

斗魁戴匡六星曰文昌宮星各有名其亠司命祀於周官其一司祿秦漢以下與司命並祀至元則統祀文昌於是郡邑有祠學校復有魁星之樓搢紳大夫士多信禮焉惠山之麓舊有文昌宮爲順治六年邑劉進士宗熹建初僅三楹左魁星閣與右張仙閣對峙康熙五十九年王殿撰雲錦更於後鑿山壁爲正殿乾隆六年楊封翁孝元集同志大加開拓就殿右起岑樓移神像於中別構天香第一樓五楹供魁宿樓下牓曰名山敬業之堂爲同人會文課詩之所旁舍錯列曰笏菴曰蓊軒曰蓊泉處門樓左曰朱衣閣閣覆羅

漢泉更名曰朱衣泉規制崇邃數倍前構延羽流之賢者以主香火鄒學士升恆華大令希閔嘗爲文以記之自咸豐十年被兵後隳廢略盡遂弁其地爲淮湘昭忠祠基址遷易莫可詳舉矣二泉之左磴而上有棄地俗稱梅園者故名山敬業堂之右隅也湮榛莽中已三十餘年道士過承成有志興復請於邑紳秦芝珊司馬鄒渭清觀察集資於鄉施子述少尹復告諸上海達官長者遙爲之助合金錢若干緡草刱樓宇四楹以三楹奉文昌及斗魁朱衣諸象其一楹則仍嚮所名堂若樓者牓之存往蹟也同人以記屬余余惟前此鄒華兩記存於志者今已刊落無傳懼後來之失考也故於興建緣起言之特詳而曩日之盛亦可概見若夫祿命之說本諸積德明星煌煌豈私照哉雖然興廢起衰搢紳士大夫事也他日更擴充之以復於舊觀豈徒爲名山壯色或亦神所默佑歟

寄漚書巢記

劉子好讀書家貧不能具購致有與暱者輒借讀之讀已卽還還而復借此出彼入所居室卷軸雜沓往往客至不能相周旋或撫陸放翁事以書巢稱之其實積書不滿車汎濫漫衍讀之久而無所得也行年四十嗒焉喪耦因讀陶靖節詩人生若寄顦顇有時靜言孔念中心悵而乃諷之不去口既又讀老萊子言人生天地閒寄也寄者固歸憬然曰吾殆寄乎寄老莊則吾未能忘情將寄於佛而又惡夫世之佞佛者雖然佛何讎哉彼其於世亦寄耳吾且寄吾所寄而安吾所不寄庸何傷於是取楞嚴讀之至空生大覺中如海一漚發味其言遂自號曰寄漚更名其書巢以自別於放翁氏且解之曰

漚之云者特大塊之喑醷非若島之可狎也菅之可瀆也其生也無涯注然勃然浮乎湫盤容與乎塵垢之外揚清麗藻映曜星日其形全而不凝滯於物故得須臾儵忽起滅萬狀亙古而不息是漚之德也然而滔滔者或不吾諒焉因以爲頽靡因以爲波流吾能弗慎所寄哉於是乎記

挹青樓圖記

常熟俞調卿宮簿於所居堂側構樓三楹啓南北窗其北臨巷倚檻西望虞山山色如接眉宇因名曰挹青樓樓下書室卽琳瑯新館是也光緒八年四月十日主人馳書遣舟來迓乃與余君成之同往作十日歡至日下榻樓中新雨舊雨一時都集排日遊讌或刻燭聯吟或解衣盤礴衆藝畢呈清譚皆妙瀕行主人出前年樓居落成唱和詩及圖相示謂自昔詩酒唱酬之盛至

今而再命圖以記之與前詩合爲長卷以續佳話某於繪事慚非素長幸預斯遊勉擬此稿樓中五人其背窗而坐手閱琳瑯館詩鈔者余成之也側席伸紙搦管作畫者某也面山對坐而觀者主人也兩手據案立而俯視者爲令弟敬孟探身窗外仰尋天際飛鴿者爲哲嗣冠羣樓外三人從深巷中來仰而呼者爲孫梅庵執黑油折疊扇俯而吟者爲秦健庭攜白團扇來徵畫者爲邑侯公子龍鶴年門外一人手抱半萬卷齋圖來索詩者爲李潔人門內蒼頭從角門出肅客側足祇立焉門前清渠一帶爲西涇緣岸右行爲中興橋水由此出南城而近左盡深巷爲翁氏園後有方池面池者爲有明趙文毅祠不數武園扉雙闔其中竹木叢雜即明侍御錢秀峯之小輞川遺址也迤南爲曾氏園與上翁氏二園皆新構工作未竟故亭樹花木皆略焉園後闢小扉上題曰臨水柴門繞而前樹裏人家有門相向者趙氏靜圃過此有寺爲石梅仰望山腰有昭明讀書臺在焉由北有紅牆坊表於山上者一爲仲雍墓其前爲言子墓折而西琳宮縹渺雉堞蜿蜒緣山而上即西城樓閣也城內諸峯有特露一巔孤亭踞其上者爲辛峯亭山凹隱隱露紅牆者爲乾元宮城外一峯高出遠見福山海口者爲齊女墓再西礪石嶙峋爲劍門中有拂水山莊則遠不可覩矣其他勝境及往還諸名宿正復不少以限於尺幅且筆墨拙陋圖既不能盡記亦不勝書留此鴻泥以俟他日得龍眠海岳者流重爲潤色毋徒魯莽見誚令西園雅集擅美於前請質主人以爲然否

南齊玉造像記

光緒丙申重九日得舊玉一準今工部營造尺高一寸九分廣一寸四分半厚半寸弱杼半以上及後銳其顛下爲座縮四足居中高一分半兩旁各去四分剗而出面刻佛像作跏趺狀其陰有文曰大齊永明二年歲在甲子之春廬陵王中軍司馬高平太守之像凡二十五字參差列作六行雕琢樸拙棱角完好惟入土久座後兩足少磨蝕玉色初來時上半黃下半白如堊灌以溫泉拭以白緤浹旬之間光采煥發白如堊者亦漸變而黃間有蒼黑斑斕淺深流露若晴雲舒卷幻化無心莫可盡狀蓋自刱造至今沈薶元壤已一千四百一十三年矣考南齊書武帝於建元四年三月即位六月進封三子臨汝公子卿爲廬陵王明年正月改元永明今刻廬作盧者春秋左傳隱太子之子盧歸於蔡唐石經作盧孟子屋廬子廣韻作盧二字本通用也其爲王中軍司馬高平太守者史傳惟一見於戴僧靜然事在永明八年非二年當別考其不云造像直云之像者元魏始平公造像額題曰始平公像一區孫秋生及楊大眼造像自稱邑子額題爲邑子像皆省文也昔王蘭泉司寇輯金石萃編蒐羅宏富於南齊一代無聞焉近人作續編得會稽妙相寺永明六年石佛題字始著錄以補其闕而世傳六朝造像非金即石鮮有玉者南齊書載武帝詔有顯揚殿玉像諸佛今不可見此像獨存震旦累劫不壞誠爲多寶林中無上妙品爰志歲月以俟慧業文人共相印證詠誦贊歎之

覆楊見山師書

承示說文六甲五龍相拘絞後束解者未能透徹發揮繼增正擬援乾鑿度

太一下行九宫合遁甲作解適奉傳語江氏聲已有此說故不更作因思著述之難既博古又宜通今不然淫思廢日所獲猶陳義有何益哉前示釋鬲近復細讀有獻疑處謹陳是正案儀禮士喪禮重鬲下文重木刊鑿之注云士重木三尺據此則鬲縣於三尺之木其制宜輕小故禮記孔疏重鬲謂縣重之罌是瓦瓶受三升也罌瓶云者蓋本劉熙釋名重死者之資重也含餘米以爲粥投之甕而縣之之文說文罋汲瓶也罋甕古今字罌缶也方言缶小者謂之瓶又罌趙魏之間謂之瓮說文瓮罌也此孔疏猶言重鬲如罌之小者耳唯受三升不知所出當亦有本以縣重而論所受必不多以禮圖天子諸侯大夫士之鼎所容推之則鼎有大小鬲是鼎屬必亦有大小受三升乃鬲之小者舍喪禮當又加大矣鼎之大者漢書郊祀志張敞言汾脽寶鼎大八

尺一寸高三尺六寸而美陽鼎細小有款識敞謂是周王褒賜大臣子孫藏於宮廟之物是鼎之大小視尊卑貴賤爲隆殺九鼎之鬲自與凡鬲異而凡鬲古多瓦制故周禮使陶人爲之然奢儉不齊間有金者要皆各適所用如喪禮必用瓦自餘或用銅其爲食器則一也又案六書象形之字無偏旁鼎鬲皆象形不應作䰛尊謂韻書鬲從金爲後人虛造誠不易之論

與許邁孫丈書

春仲敬復一緘幷拜石山房詩集由信足寄呈諒登籤室音問疎節瞬又半載伏諗道履康彊爲無量頌呂庭芷太史所藏姜白石詩詞年譜頃由汪符生兄帶呈某悤悤繙閱一過知爲姜氏家藏未刻之本中有不可埋滅處請質左右以備採擇尊刻白石詩詞辨別各本可謂博矣而此本如昔遊詩除夜歸苕溪詩及雪中六解前後次第不同湖上寓居雜詠詩分爲兩題觀燈口號詩與燈詞互列且刪兩首詩說次第亦前後參差細繹之似較各本具有條理歌曲如鐃歌鼓吹序無慶元五年龍在己亥之譌越九歌列蔡孝子於龐將軍前琴曲移泛聲於末詞如阮郎歸爲張平甫壽併兩闋爲一闋似非後人率意竄改所能及又各本中闕字此獨不闕張宗瑞白石小傳陳玉几已云不可見尊刻以嚴氏所撰補之此則有張來儀撰一首足冠嚴傳之前鄭芷畦湖錄散佚殆盡此猶附著數則至全書字句異同不勝枚舉其爲抄手所譌者姑勿置論其餘皆足爲考訂羽翼之助如於尊刻後將此本異同別爲校勘札記補刊行世誠美事也所不可解者此本載玉几跋語作於康熙甲午今洪氏刻玉几跋作於丁未且多陔華先生云云一節而陔華自

序亦有互異考丁未爲雍正五年此本據洪武十年八世孫福四題識謂是白石暮年自定稿乾隆九年二十世孫虬緣復加讐勘附錄箋注其時洪本刊已十六七年何以所見互異豈今之洪本非昔之洪本歟且既爲姜氏世守之澤何以與祠堂刊本又絕不相類不知庭芷太史從何得此能道其流傳源委否也年譜大致與拙撰同惟體例詳略微欠整齊而所書止於嘉泰三年今考開慶四明續志可至紹定二年又所引典故中改白石名號爲公出子孫自爲文則可援引他書無是例也如果補刊想大手筆能鑒定之

答周濯之書

前示古陶一事猶俗稱爲韓瓶承問宋史韓岳皆有背嵬軍何以今世第云韓瓶無岳瓶某按韓瓶之稱初實指漢非指宋也漢書韓信以木罌度軍服

虔曰以木柙縛罌缶以度也師古曰罌缶謂瓶之大腹小口者也後世因之凡遇古陶若罌若瓶者無論大小概曰韓瓶猶古玉之無時代可別者概曰漢玉耳然韓瓶用以縛木度軍其形必彭亨碩大骨董家因見纖削者人亦韓瓶稱之無以實其口乃託諸背嵬初無暇計及爲韓爲岳也宋趙彥麟雲麓漫鈔北人呼酒瓶爲嵬夫酒瓶乃人間恆有之器高低巨細各適所用不一其形非背嵬軍所創造韓且不得專於岳無論矣此瓶依今布帛尺高八寸二分強中徑尺二寸弱口徑寸六分強脣半寸底徑寸二分脩腹連肩肩有綹紐四陶工麤故口徑微揗往歲南門外下田橋民於水底得古陶十七今年正月羊腰灣農鉏田發北宋張奕墓又得一其形制皆與此同惟略高大其出墓中者紐不穿爲異耳竊謂未有背嵬卽有是瓶蓋昔釋氏軍持之

遺賈島詩我有軍持憑弟子岳陽江裏汲寒流本盛水之具或借以盛酒原無不可若必考其爲韓爲岳墮雲霧矣軍持卽佛書捃稚之諧聲祖庭事苑謂常貯水隨身用以淨手者也南朝四百八十寺打包行脚奚翅背嵬幾千百倍而大夫士庶又往往以佛事送葬沿及唐宋流風未艾宜乎此瓶或出於水或出於墓至今不絕也擬作長歌紀之思鈍未成謹先以臆見奉復左右

案元李翀日聞錄背嵬者大將帳前驍勇人也章氏槁簡贅筆云背嵬卽團牌也以皮爲之朱漆金光煥耀向日卽今軍旅所用者又案二儀雜錄云步軍用八尺牛肋牌馬軍用朱漆團牌近世兵仗中有標牌蓋出溪洞之蠻熙寧中王師征交阯得其法乃盛傳於中國至神宗設於行陣令諸軍習之據此則嵬不當如雲麓漫鈔作酒瓶解矣且韓岳恃數百軍折衝行陣轉戰無前乃舍餱糧而負酒瓶豈不累墜耶考其制蓋古干盾之遺如今之藤牌說文盾以扞身蔽目釋名盾遯也跪其後避以隱遯也急就篇顏注盾一名瞂亦謂之干卽今旁排也釋名又有彭排彭旁也在旁排敵御攻也古無牌字排牌與嵬音相近俗稱韓瓶卽背嵬匪但誤解且無其事

答友問六壬書書

承詢六壬之學當讀何書具見集思廣益不恥下問僕於此實未究心平時涉獵間閱一二今請質諸左右恐不足爲他山助也自來術數書都出淺人僞託欲識其理非證之經史及漢魏諸子不能定其是非六壬與太乙奇門

爲三式三式中以壬式爲最古周禮硩蔟氏掌覆夭鳥之巢以方書日辰月歲星之號縣其巢上則去之宋祝泌六壬大占序謂此卽壬式中天地盤之祖國語伶州鳩以五音十二律爲占其義頗與六壬合至吳越春秋載子胥少伯各有所占驗其起例實始於此及晉書戴洋傳所記則與今之六壬無少異矣月將神煞干支喜忌具散見於淮南呂覽抱朴諸書一一搜討可以得其根柢此皆晉以前書雖非專言六壬而習此者不可不察也若云專書實難僂指自宋迄明見於鄭樵通志者有八十二家焦竑經籍志亦八十九家以僕所見亦不下三四十家大半皆淺陋有題爲黃帝玄女所傳留侯武侯所著者悠繆無理尤不足信我朝四庫所收僅明郭載騋六壬大全一種別有九種列於存目者已散見於大全中故不著錄此書初學尚堪取法第

非一家言雜而不精其中貴人圖說證與吳越春秋占例吻合然所列諸課未能遵用蓋是書本彙輯諸家其術不一在善讀者自尋綫索也此外如六壬精蘊六壬古鑑金匱經大玉帳歌宋氏玉帳經三元經程濟存亡錄無惑鈐皆足與大全相發明又有起例與大全不同者兩家其一用伶州鳩月建加時法以三傳分天地盤各以遁法納甲成卦見六壬透易及穿壬透易二書其一用河圖生成數超接以定月將所云超接又與太乙奇門例異而貴人陰陽旦暮順逆亦與他本異見銀河櫂僕亡友孫昜三茂才用其術頗驗而嘉道間有謝穆倩者以六壬名吳下僕嘗遇其弟子出其課按之則又遵大全非銀河櫂也彼此起例不同則布課神將生克互易吉凶反背而二人占事皆奇中殊不可解意者物不自靈因人而靈人之心注於此則此注於

彼則彼若泛覽而無決擇勢必讀書愈多心思愈惑己之疑尚不能決安能決人疑哉願足下神而明之擇一而守之可矣射覆爲壬式之支流以上各書中多及之如云專書曾不多見所知者惟管輅神書東方朔射覆斷苗公鬼撮脚三種無甚奇異至如坊刻之六壬類聚猶帖括家之典林六壬粹言猶小說中之演義在江湖術士以爲枕中鴻寶通人視之不直一哂也足下英銳有志於此如有所得能告我否

日記一則乙亥

七月一日丙午書童武璽於空室得石刻方廣盈尺其文曰大唐化度寺故僧海禪師年六十有六俗姓劉綏州上縣人也永徽五年十一月八日卒於禪衆以顯慶二年四月八日於信行禪師所起方墳焉顯慶三年歲次二月二十五日癸巳建凡九行行九字字皆畫方綫作格顯慶三年以下兩行皆低兩格行末建字缺一角不全餘文尚完好亟移置齋中命三兒拓視之此一千二百四十餘年前金石文字中吾家香火緣也金石萃編載化度寺塔銘有信行禪師隋開皇時人唐貞觀五年僧邕禪師爲之建塔李百藥製文歐陽詢書碑自宋以還石刻無存世傳舊拓文都殘闕不全石墨鐫華云化度寺在朱雀街今禾黍離離無復蘭若之迹不知碑亡在何時每至其地悵然者久之考長安志梗梓谷口有興教院即百塔信行禪師塔院並在長安縣六十里此碑建於顯慶三年上距貞觀五年信行禪師塔成時僅二十七年今塔銘久廢而此碑獨完又不知從何至此又按碑稱僧海卒於永徽五年越三年爲顯慶二年既於信行禪師建塔之所爲方墳明年又刻此碑所云建者蓋亦建塔也唐書關內道綏州上郡龍泉本上縣天寶元年更名今陝西綏德州

寄漚文鈔卷二畢

孫男用譽用藏謹校字

寄漚文鈔勘誤表

卷數	葉數	行數	字數	誤	正
卷一	二	十	十九二十	明德	德明
	六	十一	八	漢字上脫史字	
	十四	十四	十九二十	幾城	城幾
	二十	十五	二十一	書今	書目
卷二	四	八	八九間	續字下脫記皆二字	
	五	三	十四	兩枋	兩祊
	七	十二	七	素償	索償

文勘誤表　一

寄漚詩鈔 附詞

受業唐駝敬署

民國十一年無錫縣圖書館用倣宋聚珍板印

敘

歲在旃蒙單閼涂月既望臈臘猶燠孤吟不歡尚漁伯氏攜示梁溪劉先生寄漚詩詞遺稿云係寄漚哲似書勳昆季由錫寄虞乞爲編次謀付剞劂嗚呼當今之世親在而尚有淡然漠然者安有親沒而僾見愾聞尚惕然於遺墨之易湮不憚遠道求其父執爲之釐訂此仁人孝子之用心禮所謂將貽父母令名必果者也寄漚栖遲九龍接翠之區吐納二泉噴玉之潔驅毫欲活擒藻俱馨雖天生斯才未竟其用而淵懷沖抱其詩存則其人存實有不可磨滅者光緒乙巳寄漚恒化滬上伯氏哭以詩有絮酒隻雞親置酹青山我自哭詩人之句讀之酸鼻迄今一星終矣世道淪胥乾坤變色舊時嘯歌儔侶天涯散處山之巔耶海之澨耶愛而不見於我心有戚戚焉猶憶庚子閏中秋日寄漚歸自津沽來游虞山飲於伯氏挹青樓素心三五言笑宴宴縷述兩宮西巡事忽愀然不樂謂中朝大官僅見眉睫中原厄運殆無已時若早見有今日者瀕行出畫箑題詩爲贈至今猶藏篋中歎爲三絕日月幾何已嗟宿草所喜克家有子楹書恪守刊茲遺稿吾知他日梁溪詩鈔繼續編輯必將揀金之腴採玉之潤有足傳寄漚於不朽者則書勳之保茲手澤一開卷而如見其親非特孝思不匱抑亦可風厲末俗也夫虞山古稀遯叟俞鍾穎謹序

敘

世之號稱能繪事者夥矣凡皴擦烘染之於法丹黃鉛粉之於色非人之殊而凡史之專工往往不及通人之餘技何歟則徒以畫爲畫也以畫爲畫斯迹象得而囿之若唐之有王摩詰宋之有蘇東坡米元章元之有倪雲林吳仲圭皆畫手擅場而其靈機鼓盪天真爛熳時流溢於筆墨蹊徑外蓋不徒以畫爲畫而以詩爲畫也詒於同治辛巳之年獲交錫山劉君石香一見如舊相識君天資超卓工詩詞精繪事書法真草皆入妙而又好學深思求通乎古人之意於書無所不窺詒頗負意氣輒相傾倒時詒謁選入都匆匆別去既而航海南下訂君於壬午春來游虞山下榻挹青樓適陳君有庚亦旋自青田詩酒譚讌酣暢淋漓三人年相若志相合遂有三漁之號三漁者君

字粱漁陳字昆漁詒字尚漁也此後石洞看雲龍山尋夢君來詒往不可殫述三漁詩簡書札絡繹於道君才識兼優聲譽鵲起橐筆遨游而山左而津門一時名公鉅卿咸羅而置之幕中光緒庚子拳禍起君適先期從津門歸里其秋命棹過訪詒詰之曰君幸逃此劫殆先事預知耶君微笑不語猶記閏中秋日蒼茫風雨與君笠屐謁吾舅松禪先生先生極器重之遂爲禪漁聯唱發端之始焉辛丑君復出游癸卯歸自京津三月來虞握手話舊夜闌秉燭語庚辛京津殘破事慨然曰吾自此不遠游矣甲辰忽接君來書言漁舟泛泛又之申江乙巳二月詒附輪往訪坐雨寓齋案頭筆墨山積手校筆錄遂以言調侃之曰君何不享庭闈之樂而乃寓此作許子之不憚煩耶君輾然曰吾厭聞家事耳是年臘月風雪逼除忽接海上書則君已歸道山矣

哭詒之老淚涔涔失聲嘆曰今而後交游中以誠意相孚者難其人矣君詩古文詞等身著作俱藏於家君既歿之二年裒集其往來酬唱之作成一卷對之輒掩卷流涕嗚呼千古無不敝之身而有不敝之畫與詩石香逝矣賴有此不敝者在庶與摩詰東坡元章雲林仲圭諸人後先相望九京有知倘亦掀髯一笑歟光緒三十三年歲次丁未孟夏尚湖漁隱俞鍾詒拜序

右序乃光緒丁未舊作藏之篋中幾歷寒暑宣統辛亥春仲昆漁自浙中解組歸里謀梓寄漚遺集比以水災兵劫心旌搖搖事遂中梗壬子長夏乃與昆漁商略就同聲集中精選得詩詞若干首付之梨棗噫石香已矣其等身著作可傳世者本不止此而雲散風流漫無歸宿有待蒐羅俟諸異日存此吉光片羽讀者庶知其人乎壬子夏五月尚漁俞鍾詒再誌

梁溪劉寄漚先生余訂交於光緒辛巳神氣沖澹靄然可親擅詩書畫三絕之長詩古文詞等身著作朋儕贈答江海遨遊結契皆知名之士嘗坐書巢中出詩稿相示其自序云幼時詩編經亂不復記錄近有所得亦隨作隨棄賀黼庭茂才代爲收拾錄成二卷同里嵇雨人爾霖重爲編次嵇翁之先人桂山先生文輔評定之客臘哲嗣書勳出全集由錫寄虞曰子知先君子深其序之夫余烏足以序先生哉是編經佑敬兩仲校定余豈敢妄爲删訂竊謂論古人之詩宜嚴論今人之宜寬詩或以事存或以詩存要當使悲歡離合之情雪泥鴻爪之境身所閱歷略可備見後人讀其詩而想見其爲人也噫今日者墓艸已青不能起先生於九原而自爲商訂然則寬存之以待後人論詩者別擇可也歲次丙辰海虞尚漁俞鍾詒閱畢再誌

寒夜校閲梁溪劉石香司馬繼增寄漚詩詞鈔

風雪天涯歲莫時挑鐙重校寄漚詩綢繆金石思苦誼寥寂河山感黍離夜雨祖劉雞警夢鄉音南北雁來遲九龍峯影書巢月月到書巢冷照誰

舊夢重尋乙巳春我來申浦訪詩人交情難得禪漁契客況彌深氣誼親匹馬風霜虞坂道五湖煙水季鷹蓴大招參悟南華旨無復前因與後因

歲次乙卯臘月海虞尚漁弟俞鍾詒拜手呈草

寄漚詩鈔目錄

無錫劉繼增石香

寄漚詩鈔卷一

無錫劉繼增石香

寄暢園

傑閣淩虛上迴廊曲折分軒平都臥水樹老盡挐雲魚戲隨波現鶯歌隔院聞牆陰留片石曾惹御爐熏

閒倚知魚檻溪光正午晴憑闌花解語坐樹鳥呼名水綠兼山綠泉聲引竹聲高風溯淮海何處寄遙情

芙蓉湖上夏夜卽事

笙歌嘹亮渚西東向晚湖邊露氣融羅袂裹裹燈影裏畫船搖曳月明中澄波淡暈遙山色暗柳深遮隔岸風談笑渡頭人未散滿天星斗碧涵空

新月

鉤起簾鉤仔細論水清魚戲也應吞眉彎初試張郎筆指印曾留帝子痕半挂雕弓弦乍上微開塵匣鏡猶存幾回獨酌難成寐巧樣尖纖落酒尊

登惠山仙人隝

陥壁千尋矗清泉一綫飛片雲出空谷孤鶴守禪扉野曠喬松老山高曲逕微莫言塵世客到此也忘機

七夕

好事何人作蹇修神仙亦自解温柔河邊鵲語關心喜天際雞鳴入耳愁儘有良緣期隔歲永無長恨感千秋料應佳會無多日破曉離情語未休

閨怨

月上碧紗花影鬭銀缸斜照眉峯秀雁聲如艣過瀟湘詩就迴文動寒漏幽情脈脈掩羅幃夢魂無賴腰支瘦那堪枕簟自生涼幾許淚痕都濕透

暮春

香飄紫陌正芳菲蜂蝶匆忙結隊飛燕尾點波裁水縠花英貼地繡苔衣闌珊詩酒過修禊和煦風光詠浴沂一雨園林新綠長青梅如豆綴枝肥

雪珠

竹牕風灑玻瓈響老蚌藏胎墮吾掌滕六歌成昔昔鹽華嚴幻出非非想打折梅花落素心灞橋仔細跨驢尋著襟盡化相思淚墜地都成咳唾音玉盤聲急寒生髀錯雜琵琶彈未已何止光搖十二乘憑誰富給三千履纍纍無緘不可穿柔荑着處總難圓深堆金谷藏嬌地亂入山陰訪戴船翹首彤雲低轉矚胡爲不雨金與粟人閒好免饑寒驅大塊能銷貧賤慾但解紛紛十斛傾只須付與一朝晴休教錯認鮫人泣都是天公巧製成

惠山竹枝詞幷序

生長蓉湖背山面水春秋佳日恆容與於二泉煙靄閒景物當前風懷斯託綴成短句韻各一章擬付廚下炊娘邨中牧豎信口歌之

儂家生小二泉東屋後香塍五里通鎮日看山看不厭雲煙變幻畫難工出西郭至惠山日五里香塍

小金山小浸芙蓉纔撥船頭見九龍石徑遊人渾似蟻行行遠過二茅峯小金山卽黃埠墩在芙蓉湖中適當惠山水口惠山又名九龍峯山頂迤邐三廟俗呼爲頭茅峯二茅峯三茅峯

水月菴前疊石矼漁舟繫處柳成椿喧聲忽起人爭渡驚醒鴛鴦夢一雙

結伴登舟姊妹隨琉璃牕亮儘人闚心知寶善橋邊近手鏡親持照畫眉

繫纜河塘盡換衣龍頭爭看吐珠璣崇祠兩岸輝金碧一座牌坊隔翠微祠堂

逕俗稱河塘

甓到山門列肆居轉因擁擠步紆徐路旁買得甜燒餅要向泉亭去飼魚

乘輿登高不用扶半空鈴語聽浮屠錫山更比龍山近石浪菴前望太湖

瀹茗當罏各品題腰如楊柳手如荑狂蜂浪蝶閒徵逐繞過桃蹊又李蹊

紅羅新換踏青鞋老婦燒香少女偕攜得金剛肚臍去寺門大佛笑當街燒餅

如棋子大俗呼金剛肚臍又稱惠山寺為大佛殿

熱鬧場中戶不開天鈞堂裏少人來一池清水闌干外只許寒天看綠梅有怪

道院為明鄒迪光故宅本天鈞堂改建至今猶稱之

漪瀾堂外碧粼粼堂上千秋御筆新品茗竹罏徵舊蹟年年盛事說南巡

異客都來廣見聞二泉汲處水沄沄滿而不溢堆茶椀更可投錢數十文泉注

令滿以錢一一投之可容三數十水高出椀外不溢

陰陰喬木鳥聲喧傑閣凌虛寄暢園山色溪光渾一色不知戶外有牆垣秦氏

寄暢園南巡駐蹕題額曰山色溪光中有凌虛閣最高

若冰洞裏露珠團點滴能生六月寒卻怪淋漓垂滿地出來總不濕衣冠若冰

洞俗呼仙人洞洞中有水如簷滴相傳游者不可作顧避言即水著衣

宿雨初晴露曉鬟遙看飛白破青山幽人掘得天生朮道是黃公澗裏還黃公

澗飛瀑最勝澗產朮有硃點較勝茅山出

映山上下好開筵帶髮尼姑各逞妍時樣衣裳新樣髻鑲鞋高底露裙邊尼菴

有上映山下映山諸名少艾皆作閨閣妝但不裹足著高底鞋耳

叢墳纍纍碧山腰吟社風流迹已銷日暮誰家作寒食紙錢灰起隔林飄碧山

吟社左右皆亂冢故址不可辨

點易臺荒古硯凹海天石屋掩蓬茅游人到此無聊甚石上縱橫畫卦爻邵文

莊點易臺有石案上鑿一硯後有海天石屋中刊遺像

桂花杜栗松花菌湖水鮮菱泉水膠更有青青蠶豆子山家風味勝羊羔以上

數品風味獨勝惟惠泉酒實非泉水所釀徒存其名耳

早起梳頭爽氣多汗衫齊換雪青羅泥金團扇遮朝日至德祠中看白荷吳泰

伯祠白荷最盛

石堆苔蘚樹藏鴉秋至胡園有桂花結個毬兒隨手插濃香低壓髻雲斜胡文

昭公祠樹石蒼古桂花特盛

魚貫肩輿上玉皇輿中婦女信陰陽年年長綫穿元寶燒盡全山十廟香諺謂

不事神鬼者曰不信陰陽凡燒香者有八寺香十廟香全山香諸名色上玉皇殿在惠山寺後為全山香十廟香之一

暮春天氣袷衣輕各廟齊將勝會迎茶客到來無坐地家家門外搭松棚

求籤都說石門靈山路崎嶇喘不停攜得一枝甘蔗杖繡鞋踏遍草青青石門

即仙人嶋山徑盤旋世稱七十二搖車灣

連朝香會接香塍大德橋頭月未升無數佳人爭上岸夜來要看肉身鐙鄉民

每於三月中集香會束白裙袒臂以曲鍼穿綴金罏銅鉦重至三五十斤名曰肉身鐙以為報孃恩云

珊瑚鞭子玉籠頭清脆銅鈴韻自悠試馬香花橋上過金釵忽墮誦芬樓誦芬

樓當惠山寺臨街路側邑中游女都集於此

天道人倫自古今賀蘭鐵脚跪庭心雙忠廟接于公廟宿夜還將好夢尋雙忠

廟合祀唐張巡許遠每逢誕日鄉媪席地滿殿庭自夜達旦名日宿夜廟後有于忠肅廟俗稱夢神殿看夢者亦咸往齋宿焉

秀嶂街横樹色參鐘聲塔影落層巒只因地僻游人少香火寥寥忍草菴

一籃土產客中添五采泥人樣巧纖要貨招牌高挂起驕兒歡喜價難廉山以

泥作各種戲齣綵畫工巧歷久不坼

馬鞍隝上夕陽銜歸艤何須挂錦帆更向醬園濱裏去酒濃露重濕征衫

閨情

寶鴨香銷酒力微天涯紅紫正芳菲瑣窻寂寞懸歌扇繡閣深沈挂舞衣坐

樹嬌鶯晨獨喚巢梁社燕晚雙歸生來不解東風性但見楊花着處飛

題蔡燮堂同學濬停樽待月圖

小坐涼飈襲鬢絲絳霞籠處露含滋槎迴未必迷銀漢琴倦何妨泛玉巵到

眼詩情宜白也遣懷幽怨託微之揭來重譜霓裳曲花影臨身月上時

上巳喜晴偕蔡燮堂作

單袷衣輕正及時峭風吹散雨如絲蝶因粉濕飛猶弱燕爲春寒到也遲晉

搨試臨修禊帖鄭風漫譜采蘭詞天公解惜韶光近特閏花間酒一巵

和作　蔡濬

紫陌新晴撲蝶時隔溪烟柳裊風絲春寒多半花開緩歲閏重三燕到遲

草色漸迷驕馬埒竹枝爭唱麗人詞騁懷觴詠湖亭上笑揖青山入酒巵

僧廬乞食并序

庚申夏四月避亂涇陽賊至扶母徒步匿野寺中饑甚繞壁獨行見

鄉人壆土鉎作炊者丐一盂進於母餉畢復其器鄉人曰子胡不食

得無憎粗糲耶予以米珠薪桂分食恐不給對鄉人咍曰此何時大

家不能保朝夕尚惺惺作爾許語耶復餉一盂佐以臭虀果腹之下

覺平日粱肉無此甘腴也酬以金不受感而賦此

漫同行脚走風塵幻境離奇假作真浩刼忽翻滄海局慈雲不覆首陽民上

堂籠鳥都垂翮倒地銅駝亦舍身慚愧淮陰叨一飯獨留冥報佛前因

避亂湖濱

繞郭多漁舍鄰居盡老農地偏心自遠屋小膝堪容翠竹雙扉護蒼苔一徑

封桃源雞犬靜未許漫尋蹤

蔡雲汀澍同學亂中過訪同步青圻菴即景各賦

欲訪野人家柔桑一路遮斷橋春水溢古樹夕陽斜山色迎眉黛湖光映臉

霞墜歡何處拾沽酒問梨花

蠡湖初夏

陌頭處處喚催耕雨後風前作嫩晴村落蠶眠人不見桑陰吹過翦刀聲

柴門寂歷似禪關曲徑苔封草不刪燕子一雙來去熟風塵向我語緜蠻

屋小於舟似佛龕懺除綺業意何堪安排銷夏無常物團扇依然畫劍南

避亂雜詩

浮家聊作水雲游飄泊萍蹤任去留兩岸蘆花殘照裏不知何處可停舟

結箘團焦世外謀蠡湖景物最清幽荒村客况多蕭索三月煙花淡似秋

茫茫塵海幻荃茅夢裏流光自解嘲卻笑浮生渾似燕幾回謀食復營巢

秋懷

屈指飄蓬久驚心起舊愁離家重上巳作客閏中秋歲月戍虛擲烽煙苦未休枉教閑賦手獨自倚高樓

斜日寒林下臨風獨愴神殘山添落葉古渡滿荒榛蟬咽誰家院鴻嗷何處津可憐歌舞地畫角起城闉

壬戌之秋七月既望笠青程丈爲予作東坡前遊赤壁圖於扇賦此弁簡

大酒肥魚興不窮勝游今夕憶髯翁三分世界微塵裏一粟浮生泡影中名士逍遥淪水月英雄爭戰賸江風莫須更問孫曹事鐵板銅琶曲已終

亂中寄懷蔡燮堂從事中州

肩隨十載共臨池悵惜家山失護持目極停雲嗟別早身遭亂世得歸遲豫州花月增新感吳地烽煙似舊時憶自病中相隔闊而今無復與論詩

記得蘆中喚奈何臨岐無計贈驪歌兩家骨肉同舟濟千里關山獨雁過（中途爲賊所拘眷屬遂相失）遠路應悲知己少旅魂應繞故鄉多幾時笠澤銷兵氣重泛芙蓉湖上波

和作（時邑城已復）　蔡濬

他鄉遥夢舊臺池曉起琅函喜自持故態豈甘隨俗媚新詞翻悔寄君遲江湖萍梗論交日驛路梅花惜別時聞道田園寥落盡料應珍重錦囊詩

嗟君久別近如何風雨懷人只嘯歌宛宛花枝籬下寄匆匆棋刼局中過不因讀律才方達總爲耽吟感倍多他日重尋鷗鷺侶五湖連舸傲煙波

題過鳳篠盤谷圖小照

咄咄誠何益黄沙飛上兜鍪脊世事滄桑一局棋流光暗換成過客是翁心事我先知早具孤高出世姿風塵不向桃源避攜屐探幽杖獨持愛此盤谷深足稱幽人伏左可聽流泉右可蔭嘉木此中有我且盤桓魚躍鳶飛隨飲啄渾忘甲子幾春秋但見蟠桃今又熟撥雲山頂採芝還口誦黄庭騎白鹿

亂中雜感

半壁河山草木荒誰紆籌策固金湯素餐竟負將軍腹饋餉偏資寇盜糧絲盡春蠶還剝繭家隨碩鼠共搬薑驚心笳鼓無人處日暮吞聲過戰場

年來蹤蹟感浮萍又向湖干靜掩扃自喜蓮心能耐苦不勞柳眼屢垂青強將歡笑承顔色賸有牢愁付醁醽野老無關軍國事衆人皆醉我何醒

楊柳池塘鬬影寒秋千空挂舞衣殘按歌壁月猶堪聽歷刼瓊花未忍看粲便泥沾萍不化樹經霜隕葉先乾西陵松柏都成拱若個同心弔綺紈

癸亥天中節避亂之滬舟次口占

烽烟不許戀湖蒓聊駕扁舟學避秦襆被蹔違生長地衣冠重見太平民一家骨肉波中月萬里琴書刼後塵喜指前村沽酒市榴花如錦艾如人

太倉舟次（癸亥）

折戟當年事而今鐵未磨斷橋橫野艇焦土臥危柯日落孤笳遠沙平野竈多滄江風月夜誰向酒壚過

滬上有感

蜃樓海市競繁華賣賦虛矜手八乂奉母三年常作客卜居幾度宛浮家身

拚入世供磨鍊迹類飛蓬託浪沙輸與漁翁江渚上潮平潮落聽琵琶

寶山道中

吉貝陰濃夾大隄趁墟市散日平西潮回小港如瓴瀉秋盡平林似翦齊新闢土鬆車路輭荒邨人少爨烟低兒童不解征途苦招手籬邊看鬬雞

再生歌附記

甲子春邑城收復自寶山挈家歸二月十二日舟抵城東二十里夜遇盜胠篋一空無以存活乃寄家口於湖濱舊寓襆被謀資斧於陽湖之雪雁橋間從市上見鬻舊書者遍地委積如岡如阜問其值與樵薪等余閔之且觸所好而嗇於資乃擇其完善者購幾百種將歸附舟載焉舟子二人本湖濱老漁故所駕舟首穴一孔常引水以蓄魚者至是舍漁作小經紀遂以栓塞之余初不知也三月二十三日早起挂席出太湖風色正利相顧色喜舟子臥舵邊或謳或答漸皆睡去余起視碧天無雲水光空闊頗愜心目乃發所購書略事泛覽裁半濟覺舟首下陷既聞陶器激撞聲亟呼舟子啓視之則栓已脫落風順水逆灌注已滿尋及中艙舟子大呼曰艙底悉載乾腊鹹蔬着水必與舟俱沈舟沈則身將焉附當齊力騰踔蕩而覆出之時春寒余猶被羔裘下體甫濡即覺累墜乃手自裂去僅存褻衣舟蕩果覆諸物悉沈惟書本漂散水面與波濤相上下方舟覆時余恐闔於艙不能出縱身躍巨浪中沈而浮者再力疾牽引始與舟子匍匐舟背時日加午濃雲四蔽風浪大作舟子又呼曰舟背如輥軸一轉側

即逐風浪去當更蕩之使仰得少闌護骸骨或可返也言未已舟隨浪起恍惚已仰遂得攀舷入各引蓬索繫臂四望無畔叫號不聞而舟中水與浪接全體巨浸僅探一首以待呼吸懔懔不可忍至自嚙其唇血肉狼藉不覺也支持四五炊竟僵仆焉將晡有漁父乘絲網船出絲網船者巨艦三桅桅各張帆每乘大風出以捕魚遠望見之遂駛近相援諦視兩舟子僅存絲氣余則身無餘温鼻無餘息拯之恐爲己累欲棄之其篙工有識余者止不可擁余以絮力灌救之馳送抵寓日已夕矣聞耳畔相呼聲始如夢醒欲起不能負而登榻當灌救時漁父盡去余上下濕衣釋余腰纏中有金焉至是盡以返余余盡酬之且言非報也漁父馮姓行三其篙工識余者李二也因志其事作再生歌越三年李二來見其體狀偉岸非復曩時異而問之自言馮三固漁而商者年來頗獲利己亦沾溉積蓄今得獨駕一舟將謀置室焉既詢及兩舟子則於是年皆病傷寒其一竟死其一愈後隔歲復病死嗚呼天之報施如此而兩舟子者抑何不幸耶歌成意有未盡乃詳著其事以附於篇

魚生釜底煙沉突賦命天教事磨蝎一肩行李走饑軀要向人間支傲骨獨行踽踽陽湖歸樹頭初見明朝暉解維蕩入渺無際宿霧猶遮山四圍水天一色上寥廓萬頃綠煙迷碧落疾駛中流誇好風滿帆錯認滕王閣扁舟忽化蛟龍泅掉頭欲入水底游琴高之鯉騎不得縱身巨浪隨輕鷗身似輕鷗輕船似覆盆覆船背苔衣膩且溜三人相援復相從轉側呼號不可救從來

性堅定不憚陟險危到此畢竟生傷悲母老家貧子襁褓寸心痛裂如刀錐
霎時雲黑腥風盪一波未平一波上只愁船背滑如脂轉仰船身平若掌攀
舷重入艙之中長繩縛臂繫短篷寒濤凜慄逼肌腠魂魄悠悠返太空太空
虛無往難復遺蛻拚將葬魚腹少婦何方賦大招空閨剩把離騷讀一夢浮
沈不易醒波臣笑我太伶俜生前既作風中絮身後還隨水上萍忽來漁父
飄一葉履險臨深最輕捷石上三生識舊盟果然不愧江湖俠絲盡春蠶易
變僵重鑪温爇返魂香吳棉熨罷催湯飲僥倖葵心漸向陽遲遲蘇醒還棲
寓舉室相看共驚怖報本難酬漂母金浮生祇恐仍虛度從此塵埃一洗清
詩腸慧眼十分明燈前細寫當時事我欲將名易更生

湖濱秋夜破屋獨坐甲子

細雨斜風冷不支更殘有客夢醒時草深野潦蛙傳鼓月黯虛堂鬼唱詩燈
影漸辭人影去愁腸爭與熱腸持眼前况味憑誰解合付頹垣斷井知

東亭公廨與顧子同釗魏衡士大綖夜話

感慨滄桑瞬息過話長夜永轉銀河飄零蹤蹟同萍聚爛熳年華替墨磨海
內只愁知己少年來已閱世情多自憐蝎運身猶滯把酒臨風且放歌

甲子九月客吳門錢店魏向青引余入郭廉訪柏蔭幕將投刺通謁遽
抱病歸一臥累月幾至不起昏瞀中嘗得詩八首病起僅記其二不
知何所云也

百年明月幾輪圓莫結塵寰未了緣身可忘形能化蝶魂如含恨即成鵑八
千子弟重瞳霸五戒菩提一指禪萬物有形難久恃何人騎鶴更腰纏

此生偏得氣之秋况值霜寒壓敝裘瘦骨如銅敲欲響雄心比鐵繞還柔風
搖列宿諸天冷葉戰空山萬木愁蟲臂鼠肝何足戀小人有母雪盈頭

詠硯

我亦年來淚眼多紅絲青鐵費摩挲常依筆壘輸田賦靜鎮騷壇當盾磨餘
瀋每從凹處積凝冰解向薄時呵晴牕細數瓶花落可有龍賓結隊過

古鏡

土花蝕月隱青銅知是秦宮與漢宮篆迹半湮螺黛綠粉華全暈刼灰紅玉
臺光鑑離魂影寶匣塵封照膽功定有神靈徵響卜深閨好語聽多同

簡陳以和式金索畫

爲憶當年己未秋中郎奪錦剌歸舟謂蔡燮堂同硯捷泮元相逢喜色溢眉宇把盞挑

燈各唱酬酒酣夜永論詩格謂我蓉江有詩伯詩所不盡畫寫之身是維摩
兼太白示我扇頭幾疊山煙雲可即不可攀胸中邱壑渺無極妙手直欲追
荆關知君愛詩如愛畫易畫名軒溯高邁君畫必以詩易命所居曰易畫軒俗人引避詩人
多畫圖償徧徵詩債數詩易得董思翁蒙贈畫扇山水絶似董香光貯向蕭齋夜貫虹茫
茫烽火誠足慮寶諸行篋隨西東天涯海角期走遍斷簡殘編都不戀剩此
風烟刼後塵至今如見匡廬面古來嗜好自天真何必呵護須鬼神鑪香重
爇臨牕讀願乞林泉世外身歸來三徑蓬蒿滿斷井頹垣棲別館一點青燈
四壁空臥遊恨乏林巒伴作詩聊寄慰寂寥請君長幅畫金焦畫中定有滄
桑意好共新詩挂一瓢

予幼時詩稿經亂不復記録近有所得亦隨作隨棄賀黼廷茂才代爲

收錄編成二卷丁卯秋寓虹橋之北嵇丈桂山文輔評定之賦此志

謝

髫年不好弄緣結惟文字面壁無十年墳典廣羅致泛覽總無歸絶少兼人智嘗思惜寸陰吟詠實所嗜閒處只耽愁饑時不求餌無端烽火來此身任驅使忽忽年強壯百謀無一事東奔復西走剩有離憂思塗抹出偶然檢點已盈笥自顧不如人豈足貽後嗣（評有顧珍貽後嗣爲著作）因憐拾唾餘猶是騷人志良友惜叢殘手錄編成二美惡不自辨讀之誠溷廁有若秋蟲鳴有若野火熾咄咄昂藏身縛定鵬摶翅跼蹐天地間想是前生寘棲遲飯顆山形影久孤峙名賤知者稀端宜醬瓿置虹橋風雨來報道重陽至袖詩待正刪不分佳章賜慰藉感已深虛譽徒希冀誠哉善誘人許我狂言肆努力事修名準擬

毛錐試

和作　　嵇文輔

平生杜俗緣知己惟文字賞奇與析疑逸興兼幽致自分安古愚曷敢矜予智窮達付諸命釣游惟所嗜葆性守乃真高翔避其餌蟊賊自西來凍餓皆天使昔曾志顯揚致身勤王事自顧愧菲才展卷懸幻思劉君燦心葩予獨慚腹笥一籯金莫遺六經傳厥嗣旋乾未遇時撥亂存爾志忠孝本性成其爲物不二帝鄉難遽登名途休濫廁涇渭判炎涼義利分冷熾願君鴻漸盤不久鵬摶翅俯視青雲端迥殊白屋寘大江萬里流一點金焦峙逆旅天地間何必參位置生我復育我恩至尤情至韋平世業詒誰更報其賜郅治夢寐期昇平旦暮冀醉臥花正開狂歌詩猶肆欣瞻脫穎才銳鋒當一試

送韓古孫貳尹震解任歸

一官偶寄龍山麓政暇琴堂無簡牘果然王謝自風流不脫荆州真面目憐我踈狂慰藉之生平相見恨來遲吹簫擫笛忘形迹綠酒紅燈繫夢思循聲但聽路人語惠民澤及江湖吏（華除漁課浮收）慧泉一勺可同清折坂九迴堪自許愛作閒曹計最諳衙齋寂寂冷如曇幽禽窺戶茶剛熟狂蝶飛階夢正酣屈指瓜期將一載久拚拙守先鷁退俸餘鶴料已全捐典盡貂裘無處貸收拾琴書便挂帆桂花香霧撲征衫十里西風排祖餞數聲秋燕語呢喃別我不遑來握手索我長箋詩一首愧無雅頌叶甘棠祇有新聲折楊柳送公此行且暫歸歸時莫戀舊漁磯張雷意氣如相約延平雙劍一齊飛

虹橋寓齋雜興

一椽聊借住虹橋滌盡塵襟俗慮消鼓椎北塘看戲馬杖藜南寺聽鳴蜩居然城市堪中隱太息親朋已半凋今日鬢毛渾是昨此身直等老漁樵無閒中歲月夢中馳一榻茶煙倦不支風颭瓶花搴沒骨日移簾影界烏絲無端翰墨供人役有限精神笑我癡祇悔生平書少讀廣搜奇字課兒知故鄉隨處便成家冗事全刪逸興加詩好不妨三易稿酒濃須對半開花竹鑪煨芋收紅葉紙帳彈棋勝碧紗得失由來都不管牆頭一任鵲喧譁鳩巢無意此間營小住爲佳乞數楹屋漏痕垂上古篆階泉水瀉太希聲平生踈懶嵇中散入世佯狂阮步兵尋興只供閒閉戶案頭圖史任縱橫蝶夢闌珊睡未酣高軒寄築似瞿曇奇書豈爲功名讀時事聊將智識參天

上有星能拱北人間無地可圖南門前不插陶潛柳一水沿洄碧自涵
一簾草色滿階苔花小須知手自裁屋後山光圍郭住門前塔影入城來芳
隣近接中書第（謂嵇相國故第）貧廡空懷學士才（所居爲竇氏主）卻似瀼西溪上客平章風
月任裵褢

丙寅秋日蔡燮堂自豫歸里兵燹之後觸緒生感賦七律八首索予和
之

夢覺黃粱一枕中悲歌聲咽大江東頹垣缺處山光近古刹燒殘塔影空舊
苑惟看衰草白踈林秪賸夕陽紅嗟予憔悴青衫客與此風光一樣同
征帆搖曳馬蹄忙指點蓉湖舊有莊燈火樓臺渾似夢人煙橘柚已全荒渡
頭草長迷陳迹隴首詩成寄悼亡欲買青山卜棲隱那堪羞澀阮生囊

落葉蕭蕭已滿川卧游誰訪米家船懺除結習參詩佛領略滄桑悟畫禪楊
柳曉風殊冷落蒹葭白露總凄然借他一夜蕉牕雨話盡人間隔世緣
莫道知音到處無故吾畢竟是今吾一從湘水尋漁父又向高陽問酒徒斷
續寒碪催木葉淒涼戍鼓警萑苻夜闌踏遍霜郊月要把塵心洗玉壺
認取階前燭淚痕行吟躑躅易黃昏藤梢橘剌不成路犬吠雞鳴何處村漠
漠湖煙空極目熒熒燐火黯銷魂可憐焦土無遺礎猶撥蓬蒿覓舊門
秋色寒烟淡不分滿林黃葉正紛紛因緣好問當頭月世事真同過眼雲大
道溝深餘戰壘荒原草淺露叢墳劇憐三徑無人迹賸有鵂鶹夜叫羣
莫嫌岑寂卧林邱攜屐支筇每獨游烏舅村邊吟夕照黃公壚畔話風流十
千酒價昂於昔一簇人烟淡似秋幸有相知同款曲難言重續韋蘇州（韋應物有難言詩）

茫茫浩刼付蟲沙往返徒傳八月槎逆旅當年悲作客故鄉今日悵無家名
心未就身難隱壯志須酬鬢易華吟罷清商聲在樹又催鐵馬戰檐牙

贈嵇丈桂山

品節欽廊廟功名困故鄉（公屢欲謁當道未果）遣愁無善策濟世有良方（公善醫）志尚簞
瓢樂風薰翰墨香（公曾祖祖爲兩代名相）相逢棋一局得失細端詳（公善弈）

秋興用老杜韻

半竿夕照挂踈林陡覺秋山瘦骨森孤雁一聲傳欸乃落霞幾點變晴陰縱
教把盞開愁眼莫漫登樓愴客心回首東臯明月上滿天涼露急寒碪
一溪風急白蘋斜錦瑟年光紀夢華勝蹟無從追落帽壯懷何處問乘槎悠

揚柳岸飄殘笛隱約江城遞暮笳莫問前隄如此樹可憐人瘦比黃花
漁磯寂靜淡斜暉楊柳蕭蕭影亦微蛺蝶怕隨楓葉舞蜻蜓愛傍釣絲飛重
陽風雨詩難續三徑荒涼志已違到耳秋聲鳴蟋蟀一籬香綻豆花肥
枕中夢與橘中棋終古楊朱一瞬悲江上琵琶留客夜黃州簫管扣舷時郊
原草長蟲聲早關塞風高雁到遲一抹蒹葭清淺處溯洄幾度繫人思
蘊藉無如平遠山杖藜攜屐出林間聽蟬渡口飄衰柳放鶴雲中識故關儘
許茱萸簪白首何曾軒冕謝紅顏笳聲吹徹霜天月聞道王師尚未班
踏葉聲中樹禿頭好隨庾信共悲秋香流金粟禪心悟節過黃花客思愁沙
岸潮平來海蟹蘆灘風急起江鷗紫薇庭院清閑甚一榻茶烟夢九州
商飇徐換歲時功萬物全收肅殺中寄傲菊留高士格耐寒松挺大夫風曲

江聲勢洪濤白水國淒涼野蓼紅莫聽采菱歌子夜湖干愁絶老漁翁

登高遑問路逶迤衰草秋來正滿陂漢苑有人題綺扇隋隄何處舞楊枝江湖多露身猶滯萍梗無風迹自移吟罷寒蛩悽欲和捲簾涼月一鉤垂

述懷　時將赴楚北

漫云詩酒逞風流劍氣干霄倚斗牛天地有情留我住江山無恙儘人游但能心似如來佛何止身同不繫舟萬里莫辭車馬倦年來夢不到魚鷗

寄漚詩鈔卷二

無錫劉繼增石香

舟次丹陽

一雨初晴冒曉涼征途初發指丹陽城根水急篙聲亂塔頂風高鐸語忙鄰舫扯帆天忽暝暗潮移岸地生漿蕭蕭故壘迷荒草知是當年作戰場

丁卯冬十月由京口夜登輪船四日夜抵漢口遍閱長江勝概彭澤小孤山尤爲奇突作詩乞王粟畦姻丈元昭繪圖紀之

昔乘隻輪車移家走海上顛簸入市闠黄沙披鶴氅今登隻輪船隱隱轟雷響江勢欲東流船脣正北向金焦夜半過疾駛何能賞一任石尤來天風隨激蕩白駒迅莫追瞬息迷俯仰遥指小姑山險疑天柱杖奔濤觸怒飛聳削萬千丈怪石矗戈矛四圍如列仗望之心怦怦曷敢攀躋往中有仙人居琳宫高且敞梳妝絶頂臺中坐小姑像隔岸亂山横與波共滉瀁倏過十餘里一簇人烟廣商舶集如蟻桅杆出叢莽羣峯揖讓間彭澤開天壤雉堞走山頭蜿蜒似巨蟒人家傍翠微碧瓦間茅廠四顧煙雲收真無毫髮爽半竿夕照低猶曬漁舟網朗吟思古人忽作東籬想何苦奔道途不行無可養蕭條五柳居抱膝徒悒快儻許奏層青假兹簿書掌與民共優游不憚折腰枉矣酒置十千良朋招三兩此景樂何如試倩倪黄倣

詠孤雁

自憐形影故依依冷月寒磯作伴稀只爲稻粱謀太急江湖容易失羣飛

題秋柳鳴蟬圖

風前嘒嘒發清音恨託高枝響易沉得飽衹含秋露潔耐涼生怕暑炎侵數聲韻逐亭長短一樹烟迷柳淺深獨有牢騷楚遊客關心澤畔聽微吟

詠沙丁卯客漢皐作

指點江皐落雁頻平原浩浩夐無垠因風起處常迷眼得雨深時慣陷人淺襯馬蹄來款段密排蟹簖走輪囷浮沉總逐東流去消息何須問水濱急水清瀾漾遠陂滔滔日夜苦消磨淘金只恨成金少聚處還愁散處多縱使將軍籌可唱其如巧婦餅難搓無端蘆荻西風裏也向漁翁撲滿簑漫擬康莊作治游芒鞵著處便生愁分明車過追前轍容易囊盛壅上流夕照半竿飛水弩篆痕幾點印江鷗而今莫問滄桑事消長盈虛似夢漚日暵風乾正老晴杖藜我愛坦然平畫來卦象無心見布處星辰到眼明折戟莫尋前代事踏歌且聽古人聲騁懷立久從歸好輭勝蒲輪宛轉行

漢流渡七夕

今夜雙星慰別愁嫩涼客夢醒孤舟秋雲碎似梧桐葉掩映蓬牕挂玉鉤

己巳上元寄內時在襄陽

彈指春光到柳條長安日遠白雲遙重勞官閣開青瑣只恐天涯敝黑貂堂上晨昏卿代省客中冷暖我能調懸知今夜關山月兒女深閨話寂寥銅鞮鐵版渺何之客路三千一雁馳楊柳曉風游子感杏花春雨故鄉思遣愁重讀靈均集墮淚閑尋太傅祠江水有情如解意爭流只恐向東遲

隆中紀游并序

忠武侯出師表曰臣本布衣躬耕於南陽又曰先帝不以臣卑鄙猥

自枉屈三顧臣於草廬之中蜀志注引漢晉春秋曰亮家於南陽之鄧縣在襄陽城西二十里號曰隆中寰宇記襄州秦南陽郡兩漢爲鄧縣之地建安十三年曹操率荊州始置襄陽郡又襄陽縣諸葛宅今有井深四丈廣尺五寸迄今疊砌如初據此則草廬當在襄陽表言南陽者舉郡以概縣也後人不諦以漢志鄧屬南陽郡襄陽屬南郡又今地里南陽屬河南省襄陽屬湖廣省遂兩處相傳有草廬古蹟焉繼增比歲槖筆樊城樊城襄陽地也郡志襄陽城西二十六里有隆中山伏龍山諸葛草廬處有井曰葛井堂前基址極高號避暑臺侯嘗登之鼓瑟爲梁父吟因又名樂山云己巳暮春歙程仲庠大令德招繼增同遊初行山中不覺有異宛轉入谷忽兩山開拓土地平曠阡陌池沼別具一天有祠在山麓稍西有明襄簡王朱見淑墓蓋即故草廬地也墓前葛井尚存相傳襄簡王生慕其地遺命歿後以身葬井亦隨智正德中光化王疏請復建侯祠於東隙地春秋致祭即今祠也祠中銅鼓一圍可六七尺中空無底冪之四周鑄如蝦蟆形擊之聲極清越云出自蜀澗稱諸葛鼓未足信也旁院藝牡丹數百本閒以佛桑花正爛熳其俗遊隆中者每於花放時過此則鮮有至者矣碑刻皆近時物惟祠右立石丈許大書草廬二字爲明副使江匯書其陰曰龍臥處又於左見斷石臥道旁彷彿有文曰抱膝詢諸父老曰隆中之名由來舊矣五代而後漢水襄城變遷莫定古來陳迹日久就湮遂令後人互存疑義蓋今之南陽亦有名隆中者

在焉乃更考之志南陽府西南七里曰臥龍岡草廬在內前有井卽躬耕處云推其所稱隆中之名則自明季始然侯出師表云躬耕南陽者秦時南陽實隸襄陽漢仍其制今劃其地屬汴焉是非後人仰慕侯出處之正而假借之抑兩地接壤不出百里皆爲侯往來藏修發迹之所乎同人紀游屬爲此詩聊志蹤蹟而已若謂表揚遺烈追邈前規則少陵絕唱以來世無右出以筳擊鐘則吾豈敢

侵晨擊楫渡江汜宿霧壓山山不起肩輿徑過夫人城西出襄陽二十里漸見朝暾襯曉鬟路迴轉入兩峯環林深幽鳥弄清響溪光雲影開塵顏隆然阜起山之麓云是武侯有祠犀比戶茅檐三兩家門前一帶龍岡伏入門展拜盡敬恭摩挲銅鼓聲逢逢是耶非耶漢時物渺乎不可追前蹤草廬兩見南陽記至今父老存疑義峴首崔巍清水長想是當年往來地此中邱壑自天開長吟抱膝足褒裒不將聞達求知己老我林泉王佐村丈夫出處原非偶感遇一朝出隴畝早知世事限三分旋乾力挽迴天手北伐先紓南顧憂卅年盡瘁大星流臣心已矣君心折蜀江錦浪空悠悠天時人事徒搔首留得大名垂宇宙萬仞宮牆兩廡間將相幾人登俎豆卽今冷落古隆中當與莘渭同高風今人不爲古人惜忍看陳迹埋蒿蓬我來四山尋埆犖驚起山雞鳴喔喔舊碑剝蝕蹲道旁新碑嶄然露頭角俯仰頓教百感生遺蹤誰與話躬耕蒼茫獨立忘歸路松楸變作江濤聲道人趨前向我揖謂我胸襟何悒悒不見陂前土一坏此處當年舊祠立自從改作簡王墳祇留馬鬣對斜曛淵渟古井一時竭轉眼滄桑何足云而今祠宇移東隙常有尋春車轍迹

寄漚詩鈔卷二　四

游人端爲入時多只種牡丹不種栢我感斯言強自寬花前把酒接清歡寄言擾擾風塵客富貴須從澹泊看

樊城送鮑弼廷大令敷佑之官蘇州卽題秋柳鳴蟬圖後

三年楚客感蹉跎每到秋來悵別多底事曉風楊柳岸數聲蟬唱似驪歌

江干雁字影初涵祖帳行行酒正酣卻羨平分秋色好手攜團月到江南

檀谿　後漢昭烈躍馬處今沙淤成路矣

檀谿谿水當年瀉鷗鳥從空不能下天教漢日落西南波上龍飛曾躍馬龍飛一去已千年陵谷而今有變遷斷流何必投長鞭請看兩岸平沙連平沙一白無青草惟有寒煙生野潦

習家池　後漢侍中習郁家也晉山簡鎮襄陽每之池上醉酒而歸名曰高陽池池水如泉常濺珠浮水面

侍中棲隱處池館足游盤山色江聲裏千秋冷釣竿樹頭鳴籟歇水面濺珠寒願學山公醉題名結古歡

羊公祠　晉羊祜祠舊在峴山上今移南麓與杜預合祀曰羊杜二公祠

峴山兀兀漢水湯湯羊公有祀山之陽尋山不見墮淚碑何況沈淪沕石江中央吁嗟乎古人好名名不朽今人好名名不久銘功頌德字如斗奈何路上行人口

谷隱寺　元微之詩貪過谷隱寺留讀峴山碑晉甯康中建習鑿齒嘗棲隱於此在襄陽谷隱山麓

寄漚詩鈔卷二　五

荒涼古刹山前峙佛龕火冷朝飛雉緣牆薜荔穿窗紙盤谷而今無隱士空憶當年習鑿齒不務清談謝朝市漢晉春秋昭信史尊劉大義先朱子暗折桓温心跋扈幡然歸向茲山止

夫人城　襄陽郡西北有外城二十餘丈形如半規郡志謂晉朱序爲刺史母韓夫人築以禦苻秦者按寰宇記屬此事於鄧城縣

襄陽鎮上游形勢古所重君子防未然朝禍慮夕踵羞彼鬚眉兒有愧婦人勇躬率婢子兵添築新城鞏胡兒操戈來倏似夜潮洶料敵果如神彊梁空跳踊寇退功誰歸賴有賢母奉今看西北隅女堞嶄然聳

銅鞮坊　在襄陽郡鞮一作蹄梁武帝以童謠爲受命徵作銅鞮歌李白嘗詠及之郡中倡伎向集於此被兵後已寥落矣

建康宮中沽美酒一笑驚看孕腹剖熒惑光芒落地實襄陽小兒爭拍手可憐閱武堂辛勤種楊柳楊柳深深何所有祇屯歌舞不屯軍叔達稱兵向東走一朝反縛揚州兒新聲播入詩人口委巷留名路狹斜年年常作烟花藪繁華逝水粉香消舊時行樂空回首門戶蕭條車馬稀寒鴉陣陣巢烏桕

昭明臺　襄陽城中鐘鼓樓又名文選樓梁昭明太子集名士訂文選於此唐李頎送皇甫曾遊襄陽詩嘗詠及之宋時改建下跨市路

步出銅鞮坊有臺跨市路更登臺上樓開窗豁四顧山光抱城郭霞彩散江樹雞犬萬家中聲聲出雲霧俛觀下界人車馬如蟻附襟袖清風來等身輕若鶩緬懷帝子靈入世同朝露援琴誦文選手自名香炷古調誰復彈江流日東注

杜甫宅　峴山之麓有碑曰唐工部員外郎杜甫之宅在荒田中杜字已磨滅宅字陷土中子美回棹詩云清思漢水上涼憶峴山巔吾家碑不昧王氏井依然王氏蓋指仲宣也今王粲井尚存

手把杜陵詩來訪杜陵宅遲回峴山麓拂拭道旁石君家碑不昧故址成阡陌磽确不易耕芃芃生野麥人地總渺茫流風懷夙昔與世共艱難微吟心亦赤嗟我直亂離集幕勞形役一從嚴武聘不問河西辟迢迢背鄉井來此尋陳迹憑弔發長歎山頭日已夕

庚午上元自樊城發漢口二月十八日復還樊城江行紀程詩

空江小泊度元宵月冷篷窗雪未消夜半春風狂似虎榜夫不語榜妻驕初泊鹿門榜人婦中夜勃谿頗擾清夢

流水聲中月影長一痕沙樹繞官塘停舟認取來時路村店梅花已過牆次流水溝

問字無心載酒肴晴川何事費推敲劇憐洄迹名場客贏與神仙作解嘲抵漢口艖艀會友人扶箕降仙稱晴川道者贈詩有詩中才子畫中禪云云

游絲澹宕裊晴天曉起推篷枕水眠宿雨纔收朝日上平沙十里盡生煙鄂江轉舵

分水洲邊幾度過洲分水合水如梭漢流又合江流去怪底功名異路多分水洲

情懷小遣牡丹亭試拍新詞夢裏聽報道昨宵芒種節夾江煙柳一齊青舟行無聊觀玉茗堂劇本

翦刀風緊客行遲好景催人紀短詩捧影匆匆分上下天教碧落界烏絲（舟行逆水不得上繫索數十於桅挽之名曰鄒鬐捧）

惆悵樓頭聽落梅鄉心不與雁同回春光過半襄陽近又逐呢喃燕子來（樊城卸裝作）

雜擬

漢皋三月莫游女紛如玉燦燦明珠璫垂垂錦繡縟巧語亂鶯嚦眉黛奪山綠凌波弄嬌影各自矜裝束蜂蝶舞成團斜陽簫鼓足不嫌白日長只恐良宵促芳意鎮闌珊悠悠竟何屬

巖巖石一拳獨立江之滸上有碧落痕下有蒼苔補當其未出山雲根流玉乳幽人重品題用以飾池圃轉眼烽煙中可憐徒焦土行行重行行失落蛟

龍府曾隔幾經時搜羅見網罟漫等鬱林珍遥遥寄簪組米顛去不還稜角空峭古斷岸少人行無言雲自吐

青草滿晴郊兒童閑學校長繩繫紙鳶高下爭相較頓挫出自如昂頭祝騰趠栩栩謝塵寰泠泠出風窖扶搖千里間似鼓銀河櫂得意薄雲霄回首忘泥棹不見操縱人聲音與笑貌

有客騎驢來矯捷如健鶻飾以紫絲韁銜以黃金鐝問客何所求千金市駿骨繫驢向馬槽蕭散任衝突驢肥日益驕馬瘦日益蹶中有千里駒昂藏隨飲齕悲鳴起中夜顧影徒兀兀吁嗟身後名相去何天闊

磨蝗常左旋桃李先秋實遲速豈兩途榮落有定質人苦不得志茫茫如所失道路歧又歧炎涼日復日晨雞一聲鳴虛白生滿室試省華胥民天勞而

人逸

題文待詔把臂入林圖

風物鎮瀟灑林巒足棲止絺衣挂薜蘿古屋滿圖史鳥語山花香泉流石齒幽人日往還把臂忘姓氏拂拭坐藤牀呼童汲清泚綠陰照素琴芳徽流滿指知音不在賞遑惜論宮徵千載猶一朝炎涼慎終始鬚眉入畫圖取意原非邇未識歲寒心車笠何足恃古人重結交其義只如此

樊城別沈礪卿刺史國銛即和原韻

清歌三疊拜佳章鄭重天涯各一方知己君誠照肝膽依人我愧嫁衣裳帆隨漢水分先後裝倚離亭問短長想見洞庭吟眺處岳陽風景勝襄陽（君亦將後予數日赴湘矣）

自憐身逐磨驢驅料草生涯意興殊已覺歸期遲去燕豈因秋老不思鱸長安日遠桑榆晚塵海人多管鮑無若問山人求遠志江鄉只恐白鷗孤

樊城歸京口口占

鐵甕漲痕環蒼茫識故關綠烟拖野水紅葉點秋山遠客三千路輕舟十日還鄉心猶太急輪與白鷗閑

辛未二月朔客蘭溪蔡心畬司訓招往金華看鐙即席口占

終宵鼓吹氣如虹火樹銀花翦綵工絕似遨遊來水國滿街人語雜魚龍出城燈火又江邊映水花枝送管絃我是江南未歸客尊前休唱鷓鴣天

永康旅店寒食題壁

泝流曲盡九迴腸如此韶光殢異鄉陌上輭紅都織錦樓頭新綠已垂楊勞

勞塵夢人千里黯黯春愁月半牀今夜淒清江畔笛斷魂恐逐曉風揚

登方巖辛未

惜少同懷客危梯手獨攀華池開露掌陗壁擁雲鬟險鑿琳宮邃空盤石徑環遠峯如疊浪錯認小姑山

過嚴子陵釣臺有感示詹新甫司鐸鴻鼎

江頭坐船如騎鯉躍入千山萬山裏舟人歌唱急流中山雨濛濛傾綠髓山下人家靜掩門釣臺一角巋然存崇祠日暮陰喬木應有嚴陵舊子孫四壁青山都繚繞江流曲處成池沼山連水色水連山此間畢竟紅塵少古人一去釣綸收空留江水傲王侯阿誰輕詆奇男子不著蓑衣愛著裘達士緣情貴自適豈爲衣冠生跼蹐山間明月江上風世上何嘗異今昔所苦常𥡴廿

畝田治生無記慰親顔向平况未畢婚嫁撒手如繩牢復牽浮生半付江湖老欲覓榮名真似寶去歲還家自鹿門今年兩走金華道往來幾度釣臺經每自匆匆過客星秖恐山靈來笑我灘頭一棹不曾停

秋夜懷人詩

驚心歲月又西風聊乞衡茅息轉蓬一徑秋聲攙蟋蟀滿庭涼露浸梧桐江湖有幸存知己人事多違賦惱公放眼楚天遼闊處不禁離思歎猶龍武進李星甫翰申耆先生裔訂交於漢陽鹺廨命子銓生季高從余遊余旋有樊城之行離索之感至今悵然

闔嶠浮空一水遙料應清減沈郎腰秋聲屬意西來雁壯志偏遲北上鑣過眼紛華詩味淡與懷懽會酒痕消不堪重憶年前事插罷茱萸趁短橈在樊城時與嘉興沈礪卿刺史國銛極詩酒讌譚之樂庚午九月余歸鄉里礪卿亦赴湘中乃兄平卿又筮仕入蜀舊游星散瞬閱一年而礪卿又轉至閩中矣

秋雨連宵打綠蒲茫茫秋水滿蓉湖舊巢自昔嗟投燹浪迹頻年愧寄竽鐙火北塘渾似夢夕陽西郭已成蕪游梁司馬歸宜早莫遣焦桐爨後枯蔡燮堂濬比鄰同學總角交也避亂赴汴兩家皆遭兵火貧不能與

七月八日仲男秉采更名書勳生

平生生相無媚骨不守長齋不佞佛昨夜雙星會渡河樓頭巧向天孫乞願乞天孫十萬錢乞來都付買桑田濃陰栽得八百樹一家溫飽能安便誰知反被天孫惱造物於人極顛倒今宵牀上弄啼聲何物寗馨出襁褓阿母顔開不厭貧門庭零落喜添丁山妻憐我太顚頇多子多累多勞形屈指來年三十至後身追問張充事大兒要錢買紙墨小女無錢索果餌如繭自縛難展舒作詩當錢聊自醵我詩擲地作金石又恐大盜窺我廬

壬申中秋夜泊烏鎮

五載中秋月多從客裏看頻年舟不繫無地膝容安俯仰人間世棲皇行路難虎林明發早又上富春灘

八月十八錢唐觀潮

癡雲挾風山欲濕千人不語江頭立銀虵一綫横飛來幻作乾坤大呼吸此際蒼波咽不流蕭蕭蘆荻翔沙鷗忽驚立足臨無地匹練平空卷軸收初聽松聲出三峽須臾天畔銀河壓子胥文種掉臂來十萬貔貅皆素甲鼉皮爲鼓雷爲鞭平沙瞬息成雲烟冰山雪巘一時倒帆檣歷亂攢滿天上船都化翩翩鶩迎潮昂首噴雲霧下船疾似驊騮馴隨風飄忽入富春上船下船齊夭矯人聲雜沓潮聲沓潮聲已沓風亦停依然江上青山青歸來旅店獨危

坐衣裳猶帶魚龍腥

擬何仲默明月篇

中天月吹徹城頭笛風露平添永夜愁海天卷盡輕雲冪濯濯漾冰壺娟娟透綺牕晚霞乍見沉高閣夕汐先看湧大江大江高閣涼初泮瓜期不覺秋將半眉影青分楊柳隄粉痕紅褪芙蕖岸芙蕖零落柳蕭條時見疏星淡河漢星河淡淡月初升貝闕珠宮一色澄漫天落葉遮金井貼水繁花綻紫蔆隱約簾櫳開鎖院微茫機杼背銀鐙璚簫聲咽街如水錦瑟輝凝柱欲冰此時含情不能吐此時幽恨憑誰訴絕塞征人感別離深閨少婦傷遲暮楚歌唱徹大刀環迴文織就新紈素明明素影照銀牀銀牀蟋蟀正悠揚衣裳約略停刀尺顏色依稀上屋梁聲傳萬戶秋碪急夢轉千回客漏長迢迢碪漏

聲相續舊譜重翻羽衣曲漫說乘風赴玉樓空傳貼地流金粟玉樓金粟不可招朱顏終逐浮雲飄飛殘雁影歸三楚散盡螢光數六朝別館花繁非昨夜高樓酒醒又今宵花枝映月月常闕酒波盪月月易消花繁酒醒年年有鄭重天涯人健否幾回仰望恰當頭幾回持贈難盈手往事摧殘玉樹庭新愁擣出元霜臼臼裏元霜無古今古人不見空沈吟獨留天上團團相閱盡人間夜夜心依然入幃窺素鏡依然排闥鳴青琴素鏡青琴各拋棄別有騷情遙託寄神仙小謫古樹愁美人不來香草萎時聞枕畔啼棲烏時聞天末嘶歸騎休教環墮碧天痕休教珠迸滄江淚朗朗常參清淨因申申莫倩嬋娟詈嬋娟影斜斗影橫玉繩低轉已三更露繁霜重人何處倚遍闌干夢不成

彭季陶司馬祖籛過訪予適往富春不遇書來卻寄時癸酉歲也

逢君戎馬入秦關峴首秋風月一彎戲拍新詞歌水調靜參內景濟塵寰空勞舊雨重移屐偏是閒雲不在山底事書來添客感爲言昔日項斯還來書追述別後軍次秦中曾推轂幕府具聘至樊城相迓時余已於年前返里矣

題張鞠軒小照癸酉

鞠軒少小數英嶷姻婭論交兩相得十年奉母昭關行天遣長江限南北今秋扶柩來家鄉塵容忽作黃花黃相逢驚顧口屢咽握手如結千迴腸爲言去歲西風勁萱草堂前雪霜迸春來風木有餘哀更使皋魚作奉倩少婦能承地下歡遺雛獨抱嬰兒看大兒四歲次兩歲牽衣索母摧心肝卽今靈向青山妥明朝重轉爲江舵陟屺平添內顧憂朔風吹淚寒冰墮如此遭逢羈

旅間有誰能不凋朱顏趁工摹取隙中影莫待頭如潘令斑手持此照徵題急行色悤悤情邑邑漫作尋常行樂看屬我長歌歌當泣此時搦管不敢停寫君胸臆何淒泠男兒少壯須努力胡乃鬱塞傷其形自古光陰等傳舍幾經折挫成凋謝不如葆守金剛身末路鹽車儻能駕況復庭前玉兩行雛鳳清於老鳳凰他年紫誥雙鸞下天上人間樂未央

楊芝田師伯攮八十壽丙子

玉杖扶鳩步履全松經劫後節彌堅胸無城府人稱佛手拓雲霞筆亦仙遐算卽今躋子久盛名直欲奪南田自慚一幅閒桃李披拂春風已十年

題楊芝田師舊藏三十五歲小照

少年跌宕負奇器遑問松間石上意我師胡爲寫此圖圖中具有歲寒義斯

圖在我未生前斯時師年如我年縱然面貌異今昔恍忽與我曾周旋我拜門牆纔十載見師初自虞山返蕭騷華髮已盈顛時向豪端觀自在筌蹄淵源各有家長松愈老愈騰挐解衣盤礴發天趣硯田世界皆鶯花今歲春明剛八十舉觴多半後生集笑指丹青識壯顏共訝神清如鶴立布衣長揖足自豪幕天席地供遨遊胸中具有邱壑在薄視富貴如鴻毛老作澄懷觀道想初志居然遂頤養一枝健筆足千秋何必更求靈壽杖我言雖率師曰真莞爾許作圖中人莫道春風桃李晚他年鯠老亦龍鱗

題顧蓮士酒色髮僧圖

若個頭陀大有情廣開色界破愁城身前不讓登徒子方外居然阮步兵參透鶯花歸浩刼味來糟粕說無生寄言五百阿難漢慧眼爭如醉眼明

邑中懷古四首

爲訪闍黎飯後尋上堂感慨說東林庵名預列賢人黨佛力難誅閹豎心刼後鐘魚無恙在衰時冠蓋隱憂深隔牆又聽書聲起似向禪牀答梵音（東林庵）

天然樓閣水中央四面芙蓉八面廊西望有牕皆列岫下臨無地不垂楊波長遠接雙河渡山小還容十笏量最愛夜深殘月墮滿湖燈火浸橫塘（黃埠墩）

高隱偏教異域知水沈遙贊拜庭除芸香滿架親題簡桐影當牕淨洗枝笠澤波深遺世早祇陀寺冷獨歸遲家財散盡名猶在叵耐王門覓畫師（清閟閣）

雙孝祠堂曲徑幽山如眉黛水如油僧寮舊日懷南隱鳳谷於今屬少遊老樹拏雲堪作屋小軒跨岸自成舟尋詩繞徧知魚檻宸翰來看片石留（寄暢園）

題畫梅

雪海光中紀夢遊栩栩化蝶到羅浮醒來寫出橫斜影翠羽啾嘈月一鈎

心花怒放筆如環姹紫嫣紅一例刪自有幽香來腕底置身恍惚在孤山

題畫梅四幀

風定曉煙清風來暗香滿瑤階生玉屑簌簌霏不斷莫嫌瘦影稀只恐鶴無伴且與譜新聲吹徹江城管（風）

晴牕吮素豪腕底春先動心花既怒放寒香亦開凍眼中銀海光光眩莫能控試折向南枝插入葡桃甕（晴）

月影冷且孤梅影清而飭忽然上紙窗照見幽人德月既不解飲梅亦不解色遺貌以取神醉潑三升墨（月）

雪壓萬山巔忙煞尋詩叟籬邊與水邊款段吟未就瞥見一枝斜低共茅檐覆相對空復情我不如君瘦（雪）

爲楊詠春觀察沂孫畫菜（來書云吾鄉菜類不一近有一種青黃雜糅味勝常菜或云山東黃芽菜變種愚兄弟歲晏家居酷嗜此味無日不設因遍徵圖詠裝成巨冊云）

滿畦濕翠飽霜華麥裏桑根塌地遮責出不煩丹竈火天然嫩綠變黃芽

戊寅夏豫晉洊饑江浙藝林多以書畫助賑楊芝田師因立錫山書畫社屬繼增集事嘗作松鷹大幀媵之以詩

學書不成不學劍拌向丹青事磨鍊揮毫笑倒周將軍縛虎斬蛟無此健年來鷹隼猶風塵屢貌尋常行路面世間畫史多於鯽久擬苗生焚筆硯忽然寫此將遺誰側耳哀鴻滿梁汴藝苑聯裳結社多一錢西子看真賤縱不療饑亦療俗臧否由人廉且砭萬間廣廈庇嗟吁也只詩人口頭念（時有譏博施濟衆堯

舜猶病摩頂放踵墨子不爲者故未詠及之

春秋宮詞有注凡出內外傳者不注

深宮鑿鑑出筵前酒爵端應錫酒泉一樣酬庸無厚薄如何鄭伯怨王偏

登高密約怕人猜剖臂盟成不用媒却怪後來多禮數汝陰更築女郎臺太平寰宇記汝陰縣女郎臺在縣西北一里古老云昔胡子之女魯昭侯爲夫人築臺以賓之故俗謂之女郎臺

玳瑁釵梁勝象牙輕盈何必玉爲珈只愁無術飛仙去魯酒還須釀五加中華古今注釵子蓋古笄之遺也秦穆公以象牙爲之周敬王以玳瑁爲之　酒經魯定公母服五加酒以致不死尸解而去

宋邦百兩去如雲送女歸來特策勳爲賦綠衣隆享禮出房再拜大夫勤

三秋廟見迓魚車刻桷丹楹未足夸榛栗棗脩更幣帛夫人不儐國君奢漢書嚴飭宗廟刻桷丹楹以夸夫人　公羊傳夫人不儐不可使入

駢脅從來世所希要君親自解裳衣乘軒三百闚難徧逼室應教罷掩扉史記晉師入曹數之以其不用僖負羈而用美女乘軒者三百人

河流瀰瀰汎乘舟不掃牆茨亦可羞同是當年中冓語心聲偏惹國人謳

得見儒師願不虛帷中環佩響璚琚靈犀一點何嘗昧靜夜微聞伯玉車史記衛靈公夫人南子使人謂孔子曰四方之君子不辱欲與寡君爲兄弟者必見寡小君寡小君願見孔子辭謝不得已而見之夫人在絺帷中孔子入門北面稽首夫人自帷中再拜環珮玉聲璆然　列女傳衛靈公與夫人夜坐聞車聲轔轔至闕而止過闕復有聲夫人曰此蘧伯玉也妾聞禮下公門式路馬所以廣敬也夫忠臣與孝子不爲昭昭變節不爲冥冥惰行蘧伯玉衛之賢大夫也仁而有智敬於事上此其人必不以闇昧廢禮是以知之公使視之果伯玉也

絮語嚶嚶泣枕函宵分春夢初酣妾心密受優施教得保君民死也甘

轣轆公車擁繡幃芊姜親勞楚師歸夜來饗畢還相送又見宮門列炬輝

采香十里綺羅叢別館離城樂未終叵耐談兵孫子武無端徵調到宮中積智記硯石山在吳縣西闔閭置宮苑琴臺響屧廊館娃宮山前十里采香逕越絕書胥門外有九曲路闔閭造以游姑胥之臺　又古城者吳王闔閭所置美人離城也　史記孫子武者齊人也以兵法見於吳王闔廬闔廬曰子之十三篇吾盡觀之矣可以小試勒兵乎對曰可闔廬曰可試以婦人乎曰可於是出宮中美女百八十人

爭看提汲集溪邊浴後餘香水更妍爲問西施何處去又從市上賺金錢瑯環記西施舉體有異香每沐浴竟宮人爭取其水積之罌甕用松枝灑於帷幄滿室皆香　述異記吳宮有香水溪俗云西施浴處　孟子疏西施越之美女越王句踐以獻吳王夫差大幸之每入市願見者先輸金錢一文

如夫人更倍夫人女市紛看列肆陳好內也資賢相策同輿擁背盡妃嬪戰國策齊桓公宮中女市　說苑將謂桓公恭儉乎與婦人同輿馳於邑非恭儉也　論衡齊桓公負婦人而朝諸侯或曰管仲告諸侯吾君背有疽創不得婦人瘡不衰愈諸侯信管仲故無畔者

被髮閒乘六馬馳罷朝生恐外人嗤墜牀傷臂尋常事何預鄰邦笑瞽師說苑齊景公正晝被髮乘六馬御婦人以出正閨刖跪擊其馬而反之曰爾非吾君也公慚而不朝　太平御覽瑣語師曠侍平公鼓瑟輟而笑曰齊君與嬖人戲墜牀傷臂公記之使問齊侯如其言

與子歸乎不敢歸歸時世事與心違劇憐重對秦宮鏡沃盥難忘信手揮

無言盡日黯神傷又向人間作未亡那有心情聞樂舞怪他令尹太輕狂

出處何須問馬曹自從棄後等逋逃長成領得專房寵誰信當年赤有毛

譆譆出出幻飛灰守禮心堅敢避災一曲琴聲傳保母冰絃淒絕不勝哀穀梁傳伯姬之舍失火左右曰夫人少辟火乎伯姬曰婦人之義傅母不在宵不下堂左右又曰夫人少辟火乎伯姬曰婦人之義保母不在宵不下堂遂逮乎火而死　琴操伯姬引者伯姬保母所作伯姬魯女爲宋共公夫人共公薨守禮固節魯襄公三十年宋災伯姬存焉有司請出伯姬曰不可吾聞之婦人夜出不見傅母不下堂傅至矣母未至也逮乎火而死其母悼伯姬之遇災故作此引

禿眇還隨跛僂行上於堂者笑於房漫云齊大無人物一樣形容一樣裝穀梁傳季孫行父禿晉郤克眇衛孫良夫跛曹公子手僂同時而聘於齊齊使禿者御禿者眇者御眇者跛者御跛者僂者御僂者

徵蘭好夢感神垂天數分明可逆推豈是慣操周髀術又將濃墨畫羼規

寄漚詩鈔卷三

和常熟俞調卿鍾詒琳琅新館落成詩

無錫劉繼增石香

構得園蕉好避塵故園風景一時新階前書草初成帶牆外煙蘿自結鄰三徑未謀彭澤俸百城誰信永和貧寄言川上閑鷗鷺漫向江湖娛散人

依稀面目記匡廬不到虞山廿載餘名士何妨牽屋住仙人畢竟好樓居案頭風月供吟詠檻外雲煙自卷舒省識家庭無限福年來我亦厭舟車

地拓三弓正向陽何須牆下覆柔桑青葱樹色連西郭洵爛萱花近北堂綠粉漸抽添竹影碧箭初試送荷香幾時挐得山陰櫂問字來尋宅畔楊謂濠叟

風卷湘簾月透櫺望中山色入微冥只緣野曠都環翠特地樓高號挹青笛

倚新聲傳隔巷詩聯小句課趨庭臥游願乞耕煙筆寫上金鵝十二屏

辛巳燈節俞調卿過訪再疊前韻

林泉十載息征塵往事休論雨舊新槖筆浪傳游廣廈囊金仍乏買芳鄰僅成文字如償債借得圖書當餽貧怪底虛名聞北海撥將蓬藋訪畸人

漫云陶令愛吾廬不廢絃歌五斗餘黃鵠豈無翀漢志白雲未必戀山居茳茳煙水鷗盟在浪浪天風驥足舒若使他時逢戴笠要君長揖下高車

扁舟一棹載春陽百里龍山接梓桑翦燭款留長史榻銜杯情話尚書堂爲吾邑侯氏壻非關遠客歸期促爲憶寒梅故里香欲綰行旌無繫處隄邊端只未垂楊

登樓山翠列牕櫺讀徧琳琅思窈冥儘許元文嘲尚白莫教火候誤純青君好

讀書道詩成棣萼賡同調香繞芝蘭植滿庭何日過從新館裏手拈舊句寫圍屏

答俞調卿自都還見寄原韻

黃金斗大錦袍寬拌付漁樵一例看少小烽煙糜歲月中年絲竹雜悲歡生逢知己原非易交到忘形亦大難底事空山風雪裏詩筒重疊寄袁安

壬午上巳丙子之喪將周五七撫序傷人悽愴無已適調卿詩來慰問即用其韻以寫懷

冶遊拚負一春晴斷送殘花落地輕去歲本有春游虞山之約以故不果行好夢何方尋故劍深杯無計破愁城感時易濺英雄淚觸緒難忘太上情今夜畫眉牕畔月枉他魄死又生明

至虞山和俞敬孟明經鍾鑾見贈韻

詩本道性情不同有如面一旦遇所合中懷實欣忭今我來虞山傾襟皆碩彥惟君素心人猶恨晚相見

日月兩跳丸何異傳舍客嗟我十年來守株不得出駸駸歲易馳惘惘愁如織坐令老蛾眉欲嫁難爲匹

學書久不成遑問屠龍技一編忽相示行行都溢美彷彿秋芙蓉灩灩水之涘以視下里歌渺如太倉粃

三五正良宵讌譚欣有託伯歌與季舞高樓映華萼感君情意長恐我游興索笑指牕外山中有好邱壑

至虞山下榻挹青樓爲調卿畫三益圖題句

同心擬結歲寒儔風月當牕共唱酬太史欲占星聚處今宵應在挹青樓

壬午四月十日小住挹青樓經旬而返調卿以詩贈別歸舟途次步韻卻寄

的爍櫻桃上市新滿城簫鼓送餘春樓登殷浩陪清夜榻拜龐公契宿因謂龐伯琛常博儘有佳章招勝侶不將薄宦易娛親羨君領略烟霞趣擾擾塵寰得幾人

一帆風利轉鄉關渺渺鷗波獨自還花影欲啼看杜宇黛痕漸皺近龍山記將石上三生夢博得平原十日閑準擬秋來叢桂發門前蓬藋爲君刪瀕行有秋至梁溪之約

石洞珠泉滴翠嵐天光雲影此中涵良朋恰喜同舟楫同瀕行與令弟金門招孫梅菴余成之秦健庭泛舟游小石洞賢主偏勞具館驂鎮日看山樓共倚臨時擊鉢墨常酣畫圖擬寫高人宅健筆終慚沈啓南謂屬繪挹青樓圖

離懷底事似車輪友道須知列五倫難得齊年交有素況從異地雨逢新謂令弟金門碩菴諸君文章未必儕餘子湖海何時作散人莫怪驪歌聲宛轉揭來身世感沈淪

爲李潔人茂才寶生題其尊甫書農先生同文半萬卷齋圖

六經之外多糟粕秦漢以下可不讀若云含咀饜其腴五千撐腸亦已足吳淞仙李號書農廣置書田種雙珏眼底雲烟萬卷羅半儲高齋半儲腹早歲黌宮捷足登藉甚文名振邦族待掇巍科強仕年三躓春宮嗟賦鵩幸有傳家手澤存青箱業守虞山麓無端匝地烟塵生脈望難禁祖龍酷畫圖留得

舊時名歷歷牙籤如在目哲嗣詒謀什襲藏徧徵題詠如筍束我來遊山十日還山靈笑我太忽促但知親舍白雲深未暇平泉問草木倚裝一卷忽相貽殷勤詩向歸時索筆弱難參造化功願祝縹緗上連屋弓冶箕裘自昔然天道須知往而復他時來訪鄴侯居定有庭前書帶綠

秋懷依韻答調卿

天際銀河澹不收襟懷蕭瑟已先秋金錢難卜埋愁地時丙子未殯釵盒空陳乞巧樓華鬢易催潘岳老名山每負向平遊夜涼半臂無人送淚說明珠十斛酬

琴川東去水聲潺好趁魚書互往還得句有如雲織錦懷人正值月當關銀鐙遲夢蘅蕪遠玉軫長抛譜牒閑爲報艮朋相厚意和詩權當話巴山

秋懷和友人韻

一斷哀絃久廢吟感時惆悵與秋深燈前蟲語淒如咽枕畔鴻聲遠欲沉入世炎涼天有意照人圓闕月無心朝來多謝填橋鵲莫向牆頭報好音

金風玉露正淒然錦瑟年華付冷泉癡欲煎膏黏白日愁來呵壁問青天久無好夢松生腹贏得浮生鐵作肩轉眼黃花時節近不堪消瘦鏡中憐

七月六日答和居敬之明經清綬

一緘往復見文情慙愧屠龍技未精知命爭如蘧伯玉君與予爲十年以長窮經獨數鄭康成書將別緒牋嫌短歌帶商聲淚易傾尊壺於戊寅七夕謝世來書同有瘞琴之感寄語明朝逢七夕漫徵故事說長生

敬之秋闈報罷道過梁溪因病不果見訪郵詩言懷即和韻卻寄

采采葉莫意自慵心期恍憚託飛蓬虛名浪說留皮豹絶技遲看破壁龍聲在樹間懷永叔歌從道上學山松明知久不干時貴那有籬邊酒使逢荼蘼香裏記班荆待到重陽約屢更舊雨不來家釀熟秋風易與病魔爭誰能遣此人間世天特鍾於我輩情且趁詼諧酬客難自言臣朔是星精

望西神山和裘葆艮廷梁韻

歲晏獨愴神遐心寄游眺出門見西山瘦骨如人陗行吟攬奇勝靜觀皆入妙蘿薜轉蒼翠石磴赤疑燒朔風戰霜威萬木號衆竅巒容既慘淡野色亦冷寮遙指墟墓間斷碑留夕照忽憶同牢人猶遲松楸繞憂來百病侵惟有酒可療

和俞調卿四十自述詩

神仙慧業宰官身覽揆剛逢四十辰班列青宮無俗吏耕歸綠野有詩人蘭缸照夜分兒課萱室承歡與弟親開到梅花春酒熟欣看舉案樂天倫

歸雲莫道出山遲端爲家園繫夢思樓號挹青聰列岫室生虛白壁粘詩一堂燕喜花如笑繞砌龍鍾竹亦慈正是日長添綫候綵衣重疊製當時

約略虞山惠麓東齊年契訂歲寒中與予同生癸卯冬尙湖自昔堪垂釣宦海何妨早轉蓬攬鏡未窺華鬢白持杯莫卻醉顏紅登堂儘許人稱慶南極天生不老翁

水繞西涇好結廬安排圖史趁三餘壯遊曾躍琴高鯉飽學還徵博士驢隨意填詞都入妙等身著述自成書年來只爲名心淡大澤羔裘問老漁

四十感懷并序

壬午十二月八日爲予四十初度先是正月丙子殁停櫬丙舍旋卜地於惠山之忍草菴前是日也將自營生壙祀土掘壤作合兆卻後十日舉內子柩殯焉在昔安仁閑居子荊傷逝賢達所尚不廢嘯歌況予影仄冬缸凍咽宵漏空琴冰裂繡劍苔滋眷念良時能無棖觸聊抒積感詩以寫之

四十流光一刹那生涯贏與墨同磨飄零琴劍離家早酬應文章覆瓿多淡盡名心忘毀譽拌將傲骨涉風波明知不預賢人列也算龍蛇厄運過

身世遭逢造物慳五湖捉月忽生還（甲子年事）十年浪迹風塵苦八口成家事育艱擊闕唾壺聲有淚吟殘錦瑟體猶孱扶搖漫計鵬程遠北海鵾魚已化鰥

臘鼓聲中粥正稠關心生日到平頭少孤未解田園樂親老終教喜懼遒玉

軫忍拋周甑累青山易惹向平愁因緣悟徹波間鳥別署新更號寄漚

蹉跎壯志誤塵氛往事空嗟付夢雲內省焉能徵不惑前程只恐漫無聞自矜攬轡身猶健漸覺觀河面有紋鏡裏山雞成獨舞茫茫來日悵離羣

一臥蓬茅十二年苔痕及榻長青錢曳裾廣座真無謂沽酒當壚亦可憐舊業空尋王粲宅虛名終遜祖生鞭蛾眉老大猶遲嫁敢詡繁霜未上顛

入林歸鳥倦飛馳午夜書還借一瓻愛博何嘗工強記多能畢竟少精思枉拋心力追詞客恥被人呼作書師方朔好奇蘇季異世間只有馬班知

我心如秤要持平未肯隨人作重輕漫向局中觀勝負願從拙處見聰明論交常帶三分俠入世難輸一種情今日空山尋息壤強年淪落感修名

自擬何妨自逞狂帝京無夢孟襄陽丹青寫意開生面詩酒陶情具別腸眼底江山空楚越袖中詞賦重齊梁揭來心事無人解靜炷名香讀老莊

悼亡四首（幷引）

嗚呼靈幽體魄隔離恨於重泉海碧天青耿愁心於長夜自山妻亡後忽忽十閱月矣每欲肖厥生平託諸丞歎管穎才脫中懷若抽時邁歲闌迄無成著十二月十八日始得營葬於惠山之忍草庵前維時人返空帷神傷故劍悽淚承睫商音咽喉異哉禮制將周情文未副伉儷之重是殆不可已矣乎爰掇往懷以抒於邑

回首梨雲惜影形青春多半短長亭征衣與夢馳千里鍼綫隨鐙共一經畢世錦衾終尚右（生平行坐臥立未嘗出予右病牀四月至死不踰）積年粉合剩餘馨苧衫百衲猶存篋珍重兒孫作典型

廿年事育賴支撐愛好天教百病更月魄盡時魂亦化雨聲滴處淚同傾遺言身後家能料戲語生前讖已成今日高堂悲白髮晨昏無計慰淒清

彌留曾記語迴環腸斷蕭郎手屢攀切莫停鐙吟苦句還宜強飯駐華顏教兒背地拋遺枕（殁後覓故枕不得怪而問之大女泣對曰遵母遺命恐傷父心已焚棄矣）爲我先期擬息關若使一靈終不泯九原應有望夫山

開箱愁見嫁時裙何處人間覓少君藥裹鍼囊猶在望蟲絲蛛網竟無聞斷難好夢通幽壤贏有遺容伴夜分忍草庵前清澗曲幾時金石表新墳

癸未正月二十五日錢兪調卿於城北近水樓臺作漁隱歌送之

尚湖詩人漁作號尋詩偶放烟波棹晴簑纔著八梁溪幾擬寒江將雪釣雪花如掌來款門相逢黍谷回春温縱譚不覺日向暮濃陰變雨催黃昏連朝

雨急不得霽天心故泥遊山計問字頻煩蠟屐喧賞奇屢約蕉牕契一編破悶垂琳琅羅列彝鼎周與商品題輒許壓元白鑒别直欲超驪黄愧我年來荒學殖無魚懶向武昌食江湖賸有鷗鷺盟名姓何緣卿相識（君嘗彙諸家寄贈詩爲一冊攜至都外氏翁叔平先生見予詩問曰其人何在君以閒居對先生爲之太息）平生知己感無多難得重來張志和只愁老屋牀牀漏不稱高軒日日過攜尊且向北城角今宵須盡漁家樂烟消日出君欲歸聽我狂歌山水緑歌罷湖干霽色開布帆無恙又吹回暮雲相望不相即依然燈火明樓臺

憶别和俞調卿

話雨重來拾墜懽離懷且趁酒杯寬晴開殘雪鴻留印春逗疎梅鶴守寒良會總嫌催别易忘形須識訂交難烟霞莫道無同癖裙屐東山有謝安

花朝掃亡荆墓

新碑未鐫隔年時坏土初澆酒一巵紅豆替人傳恨早青山笑我獨歸遲溶溶清淚霑衣袂陣陣花風颺鬢絲欲去還留留不得夜烏啼月上松枝

調卿詩來招遊虞山依韻先答

關心梅子憶方回勸駕詩從擊鉢催緑酒屢招投轄客青山重訪讀書臺良時綺陌笙歌沸嘉會騷壇壁壘開莫笑畸人甘殿後安排旗鼓又重來

四月既望夜泊涇臯

朦朧煙樹月沉波夜半鳴榔枕畔過夢覺漁樵無覓處忽聞水面起山歌

曉發虞山

朝來濃翠滴層巒天氣清和正浴蠶桑柘陰中人語細扁舟已過尚湖庵

題吴次瀟觀察（丙湘）俞調卿宮簿（錘喆）陳有庚明府（星涵）虞山春望圖

和原韻

路出西城迥絶塵共將山水訂前因興懷勝事徵金帶（次瀟揚州人）豔拍新詞列舞茵鶺鴒青添齊女黛鱖魚肥趁尚湖春畫圖我媿留鴻爪難與耕煙作替人

題畫松

森森佳氣鬱葱蘢盤薄輪囷墨陣濃今夜高樓風雨夕應教嚴壑起夔龍

俞敬孟明經（鍾鑾）以所著呻吟詩鈔見示因題

大塊噫以嘘衆竅自應節得春舒陽和得秋感凜冽人亦假之鳴所秉非一轍要在出自然何必論工拙俞子喜呻吟學尚宋儒説偶然陳民風餘事作

詩傑懷抱淨翳塵霜毫勁屈鐵遐哉姑射仙肌膚若冰雪我來遊虞山兩度感情切壎篪迭唱和談讌共怡悦素袖出新編未讀心先折更闌燈欲燼紬繹猶未輟料草附讕言明日行將别

和調卿集中近作二首

一曲琵琶送客忙漫將徵羽换宫商羅敷已作東風嫁猶指青青陌上桑

紅稀緑黯不成春銅雀荒涼客感新細數落花談往事明珠賺煞墜樓人

琴川返棹和俞調卿送别原韻

一棹依然返碧渠西涇回首與猶餘高樓倚曲同心聽矮紙聯吟信手書古道豈甘輸管鮑神交多半隱樵漁思君今夜難成寐聚蓬牕似轉車

疊前韻寄俞敬孟

月到天心水到渠學如仲氏目無餘坐中時對忘形友架上常安盡性書菽水懽承萱室笑滄浪歌續尚湖漁令兄調卿自號尚湖漁隱要將疑義從頭發愧我難爲合轍車

寄懷俞敬臣冠羣四疊前韻

天賦清才重石渠分陰爭惜日之餘承歡喜和趨庭句清課閑臨禊帖書花月儘容三徑友文章還向六經漁他時珥筆金華殿贏得人誇富五車

余自四月既望赴琴川俞調卿之約與揚州吳次瀟會於琳琅新館時余成之客滬上遲之不至次瀟遂先歸余亦於五月朔午刻解維日未過中成之踵至調卿書來戲作此卻寄五疊前韻

入門相見一軒渠且喜琳琅洒有餘燕去雁來無定迹情長紙短不勝書同人集琳琅新館半月來詩詞聯和調卿取高麗紙作長卷各自書寫迨余歸已無餘幅矣高樓空盼揚州鶴孤棹先歸笠澤漁端爲主人常好客送迎忙似轆轤車

單葆卿明經良玉辱題詞鈔志謝六疊前韻

虛懷接物契橫渠珠玉時聞咳唾餘託興漫吟題柱句揮毫妙解折波書絳帷且喜逢賢主調卿釣渚何妨學隱漁令叔祖節白先生有釣渚詩鈔多謝殘編刻繩墨循途擬作指南車

寄懷陳有庚明府七疊前韻

十畝桑園水一渠綢繆牖戶倖之餘呼童細講齊民術課子閑臨佐隸書門設常關彭澤隱客來不速武陵漁謂調卿秋深又奮凌霄翮薦牘頻催北上車

得敬臣和詩時尊甫調卿其師葆卿先後亦示和章作此答敬臣十疊前韻

塵俗勞人莫問渠擲箋且趁浣薇餘清詞霏玉依聲和小楷簪花帶草書夙慧君如懷錦客疏狂我似釣詩漁登高若踐龍山約定有爭迎擲果車

和調卿感事四首

小事糊塗學呂端眼前地步放來寬秋蠅慣自因人熱朝菌何嘗耐歲寒爭說匹夫懷璧易從知傀儡下場難異書竟似荊州索笑倒山中管幼安

涼生雨後淨驅蟲避暑先宜避俗氛寂歷柴關無剝啄霏微罏篆故氤氳善交誰似晏平仲性急終慚范子雲虵影杯弓疑莫釋枉教魚雁失殷勤

忿氣麤聲不算狂頓令天地亦低昂早知戲謔能生虐到底形骸未盡忘小意周旋關喜怒淡言觸迕在怱忙漫勞風雨添新感落月停雲總渺茫

冷到冰心似玉壺漫將舊失記東隅當頭秋日晴兼雨眼底浮雲有若無書遇一癡容可借字經三寫易成誣長吟遙答漁舟唱天末涼風落井梧

重九和友人韻

詠到唐風蟋蟀章感時景物又重陽世間嗜好今非古不采黃花種米囊蝶正生愁菊正黃風流猶未減清狂朝來散髮東籬坐也算梁鴻對孟光

調卿以角牋十幅相贈云是怡賢親王所製賦此志謝

冷雨閉閑門蒼苔如紙疊忽來雙鯉魚未剖目先奪十番故府牋一牋抵十芴不逢會稽王如遇錦江薛幅短爛斫光質素謝粉屑古色媲澄心黯黯蜜香馥花樣鬭時新恰如一角折桃實與松芝參差瓶盎列摹之不盈寸觀之似聚纈五色自相宜其文凹而凸雖無風露痕微覺蠹魚齧妙製出深宮相

傳百年物物以稀見珍愛因知己割展几吮霜毫深愧惡札拙急呼池上鵝
持向山陰乞子昂不敢書徵仲不敢跋還恐汚鮮華深藏閟行篋作詩報瓊
瑤依舊題蕉葉

詠物二首

罘罳浮動簾雲涼空際如聞替戾岡躍冶曾看紅叱撥巡簷猶繫紫絲韁鈴
淋夜雨來歌院簾卷西風入戰場瘦骨自能熬百鍊漫勞顧盼到孫陽鐵馬

紅搖火齊一泓寒龍種休從濮上觀曾共靈龜懸玉帶不隨肥鱖挂珊竿瑤
池日麗丹砂活錦浪風平丙穴安恰稱清泉澆白石高齋供養水晶盤金魚

癸未十二月留髭兩月矣作此自嘲

余髮日益凋余髭日益長行年四十一彈指過少壯聞譽兩無成形影互詒
讓爰謀繞喙居將以爲息壤一月聚如眉兩月覆唇上簇簇短而纚纚羅疎
且暢未飲忽已沾欲唾還屢仰攬鏡聊自嘲頓易故吾相顧非褚彥回敢冀
美人望又非髯參軍不作戟相向但願白於銀高堂祝無恙歲歲舞綵衣笑
口常飄颺更願垂錦囊新詩滿中藏莫教吟未成撚斷生惆悵

甲申人日大雪朱達甫鑑章招同范功甫錦堂許靜山玨秦萊卿復培
龔子達士皋龔賡臣志良泛舟飲於皇甫墩爲鴻雪第一集分韻得
白字

人日無詩破岑寂膽瓶梅花凍欲坼紙窻瑟瑟舞迴風門外雪深已盈尺忽
聞剝啄來相招挐舟徑出北城北衝寒盪入湖中央四望瀰漫愁目極不辨
山光與水光天爲幕兮地爲席紛紛如掌打頭來舟子頻呼行不得搴裳試

上皇甫墩林表依稀塔影黑危欄倚徧饑腸鳴漸覺彤雲催暮色回向舵樓
索酒肴促坐團欒交履舃果然餔餟亦可觀況復同儕無俗客品題既有許
子將博學更推朱敬則石湖淮海偕籍咸（子達賡臣係叔姪行）一時數與竹林敵爲言
明日是春朝流光彈指鴻泥迹良辰嘉會不易遭莫遣深杯剩餘瀝挑鐙射
覆卜夜長狂吟要鬭尖叉格興酣忘卻理歸橈隱隱嚴更傳水驛詩成不向
草堂題大笑書空作飛白

施子述承基既和余前作適有滬上之行再疊前韻志別

春鐙燒罷春郊寂芳草天涯寒未坼渡頭津鼓催行人潭水平添漲千尺時
光亦作去來忙燕子南飛雁鄉北惜別翻嫌相見遲語長心重情無極感君
才調實罕儔獨自虛懷屢側席班荊問道到盲人千慮愧難酬一得攬鏡徒
嗟壯不如空餘潘鬢依然黑楚江舊夢已成烟淚說鳶肩騰火色剌字懷中
日漸磨摶風不借雙烏舃冰絃淒斷甑生塵恍惚在家如作客愁來呵壁反
離騷幾擬銜官呼正則曲高祇恐怨陽春不分詞壇逢勁敵一篇險韻和尖
叉裁就天衣無縫迹同心難得是同庚（君與余皆癸卯生）古道交宜肝膽瀝世上蛾
眉有淺深逢迎莫羨時新格筒中賑望可成仙幕底蓮花如置驛且將故紙
共鑽研料理虛名壓元白

予與子述童蒙相識離亂隔闊三十餘載今里門重晤追憶往事感慨
係之子述既示以詩依韻奉和

話到童年事杳茫共憐時世感深長簡書自昔傳江表民物終難復社倉太
息平泉無草木從知滄海有興亡詩人偏愛龍山色豹隱文章霧裏藏

和劍仙趙宗

犧牲芻狗不屑成側身天地無能名自損長嘯木雞死古井芒角森星精足
躡天蓬禮北斗霜稜耿耿羣邪驚憑誰酬此一腔血且取熱酒澆數行偶來
世上覓仙骨令我鬱塞悲生平悲生平感存沒電掣流光過不惑若使塵緣
了斷時拂拭吳鉤師事之

送汪葆素本雲主講平陽用子述原韻

又逐黃流喚渡河無心補屋問牽蘿生涯仍是談經席壯志偏遲擊楫歌漫
討他鄉鴻雁少只愁名士鯽魚多與君故里重爲別十載棲遲在澗阿

戲題鍾馗圖用樂府韻

終南進士臉如獅足皺朝鞾繫魚帶饑來擘鬼充老饕餅餤紅綾吾不解自

昔長生殿裏行名姓爭傳播世界年年午月一陰生菖蒲劍利蒜拳大釵符
艾酒作供養壁上靈官望風拜魑魅魍魎皆潛藏虛耗狂奔履脫蹝寄語青
林黑塞間烟行媚視毋作態儒教高唱鮑家詩慎勿揶揄弄狡獪

題虞山翁烈女傳烈女附生同籙之女適鄧申越兩年夫歿生遺腹子三歲姑有穢行被虐死

匝地陰霾迷白晝姑惡高飛野雉雊阿翁堂上驚獅吼拄杖落地出自寶火
裏青蓮淨無垢麻衣雪裹遺嬰瘦楚辱橫來節同守空房幽禁歸寧候爲告
明朝祝兄壽猜嫌只恐道中萋半夜摧殘命如絡宛轉哀鳴驚絶脰烈魄焉
能媿膚受獄成畢竟覆盆覆銅山難買路人口一薰一蕕猶有餘臭

五月既望鴻雪第二集同人月夜登小金山以后牖有朽柳梁王常康
強限韻得古今體各一首

賦誦陳思感甄后凌波弔月月當牖月色波光入酒杯夢影朦朧無作有興
懷擬託水仙操囊底焦桐已枯朽天涯有客憚長征小紅休唱陽關柳時子葆述
素將行

杳渺清溪舊姓梁望中樓閣住空王當前人月還依舊此地炎涼異泛常水
面艣聲懷少伯謂范功甫未至市頭燈火隱韓康夜寒半臂憑誰送風色船頭力正
強

五月下旬偕朱達甫遊支硎靈巖天平諸山舟行即景屬和

琳宮遙傍白雲低綠滿船頭列翠微兩岸菜花香不斷黃蜂如雨撲牕飛

戲和調卿子述

冰簟潮回乍著涼茶烟青逼蘚苔蒼日長蝶羸眠斑管雨過蝸牛上粉牆買

斷玉壺辭客醉壓殘金綫替人忙負薪五月趨城市特地披裘傲大商

挽常熟居敬之清綬

井梧昨夜墮庭前豈料詩人得氣先未許文章娛晚節空教離亂過中年無
家爲累春還賃有子能文硯作田留取光芒垂不朽青箱珍重守遺編
文字論交意氣深虞山邂逅即傾襟虛聲我自慚秋谷接迹君偏遜鈍吟君嘗
以趙秋谷自予而自謙不如馮鈍吟入世共憐撐傲骨懷才終老策名心不堪重憶當年事薄
酒初消說瘞琴

馬貞女詩

湛湛梁清溪沿洄北城曲中有馬氏女冰姿照寒玉生小嫻母儀少長字清
族遽貽老父憂一旦失所育爰依從母居珍愛重相屬從母寡難安轉就外

家宿從來中表行誼等兄弟睦誰知外氏兒心性同虺蝮狂伺屢相挑拒斥忘恥辱堂上故驕縱愬之淚空掬親情薄似雲弱質任媟黷自矢謹隄防詎料禍心蓄潛與鬼蜮謀暗室欺以獨堅持懼怒號扼吭踐以足氣絕命難回舉室始駭矚叵測渭陽心忍殘猶舐犢商量汚蟣言誣以私服毒父來不使窺倉卒竟就木頓令日月光難向覆盆燭天道豈渺茫掩耳不掩目工人親見之證諸弟與叔具狀達有司剖棺請窮鞫死時正歊暑五月十有六相隔一旬餘竟體尚芬馥顏色凜如生蠅蚋不敢觸神鑑無遁形信讞遂定獄縉紳誦貞烈大府上公牘會葬集冠裳弔者皆悅服一坏五里塍永倚錫山麓春秋佳日多游人如蟻簇瞻望輒咨嗟願言禁樵牧光緒甲申夏歲易十二伏吳門潘司冦祖蔭椽筆表貞淑大書復深刻豐碑墓前矗松柏既茂悅桑梓

盡恭肅藹藹殷夫子吾鄉司禮樂同具蘭幽心文字廣甄錄顧無彤管才摛藻嫌繁縟紀實託長言聊佐勵風俗

子述屬予代擬行樂圖會題云一寸二寸三竿兩竿寄情濠濮棲屑龍鸞圖成攜至滬上復索予詩

託意凌雲與躍淵眼前動植悟因緣十年久戀銀絲膾幾个同參玉版禪蹤迹未妨中散懶文章敢替左司傳竭來不作封侯夢種竹無須羨渭川

曾從文字見心虛與子相暌感索居生也有涯同歲月貧原非病慣舟車憑誰嬾谷能吹竹且養天池未化魚莫笑元亭無著處五湖烟水繞吾廬

乙酉元旦試筆

也將吉語寫紅牋願祝新年勝舊年親老不須扶健藥家貧常有買書錢儘多筆債償佳客一任花枝笑獨眠（去秋有以美人贈者余故卻之）端恐大聲驚俗耳并無爆竹放門前（余家歲時伏臘向不用爆竹）

題朱幼蘭尊小照

虞山山人隱者風梁鴻溪上稱寓公相偕幸有孟德耀舉世誰如皋伯通閉門細楷蠅頭寫三萬蜜香任揮灑黃絹曾題白練裙墨花常燦銅臺瓦與君邂逅垂廿年識君風采何翩翩襟期早訂忘形友意氣不欲邀人憐客裏光陰易消息伯玉知非當五十無山可買隱堪招有子能文樂亦得一燈烟霞寄素心置身未許俗塵侵行吟時倚竹間石換日惟消書與琴酒至微醺淪清茗尊醉還教勝獨醒壺中歲月屬吾曹天下經綸有公等披圖笑指松柏姿南山白雲無盡時欣逢初度展花甲要向舊雨徵新詩詩成拜手更上壽

乞漿難得歲在酉願祝年年三五宵明月當頭盃在口

乙酉正月十七日虞山俞調卿來訪因同朱達甫招集杜子健余心禪裘葆良飲溪山第一樓爲鴻雪第三集分韻得佛字

艫聲優柔水聲汨木蘭輕蕩鷗波活故人遠自虞陽來許我平原留十日命儔嘯侶集林泉髣髴竹溪成六逸講院樓高遲夕陽登臨雅稱琴樽列一枝塔影正當牕掉向筵前作詩筆詩成落紙起雲煙要共溪山爭第一回數前遊續墜歡嘉會依然證鴻雪爪痕泥印本難憑纔隔經年半契闊汪君主講赴平陽（葆素）許子懷書走京闕（靜山）賓鴻既作海上遊（施子述）悔庵又賦錢唐別（汪芙生）天涯知己等萍蓬雙鯉無由慰飢渴索居正自悵離羣況復鯨鯢浪未滅白羽先沉相風使黃金枉買不龜術感時對酒慨以慷長歌欲擊唾壺缺虛

名莫問葉公龍世務休談王猛蝨不如高臥西神山大醉學仙醒學佛

鴻雪三集以南無阿彌陀佛分韻予既賦佛韻成復徧拈餘字效西崑體作七律五章送調卿歸虞山

春陰漠漠罨烟嵐詞客來時柳未毿儘許繡幃參道韞（謂古心）獨尋禪榻訪優曇交情與子忘形慣詩思慚予澀體諳撚斷吟髭索將伯朝呼周北暮張南

梨花十斛趁晴沽蹤迹何妨溷酒徒鐙火虛張元夜宴波濤空卷赤靈符罪言自昔悲懷璧皮相由來誤竊鈇暫借扁舟稱釣叟漫勞人問得魚無

金石論交信不磨搨來碑版拜嘉多（蒙贈錢梅溪居士縮摹漢碑數十種）兩京文字傳分隸八法縱橫變臼科刻鵠未成畸士業雕蟲終愧壯夫訶布衣慨想梅溪叟長揖公卿老澗阿

畫闌一曲瞰清漪恰好朋儕邂逅期把盞共爭東道主論文要代北山移龍蛇欲動過驚蟄勞燕相逢易別離爲報偏師胥又遁騷壇煞費伍承彌（心禪分韻得彌字詩未成而有定海之行蔡君亦曾替作之）

樵青何日理漁簑（君自號漁隱時欲納妾）真個烟波共放歌但願帆隨風水轉莫教網曬夕陽矬新詩疊寄詩逋陪題字重來認壁窠留取碧山吟社稿他年依樣畫陂陀

和汪芙生柳絲詞四首之二

跎地長條入望迷綠烟扶影過前溪劇憐飄泊無人問故向兒童捉處低

三眠三起夢惺忪舞倦腰支態自慵萬種春愁無着處半隨蝴蝶半隨蜂

詠物

羣經坐擁鬱嵯峨管鑰還憑腹笥羅草帶綠侵烟海闊花封青抱西山多萬牛卻喜常充棟三豕休教誤渡河深恐蠹魚成脈望閉門大索不嫌苛（書城）

變化從横信有神騷壇旗鼓似雲屯爭看撥鐙揮豪入慣作臨池背水陳壁上功高管城子行間法重衞夫人風詹戰罷歸珊架手挽天河洗墨塵（筆陣）

裴緝卿孝廉（正紳）以庚辰感事詩見示因依韻作後感事六首

霧斂煙收海上山一枰棋局又重安中軍有令傳雞肋大府需材慕鶡冠壁壘乍新唐六詔羈縻終外漢三韓要將慷慨酬諸將詩史休言學杜難

星垂芒角指東甌轉粟樓船罷唱籌萬里通商勤互市四郊多壘愧封侯義旗纔見抒公憤和議潛聞出老謀此日枕戈追往事前車應鑒倒持矛

無爲清靜想軒皇不議征誅議畫疆士氣未能忘裹革天心本是念垂裳上

書賈誼非懷寶計利宏羊總面牆畢竟自強須內治漫勞剜肉補新瘡

好人之技事多更人巧居然造化爭版籍別開新世界車書遠法古同盟涙傳洴澼矜奇術不信公輸享重名自昔中朝尚文物何如守拙勝聰明

書生投筆誤臨戎十載儲胥一炬供養士已看資外敵遣兵難冀盡歸農連疆蜡鬬開邊隙比歲鴻嗷遍遠封戰勝廟堂須努力早圖長策報登庸

富國何緣有病民老生煦煦本非仁籌兵共識先籌餉治法尤難得治人撫禦邊陲思猛士變通經術在儒臣兼才誰似裴中立料事知幾信有神

貞孝鍾淑娥詩并序

淑娥湘鄉鍾魯齋通判女幼字成乂民中翰歸有期而成卒乃誓往夫家事姑嫜撫孤嗣以貞孝稱焉

未下堂前拜能知大義深堅持同穴志獨矢撫孤心隱痛姑嫜慰幽衷神鬼欽試看湘水竹勁節鎮森森

重九酹酒亡婦墓隨訪貫華閣遺址并序

予既葬亡室江氏於惠山章家隖下因同穴作生壙明年復自題其碑曰寄漚劉繼增自營息壙元配江宜人雲和隔藏凡兩行行各九字今年重九率兒輩展墓畢遂登高憩忍草庵訪昔顧梁汾舍人與納蘭容若登樓玩月去梯處山僧不知但云相傳有桂花閣今已荒廢蓋土音相訛實貫華閣也閣之前適當墓之背憑高下視相去僅二百五六十步樹木蓊翳中約略可望感而詠之

貫華閣外草萋萋側帽風流迹已迷未許詞章酬國士已拌靈爽託招提卜鄰何必要離冢同穴先安冀缺妻身後虛名聊自盼兩行墓石手親題

范貞孝詩并序

金匱諸生薛鳴和聘繼室范氏未婚卒范年二十一誓請於母遂歸薛爲冢婦舅姑嘉其賢畀以家務撫前妻子丙元教養備至中更寇亂舅及兩叔氏相繼歿流離貧困范糠覈自咽甘旨奉姑力儉操作門戶賴以不墜丙元既長爲娶婦舉一孫曰祖詒范故嫻經史工書法習柳公權帖謂心正則筆正特喜摹之祖詒四歲即親自督課寒燈永夜機聲與書聲恆相接左右閔其勞勸少休息對曰吾代子教子俾吾子得自專力耳無何丙元入邑庠旋食餼而范年三十九以勞疾卒時同治己巳歲也臨歿以衰姑不得終侍母氏乏饗祀爲憾有司上其事旌表如例一時詩文詠歎積有篇什丙元彙而輯之顏曰柏舟錄更繪課孫圖以致思慕范之母鳴和族姑也亦以節聞先范卒於時並旌焉當范歸薛時其母難之卜於神兆曰先憂後吉今閱范歿垂十六年丙元將以訓導謁選祖詒亦補博士弟子員天之報施有足徵矣丙元字近方項以柏舟錄屬題并志其概如此光緒乙酉秋九月

詩禮懷馨烈由來姆教傳河東驚失鳳堂北慘嘑鶻豈惜身同殉遙憐義未全敢將嬰臼志誓結死生緣

一許身難再登堂盡歎嗟孤兒纔得母大婦獨持家烽火饑寒迫庭闈孝養加只緣心筆正畫荻薄簪花

教子名成日劬勞力未休茹荼將廿載風木忽千秋不負蒼天志還詒祖武謀孝思猶念母至性見彌留

繡線珍遺像牙籤誌課孫冰霜留色相書卷伴晨昏彤管闡幽烈青箱裕後昆果符占宅相綽楔煥清門

題余子泉煋半閒屋圖

適體端居苦不足紛紛爭向蝸牛角誰能作達如余君席地幕天半間屋石上可眠琴牕前可種竹機械不關心玩好不塞目閉來偶誦法家言蝴蝶上階庭草綠存吾真淡吾欲何須粉飾圖金谷華嚴彈指即樓臺世界原來藏一粟

寄漚詩鈔卷四

無錫劉繼增石香

程孝子歌孝子諱五福字備卿常熟人居邑城西隅父諱栻母周氏孝子生時母夢蝠入堂隅年數歲䏲摯過人甫就傅聞里中耆老述古孝子黄香扇及陸績懷橘事語同塾友曰人子當如是也年十五作蘭頌母周氏病封肉以療道光十年父病侍湯藥盡瘁不解帶者數旬及父殁哭泣踊愊不勝哀痛惟屬兩弟善事母踰月卒年二十一光緒三年奏請旌表

程孝子名五福字備卿世常熟至性由來具丱角黄香扇枕視等閑庸行庸言幼而學一篇蘭頌媲椒花願祝高堂壽如嶽情摯何分智與愚母病籲天曾封肉母也慶安全旋驚父年促孝行流傳達九重坊表峨峨慰鄉族我聞孝子生母夢室入蝠或云此是千歲徵弱冠胡爲嗟不祿又言禮執中過情非正鵠爲人所難必駭俗吁嗟乎情摯何分智與愚殺身成仁亦忠慤若將取舍存於中倫理之間雜人欲君不見北斗昭回雲漢旁夜夜瑤光向天燭

蝙蝠一名伏翼春秋運斗樞云行失瑤光則伏翼兩頭並翔廣江淮山瀆之祠則瑤光明伏翼九足

代古心題竇叔英茂才鎮蓉湖春色錄

淩波采采盡芙蓉多少萍蹤與絮蹤畫舫燈搖三里市禪房花映六朝松拈來青子都陳迹比到紅兒亦懊儂醉紙迷金徵往事泥他錦字織重重

簫鼓中流遲夕陽温柔占斷水雲鄉櫂迴銀浦瀼瀼露歌罷羅衣葉葉涼草滿裙腰迷蛺蝶菱開鏡面宿鴛鴦品題赢有詞人筆絶勝天花散一場

有感和調卿

詩興能消宦興濃虞山東望白雲封此生未解因人熱舉世難爲悅己容馬齒漸加猶伏櫪鼠鬚漸秃且藏鋒執鞭若果堪求富夫子當年亦樂從

閑搜方藥品君臣要學韓康世外身無恙雲山招隱士有情魚鳥屬詩人客言鮑老登場好我愛坡公險韻新卻怪天機易消長錦囊日富阮囊貧

書中乾蝴蝶對之寫影因檢梁溪詩鈔有女史葛若英亦有此作依韻題之

曾逐殘紅過短垣西風容易淡秋痕無多蹤迹花房宿有幸鬚眉竹簡存香霧暗通韓壽夢芸烟輕蕩魏收魂畫成未擬天工奪此是東皇點綴恩

和袁翔甫太令祖志六十自壽詩大令爲錢塘隨園先生孫時客上海

天與詩人自在身不教宦海共沉淪年華絳縣從頭數風雅隨園一脈真拌把青衫賒綠酒漫勞烏帽逐黄塵才奇大抵難爲用臣朔長饑范史貧寓公海上幾春秋仰止樓臺阻蹇修所主詩社曰楊柳樓臺　我慨驊騮鳴櫪下人言麟鳳散郊阪盈囊佳句爭傳寫一席名山合代謀此日半千老孫子依然文采溯風流

丹鉛點勘伴晨昏筆妙方知字有魂繡佛共思參賈島飛觴恰喜降華存冠裳洛下追吟社草木平泉憶故園客至漫嫌同輩少由來齒德已兼尊

一尊菊釀破愁城袖領騷壇掉臂行那有心情從俗媚獨將肝膽向人傾眼中餘子誠難數身外浮名未足驚倘許忘年呼小友願陪杖履後班荆

節近登高月上弦懸弧嘉會樂陶然目迷粉黛三千集心愛推敲一字憐碩果本來遲結子散材畢竟可全天秋風領略尊鱸味半憶倉山半冷泉

赢得身同鷗鷺閑南山高處許躋攀主持風月滄桑後紹述詞章魏晉間託迹莫如中隱好駐顏何必大丹還先生鄉里鄰蘇小介壽休教綺語删

和王小初觀察之藩大觀樓題壁四首

高歌聲遏峽江秋人始言愁我欲愁循吏生涯原飲水謫仙身世悟浮漚漫
云利器投時好省識風帆飽處收試誦章山題壁句頓教塵海豁雙眸

劍山迴望景何如劍氣猶環舊隱居萬里乘風馳汗馬一麾出守感鹽車才
懸公望來何暮清畏人知毀亦譽贏得棠陰遍郊野口碑傳誦不勝書

米淅矛頭氣似虹書成露布運斤風人爭佩犢迎龔遂世鮮真龍誤葉公清
俸卅年芒屐老詩心一片玉壺中金灘銀嶂專名郡山水多情特諱窮

故址經營十載前重攜父老話因緣萬家憂樂從頭數四面雲霞入望圓爲
政寬閑容嘯傲與民休息共安便登樓擬播輿人頌崔灝留題孰敢先

丙戌除夕

咄嗟去日太悠悠心事惟看燭淚流五九加年形弔影八旬有母喜兼憂敝
裘多半供兒債斗酒無緣與婦謀賸得空腸芒角在夜深獨自拭吳鉤

和侯蓉莊

聞道先生賦卜居只愁無地結茅廬伯通已往梁鴻老溪上高風久闃如
藥鑪經卷悟因緣臥看冥鴻入九天卻怪諸侯老賓客懷中磨滅刺難傳
崎嶇世路險難平棋局紛紛紙上兵擬鍊黃金買洴澼當年應悔作儒生
青囊幾葉已成灰濟世無醫亦可哀差幸偏枯能禹步神完畢竟是全才君爲
醫誤致病躄
文章何富室何貧舉世憑誰作解人飽看青山飢煮字起呼明月認前身
韶光又聽賣餳簫閉戶耽愁歲月遙秋士無心媚春色任他村郭酒旗招

不信幽蘭負素心綈袍常與嫩寒禁天公故作炎涼態纔放輕陽又變陰
酒龍詩虎久消磨老至情懷感慨多且趁花風簾外信蠹絲禪榻漫吟哦

龔節婦詩并序

節婦南匯唐汝鈞第四女適華亭龔寶仁婚三月寶仁從淮軍禦賊
至上海以病歿稾葬於野節婦年二十得耗匍匐求遺骸有知者示
其處發土見骨不可識辨乃囓指滴血試之血沁入骨遂具櫬歸而
葬焉家綦貧紉織度日撫嗣子教之讀書足不踰閾者二十四年光
緒己酉夏六月十日卒一時搢紳先生多徵詠其事將聞於采風者
表其德云

青春琴瑟初調日最苦生離成死別野戍魂隨燐火飛空閨香爇旃檀烈旃
檀之烈何芬芳唐家季女歸龔郎雲間乍結蜘蛛隱海燕俄分玳瑁梁結褵
三月烽烟驟江南江北滿狂寇笠澤悽聞斷雁哀鏡奩愁畫雙蛾皺鼓鼙聲
急沉殷雷援師一旅渡淮來將軍陣背春申浦國士金懸郭隗臺誓掃欃槍
身可許勤王志大輕兒女布裙椎髻妾能爲匹馬短衣君自去去時壯氣邁
幽燕臨歧有淚不敢漣刀環屢盼音塵隔刁斗頻更轉戰前沙場辛苦風霜
酷二豎災生嗟不祿無分封侯食肉飛空令火伴吞聲哭荒郊叢葬隔年時
凶問傳來命若絲百里間關訪陳迹寸腸斷絕求遺屍蟲沙莫辨形骸敗胭
脂滴處春愁碎一滴有如磁吸鍼再滴有如珀拾芥疑團頓釋血影斑道旁
觀者驚且潛紅顏未許同衾老白骨居然裹革還矢志幽居年二十擇賢撫
養期成立杜門屢致斷晨炊紡績何嘗聞夜泣心如古井凝清流凌厲冰霜

廿四秋千鈞一髮得所係晚翠寒香不可留如斯伉儷天爲匹夫未完忠婦完節勤名何必景襄鐘合傳好憑彤史筆行義無慚鄭獻英五淞三泖誦賢聲舊時冢上冬青樹又換嘉名號女貞

和心禪除夕述懷迎年正五十歲

爆竹迎年夜欲闌名花相對可忘飡房中樂譜三姝媚語予述堂上衣呈五色斑老至風光餘旖旎小時閱歷出艱難明朝正是知非始破曉光聞鵲語歡駒光半度百年初莫笑閒居作計疎菽水味甘承母教錦囊句好倩傭書未妨香草風懷減但祝屠蘇夙疾除爲問窗前今夜雪黨家與味更何如

題過節母遺像

節母陳氏金匱八字橋過廷佐妾年二十六而寡撫嗣子芝英紉織爲活有遺田十畝雖窘極不忍鬻乾隆乙未年八十二卒曾孫百源列其事於有司入祀旌節祠以所遺田供享祭長洲陳奐爲之記

千古稱難事存孤與守成天何慳絡秀節自著懷清行狀經師撰遺田後嗣嘗至今傳姆教桑柘誦賢聲

題范雨人南湖納涼圖

湖上樓臺擁綠楊湖中自昔養鴛鴦千秋霸氣銷煙雨四面漁榔鬧夕陽載酒客從蘇小墓櫂歌人住禦兒鄉煮茶亭畔曾三過展卷猶生習習涼

張哲甫文田風雪艤舟湖心亭懷吳六奇將軍遇查孝廉事感賦一律余從而和之

滿湖簫鼓獨遲徊骯髒風塵躑躅來豪傑飢驅流草莽山川龍戰出奇才相

寄漚詩鈔卷四　五

逢漫記門前雪一去明知杜下雷誰道書生無眼力王孫只許婦人哀

依韻答張哲甫

不是魂交夢亦通援琴極目送飛鴻天涯有客悲齊贅世上無真惱葉公壯志爭殘雞鶩食名心消盡馬牛風孝標自序分明在要與思光證異同南史張融劉峻並作自序

戊子四月二十三日爲楊見山觀察題七十壽

解識逍遙趣何妨鷃笑鵬頭銜原自藐學問任人憎宦迹古龔遂寓公今杜陵安車如可起莫謝老無能

少壯經師座丹鉛結古懽春秋考中朔名物辨周官巨眼老逾炯斯文信不刊詞章猶小技只作棄餘看

食古美於肉揮豪妙似環閒將射雕手戲寫爨龍顏碑版搜秦漢圖書訂馬班試看題識處金石盡斕斒

轅固何嘗老詼儒漫問年從心樂天爵銷夏席長筵酒向元亭進文從洨長箋吳中傳近事高詠紫芝篇

詠懷古蹟六首

十字碑　江陰暨陽門外三十里申浦之南有季子墓世傳孔子題其碑歲久湮沒唐玄宗命殷仲容摹刻之代宗朝潤州刺史蕭定重刻石於州廟即今鎮江之延陵鎮然非古延陵也宋崇寧初知常州府事朱彥又摹刻於墓文曰於戲有吳延陵季子之墓季字篆下从口姜白石絳帖平或讀作君歐陽永叔集古錄謂孔子歷聘諸侯南

寄漚詩鈔卷四　六

不踰楚何緣至吳覯銘其墓而趙德夫金石錄亦疑之顧流傳已久不可沒也

豐碑古墓暨陽尋至德高風有嗣音把劍覓徐知己感側身去國讓王心偏傍漫辨君爲季句讀兼參銘與篋閣本至今珍宋搨須知傳誦歷年深

三高祠　吳江故笠澤地邑東垂虹橋爲南宋詞人眺遊之勝橋畔有祠越之鴟夷子皮晉之江東步兵唐之甫里先生合祀焉詩歌景仰名著如林其節短韻長則高青邱三絕尤膾炙人口惟病其人各一詩無合祀意故更擬之

笠澤波光接五湖神絃曲裏雜吳歈三人異代聲相應一室千秋德不孤拌把虛名浮大白何妨託姓共陶朱世情到底尊官爵首座仍題越大夫

試劍石　石名試劍凡數見如京口之甘露寺梁溪之皇山皆是也惟虎邱志所載爲最著相傳爲吳王遺蹟而吳地記云始皇至虎邱求吳王寶劍白虎當墳而踞始皇以劍擊之誤中於石故郡志或謂秦皇試劍石云

斫破雲根臥虎邱路旁花草惹閒愁青天可補情難割紫氣常埋迹尚留遊客搜奇徵霸史英雄磨厲想吳鉤莫嫌終古頑如此曾向生公一點頭

投金瀨　觀吳越春秋及越絕書記子胥投金瀨水事想見烈士窮途淒涼景色彼女子者守貞殉義殺身成仁其志潔其情苦矣千載下惟淮陰漂母得其髣髴無此悲哀也詩以弔之於子胥有微辭焉

昂藏七尺萬人英俛首甘心女子羹積憤填膺君惜死懷清窖口我輕生空波縱有千金擲沒齒難酬卅載貞欲弔芳魂來水畔悲歌嗚咽和簫聲

桃葉渡　子敬樂章當時悅情遣興初無庸心不意後人傳爲口實想見清談之風朝野相尚如此昌黎韓文公有妾曰柳枝彼此同以草木爲名而並傳不朽噫詞客有情美人多幸哉

珠市遙瞻舊院東小名頻託豔歌中送迎曾屬王郎管花月常存晉代風渺渺予懷雙槳遠怱怱人影一波空春來試問江頭信煙外穠開幾點紅

梅花嶺　揚州廣儲門外有明湛若水甘泉行窩荒廢久矣雍正時就其址爲梅花書院因舊有梅花嶺復累土爲山於院之右偏植梅數本以存其名嶺南即明末督師史忠正衣冠墓也

鐵榦冰花嶺上橫我來嶺畔弔忠貞眉彎空剩三分月尾大難調四鎮兵浪說春鐙傳舊曲劇憐孤注博虛名探幽細數前朝事驢背新詩詠未成

重詠懷古蹟六首

篆刻珍同石鼓詩春秋筆法帝王師何須鐘鼎銘勳業自有風雷護持嬴博荒邱遺蹟渺州來舊澤少人知莫言義古文從簡兩字分明歎美辭十字碑

是誰鳥盡識弓藏難得千秋共一堂遺像好隨金作範行蹤合伴水爲鄉眼前霸氣銷吳越世外閒雲聚晉唐何物最宜充俎豆蒓羹茶具美人裝三高祠

寒鴉陣陣起悲風古道邅迴溧水東逋客倉皇愁日暮蛾眉老大識英雄有

鏇誓雪終天恨無地能酬一飯功越絶書成誰繼迹江干閑煞老漁翁投金瀨

漫將時代論秦吳俛仰摩挲慨霸圖此日魚腸埋漆室當年麋鹿上姑蘇斷痕補處蒼留蘚空影搖來綠舞蒲歐冶干將招不得要憑蹤蹟問風胡試劍石

水近秦淮罨綠烟風流遙溯晉當年兩章樂府傳人口一樣芳名占妹先清影漾殘瓊樹月離情吹散柳枝綿無端驚醒鴛鴦夢載酒聲聲喚畫船桃葉渡

廣儲門外駐吟鞍名勝尋來講院寬十里春風霏玉屑一坏香土葬衣冠清池舊傍行窩鑿明月宜邀水部看山不在高憑點綴幾枝疎影襯煙巒梅花嶺

新綠

題殘蕉葉小牕幽牕外修篁着意抽夜雨暗消鶗母病春波遙惹美人愁平添軟翠三篙漲未許明珠十斛酬采采不堪盈一匊倩誰痡劍割江頭山光如沐曉煙霏出岫油雲自在飛黛色漸分蟬鬢薄穠陰都上鴨頭肥低窺金簡初成字淺襯黃裳乍試衣好是朝來簑笠暖一聲欸乃出漁磯

楊子延畫桃實楊梅枇杷紅菱葡萄合景索詠

爲愛時鮮入畫求漫論銷夏與延秋髯蘇荼罷應相憶臣朔饑來未許偷曾記豔歌翻子夜淚傳佳釀換涼州就中只有君家果名傍孤山處士留

爲施子述畫賓鴻圖

君呼鴻爲賓我與漚同寄鴻飛冥冥霄漢間漚泛滄波渺無際一唱塞上歌一誦僧家偈少小齊年共遊戲三十年來一交臂江湖秋水稻粱多霜信頻催攬征轡君方泛宅吟我獨銜蘆避暮雲常阻尺書繫鴻漸于磐作羽儀漚之人兮了無異年年鯉魚風舴艋容湖詰臨流數徧百東坡起滅浮沈總無意拈毫且自寫秋雲漚有影兮鴻有羣鴻兮漚兮不可分誰爲主兮誰爲賓

獨夜

獨夜危樓撼朔風號寒衾底蝮如蟲忘形變自憎多足垂老鰥原隸四窮久伴病魔違俗好屢逃文債避人攻漆園凍蜨難棲泊欲覓唐花仗火烘

詠雪用坡公聚星堂韻同裘葆良作

静裏微聞蠶食葉紙牕亂撲綫綫雪凝陰積地水澤堅同雲冪嶺樵蘇絶披裘只合甕頭坐出門正愁屐齒折簷前犀箸凍成行鑪內獸灰吹欲滅呼童瀹茗帚親擁對客説劍光屢掣兜羅盈手不成綿紛糅滿身如聚纈澗底孤松青落蔭樹上山查紅吐屑因風相襲競呈形見晛曰消驚過瞥高歌莫屬郢客和大寒且引堯年説今宵偃臥有袁安布衾一條冷於鐵

前題葆良約鄧似周濂秦湘臣寶珉同賦久而未就戲疊前韻催之時歲不盡三日

訪戴偏遲舟一葉連朝冷雨洗殘雪雪消賸有雨催詩路上傳箋人不絶忽聞屬和到秦鄧令我未讀心已折清詞忻賞須及時泥印留痕倏易滅有手當如温郎叉懸肘豈爲滕六掣儻隨庭雀凍無聲坐使硯池冰作纈顧我耽吟鰥且窶歲晏米鹽躬瑣屑忙中猶自賦閑情空際無端感飄瞥願言一唱

和百篇毋取雷同毋勦説旗亭相與賭新聲綽版爲君先鑄鐵

辛卯元日心禪詩來索和并告年前祀竈日第二妾古心棄所生四歲女雪夜出亡檢點匳匲一無所攜古心固青樓有志者謡詠所致非有所私也憮然作此即用來韻

飄泊驚鴻任去來離鸞何苦又相催眼前紅豆猶留種火内青蓮枉自開幻夢未邀禪解脱凌波空惜影儃佪怪他司命沈沈醉不遣東風護早梅

和前邑侯廖養泉綸元旦詩用心禪韻

乍見春隨杖履來渡江春又綠波催未謀陽羨田疇買正值瞿塘雪水開雲物喜占新氣象棠陰濃記舊低徊廣平不解因時媚鐵石心腸合賦梅

和廖養泉遊五里湖

又櫂扁舟出西郭五湖鷗鷺喜公閑煙波南望通於越霸氣西來鎮獨山高詠魚龍驚澤國偶逢父老話柴關擘窠鐫就摩厓字從此蒼巖石不頑

岳武穆名印玉色蒼潤舊藏上虞王氏天香樓今歸楊稺虹大令許見山師拓以相示作歌

稺翁兩浙稱賢侯好古不與常人侔日星山嶽重氣節鄂王印出天香樓此印原殊舒匠造（曩見岳武穆官印銅質旁有款日開國匠舒通造）姓名鐫玉形模小準以三司布帛尺方廣七分餘六秒當時書札窮搜羅幸未零落隨江波白文朱拓遠相示令我軼事懷金佗惟王神武亦儒雅題詩獨立翠巖馬詩成或向紙尾鈐光燭南天和者寡撼山容易背嵬難威加強敵心膽寒男兒爲國雪讎恥寧肯賄賂求交歡偷安枉構羈縻局晝本殘山留一角犬羊畢竟無恆情口血未

乾旋反覆吁嗟乎天驕旅距今昔同坐譚成敗非英雄不如將印訴真宰徧召列缺驅盡腥羶風

辛卯長至虞山宗思柔汝剛見訪

青山只許少文知把臂翻嫌邂逅遲愧我丹鉛無雜錄多君金石有餘姿縱譚欲躍雙丸劍娊句如繅獨繭絲讀罷袖中新舊稿敢言商搉願相師

題華希賢遺象

希賢名望曾金匱諸生家涇皋庚申之變與弟釗禦賊漁步橋弟爲賊殺希賢被執不屈死

赤縣無官守窮鄉有義兵拌將身陷陣願激志成城嚼血完臣節持戈結弟纓至今漁步岸遺烈誦書生

癸巳二月十五日過蘇門謁楊見山師於種紫芨軒以詩見貽步韻奉呈

百里鷗波常役夢敢辭檥櫂踏蒼涪入門寶氣青萍躍敷座春風紫芨開文字有緣容見接布帆無恙苦相催濛濛細雨山塘市欲買藏經問相臺

甲午四月十六日冢子婦之喪陽湖劉秀峯書來慰唁即和其見懷原韻

年來心緒付蝯吟壯志全消歲月深久擬維摩妻法喜何緣車子託繁欽榮枯早悟花開落（去夏六月長女亡）文字難忘雨舊今珍重白駒相慰藉尺書如拜古人箴

和楊凌洲大令宗瀛五十自壽原韻時哲嗣蘭樵年前領鄉薦將於立

春日以鹿鳴筵先期稱觴詩以侑之

垂條華萼正阿那老子婆娑興若何酒借賀筵初度早堂登同牓後生多壽山不藉新扶杖揮翰如操乍礪戈別有閒情寄滄海樂浪古郡問鯊鮀說文鮀出樂浪潘國从魚沙省爾雅毛傳並云鯊鮀也而段懋堂氏謂鮀與鯊別今從經傳借用不嫌失考也

家學新傳有小同曰歸猶自課兒童曠懷未識金貂貴博覽翻愁竹簡窮歌引工於吳祭酒宦情愚似柳河東揭來慣與閒鷗狎擬買蓉湖月一篷

山城清夐絕宣傳要與黎民共息肩衙退未忘文士業囊空都道使君賢故園松菊仍三徑下邑絃歌只兩年贏得雄譚誇勝事高登天目賦長篇宰臨安日嘗祈雨率僚佐登天目絕頂豪吟顧盼作七言古詩千餘言頃刻揮灑禱而焚之既返雨亦隨至詩一時傳誦咸稱與王神來之作

干霄劍氣識延津巨眼如公有幾人鑄白韋莊方寄慨濟時辛讜易馳神壽

寄漚詩鈔卷四　十三

星正與文星朗北阮還通南阮貧戲綵倘教排雁序定隨斗柄應回春韋莊鑄白詩新年過半百猶歎未休兵舊唐書辛讜年五十不求苟進有濟時匡難之志丈以邊海多事時有韋辛之感

漫論公是與公非棋局東山付嬰欹匹馬敢辭籌筆遠一官寧謂繭絲微在山泉豈因人熱出岫雲須作雨歸但願萬間成廣廈故鄉猿鶴慰長饑

堂上華燈燦百枝懸弧春日正遲遲老來琴瑟音偏雅生小瑤環字巳知仙佛遙傳三竺頌文章爭獻六朝奇愧予祝嘏無長物只有茅容酒一卮

去年二月楊見山師以吳愙齋中丞大澂摹金壽門畫醉鍾馗圖轉貽今年乙未午日檢得懸壁間感而有題

漫將成敗論賢愚夢境真堪一醉俱捷徑別開唐述窟虛名拌換詩癡符辟兵縉薄烏紗舊競渡舟回大蠹孤卻怪冬心遺狡獪賺人依樣畫胡盧

題再來石搨本

再來石三字真書盈尺甚樸茂左下有開慶己未夏題六字光緒甲午夏購得之金石家皆未著錄詢之售者亦不能道其出處但緣所注開慶己未知爲宋理宗時所作余以石爲號自二十二歲同治三年甲子三月朔辛丑二十又三日癸亥覆舟太湖死而復蘇忽忽於今三十年亦再來石也借以自旌懸諸寄漚書巢漫題一詩

此石六百有餘載題字分明爲我鐫頹齡儻至七十七開慶方符己未年

畫松贈友人

天時人事日相變九月江南雪成片籬邊菊影澹於煙池面冰膠沍如練泉明已去誰爲歡坐對孤松鬱蔥蒨有客將行贈我歌何以報之嗟歲晏急呼

寄漚詩鈔卷四　十四

雙管寫秋濤盤薄淋漓墨飛濺就中仿佛鶴在陰和鳴如惜羽毛健一任烟雲過眼忙豈無鱗甲當頭現會看證取後凋心拔地參天此其選

題畫松

縱橫雙管拂雲梢上有千年老鶴巢夜半墨池風雨驟半空鱗甲舞騰蛟

吳愙卿中丞大澂周黃鐘玉律琯歌代楊見山師作

壁羨起度見禮經準之可以考五聲黃鐘未立原無尺律以生度非度生自從六國相兼幷雅樂毀棄里耳盲漢儒絕續摭遺說還憑尺寸求宮音音不可書使人曉晉志音不可書以曉人吹葭桼黍窮幽討京房之弦荀勖笛隔世已愁知者少坐令胡李與房庶困學紀聞胡李之律生於尺房庶之律生於量馬尾羊頭競分秒何況沿襲千百年玉律更無出泠道愙卿中丞今通儒博古雅好古玉儲播圭宏璧訂

周尺一一脗合如節符歲維己丑日冬至玉琯應候來秦都客言出自西安
土純白微帶黃肌膚試取前尺九其𠟱長十二寸無增損内徑七分分又半
千二百黍受適盡定爲周律黃鐘宫考驗權量說唯謹摩挲相視索我歌袞
老甯辭誘不敏（淮南天文訓高誘注云鐘律上下相生誘不敏也）八十一數生黃鐘史遷書與淮南
同九分寸與十分寸等是一尺理則通或疑律長不逾尺五音遞減皆從宫
今欲引申證其實毋乃數典難折中我獨沈吟思管子百有八分宫生徵（見地員篇）
若依一寸作九分尺二寸長亦類是又聞宋代沈存中黃鐘三管各有指
其一濁宫尺八寸其一清宫毗呂氏（沈括補筆譚黃鐘長九寸爲正聲一尺八寸爲黃鐘濁宫四寸五分爲黃鐘清宫案呂氏春秋三寸九分爲黃鐘宫之江氏永謂卽四寸五分之譌）誰謂古律無此長難得辨析精且詳玉人
典瑞聚一堂直與嶰竹同圍量案頭寶氣森虹光校理金石調陰陽願君持

此永保用會看翩鳳鳴歸昌

題侍郎（祥麟）紀事圖（代王少谷邑侯）

攬轡甯辭萬里遙臨歧慷慨說班超何須健僕隨鞭鐙自有雄心傍斗杓古
驛夜深孤劍倚平原日落大旗招修名博得銘銅柱回首風塵已隔霄（單騎從戎）
倉廪儲胥左右環唱籌聲裏肅鵷班周防卒吏因緣飽鄭重民生物力艱豢
鶴儘教分作俸譚兵曾記聚爲山退衙笑語諸僚佐仁政何妨萬稗刪（驗米過風）
曲境通幽好避塵偶來方丈證前因口頭禪趁松風韻舌本甘囘穀雨春數
到名山皆淨土修成慧業是文人石泉槐火留鴻雪泡影何如畫裏真（與僧茶話）

花映晶簾碧篆輕別開深院奏瓶笙嫩調雀舌勞纖手熟聽鸚哥喚小名嘉
客才如蕭穎士主人雅比鄭康成一甌乍進垂紅袖催就新詩分外清（使婢司茶）

戊戌春正月陝州牧南海黃小宋觀察（璟）偕仲氏仲衡觀察（璣）義興吳
俊卿直刺（樂琛）信宿河東道署遇安園中居停楊䕫芳觀察（宗濂）相
與讌譚酬唱屬和元韻奉別

德星聚處雁行過乍喜春風拂面和垂老郗生知己少巡行召伯頌聲多漫
勞醬瓿徵餘草終愧鹽車策下坡華萼樓高詩律細一時傳誦比陰何
名園西北息鵬飛循吏襟懷與俗違有素家風傳戒石無雙至行本親闈宦

情淡似桑三宿棠蔭濃於柳十圍儻許畫禪參妙諦焚香膜手作歸依

自絳州至星宿堡

一綫天光地底來土厓千尺不生苔若非上古鮫龍穴定是輪蹏鐵碾開
轆轤車聲挽上坡平疇麥浪午風和不知身在層巒上又向山署穴洞過

聞喜雨後發水頭

雲與遙山一色平半竿斜日漏烘晴脂車㳌水行泥淖爲趲明朝到運城

餞和章叔正（世恩）別駕汴梁

乍見忽言別求官爲養親吏如周茂叔我愧穎封人塵世還多事文章信有
神相思愁不寐雙鯉盼河津

題慶餘青（增）醫政議和黃小宋韻

謀國端宜仗老成漫云洴澼即知兵龍宮猶剩千金翼象藏誰修六府名運入司天關氣數樂求浮海失真情嗟予無病呻吟客也被人呼太瘦生

臘八前三日黃小宋觀察書來言悼子之亡不樂久居將謁上官乞量移行有日矣即簡志別

風雪闌年客思多傳來尺素當驪歌春回未擬鶯遷谷枝老旋聞鳳擇窠循吏修名齊渤海詩人晚境感西河梅花看遍山程驛莫憶庭前少鶴過

己亥六月客河東道署陝州牧黃小宋觀察璟以銷夏詩社諸作見示依韻即柬

泛罷蒲觴思卻暑安排酒向碧筩添狂來潑墨江天寫癡欲煎膠日月黏橫海奇功愁未立隔河險韻喜先拈騷壇末座無由接只合潛邱獨訪閻

庚子閏八月再至虞山俞佑萊觀察鍾穎招飲新居以詩題贈歸後步韻卻寄

迹溷漁樵亦見知襟懷遠與古人期阮家自昔多青眼馬氏於今有白眉江漢謳歌郇伯雨庭闈燕喜魯侯詩揭來韻事應添勝戲綵剛逢插菊時

闊干北斗漫凝眸起滅無因感海漚一局棋看猧子擾滿隄燈照窈娘遊元稹詩窈娘隄抱古天津風淒汾水秋偏早雲隱秦關險自憂欲和杜陵諸將句薊門兵甲幾時收

虞山歸簡和俞調青原韻

去歲衡寒度固關今秋放櫂尚湖還衡門把臂添新雨謁翁叔平先生並晤俞佑萊觀察薛君敏大令皆初訂交也古寺論心入破山薛蓺畬招遊破山興福寺送別重勞香稻割憂時未許濁醪刪風塵澒洞漁翁老何處桃源可駐顏

重陽畫杞菊寄薛藻青

君歸楚北我并州相見無非說倦遊垂老莫嫌生計拙空山杞菊及時收

題扇頭山水寄薛二蓺畬

客去津沽水始波空聞十萬劍橫磨前塵瞥眼成追憶馬遠殘山畫不多

閏中秋謁翁叔平先生歸後俞調卿以所和詩見示依韻奉簡

尚湖煙水足清遊容與西涇一榻留消渴馬卿常慕藺懷歸王粲倦依劉遽蘧夢境隍中鹿泛泛漁人岸上舟最是後凋松柏好滿天落葉不知秋

催詩小雨入城來座上欣瞻霽色開未擬圍棋輸別墅且從初服賦天台遣愁贏有高僧傳望古寧無國士才欲傍層樓事宏景西山猿鶴莫相猜

原作　無錫劉石香繼增調卿好友也庚子閏中秋冒雨過訪調甥有詩因次其韻　翁同龢

九龍祠下我頻遊第二泉邊輒滯留此去夔臣同屈賈敢將餘子比曹劉空山風雨三椽屋滿地江湖一葉舟莫詠轉蓬攀桂句天涯何處是中秋

今雨還同舊雨來愁顏暫逐笑顏開三閭後裔空懷楚屈蔭棠司戶參軍尚憶台陳有庚兩君皆調甥至交自有性情敦古誼豈因詩畫掩奇才石香江南名士通達古今兼工詩畫挹青樓小纔容膝卻作元龍百尺猜

辛丑三月汪函生以春燕詩屬和用坡公尖叉韻大有感慨

銀蒜閑簾玉筍纖嫩寒未覺十分嚴夢回故國青青草泥落空梁昔昔鹽曾記夕陽尋舊巷偶乘微雨出高檐呢喃絮語無人譯悶損深閨蹙黛尖

不隨天末亂飛雅去住光陰候帝車雙翦綠裁新插柳一襟紅染舊黏花營
巢未許過秋社封土何緣到夏家掠水正憐桃漲膩休教斷岸擲漁叉

和調卿辛丑元旦韻

關心雲物靜中參正值鴻嗷徧渭南聚鐵已看成錯鑄點金無術託空譚到
年馬齒平頭六何日漁歌快話三謂吾兩人與幼庚皆以漁隱爲號 出處與君非舉子莫嫌
停止計偕驂

四月二日楊藝芳都轉宗濂在部門以書相招其意甚殷僕病未能也
再疊前韻寄調卿

世味甘辛與苦參未能知北敢圖南待收棋局銷殘刼好訂茶經付劇談遠
道頻煩魚六六故園猶戀徑三三自嗟垂老難爲用多謝高賢具館驂

三疊前韻簡調卿

尚湖漁隱嬾銜參廿載烟波臥舍南時有故人尋蔣詡可無新論著桓譚御
風遐想寥天一醉月高吟對影三小小蓬瀛來往熟海鷗爲使鶴爲驂

壬寅歲暮探梅孤山汪符生刺史煦留余小螺山館之一覽樓圍爐話
舊感而賦此並簡調卿

六十衰翁比斗筲曰歸無計掩蓬茅艱難時世憂漁澤措大生涯誤燕巢入
室聊同飛錫至出山贏有斷金交殘年風雪西湖路又向精藍作打包

癸卯落鐙後返自虎林得俞調卿寄示年前除夕詩依韻補和聊紀往
懷

歲晏明湖寄一身行藏自笑太逡巡囊中且祭新吟草襟上猶留未浣塵顧
協年衰仍記室書見梁 向平遊倦剩婚姻春來擬覓香山社爲問晨星有幾人

再和元旦韻兼懷松禪先生

穀日今年始立春椒盤先向歲朝陳光陰逝水逾花甲著作名山愧等身壯
且不如何況老舊無可守敢言新龍蛇蟄動鴻鈞轉嚴壑應教起偉人

癸卯暮春再過虞山同俞調卿敬孟昆仲謁翁叔平先生於西山墓廬
瀕行調卿贈詩敬孟和之歸閱兩月始次韻奉答並呈叔平先生

棋局長安感逝波五噫歌罷尙湖過未尋魚樂先尋釣不著羊裘便著蓑天
上句陳隨斗轉人間舟楫望洋多雙柑又買黃鑪醉鑪畔微聞酒稅苛

鶺鴒峯前數問途沿門春水長新蒲林深不礙浮雲蔽亭小常懸白日孤翰
墨共珍王逸少品題偏愛阮元瑜遙吟倪和漁舟唱雅勝張爲主客圖

西涇華尊性情真掃榻頻呼婪尾春尺素先通三夜夢百年同過六旬身調卿與余同生癸卯令弟敬孟於余未歸時三夜夢余書至 湖山風月還終古鬢髮星霜亦變新河水悠悠
竿籊籊頭銜合署捕魚人

蹤蹟年來託浪沙中條滕蹻日邊槎前程已誤當歸草時樣徒傳沒骨花雙
闕排空看仗馬深杯幻影悟弓蛇空山無物堪持贈聊撫留夷與揭車

題顧太僕致忠錄有序

太僕諱崑陽字賦亭金匱人明直諫洞陽先生可久裔以河功授貴
州普安廳照磨遷永□縣知縣歷權鎮遠黎平府通判仁懷遵義知
縣逆苗圍遵義旁邑盡墮嬰城固守卒能保全尋移威寧知州以功
賞孔雀翎累升以知府用咸豐十年奉檄總率團練與威寧鎮總兵

拒苗酋蔡得春十一月初三日戰於七星關身被七創礮火隕其首而沒事聞卹贈如例建祠原籍卽故洞陽祠左隙地也以令子浙江巡檢以勳從九品續勳先後殉粵匪難得祔祀焉

艮吏作干城關前擴賊横聲沈諸葛鼓力絶白芀兵犺烏皆唬血家駒亦結纓祟祠蔭喬木奕葉篤忠貞

調卿寄示除夕元旦二詩次韻奉和

駒光留得隙之餘兩載申江度歲除齒豁喜餐牛乳粉眼昏怕認蟹行書衆生擾擾同春夢獨客勞勞慨夏渠飽煞侏儒飢煞朔可容天地作蘧廬

物候驚新又一年年來紀事少長牋名州有路都成鐵學界無齋欲破禪坐法周官徵息債遠師鄰國育英賢關心市諺如相警人老珠黄不值錢

寄漚詩鈔卷四畢

受業武進唐駝謹校字

寄漚詞

無錫劉繼增石香

鵲橋僊題楊芝田師畫乞巧花果

鋮樓風細茸窗涼逗分手調冰雪藕安排果盒拜雙星正五色瓜兒初剖梨黄擘玉菱紅襯袖更蓮子青青似豆多情促織訴相思引滿架牽牛如繡

如夢令

簾内酒醒人悄簾外花殘春早曾耐幾番風何事綠肥紅少知道知道昨夜荼蘼開了

南浦離家　丁卯十月

悵惘賦長征坐殘更門前一舸催發紅燭影幢幢高堂上照見慈顏華髮顧瞻事育忍教少婦持閨闥柔腸百結縱早寄當歸川途遼闊　朝來第一郵程覺煙冷蒼波風淒黄葉此味幾曾諳俄延坐又是半規涼月酒醒何處只愁夢裏難尋覓暗潮汩汩似有箇人兒枕邊嗚咽

前調樊城官廨送彭季陶入關用張叔夏韻

秋色正平分乍相逢驀地驪歌催曉攬轡念澄清安排著筆陣千軍横掃吟鞭指處銘銅柱大丸泥小把酒臨歧休惜別無那別時草草　者番北首征轅重行行恰喜長安近了譚笑脫戎衣男兒願努力終須酬到關河綿渺相思莫便鱗鴻悄爲問素琴三疊弄塵世知音多少

金縷曲湘鄉彭氏女十六歸謝某癡騃不通人事困八載猶處子也會侍祖姑疾目不交睫者旬日饋極假寐別室有夫族無賴子闖女豔乘夜之逼女啼乃遁女無以自白竟仰藥死胞兄稷初孝廉樹森爲鳴於官未卽直敘其事徵能文者題詠以旌之

怪底紅絲誤數華年盈盈月魄乍過三五本是刺桐花裏鳳不道隨鴉錯舞最難得自甘荆布漫說同牀偏各夢事重幃聊慰桑榆暮芳韶景等閒度含辛八載葳蕤護甚狂飈吹來鬼蜮變生庭戶漏盡燈昏啼欲絕誰解蓮心自苦恐此恨媧皇難補鴆酒一盃腸寸斷賸冰魂飛向瑤京住雖未雪向天訴

鵲橋僊梅花帳額

巡檐索笑藏鉤弄影斗帳垂垂低稱紅裳綠萼各爭妍應妬煞山中和靖　鐙停銀翦漏催金井又是黃昏人靜暗香入夢正惺忪莫便教翠禽啼醒

百字令題華景方雲卿獨坐圖

電駒光裏把機心拋盡名心輕擲一片閒雲呼不起常伴九龍山色獨抱蒼苔橫眠綠綺雅稱傳神筆翛然清氣迥非俗眼能識　遑問馬足車輪乘時趕取勳業銘金石故舊書來多厚祿畢竟吾安吾適惠濟枌榆栽培蘭桂也算棠陰植披襟長嘯渾忘塵世荆棘

金縷曲悼亡即題內子遺象

痛定重思起廿餘年書鐙影畔翦刀聲裏憂患半生都釀病四月淹纏牀笫猶瑣屑米鹽家計兒女成行拌割捨惜分飛說盡悽惶意隨月魄杳然逝時壬午正月二十九日晦　當年作客原非易也端因家貧母老暫時行李我悔別卿卿別我此別靈幽形翳空眷戀彌留之際風燭光中求髣髴儘名工畫手難摹擬歌當哭墨和淚

蝶戀花遊虞山小雲栖留別俞調卿用坡公韻

橘刺藤梢迷嶺路清露如珠滴滴寒泉注照影自憐孤似鷺斷魂今夜人何處　珍重新詩相慰語良友多情惜別難爲去願買尙湖田幾畝他年共領煙霞趣

減字木蘭花中秋蓉湖泛月和影桃龕韻

湖濱盪月影入空濛人不識相喚聲聲偏是鄰舟認得明　風清波淨萬頃夫容都在鏡惱亂情懷何必吳孃酒琖揩

凌波花好碧玉盈盈爭一笑羅似秋雲飄泊還同水上人　斯遊須記失意最難逢得意可惜良宵無處徵歌覓洞簫

愁來釀病且趁烏篷閒寄興冷煞蕭郎風露憑誰半臂將　思量往事倚月樓頭人未寐曾幾何時琴調翻成決絕詞

喝火令十一月既望爲丙子卜葬舟詣惠山河冰作敲櫂撥有聲其韻清絕爰倚兩解命曰聽冰詞

沙暝眠鷗聚林疎凍雀爭夕陽烘破小橋蘋底事盪來柔艣一路響瓏琤花裏金鈴脃匳中玉鏡橫阿誰窗外奏瓶笙又似前宵檐馬枕邊鳴又似枕邊如意擊碎唾壺聲

墟里烟初起寒塘凍半融琉璃罩住浪花濃遙指中流險處只許一舟通忽訝鐘鳴石還猜鼓鑄銅瑤琴斷續不關風無那哀絃淒絕曲難終無那曲終人杳江上賸青峯

金縷曲送瘦生之柘皋

又櫂巢湖槳泥行程寒侵九九雪飛如掌燈市悤悤耽誤了官閣梅花催放好料理春風行帳匣劍囊琴隨伴去正渡江桃葉添新漲歌一曲衆山響

鍾情自昔多惆悵檢征衫淚痕酒暈淒迷襟上閑怨閑愁銷不盡分付小紅低唱問若箇風懷相尚料得旗亭人散後定難忘落月停雲想憑尺素報無恙

望海潮 俞調卿宮簿鍾詒屬作航海歸帆圖并倚此解

來時航海歸時航海經年兩度乘槎雲裏帝城津門祖帳遊蹤回首情賒詩好碧籠紗詠家丞秋實庶子春華且喜官閑布帆無恙返天涯 微茫島嶼嵯岈見潮頭浮蚌風脚盤鴉鄉夢漸圓尊罏正美朝衫又染烟霞何必宦情奢乞鑑湖明月勾漏丹砂漫把漁蓑料理舟向尚湖拏

前調 亡婦忌日用納蘭韻

到底情無已又鬬心去年今日藥鑪烟氣營奠營齋親供養恍惚魂兒歸矣待細數別來滋味酬酒長呼呼不應奈陰陽隔絕人天地遺挂在忍拋棄浮生省識如漚寄再休提鶼鶼鰈鰈誓盟堪倚未死春蠶還自縛撩亂柔腸難理負半世倡隨知己縱使金經能解脫斷頭香枉爇殘灰裏孤枕上夜潮起

買陂塘 調卿約重遊虞山依韻奉答

指琴川盈盈衣帶斜陽明滅遙浦暮雲掩映波千尺不隔尚湖鷗鷺來又去正和雨和烟載酒鳴柔艣相呼幾度道綠滿裙腰青垂柳眼招取舊遊侶娉婷市漫說花街日午風流拌付輸與不如翦燭酬知己穩坐蕉窗深處狂肯許聽下里歌成梅子黃昔句曲還誤顧恐倚徧高樓擫殘長笛難入晚風譜

念奴嬌 檐箸和心禪韻

凝波不動映晶簾趁着流蘇垂下空裏封姨來索笑暗倩梅梢輕打弄玉窗前墮釵枕畔鴛夢頻驚詫聲聲清韻敲成多少詩話 堪愛雪霽紅樓斜陽一角冷影如金灑透骨玲瓏膠瓦當博古圖中難畫欲潑新茶試調沈水生怕和烟瀉借伊筵上冰人相對評價

金縷曲 甲申二月二十七日北郭秦氏召致箕仙能言冥事倚此乞致亡婦

稽首金仙座仗精誠情辭寫就淚痕同裹一自哀絃彈別鵠舉世更誰憐我恁夜夜夢魂相左弱質零丁何處託恨人間難買泉臺課賜寸斷痛如剉自傷心似青梅作去聲只三年孤吟影語空房燈火半死枯桐餘病葉枉說落花存果且隨分光陰挨過世味嘗來應已熟囑卿卿休再輪回墮靈不昧倘來和

滿江紅 丙戌元日心禪索和

歲首逢春剛遇著寅旹寅月旋凝望祥風扇宇寅賓出日萬事重開新氣象半生漫感長悠忽祝而今剗盡恨如綿愁如髮 名與利常疎闊書與畫難消歇趁東風解凍硯池波活宛轉文從蘇蕙寫離奇錦向邱遲奪時校刻蘇若蘭金五雲回文圖教兒曹責字且充腸飢休說

瑞鶴僊 寶叔英索題蓉湖春色錄

畫船雙繫艣盪湖雲湖雨朝朝暮暮淩波渺何處傍詞場絃索祇園錢樹情天待補怕崔護重來易誤試搜尋綮果蘭因演取聯珠新譜 漫數西城鵶髻北里雛冠許多門戶魂銷一顧驚鴻影總如霧歎年時蹤跡半隨流水半

逐橫塘曉露，抵吹殘禪榻茶煙風陏幾度

百字令 五年前遊虞山小雲栖石洞心禪居士獲胡蜨一雙夾置尤二娛詞集中昨偶繙閱得之顏色如生屬余爲圖卽用二娛詠胡蜨韻題兩解於上

翅垂雙尾露嬌紅一點猩脣顏色猶記相逢相趁處陌上帽簷微側霧鎖芸烟汗融竹粉隔斷天台客嫣然展卷劉郎前度曾識　堪笑故紙堆中鬱栖叢裏名利爭難得誰似莊周遊物外一任逍遙知北脈望同仙韓憑偕老好夢三生憶春駒繫住流光去去休急

衣乾粉老恁風流不減舊時春色香夢春酣何處託藝苑詞林之側竟體丹鉛等身著作鬬豔西園客儘伊幻化秦宮花底能識　恰好畫上屏風弓腰齊舞扇也招難得貝典香鑪常供養絕勝枝南枝北蠹粉濃添蠅頭密記身世羅浮憶神來栩栩西風遮莫吹急

齊天樂 旣題前圖心禪復以周君石刺史天麟詠書中乾胡蜨詞檢示喜作者在前再依韻填之

零脂不與年呰褪魂耶夢耶難認蟫簡披來螢囊照處未許蜂媒尋問休嫌悶損只五典三墳長眠安穩同首南園踏青人遠笑聲隱　春蠶絲已吐盡一生花底活那更餘恨謝逸詩篇黃筌圖畫不數六朝金粉爲伊自哂哂薄技雕蟲名心難忍齊物新編恐防偷注本

金縷曲 乙酉中秋八月調卿宮簿有抱孫之喜中秋對月作金縷曲見示爰擬月桂圖敬和原韻以志賀

月到中秋好正團圓合家歡喜長孫初抱莫道阿翁豪未減鬢髮依然年少儘培植琪花瑤草從此螽斯承衍慶桂枝香鏡兆芙蓉早無限樂在舒嘯　冰輪今夜華筵照祝年年與仙同醉與天同老試展畫圖留色相筆到還誇神到更喝出同聲雙調擬赴琴川湯餅會想瓊樓玉宇原非杳塵境隔我心悄

滿江紅 乙酉端午心禪用后邨韻屬和

閣雨烘晴看作去聲弄黃梅天色差喜是炎歊不到門無過客詩酒消殘湖海氣畫圖縮取昆侖脈任世情變幻石成羊羊成石　王侯第誇金碧神仙侶論黃白恁驚才絕豔當壚傭直棋局一匳閑國手艸廬半畝容吟膝泛蒲觴倚醉問青天頻呵壁

蒙也當年占骨相鳶肩火色遊倦矣依然故我諸侯賓客歲月蹉跎生髀肉米鹽奔走衰筋脈信才慳只合臥煙霞逃泉石　眼未似胡兒碧頭未似潘郎白歎隨人作計曲難容直萬事莫如杯在口半生空負床穿膝且與君長嘯九龍峯詩題壁

未嫁蛾眉都應是有才無色空豔說燕昭臺上千金酬客海外奇譚雞有耳山中大索龍藏脈問天孫何物贈張騫支機石　落上榻多情碧雲出岫無心白正簾垂人靜篆煙初直塊壘已消韓信胯蓬蒿又沒羊求膝賸新詞賭取女郎歌旗亭壁

破浪乘風休問訊徒增慚色名與姓久拌相溷漁翁樵客凡骨居然能馭氣良工未必知張脈甚英雄射虎入山中偏攻石　榴照眼緋又碧艸在手元尚白羨蜘蛛結隱一絲絲直漫道將軍終負腹願言有母常依膝笑蝸牛任重慣行遲緣牆壁

高陽臺 和箕仙

絮褪蠻腰盃傾娑尾等閑斷送韶光海燕雙栖無端泥落空梁冰絃奏罷朝飛雉甚華年錦瑟虛張轉回腸心比梅酸情比絲長　登樓容易悲孫楚況塵封遺挂簟冷匡牀一架荼蘼能消幾箇斜陽青山早辦埋愁地待親栽紅豆千行黯神傷夢也難尋痛也難忘

前調　桃花

泣露無言籠霞獨笑一般人面如花記得門中相看日又西斜枝頭幾點燕支雨是分明臂上宮沙替殷勤暗祝穠芳留住韶華　從來豔福天生妬況篤揹蜨惹命薄緣差舛午前程錯教劉阮還家東風欲嫁難爲主任飄零瞥眼驚呀待重逢葉已成陰子又垂了

虞美人　燕

簾前下上拋輕翦公子時相見呢喃不住怨東風早被落花染得滿襟紅　春鐙一曲渾如夢故壘遺愁重劇憐掌上舞還休贏得寒潮弄影打磯頭

多麗　和箕仙遊虎邱

有詩仙來從西子湖邊曉風清停雲虎阜愛他景物暄妍擁樓臺柳圍翠幛漾池沼荷疊青錢宿霧猶籠朝暾乍射渲染雲霞分外鮮便小憩行行且住山後復山前須臾見蘭橈嚙水茅店蒸烟　過園林萬花如繡粉牆名翰齊鐫綺窗幽香凝獸鼎茶甌古座硬螺鈿容我怡情多卿賣俏啼眉墮髻泥（去聲）人憐問誰向生公石畔洗耳聽流泉空回首簫聲咽市塔影撐天

江城子（余自瘞琴以來時涉冥想同人有扶箕降仙者輒往觀之每有詩詞命余和余或有事不及至箕書數語即去固留之則曰和客未到索然無味蓋扶箕者向不解韻語也己丑二月十六日夜半有女仙降吐屬雋雅臨去書一詞屬和余謝思澀不能口占許停綫兒香一寸以待叩以姓字不肯言）

天衣新製六銖單織成難百花攢披向瓊樓生怕不勝寒惆悵人間春夢短春九十半拋殘　翦刀風裏獨憑闌盼團圞夜迷漫徽倖良宵香火結清歡願託微波通別怨還只恐杳青鸞

原作

夜涼如水怯衣單繡鞋難黛眉攢爲愛嫦娥獨自耐春寒却過花朝纔四日休狠藉落紅殘　整鬟凝睇倚雕闌月團圞路迷漫試問諸君何處解幽歡楊柳風微人悄立談往事躡飛鸞

念奴嬌　懷張嘯山先生和張哲甫韻

吳趨海角有經師當日投老歸隱太息南菁辭片席書帶叢生三徑求缺齋荒寥經室古一例名山冷皖江雪月更誰重瀹清茗（癸未冬先生客皖與李壬叔諸先輩瀹茗填詞有金縷曲以雪月江山夜爲起句疊均四闋和者甚衆）　漫說辛苦丹鉛陶陰帝虎著作存書影碩果乾嘉餘幾輩舊事黃壚誰省大雅云遙予生也晚奉手緣多梗繩樞甕牖等閑顛頷雙鬢

西子妝（三高祠　白石道人詠三高祠陶南邨所錄嘉泰本僅載一絕歙洪氏所刻則更有一絕即范張高處陸尤高是也二詩皆推奉魯望余亦云然）

一舸鴟夷三秋鱸膾十五篇題漁具滄煙疏柳映垂虹枕清流幾椽祠宇辦香誰炷有石帚當年題句溯高風信後來居上無分賓主　勳名著鳥盡弓藏便載西施去任教留得計然書總輸他酒經茶譜黃金空鑄更何處盟鷗訂鷺且相從放鴨船邊問渡

清波引投金瀨 洮湖西北溧水之陽有瀨焉吳越春秋所記子胥遇女子擊綿處也擊綿越絕書作擊絮太平御覽作擊縹又作澼紗詳其事殆西漢漂母之儔歟蒐玫載籍愴然有窮士之感云

貫弓而走記當日擊綿邂逅一餐恩厚那堪重回首且漫問陳蹟人面波光俱皺幾株枯樹成樁是空腹水楊柳　傷心事後任吳越爭戰勝負烹殘功狗惹他怒濤吼何如鑑清洮亙古洮湖之右想象涼月疎砧佩環歸候

滿江紅試劍石 虎邱巨石有平如砥者有擘如劃者其一隱約有擘窠字三泐不可識相傳為吳王試劍石載諸郡志又或稱秦王究不知屬何代也用書舟雅詞韻

影落長虹任古今硌攢蘚積看一線雲根裂處膽寒心怯利器終歸泉下閟洞簫空向街頭咽莫推求秦始與吳王難分別　尋題字無年月論跡象如磋切伴荒叢臥虎寒煙偎蜨霸業已隨歌舞盡鋒棱疑是冰霜結問何昔賺爾點頭聽生公說

渡江雲桃葉渡 渡近秦淮以子敬得名聲詩流傳豔炙人口咸豐間粵寇盤踞金陵十餘稔兵戈雲擾鞠為茂艸至今問津者不獨慨兩晉風流六朝金粉已也

鶯花成瞥眼秦淮依舊繚繞石頭城衣冠懷晉代逝者如斯豔蹟剩芳名夕陽簫鼓是當年戰艦縱橫更十載雨花台畔烽火徹宵明　盈盈一灣芳艸幾樹垂楊尚淩波弄影繞過客搴裳惜別載酒譚兵相看又作韝紋綯笑東風何事干卿還指望王郎雙槳來迎

夢揚州梅花嶺 明末史閣部殉節揚州遺骸不可得瘞袍笏於廣儲門外之梅花嶺故湛蒙泉兵部行窩遺趾也我朝褒卹勝國忠臣特錫易名之典而嶺亦顯著焉

傍清流有半池疏影香浮嶺小地偏只有詩人來遊玉鉤斜畔玲瓏月好照

他騎鶴探幽從容話前朝事悽傳袍笏荒邱　彈指南都已休嗟燕子春燈爝火難留四鎮未和赤手如何成謀冰霜煞費調羹力最可憐天子無愁空贏得啁啾翠羽相弔枝頭

減字木蘭花和萬澗民遊惠山

落花風裏詞客到門題鳳字天與蕭閑三宿新詩惠麓編　舊時吟社漫向蒼烟懷作者且訪桐君采藥前山扣白雲

踏莎行題張蓉沚琴川聽雨圖

燈杖挑愁被池閣冷暗潮漲淥浮瓜艇一聲聲續一更更惜花心事從頭省　齊墓風淒尚湖煙暝山城幻作瀟湘景等閑莫負可憐宵萍蹤認取梨雲影

夢橫塘壬辰夏杪再至滬瀆頓裝四馬路側屈指前塵已三十寒暑矣市廛遷易風景殊異同遊相狎晨夕諧哄竹肉嘈雜性勿善也因憶萬澗民前年尋詩惠山曾言客此已久便可相訪乃遍詢市中無有知者悵然而返歲晏書來綢繆道故媵以新聲審所居去嚮時旅店才隔巷耳室邇人遠我勞如何依韻却寄

華燈凝去聲霤繡幰翾風望中煙景飄渺借日流連有幾輩忘情魚鳥招罷新涼數殘今雨鬧紅空櫂甚香塵匝地車走雷聲邯鄲市才人老　從教善病工愁猶澆書倚醉隱几舒嘯歲晏天寒歸又誤買山錢少問何似鷗盟早訂一舸鴟夷五湖悄只恐重來爐塘楊柳已纖腰盈抱

秋霽乙未秋七月病起用夢窗韻同光珊作

蟬唱疎桐乍碎滴初收泫暈淒淥卷盡雲羅散成霞綺悄然驚明池北小山桂馥好披薜荔營茅屋慢送目知否石鯨風裏剩孤鵠　還記昨夜四壁瀟

瀟茂陵相如幽夢難續謝飛光延來爽氣眠愁人起病除宿乘與畫橋扶短竹正暮烟外斜照弄影蘆灘滿天吹絮錯呼滕六

賀新涼 己亥五月題黄小宋觀察壯遊圖

宦海留鴻爪數前程短衣匹馬書生年少入洛遊梁纔作宰風樹遽催歸櫂待親辦白雲阡表攜得羅浮鄉裏月綰銅符愈覺冰壺皎分陝石頌周召某山某水曾經到只須與悲歡離合煙雲過了一樣編年題甲子絕勝舊時詩稿請更詠池塘春草他日再添圖幾幅證歲寒松柏精神好重攬轡漫言老

蝶戀花 庚子冬十二月津門鞾廨爲薛二藝龠題阿桂小影

花隱若溪雲護擁慧業三生本是情根種誰解蓮心甘苦共蒲團百衲春寒重 卅六新詩親寫送要比鴛鴦第二河東鳳贏得小名常記誦木犀香入丁沽夢

金縷曲 壬寅歲莫探梅孤山訪汪苻生刺史留余下榻小螺山館程心菴鞾尹時相過從極文字唱酬之樂心龕屬作伴雲簃圖悼亡姬方雲也圖成并題此解即次見贈之作用黄仲則韻

一櫂明湖放問孤山寒梅開未低徊凝望舊雨更聯新雨至千頃澄波齊量甚歡會又添惆悵錦瑟無端題憶語怪東坡早把朝雲葬紅袖杳篆煙蕩 鍾情我愧居君上廿年來繩牀經卷懺除愁況悟到浮生如泡影絲盡春蠶無恙漫尋覓小樓深巷領略淡妝濃抹趣對南屏高處支行帳聽幾杵晚鐘響

念奴嬌 題馬湘蘭聽鸝深處小印 湘蘭名守貞字月嬌小字元兒明萬歷時秦淮名妓善蘭竹暹羅國人爭購之印石質白文側有款識云王伯穀兄索篆贈湘蘭仙史何震凡十二字吳門程心菴鞾尹得之索余詞時癸卯三月

聽鸝深處是秦淮當日元兒曾住煙柳千絲穠似幄綠映鏡中眉嫵酒擘雙柑畫摹九畹腕底幽香聚滿船簫鼓任他招也慵去 漫說名播暹羅風枝露葉海外爭求取若箇同心天壤覓算有王郎知遇凍石鐫雲雪泥縈篆留得情如許拈花人杳倩誰鈐上縑素

寄漚詞畢

寄漚詩鈔勘誤表

卷數	葉數	行數	字數	誤	正
序	三	一	二三	哭貽之	詒哭之
	又	十七	十三四五	宜寬詩	詩宜寬
卷一	三	十九	注	珠黠	珠點
	五	二	注	看夢	祈夢
	六	十九	二	結菌	結箘
卷二	三	三	十二	率	平
	四	十二	二十三	村	材
	九	十五	七	輪	輸
	十	十一	六	記	計
	十七	二	注	宦苑	宮苑
卷三	一	八	二十二	洵爛	絢爛
	五	十九	二十三	羔裘	羊裘
	六	十一	十二	向平	向禽
	十八	十八	一	跎地	踠地
	十九	七	九十	終外	尙有
卷四	一	四	注	扇字下脫枕字	
	十五	六	二十九	地見	見地
	又	十	注一二	宮之	之宮

詩勘誤表 一

卷數	葉數	行數	字數	誤	正
	十六	十六	十七	洓	涑
	十七	十五	一	闊	闌
	十九	五	十二	快話	快活
	又	七	十三	部門	都門
	二十一	四	十九	芀	芳
詞	一	二十	五六	之逼	逼之
	二	九	九	雲卿	雲根
	四	九	二三	前調	金縷曲
	又	十一	八	酬	酧
	又	十九	十一	昔	時
	六	一	十三十四	風陗	陗風
	又	九	六七	鬬豔	豔鬬
	又	十二	注	君石	石君
	十	十二	注	子敬下脫妾字	
	十一	十九	十三	淥	綠

詩勘誤表 二

聽雨草堂詩草

（清）唐錫晉 撰

《聽雨草堂詩草》，不分卷，（清）唐錫晋撰，其次子宗郭（海涯居士）編輯抄寫，複本孫唐勤贈與無錫市圖書館。又名《聽雨草堂詩草海涯手寫本》。收錫晋同治元年（一八六二）至宣統二年（一九一〇）詩二百二十首，按編年排序，書前録《清史稿》『唐錫晋傳』，書後有原北洋政府國務院秘書長惲寶惠跋。

唐錫晋（一八四七—一九一二），字桐卿，號潛叟，謚号『孝惠』。毗陵唐荆川之後，生於無錫大婁巷。清同治十一年（一八七二）恩貢，授安東縣（今江蘇漣水）教諭，改授長洲縣教諭，以輸金助賑保道員。道光兵燹，闔門殉難，積屍滿井。錫晋求學在外倖免，戰後，含淚拾骨瀝血。取驗。父文源（問苑）臨難囑咐：『爾果得生者，當以敦族、睦姻、濟急、賑災竟吾志。』錫晋誓奉遺訓，自光緒元年（一八七五）至宣統三年（一九一一），賑災恤難，大行善事凡三十七年，惠澤於蘇、魯、豫、晋、陝、甘、湘、皖、吉九省五十一州郡，救活黎民數以萬計。錫晋僅一學官，募賑款過百萬以上，義賑之遠且久，無人過之。歿後衆思其德，受賑各省咸請褒奬。民國初爲其在無錫設立專祠並設安東分祠，《無錫唐桐卿先生專祠文録》記載有執政及社會各界名流撰寫題詞、序文、碑傳、墓志銘及贈匾、贈聯、贈文凡四百餘種。事迹見《清史稿》列傳二百三十九。

錫晋喜文善詩，其行賑時所作多已佚失，《詩草》中保留了賑漣、賑秦、賑關中、賑沂南數篇。詩中揭示清光緒間數次大災荒之嚴重程度，表示出對受災人民的同情，以及對瞞報災情、依舊横徵暴斂的清廷官吏的憤懣，告誡下屬：『諸君莫怨風霜苦，百萬災黎待此行。』錫晋以詩明教化，集中『先考遺訓』十則，『先妣訓女遺言』十則爲唐氏道德傳家立訓。其編著另有《毗陵遷錫唐氏家乘》、《問苑公遺訓》、《唐問苑張夫人遺訓》以及其子宗愈、宗郭編輯的《唐孝惠先生辦賑要言》等。

本書據無錫市圖書館藏唐宗郭手寫本影印。

（錢建中）

至今不可敬哉

清史稿列傳

唐錫晉字桐卿無錫人父文源闔門殉粵難積尸滿井亂平錫晉拾親骨瀝血取驗誓奉遺訓力行善光緒初開豫晉災始募義振十四年以愚貢授安東縣教諭時淮徐海大水錫晉棹小舟往振憂勞甚鬚髮為白明年安東潦益募金振之冬復振山東沿海諸郡災為置常平倉二十六年兩宮西狩關中大饑人相食錫晉醵金四十萬往振歷二州八縣艱困不少阻災區廣振款且匱乃單車詣行在請於大學士王文韶得二十萬金益之事竣返安東坐劾安東知縣貪殘同落職兩江總督端方等奏復錫晉官改銓長洲後以輸金助振保道員三十二年湘中災官紳復以振事屬秋淮浦被水流民數十萬洶聚喻遣勿散咸曰有司行振不足恃必得唐公時錫晉臥病猶強扶而至衆見其來讙曰吾生矣乃各還歸待振遂以無事宣統三年方籌振江皖而武昌變起錫晉憂憤病日劇越歲卒錫晉治振自乙亥至辛亥凡三十有七年其振地為行省八山西河南江蘇山東以及陝西湖南東至吉林西至甘肅其振款過百萬以上義振之遠且久無過錫晉歿後衆思其德受振各省咸請立祠祀之

論曰各省監司能著聲績者大抵多起於守令蓋親民之效爲及兵事興而有軍功幕職捐例開而有輸餉助振雖其初不必盡親吏治而以實心行實政流愛於人民之感之亦豈有異自汝奎宗濂以至錫晉春蕃諸人德惠在人後人稱之

聽雨草堂詩草

無錫唐錫晉桐卿
無復倚閭人

壬戌年

金陵懷古

閱歷滄桑感慨長低徊覽古黯神傷三吳事業淪荒草六代
繁華賸夕陽詞賦即今空綺麗江山依舊幾興亡景陽樓上
鐘聲歇無復更殘催曉妝
龍盤虎踞故山河作鎮當年形勝多一自長江沈鐵鎖僅留
廢壘長藤蘿千官第宅叢荊棘百戰沙場泣黍禾試問石頭
城畔月只今還憶舊笙歌
玉樹新歌一曲終六朝佳麗宴成空可憐蔓草寒煙地誰識
臨春結綺宮黛色染成春水綠妝樓賸有夕陽紅鷓鴣最是
多情鳥獨惜繁華怨晚風
移花釀酒總無聊惆悵金陵王氣消往昔樓臺窮綺麗而今
金粉話漁樵牽來愁恨蕭疎柳洗盡鉛華上下潮十四妝樓
成瓦礫豈堪復語認前朝

思親口號

連天鼙鼓起干戈百里傳聞信已訛定省祇從夢裏得晨昏
翻恨醒時多生無以養誠如此死不能哀更奈何咫尺鄉關
飛不到臨風空灑淚滂沱

寒食

淒涼客舍又逢春節近清明景物新幾度欲歸歸尚懶故園

癸亥年

秋暮書感

回首鄉關尚甲兵客心如夢又如醒家園一別經三載飄泊無端欲半生放浪自知難入世奔波未習苦長征風塵荏苒春秋改驚聽南來雁數聲

年年浪跡等飄萍每遇佳辰醉怕醒海國羈身頭易白天涯落魄眼誰青音書迢遞惟珍重骨肉流離一涕零風雨夜來催葉下蕭蕭愁絕客中聽

秋夜

風捲殘雲宿雨收憑欄縱目足清幽蟬依疎樹凄吟露螢送凉飈靜入樓回首頻增鄉國感讀書不盡古今愁滿天月色盈樽酒且擬他方作醉游

癸亥冬〻官兵收復蘇省錫城隨下道經故里感而有作

烽煙未敢問程歸程重喜冬〻來返故城畫角有聲哀雁和荒園無主夜蛩鳴欣聞聖闕勤宵旰預卜天河洗甲兵亭榭而今成瓦礫故家回首淚縱橫

甲子年

春夜

萍蹤依舊寄天涯寂寞清宵愁倍加滿地落花春似夢五更殘漏客思家青燈自照人初睡街鼓頻催月漸斜羈旅自嗟零落甚夜深搔首惜年華

經溫蘭洲故居

炊煙淡淡暮鴉飛柳送東風拂釣磯埜客重來春色老庭花猶在故人非高懷想像悲交集勝會追尋跡已稀回首當年詩酒地斜陽荒草獨歔欷

送顧春巖之江北

斜陽淡淡暮雲橫欲別東風意若醒萬樹垂楊牽旅恨一江春水送君行波明飄渺孤帆影草綠萋迷遠客情驛路星霜自珍重莫將身世等蓬輕

浪跡羈留已四春他鄉景物總傷神何堪埜店飄蓬客又作津亭折柳人話雨聯牀期異日臨風判襼悵今晨與君再作林泉約杖策歸來笑語親

端午竹枝詞

繭絲衫子石榴裙臂縷釵符約束新兒女何知君國恨也攜角黍弔靈均

斜陽淡淡水悠悠兩岸珠簾盡上鈎好是柳陰花影裏一聲鐃鼓到龍舟

和吳厚齋先生蓉湖竹枝詞即次原韻

纔過荷塘又柳溪拄笻踏遍短長隄無人野舫憑風漾旁晚
斜陽向客低
最好樓臺近水邊蓮歌愛聽唱田田南風解得詩人意爲送
花香到檻前
也買絲竿學釣翁浮家偶傍小橋東波光一片清如鏡照見
晴雲漾碧空
擬約朋儕泛野航閒遊不費馬蹄忙湖山何事偏增感總爲
他鄉異故鄉
山下龍潭浪得名我來空見碧流清愛他挺秀孤松樹鱗甲
成來欲化生
芙蓉山下路紆回多少人家傍水隈昨夜池亭香不斷新荷
知有幾枝開
白雲窗外聳孤峰結室依山野興濃恠底池邊鷗鷺譬有人
打槳采芙蓉
環翠樓邊幾澗洄重門煙鎖未曾開鳥啼荒野空斜日不見
先生杖履來
攜將竹杖與芒鞋臨水登山足寫懷歸路晚雲剛出岫綠楊
陰外數峰排
自愧才疎應和遲聊將俚句寫芳時羨君妙有生花筆賦得
蓉山好竹枝

贈吳厚齋先生

萍水相逢孰主賓笑談却喜盡天真須知傾蓋皆知己不必
班荊是故人落拓自憐爲客久疎狂無計療家貧明朝又作
臨歧別握手風前一愴神
馳騁詞壇獨往來吳融原是不羈才胸懷高澹霜前菊風度
孤妍雪裏梅切琢不嫌蒲柳質雍容雅負廟堂材頻年閱歷
皆文學會見春風奪錦回

乙丑年

寒食偕席大愛堂彬章大凌洲光宇聯句

又是逢寒食今年憶舊年傷心同作客愛題恨且攤箋雲樹
家鄉遠凌鶯花別緒牽新交初聚首桐舊雨半遊仙排悶惟
樽酒愛謀生各硯田游蹤嗟落拓凌好景悵遷延社雨家家
燕桐垂楊處處煙巒容看淡蕩愛水影漾淪漣攬此湖山勝
凌難將感慨捐何時伸屈蠖搔首問青天桐

題竹山八從兄柳陰垂釣圖照

絲絲碧柳裊晴空獨坐磯頭把釣筒何日天涯定歸計與君
相對坐春風
烽煙三載斷音塵今日相逢意倍親流水一灣花萬樹可憐
久負故園春

釣臺

百尺高臺水一涯尋幽每悵我來遲綠衰人去空漁唱紅樹
船歸又晚曦春漲鱖肥思載酒秋風鱸美憶題詩半規新月
沈溪底猶似當年引釣絲

納凉

好風吹送芰荷香閒約朋儕趁夕凉明月有情應笑我年年
相見在他鄉

秋懷

四壁蛩螢一樹蟬悲秋情緒總淒然滴殘夜雨心同碎照冷
孤檠夢未圓事去每憐成幻影愁來無計駐華年烽煙已靖
家園在淡泊何妨守硯田

望月有感

款客蓬門久不開空庭寂寂長莓苔多情惟有茅檐月不爲
家貧便不來

題浦熙臺一樂草

一帙瓊瑤字字精盥薇誦處見深情和聲好上昇平頌莫向
西風訴不平
天付生花筆一枝毫端簇簇吐英蕤鴻山風雪鴦湖月擬駕
扁舟一訪之

己巳年

除夕病中

窗梅開盡意闌珊人事無端歲又殘有病敢言爲客易無家真覺置身難偏嘗世味心多悔回首親恩淚欲彈百種閒愁消不得獸鑪且起爇旃檀

元夕病起小集

鬧春簫鼓送聲聲小宴鄉園聚舊盟年少也當花有淚愁多能與酒無情歡筵散去成虛事大病痊來若再生對此芳辰兼雅集百杯須要十分傾

春日遣興

曉日曈曈上碧紗茗鑪新置試烹茶意中人到翻疑夢物外身閒爲去家排遣羈愁惟對酒流連芳景且看花晚風又作臨歧別依舊淒涼望月華

送朱大幼蘭就娶無錫

花飛紅雨柳搖煙約略征途一悄然夜月照窗應感舊春風吹袂欲登仙空波渺渺孤帆影芳草芊芊望遠天領取龍峰好山色畫眉圖入鏡臺邊

邨塾排悶戲示諸徒

落拓江湖一酒狂草堂偶歷兩春光能虛心是知言術不受恩爲養氣方勤學無忘爲弟職懶眠休效爾師荒清明會有春遊日隄柳青青傍草芳

送衛莅生衛春湄范鐵笙赴縣試

早起寒齋聽曉鴉行裝檢點暫辭家也曾燈火親三載能否琳瑯熟五車短棹去時虞嶺雨片帆歸日尚湖花錦標奪得人間事莫效盧生好自誇

贈席藝香先生

一自春風識惠連便從靈運問詩篇錦囊覓句鶯湖月芒屩尋芳宛嶺煙曾不吝情緣嗜酒誰能遣此愛調弦年來兩鬢蒼蒼甚檢點吟懷尚少年

春日書懷和幼蘭韻

一牋攤處意重重寒硯冰教煖日烘身世憂深萱不效庭闈別久夢難通牆花乍試經微雨岸柳初垂送晚風一種閒愁揮不去水晶簾角夕陽紅

贈幼蘭

心情雅淡故人知階草庭花好護持書法喜談右軍意吟懷愛仿女郎詩生平面目愁難掩瘦損腰圍病尚支料得客窗難遣處綠楊樓外雨絲絲

答幼蘭即次原韻

春風吹動故人思戲擘濤牋合舊知心愛浪吟當痛哭身雖工病尚支持青歸隄柳無多葉紅到山桃第幾枝散我閒愁惟遠眺同攜蠟屐舍君誰

客中排悶

茫茫百感竟何因作客流光善病身幾輩死交悲看劍十年生計苦依人文章有價真踏俗筆墨無靈不療貧殘月半窗

人寂寂滿臂涕淚爲思親

楊柳搖風綠未勻梅花亂點陌頭塵客中愁思偏宜夜病裏心情不耐春去就常輕由胃傲釣游無分愧家貧年來自署踈狂額落拓江南第一人

何苦

不如歸去學樵漁何苦謀生對架書蘇子留賓供脫粟孟嘗好客食無魚該因病渴詩交去飲爲難豪酒友踈却喜古人知此意還偷閒暇誦權輿

二月由琴川旋里留別幼蘭郎次所贈柳枝詞原韻

握手休言別太輕頻年空負故園春天涯除却沿隄柳青眼相看有幾人

一江風利片帆輕歸探家山桃李春寄語垂楊休綰客少年已是倦遊人

再吟

愁雲慘慘四天垂痛飲長亭强自支贈別最深惟有淚離懷如此可無詩撥開舊恨添新恨唱罷楊枝賦竹枝寂寞翻成欣賀事蘇塘煙雨訪吾師

花朝

東風翦翦雨絲絲正是羣仙謫降時春色二分愁百種野棠花底强題詩

春夜不寐作

一窗晴日又啼鶯輾轉終宵夢未成纖恨難消春二月翦愁不斷夜三更無家歸去遊仍懶有病消磨氣漸平一瓣旃檀蓮座下徬徨我欲問前生

答藝香先生即次原韻

楊柳毿毿覆道周篙師催促上空舟野花有露如含淚春水無情不住流身世已甘長落拓天涯何事强淹留臨歧一語堪相慰故國湖山訪舊遊

謁墓

野花冉冉草芊芊扶病郊原謁墓田風捲紙灰上棠樹衹愁飛不到重泉

蹋青詞

春來真是病維摩聊借茶香遣睡魔爲省清明佳節近青燈一夜繡紅羅

月樣眉兒雲樣鬟野花冉冉路灣灣衹因愛蹋沿隄草古墻夕陽人未還

與世

從今與世欲無爭竟日蕭閒夢亦清言易疚心寧寡語事難携手悔多情來斟綠蟻三杯酒佳聽黃鸝百囀聲聊養天和聊息影明朝未敢定陰晴

題包曉堂師照

紅樹青山景邈綿舊遊歷歷廿年前扁舟載酒西湖月芒屐尋碑北固煙高尚不移林臥志散閒自是地行仙何時得遂彭宣願日夕追陪硯席邊

題席賡虞師照

曾從絳帳識冰顔今日相看尺幅間自有林泉供嘯傲别無
絲竹累幽閒峯巒渺渺雲千疊楊柳垂垂水一灣祇恐蒼生
求治急不容謝傅老東山

題程孺人折梅小影爲顧子康文學鈞作

春盡孤山處士家寒雲無色月無華江城玉笛休重擫怕向
尊前聽落花
尚湖一碧水淪漪春到人間曾幾時似此東風太煩惱要尋
隙地種將離
花開花謝總前因提著南枝便愴神手把蒼苔語雛鶴庭前
先放一分春

悼懷雜憶代顧子康文學作

苦吟不厭漏頻催鎮夕常將一茗陪别久漸忘生死隔夜深
還望啜茶來
桃李成陰柳絮飛一年一度省庭闈春來陌上花如錦無復
香車緩緩歸
返魂無計擬圖形親倩良工亦幾經無奈總非君面目當年
恨未學丹青
夜臺一别路迢迢又到凉秋七七宵畢竟人間遜天上重泉
那有鵲填橋
掩抑難遮憔悴容澄澄秋水淚珠濃分攜一語堪愁絶努力
前程莫念儂

燕影

掩映花間是也非迷離門巷認烏衣風吹上下身無力日照
參差伴共飛翦水曾無生細浪入簾不待卷空幃朱絲欲繫
從何處惆悵孤蹤不我依

蝶影

夢出莊周化亦奇高飛檐下費猜思空虛難搨滕王畫變幻
偏成謝逸詩偶入花間童誤捉時穿簾隙客應疑倘教三月
春陰護寂寞蝦鬚何處窺

題畫

黛積遥山雪瀉泉天涯不斷草芊芊客窗盡日閒無事畫出
清明二月天

遠山出雲雲模糊雲氣壓山山欲無平生敢詡爲霖手聊擬
商山萬變圖
紅樹青山好放船洞庭秋水遠連天煙波一棹歸何處只在
蘆花淺水邊
棕鞋藤杖一身輕遠近青山相送迎夾路梅花開萬樹人疑
香雪海中行

庚午年

臘月既望由琴川旋里吳長卿文學輔仁歌詩贈行次

韻奉答

庚鮑風流班馬香每當風月共評量草平春野同攜屐荷淨
秋塘約泛航阮籍生涯惟慟哭劉伶心事寄盃觴朋歡此後
空追憶回首雲山各一方
萍蹤小聚倏經年握手臨歧一愴然放浪能容狂士傲遮留
深感主人賢掌中杯泛蘭陵酒竹裏茶烹慧麓泉屈指春風
桃李節待君來就坐花筵

甲戌年

題履卿大從兄射獵圖照

雉竄倉皇兔走稀空山獵火照松扉指間箭激星三點腰下
弓彎月一圍豹鳥晨穿雲霧出貂裘夜擁雪風歸干城本是
公侯事肯把朝衫換戰衣

題友人采芝圖照

鶴徑猿林深復深高歌一曲入山吟餐英世外神仙侶採藥
人間孝子心出岫但攜雲滿袖度溪定有露沾襟瑤筐歸去
高堂奉何必南陽菊水尋

丁丑年

壽曹清華先生

爭拜金剛不壞身車填衢巷馬填閭雲崖中住隱君子星采上輝農丈人盤裏紅堆千歲果杯間緑泛萬年春由來仁者多登壽不爲青囊技入神

庚辰年

題許榴仙大令國瑞蓉湖歸棹圖照

弱冠識君日烽煙滿故關一朝投筆起萬里請纓還楊柳毘陵驛梅花鄧尉山終年馳羽檄無暇唱刀鐶自靖吳中筵遂分山左符人歌令邵父俗問古顓臾春雨鄭公鹿秋風張翰鱸無端動鄉思歸夢繞蓉湖十年羈宦跡千里返鄉邦聊逐南來雁言尋東下江桑麻陶令宅書畫米家艭其奈中流楫不容退急瀧纔解蒙陰綬旋移浙右官去思方墮淚來暮又騰歡隄柳六橋折崖花三竺看何時定歸計一棹與盤桓

癸未年

和裴浩亭師移任琴川留別錫山之作即次原韻

百里遥傳驛使梅春風如坐一徘徊正期雪向程門立何意
書從馬帳來觴詠不忘名士習拊循共仰使君才去思隋盡
編氓淚博得都亭畫本開

忍持刑法學蕭何常恃丹誠感太和力翦荆榛當路少愛栽
桃李列門多已聽衢巷歌來暮敢借湖山養宿痾無奈移官
太忽促悵懞回首六年過

别構園亭寄室家誅茅編槿亦清華問奇每載揚雄酒談藝
時烹陸羽茶彭澤已栽三徑菊河陽待種一城花臨歧試作
東郊餞拚使朱顔映暮霞

指日琴川一葦杭街山夕照促行裝攀留想見民心戴調燮
端資吏治長虞嶺雪晴芒屩健尚湖花發筍鞋忙甘棠别有
千秋在爲樹濱州太守桑

哭敬臣姪

庭階玉樹舊聯枝聲價龍門重一時方詡吾家千里駿俄成
幻相九光芝書披東野惟揮淚痛慰西河苦乏辭聞道中秋
明月夜錦囊驢背尚敲詩

笑談無語不深沈胸次渾淪若飲醇侍杖披輿皆色養推棃
讓棗亦天真幼耽藝術成三絶早掇芹香慰二人底事曇花
惟一現不堪重問夢中身

十三齡便侍琴書回首流光九載餘作字愛摹柳承旨爲文
喜學馬相如煙波春泛澄江棹霜曉秋登白下車倘向舊遊
問蹤跡一回延望一唏嘘

病魔六日苦相纏孤負登高作賦天桓景萸囊難辟疫長房
菊酒不延年無緣隱竹蹤前哲有望徵蘭啓後賢留得昌黎
衰未死教成遺息慰重泉

丁亥年

題殷俊卿照

青山隱隱樹蒼蒼雲合層霄日掩黄雙鐙吟風李長吉一鞭
踏雪孟襄陽人來灞岸情俱逸路出羅浮夢亦香十里梅花
動詩興定多佳句付奚囊

題余子泉半間屋圖照

倉有粟千鍾一盂果我腹箱有帛萬端一衣供我服何為世
之人營營競馳逐問舍與求田心乃為形役余君曠世才所
見超塵俗祖德承清芬衙齋事案牘先人屋間半君得半間
屋堂構紹其基箕裘世其學世學重申韓名滿江南北豈無
華堂迎詎少廣厦宿君乃取區區襟抱别有託天地一蘧廬
萬事隨轉燭容膝安其身知足乃不辱吾亦有吾廬數椽城
市曲湫隘復囂塵事事形局促惟對架間書尚友差足樂身
則寄埃氛心常游溟穆披圖識君心無乃同吾欲一笑筆之
書為君補餘幅

題竇叔英蓉湖春色

一卷琳瑯百媚生舞衫歌扇譜閒情板橋舊記休重檢合讓
蓉湖占盛名
繁華一夢醒槐柯二十年來閱歷多墮落紛紛茵溷異品花
無奈惜花何
坡仙有句贈朝雲梅老詩題下玉京莫笑詞人太情重東山
歌妓亦蒼生

風流漫擬杜司勳綺語能醒醉夢人别有董狐言外意提綱
特與溯前因集中諸傳往往述其先世之好色此作者微詞也

壬辰年

題内子絳雲女史照

井臼親操二十年頻繁手奠奉先筵歲寒暫作圍罏坐來賞
梅花小雪天
柳絮何心吟瑞雪椒花無暇頌新年宜家自守先王法讀到
周南第幾篇
新火每憐松果活名茶曾向竹罏煎銜杯應動家山思安得
常烹第二泉
自嫁黔婁百事艱買書供客典釵鈿何當事事如人意手把
佳兒仔細憐

寄女詩

當年愛汝掌中珠此去提撕賴舅姑莫倚嬌癡生小慣須知
非復在家時
始擬文郎贅外黄無勞父母歷冰霜祇緣體汝翁姑意千里
關山旋束裝
廉吏兒孫不諱貧先人清白世同聞寶鈿十萬何須買安汝
荊釵與布裙
從今會少别離多畜女其如不卒何試誦德音來括句豈因
飢渴訂絲蘿
敬戒無違往汝家閨房靜好乃堪誇相夫早展雲程足會俟
春風看榜花
雞鳴盥漱整巾裾早向堂前問起居婦事舅姑如父母毋忘
内則數行書
須信天涯若比鄰無爲歧路共沾巾羹湯好取翁姑意莫隔
關河念二人
無端末疾動經年出入扶持賴汝賢差有一言堪慰藉邇來
身比地行仙
歸時冰雪滿河山歷盡人間行路難遥想綠窗紅燭畔也應
代計客程寒
尺書鄭重訂歸寧去日雲山試再經水驛蓬窗山驛店歸途
看取柳條青

癸巳年

題席尉堂文學德配周孺人拈花圖遺照

膠峯聳翠城東隅扶輿間氣鍾名姝家世系出濂溪儒分明
質性蓮花如亭亭不受淤泥淤來嬪安定善相夫不及事翁
及事姑出奉几杖入盥匜羹湯手作猶其餘轟然鼙鼓動南
都烽煙四起逼枌榆奉姑來從父母居析薪如桂米如珠代
夫事事任勤劬小姑家住緱山嵎迎養時來簿笨車二豎忽
侵頹老軀相招呼吸在須臾湯藥親奉寢門趨二十七夕不
解襦一旦不諱中心悲苫塊搶呼絕復蘇欲養不獲天棄予
悠悠此恨終身茹持家敢謂遠庖廚處境違分菀與枯歲比
不登口莫餬釵鈿典盡留琴書夫子詩狂亦酒徒酒酣歌呼
聲嗚嗚下筆千言口囁嚅奔走衣食去江湖十戰名場猶故
吾歸來重問舊菑畬下絍治炊相歡娛日月轉丸歲云徂世
態閱盡炎涼殊修真來訪壺公壺手翻貝葉歸浮屠年來坐
破蒲團無飛瓊見招雙成呼翩然爲化雲中鳧彩鸞不攜文
簫俱神傷前今衾枕孤終夕搔首心踟躕擘肌爲絲情難攄
潸然啜泣沾衣袽濡毫寫出拈花圖

丁酉年

和葉霞珊留別之作即次原韻

請纓無路鬱奇才爆竹聲中聽賣獃誰遣鸞凰栖枳棘復勞
騏驥逐駑駘拯民虛起千言草報國空瞻九陛槐一種豪情
消不得當筵且進碧筒杯
文章難得性情親徵逐由來未足珍衍算年年推甲子耽吟
夜夜守庚申吳山望斷鄉關月京洛沾殘客路塵底事淮濱
方駐馬柳條又贈別離人
驪歌三疊最多情壁畫旗亭擅盛名繾綣合推裴叔則清新
不讓庾蘭成重來應看秋濤壯此去剛逢春水生相約二泉
亭畔路待攜春榼款柴荊

戊戌年

振漣雜詠

秋來一雨動經旬，水灌城闉浪拍津。橋外綠波平雁齒，屋邊碧漲感魚鱗。室廬半作河中沚，禾稼全成水上蘋。太息催科諸長吏，還將租賦病災民。（被災）

水浸田禾雨蝕廬，南行本是爲飢驅。九重奈之呼天路，七尺空捐入地軀。輾轉溝中孩索母，號咷路側婦尋姑。丹青安得監門筆，爲上流民一幅圖。（逃荒）

千里關河一紙書，匆匆就道駕單車。曉行柳岸霜侵帽，夜宿茅亭雪壓廬。欲爲爾民援水火，敢勞我友惠瓊琚。豈知鈴閣瘝民瘼，早繪災黎達帝除。（請振）

輕車簡從出郊圻，歷遍茅檐與枳籬。劚露半筐茅有脊，迎風一路樹無皮。千般鵠面窺門早，百結鶉衣出户遲。更有不堪傾聽處，編蘆將裹未埋尸。（查户）

乙亥年

振沂南旋留別楊卓齋太守及郡幕諸君

請振遙傳一紙書，釀錢貸粟議紛如。蓬窗燈影霜侵被，茅店雞聲雪壓廬。欲爲蒼生援水火，敢辭華髮役舟車。便思一棹淮沂渡，沃水來蘇涸轍魚。

忽報鹽河水驟乾，改從航海溯沂川。驚濤掀舶愁無地，複嶺穿雲別有天。土銼晨炊飢易食，泥牀夜宿倦無眠。艱危歷盡曾何悔，要與災黎策萬全。

重岡複嶺路迢遙，好舍松舟踏板橋。抵日欲歌黄鳥去（日令某恐），振撫有礙催科不聽查放（振撫有礙催科，不聽查放）渡沂喜赴白駒招。唱籌量秣消清晝，刻燭傳牋遣永宵。坐守車牛分轉運，郡齋揖與卧終朝。

主客忘形略送迎，連牀夜話每三更。語言灑落推思邈（孫君蕙生），談笑詼諧讓長成（尤君蘭生）。彦伯才思泉並湧（任君芷田），林宗風節水同清（郭君仲泉）。盈川方自居年少，末座常懷守口情（太守哲嗣幼卓）。

百兩轔轔度嶺來，登城東望氣佳哉。絮衣行見茅檐擁，秫粥先看鐵釜開。飆骨支離堪禦冷，飢腸轣轆可無迴。但聽蔀屋銜恩語，不負雲山走一回。

寒盡陽回歲欲更，輕車幾兩事南征。求援簡牘歸途草，送別詩篇祖帳賡。有淚贈行悲壯士（太守送別有臨歧欲灑分攜淚，百萬災黎仗此行之句），無才濟世愧書生。春來再踐賢侯約，會見兒童竹馬迎。

將之山左東嶽佑之

百丈危崖十丈壓，單車匹馬去轔轔。雪深山曲常齊骭，冰勁

河干欲折輪轝火久虛千竈冷凍雲低護萬家貧願君早命東行駕擔荷時艱有幾人

沂州道中

投店日云暮登途夜嚮晨雪深常沒輠冰勁欲摧輪竹葉旗亭酒梅花驛路春前村煙樹裏低護幾家貧

庚子年

振秦紀行

曉起踏殘雪崎嶇路幾程樹疑天上種車入地中行日凍淡無色冰摧勁有聲滎陽何處是木末指孤城十二月十一日朝發鄭州暮宿滎陽

東旭涌朝霽北風增曉寒馬頭蟾魄墮樹杪鵲聲乾斷岸地中裂危崖天際看前程問汜水雉堞現林端十二日朝發滎陽暮宿汜水

犍坡坡下路窄狹似蠶叢百折羊腸轉千盤蟻隧通村沽瓢飲味民舍穴居風欲宿投何處前林夕照紅十三日朝發汜水暮宿鞏縣

烏呼行不得人歎末如何詰屈摧輪坂崎嶇折軸坡有輿常脫輻無路不穿阿一笑語同輩梅花嶺上多十四日朝發鞏縣暮宿偃師

開戶月光墮登車日色斑亂峯仍複沓曲隧極彎環行盡地中地看殘山外山征鞭何處掛前渡暮雲殷十五日朝發偃師暮宿洛陽

春意從天轉寒威特地嚴冰堅愁折軸風勁欲飛簾雨股拳猶慄雙肩聳更尖村翁方貰酒膝背向南簷十六日朝發洛陽暮宿新安

荒雞三唱盡羸馬一鞭催冰觸勁於石風號厲若雷陰崖猶積雪平地早揚埃不覺千山暮牛羊歸去來十七日朝發新安暮宿澠池

澠池傳盛會弔古一徘徊壯士拂衣起君王擊缶來大書懸日月霸業委蒿萊慕藺情難盡遙空酹一盃十八日朝發澠池暮宿陝州

將振關中勉查戶諸君

東村纔了又從西踏遍長隄與短隄異客到門無吠犬壞牆留爍不聞雞炊煙久斷塵封釜破褐難完絮著泥須念援毫

判生死莫將多寡等閒題

將赴關中勉同行諸君

一幅鸞箋下帝京醵金貸粟半書生身趨鈴閣晨催棹手草封章夜倚檠欲爲九重分隱患敢辭千里役長征諸君莫怨風霜苦百萬災黎待此行

忍飢入關慰同行諸君

曉日曈曈滿井關西風吹面怯衣單駕輕就熟征車捷擁被吟詩客思寒炙輠玲瓏千折易空腸轣轆九迴難由來槁餓男兒分記否淮陰把釣竿

八音詩戲示同行諸君

金臺高築正求材石室書生志未灰絲吐春蠶猶作繭竹棲幺鳳況含胎匏樽屢容兼醒醉土鼓嬉春雜往來革故鼎新躬際會木天翔步謝蒿萊

立春日西風揚塵幾障天日感而有作

鎮日西風太認真九重城闕起煙塵豈知別有回天手盡掃埃氛捧日輪臘盡陽回歲一新乾坤翔洽太和春西風枉費揚塵力難障中天日一輪

辛丑年

端午橋中丞題扇見贈次韻奉酬

宦途幾載杜陵煙歲歲春深聽杜鵑戀闕心懸霄漢日思親目斷暮雲天壯猷方叔旬宣日下士姬公吐握年好把仁風慰黎庶哀鴻還定又春田

乙巳年

悼亡絶句全韻三十首并引

嗟乎哀吟元相悲懷則遣以三章悼逝潘郎遺掛亦諷之一什良以南山有鳥尚豔稱比翼之鶼東海多魚且競羨駢睬之鰈何況弱齡并臼済更卅載之屯邅晚歲絲桐莫永百年之靜好者乎先室孫夫人樂安華胄江左名門生即徽柔長尤淑慎手枯芸管不詡頌椒詠絮之才心玩葩編惟求刈葛采蘋之義幸連桑梓遂締絲蘿追詠同牢益徵合志釵荊裙布孟德曜偕隱溪塘汲甕挽車桓少君同歸洛里時則烽火初消斗刁尚警入王子敬之室故物祇賸一氈登馬相如之堂舊業惟餘四壁夫人則黽勉有無彌縫匱乏遂使經傳馬帳羅桃李於門牆因之鐸秉鱣堂培藻芹於頖壁盤飧市遠甘苜蓿之闌干官舍身閒課菅麻之漚績顧猶捐簪質珥推食解衣豐年則加惠嬰婺凶歲則推恩溝瘠方謂百齡眉案偕老白頭何圖七寶釵鈿長歸黃土遲開早謝瓊花無永好之期易缺難圓璧月有長沈之夜雖復蠡湖潑翠故里非遙龍脊拖藍舊遊如昨然而望嶺雲之映月彌憶蟬鬟盼水荇之牽風倍思翠帶銜無一掬推[illegible][illegible]裏之香柳絮千團想像奩閒之粉入舊日鞶絲之閣既殘膏賸馥之驚心登當年刺繡之樓更斷綺零紈之觸目此則室無萱草焉得忘憂囊有靈犀并難豁忿者矣嗚呼蚷蛩已去蛩亦可憐鄂跗云亡藥寧獨活桐悲半死疇揮中散之琴竹怨孤生誰弄桓伊之笛荀奉倩庭階露立黯矣神傷孫子荊歲月電流愁焉心擣百五日春無好處聽風鵑啼血之聲三十章詩有哀音紀雪雁印泥之跡聊堪當哭何忍長歌詩曰

遊仙一夢太恖恖已悟曇花色即空無限淒涼無限事不堪回首卅年中

風範柔嘉氣肅雍戚姻交譽德言容髫年便作千秋想贏得人間號女宗

幼遭離亂去鄉邦風雪嚴冬夜未降祇為衰親長病渴市柑數里奉寒窗

兩親先後病支離腹疾何堪日月移廁牏中裙躬自滌豈惟湯藥進盤匜

椿庭逝矣又萱幃擗踊時兼涕淚揮寸草自傷心力薄那能報答到春暉

烽煙既靖返鄉閭扶櫬還山殯倚廬不怕江風吹水立直憑忱悃格豚魚

鄉園債宅姊兄俱巨廈偏教弱腕扶內外秩然綱紀肅令人追想陸家姑

自締絲蘿便櫛笄一燈長伴夜燃藜閨房別具文章鑑腐史湘騷互品題

入世黔婁百不諧累君膳藿與薪槐米鹽瑣屑安排慣不遣
狂夫一掛懷
月夕花晨酒一杯傾談亦復笑顏開春秋佳日仍如昔更共
何人酌舊醅
爭把文章謁後塵及門桃李滿城春屏除廝養持中饋但畜
司炊婢一人
春秋日夜雨均分壺榼年年一奠墳爲念舅姑躬未養手栽
松柏已干雲
當年定省失晨昏今日馨香當清溫感我平生悽愴意倍加
虔潔薦雞豚
九宗三黨共盤桓豈少窮居逼歲殘衣食分人寧徧及長憐
無力庇孤寒
不才無分列鵷班一座皋比也出山十日束裝三日去累君
千里別鄉關
登盤苜蓿自年年冷署蕭條劇可憐慰我寂寥排我悶支持
深感細君賢
衙齋兀坐太無聊藉課詞章白日消兒試澄江君返里三年
兩度蕩歸橈
無端末疾感秋交眠食俱艱類繫匏藥石按摩每旬月累君
日夕費推敲
扶持出入命兒曹痾癢時時待抑搔最憶病軀新愈日加餐
匕箸賴君操

相依千里隔關河遣嫁迢迢道路多水驛冰霜山驛雪看君
綠鬢幾絲皤
長淮水溢走蛟蛇秦旱沂蝗次第加轉粟發棠君倡議諷他
涘灑萬千家
解組歸來徑未荒草堂纔構雨星霜如何舉案相莊院獨賸
梁鴻哭孟光
多因悼女暗傷生藥盞茶鐺日幾更今日九京相聚首豈宜
重問故園情
醫求和緩總無靈枉讀神農本草經虛實陰陽猶莫辨如何
追咎到參苓
古傳魄降即魂升想像雲霄跨鶴登幾賦大招招得不得巫陽
精爽亦難憑
人生天地豈長留究竟同歸逝水流君自先行我暫後相期
把臂入瀛洲
碧城十二孰登臨員嶠方壺未易尋香覓返魂草懷夢幾曾
暫慰別離心
劇憐多女復多男婚嫁經營一再三耗盡精神君早去獨留
衰病更何堪
風度長廊露拂簷玉鈎斜掛影纖纖同來玩月人何在孤負
清光滿畫簾
韻短情長語未咸吟成小詠轉悲銜浩歌聊當憑棺哭誰爲
重泉達一緘

永訣詞

南山比翼鶼東海比目鰈度霄與潛淵同生乃天則梁上雙棲燕花下雙飛蝶銜泥與醉香相隨由性質樹有連理枝果有合歡實連理當同攀合歡宜並擷如何一心人幽明忽永隔如彼比翼禽一朝折其翮如彼比目魚一旦析其鰭如彼燕同巢雙棲中夜拆如彼蝶同林雙飛中道别如彼樹連理忽爲樵斧劈如彼果合歡倏被園童裂感此傷我懷長宵淚沾臆人亦有恒言慰藉相啾唧鸞鏡可重圓鵾弦容載續樂昌去不歸鏡破亦奚恤子期亡不存弦膠亦何益豈不聞禮言奠雁貴其一豈不聞詩言百歲歸其室擣麝可成塵餘香終不滅搊蓮可作寸餘絲終不絕碧落上可窮黄泉下能及尋我一心人同修子婦職滫瀡潔盤匜盥漱整縰櫛凊温共夏冬定省同晨夕舒我風木悲慰君夜臺寂伯仲吹壎篪夫婦調琴瑟藉博堂上歡二人有喜色豈直期百年何妨萬斯億白楊何蕭蕭蒼松多屑屑持告長眠人此心如皎日

悼亡雜感

潮平七日潮仍漲月缺三旬月又圓惟有長眠人不起不如潮月又時旋

雁知北嚮還南渡燕解南翔亦北飛惟有長眠人不返不如雁燕又時歸

花殘急雨花重發草隕繁霜草再生惟有長眠人不醒枉勞啼斷子規聲

日沈西嶺日猶在水儘東流水尚存惟有長眠人不覺枉教吟盡九招魂

遊仙詞

姮娥輕返廣寒宫玉宇瓊樓想像中覓得長生天上住忍拋夫壻踏塵紅

元室丹房金母居千尋瑶幹蔭瓊除終憐弱水三千隔誰假飈輪並羽車

火棗交梨得未曾紫微宵降教飛騰豈真心尚留荆棘未許華陽便上昇

擘麟作脯自行廚酒炙紛綸飫豎儒凡背何堪仙手近枉勞長爪想麻姑

曾爲羊權一降家駐顔猶記醉流霞篋中空賸金條脱不見重來萼緑華

别開洞府隔塵埃底事桃花引客來一飯胡麻太匆促劉晨應悔出天台

天風吹下步虚聲來往仙山趁月明惆悵俗緣殊未淨瑶臺夢斷許飛瓊

霜雪瓊臺不怕寒繡帷甲帳幕雲端如何跨虎登峰去不待文簫駕綵鸞

是何因果謫江鄉張碩何緣許蕚嶺玉蘭空留飛舉術教人何處覓蘭香

一呷瓊漿百感生藍橋深處見雲英如何擣盡元霜後未挈

裴航上玉京

迢迢牛女隔銀河烏鵲填橋水不波長得一年成一會黃姑休怨別離多

當年弄玉住秦樓蕭史吹簫引鳳游天上不嫌攜伉儷何妨並駕訪瀛洲

丁未年

振歸初展婦墓

當時未奠席庭筵今日歸來展墓田屏影近圍巒屈曲鏡函遠照水淪漣纍纍新冢封三尺窈窈幽房閟九泉立盡暮雲人不見裙腰一道草芊芊

一勺瓊漿幾榼羹庶幾靈爽鑒精誠巖松寫月疑釵影徑竹敲風誤佩聲寧及黃泉堅後約有如皎日證前盟返魂續命終無術未淨塵緣結再生

戊申年

前孝女吟紀族姑諱素丹青孝養事

西龍峰之聳拔兮東錫岫之盤紆鍾扶輿之間氣兮篤生純孝之名姝惟孝女之里閈兮實鄰二泉之清駛潔滫瀡以奉父母兮痛兄弟之先殂父母老而將爲擇配兮女膝前而致詞謂此身而苟許人兮非父母所得主持將舍我父母以事他人父母兮我父母安得有女之追隨寧及身而承父母歡兮毋適人而遺父母羅矧女幼嫺夫繪事兮所得亦足潤夫膏脂朝披𢧵而拂素兮夕搦管以調朱師南田之筆意兮描卉萼以紛如俄丹青之成幅兮適市廛而沽諸始俗眼之不知寶兮空炫玉於交衢旋知出孝女之筆兮爭持善價以相沽女得之藉奉父母甘旨兮父母亦相顧而色愉嗟日月之易邁兮跳雙丸其若馳歷清溫於冬夏兮瞬六十年於兹忽椿萱先後並萎兮女哭踊而涕洟殮則入口之飯含兮洎乎及身之衣襦殯則附棺之漆泉兮逮乎葬墓之楸梧凡此慎終之事事矣兮靡不殫心力而圖維生盡養而死盡哀兮覺女子有踰乎男兒戚𡟐見而鏤之心版兮道路聞而傳以口碑翳郡縣之士夫兮高其義而言於有司申鈐轅之大吏兮上其事而達之丹墀既旌其閭以慰一時望兮亦樹欲坊以爲後世師緬孝女之坏土峩峩兮傍文莊點易臺之基瞻孝女之遺廟巍巍兮鄰張許二中丞之祠雖吏兵燹而成瓦礫兮卒興土木而闢榛蕪不數年而仍復舊觀兮想靈爽之式憑於斯靈來撫此庭柯兮則當年之桒梓枌榆也靈來安斯棟宇兮則昔日之堂室階除也亂曰

父母生我我所瞻依兮父母去我我安適歸兮撤彼巾櫛捧我盤匜兮丹青奉養老至不知兮新兹廟貌允爲世模兮井飛孝鯉樹繞慈烏兮春秋享祀不忒其儀兮萬有千載子孫保之兮

後孝女吟紀族女繡鳳守貞奉母事

錫岫仍東蟠龍峰猶西迤間氣鬱扶輿遺男獨鍾女相去八十年純孝兩女士族姑開其先族姪踵而起並以養親聞後先相濟美姑也善丹青姪也工針指丹青易脂膏針指謀甘旨羞膳問何嘗衽席請何趾姑也奉二人姪也獨母只惟母年早衰塊然形骸爾爾目既茫茫誰爲洞其視爾聽亦瞢瞢誰爲提其耳有女捧几杖出入得所倚有女奉盤匜飲食得所恃裘葛數十更不知寒與暑饔飧數十年不知刀與俎頤養終天年壽得八十二女也痛母亡長號揮涕泗虔潔治飯含輕煖營衾襚窈窈歸殯宮深深入墓隧馬鬣崇其封穹碑爲之誌鬱鬱樹松楸畢我生前事雖畢生前事當爲身後計魄降而魂升情狀豈異致杖屨孰扶持寢饋誰奉侍碧落與黄泉言從逝者逝昔我造其廬綽楔表宅里今我過其居門庭委荊杞云何二十年盛衰一至此門祚雖云衰姓氏芬煩齒道路口傳碑哀哀奇女子母生奉母生母死從母死持此冰蘗心報以馨香祀彤管揚清芬補入千秋史

貞孝吟紀先姊守貞全孝事

蒼蒼孫秀松雪蝕不改色冉冉孫生竹霜侵不易節感此懷我姊奇行宜載筆我姊次居長父母最憐惜姊年已及笄我年尚髫齔因傷得子遲爲女早擇匹相攸城南隅沈郎洵玉立婷嫮貌相當聰俊才亦敵來贅擬外舅將以資緩急雖贅未及婚工病常牀簀醫藥總無靈巫覡復何益方期諧百年何圖逝頃刻未爲比翼禽翼已半塗折未成比目魚目已中道析入門兩載餘曾無一面覿本未結同心何妨議改適顧念義生情義定情以結並念實從名名正隨以實俄撤舊粧紅忽易新衣白父母爲心傷弟妹亦涕出譬彼桃李妍驟雨一宵逼譬彼芝與苕孳疾風一朝迫豈知我姊心他人不能測墨衰謁舅姑手奠蘋蘩潔麻衣葬槀砧手植松楸鬱成嫺爲感傷道路咸歎息我曾伴姊行所事皆目擊事竣從姊歸入門父母泣豈知我姊心祇期親悅懌婿逝傷親懷女歸供子職守彼松筠操竭我莪蒿力夙興潔盤匜夜寐安衽席清溫歷夏冬定省閱晨夕焉知伉儷歡但逐瞻衣臆鼓鼙動地來椿萱並殉國親在身宜存親去身俱歿嗟嗟我姊心貞操由卓識其氣干雲霄其誠貫金石豈無風教司榮之以綽楔亦多詞賦才歌之以篇什所恨兵燹經一炬歸湮沒搗麝可成塵餘香終不滅翳月有浮雲揚輝終不熄矧此貞孝心霜燹不能蝕事隔五十年思之猶歷歷我身雖云衰我筆尚能述私誼徒區區公義誠烈烈揚此彤管芬勒之青珉碣遠作邦家光近爲閭里式子孫萬億年享祀宜不忒

哭瓊女

我聞天道常忌盈每誡子女持其平汝也奉命持之謹事事不欲與人爭衣服辭新受其舊飲食取粗舍其精始由敬聽父母命後乃習慣若性成我生子二女則七豈能一一如其情汝則善體父母意一以退讓相承迎服玩先分姊及妹梨棗相推弟與兄或有餘贏得波及受而寶之如連城汝生十齡我徂東盡室不憚崎嶇行水驛蓬窗山驛乘汝隨兄姊共長征冷官冰署何所有闌干苜蓿盤中盛布縷絲絮皆不易何論珠翠與璜珩況我歲歲秋來患末疾手足拘攣百不寧坐卧俱艱眠食廢疾痛迭作按摩更屏當寢饋汝母姊抑搔疴癢惟汝任方謂荼蘗嘗徧蔗境至誰知艱苦歷盡災星乘歲在丙申汝十八上元令節尚隨母姊觀月興飛騰二月中和始病咳血逆氣噎相因仍上巳之後漸綿惙淹纏牀褥不能興四月十三值家忌月明之夜遂魂升父母兄姊弟妹環一室繞牀呼之皆不譍謂天而忌盈汝已節衣縮食在居恆謂天而惡逸汝已艱難辛苦惟恐力不勝謂無父子緣何爲瞻依膝下殷殷色笑之相承謂無塵世因何必曇花一現多此夕墜而朝昇人言彌留之夕長空裏隱隱絲竹悠揚聲毋乃仙娥被謫墮塵世謫期既滿還玉京我聞此言良駭詫回憶己卯臘月既望汝誕生欲命汝名迄未定夢神示我許飛瓊覺醒告汝母相驚異遂以瓊字命汝名我聞飛瓊不欲人聞

著姓名何為僕僕倏來人世倏蓬瀛往復尋求不能得其理
徒使我悲填胸臆涕縱横

慈孝吟紀珩女姑婦相殉事

孝本慈所成慈亦孝所感慈孝兩相深外物不能撼五女厥
名珩賦性頗淑婉幼得父母憐長承舅姑歡兩家一水通相
去十里遠挈子偕夫歸母為設甥館流連翰墨林汎濫圖書
苑嘯詠興方遒遊遨意未滿姑病有書來一朝促之返湯藥
侍朝昏盤匜奉旦晚姑意既云歡姑病亦就減詎知咳唾間
疫氣相傳染姑也未能興婦也已先痁況兼身懷娠將及彌
月誕身戰孕遂生血溢魂乃散姑聞婦云殂心摧肝為斷婦
來為我亡我去為婦伴相隔七日間為時一何短姑婦共死
生惟吾見亦罕藉非平素歡倉猝何能善姑慈世所悲婦孝
人皆惋哀哀父母心一日腸九轉

子母竹謠紀珉女刲肱殉母事

南中有竹生穹谷歲久清陰十畝拓老竹護子挺風枝稚竹
依母解粉籜一旦狂飈捲地來稚竹欲扶老竹顛老竹傾欹
扶不得稚竹與之同時摧我感此竹子母相隨死益念我女
子母相從逝丁亥中秋女也生珉以命名墨其字亦越乙巳
十九春從無一日離母身始母視女飢寒常手檢繼女奉母
盥櫛必躬親乙巳之春母病咳女奉湯藥侍晨夕雖有弟兄
姊妹同扶持女獨忘餐廢寢日逾百母病不起憂心醒思籲
蒼昊通精誠空庭默禱以身代手出匕刃刲其肱熁湯餉母
效亦奏三日之後還其舊天可鑒者女之誠不能延者母之
壽彌留數日母竟殂女也哭之絶而蘇經營含殮兄姊共寢
枕苫塊弟妹俱慟母之心惻肝腎幽明永隔難省覲萬轉千
迴九曲腸百日期逢一身殉其時丙午二月二十三女也從
母去不還撫牀一慟我欲絶送女殯宮伴母淚潸潸從母見
母女心慰尋母不見女心懟為慰為懟我不知蒼蒼何處窮
真宰回看子母竹離披生死相從有若斯物猶如此人尤甚
我欲捫天一問之

己酉年

先考遺訓

幼侍先大夫時聞緒論謹誌之不敢忘少而壯壯而老持躬涉世得稍遠於尤悔之途者皆先大夫之教也追思冥索次爲十則每則成詠既以自勉並爲兒輩勖焉

立心誠

人各有其身一心爲之主身各有其心一誠爲之輔心靜有所存誠則澈表裏心動有所營誠則貫終始誠可涉波濤波濤不能阻誠可開金石金石不能拒所及無知物其效已如此若感有知人所得寧止是誠以子庶民庶民供驅使誠以誓三軍三軍任臂指如彼行車然誠實其轍軌如彼築室然誠實其基址行車不由軌何以致千里築室不崇基何以傳百禩所以古聖言不啻提其耳至誠所感通無遺遐與邇中庸三十三一誠括其理卦爻三百八一誠該厥旨下以格豚魚上以答天祖充此一念誠何慚仰與俯

處事敬

帝典以欽始王謨以欽終帝王有心法敬實貫其中獨居猶戒懼火滅猶修容聖賢有心學敬實得其宗庶事處叢脞將事當肅雝五事敬以用萬事敬以從敬以襄國事儼恪蒞賓戎戒敬以臨民事敏慎統纖洪禮曰毋不敬何判卑與崇詩曰止於敬何分廟與宮一或驕心起因之惰氣充玩惕沿爲習狎侮翕成風小人匿其力君子藏其衷不迪敬勝吉將成怠勝凶故我爲爾箴以敬束厥躬無逸居其所有禮作之恭聖言道千乘敬事基龐鴻君子有九思思敬事有庸冰淵惕臨履懷抱含虛沖主敬無廢事蒙養聖人功

出言慎

惟口可興戎惟口能結好言乖戈矛投言合瓊瑤報出之或不慎愆尤一時蹈言卑近諂諛言亢鄰倨傲出之偶不慎悔吝一時到所以古聖人箴銘爲詔誥大易並括囊无咎庶可保雅詩喻白圭磨玷苦不早緘口有金人銘背師古道守口譬如瓶箴言宜深討吐詞可爲經其言乃貴寶出言能有章其言乃才藻言以達其情情達言可了言以明其理理明言可少何必誨諄諄聽者恐藐藐何必音嘵嘵聞者徒擾擾故我爲爾箴立言當矯矯遠言不如邇大言不如小慎修要其終慎思端其兆庶幾所出言可坊亦可表

修業勤

民爲邦之本惟勤民乃生士爲民之首惟勤業乃精農則業耕穫勤乃倉箱盈工則業造作勤乃器皿成商則業懋遷勤乃貨貝贏況士業詩書勤乃學問宏不見江士清持書隨月行不見任叔本映書望星明而我讀書室近牀有短檠不用鄰壁鑿何須螢囊盛窗几既明淨圖史亦縱橫但能勤我業何患無修名窮達自有命何必謁公卿通塞自有時何必遊帝京心不分旁騖志乃有專營故我爲爾箴勤則業斯亨志

為氣之師心與力交并毋為衣食鬧毋為勢利爭自勵不朽業不作不平鳴一朝樹偉績威望天下驚

奉先孝

大孝稱虞舜尊養臻極至達孝稱武周繼述在志事此係天子孝未可律士庶士庶孝云何明發人懷二二人所欲言言之不敢闕二人所欲行行之不辭悴二人有所親愛之恐不摯二人有所尊敬之恐不備意動心先迎豫底神未泰揣想覩聞先視聽形聲外定省侍晨昏盤匜潔滫瀡享祀奉春秋蘋蘩飭簠簋身為父母身旨承父母旨先正有遺型落落傳青史芹生劉殷園筍產孟宗里筒傳杜孝魚冰躍王祥鯉我思古之人何以能致是毋亦誠格天響應如尺咫瞻拜在松楸敬恭到桑梓無忝爾所生庶不愧為子

啓後慈

莫先美弗彰莫後盛弗傳承先貴啓後所繫莫大焉子求其亢宗子求其象賢亢宗光有耀象賢行罔愆得此相嗣續世澤永縣延顧或性放浪繩尺難拘牽抑或質魯鈍駑駘難策鞭要惟善訓迪俾知自斡旋奔軼抑使後懦怯策使前循循為之誘志壹心自專不中養以中佩之韋與弦不才養以才助之山與川拳曲歸正直偏駁底純全陶鎔移氣質後起化先天愛而弗忘勞何分媸與妍育而弗忘教何棄狂與顛同秉父母體同得父母憐一成一或敗中心終悁悁並成無或敗真意始拳拳持告我子孫繼起共勉旃

擇交嚴

政治相咨謀朝有蔽佩契學問相切磋野有簦笠誓王陽一朝升貢禹彈冠笠宮奇一夕行百里投簪逝傾蓋感新知班荊念舊惠意氣干雲霄臭味薰蘭蕙凡此君子交苦心有孤詣所貴慎其初乃得善其繼世多以利交利盡交則替世多以勢交勢傾交亦敝合之不以道無怪多獲戾接之不以禮無怪遭反噬下井望其援投石加之厲登岸期其引反眼不相睇古人廣絕交讀之可灑涕與其交後悔不如交前計所願擇而交文章與經濟經濟能匡時文章可傳世傳世匡時人寧知勢與利相期盟素心前脩共砥礪

御下恕

居上期乎寬御下貴以恕寬但自我施恕則為人處境也判菀枯質也分愚智彼祇尋常姿焉得求其異彼祇一人身焉可責之備力有時而窮焉能畢吾事識有時而昏焉能如我意腹有時而飢無忘使飲食身有時而寒無忘使衣被彼亦有父母殷殷勤撫字彼亦有兄弟拳拳聯指臂祇為凍餒驅一旦都捐棄我若不加憐誰復為之地未得伸腳眠無怪垂頭睡未得息肩時無怪迴身避故我為爾箴一一設身試我興呼之興我寐促之寐惟魯鑿其愚顛蹶憫其悴詬詈不必施鞭扑無庸議告戒與提撕庶幾轉圜易

謀國忠

國於天地間必有所與立皋夔贊帝廷周召弼王室庶績待

奮庸萬幾資勵翼首明股肱良主聖臣工直世降運會移治
平多粉飾率屬鮮整躬立朝罕正色外患釀兵戎内憂訌蟊
賊府庫任空虛苞苴自封殖坐視海疆亡袖觀屏藩蝕金爵
委逢高銅駝卧荊棘不有匡濟才何能定邦國不矢精忠心
何以立臣極故我爲爾箴謀國忠爲則爲國肅官方忠以清
吏職爲國策邊防忠以蒐軍實爲國弭天災忠以奠民食爲
國興地利忠以督貇植爲國育人材忠以培英特深謀中外
傾遠謀子孫及持此忠盡心允爲天下式

持家儉

起家券乎勤持家崇乎儉寬也不如嚴放也不如斂月盈則
有虧水漲則有減物羸則有縮歲豐則有歉天道常忌盈人
情恆覆滿與其奢而災曷若儉而善出入宜權衡有無當罷
勉朝霜秋菘披夜雨春韭翦井臼可躬操米鹽亦手選豈曰
細務親將以行實踐不見馬長卿犢鼻逢茅店不見王仲卿
牛衣風雪院不見魯原憲襟履踵肘見不見晉陶潛環堵風
日見貧乃士之常儉不看人面窮亦時所遭儉則邀天眷故
我爲爾箴盈虛貴豫算取當辨義利與當審急緩用奢多無
餘用儉常有羨守此不縱心方能歷常變

先妣訓女遺言

孝舅姑

禮言事舅姑如事父母節雞鳴咸盥漱櫛縰笄總畢適所先
怡聲問安多愉色衣裳審燠寒羞膳視飲食出入敬扶持登
臨防蹉跌將起摸杖屨將休安衽席舅姑有所言奉之爲圭
臬舅姑有所行遵之爲表式指視示必恭詔諾聽毋側有憂
曲爲排有喜善爲迪務使老人心歡然有餘懌康强固易安
衰病良多慼湯藥慎温涼羹糜視哽噎衾枕手安排裳襦親
熨貼先事而豫籌臨機無竭蹶要使衰病軀無異康强適經
冬不咨寒當暑不苦熱問君何能然爭稱子婦德能體爲子
心恪盡爲婦職豈惟閭里型永作子孫則

敬夫壻

乾道健以立坤道順乃明所以女子嫁母也送之行命以必
敬戒無違夫子心夫子性温良敬在感以情夫子性剛愎敬
在格以誠夫子席富貴敬在持其盈夫子居貧賤敬在勵其
清夫子將爲善敬在佐其成夫子或有過敬在助其更勸善
當奮迅能一乃能精規過宜婉曲宜諷不宜爭惟敬根於愛
真意結平生惟敬溢爲和歡顔相承迎惟敬無狎暱所在著
堅貞惟敬無怨讟所遇泯屯亨不見孟德耀舉案亟令名不
聞桓少君提甕播賢聲宜效冀缺妻饁饋款如賓毋爲翁子
婦行吟羞負薪朋友尚久敬何況伉儷人

和妯娌

夫則有弟昆婦則有妯娌相處一室間能和斯爲美同此奉
槃匜和則聯臂指同此職烹飪和則調甘旨有事共擔當有
憂共消弭合食共盤飧易著到衣履子女互提攜何問我與
爾疾病相扶持何分彼與此兄弟如手足妯娌比唇齒兄弟

協塤篪妯娌諧宮徵博我堂上歡二人有餘喜示我膝下型諸女有芳軌每慨世俗人構讒由媼婢擾鋤德色形箕帚誶語起妯娌嫌隙開兄弟瑕釁始同氣不相親他族更安恃揆厥禍變來實在蕭牆裏哲人能知幾怡然處娣姒防患於未萌周旋謹容止肅雍庭戶間所賴女中士

訓子女

子奉父為型女奉母作則督率各有司外內分厥職豈知童稚年並須母訓迪當其未生前胎教資母德耳不聽淫聲目不視惡色迨其既生後蒙養資母力行則禁其邪言則導以直緩急韋弦和彊變剛柔克子壯或母離女長仍母側要襟習縫紉庖廚議酒食脩飭薦蘋蘩馨香升黍稷庭階務滌除几筵勤拂拭服饌約而精器具質以潔綜此數大端持家乃有節周南內則篇永奉為圭臬訓女在宜家訓子在經國封鮓陶母心斷機孟母識一以儆其荒一以防其墨一節勵終身遂立人之極為母誠能然允為天下式

慈婢妾

婢以奉盃盤妾以侍巾櫛同具此官骸甘受我制節婢以給使令妾以廣嗣息同具此心思願承我顏色代我任勤劬我當均其職為我撫嬰孩我當惜其力奈何世之人心每流谿刻呵叱撓其前鞭扑伺其側所事或過差任意行督責所言或遺忘盡情加指摘不念稚齒姿未能我心獲反瞋蠢愚才徒知適其適豢畜御夏冬饔飧定朝夕彼衣敝緼袍彼食殘羹炙同生天地間甘苦霄壤隔所賴賢主人設身加體卹推解問飢寒作息均勞逸豈無識未開訓迪移其質亦有力未充推原宥其失此謂大慈悲允足宜家室

隆尊長

尊者分所尚長者齒所崇周旋與進退禮之當加隆尊長在母族父祖倫序同尊長在夫黨舅姑輩行中黃耇多鮐背皓首常龍鍾時或思登眺須以几杖從時或思憩息須以袵席供時或有所詔應對宜從容時或有所需取奉宜肅雍几筵陳酒醴殽核羅橫縱豆登升粢食黍稷先揄舂嘗食祝哽噎臨行防蹶墉帝王猶養老饋醬臨辟雝公侯猶敬老酳爵泣頖宮豈其居里閈犯尊起淩風豈其處閨閣淩長挾禰衷年高叟事多閱歷統纖洪道高鍊識遠經畫貫初終追陪在杖屨意氣宜謙沖屈志老成人緩急有所宗

重賓師

主我則為賓弟我則為師進德所觀法修業所取資進取待輔翼過失賴匡持切磋在學問賞析到奇疑絲詠沫邦素衣歌鄭國緇千旌我往見館粲彼來宜不見陶侃母為子款范逵剉薦供芻秣截髮治盤匜不聞山濤妻與夫論阮嵇君才固不如當以度量齊賓朋重意氣患難相挈攜師友重道誼學問相命提周行能示我奚憂歧路歧大功能集我奚悲奇數奇輝煌廟堂器宜寶若鼎彝燭照軍國事宜奉若蔡蓍所以古之人求之如渴飢胡為今之人棄之如迹遺蒹葭洄湖

矣杖杜飲食之以此相夫子千古景芳規

卹孤寡

無父謂之孤無夫謂之寡此乃四窮民天下無告者有田不能耕無犢誰爲買有書不能攻無師誰爲解所居則云何數椽支茅舍所食則云何一饘供菜把絡緯夜達晨樵牧冬又夏遺滯拾田疇質鬻入城社寡母撫孤兒空匱誰假借孤兒依寡母困苦誰慰藉面目多青黎容顏罕丹赭念彼之提攜在我宜注射縱非我宗親推情若姻婭即非我等倫溫語若流亞憫其腹多枵饋以穲與稏憐其身多寒贈以襦與袴悲其老無依款之以旁廈恐其長無成教之以筭寫要使諸窮民悉歸吾陶冶持此一寸心缺憾彌造化

振水旱

水則禾稼淹旱則禾苗槁天災每流行民生曷以保隄與決防水憂波浩浩爍石與流金旱憂日杲杲倉積被漂流室廬爲傾倒剥盡樹間皮掘空原上草窮餓在舊鄉溝壑填已早就食向他方流離看載道咿嚶黃口兒龍鍾白頭媪顛危孰扶持匍匐誰懷抱婦或遺其孩壯則棄其老感此傷我懷惄焉心如擣縱乏粟千鍾盍畀粱與稻雖無帛萬端盍分絮與襖解衣衣使溫推食食使飽要使一轉移氣運回蒼昊佐食范興工發倉汲矯詔相夫助夫行教子令子效爲國廣其恩爲天洪其造豈惟女中師允爲天下表

救疾疫

疾起於倉猝疫中於須臾人命懸呼吸豈得受以需藥石急以投庶令病者痊針砭急以施庶令絕者蘇爲人救其婦不必謀其姑爲人救其妻不待告其夫赴急貴奮迅豈容故趑趄拯危在果決豈容故踟躕一切丹丸散濟病揭諸衢一切水茶湯濟渴設於塗天雨假以蓋免致沾袍襦月黑給以燈免致顛路隅人堪推己及情豈與我殊遑敢期博濟聊盡此區區不聞古帝王丕冒周海嵎一夫有不獲猶曰時予辜何況際危急生死判斯須痌瘝宜一視寧棄蠢與愚援拯宜一例寧遺卑與疏彌縫天地憾請懸壺公壺

庚戌年

涇皋有女原題佚

涇皋有女貞且淑廿年生長詩書族父母同憐掌上珍戚嫺交譽人中玉何意紅繩一線牽好因緣作惡因緣寧知凰鳳樓中住別有鴛鴦野外眠鴛鴦野外耽交頸樓中凰鳳成孤另狐媚工讒自古同橫飛謠諑誰能省彼狡何心太不情忍將白璧點青蠅若非一死完清白誰信貞操雪與冰完全清白拚一死百種柔情伸素紙此是兒家絕命詞緘縢閑置巾箱裏無奈椿庭抱痾別姑歸去淚痕多奉親暫緩須臾死藥餌羹湯手自和羹湯藥餌親庭奉衰年多病加珍重愛日承歡亦自欣終風覯憫長餘痛人事推遷日月移開箱怕檢嫁時衣已看陌上花爭發不見香車共載歸侍父寢疾父已愈待夫迎歸夫若棄一日空挨十二時百年早識身如寄萬轉千回九曲腸已拚一夢醒黃粱腰間三尺冰紋練拭淚相看掩淚藏死在父家父心痗死向夫家夫身累不如一片水汪洋斷送兒身兩無懟異事喧傳合里驚共知淑女殉堅貞總為生前心若死故應死後面如生衣衾棺槨誰為置爺娘姊弟傾家至可恨狂且若罔聞依然夜夜倡家醉轉瞬流光百日間孽由自作報從天即看吐水盈三斗共道沈冤洩九泉人謂尋讐女所致我謂殛凶天所使持告人間薄倖人天道循環乃若是

跋

謹按　唐桐卿先生于一八四七年丁未生一九一二年壬子卒當一八九七年以前盡瘁課徒自時文律詩賦以及古近體詩詞古文辭擬作跋作皆存從學者之手自一八九八年以後致力於救災屬草則均多散佚次子宗鄴於一九五六迄一九六零年間搜集鈔錄共得詩二百二十首按編年體手寫成冊奉以示余余敬受而讀之　先生績學博覽沈浸醲郁大抵抒寫性情而深合於溫柔敦厚之旨其救災之事蹟已信垂惇史原無待詩文以傳即以詩論亦必儕於名作家之林無疑也宗鄴近年養痾海濱精舍乃猶力疾作端楷始終弗懈孝思純篤尤可敬佩余深望即以墨跡付諸影印俾存其真以永其傳爰附跋數語而歸之一九六四年三月鄉後學惲寶惠並書時年八十

藏書閣詩稿

（清）薛景珏 撰

《藏書閣詩稿》四卷，（清）薛景珏撰，清道光元年（一八二一）其孫玉堂刻本，中國國家圖書館藏。收景珏詩百十餘首，前有婺源程德賚序。

薛景珏，字玉佩，號東湖，四川蒼溪人，時蒼溪知縣錢旆辦義學，收爲學生。康熙丙子（三十五年，一六九六）四川鄉試解元，先後官浙江建德、烏程、河南光山縣知縣，乾隆元年（一七三六）以賊案未獲盜首被參。致仕後卜居無錫三十年，卒年八十有四。清光緒《建德縣誌》、清朱彭壽《清代人物大事紀》有傳略。

程德賚評其詩：『不拘拘於體制，而沖然若虛，邈然若思，有清泉流澗、微風拂林之音。當是時方侍郎苞以文行推重於世，而先生與之爲友，故淡泊無所嗜好，即其詩亦若漠焉無意爲之者。』其詩多詠林泉山水之作，但未忘經世。集中《古意贈方二靈皋》詩，用『左伯桃』典喻方苞有濟世安民之才。《哭圃軒夫子》詩，關切『生民』、『綱維』，頌揚其師陽湖章大士獨力回天之志。

《藏書閣詩稿》清傳爲許輯入《藏密詩抄》，柯愈春《清人詩文集總目提要》有記。

本書據中國國家圖書館藏清道光元年刻本影印。

（蔡家彬）

藏書閣詩序

蒼溪薛玉佩先生以康熙丙子第一人舉於鄉令浙江之烏程建德河南之光山能稱其職人皆思之後致仕卜居無錫甘露里而優游於九龍二泉間者幾三十年年八十有四有藏書閣遺槀四卷其詩不拘拘於體製而沖然若虛邈然若思有清泉流澗微風拂林之音當是時桐城方侍郎苞以文行推重於世而先生與之爲友故淡泊無所嗜好即其於詩亦若漠焉無意爲之者而世之矜氣眩才者或反不逮焉先生子三人叔曰稻孫有鈞雲軒詩若干卷其子玉堂屬其友陽湖陸君繼輅序之而以先生詩集序命之德賚德賚因得卒讀先生之詩有慕於先生之遺風逸韻微獨其後之人感而思之率而行之凡讀先生之詩者考先生之爲人亦可以觀而興矣道光元年四月後學婺源程德賚序

藏書閣詩槀卷一

蒼溪薛景珏玉佩著

登嚴陵釣臺

白水眞人承漢紀雲臺將相多濟美炎運重興奕葉光彪炳千秋耀青史何事南陽一故人歸來只洗巢由耳經綸深閟老漁蓑諫議還如棄敝屣先生非必高隱淪文叔當年誠足託君不見獵渭載後車尙父鷹揚資燮理君不見傅巖叶帝夢胥靡作相孰敢齒自古道德師王侯豈同貧賤稱知己只博殷勤戀舊交而况區區同卧起不將軒冕汙羊裘先生歸去良有以千尺雙臺亘碧霄一竿煙霧秋江裏我來何處仰遺風山高水長情未已

西臺

海門樓柵已沈淪柴市風高日月昏片石招魂來客子只將一慟植乾坤

黃虞何處覓遺踪尙有高臺百尺峰淚灑空山腸斷處五更風雨起蛟龍

敬亭山弔姜如農先生即步先生遺戍韻

下馬敬亭麓豐碑出草間千秋恆死志當日耻生還喬固元同患（熊魚山同時被杖）膺滂許共攀一樽憑弔處幽恨滿空山

和友人寄示大楓樹作

聞道霜林遍處宜西冲一樹獨標奇將軍坐下看今日丞相祠前想昔時空洞詎容蛇在腹夭喬惟許鶴爲姿樓禪遥羡蒲團衲風雨空山結素知

園中海棠將開憶圃軒夫子並四五兩弟不至漫賦長句

落盡江南二月梅片帆猶自未歸來已看社燕頻頻至好屬園花緩緩開簷重盡遮晴日暖樓高深障曉風催箋天待乞春陰護留取繁紅俏綠醅

送三叔父之粤東

忍令衰老常爲客況是還家又別家白髮故教垂海角青鞋竟欲到天涯西江棹轉匡廬雪東道樽開庾嶺花氣候關心長路苦客餐珍重勸頻加

苦雨行

江南春半雷雨劇二月轟豗走風伯翻盆注甕未移時簷溜丁丁幾朝夕水溢大澤沈龍蛇草際鳴蛙蚤跳擲階前沒踝數尺泥上濕几筵下礎石中庭老樹葉不花頓覺陽和變蕭索氤氳氣候回薄殊萬彙萌生那得碩舉頭太息彼蒼仁何爲故與窮黎厄昨聞司會下征符水衡鹽榷皆增額操販薾葸成畏途寄語東郵歸種麥可憐麥隴漬泥沙縱饒肥沃同磽瘠荷鉏戴笠伊何人熒熒對泣東西陌

贈余公佩先生

杖笠蕭然獨往還白雲深處伴僧閒橫琴未許聽流水閉戸眞成賦小山六十年過仍綠鬢五千言熟駐朱顏過從正及黃花候點綴疎籬莫便刪

江行

蕭騷落木旅魂哀小立篷窗望眼開豚舞天風吹浪起雁排人字過江來漁舟影散村墟靜津鼓聲稀戍角催遥想鍾陵陵畔樹寒花應放數枝梅

夏至和韻

楝花飛盡麥初秋梅雨淙淙夜景幽怪殺江南寒

未滅客星何處著羊裘

茉莉花和韻

甖貯山泉活火煎蕭齋清課歇爐煙街頭遙聽花
聲過賣只西宮衛尉錢

立秋和韻

大火西流萬籟更南朝風物冷華清欲知自昔悲
秋意試聽空牆絡緯聲
在野鳴蛩識候更迢迢銀漢俯江清驚心一滴梧
桐雨散作秋原萬樹聲

過琵琶亭遺趾

太傅風流逐逝波荒亭遺趾蔓煙蘿只今商婦船
頭月楓葉蘆花感較多

哭龔葆素

惜別剛三月開椷一慟君不堪離合意竟作死生
分雁折高秋羽雲低薄暮曛夜燈回首處促膝記
論文
不解摧蘭蕙高天敢叩閽捫心君未死拭目我何
論客袂驚殘線行囊慘倚門敬亭山下月寂寞送

歸魂

送未上八還毘陵

座上機鋒狎往還旋攜藤杖踏煙鬟輕帆細雨秋
將暮紅葉青蘋路幾灣聽法魚遊烏榜外聞鐘龍
起白雲間臨歧一笑誰人會落木紛紛望遠山

中秋從圃軒夫子及諸同人集敬亭山次韻

落葉搘筇絕巘顛微茫秋色浩無邊高吟供奉三
千首聞鼓湘靈五十弦脫帽臨風悲壯志舉杯邀
月餞流年襟懷自喜澄如滌坐對晴空萬里天

十七夜疊韻

那得陳樓百尺顛好看皓魄起東邊平添秋色剛
三夜漸減清光近一弦欲折桂花供素玩會分靈
藥駐長年當筵忽聽新聲發吹下霓裳自九天

秋夜

秋夜燠如焚茅檐苦側塞驕陽逞餘威爽氣渺難
即疑對雲漢圖却思遊夥國假寐苦未能揮汗頻
轉側蚊蚋飛刺天如雷競鼓翼蟋蟀聲琅琅在野
欣所得之蟲又何知造物真叵測願言乘赤虬叱

駁凌八極飛廉紛指揮雨師弁戮力迅埽驅炎氛
四序遵厥職六合還清明寒茫凜正色

九日從闔軒夫子及諸同人登鼇峰漫賦

縹緲鼇峰斷俗氛重陽佳會景氤氳城邊秋色濃
於酒天際山光潑若雲小飲苦遲陶令菊解嘲羞
讀孟嘉文茱萸徧插增惆悵閒對西風數雁羣大兄
令豐城四弟亦在豐署

賦得寒雨連江夜入吳

寒雨連江夜入吳片帆無恙宿菰蒲聲傳薜荔心

同碎浪激沙汀望欲無夾岸村舂雙杵急隔洲漁
浦一燈孤季鷹自是歸思切詎為秋風憶鱠鱸

姜萬選招飲敬亭山即席次韻

十載知交託酒杯昭亭雲物共徘徊遠欄樹影穿
簾過排闥山容入座來飲卷白波傾麴部談深青
簡到秦灰南皮高會君誰匹不數陳思八斗才

冬日雜感限韻十二首

獨倚高樓對碧空蕭蕭落木滿山中煙橫遠浦沈
寒照雲結層陰動晚風苔壁蝸涎沾剩綠林梢囊
葉綉殘紅韶光是處堪垂涕絮語哀吟那計工
雙鬢曾聞氣化龍雁行目斷倚長松二姑帆破江
心浪五老雲開天外峰泉下定憐遊子去夢中應
喜老親逢斷腸篋笥經年閉一任蠨蛸結網封
蘆花蕭瑟滿寒江寂寂清齋坐晚窗野澗鷺看鴻
影隻月明何處杵聲雙文章李杜真相敵詞賦曹
劉未肯降今日熊丸空抱恨青緗揮淚對銀釭
策蹇霜天落日低為尋邱隴到幽棲時以卜先慈葬地之安穩
門例白雲栖渚鳥時過紅葉空山路欲迷漢寢僅栽

流水地秦封還剩捕魚溪道旁華表憐歸鶴斷碣
苔封沒舊題
當年立雪向庭階絳帳何曾列寶釵知己久聞酬
國士憐才不信到吾儕驛梅萬里傳離恨梁月三
秋愴別懷銀鹿歸時應悼惜彭宣羸骨近如柴懷彭
源夫子
謝客經年晝掩關那知春去復秋還霜封樹果懸
烏啄雲拂松梢許鶴扳坐畏朔風泥北戶起看斜
月挂西灣庭前手植先人澤忍共寒蕪一例刪

曉來呵凍漫抽毫欲賦停雲望眼高鶴渚新秫炊玉粒滆湖鮮鯽鱠銀刀爐餘宿火香偏烈劫到殘棋戰更鏖寂寞掩關誰過問祇宜痛飲讀離騷

贅邊霜雪想逾多隔歲元亭惜未過枕塊定憐今日慟攀髯曾聽昔年歌桃源雞犬非人世鹿洞琴書老薜蘿慚媿河汾門下士年來壯志半摧磨二詩懷圃軒夫子

何緣去讀相牛經門外春光擁翠屏八百株桑彌野綠一千竿竹繞籬青金鵶劚藥乘朝日梁笥收

魚趁曉星深痛竟乖偕隱志也思要約到忘形周子景伯舊有買山荆溪之約

才子山陰老劒南耐他風雪夜開函手鈔未竟知君懶有聲四兄錄劒南集未竟心賞重編笑我貪南渡車書追夏五西川花鳥哭春三關情最是田園詠牧豎漁翁盡盍簪

雪霽風高凍轉嚴邪從湯鑊學安恬爲妨屋漏頻移坐欲受簷暉半捲簾萱草忍看霜後萎蘭蓀差幸夜來添毋亡後五月五弟舉一子從前詩句都拋却觸緒無端信手拈

西風吹淚上征衫憔悴靈均獨被讒七澤波濤懷帝子一生蹤蹟問彭咸情關存歿家猶國遇感君親聖比凡欲識離憂千載意哀音夜夜滿荒嵒

立春

土銼茅簷意味饒山家歲月等閒消朝來忽訝溪邊綠始覺春光到柳條

遊法螺

勝地行相引探奇到法螺路迴峯勢斷澗狹水聲

多怪石森獅象諸天隱薜蘿遠公如惠飲應許數相過

過太湖口占

萬頃琉璃水拍天一湖春色鏡中妍鴟夷泛後誰爭賞留得風光滿釣船

銷夏灣頭楊柳新館娃宮闕盡成塵可憐千古興亡地不屬英雄屬美人

疊韻送祝無奕還山陰

宛署重賡謝李吟兼旬風雨話同心預愁遠別如

溝水翻喜遲君是宿霔三徑人歸黃菊候一生家住碧山岑何年撥棹重相訪蘭里春光約共尋

雨窗壘韻

一室圖書擁百城窗前雨脚遶雲屯斑斑苔蘚都侵榻濺濺溪流直到門夢斷繡幃愁燕子路迷裘草悵王孫蕭齋岑寂添新課茗椀爐香費討論

人逢簡要並清通課醉徵歌興不窮百甕玉蛆消夜雨一聲鐵篴碎蒼穹池邊蕩漾回新綠籬外稀疎綴淺紅欣賞正多名士輩風光肯負小春中

抱病經年懶下帷那經風雨蔽天來校書思燭燃藜火執卷誰驚破柱雷世態久看雲影幻鄉心先逐雁聲回獨憐千里傷秋稼圖繪監門大可哀

山郭泥深怯繡鞍朝來喜報鵲聲乾汀洲早揭千重霧襆被新添五夜寒入座青山憑几對隔溪紅樹卷簾看晴江指日催歸艣雲水蒼茫望眼寬

小住

小住宣州署羈懷未可憑孤城山戍鼓寒雨夜窗燈豪氣看囊盡愁心借酒澄何當遠塵市長嘯擬孫登

祝圃軒師六十壽卽次自壽元韻

瀲灎湖光接太空津頭蓑笠是鄰翁靜觀魚鳥無言外指點圖書一畫中窗草獨留生意滿煙蘿未見化機窮鶴溪不信濂溪別繞屋荷花六月同

六十風光晚景延寤懷直溯我生前舊愁忍話開元事新句猶書德祐年一室清風千古上半輪明月小山顛如何此地仙源隔望裏揚塵劇可憐

翩翩海鶴指雲端高舉真教奕世看蘭蕙紛將君

子佩蘇薇留得碩人餐襟開時雨屠蘇潤座向春風歲月寬笑殺元亭空載酒只將奇字苦相干

踰河渡海總堪傷十畝經營正未忘樂志篇瓢渾不改忘機鷗鷺自相將湖邊泛艇邀新月花外停車醉夕陽慚媿彭宣青眼㝡半生身世尙茫茫

藏書閣詩葉卷一

藏書閣詩藁卷二

蒼溪薛景珏玉佩著

豐城署中喜晤沂木齋賦贈追次金陵留別元韻

草緣長干送去程雙龍誰料合延平西山雁陣他鄉字官舍梅花歲暮情共喜聯吟當月上不辭泥飲到天明遲君三板天涯櫂好向春江結伴行

洗硯

誰留一片石温栗玉齊堅座稱琉璃匣濯應星瀨

泉磨礱澄宿臙翰墨助芳鮮遺蹟看池黑風流憶往年

瀹茶

穀雨頭綱摘輕寒尚掩門沸瓶看火候沓水破溪痕小啜消醒渴微吟狎夢魂茗柯多妙理揮麈細評論

摹帖

十載臨池興庭蕉葉盡刪詎堪稱手敏聊以適心閒羊氏裙初練王家塚若山只今餘古搨空蝕蘚

花斑

調鶴

致爾眞非易空庭信步行一琴新結侶野鹿舊辭盟振翮迎秋月長鳴報曉晴他年豐羽翰休歎困江城

飼魚

呴沫徵生意悠然勺水寬驚花微影避唼月衆鬐攢日暖頻添藻時宜計與餐泳游爭唼處行飯笑相看

灌花

爲向潦奴誡銅瓶汲井深莫辭衝曉色一慰惜花心灑細防炎逼澆遲喜潤侵漉餘行把卷得得遶籬吟

編籬

佳卉名園盛還愁折損多千竿拗鳳尾三面織龍梭引勝通流水添幽補碧蘿飲香迷去住蜂蝶意如何

看劍

未息風塵志身留一劒長秋宵號鬼母斗氣射龍光烈士眞堪贈明時莫漫藏酒闌頻把玩拂拭土花香

題唐若營先生一竹齋圖

有竹有竹其實累累鳳翽朝陽爰斯至止鳳兮不來俾我心哀虞庭阿閣蹝焉徘徊秋風茅屋晴光森綠中有人兮襟期靜穆嶰谷寸玉瀟湘片雲誰其耦者勁節千春

寒蛩吟

長河亘空衆星爛槭槭井梧驚夢斷短檠熠燿隔綃幔牆角寒蛩振羽翰大聲如疾呼小聲如私語嘈嘈切切無時休百沸聲煎寸心苦青楓露下百草腐山鬼獨速潛虬舞天孫罷蛾投機杼臨臯珮冷愁南浦嫠宿掩芒色如土湘靈之瑟巫陽鼓峽猿腸斷三聲楚蛩乎蛩乎愁殺汝茂陵老子卧不起獨擁寒衾背秋水

題友人撫松圖

蒼松騰虬枝幽人恣磅礴科頭坦腹閒白眼莽寥廓高懷澹無營一編志所託琴書欣在御馴擾雙白鶴肆志得靜娛底須圖五岳謖謖清風來時聞松子落

將還秣陵留別諸同人用范石湖萬景樓韻

詩狂欲上天酒狂頻喝月同人歡賞無時無鳥交燭滅冠纓絕戎也簡要楷清通封胡羯末眞吾宗座上唐球尤矯矯快如天際飛孤蓬眼底胸中空宿物驅使煙雲傳彩筆可憐爾我盡忘形尊前幾度悲歌發瞥眼歸帆冒石尤丹楓黃菊悵遲留呂

蒙城下京江口夜夜相思滿桅樓

舟中寄唐留孫

壺觴促坐酒千巡綠淚紅闌獨愴神失笑今爲歸里客追歡翻似去鄉人寒鴉陣陣如迎夜衰柳條條不繫春爲憶唐衢原善哭可因羈旅一沾巾

哭圃軒夫子

一訃來天外驚魂竟欲飛斯文今已喪吾道豈眞非夜月侵函丈秋風冷繐帷茫茫雙淚眼仰止更誰依

恨不從師逝元亭再叩遲未經三載別遽作百年期理學梁溪後文章涑水遺千秋同一慟詎止哭其私

萬古生民恨綱維義豈捐世人俱任運夫子獨回天頓覺山河邈終看日月懸鐵函沈沒處他日續心編

歷歷從遊日春風坐不慳掛帆嚴子瀨沽酒敬亭山弔古悲今昔論文狎往還只今遺草在跽讀淚潸潸

感切陪京舊空江幾趁潮冶城春寂寂鍾阜雨蕭蕭花草吳宮賤冠裳晉代遙酸心几杖側風雪話前朝

聞命移家後深慚負杖疎可憐人徑絕猶寄幾行書大道頻頻覺深情欵欵餘渾忘成訣絕謦咳尚生初

立雪當年地重來慘不禁一思提命切真覺負恩深風吼青林急雲霾白日陰夜臺期望意應許死相尋

直欲排閶闔披情叩九天百身如可贖一息竟難延易簀嗟何及橫經已渺然空將三斗血滴滴寄重泉

夜坐

月色落階空蟲聲隔花語夜靜人未眠紞紞聽街鼓

醉後留別諸同人

聽徹清歌喚奈何彩雲容易逐江波文通詞賦消魂甚謝傅情懷作惡多酒醒夢回人已去燈昏香

燼雁頻過蘆花亦解飄零苦一夜西風兩鬢皤

送春

風雨闌珊一送春綠陰如幄草如茵鶯花謝客空腸斷櫻筍堆盤到眼新去矣流光拚作達悄然愁思復含顰人生會向歡場老不獨當筵別遠人

初夏

繁英葬盡玉階空懶向郊原醉碧筒閒理棋枰機未息忘拋書卷睡初融荷錢細點輕波綠柳線斜穿落照紅愁絕不禁雙乳燕尚將春恨語東風

懷二兄五弟 時二兄任粤西上思州五弟亦隨赴署

踈雨上空堂夜寒人悄悄獨坐敞銀屏鶺鴒天際渺

寒燠乍無定江南麥已秋炎鄉風土別萬里迴生愁

冬日舟中雜賦 時泊鴻江

木落亭皋水不波西風殘照向關河雲深古堠笳聲斷雪霽空江雁影多作客馬卿琴已碎悼亡潘令鬢初皤月明何處湘娥怨山鬼驚人響薜蘿

急霰漫空莫問津危檣重碇大江濱衝風野鶩如欺客啄食饑烏不避人曠野村煙明白葦寒潭漁火雜青燐都忘棘吻澆羈緒一醆新沽麴米春

蕭蕭敗荻戰遙汀六尺蒲帆破杳冥捩柂直思凌海嶠叩關誰意阻津亭沿流燈火千艘集傍晚魚蝦滿市腥獨對蟂磯頻徙倚深宵遮莫見精靈

不寐

風饕雪虐夜如年酒力能消幾晌眠最是五更殘漏盡都教兒女到心前

除夕

怪雨盲風楚水濱冷灰殘燭迴傷神聊持守歲他鄉酒一滴重泉舉案人

望廬山

匡廬西南尊拔地五千仞鼇足奠厚坤蟠亘跨雄鎮一氣混青蒼崒嵂霄漢近杳靄雲紛披割天摩巨刃直下失端倪洸瀁含巨浸虧蔽烏兔精遠障江湖橫上契眞宰符繁滋百靈孕如何典禮荒岳狩秩宗屏芥舟鼓枻前蒼翠撲衣裓五老尤高騫

培塿狎髫齔積雪覆崖陰蒼顏皓鬚鬢如對古冠裳肅穆起深敬落照彭蠡開靚粧理明鏡却月與橫雲翠黛互掩映遙睇色已飛接要神愈奮匡君如可招一筇攀蘚徑苦遭世網攖游期負平慶惆悵東林鐘竚立暮煙暝

菜花歌贈管青村明府

宜豐風土饒種菜不種麥麥壠青青菜壠黃黃花爛熳春披猖紛紛蜂蝶迷芬芳千畝百畝分井疆陽烏耀彩騰扶桑洪爐一片鎔金光蜀國芙蓉那

足道隋隄楊柳徒輕狂隙壤亦蒔桃與竹錯繡雲霞都一幅鶯聲睍睆鳥鞫鞫啼破曉煙春水綠我來正值豔陽天俯仰晴窗一扣舷處處波光清徹底風流早識使君賢使君賢政人爭識田夫勤耕婦勤織君不見菜花百里光油油此地蒼生無此色

雨中送春歌

灌嬰城頭十日坐柁樓堞樓湎盪磨礲砢青梅堆滿盤一霎春歸笑無那春來蕩遊絲春去疾飛鳥

少女舉袖障雙丸百二陽和錯昏曉時閏三月試問春光何太苦箕畢憑陵橫見侮紛紛狼籍李與桃忽變名姝作嫫姆打頭矮屋官艙中蠖曲蝟縮眠牛官剛喜乾鵲噪旋聞鳩婦呼曉來西山失屏障但見煙霏霧慘百里青糢糊行李泥塗嗟去住只疑斷盡春歸路山河黯黮共傷離傾盤泪濕鮫綃素噫吁嚱我知天意非遲留特教鹵簿陳前騶雨師灑道阿香推車飛廉呵殿豐隆先驅東皇東皇掉頭去不顧朱顏慘戚胡爲乎人生離合會有定亟爲勸駕毋踟躕燔玉貍烹金雞鼓湘靈之錦瑟歌陽春之好詞東皇東皇敬酹一斗爲汝壽明年相見勿再風雨紛離披

賦得南昌城郭枕江煙

衛廬遙接古洪都百里晴開畫圖水滙貢章看抱玦隄排檣櫓劇攢蘆屏山染黛蛾眉曉春漲連天鶩影孤隨意拏舟欣賞切不勞鳴鳥勸提壺

千雉雉開帝子城蒼蒼水府暮煙橫輝煌閣映餘霞迴睥睨牆從返照明宿火漁榔遲落月遠帆估

笛弄新晴白沙翠竹春江靜此日臨流萬古情

章江道中雜詠

解駮雲陰逗曉晴樵風習習片帆輕王家粉本憑誰購恰向煙江畫裏行

江月娟娟夜景初銀濤澒洞海天孤水仙修帔馮夷鼓共戲波心一顆珠

澤國迷茫沒戍樓人家零落住芳洲平疇盡入波臣籍閒殺枯椿犢幾頭

斷鏃沈槍戰壘殘平湖倒景漲晴瀾維舟一下睢

陽拜滿屋龍蛇落照寒
銀河直下水潺潺萬里煙雲鶴背還借得仙槎三
日坐明朝平臥看廬山

石鐘山

風濤蕩潏天吳戲帆檣十道凌空逝忽驚耳畔吼
蒲牢客船遠到寒山寺推篷曉望青濛濛絕壁玲
瓏水擊空當年夜半驚棲鶴轉憶風流玉局翁

小孤山

玉漏沈沈楚天碧銀河曉墮支機石鯨鼇背負碏

春雷一拳巘業江心劃芙蓉潑翠錦帆東霧鬟煙
鬟一瞬中何日馭風凌絕頂滿身涼露臥青松

過皖江

帆腹平添十斛風浪花高捲接長空龍山積翠當
窗墮三百雲程午夢中
白浪黏天雁汊湖斷無人處響菰蒲舊遊風景憑
誰話獨背殘陽看釣徒

望九華山次韻

嶢發水雲鄉櫛沐罷朝餉一葉磨青銅輕風生五

兩訪勝來名區白眼舊曠放九華青芙蓉朶朶排
畫舫蜿骨龍怒飛掉尾獅坐向或如神女遊戲珠
淩巨浪或如高士臥偃蹇固無恙雲靄變朝昏荒
怪莫名狀海外三神山瑤闕森丹嶂終古不可即
雲水倒下上緬茲名勝區無乃相匹仗伊余愛山
癖蔽錮久逾亢寒乏衣在笥饑無粟儲盎但得飽
看山寧須食肉相山靈其有知亦復跂予望

悼亡 并序

六月一日爲亡室忌辰日月幾何忽已一

週舟中百感交集殊難爲懷援筆賦此以
抒予悲歸日俾蘭兒書爇靈前聊當誄章
一則可也

客子忘歲時懷抱常鬱抑曉起驚心魂季夏月初
吉昨歲緬茲辰悲風庭四集鵩鳥鳴空幃鸞凰摧
羽翼室人不我偕乘雲返瑤闕黙溯結褵初媞媞
循婦職中饋殫勤勞操作不遺力旨蓄御冬窮簪
珥留賔質歷歷相所難十八載如一丈夫徒激昂
治生慚乏術窘迫時自煎藉汝慰憂恤詎謂汝懷

傷憔悴祇黙塞當其殗殜時强起猶力疾瘦骨高巑岏一息剩呼吸蟬蛻委塵沙情田空八識汝親猶在堂泪枯聲不出顛倒諸孤雛呱呱啼繞膝婢婦掩面號衣袂盡沾濕使我肝腸摧百結仍寸㓰賢淑不蒙庥天道胡叵測歲儉租薄收三冬日并食無力兆佳城一棺猶戶北行掛西江帆鵜鴂難相急荏苒半載强雙圜迅如失昨聞江南船米價大騰直坐見井臼荒缾罍乏餘粒騃子啼門東遑覓棃與栗左女椎結䊋不復好顏色苦累汝孀親

一一為沐櫛紫鳳與天吳昏燈夜縫紩兒輩苦塊餘肯令神餒息勉力具脯脩亦或備黍稷几筵酹椒醑缾罍芬有飶中庭紙錢飛肹蠁風瑟瑟白日忽西垂魂來時髣髴環泣汝應聞傷心我何及破鏡嗟重輝孤鴻羞再匹曾參與華元駿言良足則淚下如綆縻賦罷翻嗚咽熒熒泣墨光靈乎鑒予臆

登識舟亭次王季重先生韻

五日停橈浪打兩支筇聊復賦登樓尻輪神馬千帆影竹楗金隄一線愁（江水大漲濱江田多遭沖沒）蟬噪柳陰疎欲斷燕穿葦岸迅如流民艱忽起臨風喟誤被人疑作感秋

乘雲倏作閬風遊縹緲層軒十二樓自有清談揮玉麈底須豪飲泛金甌奔濤挾座全消暑遠翠浮空一散愁賦罷蒼茫成獨立千秋落落幾人留

溽暑

溽暑夜無寐披襟戶不扃煙開千嶂月風定一江星露草蟲聲咽魚罾水氣腥翛然塵慮絕太上欲

忘形

秋日舟行因憶曩年越遊山水風景之勝作歌記之

人生會着幾兩屐篋舫笥輿猶占一我生三十飽經遊到處山程兼水驛男兒弧矢志未酬肯事煙霞成痼癖由來勝賞實前緣每逢佳處亦流連武林舊事深惆悵快瀉錢塘藥玉船（用蘇句）醉眼一任風吹去潑眼秋光留不住就中何處最難忘蘭溪建德任徜徉黛螺髻綰山籠翠杜鵑血染霜前樹

光明一片錦雲裳岸芷汀蘭證幽素玲瓏橘柚滿人家署徇緣城一徑斜江上漁郎頻指點迴舟眞恐失桃花軟紅塵撲襟衫重三載舊遊渾若夢兼旬巢國卧荒村惟啣白酒翻瓶甕今日歸航理布帆笑指羣山似我頑何年重訪天台路不學劉郎去復還

哀牛詞 并序

九月自巢國歸見道旁田猶注水中間一埂與大河無異耕牛尫羸僅餘皮骨則耕

者可想見已爰賦此以代牧者之言

圩邊老牛瘦如殺飯牛老翁心獨苦常年飯牛飽噉不足今年飯牛寸草不得入牛腹茫茫百頃盡汪洋湮殺禾苗無一束瘦牸向人淚瀰瀰兩耳焦枯曳一尾卧向樹根舐泥滓老翁傷心前致辭榆皮草根味孰旨截爾角將爾皮拔爾筋斷爾蹄計獲售值足供數月之饘糜一家耕耨將何依安得轉盼來年二月春草茁吾與汝命俱不絶

詠瓶梅

孤根託水涯疎枝橫素几獨抱歲寒心餘香冰雪裏

凍魄殭逾烈春風到幾時夜來輕霧散偷笑臘前枝

孤山雪滿林元墓香千畝今日一枝春喜逢天外友

不放幽香散油簾潑水明辜他天際月夜夜到前楹

檀板共金尊歡賞祇云辱一卷冰雪文青燈伴君

讀

冷豔憑誰愛孤芳祇自妍道人清供少階下汲寒泉

誰把三珠樹空齋護白雲未饒蜂蝶採冷眼獨輸君

寒無子敬氈饑嚙蘇卿雪我欲賦梅花歌聲出金石

藏書閣詩藁卷二

藏書閣詩藁卷三

蒼溪薛景珏玉佩著

出門感述

曉發江東門暮宿北河口離家未半程快如脫械杻男兒未逢時不如趨下走商賈擁金貲胥隷儲升斗談笑風雲生叱咤鐘鏞扣胡爲事一經帖括老戶牖生計拙擾鉏瑣屑困箕帚勞勞百年身化爲塵與垢棄相賢虞卿進食嗟漂母千載惟斯人吾情空尙友

送張崇徽之姑孰並柬曹麟書

井梧搖落石城秋門外驪歌不可留正喜酒闌頻蘙燭不堪人去獨登樓船窗何限看山興裙屐聊同出郭遊是我送君君送我蘆花明月各扁舟（予亦適有巢國之行）

百尺澄江曡素羅布帆晴日曉橫波哀蟬落葉新翻曲故壘降幡舊枕戈枰上好看時態幻尊前應稔故交多（姑孰爲崇徽舊遊地）才華爲訊曹公子鄴下風流近若何

莊居口號八首

遶砌鳴蛩露氣清一鈎新月照柴荆瓦盆辜却茅柴興（時以腹疾止酒）臥聽門前打稻聲

白汗翻漿罷午眠木犀蒸殺晚涼天（吳諺八月熱爲木犀蒸）青蠅擾擾太無藉黃蝶飛飛劇可憐

潦盡秋塘翳野蒿長風屋角鼓松濤斜陽行飯歸來晚淨拭湘藤讀楚騷

紅綴荆花臨水盛綠緣瓜蔓補籬長喔喔短牆雞唱罷鄰家蒸栗午炊香

如雷豹脚夜迷空繞鬢營營溷乃公洞啟園扉開半壁埽除特地倩東風

風裊槐陰月滿廊流螢熠燿度方塘龍團小啜南軒下分得茅簷幾夜涼

晴郊罷亞稻如雲刈穫歸來日已曛遺秉滿場收不盡鳧鷖飛下亂鶩羣

悔別郊居已歲終白雲黃葉兩三峯滿身塵土重相對遮莫山靈識舊容

夢遊西湖賦詩一絕醒後僅記末二句因足

成之

憶昔西湖賦竹枝隄邊金縷麴塵絲夜來雨過添新黛絲到鶯身柳不知

詠史

虛名豁達擅千秋恩怨區區總未休轅釜不忘邱嫂恨博將羹頡號封侯

杯酒慇懃釀殺機武安奸黠魏其癡陷胸決脰尋常事快殺當筵罵坐辭

九日同簡心理李學瞻散步由文德橋至清

溪用昌黎杏花韻

商飇瑟瑟秋雯空籬菊綻黃霜柏紅天公作意做重九乍晴乍暝雲翻風登高聊逐散人隊茱萸綴席千家同彩虹臥波列華表當年耆定留元功鍾山到眼飽蒼翠秦淮一抹輕煙中點波白鳥掠平渚抱香黃蝶眠幽叢透迤曲徑穿舊苑滿畦菜甲羅秋楓珠簾瑤瑟盡塵土佳麗消歇嗟奇窮人世興衰若反掌那能宿食兼西東仰天大笑墮巾幘吾生任運隨天翁

重九後一日余公沛王履貞羅用拙家士佩弟同遊雨花臺予偶感恙中途先返悵然有作仍用昌黎杏花韻

重陽已過風雨空晴雲薄日日射紅高臺百尺建業勝久思吹袂淩天風昨宵車馬紛絡繹兒童競逐羞雷同今晨暄和理遊屐况欣杖履隨無功(謂公沛先生)招提小住契勝賞何來虐客撓途中二豎子耳苦相厄匍匐歸路如蠶叢蓬萊咫尺風引去提壺枉自吟青楓人生哀樂蛩與駏即今跬步分迺

窮轍轅了然判南北鴻雪詎復知西東歸理蒲團試趺坐一叩絳闕尋家翁

九月廿四日雷

黑雲霾霿風颼颼天鼓礌硠破空走何當羣動蟄坏時元氣淋漓弛鑰守陽精噴薄不肯回氤氳振洩鴻濛朽天地自戕賊萬物復何有今夏大疫癘人民死如麻昨聞餘毒猶肆虐即恐災祲來無涯天公天公何太酷玉京爛醉朦朦目只博投壺玉女嬉那知下界蒼生哭哭聲蔽原野白日飛霜淒

我欲乘風抉雲漢直披閶闔陳危辭稽首再拜霽
震怒春生八紘回瘡痍虎豹森森紛禁御足不得
前淚空注

夜半寒甚戲作

西風一夜鳴銀鐺寒氣透帷毛髮僵鶴警已知霜
滿地鷺拳何啻冰堆牀布被徒憎惡賓語黃紬眞
羨温柔鄉忽憶少陵茅屋句吾懷鄙瑣空慚惶

至方渚晤陳會起即席賦贈二首

舊盟誰解是新盟（四年中予與會起往還六次未及一晤）蠟屐論交

快曉晴茅屋帶霜兼雪凍野航和日破冰行風流
喜接東南長談笑還驚十萬兵（時談蕩浦用兵諸事）今日欽
醇眞意足不辜兩月到龍城
回首燕臺隔歲頻風輪火劫總前塵天涯痛哭悲
歧路我輩鍾情得幾人磊落煙辭成小築婆娑斗
室坐長春他年酒座相逢處名姓從教記憶眞

臘月十九日過方勉仁齋觀東坡先生洗硯
池賦七律二首

六百年前玉局翁靈光遺宅尚江東一泓清淺澄
寒乳十丈扶疎幻碧叢（香海棠一株爲先生手植時已失去數十年矣）雪
酒花猪盧此日（是日爲先生誕辰）零文禿筆想前風苔痕
匝地摩挲遍珍重他山石可攻
平生嬉笑盡文章舊第都傳故里荒異地幸看恩
鳳咮前身應識是奎狼壘花蕩漾層層碧酒氣淋
漓拂拂香（先生云醉後作書酒氣拂拂從十指間出）片石風流如靚面
肯容私淑附秦黃

貧女嘆

石田不得耕百頃同廢井貧女不得售一身同斷

梗胡爲男女倫亦以貨錢窘前歲東鄰婿未笄已
合巹昨歲西鄰嫁登車無留軫寶帳綴流蘇明珠
燦角枕翡翠瑛瓊瑤玉案雙段錦羅列蔽通衢歎
羨爭延頸人世競豪奢煢煢復誰省貧女老空閨
雙蛾愁不整鏡匣委塵埃粗布無完領夜夜理寒
機朝朝罷朱粉閭里紛揶揄六親不恤拯憔悴斷
中腸詆醜巧相騁嫌妍懵羣心當窗淚如綆六禮
乖及時詎無媒妁允嘉會顧有期巾帨惟自凛冰
泮來春風天回人事併銀漢鵲橋成秦樓鳳簫引

却扇艷新詞揄袂流淸景紛紛桃李前爭羡如花
影

感賦

寥落分金契淒涼乞食詩妬多緣窮寃瘦不失權
奇閶闔天難問鹺鹺世豈知素心欣弱植霜菊滿
東籬

無賴端居暇蹉跎歲又餘苦禁連日雨喜到故人
書幽意千竿竹生涯幾甕菹饑驅何計得遑說愛
吾廬

藏書閣詩稾　卷三　七

雪霽通宵霰風嚴薄暮天兒童誰解事老子故蕭
然恥受陶奴米羞看阮子錢南窗時抱膝寒月影
娟娟

瓦鼎歌爲王鶴山賦

黑雲如磐風卷幔枯木啁啾蹲寒雀空堂袖手百
不爲飲酒賦詩相間作呼童爇燭爇名香乍見龍
文光錯落質理黝黑顏蒼然兩耳旁撐足三卓麗
如道士早休糧質若才人斂鋒鍔氤氳知非金鐵
精博土鴻濛工挽搏篆刻依稀黃氏文不知何代
隆中斲（鼎有隆中黃氏印）舉從市肆不值錢反與兒童作
嗢噱王君寶貴等球璧曠識由來世莫覺古人鑄
鼎象神器八埏雲物供鐫鑿非徒太廟薦馨香兼
俾山林辟不若凌替方嗟古意微紛紛玩好充囊
橐饕餮反覆炫豪奢款識紛拏誇辨博神物轉移
況不常豪奪巧偷如電數羅致不惜千蹄犍滅沒
終歸一邱貉眞耶贋耶齊與魯晦蝕千秋更交錯
蜼形金鉉徒紛綸何如此鼎示眞朴摩挲相對已
忘年已自不矜人不索瓦盆聊共長兒孫竹根相

藏書閣詩稾　卷三　八

與忞磅礴不才守拙分所甘世態藏舟亡夜壑此
意明知君不言直恐脫口神明惡作歌聊復頌君
頤撟舌世人空抵齶

和詠秋柳四絕句

紺碧深黃釀曉煙孤村流水自潺湲斜陽一片鴉
千點搖颺柔絲拂釣船

橫塘昨夜報新秋漠漠輕條蘸碧流最是徐孃風
韻勝尚將眉黛斂春愁

金衣無復囀芳叢瘦減腰肢鬭楚宮飄絮搓棉剛

幾日喫虛空自笑東風
不惜清陰傍路遙晴江風景正蕭條從教變盡青
青態一抹輕煙接板橋

青陶詩後

賢達志用世一身匪所恤緬彼柴桑翁矯矯青冥
翼生世苦不諧繫情在鄉國斗米慚折腰饑來翻
乞食造物任天和孤忠晦岑寂高詠荆軻篇壯志
時一激酌酒務田園區區欣自得古之沈冥人英
雄多本色

古意贈方二靈皐

聖賢躋一堂千載師尙友硏討切箴規砭硜勵吾
守有鳥來庭隅嚶鳴求其偶晛睆遞相賡並坐互
先後感兹物性良吾生遽相負出門惟有功此事
期不朽
輓近競錐刀託契等僘凝盃酒致殷勤宛若肺肝
視側媚傾睢盱九嶷當面起軌轍分千途厥道蔽
以市金石展素交古義生仰止嗟乎左伯桃卓哉
齊鮑子

九天距九淵道里非咫尺雲龍結綢繆世人不復
識南山蘭蕙芳北山芝草碧郁烈一朝弃臭味同
膠漆
維昔有美玉乃在荆山陽川岳產奇秀日月孕嘉
祥靈氣耀邦國不敢委路旁覆以紫綺錦荐以金
鏤牀齋宿獻天子百官慶豐穰大寶非近玩廊廟
生輝光
處則爲遠志出則爲小草清談驚榮名口舌肆佻
巧丈夫貴秉畤安能事枯槁致身青雲間康濟展

夙抱千載垂鴻休四海返熙皡世儒徒紛紛矜誇
章句好
文章載道器經史乃根芽才華昧性始揚馬徒紛
誇清醇昭貞質渾噩誰能涯大樸在宇宙萬古霏
雲霞
鬱鬱南澗松森森幾百尺蔦蘿生其旁竊附相比
密蔓延欲干霄勁節頓萎疾貞脆易盛衰強弱反
主客不見嶧陽桐美材斵琴瑟亭亭絕衆援非徒
性貞直

耳餘居約時期不渝生死胡以慨終乖毋乃謬厥始歎息君子交其味沒如水道合勢無睽敬洽情彌旨伊人深溯洄霜葭被中沚紉佩以相遺沅蘭暨湘芷

詠蠟梅

素質開羣卉寒英別擅場香疑來異域色獨占中央磬口承懽靨檀心露晚芳隋宮矜染黛漢苑早塗黃蛾出空千蘤蜂歸簇一房疎偏看的歷閒擬映縹緗未共椒花頌應同臘酒嘗迎春濳引日殿

歲飽經霜雪歷疎疎徑煙橫沒沒塘誰拋金彈子驚散野鴛鴦

悲歌

履棘痛刺膚茹荼苦盈口痛苦不能名吾心復何有寒本不爲衣饑亦不爲食門前溝水東西流滄海會歸應有日誰移太行置中堂嵯峨咫尺嗟相失塞中逵遊狹路烹鳳麟飼狐兎好惡任譸張舉世眩相顧投鼠驚心重器旁棄砂不能連飯吐我欲言之將誰訴雲羃羃兮煙晉晉東風何日到南郊庭中吹綠三珠樹

賦贈王錦石同年即送之山左

石頭城下三日雨長干里中泥沒趾叩門驚見走長鬚云是故人來帝里故人握手意慨慷髣髴鬚眉鬢已蒼苦道上書不得志春風垂翅金臺旁可憐懷抱逾霜雪文章塊麗當時傑不騎望火走長安單車早發春明陌十五年前燕市塵悲歌旦夕共君論旗亭蕭寺成良會雲散風流別恨眞只今邂逅嗟非偶小住爲佳君意否玉匣方吟吳苑梅

金鞭又指隋隄柳北風吹雪滿關山萬片梅花玉笛殘男兒不作牽衣態揮手離亭酒正闌

歲暮感懷

節物蕭然又歲移殘年風景費支持悲歌我久甘藜藿調笑人輕食肉糜老去虞卿慚著述愁來沈約減腰肢奮聲欲共剛腸碎凍雨殘燈夢破時

平生耻讀送窮文何事揶揄路鬼侵故里經年依破硯長安何日碎胡琴望窮雪片天涯路守盡梅花歲底心黍谷會看吹管後春風取次到園林

冰沍雲陰萬壑哀壯懷忍竟付寒灰千年人物紛芻狗一夕乾坤入大槐世態睢盱驚傲骨天心磨礪護雄才籦龍久具凌霄質逆土應遲歲首雷

短歌行

丈夫生不成名即餓死胡爲碌碌等泥滓啼號闖戶來酸風昨日黑頭今老翁天公復不解人意苦霰愁霖雜沓至束薪買至濕不然老媪爨火惟爨煙世人蠅營狗苟相徵逐折箸堆盤饗粱肉一從墮地事詩書跳踉五鬼相環居意氣飛揚饒激越

廿載艱虞志不折負薪牧豕彼何人我獨何緣白苦辛短歌歌罷餘愀愴簷溜琮琮間哀響

東祝彭年

雪霰迷漫甚關河東合初美人勞悵望遲暮竟何如上距寒雞早謀糧旅雁疎不堪生計甕孤擁半牀書

懷唐留孫

歲晏艱家食兼旬雨雪稠室人誰免謫君子更何求得句頻烘硯看雲不下樓故交愁絕處兩地各淹留予滯北上而留孫亦以貧不能赴金陵之約

次石峯家兄韻

擁被窮廬臥雪天一庭衰草半寒煙忽驚打戶公門吏聽說徵租到墓田

藏書閣詩藁卷三

藏書閣詩藁卷四

蒼溪薛景珏玉佩著

放歌贈陳執夫

陳生意氣排青雲，妙才粹質無與倫。金臺握手即傾倒，投分已似平生親。洛下望族太邱里，君其後裔毋乃是。舉以訊君君曰否，予家住近荆南口。罨畫溪流綠幾灣，銅官峯色青千畝。舊遊曾憶過洮湖，山川清麗冠南都。賢豪輩出鍾靈秀，中有一人尤推傑。特而魁梧陳髯之號盛京國，文苑騷壇紛

閣筆。迦陵麗製古今無，造物精英惜不得。一官落拓老詞塲，游戲年年致慨慷。誰憐待詔金門客，老作西京執戟郎。伊予生晚未相識，枕藉瑶編同寢食。朝吟一解暮吟一，擊節酒酣耳熱時。高歌牀頭唾壺邊盡缺，傾蓋相逢慰夙期。阿咸風調古人齊，悲將粉水華陽紙。索賦君家絕妙辭。

聞蟬

雨歇空廊靜，幽居客思躭。候蟲來切響，午枕夢微酣。噪日藏高柳，迎風過遠潭。蒔秧田事急，煙水憶江南。

和友人見寄

萬壘峰闉斗大城，簿書天遣浙東行。鄰封自昔慚三異（大兄昔任桐廬二載），疲俗今勞問五更。薄宦轉因山水戀，孤懷聊向酒杯傾。玫瑰香動鰲魚上，夢裏江南隔幾程。

離緒從教三月饒，當時投轄正花朝。胭脂夜煖燒銀燭，琥珀春濃醉酒瓢。自是一行辭裋褐，都將百里到心苗。黃蘆苦竹叢生地，慙愧笙歌入耳遥。

富春風景子曾諳，忽枉推評我未安。簡簡鳥言堂下吏，朝朝牛走道旁官。枯魚挂壁供廚味（邑瀕江而魚絕少），野雀窺人入畫闌。剩有東湖新漲綠，荷香菱氣一盤桓。

除夕前一日總戎費鶴菴以羊菱見惠走筆奉謝用東坡九日黃樓韻

僕本蜀人僑寓吳，吳地食品饒與發。銀絲膾美七沾芬，紫蓴羹熟匙流滑。場來三載卧嚴陵，手版朝朝事靴袜。太倉五斗飽即休，郡復營情到飲呷。將

軍一日枉瑤函快勝劉伶身荷鍤肥羊如馬菱如盤餌足療饑兼特殺官齋况值鎖印餘閒寂訟庭同梵刹胡來彝簿作周旋戢戢籬根角磨軋藕兒芙弟實異珍湖鄉風味園蔬壓炙燔採剎總撐腸大嚼不復愁齒齾空教餽歲走餦餭詎比比鄰惱鸑鴨十年前事忽縈心風景扁舟泛苕霅

賞牡丹和韻

簿書叢裏苦抽身姚魏名花得暫親廿四番風將過眼一千日酒好沾唇重臺泫露嬌無力嫩蕊禁

春怯有神紅燭高燒看未足石欄環繞定千巡

寒食日雨

物候偏驚歲月遷清明風景暮春天輕霞未散千門火積雨全消萬井煙乳燕啼鳩俱息羽粥香餳白劇堪憐松楸故國應無恙回首陪京一愴然

桐廬舟中閱友人近作因寄一絕

六花飄瞥繞篷窗寒到春初尚未降閒倚隱囊烘破硯一簾詩思滿桐江

雜言

鳥倦雲飛任去來一身何事苦徘徊鵷雛不信真無意鼠嚇當年說浪猜

夢境荒唐覺幾時塵因千百總情癡乘車敢杵憑誰勘周蝶蘧蘧兩不知

聞說仙源別有春只今何處覓通津空教洞口桃花笑漁父年年賺殺人

洋溪舟中絕句效誠齋

不分篙聲雜石聲粼粼淺碧澈波清回思春水如天上只當於今著地行

荻岸蕭蕭立鷺鳩柴門處處散雞豚負暄且自攤書坐消受晴窗半日溫

老眼指摩一欠伸撲人蒼翠兩崖橫年來自笑雙睛瞶一到看山特地明

嶙峋萬笏碧玲瓏塗抹天然識化工嫩綠中間黃篾舫可堪圖我作屏風

軒軒雙墖似相招南北峯頭看去濤來往十年無一語想應空笑使君勞

至西郊見二麥垂熟喜賦長句

蒿目千村歲月荒天心今喜見春陽秧針雨過連溪綠麥穗雲蒸覆隴黃勞吏暫寬腸內結窮黎眞救眼前瘡旬餘應復驅車至一看腰鐮處處忙

十月望日觀猫捕鼠戲之久而斃之因作歌以記

寠藪終宵不成寐朝起披衣步檐際何來神駿一雄貍黠鼠當場遭毒啄直是三楚爲胥細況似浮屠逢背鬼扼吭拊背復何言股掌環弄眞如戲腸

拖敢再望青冥骨醉還應想涸穢此奴今日策奇勳飼以鯖腥當報最

自題小影

東帶垂紳傀儡場折腰終日困津梁科頭一晌容休沐散髮江天快晚涼

芙蓉池北畫欄東徙倚繩牀小劫終閒理縹緗翻蠹簡等閒消受桂花風

孤茆當年任冥搜星星華髮漸盈頭自憐措大成何濟兔冊還爲故劒求

老去心情懶更疎鑽研那復費工夫從今抛盡殘書卷重畫看山拄笏圖

除夕和韻

螗蛄那復問春秋老去空驚歲月流戶牖陳符催短景勾芒新歷檢從頭團圞且盡杯中酒勳業眞慚斗大州壯志未消歸計決名山好續史公遊

疊前韻

難言五十富春秋赴壑修蛇去若流終歲隙塵餘馬影一旬春色占牛頭（是月廿一日立春）依稀老態看雙鬢取次風光遍九州不爲歲除還守歲欲追秉燭

古人遊

二月十七日

一十三秋夢杳冥鶺鴒中斷雁行分對牀忍讀彭城句風雨年年哭卯君

千尺名材竟萎枯阿咸相伴夜臺孤一經稍慰生前志爲報孫枝已讀書

曉過烏龍嶺

徑通南北界西東峻嶺岧嶢路幾重洸瀁丁江明二水嶙峋建德繞千峰溪聲偏聒閒中耳秋色疑

驕病後容羨殺寺僧門未啟布衾閒擁日高春

詠茉莉

素豔風回碧蕊鮮頻煩採摘手摻摻輕綃帳暖龍鬚滑暗射清香到枕函

玉肌爭羨小南強爻性偏宜晝景長少待露凉風定後一簾花影漏星光

遊桐君山感賦二首

重經勝地一維舟石磴盤紆到上頭眼底雲煙皆異物前同遊師友兄弟存者惟予與文峯兄二人而已壁間詞句足千秋

迢迢鏡水環桐邑片片風帆指睦州回首舊遊三十載不堪涕淚灑江流

翛然道貌古先生世外相逢一整巾採藥風高瞻隔代種花人去想前身伯兄舊令此邑重嗟筋力當年健羞見顛毛此日新莫怪宰官多絮語茶瓜聊與話情親

悼畫師聞汝蕃

卌年相與共纏綿歌絕風流一月前人在桐江清似鶴居當闤苑地名仙長康妙技今誰續太傅遺形尚儼然曾爲先君寫遺真逼肖萬樹梅花洲九里好看埋骨傍清泉

寺樓眺太湖漫賦呈張戎守

巨浸春回景色融披襟高閣快雄風連天玉宇三州滙捲地銀濤萬派通荻浦漁舟紛上下山樓畫角隱西東波恬且喜鯨鯢靜閒殺封侯定遠功

清簟疎簾墊角巾故人相對話逡巡天涯耆舊傷心數時談親串凋零之狀澤國風光到眼新三徑幾諳歸隱願五湖空聽棹歌頻牽船好結煙波侶王謝由來是世親

相國池次洪景山韻

歌行短李昔推賢緩步荒池思悄然此日頹園留古碣當年相業上凌煙風來水面紋初起月到潭心致最妍千載遺蹤頻徙倚苔痕纍纍草芊芊

送戴粒民還秣陵次留別韻

馬龔諸郎未易才廿年人隔鳳凰臺停雲竚望山千疊今雨相逢水一隈筆掣鯨魚滄海倒瀾翻巫峽錦江迴幽居已就凌雲賦自有文章列上台

孔李情深話竟宵不辭觴詠燭頻燒才華久擅東西陸國色誰分大小喬盡讀父書稱肯構尊翁學笥之富一時無兩緩隨兄步侍同朝江南冀北思千里從此分襟賦鬱陶

題嚴卧山結茅圖

老子淮南賦小招焚香滌硯助揮毫煙巒滴翠溪環碧消受山中一把茅

幽人無計住丹邱幻出煙雲紙上浮但得買山錢十萬底須騎鶴上揚州

藏書閣詩藁卷四　終

釣雲軒詩鈔

（清）薛稻孫 著

《釣雲軒詩鈔》六卷，(清)薛稻孫著，其子玉堂輯，清道光元年(一八二一)刻本，中國科學院國家科學圖書館藏。是編收稻孫各體詩五百二十七首，乃其三十五歲前所作。稻孫身後詩作分而爲二，玉堂兄弟各存其一，兄官古口北外，歿於任上，所攜詩佚失，此爲僅存者。書前有陸繼軒序，釣雲軒爲其居室名。

薛稻孫(一七二三—一七六六)，字渼澳，號顛樓。先世居蜀之蒼溪，隨父景玨徙錫，後居江寧。乾隆二十五年(一七六〇)舉人，工詩善書，與俞琨、『梁溪三逸』之釋天鈞等交遊，卒年四十四。吴德旋《初月樓聞見録》、高鑅泉《錫山歷朝書目考》有小傳。子玉堂，號畫水，陽湖派文人之一。

稻孫詩風，不專工藻繪，或攸宏雄放，或恬淡自然，深得陸放翁三昧；思緒富於哲理，又似楊萬里深沉。陸繼軒謂其詩：『賦物肖形，因事達理，取法大率在放翁、誠齋之間。』徐世昌《晚晴簃詩匯》卷九十六取其《春日宿田家》一首，表述其淡泊名利之心。另《詠史》三首，係本書未收，評述滄桑興替，氣度宏大，當爲作者後期之作。

是書柯愈春《清人詩文集總目提要》、李靈年等《清人别集總目》皆有記。

本書據中國科學院國家科學圖書館藏清道光元年刻本影印。

(蔡家彬)

釣雲軒詩六卷薛先生著繼輅年十七即獲交於先生叔子玉堂知先生尤善爲詩後見先生詩於顧氏梁溪詩鈔中固未足以盡先生之才然是編乃先生三十五歲以前作亦非全本玉堂嘗爲繼輅言余十齡而孤露乾隆丙申之歲先兄聯元有古北口之行臨別分先君子詩二之各藏其一而玉堂適得甲乙二冊其後先兄歿於古北口外所攜先君子詩遂亡去今將就所存者乞子序而梓之繼輅因思唐之詩人杜陵香山數家所傳最爲完備而王之渙任華輩僅一二篇遺落天壤亦復其有千古此在爲人子者之心以多輯一字一語爲幸而文之傳不傳要不在此自繼輅與玉堂定交後三十有三年玉堂權守盧州而繼輅爲其所屬校官因得任校讎之役並述向所聞於玉堂者如此至其詩之賦物肖形因事達理取法大率在放翁誠齋之間而參之以中晚俟後世讀先生詩者論定焉道光元年四月後學陽湖陸繼輅識

釣雲軒詩鈔目錄

釣雲軒詩鈔目錄終

釣雲軒詩鈔卷一

薛稻孫渼澳著

璞公山

翠壁俯清湍丹霞隱層樹山有仙則名何必嵩與華璞公遺世者鍊魄此羽化欲就丹井砂來訪緱山駕馬首衣塵緇山英或譏詫何時息勞筋把茅製精舍絕頂萬松風飄然雙舄下

諸從子相繼別去獨坐署齋感作

風雨蕭蕭傳舍空不殊居士臥牆東香山詩句頻

惆悵一夜鄉心五處同

詠古

蘇秦游說徒掉舌恣奔走叱咤風雲生興亡一反手白璧照後車黃金印如斗妻嫂側目迎父母親擁帚勢利變天親一門狀多醜易盈斗筲器顧盼矜富厚如何宰天下從合功不朽明哲不保身揣摩術何有大哉尼邱訓覆邦惡利口

仰天大笑出門去

仰天大笑出門去攬轡狂吟白也詩蟲臂鼠肝聊復爾羊腸鳥道竟何之拚教食酪爲傖鬼悔不呼鷹學徙兒何事山妻不解事囁嚅先訂鹿門期

大雨宿汝寧

密雨斜風阻客餐輪蹄格格路漫漫扶搖上者九萬里陸地難於十八灘月旦里荒銅狄臥天中山峙土圭寒汝南雞唱中宵急短夢悠揚蠟炬殘

發上蔡

獵獵秋聲萬馬奔一鞭霜野上朝暾遠游未挾詞人賦弔古頻銷獨客魂蠹爾封狼據平地陋哉黃

犬出東門征塗多少興亡慨都付壚頭老瓦盆

不材

美女色如玉修蛾妒入宮壯士力如虎裹革死從戎東鄰歷齒婦西鄰折臂翁不材莫相笑幸此天年終

許州

繞郭荷花香十里許昌宛在西湖裏去年駐馬對南薰濯濯千枝淨如洗重來秋老天雨霜紅衣墜粉空蓮房一雙鯉魚跳珠浪田田敗葉風披猖好

花得種須擇土太液池頭憐解語世俗何人愛此花況乃區區對倚丈西泠橋外湖山綠五月香風颺羅縠搴裳吳女手纖纖打槳齊歌採蓮曲

題周曉亭釣艇圖

毿毿楊柳千條綠五月陂塘新漲足畫工素練翦吳淞彷彿三高祠下宿幽人箕踞釣魚磯坦腹悠然渾是非風動青蘋麾白羽滿汀鷗鳥盡忘機漁童背倚漁竿立斑斑碧蘚侵鞋濕不愁龍掛雨模糊閒却紅蕖與青笠斜維短綍荻蘆洲逸興滄浪

一葉舟鼓枻凌風江海去長虹爲線月爲鉤

謝畢拙齋惠蟹

十年洛下厭羊酪夢斷蕭簾夜火時千里承筐膏滿腹阿誰輕比孟家詩

吳諤堂招同江半癡周曉亭飲寓覺居即席限韻三首

商飆蕩餘炎暮景澄鮮碧流寓城南隅兀坐自晨夕亦有冠帶交懶性痼泉石吳生癖文史坐擁等身籍東西巷鄰里前後門咫尺不借剡溪舟無煩謝家屐隔籬時一呼披襟忘主客

汲古窮窔奧研辭搜纖毫議論快雄放浩如翻海濤微言一噴醒爽若長爪搔錦瑟感華年解人何寥寥適怨清和語頗類鼓瑟膠說詩定此詩將爲匡鼎嘲寓言恣蒙莊託諷隱楚騷鯤鵬與蘭芷千載如一朝時座間辯論玉溪錦瑟詩

斗室敞虛白老桂團幽香談深日晷移蕭然巾鳥凉向晚意未已繼燭引壺觴才華映四座語妙神飛揚英姿雄發者軼世今周郎江淹豈才盡老筆

勤鉛黃我曹文字飲詎必弦管張酒闌亂風竹蔣徑橫煙霜

除夜五憶詩客弦山作

千里堯都署承歡祗阿千綵衣虛一歲雲路插雙翰椒酒曾孫侍貂裘朔雪寒尊前念予季何處憩征鞍

小人今有母望眼倚柴門慈竹抽靈筍春暉返草魂婦曾諳食性孫未解冬溫白髮親先祀明當薦潔蘩

四海相知者憐余一卯君登樓迷楚望佐郡老河汾別淚茱萸濕羈愁雨雪紛幾時如意舞重踏太行雲

井臼辛勤養深閨老孟光提攜小兒女披曳舊衣裳情折刀鐶賦心灰翠黛粧家園春酒熟珍重爲子藏

阿男時入夢短褐倒天吳近解應門否曾令入塾無小時休了了別日記呱呱饋歲紛梨栗應同索飯呼

枕上聞鼠聲不寐

窸窣牀頭夢未安披衣中夜起長嘆公然鼠輩橫成陣羞煞貍奴飽素餐紅腐儘堪供爾食靑氈何事嚙教殘屠龍射虎尋常耳忌器翻爲袖手看

將歸梁溪草堂寄靑溪兄

未買東坡陽羨田且嘗鴻漸惠山泉四方餬口我得已五斗折腰君可憐名士而今但飲酒好官從古是多錢北書惱殺無情雁腸斷秋風汾水邊

題謇堂憶別詩卷

銀濤澒洞三神山閬風碧玉非人間翠鸞雙飛靑鳥語東方歲合南康女欲往從之不可去縈絲花片沾泥絮芙蓉泣抱露珠溥清夜誰憐半臂寒江上蘭蓀迷楚岫渡頭桃葉怨長干半字同心題鳳紙迴風玉碎唐昌蕊天長地久恨綿綿蕭郎淸淚如鉛水

偕黃愚堂遊上方寺登塔賦贈

層層金碧鎮中州縱目躋攀最上頭千里河流抱城去八方風雨倚欄收夷門古道生荆棘艮嶽遺

宮散馬牛詞客暮年枚叔在賦詩懷古共淸游

和友人題太昊陵

玉梚金凫事渺然春皇窀穸到今傳佃漁器利千秋用龍馬圖開一畫天巨筆鐫題光日月（陵前有朱子書太昊伏羲氏碑）靈蓍苞秀護雲煙（陵旁有著草圃）聞君低首溪毛薦令我神遊邃古前

望家書不至

沈者自沈浮者浮萬金難買致書郵鄉心斷處走黃耳歸夢醒時啼白頭寂寂梅花疎驛騎依依柳

色上高樓書生邪有封侯相琴劒無端事遠遊

春日宿田家

泥塗歲序劇騷騷煙火蓬茅養道心護鴨船圍新柳港放牛人去小桃林盈前社酒遭田父短後征衣怪野禽對此蕭然名利汲一蓑一笠勝朝簪

貴劒何年解馬鞍欣然雞黍共言歡太平歲月爲農好人世風波行路難漢後幾曾知魏晉客來多不著衣冠山川淳樸眞如此欲擬風詩賦考槃

中秋月下

萬里關河風露清雲鬟玉臂迥含情最憐今夜嬋娟月楚水吳山兩處明

偕謌堂城南野眺

東塔影連南塔矗晴湖景鬬雨湖奇鷺溪一幅搜征橐乞與雙林老畫師謌堂工畫

百里縈紆環紫水千巖複沓接黃州大蘇山南小蘇北仙梵一聲雲際流東坡曾讀書弦山梵天寺

風雪行待心傳不至送弦齋南歸

故人來愆期風雪今何處天涯風雪中更送故人去情懷作惡信有之嶽雲江樹長相思長相思淚如雨熊羆寒臥五行山魚龍凍合三江浦我獨何爲折其股安得江郎且住陳生來大笑各盡三百杯陸無車兮水無舟良朋相守到白頭人生終古無離憂

十二月望夜對月有感

十二回盈鈌淒涼此度圓紀窮殘雪夜暈重欲風天烏鵲空三匝梅花伴獨眠明年相見處燈火映歌筵

七夕

長年含笑倚鍼樓翠幔銀屏不解愁何事天涯孤枕畔一宵雲雨妬牽牛

將還吳下留別弦山諸故人

江南歸去落花時袖裡題襟絕妙詞歷亂鄉愁催杜宇闌珊春事到將離青山送客帆如鳥紫水懷人雨似絲誇語諸君應健羨謝姑峯畔弔鴟夷

留別弦齋即次送別原韻

絕代江郎筆詩工邪救貧憐予過膠漆何士不風

塵山月開尊劇檐花聽雨頻銷魂南浦別賦就送歸人

還家示內

雒塵茌苒負前期皐廡棲遲賦五噫且醉蒲觴消暑釀漫裁紈扇合歡詩紅裙花䙡榴房滿碧玉叢期竹醉移厭聽水嬉歌管鬧北窗相對理琴絲

偶憶去夏山右納涼舊句因足成之

露坐仰天漢涼螢飛樹間孤懷頻耿耿斷句尚班班扇暑風千片梳雲月一彎殘宵清夢穩定繞五

行山

若干楊甥自家兄平陽官署歸將之山左過晤題示

人來太行北秋到大江南嶽色染征袂燈花消夜談此行依大舅識汝是奇男更倚泰松樹悲歌拂劒鐔

懷陳心傳

晨風天末舊盟寒客館同心佩楚蘭市上文章琴欲碎座中名字酒初闌扁舟我聽吳娘曲匹馬君吟蜀道難花落猿啼草堂靜峯巒青迴卷簾看

我所思

我所思兮巫山陽美人寂寞蘭蘅香冰紈霧縠雲霓裳玉瑲窈窕明月光雲和孤響流蒼涼迴波舞罷青鸞翔紛期我兮游洞房山川晻靄知何方思之不見空徬徨江娥啼血千蒼筤極目悠悠春水長蘭舟驚起雙鴛鴦

我所思兮在蓬壺安期羨門天爲徒瓊樓璇室梁珊瑚飯以石髓芳而腴飄飄乘鶴衣五銖笑邀玉

女傾醍醐世人蠡測眞蟪蛄桑田滄海今何如欲往從之若在蓺三千弱水無時枯白雲宴罷日西徂秦皇漢武胡爲乎

花朝

花斂精神遲暖日笋藏頭角待輕雷逼人寒陣春添閏風信依稀到早梅

裘敝

一裘憐棄置十載伴風塵皮蠹毛焉附年深骨與親窮塗悲季子儉德愧齊臣大地陽和轉青衫穩

稱身

醉歌

不如卽時一杯酒身後浮名亦何有婦人之言不可聽百年長醉無時醒我生肝膽寒冰照白眼青天發狂嘯飲醇愛與麯生游塊壘澆殘開口笑醉鄉把臂阮與嵇陶陶眞趣和天倪邪惜生同覆瓿布但期死作燒缸泥青山難招李白魂玉漿誰沃劉伶墓乾坤巨槨葬古今翠髮朱顏等朝露

覃懷道中

河山表裏舊曾經又逐秋鴻度客星九曲河身吹浪濁八陘山脊矗雲青紅泉活活穿沙圃翠竹陰陰蔭驛亭遙望入林嵇阮地緇塵車馬愧英靈

周村謁孝侯祠

躑躅萬峯間合沓失平野遠煙指村墟鏁嶂簇城社瑟瑟汾沁流觸石激崩瀉英風晉代祠拂碑繫疲馬死綏拜忠魂鬚眉鏡泉寫快犢多破車精金偏躍冶一聞三害言折節淚堪灑射虎南山巔剸蛟長橋下問道入雲間勵志歸風雅修名不自立

歲月其可假書劍兩無成愧我蹉跎者

發王寨

不憚崎嶇路連朝飽看山馬蹄穿石罅鴉陣聚溪灣午食寒蔬味陰崖苦竹斑蕭條井陘嶺八駿幾時還

下東烏嶺口占

東嶺西嶺雲對鎖南枝北枝梅亂開一鞭斜日下平野回首萬山輸翠來

抵家兄平陽官署

今夜馳驅客停車平水陽圭桐下秋雨歷莢送年光耕鑿唐風古山河晉國強不勞歌杕杜天末雁成行

題友人垂竿圖

菰米秋風鱸鱠美桃花春水鱖魚肥披圖大有江南景我亦因之夢釣磯

平陽竹枝詞

蟋蟀聲中日月除康衢耕鑿古風餘吾家舊擅河東譽便向汾陰老著書

春來無廟不迎神打鼓燒香集萬人亦有吳歈低按拍居人只愛聽秦聲

青青槐葉當園蔬禦冷多從土空（去聲）居一曲汾河水清淺却教人歎食無魚

氈帳凝霜撥鳳槽鵁鶄從古勝弓刀憑將塞北烏孫曲來下河東白墮醪

吳生水陸擅神奇光怪傳聞出土時愛古西樵王吏部詩成猶惜未全窺

龍池一窪碧灣環禱雨官僚狎往還要地西南雲

氣暗大家拄笏看姑山

轂擊肩摩列市廛老爺廟裏會喧闐五都駔儈錢刀滿夏葛冬裘又一年

總戎轅外樹蠹弧馳馬彎弓擁健夫共說山西多出將封侯當日是人奴

七夕呈青溪兄（時將南歸）

僂指歸期已及瓜短衣長劍尚天涯西風一葉江南岸不羨銀河犯斗槎

切切陰蟲點點螢人間離合總浮萍笑他烏鵲徒辛苦不及沙頭有鶺鴒

集杜句贈高景達

歎息高生老江山憔悴人異方驚會面儒術豈謀身問子能來宿知予懶是眞他鄉惟表弟萬古重雷陳

集杜句贈管雪堃姨丈

管寧紗帽淨白首颯凄其欲得淮王術（近頗學道）多慚鮑叔知窮愁應有作鬢髮自成絲詞賦工無益江湖興頗隨

錫瑕姪墜馬戲示

自誇足力騎生馬失足深泥水底眠塞上翁曾占得福飲中仙亦似乘船墮門酒態吾何有迴策姿容爾未安快意人生防一蹶焦王試續杜陵篇

集杜句送雪堃南歸即次留別原韻

衰顏甘屏迹君子意如何久客宜旋旆秋期猶渡河天涯故人少江雨夜聞多淸動杯中物誰憐醉後歌

行路難如此歸期無奈何蹉跎暮容鬢寂寞向山

河處士禰衡俊才名賈傅多窮秋正搖落今日復
悲歌

到此應長宿其如離別何涼風初過雁塞水不成
河行色秋將晚新詩日又多故山多藥物衰老強
高歌

送陳修吉之大梁

衰柳不堪折西風吹驛亭塵沙一蹇衛離合幾浮
萍雨急河聲壯天寒樹色冥羈愁澆不盡隨處倒
銀瓶

舊跡梁園勝披襟對古人肝腸三斗酒才調五侯
賓枚馬風流歇侯朱氣概新知君歧路側憑弔定
沾巾

再送修吉

四聲當別賦不必萬人傳相顧燈前影誰憐醉後
顛清砧催落月斷雁入遙天去作遊梁客風流媲
昔賢

簡吳諤堂索箋

柿葉飄殘秋雨收翠林閒臥管城侯雲藍幸裹相
思句敢說新添五鳳樓

垂釣得鮎魚戲成

釣得非魴亦非鯉西池煙水太清寒歸來應遣山
妻笑爲有鮎魚上竹竿

戲題鍾進士畫像

三尸五鬼幻不經嘯梁瞰室疑幽冥誰乎驅埽氛
祲惡坐令彭生伯有潛其形終南進士曰鍾馗虛
耗唐宮入夢來吳生圖罷鬼夜哭右手全神抉鬼
目虬鬚繞喙鞹一足此圖無乃是遺軸辟邪不用

轟爆竹空山百里精靈伏周遒賦形險筆摹我今
續作馗老歌錦囊王孫玉樓去鬼才寂寂如馗何
馗兮生不爲上柱國死不爲閻羅王一從天帝命
汝長百鬼至今名與神荼鬱壘相低昂馗乎馗乎
象袍紗帽巍然七尺熊羆姿奈何與魑魅魍魎爭
雄雌馗其利汝所執斬蛟剸犀劒取彼衣冠中之
爲鬼爲蜮者一一劈而啖之

朱仙鎮謁岳武穆王廟

風沙慘淡朱仙鎮松柏森沉大將祠北伐竟翻金

世界中原重睹漢官儀黄河近挾軍聲壯玉座長
留父老悲落日秋陰一灑淚雲中颯颯閃旌旗

公無渡河

悲風蕭蕭白日皎皎亂石粼粼波浩浩公乎披髮
沉中流哀魂化作提壺鳥南山薈荆棘北山張網
羅凄絃再鼓吟楚歌茫茫　將奈何

月夜江行望金山

星榆羅清踈雲影紛點綴明月大江流倒射金波
逝舉頭浮玉峰浩淼精藍麗天孫一拳石髮髻插

雲髻平生邱壑心蒲帆駛難繫粥鼓塔鈴聲江風
臯天際

滁州

横翠環如帶千峰拱一州碑傳賢太守鬭識古清
流曲澗泉聲夕荒亭石色秋九原如可作願奉醉
翁游

磨盤山

一徑盤陀路周遭勢轉圜人如蟻行磨峰作雁摩
天野火春星亂郵鈴曉夜連瑯琊蒼翠接駐馬問
清泉

登太行

百草變霜露九州阻川梁殘月馬頭落浮雲非故
鄉嵯峨太行嶺横割晉豫疆玉峽束陸海雁塞亘
戎羌崖懸履虎尾磴複盤羊腸穿空凌絕頂俯視
神蒼茫黄河掣練飛襟帶連嵩邙遠遊歎奇絕雄
風吹我裳鹽車困騏驥材枉古所傷何來青泥飯
雷殷南山陽

教内子作書

纖手不合作錐畫學書初學簪花格眞楷斷自衛
夫人蘭亭法本師巾幗鼠毫繭紙松麝熏臨池亦
足張吾軍漫誇謝女青絲障聊試羊家白練裙

渡江抵金陵

江流天塹險城勢石頭臨雪浪千花捲風帆一葉
侵黿鼉光隱現龍虎氣銷沉六代無勞問鍾山煙
霧深

金陵雜感五首

嗚咽清溪水自流臺城煙柳不勝秋臨春結綺君

休問佳麗空傳十四樓

山遶南都碧四圍長江天塹是耶非不須苦恨韓
擒虎又見金川燕子飛

擁立怱怱急就章風流天子太耶當梨園子弟天
魔女斷送山河半面糚

美人長恨桃花扇狎客纖歌燕子箋今日曲中八
不見一聲樵唱孝陵煙

南部煙花久寂寥斷香餘粉送寒潮夢華一卷幽
蘭筆不抵傷心記板橋

釣雲軒詩鈔卷一

釣雲軒詩鈔卷二

薛稻孫渼澳著

登慧山望太湖

東南壯觀滙三州躡屐龍峯控上游九塢煙霞饞
石骨雙丸今古浴金漚洞庭秋老千頭橘茂苑春
歸一葉舟狂客臨風欲飛去山靈故遣白雲留

阻風京口懷維揚舊遊

終古垂楊柳絲絲綰玉鉤瓊花十年夢漁火一江
秋未得騎鯨去空思跨鶴遊淸吟謝家句白浪使

人愁

題畫洛神

漢女湘君許並猜凌波描自魏宮來可憐翠羽明
珠畔不見陳王八斗才

送竈詞

竹爆松盆徹斗杓封章端笏去飄颻翻憐人世君
門遠不及雲車歲歲朝

人日漫興

三年人日滯歸期目送南鴻賦竹枝今日草堂花

下臥無人重哂道衡詩

空房怨

十三學繡刺鴛鴦十五彈絲調鳳凰雄蜂雌蝶各無賴二十未字羞金唐無端棄置賤如土嫁與東家輕薄郎郎心搖搖風絮狂屬靴鞓帶紫絲韁真珠百琲金滿筐一笑擲與邯鄲倡誰憐織錦深閨婦青缸黯冷啼空房缺月透綃明碎光縷衣粉蠹葳蕤箱樓頭翠線陌上桑蘭紅草綠摧人腸當年悔聽求凰曲此日羞爲墮馬粧犀株鎮膽成假寐夢化南園蝴蝶雙

雨後東軒夜坐成二律

虛櫺織雨歇爽籟含秋鮮輕服披越紵澹音揮雅絃蛙沸鼓三竭螢流火始然遂令幽意愜何用濯清漣

雨洗一天碧風鳴萬樹凉翛然脫塵網高詠臥藜牀潤吻葡萄滑清心菡萏香宵分葛衣薄新魄掛東牆

憶去冬飲周曉亭韞玉軒梅花下感賦

淸標人在玉瀾堂雲散風流舊酒塲獨對春光懷范睢可憐國色伴周郎琴彈流水雞盟冷綃護冰姿蝶夢長倘憶江南煙水侶寒花斜壓帽簷香

畢拙齋索和春日有贈

桃葉多情傍柳枝歡裁新曲妾調絲花開陌上香車緩極目春雲故故垂

七夕分賦牽牛織女得漢字

綠雲天際流光彩堆玉案丹螢拂輕紈仰視雙星爛佳辰風露清成梁勞羽翰盈盈咫水間信誓宜旦旦胡爲割恩情一別年齊判七襄供厥職正位不敢亂盟深歲月堅情長禮義斷婚姻苟非時涉洧良可歎牛女而有知予言豈河漢

舟次寄懷吳二諤堂時與令兄同寓邗江

故人何處宿一雁海雲邊風月思元度池塘夢惠連酒闌京口笛花落廣陵船暝色生離思江關去住牽

還家示內

南北勞勞我自嗤饔飧操作爾支持未知長鋏歸

來日可是金錢暗卜期花鳥春閨虛月旦草蟲征路入風詩荷衣新製開箱試倍覺腰圍減舊時

慧山歸舟即景

空翠沾衣袂攜琴上野航推篷山月小解纜水風凉蒲葦戰遙響芙蕖羅晚香雙瓶自將去郵遞笑奔忙

秋夜

霜滿江湖秋氣清虛堂寂歴不勝情孤檠四壁黄花影雙杵千家白雁聲枯坐祇應親卷帙索居誰

與共杯鐺蒼茫獨抱無窮感仰睇闌干北斗橫

雪後過清流關

寒林霽色清流關冰澌幽磵水潺湲誰將驢背江南客寫入環滁雪後山

客中題梅花卷子

家山雪海夢清酣遠道難憑驛使探瞥見垂垂來畫裏橫牽春恨到江南

莫愁湖二首

銷殘金粉水猶香不見當年玳瑁梁何似麋城花草地斷絲清梵說眞孃

依然艇子石城頭時有鴛鴦比翼遊不信湖名擅盧女南朝天子慣無愁

曉行曲

荒原亂擊蝦蟆更僕夫夜半催前行虺隤老馬怯遠道咿喔荒雞啼惡聲出門殘月泫多露鈴鐸東東似相訴春閨角枕獨眠人夢魂尋徧天涯路

將進酒

君不見壯士側盾鴻門筵一卮怒啖生彘肩君不

見才人染翰酌以斗調羹幸致君王手英雄文釆今已矣只有杯中之物鵝黄蟻綠千古長如此瓊廚金穴橫阡畝衞霍金張勢誰偶左奉千金右進酒結君心兮爲君壽大人先生去不顧視彼紆青拖紫不啻蠅營而狗苟有口胡爲饜粱肉有手詎肯持珠玉眼前萬事等鴻毛一瓢自醉長生木歛皂帽佩芳蘅碎寶玦吹瑤笙駕一櫂兮五湖棄富貴兮如茶姓名不掛人間世疑是高陽舊酒徒

秋感二首

紈扇贈佳人袖向湘江浦雲波生夕涼遙天斑竹雨

天以蟲鳴秋西堂客危坐四顧悄無人笛聲愁入破

秋興二首

吳都奇麗古今同天入蒼涼一葉楓六代春歸鵑鳥月五湖秋老鯉魚風東南旭日凌滄海西北浮雲失故宮愁向江關問詞客庾郎蕭瑟賦徒工

館花閣綺盡空談懷古情深酒不酣幾樹垂楊石

頭北一林新橘洞庭南江湖日月留漁社宮殿煙雲變佛龕愁煞采菱舟上女雨絲低唱鬢毿毿

對鏡詞

去年對鏡花間立照妾與花渾一色今年花下不勝憐鏡裏花枝比妾妍嬌花明鏡年年好安得妾容如去年

落花二首

澆殘沆瀣問花神來爲誰憐去孰嗔雨顛風顛迷浩劫山顰水笑醒前因埋香好傍真娘墓濯錦休

過妬婦津自是成功思返樸後凋原不愧松筠

繡幛珠簷競護持綠莎黃土竟離披魂銷漢苑三千女腸斷封家十八姨無可奈何春似夢誰能遣此雨如絲傳神試仿黃荃筆收取紅香上折枝

芙蓉山竹枝詞四首

芙蓉山翠抹春妍芙蓉湖水涸成田山如妾面失明鏡湖似郎心多變遷

山頭雙石立齊眉春去秋來知幾時小姑笑指似兄嫂鄉里夫妻步不離（山頂有二石八俗呼石公石母）

高士孤墳泉石枯（近山爲倪雲林墓）村娃鬭草客提壺九京試染琅玕筆寫幅清明士女圖（一名清明山）

茅家兄弟最靈奇村舍諸神獻壽卮香氣蒸成五里霧玉桃花底卓雲旗（山有三茅君祠三月十八日香火極盛）

田家四時歌（用十二辰）

不待東風化田鼠叱牛深耕原上土虎頭鳶肩徒虛語燕麥兔葵兼學圃雨勻龍骨挂屋梁蠹蛇堆盤酒如漿纔收秧馬又築場秋賽薦新獻羔羊勤如猿猴縮如蝟雞寒鴨寒九三四護門黃狗夜不

叫栅有花猪大如豹

盆梅不花二首

應是梅花怕費詩故教明月照空枝無花更惹詩情苦吟盡招魂楚些詞

無復巡檐索笑頻山空水冷獨傷神破春早訂來年約一倍繁花慰主人

癸酉元旦家大人賦詩命和韻

甲子中分日月新是年三十一歲欣逢兩度歲朝春諺云百年難遇歲朝春甲寅及今兩見之垂垂雪片猶憑臘亥時立春酉刻大雪落落

梅花自出塵經史五車男子業衣冠四代太平人趨庭愧乏斜川句聊侑椒觴獻老親

初春雪後孟士華示詠蘭三十律因題卷尾

東烏寒花物態遲居如空谷少人知傳來小草紅蘭句展向陽春白雪時啼眼西陵銷碧土芳心北渚颶靈旗愛他清韻襄陽客也蒴幽芬入楚辭

還梁谿寄家兄山右

何心問舍更求田苦憶官齋對雨眠汾水秋風悲帝子姑山冰雪夢神仙鶺鴒原上塵沙暗蟋蟀堂

前日月遷歲晚離思堪寄語老梅花下瀹清泉

北塘送别

船頭漲淨熨波平船尾峰迴不了青一片離愁深似海酒闌風絮撲旗亭

送從子覲光還金陵

敝裘憐汝去孤艇破冰痕燈火丹陽郭江山白下門遙情寄幽竹生意動芳蓀欲共銷殘歲歌呼酌瓦盆

讀玉溪生詩

片雲巫峽女微水洛川神楚客誇唐勒陳王惱灌均西崑應有託東閣竟無因錦瑟當時意紛紛孰解人

豈有文園渴寧同御史狂微辭譏穆武綺語薄齊梁遇變悲甘露憂時歎夕陽兒曹强解事爭道厄文章

二月十八日雨

林梢千片落梅殘春入閒愁更百端一領青衫如紙薄難禁疎雨杏花寒

青鞵無分陌塵紅散帙焚香竹屋中眠柳嬌花好時節年年顛作過江風（俗傳是日馬和尚過江例多風）

代題閨秀畫梅花雙鳥壽友人

畫閣春風護碧紗細勻奩墨寫橫斜漫誇桃熟來青鳥翠羽雙隨萼綠華

春暮苦雨雜作六首

受潤琴寬線凝陰鏡暈銅雨絲吹不斷無力是東風

愛看春中澗潺潺萬斛珠便欲墊巾去深林啼鷓

鴣

白雲渡邊水青山莊上花故人頻悵望一雨即天涯

浴波花鴨鬭喚雨竹雞啼溪女送螺蛤山童分圃畦

百錢易東筍貴與玉版同如何一月雨猶未賤如蓬

壞檻多生困低橋欲礙篷莫教梅子雨直接楝花風

金陵懷古

欲問南朝事今無故老知新聲傳白練小部寫烏絲幾見金甌缺空聞玉笛吹傷心總難畫翻作斷腸詩（唐人金陵晚眺詩一片傷心畫不成）

重登燕子磯

大江日夜水東流片石差池春復秋我亦飄零身似燕一年一度到磯頭

賦得白門柳二首

佳麗南朝射雉場可憐終古但垂楊風流人去靈

和殿芳樂歌傳閱武堂北埭水波金縷細東門煙雨翠眉長興亡閱盡空搖落不獨成圍祗自傷

絲絲蜀種舊承恩露冷闌干帶淚痕行處黯衣經廢苑誰家吹笛傍黃昏低迷樓閣青溪水掩映山川白下門猶憶攀條過板渚江南江北共銷魂

金陵寄內

颯颯西風白袷侵娟娟涼月共離心啼殘絡緯懷鄉里黃徧槐花望槀砧卞氏足傷羞自獻張儀舌在已如瘖勾留半是秦淮水畫舫紅橋鎮滯淫

題畫臥虎

槎枒草樹山月高腥風四射百獸逃於菟據地形忽焂陰森華屋疑窮郊古人畫虎懼不類畫成亦足以自豪前推李漸後邈鄙得此意者何寥寥斯圖正爾發奇怪禿筆迅埽如錐刀未見風毛雨血灑原野軼羣之氣自足吞猿猱當時畫手復何故不作舉頭掉尾逢其怒目鏡眈眈斂牙爪憑踞陰崖河不渡我知畫此多憤激豈畏猛獸傅以翼從來好手圖英雄不貌登壇貌乞食嗚乎人生爲虎

爲鼠亦何有紛紛世上何雞狗君不見子高畫龍絕千古却見眞龍驚栗股北平將軍墮弓弩世間那得有眞虎

謝公墩用半山韻

雅量虛名迴不同兩朝宰相住山中墩名千古挂人口不說荊公說謝公（半山詩公去我來墩屬我不應墩姓尚隨公）

臺城懷古

磊磊北山石萋萋冶城草林木莽寒煙饑禽下秋潦曠懷齊梁間成敗跡如埽天位遞相奸二象狂瀾倒蕭郎龍虎姿雍州應運早自詡固金甌捨身事佛老妖夢符讖言山家小兒狡醇醪與客水造物報何巧謬治清淨心終淪餓鬼道惟餘選佛場霜鯨送昏曉何處六朝僧浮圖插雲表

黃公澗

珠履何年步玉塵飛泉古澗弔春申澧蘭湘芷思公子翠髻煙鬟望美人咽石孤琴流細響行空萬馬激奔輪劍池亦有吳宮怨一樣凄凉問水濱

若冰洞

世人倚冰山禪客參雪竇幽壑地半弓鬼斧森結構風陰夏常寒泉水晴亦漏翻嫌上池水羣汲損碧甃一掬清塵心仙佛豈悠謬

望太湖諸山

列岫如環海塵寰望想勞滄波浮馬跡遠樹簇牛毛橘柚臨霜摘魚蝦傍渚撈扁舟吾已辦蓑笠狎風濤

題悟眞上人山房

團蒲晏坐掩松關野鳥幽花不出山一道清泉劇

多事穿林激石到人間

同人登石門雪霽徑滑將至而返

九峰如九老皓首天外俛其物盡白色凹凸杳莫辨孤舟椎冰來踏凍上層巘下方猶嚴風中道忽見晛雪消危磴溜澤解清流洄持危目不瞬濟勝足重繭峩峩雙石門行行覺逾遠望而不可即似吠雲中犬二客不能從十步九推挽翩然乘興來乃作自崖返仙靈秘眞境歸路重纏綣茅亭叢篁間小坐息勞喘斷句咏終南霽色林端顯續遊待

春融梅柳和風轉震澤浮青螺珠簾滋碧蘚但使非迷津後期未爲晚

雪後張塘橋即目

葉彤山出雲邊寺冰沍湖藏水底天斜日漁舟爭曬網半篷殘雪壓炊煙

雁

鴻陣驚寒碎碧空關河遙度轉飄蓬影沉湘浦秋雲外聲斷吳天暮雨中錦字有情傳北塞琴心無語對西風長鳴永夜如相警記否連牀喚阿同

惠山雜詠十二首

岡巒蜿蜒九龍蟠晴日捫蘿絕頂看七十二峰三萬頃青螺亂落水晶盤

一泓綠甃覆朱甍　聖藻亭傳陸羽名到處石塲紛調水出山可比在山清

湯社家家鬬月團虛堂清坐愛漪瀾流泉纔出龍頭外塵潦飛湍一例看

玉色甘泉釀酒醇典衣買醉正三春春來日日風和雨愁殺當壚滌器人

吳女春遊淺淡粧輕螺義髻白霓裳香花橋外頻回首猶認長洲七里塘

輕薄紛紛遊冶郎凉鞵小帽狎清狂晚來袖得梭籃去消受紗幮抹麗香

遊仙幾見石門開鬭易臺荒廢草萊高顧清祠猶伏臘東林道脉未全灰

黄公磵外銀河瀉羅漢泉邊翠乳流更愛名園斵山骨松間明月照秦樓

小山亭子名香雪繞遍空亭不見梅峰頂月明横

鐵笛滿身松影鶴歸來

鶯囀花關出梵音春山如黛柳如金煙花舊院黃絁女留得芳魂錦樹林

石林才具攀清畫（謂天鈞上人）示我梅花四和詩吟到前峰明月上榜人驚問出山遲

泉聲山色眼前景幾度尋思造語難一口居然能吸盡疎鐘聲出惠山寒

短歌

花顏不受福人間恨滿黃金屋綵筆難久留天上

文成白玉樓造物豈妬色彼蒼非忌才衆中誰遣鍾異質羽毛文采傷身媒纍纍若若有餘臭舉世登徒嫫母售君不見南北阮兮東西施吾將擇其富與醜者而從之

題畫張仙

張公蜀仙余蜀人千年桑梓神相親成都鶴骨誰寫眞纈袍錦條烏角巾弓鳴霹靂左右拓金丸脫手避鵰鶚送將天上石麟來彈向雲中蒼狗落眉山虔禱神不靳雛鳳聯翩兆佳允提攜雙貌玉雪兒疑是坡頹當齠齔我有兩兒郎愚魯同犬豕但祈益神智長大讀經史瓣香敢望老泉翁高吟且傚青邱子（高季迪有海雪道人贈張仙畫像歌詩中多陳求子意）

劉大濛適惠鹿角膠賦謝六首

白鹿不知年銅牌字漫剝劉郎游仙歸手自折其角

仙洲有鳳觜郅支生馬肝何似斑龍頂功成九轉丹

映日如虎珀中無千歲蚊流膏配神屋上有七星

文

生平五嶽心重須濟勝具服之腰脚强猿猱輸上樹

節近龍潛月微陽初發生長鑱深雪裏不去劚黃精

堅入酒巵鎔香從飯甑溢凡骨蛻刀圭高情矢膠漆

聞家兄解官寄詩附家書後二首

十年宦海任沈浮忽許閒身伴白鷗展驥君原勝

別乘持螯人刼苦監州移花接菓東坡法懸幟饒棋仲甫流家兄酷嗜圍棋又性好花木能手接諸果樹從此得諳通隱志暮雲秋雁一登樓

天倫樂事勝朝簪況是年來白髮侵布被寒眠偏夜永綵衣歸舞及春深寧爲咄咄書空態誰識休休揣分心鱸鱠蓴羹久相待秋風休更滯汾陰

讀韋蘇州集

清絶韋郎一卷詩銷磨任俠是吾師風簾不動秋如水想煞焚香埽地時

秋玫瑰和孫履中

桂魄團團九秋半玉斧碎金落天漢薔薇芍藥泣向隅青女橫陳錦衾爛露濕皺紗染芳汗深黃老鶯坐相喚幽客擁書卷閒幔觮灶濃熏綵毛翰片瓊不抵千珠換狂呼紫雲翻玉案酣酣夢入十二樓舞成垂手霓裳亂

贈毛榛芟二首時授徒僧寺

黃葉一庭彌勒龕北山之北南山南忍饑誦經無客過鵠聳吟肩抽繭蠶

悲歌家世兩相親處士鬚眉萬古新誰爲平原買絲繡博徒落魄賣漿貧

題章圃軒先生遺集二首

碩果江東老逸民詩文陶冶見天眞南朝歲月傷心史上世風儀墊角巾五柳遺編標甲子三閭初度紀庚寅當時執戟西京客奇字都將著劇秦

慷慨干城志已違先生少作云書生慷慨欲干城轗軻環老作五經師暮雲蔣阜騎驢處秋水桐江倚櫂時咋舌細儒封建論傳心先哲述懷詩集中封建論三篇辨駁柳氏述懷詩二十首追

配紫陽從游三世淵源在一卷名山得細窺家君曾受業於先生予又受業於先生之孫

釣雲軒詩鈔卷二

釣雲軒詩鈔卷三

薛稻孫渼澳著

讀費密荒書感賦

悲哉魚羊讖復應甲申年天災遍荆豫帝星隕幽燕蠭起羣盜賊屠戮窮西川黑丸起亡命搖黃紛蔓延殺人如亂麻攻城城無堅可憐成仁客嚼齒微軀捐亦有逐臭夫青蠅附腥羶慘慘毒流地夢夢穢熏天白骨蔽邛雅碧血浮龍縣奇禍古未有千里空無煙（書載獻賊殺戮之慘千里無煙空如大漠）費公奮世冑投

筆戎馬前從軍紅抹額慷慨爲籌邊夕陽近黃昏嚋能返虞淵大海揚洪波無補片石塡翩然脫虎口高蹈魯仲連驚心摩銅狄低首拜杜鵑（蹈迹後自稱拜鵑野叟）懼委道路口謬悠失其傳核實親載紀異辭辨烏焉三十有五載歷歷歲月編（自庚午流賊犯四川至甲辰大清平餘黨李來亨馬騰雲等始未計三十五年兵革甫息）令子重先澤兢兢守梧楼稻也亦蜀產桑梓情相牽況念我先世遭亂痛播遷展卷讀未盡拊膺涕漣漣　王師開草昧谿谷勞攀援（書載李總制入夔府年久無路伐木除草以進）百年廣生聚比戸無閒田沃壤稱益二重覩　帝力全和平盛世音快撫蜀國絃顧我不思蜀孤吟吳會篇何時操土音一問瞿塘船

友人惠蟹病中不敢食糟之以儲冬日酒材

嬰嫏幾輩縛草泥病夫食粥甘鹽齏已拚閒却左右手何必更問尖團臍速營糟邱請入甕躁擾無勞門下諷鬍蘇戒殺投之江還笑吾曹口腹重

家人買豆萁供爨

雨雪稻薪盡百錢市枯萁嘉實充倉庾長莖落黃

萎緬懷東阿詠載歌南山詩涕泣爲相煎蕪穢豈不治狂言懟君父哀語動連枝禍福相倚伏出言愼樞機才人不世出摧殘半瘡痍願爲田家翁日高始晨炊爐火煨芋栗瓦盆煖糟醨不才戀棧豆心死成寒灰顧茲爨下物懷古增累欷

寄從子紹先（時爲南溪廣文）

蕭蕭獨宦一寒氈唱罷巴渝路幾千四扇秦關開白日五盤蜀道上青天侯芭奇字干揚子杜甫高歌惜鄭虔三十六鱗春水濶題詩珍重浣花箋

采蓮曲

打槳南湖去遙波委白羽三五青蜂房乾葉響秋雨不見並頭花收得蓮心苦

除夜去舊門神

宵闌司閽策餘勳忽漫成功歲欲分金紫紛紛摶撦盡更無人惜故將軍

聞道

聞道三巴外經年始罷兵東南民力瘁西北戰功成稽首降王欵推心上相榮邊氓歸馬後努力事

春耕

遣將平蠻檄班師告廟文形求傳巖野名震岳家軍至德敷干羽誅荒散陣雲奢寅前代亂父老記傳聞

趨附蠻夷長羈縻廓廟謀建牙分鎖鑰恃險失碉樓威已振瀘水詠應伏杜郵自茲蜀道易無復杞人憂

慧山送觀光

獨向金陵去春江芳杜多二泉亭下水流恨滿官河

詠史

恩澤新侯白面郎西征賜劒出明光金鞭錦帶年偏少烏道蠶叢險正長部下射生馳白馬帳前行酒炙黃羊太平福將歸朝日不戰功封異姓王

過柏公禪堂

晴雪梅花林暇日尋勝侶供客苦丁茶暢義青松塵坐愛缺牆邊遠山煙一縷

立秋雨後

弱骨禁凉半臂宜鈎簾初過雨絲絲閒情都付白團扇秋氣漸入黃琉璃階除花發女兒好籬落瓜懸子母欹爲愛西山新沐翠拋書燕坐獨支頤

對奕口占

小院逍遙巾襪寬桐陰埽石布棋盤飄然一葉落枰上遮斷半邊金井欄（是日立秋金井欄圍棋角勢也）

詠醋四首

沽名耻更乞諸鄰酢取敖倉粟米陳氣味自來餘措大風情何事屬閨人吸殘三斗堪爲相貯得千

瓿豈患貧昨夜花前中酒臥和羹齼齒莫辭煩
小嘗不礙沆家脾齋日芳酸稱茹芝到鼻便如逢
酷吏逵肝何必問良醫殘宵飲和傾罍酒放步吟
成入甕詩莫使腐儒爲此態淮南菽乳未相宜
風林仙藥渺難求乞得梅翁語便休花下緋衣人
姓石詩中錦字地名溝蜀姜吳荇香能點紫蟹黃
羊味許投流品醎酸分嗜好因君子備晨羞
鯖腥仗爾埽除功位置常先處末葱豐說桃花重
唐俗笑傳梅子浸曹公管城瓶甕於今烈駕庫曹

郎自昔窮不是吳酸故相詎潤州城與瞽魁同

就李道中

廿年不蹋浙西路景物清幽愛水鄉曳屐浣衣白
足女刺船拜浪黃頭郎客餐頓頓盤中鯉風土家
家陌上桑更憶吳興舊遊處茗花如雪泛滄浪

盆蘭借栲栳山人韻

春蘭何旖旎倚石發幽趣東風吹國香出山樵者
誤下簾讀楚騷詎許豔詞汚坐忘一室中無言心
共素不見桃李花遊蜂滿庭戶

楊雲山示和元人十臺詠賦贈

何須足跡徧天下自許心期託古人燕趙楚吳窮
老眼風雲日月王詩神玉川破屋吟邊客金谷名
園刼後塵酌酒與君澆塊壘英雄本事在安貧

江南

四百八十南朝寺三萬六千太湖波蘭成去後無
人賦剩水殘山柰爾何

寄法三甥

齠年學畫時喜爾聰明到性靈不師古幾欲臻神

妙寫我清流冒雪圖蹇驢席帽滁陽道只今蟄面
減臂痕旁觀猶道鬚眉肖前年別我遊京華黃金
臺畔迷塵沙諸侯賓客半親故殘茶冷酒同咨嗟
聞爾棄畫更學書古文鐘鼎忞佃漁岣嶁之碑石
鼓字三代神物搜紛如左圖右史富金石尙書幕
下給筆札一藝能成心亦專三日相看目當括南
來一紙附歸鴻雜書衆體呈家翁而翁夙有譽兒
癖舉以示余笑折屐休誇方朋工六文不數阿買
知八分吾甥篆籀溯太古蟲鳥蝌蚪何紛紜奇字

滿眼苦不識千古惟君家子雲閒窓摩挲賞未已
忽傳含笑動　天子南宮拜手退食餘鈔書亦
荷頒繒綺小臣下土渺蟣蝨恩自天來欣衣被
聖朝網士重明經奚止竿頭精妙技講筵正字先
正朋承詔賦詩無屈丁古人往往以筆諫望爾染
翰登承明嗟予工病臥江鄉燕雲吳樹鬱相望中
書未老鋒先禿柿葉翻風下筆牀

鹽官東門觀海八首

九野包荒萬壑尊劃然長嘯海東門怒濤白捲雲

千片遠嶼青浮髮一痕天塹濫觴窮井絡河源九
折溯崑崙而今始信難爲水鐵鏁金隄未足論
連天遠色畫如空陵谷升沈徙舊踪古井摩挲畱
晉字名山駐蹕表秦松靈查送客能通漢斥堠清
時罷舉烽不見窮荒歸正朔樓船烏逝指堯封
石塘如帶作隄防遊子驚心歎望洋三十六洲何
處所百千萬里總難量蚌胎奪月呈幽夜鵬翼垂
雲俯大荒徑欲泠然御風去掛弓遮莫向扶桑
一泓海水盃中瀉我亦荒唐欲夢天蟻垤蜂房紛
島嶼鯨呿鰲擲蔽星躔人家久住都忘險魚蟹繁
生不計錢坐到忘機物相狎鳧雛鶴子下蹁躚
壯觀披襟賦大言茫茫元氣自朝昏蒼涼欲下鮫
人淚辛苦誰憐帝女魂峯峭石帆吹不去亭湮海
月意空存羣兒蠡測眞堪笑甕裏醯雞蝨在褌
秦望山頭雲氣垂長牆白塔影參差玉顏終古迷
童女石籀當時失李斯陰火銷沈天子氣煙鬟掩
映美人祠倦游咫尺藏靈境淸淺重來又一時
犀不勝燃萬類殊谷王端拱百靈趨往來潮汐東

西水明滅峯巒大小巫颶母無驚波若嘯桑田豈
慮石同枯歸時說與丹青手寫作乘風破浪圖
一竿不遇任公子跋浪吞舟海大魚六合之間觀
止矣九州以外復何如虛空樓閣重重現支派江
河萬萬餘只恐靈胥倏悲怒橫空風雨欲愁予

海神廟

浩蕩天風萬里吹咸池初日照靈旗天吳髣髴元
虛賦王爵尊崇吏部碑飛觀三層迴霄漢滄波萬
頃沒蛟螭報功嶽瀆寧容並極目風煙靖島夷

秦望山悼陳純齋

秦望山下鯨波紅美人祠宇生春風秦望山頭片雲白神鞭不下秦皇石來遲暮兮傷余心山蒼蒼兮海水深摧絃不鼓牙生琴茫茫塵世誰知音

懷青溪二兒三首

鴻雁聯翩去荆花爛熳開十年風雨約頭白未歸來

百歲爲歡幾平陽握手餘故巢歸燕燕遠水斷魚魚

邱壟松楸感庭闈菽水歡也應千里外常向白雲看

題蜀道圖

五丁神力萃毫端生面全開蜀道難嶺雪棧雲迷素色寸人豆馬幻奇觀行穿兕虎千盤險坐對羶裘六月寒姓地不勞深置辨故鄉久作畫圖看（用薛聰對魏孝文語）

黃愚堂自中州罷官歸里過訪草堂賦贈三律即次雨窗自嘲韻

九年棠蔭滿吳頭晚歲游梁善退修陶令歸來悅情話虞卿老去擅窮愁翻雲覆雨知凡幾小駟禰衫得自由南下重尋釣遊處汴州端不勝杭州

訪舊孤帆指石頭名流秉筆事刪修剡溪風雪懷安道（曾訪王天放先生於金陵不值）湖水長干認莫愁行旅青山堪戀戀親朋白髮共由由紀程新句涪翁派行過江南第幾州

憶上浮圖最上頭憑高聯詠共雕修（甲子春曾偕愚堂登上方寺塔各賦詩二章）忽傳命駕來窮巷謾說層軒散客愁入

戶雲峯如有待娛賓絲竹竟無由稍晴便曳龍山屐一掬寒泉試趙州

禽言三首送宜君二兒還蜀

行不得也哥哥瞿塘灩澦險若何桃花漲後梅子雨平添十丈愁風波黃頭牽纜不得上灘底怪石攢嵯峨勸君稍待秋水落行人安穩船如梭行不得也哥哥

不如歸去失足出門錯難鑄登太行下揚子朝履波濤暮風雨人生信是行路難金盡所親如陌路

休歌江南弄請誦蜀都賦郫筒酒美斗十千成都之桑八百樹不如歸去

得過且過一飽到頭百不作（去聲）兒子讀書僮負薪倚醉渝歌婦能和黃獨饑可餐青氈寒可坐有輿還騎禿尾驢前山後山行旋磨此樂逢人休說破得過且過

再送宜君兄

惜別期頻改消魂話轉無夢隨天共遠江與泪同枯白首歸茅屋青春臥酒壚鄉人驚魯語萬里自

東吳有子入家塾頎然如父長一經歸付與萬事可相忘絕域蓮花幕（三兒寓天全）寒齋苜蓿香（紹先秉鐸南溪）過從定相問爲說更疎狂

院中桃花謝去

玉環春恨褪殘粧向晚繽紛點筆牀莫笑漂漂隨岸水誰憐簌簌傍宮牆風前簾幕疑紅雨煙外池塘但綠楊留得桃根共桃葉至今天壤有王郎

春閨

生憎花鳥識春愁薄霧輕煙冷似秋荳蔻半含金屈膝鴛鴦雙占玉搔頭箏彈夜月頻移柱簾障東風不上鉤拆了秋千寒食過水嬉又上木蘭舟

燕笋

社雨霏霏浥軟塵紅襟掠處錦繃新蕨拳韭髮都迴席合配秋風雉尾蓴

秋蠅

也知難語夏蟲冰白拂頻揮倦不勝儘向秋風賈餘勇能消幾日木犀蒸（吳諺八月熱爲木犀蒸）

元人有柳眉柳眼詩合成長句

倦舞腰肢太瘦生嬌春眉眼最傳情黛初展處張京兆青正垂時阮步兵風醒三眠猶帶暝波描十様總難成凝粧獨有樓頭婦深鎖峰尖淚欲盈

雲昭翦送牡丹三枝賦謝

爲愛名花一倚闌彩雲飛送露團團君家詩句分明在水養松窗盡日看（誠齋詩蠟封水養松窗底未似雕闌倚半醒）金錯刀裁榮九錫玉盤盂墜擘連枝何當更譜新翻曲一朵花吟一首詩

詠瓶中牡丹

妙手徐黃難彷彿駢肩邢尹不爭差折來小圖三三徑壓倒春風萬萬花

輕寒輕暖養花天金翦橫分劇可憐愧我清平無豔曲倩他紅袖注甘泉

雞骨龍鱗餤頓消水晶宮裏貯妖嬈休憐承露辭金掌不遣回風裊玉腰

元碧傾殘春甕酒烏絲禿盡綵毫尖天香不散簾垂地蜂蝶紛紛遶畫檐

春日山莊

燕子家非王謝杏花村似朱陳青裙稚女挑菜白髮老翁負薪

菜黃春圃蝶鬧麥綠朝原雉飛影翻竹樹清淺煙染樓臺翠微

懷覲光之海昌

十日東遊路半千勾吳於越各山川落花暮雨入中酒垂柳春隄客上船望去湖波懷范蠡吟成海市和坡仙歸來佐汝雄談具陽羨新芽煮惠泉

待覲光海上不至

浴罷紅蠶戴勝啼春園高下綠桑枝細船撐入畫圖裏煙雨樓前煙雨時

曾遣窮搜下酒材老饕日望海鮮來鮆魚子細鰕胎軟同倒花間瀲灩杯

隨家大人過石林精舍天鈞和尚示松磴韻言因成二十韻

濃綠覆山趾塔影森玲瓏逶迤穿石徑籃輿侍家公到門鳥雀喧入座惟清風荷沼貼圓碧藥欄委

殘紅老宿新病起小立扶瘦筇語我喫茶去童子燒青松更爲設伊蒲清齋避肥醲一卷駕宏秀中有造化工自然風行水至妙花雨空側聞昔蓮社三逸著九峯（天鈞與杜太史雲川榮鍊師洞泉賦詩往還時人呼爲九峯三逸今雲川洞泉俱已下世）移家苦不早仰止風雅宗淮南秘鴻烈雞犬歸雲中賦詩茅屋下空懷杜陵翁巋然魯靈光鶴髮方雙瞳紛紛墜天葩結習紅鑪鎔登高嘯鸞鳳彈琴送飛鴻可憐出世人亦復坐詩窮搬柴與運米無乃不足供慷慨尋自笑未洗塊壘胸諸天

淨香界亭午聞微鐘

與天鈞談詩

笑我鈍根士來參文字禪花間共命鳥竹外無聲泉物象皆微意湖山有夙緣十年鑽故紙言下一翻然

別天鈞歸舟

言辭方外侶閒棹泛空行天水澹無際草蟲時一聲林端初月上嶺表暮煙橫塵境更回首滄洲懷遠情

櫻桃

酸梅如豆玫瑰妍薦網鰣魚破玉鮮紅寺落花桃水後（修稧日過石林看櫻桃花已零落矣）青籠早實麥秋前香宜內府酴醾酒甜壓高林橄欖仙此日嘗新動鄉思不曾萬顆啖西川

楊梅盧橘迥難儔薦寢緣先百果收玉版鮮新眞二妙金衣狡獪己三偷傾盤珠小員能轉丸蠟黃輕嫩欲流未許葡萄竊名號（唐人呼葡萄爲紫櫻桃）鄭家樂府勝涼州

潤州至白門江行雜詩

巨鎮空勞指地形一聲寒笛起離亭雁來塞北依然白山到江南分外青京口酒兵移郡守波心泉水甲茶經何緣覽勝焦仙嶺破浪閒尋瘞鶴銘

坐穩中流大自在海門東望鬱蒼蒼潮趨吳會三江險源導岷山萬里長破帽多情風雨夜布帆無恙水雲鄉千尋鐵鎖成何濟一笑還同塞土囊

奔踶自笑策駑駘水驛關門日夕催垂釣拚浮笠澤去張帆又向徽山來古今霸業雄心盡湖海浮

生醉眼開瀏瀏鵁鶄似相識扣舷吟嘯不驚猜

空青如畫一鷗閒楚尾吳頭落照閒沙岸烏亭紅葉路汊洲漁舍白蘋灣風偏不辨東西艇江澗難分遠近山預擬清醇建康酒到時斟酌破愁顏

柳條憔悴臥空隄虎踞龍盤望轉迷地氣南來星拱北江流東去日沈西黃旗紫蓋分吳魏白馬青絲踵宋齊三畝池臺竟何所棹歌聲裏宿青溪

紅杜鵑歌

錦江春色來天地（杜句）千山萬山紅欲醉吹落江南

欄檻前芙蓉芍藥都迴避（香山杜鵑花詩芙蓉芍藥皆嫫母）一聲腸斷喚催春誰識花魂即鳥魂我解重花如古帝花應憐我是鄉人一巵欲爲花神壽何由遠致郫筒酒荒城萬里隔蠶叢試問花心思蜀否花不能言血淚垂也如斑竹染湘妃蜀葵未放川紅老脈脈鄉愁欲語誰

黃埠墩

獨繞迴廊步轉環飛霞樓觀愜躋攀臨流花木虛明裏隔浦林巒杳靄間四面波圍大瀛海一拳天

造小金山風帆南北如馳馬惟有漁舟似我閒

杜十紫仙以雨中過石林精舍和予四疊淺字韻詩見示賦荅

浣溪家法梁溪老獻賦延恩動一時（謂大阮雲川太史）今日風流餘小杜鬢絲禪榻坐題詩

世外論交得賞音橫斜麈尾對秋林不嫌躁急妨清婉更鼓吳絃和蜀琴

連蜷叢桂小山秋泉石清眞語自幽（紫仙慧山近句云亭臺新壯麗泉石舊清眞）把臂從君賦招隱林塘一葉采菱舟

春歸

怕卷疎簾裹幅巾卸緜時節未全溫森森燕笋風成竹陣陣魚苗水到門秀麥郊原初綠暗落花庭院又黃昏閒情小摘青梅豆若箇春歸不斷魂

虎邱

金虎飄零霸業墟飛花萬點送春餘吟邊暮雨吳娘曲愁外青山越絕書佛閣鳴鐘風定後酒樓吹笛月明初野人不管興亡事手撿遺經學種魚

久雨

江南多少好山水可惜久雨罷登臨出門厭聽泥滑滑仰面又見天沈沈有赤脚婢去烹茗無素心人來抱琴坐看春盡忽不樂鶯啼鄰樹垂濃陰

同鮑文斯游寄暢園即送覲光還金陵

輕衫方麴麥秋天求友新吟三樹篇管鮑交寧棄如土秦膺舟許望爲仙鴨頭雨溢紅橋亞龍脊雲橫碧樹連游客有心尋竹徑園丁無意索茶錢盤桓松石成幽賞涉歷軒亭謝俗緣延翠滿樓身入晝分泉落沼指鳴絃全家仁壽占星聚繩武　天

章染墨鮮瞻仰御製詩刻流憩神清陽羨茗送歸目斷
秣陵煙登山臨水情何限雅集偏令別慮牽

淩虛閣

俯瞰香塵絡繹微聞塔語玲瓏不讓華陽隱者三
層樓上松風

寄暢園

竹柏青葱峭蒨溪山窈窕深幽西北浮雲嶺表東
南初日樓頭

釣雲軒詩鈔卷三

釣雲軒詩鈔卷四

薛稻孫渼澳著

雨中望惠山

亂雲蓊鬱白成堆幽客看山日幾迴夢裏舊遊前
赤壁意中新築小蓬萊巒頭未放修容出雨腳何
殊俗物來深隖把茆吾願足軍持煙笠試茶盃

石林泉次天鈞韻

浣沼一窪水臭下聲騷然顛茶老桑苧甲乙江南
泉同源出初地不爲好事傳詎以石林名詎遜參

寥賢石鏄細欲斷竹臬來無端中有太古味卓錫
棲真禪厭彼瓶盎紛愛茲鐘磬圓空山流無聲世
人奚慕焉

題湯卿謀湘中草

如此奇文命不辰四分之一百年身驅驢背上嘔
心語鵬鳥聲中痛哭人黑月白楊山鬼嘯鵲橋龍
駕玉樓新爲君一灑憐才淚魂魄千秋烈士鄰

溪行至九龍山

泉石發遐想却買蜻蛉舟到山纔十里雙槳任東

猶

五水儼聚井凡七橋南五水交滙名五丫浜舟行每經此九峯如列屏

扁舟何所有釣具伴茶經

陶家擅雅製瓦注傚金注袖中攜方壺聊爾佐茶

具

悠悠西神山松門一片石何時踏崚嶒去訪餐霞

客

冶游及三春空山亦成市花落杳無人叢祠閉煙

水

過雨青梅子遲日白蓮花名泉誇茗戰只喫趙州

茶

風遞上界鐘月逗前溪樹飛鳥倦還山歸人晚爭

渡

星散北塘燈夜市喧人語揮手謝山靈慚非向禽

侶

喜晴

熨眼晴光白恰輕柳塘泥滑少人行飯餘曬藥移

花罷坐聽春禽百樣聲

重登大墩凌霄閣俗傳爲徐偃王墓

葉盡四山出寒翠凝虛樓縱目平楚間吟懷淡於

秋草樹凜堅瘦水石交清幽蕭蕭白楊風古墓空

王侯荒煙失天祿斯語傳信否俯仰歎陳跡十年

理前遊遊子舊青衫山僧新白頭修名懼無成登

高滋百憂愧彼出世人鐘魚勤勝修

鄰牆桃花落去

換綠飛紅故故催似將多子妬青梅斷魂粉蝶如

殘客飄泊隨風一過來

實君兄歸自蜀中述蒼溪風景因成長句以

誌故鄉之感

嘉陵江上古蒼溪三戶烽煙剩舊棲廣德蜀臣先

世澤青峯黃橘少陵題荒城日出犬羣吠野樹春

歸鵑亂啼何日泛舟幽興發渝歌賓舞錦屏西

題畫

十丈黃塵馬首前開圖夢落五湖邊三間白屋三

篙水一角青山一稜田

秋日遊清涼寺

松杉密蔭白雲房獸角斜穿度石梁江上雲濤來睥睨山間風露占清涼愛霑竹色侵衣碧懶逐槐花壓徑黄不見翠微遺構在尙將佳冶說南唐

舟中夜雨

戍鼓聲漸希鄰舟悄無語愁臥掩孤篷寒蘆響秋雨

雁字次韻

橫斜天末影紛紛野鶩家雞肯溷羣豈是汗青排鳥篆直疑飛白動星文迴風斷續成三折映月微茫辨八分誰道一丁容易識書空便擬賦凌雲

偶然作

密意心猶醉殘春首重回祇應逢月姊未許問河魁坐近聞薌澤宵寒滅炬灰笑他巫峽女空化夢中槐

盡日東風入重簾不捲愁詞窮拚決絕鄉苦戀温柔酒重歆金枕花濃鎖畫樓那堪羅帶水更上木蘭舟

小榻琅玕簟淸閨玳瑁梁流光一彈指長恨九迴腸釵影舒鸞頸衣香簇麝囊後時貧女嘆端不比金唐

八字宮娥細方諸雲鬢姸人言眞可畏我見想猶憐海上棲鸞樹房中別鶴絃清宵河渚客營室禁年年

自憐嬌小日歡笑不知嫌鏡聽憑卿忌神糕祝子占靑荷羞獨照紅豆喜常拈此意今銷歇含顰問纖縑

有天亦離恨無地不消魂驛畔雀頭履爐邊犢鼻褌顧形貪舞鏡失寵羨乘軒獨有佳人意知時重合昏

溪行口號

門前一水碧彎環舴艋爲家自在還盡日推篷看不厭朝煙夕翠九龍山

題柏庵和尙語錄 柏庵先爲虎邱首座後主松江雲峰禪定兩寺

飛錫多年住九峰兩山門復振禪宗共君揮麈談名理可有雲間陸士龍

鶴沙春雨潮連海虎阜秋晴月印池自道桑榆無

遠照青松早作向東枝（時已退院三年居保寧西寺）

惠山送陳純齋還東海

九疊龍峰翠靄連河塘小泊孝廉船人逢海上無雙士茶試山中第二泉隱隱疎鐘雲外落離離春樹雨餘妍秋槎準赴看潮約攜手琴臺撫七絃

石公丈室煮茗戲成

龕燈半暗月如銀瓦鼎松風颺細塵笑向趙州參一語何緣佳茗似佳人

題許約齋丈橫經秉耒圖

風月江山主才高鼎欲扛平生志邱壑爲政尙敦龎文字五千卷菑畬四十雙問奇兼學稼可許寸莛撞

重見文翁化還尋漢二疏井田腴古研（出示家藏井田硯）邑乘富新書（手輯榮昌縣志）不信無工畫眞成賦遂初後時逢好手更乞寫樵漁

夏窗小詠（并序）

江村長夏散髮蕭閒凍雨初晴清風徐動喜無襏襫相干自許羲皇以上偶成六言短句十章既乏推敲亦無敘次知音屬和嗤同蚓竅蠅鳴稚子能吟歌向豆棚瓜架

筆牀茶具展卷清簟疎簾弈棋竹院僧歸戴笠柳塘人去扶犂

寫我憂惟紅友因人熱豈青奴曲沼並頭菡萏短牆長柄葫蘆

卑處苦南方濕高臥愛北窗風我自不知許事人應無恩乃公

水閣波紋鴨綠竹籬花朶猩紅茗渴瓶儲梅雨酒

酣扇引蕉風

六尺簟無長物三層樓可高居園奴自解薙草溪女時來賣魚

午倦貪眠方枕晚涼試著生衣碧樹迎風蟬響閒庭點露螢飛

營蠅適從何來吠蛤無理取鬧冠帶病於夏畦祼程何妨名教

美女歌白團扇少年繫紫羅囊記得前年避暑秦淮水榭風涼

何處最堪銷夏浣沼泉甘如蔗晚來一葉蜻蛉小
泊水仙祠下
道上牛還喘月草間蟲已鳴秋安得共揮玉麈永
嘉南渡名流

慧山錢武肅王祠

吳越披遺事錢王表世勲天垂牛斗氣人羨海龍
君草野傳苗裔山肴薦苾芬故鄉衣錦地寂寂冷
祠墳

詠瓶中玉蘭

一枝皎皎出塵新恍惚唐昌幻化身忍使瑤華飛
雪霰生憐玉體見橫陳穠桃豔杏俱無色月白風
清更有神待向庭階留素質丰姿如遇少年人

玉蘭餅和劉永成

東風碎彩試昆刀便欲相煎佐碧醪仙侶引年餐
玉屑美人吹氣吸蘭膏由來白雪傳佳賦可勝紅
綾餐老饕未敢題餻還說餅劉郎曾不愧詩豪

雨後偕劉永成觀野桃

桃花溪漲碧彎環千片輕綃媚遠山地僻更無漁
父到林深長放牧童閒
生憐豔質困蓬蒿游女看花歲幾遭欲取杜陶門
逕合五株楊柳五株桃
臨流顧影惜芳姿千古情深崔護詩紅雨垂垂慳
一笑息夫人入楚宮時
餘寒料峭怯羅裳相對無言已斷腸澗水陌塵都
幻影多情千古兩劉郎

賦得雨多二月連正月

雨多二月連正月六十春光付子虛水面雙雙立

鸂鶒山頭朶朶濯芙蕖空枝蜂蝶避三舍新鬼郊
原載一車苦憶清明石城路松陰泥淖獨騎驢

提壺鳥

愁絕深林聽鵓鴣差强人意喚提壺花前多謝殷
勤勸識爾前身故酒徒

梁溪西門外許氏牡丹一本歲作花數百朶
不知植自何年庚午暮春往觀已落矣悵然
賦此

人間富貴盡忽忽一種能留造化工從此不誇姚

魏色古香獨擅許家紅

開日千花散錦雲西郊車舫日紛紛我來雨打風摧後愁凭朱欄對夕曛

綠葉垂垂午院陰色空空自惜春深披枝只當摩銅狄一慰平生好古心

柬天鈞上人病

近憶維摩病春來只閉關天花飄丈室雲葉被叢山麈尾階前藥梳翎池上鵰何當解塵縛半偈對蕭閒

榔栗橫肩至逢師座下孫為言老尊宿一倍進蔬飱翦綠新吟就聞近日有詠新綠之作研朱妙解存天鈞精於易理他時看冰雪棄杖過前村

玫瑰

徘徊無那送春歸麥尾相看色相微只許近鄰依芍藥肯容譜牒亂薔薇鮫綃露泣啼紅玉獸焰香濃透紫衣梅子櫻桃齊上市賣花聲到晚來稀

贈王士璋

眼中人復見王郎拈得維摩一瓣香愧我鬢眉涴塵土漫勞濡墨貌襄陽

異代雲林與秋水梁谿畫派舊知名奪胎翻出新邱壑更遣前賢畏後生

橄欖茶

陽羨新芽展一旗薑鹽濃點味柴池爭如味諫軒前果不愧相尋苦口師

同楊雲昭鄰園看杜鵑花

楝花風老澀鶯聲步屧追隨趁晚晴兩樹交開紅躑躅一甌宜泛綠昌明林間瓔珞魂歸鶴殿上氍毹血染猩獨向花前低首拜蜀人相對倍關情

惜蘭詞并序

鄰叟盆列蕙蘭其中一莖將花而萎視之則素心也薛子感焉賦惜蘭詞四章

瓦盆羞傍俗人居何異同藏委鮑魚獨抱芳心清白去月明湘水伴三閭

雪泥印處爪留鴻太素全歸返璞中欲倩元香寫孤影眼前誰是所南翁

誰言小草出山輕乾向枝頭死守貞紅紫紛紛媚

青帝爾曹空作彦回生
埋香肯向玉鉤斜悔不生移處士家別有神交超
臭味素心人惜素心花

再偕楊雲昭飲鄰園杜鵑花下

兩度看花杖履同主人留客醉芳叢巴雲錦水三
刀夢脂臉酡顏一色紅琴軫全舒猶婀娜寶幢對
現更玲瓏底須卜夜燒羅燭散作餘霞尙滿空

秋熱喜雨

白露鬱殘暑織絺御不勝何來豆花雨斗失木樨

蒸鳴玉先清耳含風快曲肱牀頭掛椶拂無事更
驅蠅

蜘蛛

虛簷羅織太交紛獵物分明攔子軍正喜鶬蚊舉
網盡忽驚風雨洽絲梦人皆乞巧從靈匹我已藏
身學隱君不事埽除成懶癖縱橫遮莫胥緗芸

螢

風迴羅簟不禁秋點點踈螢別院幽露下空山百
草腐宵分深樹一星流病多久怯攤書坐情少寧
爲滅燭留今日青燐亂隋苑還疑長夜奉清遊

董甥雲昭自蜀中來將之温州賦贈

豈厭下帷苦飄然萬里行路輕三峽險江盡五湖
平道遠稀親戚鄉音問姓名吾慚謝家舅珠玉對
賢甥
訪舊更東去扁舟吳越間初嘗惠泉水獨看永嘉
山杵急秋風老囊空客意閒江城晚搖落重惜柳
條攀

送劉永成赴試白門

丹桂黃槐滿石頭文壇蟻戰月輪秋知君於此輿
不淺白髮看花前度劉

讀玉池生詩集題卷末

第一官宜第一人凌雲詞賦久垂紳不須武子言
臣叔自有文章可致身 小阮繩菴丙辰鴻詞第一
王孫彩筆麗天葩兔苑風流未足誇若倣賀家梅
子例玉池生合喚桃花 予雅愛集中桃花詩觀裏不來前度客門中空憶去年人

書隱者壁

大兒坐石繙南華小兒放鶴踏雲沙青山不改太古色碧桃猶作秦時花

盆蘭

養以黃磁斗幽蘭茁小叢箭抽一夜雨葉獵幾番風衆草推香祖孤芳狎野翁試教裁作佩應勝玉玲瓏

本是湘皋種托根陽羨陽山林徒城市楚女學吳粧靜念無人境空巖委翠裳援琴寫幽怨天際嘯鸞凰

田家卽景

長日牆陰叫午雞參差濃樹鵓鴣啼山蠶老去爭成繭野犢生來解荷犂麥浪翻風黃不定秧針刺水綠初齊漫言謀食非吾道雨笠煙蓑入畫迷

落花

濛濛絲雨濕窗紗一徑苔痕臥落花莫逐東風過牆去斷腸人只在西家

天鈞師示松磴韻言賦贈

爐煙嵐翠染袈裟踏破孤雲到水涯鳥語山田催割麥龍頭石鼎試煎茶病餘小拂風前塵定去從喧雨後蛙城市故人稀過訪春前強半為看花霓裳舞倦疊空箱（前索詩稿以藏篋中未檢出）苦向名山索秘藏一笑相看梅子熟再來應待木犀香話頭可許參元奧韻腳差能校短長袖得雲篇臥篷底晚凉吟咏濯滄浪

用前韻贈天鈞

泛湖每欲共袈裟坐具爐熏臥渚涯名士幾人如畫餅（天鈞和詩有偶因名士一烹茶句）家風三椀不思茶（天鈞因病後戒茶）情塵未斷憐香蝶客氣方張笑怒蛙白髮蕭蕭

老禪宿一生天遣伴梅花

法語光生七寶箱剡籐副寫重留藏（予手鈔松磴韻言）煙霞逸致標寒瘦山水清音洗豔香峭緊草鞵便腳健四方竹杖等身長石門夙約何時踐飛瀑峯巔濯沆浪

再疊前韻答天鈞

豈有微塵上袈（去聲）裟一瓢一笠遍天涯催詩漫擊持經鉢待客初分供佛茶小院草緜馴野鹿清池

雨急鼃泥蛙栴檀灶罷閒情盡簫鼓從他逐浪花（時值競渡）

田翁足穀富千箱炊斷齋廚一粟藏老不廢詩工意匠病猶禮佛爇心香碧山社古風流遠紅藕花開日影長三疊瑶篇勞倚和水窗研墨染淋浪

三疊前韻和天鈞

九峯三逸剩袈裟碩果天留未有涯冷淡蘆充蒲塞餓（予擕菜茹相贈）空明泉煮趙州茶（天公石林泉詩空明無可洗斯與泉契焉）愛君詩力擔龍象愧我吟聲出蚓蛙一卷楞嚴

依講座埽除結習懺風花

蕭然瓶拂共書箱舌上鋒機久退藏欲辨忘言山色古相憐同病藥煙香（予亦病新愈）衰年結夏鐘魚靜少日參方道路長倘許一龕三宿共夜窗刻燭雨浪浪

四疊前韻柬天鈞採荷

水天一碧淨袈裟遥挹清芬思未涯老去禪心明似鏡雨餘詩味淡於茶遐齡每羨雲中鶴兀坐眞同井底蛙多謝遠公容入社馳箋問訊白蓮花

荷衣零落委青箱梅潤熏爐檢舊藏五月披裘風露冷幾時移棹水花香冥心我亦刪支蔓湧舌君原妙廣長早訂清凉銷暑約火雲堆裏坐滄浪

賀劉濛適姊壻北闈獲雋

秋風每爲惜劉蕡賈勇終空冀馬羣恩等杏林新甲第（壬申恩科奉旨春鄉秋會）功酬藜閣舊辛勤揣摩自信肱三折絢爛全消候十分得意人生是良友聯鑣況有大馮君（與馮大敬輿同榜）

王謝情深喜倍眞門闌佳氣近如新文章公論今

尤信（予昔年和濛適四十自壽詩有白壁文章公論在句）弧矢先幾若有神（揭榜前曾爲筮得解之四爻）養就羽儀堪致主舞餘宮錦待娛親惟憐不見泥金報地下牛衣對泣人

秋玫瑰

化工滋雨露商令變青陽未散黄金粟翻開紫玉囊花名疑月季風信應寒螿蠶以非時貴培緣得地良瓊瑤君子德靺鞨美人粧試取燕支染當留座上香

躋寧堂桂花

斷磴荒垣畔團團桂自芳香浮一萬斛樹老十三行寓客攜茶具游人坐石牀餘炎端爲爾着意媚秋陽

輓劉畫麟（畫麟性聰頴未冠能文應試北闈卒於京邸）

雞窗憶共阿戎談經史紛披晝掩關冰雪殊方凋玉樹文章夙慧識金鐶窮途大阮憐收骨（令叔舒度擕匱歸里）輟講名師痛鑄顏（業師馮稺袁爲作小傳）我亦有情忘不得而翁相對淚潸潸（予近殤二子）

芝焚蕙折竟何論太息憐才叩帝閽不分燕臺遺

駿骨肯教羸博冷歸魂附身未綻縫衣線絕筆空摹石鼓痕（太學錄科後得疾不起）一卷長留嘔心語秋墳風雨唱黄昏

法三甥寄近作閱次有懷兼示若千甥

寄語叔閑與叔靜耕釣無須學漫郎不信長安居不易有詩如此亦何妨

駑馬久拚泛駕老散樗甘以不材終山窗不作京華夢却爲懷人憶軟紅

久不得家兄信

求點山高大小隱機雲屋住東西頭何事蘇家老兄弟頴州風物異常州

經年消息兩茫然淮楚蒼蒼夕照邊雁杳魚沈春草夢蜂愁蝶怨落花天

釣雲軒詩鈔卷四

釣雲軒詩鈔卷五

薛稻孫渼輿著

甲戌元旦

喜無車馬刺紛投靜掩柴門擁敝裘浮動雪光爭日腳瘦生梅蕊待風頭狂呼博齒新年彩爛醉屠蘇過臘篘若問阿儂生計在五湖春水一漁舟

訪柏菴和尚

一逕碧苔合白雲封竹房山僧罷清課補衲向朝陽苦茗留閒坐枯梅返舊香不忘先世業梵宇亦滄桑（談太平庵興廢）

慧山春日即事

翠巒作意染春妍相賞吟邊共酒邊古澗瀑懸龍縫水（龍縫泉名）橫塘風漾鴨頭船靜聞鐘磬花間雨閒倚亭臺柳外煙共說冶遊天氣好踏青人去惜遺鈿

讓他裘馬豔魚徐臨水登山興不孤鍊石閣邊聞塔語聽松菴裏試茶爐相於西澗棲禪老（謂天鈞）仰止東林講學徒憑仗枯籐舒眼界危亭木杪俯層湖

內子語予階下隙地可種牡丹拈二絕答之

廿二番風惜歲華成團蝴蝶過東家幾回欲乞鄰園種貧賤人羞富貴花

灌溉栽培歷苦辛一年容易錦成茵不如飽飯穿雙屐到處看花過一春

枕上

夢回燈燼後最怕五更頭黠鼠鬧無禮荒雞啼不休半牀分上下一劒識恩讐紙帳寒侵骨吟成月滿樓

星橋即景索馮二穉表和

飯餘負手曝黃綿茅屋疎林出午煙慘淡山容如島瘦橫斜雁字學張顛罱泥田傍撈鰕渚賣穀人尋放鴨船傳語隔籬詩叟道村園新詠待分箋

登大墩文昌閣

龍峯左顧右龍城天半文星磊磊明禾稼歲登秋野潤煙霜氣肅晚鐘清青衫落拓痕餘酒絳帳飄零夢斷楹（庚申冬曾侍趙柯村夫子及諸同人讌飲閣下柯村夫子已去世十年矣）

弔何心搜古碣舊游歷歷最關情

每歲三月二十八日龍山賽會士女雲集甲戌是日苦雨戲成六言疊字一首

隊隊魚魚雅雅紛紛燕燕鶯鶯柳柳花花歲歲風風雨雨聲聲

閒居寫意

棋覆雙奩塵掛牆市聲不到讀書堂娟娟竹葉杯鐺淨淡淡松花餅餌香陶令門關雲出岫杜陵屋漏雨連牀懷人試就垂簾卜游子何時返舊鄉觀光之鹽官未歸

完租高臥免追呼門對青山似畫圖鄰叟邀看木芍藥園童勤翦石菖蒲桃花水漲茫無畔瓠子宮成繁有徒閱盡勞勞冠蓋客始知魏闕異江湖

課童子種菜

半弓初闢綠畦新風味何勞憶採蓴莫笑山童貪賣菜主翁自是齩根人

何必英雄定使君清齋卒歲厭羶葷斜陽抱甕閒來灌只當山齋運甓勤

潑眼菁葱生意勻晚菘肥茁白如銀東陵瓜與南山豆安穩何如種菜人

淮南

淮南霪雨鎮朝昏隄潰千家鮮百存橫怒蛟龍盤大澤哀鳴鴻雁集荒原瀾迴砥柱空臣力魂化深淵亦主恩白璧黃金供歲歲賈生下策更休論

雨後水閣野眺

翦盡黃雲望眼寬蘋風草閣坐來寒濕生古樹蒸成菌急溜平橋險似灘潑翠溪山添畫意拔蓑農

牧共言歡狂吟恰與鳴蛙和同是閒身不在官

門無鳥雀絕塵譁五月江村景足誇港折溪流分十字草深泥路沒三叉蒲塘雨過移秧馬柳岸煙深響釣車種秫曾無田二頃也隨農父望朝霞

土鼓秧歌婦子同多收十斛喜田翁蜜虀軟餉傾三白麥豆嘗新煮二紅漫共小兒爭遠日旋驚少女動微風天心仁厚豐年屢杼軸應憐大小東

莫近野薔薇

莫近野薔薇刺多花葉稀折時傷玉手行處絆羅

衣

積雨初霽泛舟至慧山中途風雨復作坐淨滌軒茶社用壁間韻

嬉春一舸趁晴煙愛飲山中雨後泉新雨頓令游興盡竟同風雪剡溪船

女牆一角截雲煙三尺新添檻外泉猶憶驅炎酣茗戰清風槃薄解衣船辛未夏同八茗飲於此

紙鳶

刻木偏輸翦紙工一生心力仗東風飛騰片刻雲

霄上操縱羣兒掌握中光借燭龍銜永夜聲欺鐵馬撼長空箋天正苦無梯引附羽思憑一線通

簡楊雲昭

街北風光老鐵家曲欄杆外洛陽花花時可憶狂吟客醉寫新聲撥琵琶

寄若干甥

男兒事業弟兄心風雨依人感慨深半百親年期捧檄千秋交道重分金豐臺芍藥初如錦震澤楊梅欲滿林望斷燕雲兩相失書郵誰識久浮沉去秋董甥雲昭入都曾作札相寄近聞雲昭尚滯白門

寄法三甥

聲名籍籍滿長安詩畫書兼更酒顛吳下阿蒙人共詑山中宰相我居然江魚破浪勤裁素天馬行空快着鞭座上倘逢金紫客野夫狂句莫輕傳

美人春寒詞

鎖窗香霧雨霏霏不耐開簾燕子飛裝束近誇輕雋好忍寒猶愛著羅衣

扶牀紅頰暈餘酲强起臨風弄玉笙小炙銀簧纖

指怯教郎緩緩度新聲

春閨坐雨代內

窗昏繡幅頻看線衣潤熏篝更換香喚煞小鬟渾不應背人偷翦埽晴娘

弔天釣和尚

悲秋一夕罷牙琴嗚咽霜鐘度石林卅樹梅花詩卷重天釣有四和高青邱梅花詩膾炙人口半間雲氣影堂深天釣自顏其臥室曰半間雲傳燈烱烱誰堪續隻履飄飄何處尋千載高名仰三逸風流遙繼碧山吟

宜君二兄歸蜀同舟至毘陵送別

白頭相送淚霑裳家君送至黄埠墩水驛山程萬里長一夕夜航寒共被幾時秋雨話連牀江流尺素傳魚腹峽影空青接雁行此段離情忘不得六龍城外曉天霜

初霽望九龍山旋復陰晦

清和天氣雨痕收九點煙光入畫樓紫翠紛披衣百褶雲霞綰染筆雙鈎重陰忽訝龍飛去壘嶂翻疑鳥度愁暮北朝南乞風便何辭一日一回遊

題鮑文斯采芝圖

珊珊骨相列仙才把袖浮邱亦曠哉只恐白雲留不住徵書早遣鶴啣來

餐芝之說豈荒唐箇是英雄退後方好待功成身老日乞將勾漏向君王

飛絮

倚風如雪落還斜亂點紅樓燕子家化作浮萍終不定隨波飄蕩到天涯

食筍

書生斷盡食肉相玉雪含胎太瘦生直節不妨存辣性山厨新與芥同烹

春晚偶成

茅屋小橋東溪流面面通棹衝蘋葉雨簾卷柳絲風愛酒養生主逃名亡是公琴材莫輕斲珍重付良工

餘寒似晚秋三月尚縣裘春事將紅藥交情但白鷗笑談輕婢價濡滯憶賓郵乂手殘陽外青山相對愁

睡起野望

潤吻風爐茗一甌夢回情味酒重篘睡當午後如期約詩到春來費應酬花濕青帘村屋角柳迷烏榜板橋頭最憐著雨芳菲盡試聽林間喚婦鳩

病中送春

也知春色原如夢其柰今春夢惡何一月閉門聽雨臥無人行處落紅多

題贈

曾騎驕馬逐香車醉臥蘭陵賣酒家吹罷玉鸞天

似水月明何處小瓊花

憶金陵舊遊

舊遊如夢不堪論畫舫烏巾記白門歌板月明桃葉渡酒旗風暖杏花村六朝人物棋中劫千古江山畫裏痕横笛休吹楊柳曲攀條行客最銷魂

江南春

飛絮遊絲劇可憐新煙門巷賣餳天濃熏花氣中山酒豔發詩情下水船窄袖吳娃調翠管短衣燕客擲金鞭當筵爭唱江南好腸斷東風只杜鵑

竹枝歌

桃花紅似郎騎馬燕子輕於妾蕩舟馬行千里復萬里舟行只在小溪頭

青溪作

江樓殘笛可憐宵人在青溪長板橋燕子不來春寂寂柳絲無力雨瀟瀟吳宮草色連三楚蕭寺鐘聲送六朝似訴從來亡國恨空城嗚咽響寒潮

金陵上巳有感

王氣久銷歇江光猶蔚藍東中留稧帖南渡誤清談燕子一年一薺花三月三飄零故宮曲無復舊何戡

秦淮

綠漲秦淮新水生江南清麗舊知名春詞愛詠張公子燕子桃花古石城

觀音閣眺大江

高閣凌飛鳥危闌俯逝波風帆寫之字雲壑淨娑羅江展一奩鏡山堆十斛螺忘情輸老衲遺恨六朝多

陶淵明

琴不安絃書不解肯將印綬易簞瓢歸來應笑門前柳猶向春風漫折腰

夷齊採薇君採菊南山高與西山鄰寄奴王者爾何物容得柴桑舊酒人

中秋柬謝二麗雲 麗雲善吹簫居玉帶橋下

懷人朗月與清風水調孤吟倚桂叢俛仰酒邊鸜鵒舞令人深憶小安豐

萬里陰晴今夜共相思百里未云遥浮雲吹盡見

明月恍聽簫聲玉帶橋

句曲道中同青溪兄作江左被災饑民載道故詩中及之

五年不蹋華陽道新霽嵐光熨眼青滑滑春泥妨客騎垂垂雲葉閟仙靈哀鳴中澤悲鴻雁急難空原慼脊令何日樓居棄塵壒松風謖謖對牀聽

同家兄青溪從子覲光子苞元大佛庵看梅隨步至虎踞關精藍別墅流覽竟日賦五言一首

大佛無量相老梅相對花隻身撐浩劫萬蕾散恒

沙詩筏兼茶具山巔復水涯何須宴桃李樂事屬吾家

題大佛庵紅綠雙梅

萼綠休誇降上眞比紅何用賦詩人分明南北禪宗派兩樣花開一樣春

偕覲光僧寺探梅

雪點春衫冷不勝乍晴風日興堪乘慚非修竹林中客來對梅花樹下僧

同家兄遊報恩寺

賣餳南陌冷春煙攜手名藍梅柳妍風撼塔鈴聲大地雲生香篆裊諸天打毬角勝兒童逐疊鼓登場傀儡牽白髮阿兄增太息釣遊隨處說髫年

登北極閣

十年重眺石城頭芳草垂楊儼昔遊閣共星辰天北極江分吳楚水東流蕭梁陳迹餘紅寺元武輕波蕩白鷗一自蘭成工作賦煙花南國易生愁

題三友軒壁

此君彼美共淸寒林下風期結古歡獨有髯翁應

割席當年曾拜暴秦官

頃所題三友軒絕句於十八公有苛詞因代作答

草元亭畔嘲難解凝碧池頭謗任隨自信此心終不改請君看到歲寒時

追輓楊慕東

笙歌裘馬日相催晌眼豪華付劫灰郊外鍤隨身竟死酒後無疾卒於村舍囊中金盡客誰來名花折應龍蛇讖慕東齋中牡丹開四十四朵忽壓折五朵是年正三十有九似成凶兆宿草情深

孔李哀腹痛板橋東畔路春亭閬寂鎖蒼苔

過一畝園寄懷徐星五妻弟兼呈師惠丈時俱赴試金陵

巖扉偶爲遠人開水石蕭踈激旅懷修竹園林追阮曲垂楊樓閣記秦淮一枝月窟爭先折雙劒豐城不久埋須念扁舟乘興客秋風零露濕麻鞋

題星五一畝園

玉臺新詠秀江東小隱初營一畝宮酌酒彈琴自怡悅愛君知足少年中唐詩知足少年中

門外綠楊横畧彴岸頭紅蓼帶笭箵商量瘦石踈梅畔縛箇團瓢小草亭

從無熱客到元樓一卷茶經百甕虀來往無非阮南北風流眞似瀼東西

茂林修竹永和年得地千巖萬壑邊一角西神擬持贈憑誰海上借神鞭

朱鱗策策與堂堂勺水江湖意未忘我自非魚子非我會心千古只蒙莊

酒材風味竟何如採釣悠然樂有餘春雨足時燒燕筍秋風起後膾鱸魚

桂樹團團梔子肥蟬聲一縷送斜暉墨池勤蘸珊瑚筆新種紅蕉葉漸稀

我亦生無食肉相愛此萬个青琅玕徑欲移居對衡宇省教書問竹平安

舟行至黄衙村口號

菊有黄華蟹有匡江村風景逼重陽櫛頭船趁潮初落三板橋南社酒香

贈星五

下簾讀秋水風味劇酸寒倦倚黄磁枕新得瓦枕形製古樸行歒青籜冠林於鸞尾動園栗蝟毛攢不是忘機客誰能結古歡

題外舅徐省庵先生小園

老屋溪南舊埽除小園賦就子山居編籬纔及三年後種樹都高五尺餘卍字紅闌呼鴨鴨葒紋綠水戲魚魚拖筇行藥歸來晚不理琴絃便讀書

清貧性本畏人知淵跡園翁與釣師少子親傳文選理門生遠寄草堂貲梅花亭下班春早孤竹祠

前駐節遲何似北窗閒跛脚某邱某水說童時

用成語書一畝園壁

花竹秀而野河水清且漣無事此靜坐日長如小年

一年一度到君家拄杖敲門看修竹清風明月不用錢濁酒一壺彈一曲

雙桂爲徐星五賦

脫巾捉麈共清談作意秋蒸風日酣不讓連枝芳占五自然映月影成三深糂似向眉間借妙義先

從鼻觀參記否帽裙鞭影底故山搖落憶江南

贈袁子

文章爾雅重西京講席盟心意氣傾此事久推袁彥伯傳經半是魯徐生（時授經徐氏宅）待窮白虎諸儒異先教烏衣子弟成贈以靈椿丹桂句鶴鳴欣見和同聲（偕令嗣省試歸）

懊惱歌

懊惱復懊惱貧賤催人白頭早可憐快意一事無百年上壽猶爲夭人生富貴豈有常鄭五宰相朱

三王臥龍老死草廬下不過南陽田舍郎

食粥示兩兒

魯公乞米書苦道生計拙我今遭奇荒食粥已數月癡兒不了事索飯啼强聒去年應木饑天災行江浙霹靂轟天車螟蝝肆遺孽有司仰屋籌無禾徧阡陌方冬已寒餓春夏尤慘切斗米三百錢家家飯甕缺白榆皮不存青草野無茁兒女轉異縣溝瀆委白骨誰將鳩鵠形繪圖上金闕蠲賑下明詔稍稍得存活中丞善救荒火急禁麴蘖勸爾

多田翁及此世祿室洽比古所聞趨義各勇決東南杼軸空懸磬非一日寅年食卯糧剜肉眼流血譬彼木蠹根一風盡摧折夏諺望遊休周詩歎遺子嗟哉五畝荒四壁無長物敝裘何處典（質庫俱閉）親故等秦越任笑糠覈肥饑軀耻干謁王孫懷一飯廉士甘三咽試繙乞食詩細與汝曹說

再示兩兒

野蔬雜煮午方炊貸粟監河未有期干祿我非劉贄父恒饑汝似杜陵兒幾家餬口供饘粥積歲剜

心賣穀絲三復傷農長樂語屢豐咨警況顛危

舟過黃埠墩

天然小景在中流面面垂楊護佛樓亞字闌干丁字水西山塔影北塘舟

戲贈友人

夫壻應須簡較之（用北海王詳母語）玉川赤腳最相宜當年周姥詩能撰婢咏泥中合受笞如面桃花怒尚遷況描眉嫵對郎邊也知城北徐公美爭得桓南郡主憐

食蟹

右手便浮大白團臍快擘中黃壓倒金虀玉膾配將卵蒜芽薑

謝怡如齋中看菊賦贈

烏衣門第傲柴桑玉樹黃花兩擅芳佳種列如名五子晚香遲爲閏重陽燈前整整斜斜影霜後深深淺淺糙不獨壺觴寫絲竹明瓊金葉亦何妨（座客競爲博戲）

過石林精舍追悼天釣

剎那生滅本圓靈澹澹西山只麼青（西山澹如故天釣句也）修竹陰中塵滿席梅花林下月當庭伍喬星象咸虛夢文度幽明想幻形悔我頭顱已如此未從師授洗心經

險韻賡如石鼎聯四聲往復衆人傳（予曾與天釣唱和裟字韻詩各四疊頗爲時人傳誦）葛洪川畔三生石韋杜城南尺五天（予方歸自京師）流水高山今已矣黃花翠竹故依然籃輿扶老經行處曳杖重來涕淚漣（先君子常過石林與天釣談禪）

又作

丰神如見水邊梅野鳥猶尋施食臺撒手白雲無覓處衆生空望鶴歸來

釣雲軒詩鈔卷五

鈎雲軒詩鈔卷六

薛稻孫渼澳著

書事

正苦年荒酒價高忽聞厲禁到醨糟秫田不足誠堪慮釀具難容亦太勞諧語簡雍曾用蜀嫚辭文舉欲爭曹這回笑煞劉伶婦醒眼從君對二豪

麴生風味忍相忘乞米何來斗酒藏不獨難求清者聖自今須信醒而狂凄其月下當歌苦絕倒花間煮茗香狡獪學他狂吏部醉眼鄰甕試偷嘗

題畫石榴

筆端水墨意飛動寫出一枝安石榴愛汝紅房獨多子也知措措最風流

初見白鬚

白為居憂早還如髮未公鑷殘空自笑染就若為容太息髀生肉無言手指胷未須三十九今已歎龍鍾（坡詩龍鍾三十九）

友人惠銀魚蟹

細碎銀花亂橫行鐵甲雄賦詩憐白小筮易得黃中已擣薑橙細還愁酒盞空羔羊誇北客風味恐難同

寄若千法三兩甥

整衣匡坐思遠輩解帶醉談明士流二子同居不同志勗哉相好無相尤阿兄雁鵞進紙尾小弟痛飲讀山鬼不愁煮豆逼陳思慎勿投燭瞋周顗

課二子讀書

寧教世俗笑書癡莫被人呼沒字碑清白百年承祖德朱黃五夜戒兒嬉文如蘇氏眞兄弟詩信樊

川是父師鑿壁下帷先訓在披圖泣想授經時（先王父自題教子圖詩云下帷不窺園鑿壁勤勵志）

無題

春暖紅閨日晏眠半成癡懶半嬌妍花間選采輸金葉月下偷聲譜石絃背面每憎無義草同心惟愛合歡蓮紫騮催向天涯路惱碎珊瑚七寶鞭

遣興

憤世劉郎廣絕交知元揚子反離騷情當難遣問伯雅事到不平呼孟勞身外乾坤一蚊睫眼中人

物九牛毛波瀾不起安心竟遮莫蟫魚飽六韜
蓬蒿一徑靜無營晚食欣然傲大烹未得韓非除
五蠹且從擇子問三彭山如欲示畫工意琴亦難
移俗子情勘透榮華與顛顇談天休逞辯縱横
日飲亡何賦子虛秋聲萬樹月平湖少年競學無
愁曲時手新工沒骨圖那得磨蔆圓似芡縱令工
瑟響非竽敬畬殘客吾何有不是牛衣卽狗屠
何必仙源定武陵孤飛自遠弋人矰無官詎敢居
高士多病從教似戒僧老樹陰團雲漠漠小山晴

湧塔層層治生乏策愁珠桂打稻聲中喜歲登

看鬬雞

絳幘昂然鼓勇先閒觀徙倚午窗前聞聲起舞猶
多事肯向垣東逐少年

詠史

獻瑞廷陳九穗禾騁懷八極駕黿鼉纔陳角觝魚
龍戲又唱宏農得寶歌自在艨艟飛五鳳前行簫
鼓擁千駝時巡合有天書降玉檢金繩代不磨
熊館誰爭諫獵書豳風罷進授時圖民心自怨崔

成甫天意終憐鄭介夫搆巧神仙愁出入技精革
木解歌呼江南爾汝歌偏好長勸君王醉玉壺
衝冠一怒便揚兵鼓竭秋風馬倦鳴收骨二陵非
死所藏身三窟豈行成單于自款居延塞老將寧
貪石堡城不信遐荒眞異類兩階干羽有苗平

同湯宇州汪則凡虎阜觀會

傾蓋投膠易水生相逢恨晚是汪倫浮雲逆旅成
知己朔日陽和應小春歌倚洞簫偕二客肩摩繁
會坐千人塵蹤鞅掌愁分手願向山中早結鄰

平山堂步至紅橋

樓臺花柳帶平岡勾引閒人應接忙日暮紅橋更
回首亂螢衰草是雷塘

丹徒道中雪同鮑三文斯

輕輪碾冰路似行确犖間朔風刺瘦骨薄暮衣裘
單天地倏慘淡江山亦凋殘凍潮咽寒流林岫紛
漫漫旅亭煖帽柮豆粥供客餐試酌京口酒幸有
平生歡祖劉慨共被王貢欣彈冠（文斯將赴選）丈夫貴
知己詎恤行路難去去莫長歎江城戍角閒

潤州

風淸帖帖海門波萬姓歡傳　萬乘過京口古來兵可用樓頭今日景尤多山迎鳳輦平如掌江送龍舟淡似羅南北一家休設險儘容釃酒更高歌

平山堂

那復欹檐斷檻悲賞心風景似相期（宋李成季平山堂詩斷檻欹簷風雨頻不逢心賞爲重新）臥虹飛鷁游仙夢翠巘淸江招隱詩十里笙歌誰目送六橋花柳此肩隨鈎連金碧天然畫剗勝傳觴載月時

揚州

繁華不說舊臺池楊柳風流勝昔時樓閣鑑亡雲外起笙簫聲徃月中吹魚鹽罷利侯千戶瓊樹升沈豔一枝底羨腰錢復騎鶴游人到此定應迷

廣陵雜詠五首

雪意慳梅北鄉愁亂竹西春風何日到吹絲錦帆隄

無復蓬沙感繁華並兩京抽琴才俊逸休更賦蕪城

粉黛珠簾映笙歌玉漏殘誰憐杜書記夜夜報平安

風月春無度煙花夜有情暮鴉螢火句腸斷玉溪生

相國埋魂地寒蕪臥斷碑嶺頭梅九死猶發向南枝

雪後渡江望金山

十年不上金山寺又向金山寺下過隔岸鐘聲低喚客翦江帆影疾投梭琳宮妙湧芬陀利玉柱孤

撐窣堵波涉險衝寒傷歲暮爭如入畫一漁蓑

泊瓜洲

春信露梅邊潮聲落枕前江山笑行役風雪送殘年篷背晴猶濕壚頭醉欲眠鄰舟橫笛苦有客聳吟肩

歸舟凍河

水骨膠舟住石尤兼作難短篙摧凍溜饑鷺立荒灘日夕梅花發溪山淸曉寒歸程歎留滯餞歲又杯盤

春陰獨酌

勒花釀雪造輕陰埽蕩閒愁酒自斟賓客稀疎童僕懶閉門春草沒鞋深

詠史

御路逶迤碧映渠花迎冠劍草迎車華林歌舞紛陳日誰誦相如封禪書

保寧西寺探梅柏公入城不值戲題其壁

偷閒忙裏到僧家愛看籬邊一樹斜偏是閒人忙不了瘦筇十日負梅花

村居漫賦

綠楊陰裏野人家白板雙扉逐水斜田有舊租荒未滅酒無新債貴難賒欲留虛白頻刪竹不廢雌黃偶品茶商略平生向誰是短檠孤影對梅花

蝶

翩翩輕薄兒一生花裏活去作羅浮仙莊生爲解脫

聞法三下第感作

一中酒笑狂奴態十上書憐命世才平子愁吟青玉案昭王空築黃金臺

浮家

十載浮家似斷蓬支離四壁臥西風溪頭畫意雙花鴨籬脚言愁數草蟲短鬢欲隨秋氣變浩歌難與故人同五噫揮手辭京闕吳下今無皋伯通

宿石林感懷天鈞

不見題詩老贊公雪梅風竹尙叢叢畫船簫鼓如雷沸獨數僧樓百八鐘

寄覲光

伯也亡兒嗣烏衣守故枝一情吾不異三絕爾兼癡白眼壚頭酒清談竹裏棋行將尋舊隱先報仲容知

看西山雲氣

白間斜對碧山開煙染書籤翠蘸杯一朵怪雲湖上起此峯何處忽飛來

望甘露寺懷舊遊

雨雪紛搖落江山莽泬寥紫髯空霸業白足老僧寮鷺堠東西驛漁榔上下潮登臨懷往事壯志鬱

難銷
淼淼孤舟下茫茫百感紛江山傳第一人物想三
分樹密多留雪峯遙不辨雲未隨時事改唯有舊
鷗羣

哭吳二謌堂

遠別曠三載相思今九原可憐墳草宿始聽路人
言蠹簡題襟集漁磯老樹村青峯三十六何處爲
招魂
紫水深盟在黃山夙願違曾約爲黃海之游夜燈書半寸

謌堂和予舊句云半寸厚書攻夜課十分滿酒破春愁予最賞之春扇燕雙飛乙丑春予自茲山歸江南謌堂曾畫杏林雙燕便面贈予爲別古道復何有斯人誰
與歸永懷空把劒千里淚沾衣

聽星五彈琴

野客欹屏入主人鳴素琴冲襟息塵鞅流韻滿園
林秋雨颯然至蕭寥絃外音何當陟縹緲揮手萬
松陰

渡江

淼淼空江喚奈何峭帆彈指截流過十年問渡勞
勞客慚負金焦宿諾多

懷家兄

愁逐春江上水船楚山滅沒斷鴻邊東堂松竹西
堂草風雨前期又一年

題友人水竹居

依水製茅亭繞以三面竹清風扇淪漪倒影皴寒
綠是中無點塵曹輩何碌碌三復淇澳詩風人美
相勗

詠玉蘭得寒字

楚澤滋非易藍田種亦難不緣人似玉誰解臭如
蘭品格臨風皎玲瓏映月寒無爲感瓊樹仙曲久
飄殘漢武傳西王母歌玉蘭之曲

久雨

懸厤雨勢暗溪堂占日無憑戊亦藏螻蟻君臣頻
徙國鶺鴒夫婦久空房三春未試登山脚千里徒
迴望遠腸待家兄不至牆角小桃纔幾日離披催遣亂
紅忙

蓉湖泛舟

鴨頭船艤水楊柳鵶角女歌山鷓鴣蝦笱魚叉紛兩岸夜來急雨漲蓉湖

題畫白頭翁二首

花底訴春愁低垂苦吟客可憐夜啼烏老死不頭白

鸚母曾無父天然對此翁於今麟閣上多畫黑頭公

嚴子陵

先生漢廷歸悔蹋劉郎腹急向千尺流濯却此雙

足

春雪口占

漸漸玉花飄紫陌依依月魄上紅牆　君王要看江南景莫遣陰寒變豔陽

惠山清明曲

黃歌碉邊春水生花朝纔過又清明踏青上冢紛兒女隊隊棠梨樹杪行

玉几珠簾俯碧流二泉亭下禁春遊垂楊夾岸休輕折留取長條拂　御舟時大駕南巡

丹陽舟中

篷艙三板難伸足村醉雙甑暫破顏裂帛一篙敲凍水開屏幾尺向陽山呂蒙城古蒼煙外葛令祠荒暮靄間目斷倚閭應計日過江風雪幾時還

山塘即事

如茵芳草碧無塵小燕低飛墮野巾柔擄劃開平岸水垂楊遮斷倚樓人奇花鬬豔誇洋種巧匠傳神幻塑真千古館娃陳迹在青山猶學黛眉顰

塞泉吟

山以藏錫腴泉以在山貴孤亭覆雙池一水自涇渭名泉闕妙理終古殊飜沸誰歟殺風景千指勞役費毀亭塡方池壘石强塗墍洩濁遮去流酌清損眞味眇憐龍眼獨斷苦鶺脛跰九原桑苧翁絕倒仍憤懣半月開滿初方竹規圓旣笑爲塞泉吟稍吐山靈氣

閨怨

烏啼雁叫慘朱顏遠夢驚回夜度關百結眉開金熨斗九回腸繫玉連環蘇卿老作河梁別蔡女終

隨漢使還但得君心似明月不辭身化望夫山

春暮即景

微雨初晴倚碧闌東風透體怯輕紈鶯歌不怕周郎顧柳絮如憐范叔寒豆莢垂時蠶臥箔燕雛飛後笋成竿春光信手匆匆去莫放澆愁酒盞乾

蕪城懷古

雞臺螢苑玉鈎斜陽斷蕪城帝子家地下阿麽還一笑李花狼藉逐楊花

北塘舟行

廉纖小雨初收後婀娜孤帆獨去時三尺春波兩行柳相將綠過水仙祠

雨泊虎阜 追錄乙亥年作

巨艦細航不知數習習樵風變朝暮發船長廣谿還潮卸帆短簿祠前樹吳越春秋跡已陳空山虎踞水魚鱗菱歌漁唱雜齋鼓細雨春泥愁殺人

覃懷道中 追錄丙寅年作

河山表裏舊會泣又逐秋鴻度客星九曲河身吹浪濁八陘山脊矗雲青紅泉活活穿沙圃翠竹陰蔽驛亭遙望入林嵇阮地緇塵車馬愧英靈

柬星五妻兮

萬竹竿圍一畝園下簾長日靜吟魂手煎陽羨碁盤片神契顏公屋漏痕翦燭雪窗催勁矢去歲小除夜雒揚歸舟過星五談至夜分而別回舟春浦悵空尊春初星五訪予以漕艘塞河遂返莫教蹤迹頻疎潤鄭魏詩篇仔細論

登錫山頂感作

孤亭一笠亞西神危坐橫眸下界塵碧玉溪流乂燕尾丹霞城闕次魚鱗湖山縱好終僑寓筆硯猶

存孰解人傷天鈎 感逝傷離獨吟眺殘梅如霰點濃春

過周櫟園先生故宅 追錄辛未年作

閩海歸來萬卷書永拋羊酪就鱸魚江山佳麗賓朋盛池館蕭閒竹樹疎王謝家兒還白下應劉詩格已黃初可憐三畝青溪上指點人傳江令居

閱西湖志感岳武穆事

長驅淮洛正衣冠百戰論功駕范韓北伐黃龍虛痛飲南飛白雁失偏安孤軍勢壓撼山易三字寃

成縱虎難一片桃溪氷盤似九原長照寸心丹

次費克千訂晴韻

流光轉眼一番新嫩日微微蕩麴塵櫻笋飄香迎夏令林泉生色奉虞巡（時南巡甫回鑾）青鞋布韈堪乘興泥絮風花竟別春聞說工詩常侍睨拈髭吟苦兩眉顰（克千新學詩故云）

錫山望太湖懷古

粉黛叢殘變甲兵湖山猶似怨行成長留却月横雲翠細寫氷壺玉鏡明當日君王空鑄像至今漁父尚傳經憑高不擬孫登嘯煙際沙鷗夢易驚

湖中漁父詞

裏湖水悠悠外湖浪拍拍船頭桃花紅船尾魚翠碧小魚不論頭大魚長三尺得魚亦不多換得酒一石醉唱銅斗歌上下隨孟婆天晴兒曬網雲起婦補蓑家與五湖闊囊無一錢多翻令朝市客替汝愁風波

上巳俞翁文侯至自越中將遊金陵留宿釣雲軒（俞善弈）

春愁散盡錦幃新簫鼓樓船沸水濱三月又逢天寶日一觴眞對[illegible]和人青溪弔古悲殘局白髮游仙賭玉塵越嶠吳臺話朋舊廢詩留偈總酸辛（談及劉大納揆居憂石明上人下世）

送春

四序原知不少停陽和澤物感青靈芳華畢竟歸何處濃綠無端又一庭燕子風流愁寂寞花王富貴惜飄零回環縱異無期別啼血空林忍獨聽

篋中撿得李甥中立和予長短句中立故蜀人寓吳門落魄嗜酒善塡詞下世三載無子僅有寡妻愴然有賦

招得吟魂短簿祠停雲惆悵惠山期（望停雲惠山遥指中立詞句也）祇餘白社黃壚畔小調留傳絕妙詞釆石仙人菩薩蠻鴛鴦寺主念家山倚聲按譜君家事鐵板狂歌笑我頑無兒嫠婦老青裙醉死千年臥白雲留與憐才澆酒說巴西詞客[illegible]彝墳

再悼中立

戲語回思腹痛無參軍主簿笑相呼中立短而髯每以此相戲紅亭笛譜新詞出黃土碑題故酒徒貫廡可憐孤孟女招魂何處倩巴巫從今心折金閶路落日青楓叫鷓鴣

釣雲軒詩鈔卷六終

後記

無錫是中國吴文化的發祥地。七千多年悠久歷史與文明，造就了『梁溪明秀之區，衣冠禮樂甲於江左』的城市人文傳統和深厚的歷史文化底蕴。數千年來，文脉綿延，永世流芳。邵寶在《錫山遺響》序中曾經這樣描述：『錫之爲邑，在三吴間。山水清麗豐曠，生其地者，多沉雅秀整，以文名家，代不乏人。』文化已經成爲這座城市最本色的氣質。爲傳承吴地文明，建設文化名城，進一步彰顯無錫城市内在精神特質，經過幾年的精心策劃，旨在全面整理地方文化典籍的《無錫文庫》編纂出版工作於二〇一〇年全面啓動，二〇一一年起陸續與讀者見面了。

無錫的城市文化曾經爲中華文化寶庫作出過巨大貢獻。顧愷之、倪瓚、王紱、鄒一桂、賀天健、徐悲鴻、錢松嵒、吴冠中，如松秀群嶺，在中國繪畫史上擁有很高的地位；華秋蘋、楊蔭瀏、劉天華、華彦鈞（阿炳），乃韵動天籟，對中國音樂發展發揮了重要作用；李紳、蔣防、尤袤、蔣捷、陳維崧、顧貞觀、嚴繩孫、周濟、劉半農，皆胸懷錦綉，在中國文學史上可謂各領風騷；計六奇、顧祖禹、顧棟高、秦蕙田、嵇璜、錢基博、錢穆、錢鍾書、錢海岳，可稱堂奥廣庭，學造淵源，在中國學術史上卓然大家；顧憲成、高攀龍之東林，唐文治之『國專』，徐霞客之游記，徐壽、華蘅芳之『格致之學』，陳翰笙、錢俊瑞、孫治方、薛暮橋之經濟學，都堪稱中華文化史上的一座座高峰，至今閃耀着炫目的光芒。

深厚的歷史文化底蕴激發了無錫城市的文化自覺。市委、市政府滿懷對鄉土誠摯之情、對文化敬畏之感，以義不容辭的責任擔當，致力於文化强市建設，以科學的理念和方式對歷史文化遺産作全方位的觀照、深層次的發掘、系統性的保護，匯四海之智，舉全市之力，共襄文化建設盛舉。二〇〇六年十二月，無錫市成功申報國家歷史文化名城，標志着新一輪文化意識的覺醒，并迅速轉化爲文化自覺的實踐。近年來，我市全面啓動惠山、清名橋、小婁巷、榮巷、蕩口等五個歷史文化街區和十個古村落保護修復工程，『護其貌，顯其顔，鑄其魂，揚其韵』；鴻山遺址成功保護的經驗被國家文物局譽爲大遺址保護『無錫模式』，并被授予首批國家考古大遺址公園，闔閭城遺址考古發現則確立了歷史上無錫曾作爲吴王闔閭都城的地位；建成開放六十餘座博物館、名人故居和紀念館；對無錫的非物質文化遺産予以重點保護；每年春天舉辦的中國（無錫）吴文化節、中國文化遺産保護論壇成爲文化亮點，享譽海内外。這些舉措遵循規律，探索文化建設體制和機制的創新，形成了寶貴的『無錫經驗』，得到海内外學者、專家的一致肯定。

在注重保護歷史文化遺存的過程中，發掘、整理無錫歷史文獻著作，展示和弘揚無錫城市的思想精神世界，自然而然成爲大家關注的重點。二〇〇六年，市委宣傳部組織無錫文史專家、學者編撰的十七册三百萬字的《無錫文化叢書》正式出版，引起强烈反響，出版後供不應求，在二〇〇八年再版加印。《無錫文化叢書》集中反映了無錫城市文化精華，展示了無錫城市文化特質，彰顯了無錫歷史文化的厚重，同時也告訴人們，文化精神的傳遞是文化繁榮發展的重要内涵，一旦擦去歲月蒙塵，優秀的歷史文化就會轉化成爲取之不盡的精神財富。

爲了進一步彰顯城市歷史文化底蘊，二〇〇七年，市委、市政府將全面系統整理無錫文化典籍擺上工作議事日程，明確提出編纂《無錫文庫》。由于無錫歷史文化底蘊深厚，卷帙浩繁，內容豐富，編纂工作千頭萬緒，要想整理出一部簡明扼要而又內容翔實、主旨鮮明而又文質彬彬的文獻集成，難度遠大於預想。爲此，我們先後成立了《無錫文庫》工作委員會和編輯委員會，加强對編纂出版工作的組織領導與統籌協調，在尊重歷史、尊重規律、尊重科學、尊重專家的基礎上，積極推進文庫編纂工作。編輯委員會經過反復論證，明確原則，綱舉目張，有條不紊地開展工作。充分憑借地方文史專家的優勢，充分發揮高校人文學院、研究機構的作用，充分依靠出版機構的專業經驗，并邀請國內外著名文史專家指導、把關，形成了文庫編纂的工作合力。

在編輯過程中，我們力求使《無錫文庫》成爲經得起歷史考驗的鄉邦文獻集成。

全面規劃又保持開放結構。面對豐富的歷史文化積澱，没有規劃就不可能形成清晰的編纂思路。在前期編纂工作中，編輯委員會經過二十餘次的論證會和專題研討會，形成并確定了《無錫文庫》總書目，明確了收録範圍和內容主體，立足無錫市區，兼顧江陰、宜興，主要體現無錫本土內容，突出人文科學，適當兼顧其他門類。據此，《無錫文庫》收録圖書五百五十餘種，分爲五輯：第一輯『官修舊志』，收編無錫地方志（含江陰、宜興）；第二輯『地方史料專著』，收編反映無錫地方史料的專著與筆記；第三輯『年譜家乘』，收編無錫（含江陰、宜興）地方名人年譜和望族的家譜；第四輯『無錫文存』，收編歷史上無錫作家詩文和專著的精華；第五輯『近現代名家名著存目』，編撰無錫近現代名家名著的書目提要。爲使文庫具有更大的開放度和包容量，《無錫文庫》注重整體設計，在框架分類上既注意整合，又突出重點，考慮到文庫的涵蓋面和系統性；在書目選擇上既注重經典性，又强調代表性，兼顧到圖書本身質量和作者特點；在出版方式上既總體規劃，循序推進，又采取較爲靈活的方式，成熟一批出版一批，不編序號，爲今後增補書目預留空間。

尊重歷史又反映時代特色。《無錫文庫》注重歷史性與時代性相結合，以嶄新的學術角度和現代學科理念對城市歷史文化進行整理和弘揚。編纂工作充分體現對歷史傳統的尊重，儘可能減少評述性成分，杜絶截割、改篡、增删圖書内容，對節選本衹采取作者的自選本。與此同時，以現代學術視野來看待傳統史料，增加收録有價值的歷史資料和文獻，如對民國時期的一些稿本、期刊、會刊、紀念册也予以應有的關注，收入了部分重要的民間史料。

保持原貌又便于讀者查閲。《無錫文庫》除第五輯外，全部采用原版影印方式，力争選擇最優版本作底本，保持文獻著作的歷史面目。爲了便於閲讀、查證、使用、研究，每一輯均撰寫編輯説明，每種書撰寫提要，并編撰《文庫》書目索引。通過這樣的方式，使《無錫文庫》兼具工具書檢索的作用，增强文化典籍整理的實用功能。

如期完成又精益求精。《無錫文庫》作爲一項重大文化工程，編纂工作面廣量大，必須集中力量，一鼓作氣。我們明確，從編纂工作全面啓動開始，花三年時間完成《無錫文庫》出版工作。《無錫文庫》總書目形成後，五輯的書目編纂工作同時開展，整體推進。我們要求，《無錫文庫》編纂出版工作要强化精品意識，力求思想精深、内容精彩、選編精當、學風精良、裝幀精美。文庫編纂出版的每個環節都反復論證推敲，確保經得起歷史檢驗。

《無錫文庫》的編纂出版工作，得到了鳳凰出版傳媒集團的大力支持，鳳凰出版社在版本選擇、編輯出版方面做了細緻的工作；由於《無錫文庫》收録的資料有三分之二散落在全國各圖書館中，中國國家圖書館、上海圖書館、南京圖書館等一批國内知名圖書館爲此提供了積極的幫助；應邀擔任《無錫文庫》學術顧問的專家，都是無錫籍的文化名人和國内一流的古籍研究專家，他們有的不顧年事已高，有的不顧自身工作繁忙，爲《無錫文庫》的編纂工作付出辛勤勞動；《無錫文庫》工作委員會和編輯委員會成員以及編務人員在文庫編纂出版過程中做了大量的工作。在此，謹向他們表示崇高的敬意和由衷的謝忱！

由於《無錫文庫》收録内容涉及範圍廣、時間跨度長，部分書目已經散佚，可利用資料受到限制，加之編輯委員會水平有限，《無錫文庫》的編纂工作難免會有一些疏漏和錯誤，不當之處敬請讀者指正。

王立人

二〇一一年一月